LES GRANDS LIVRES
DU ZODIAQUE

Collection dirigée par Joanne Esner

LE GRAND LIVRE DU BELIER

ARNOLD WALDSTEIN
né sous le signe du Bélier

Le Grand Livre du Bélier

avec la participation technique de
ROBERT MALZAC

TCHOU
6, rue du Mail, 75002 - PARIS

Cet ouvrage comporte des tableaux vous permettant de saisir immédiatement :

Dans chaque Grand Livre du Zodiaque, *les parties « Comment interpréter les Planètes dans les Signes » et « Comment interpréter les Signes dans les Maisons » ont été écrites par les auteurs suivants :*

Bélier, Arnold Waldstein ; Taureau, Jean-Pierre Nicola ; Gémeaux, Paul Colombet ; Cancer, Sara Sand ; Lion, Jean-Pierre Vezien ; Vierge, Béatrice Guénin ; Balance, Henri Latou ; Scorpion, Marguerite de Bizemont ; Sagittaire, Solange Dessagne et Jacques Halbronn ; Capricorne, Joëlle de Gravelaine ; Verseau, Denise Perret-Lagrange ; Poissons, Annie Lachèroy.

SOMMAIRE

Comment passer de votre heure solaire de naissance
à l'heure universelle de Greenwich

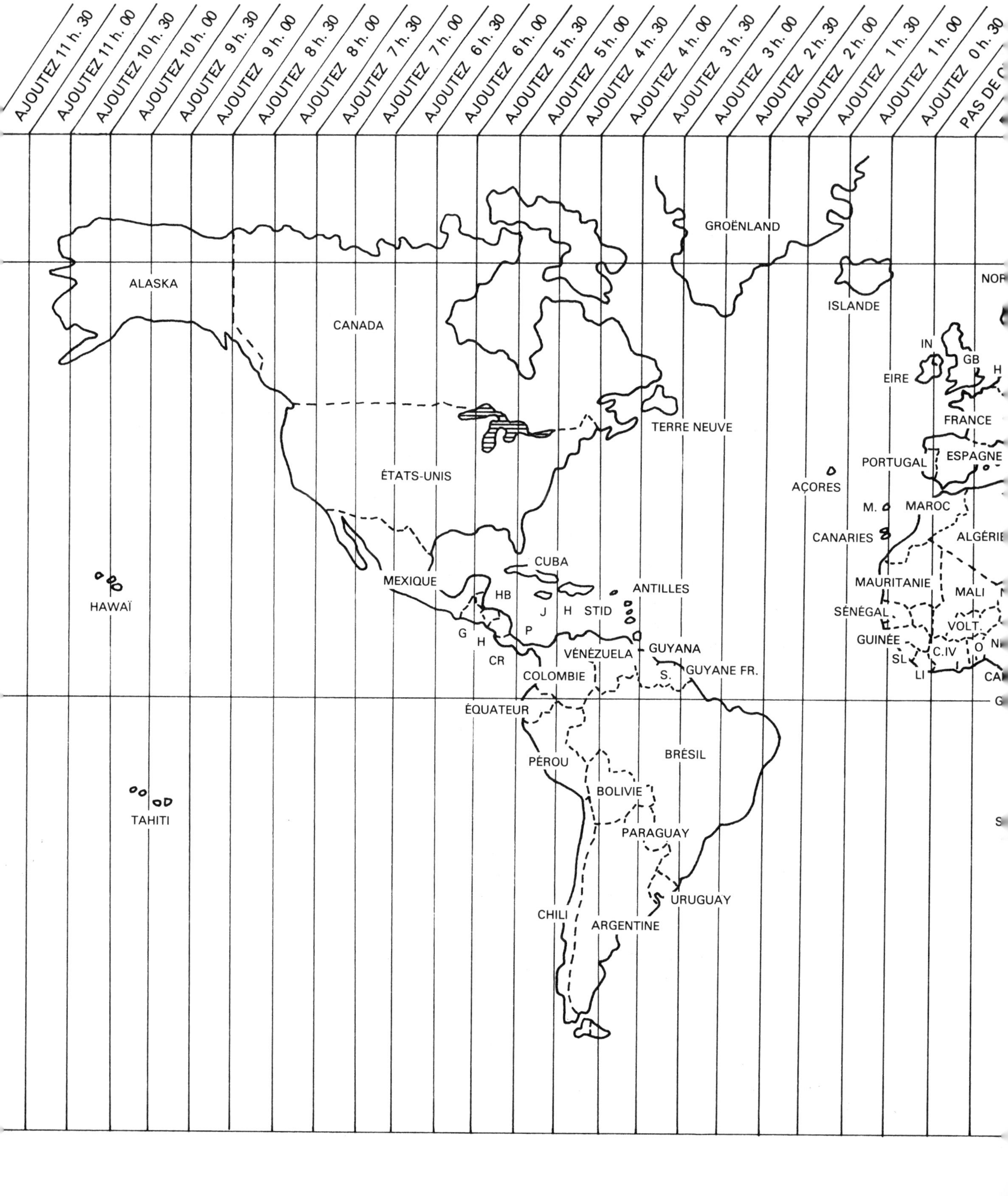

Comment passer de votre heure solaire de naissance
à l'heure universelle de Greenwich

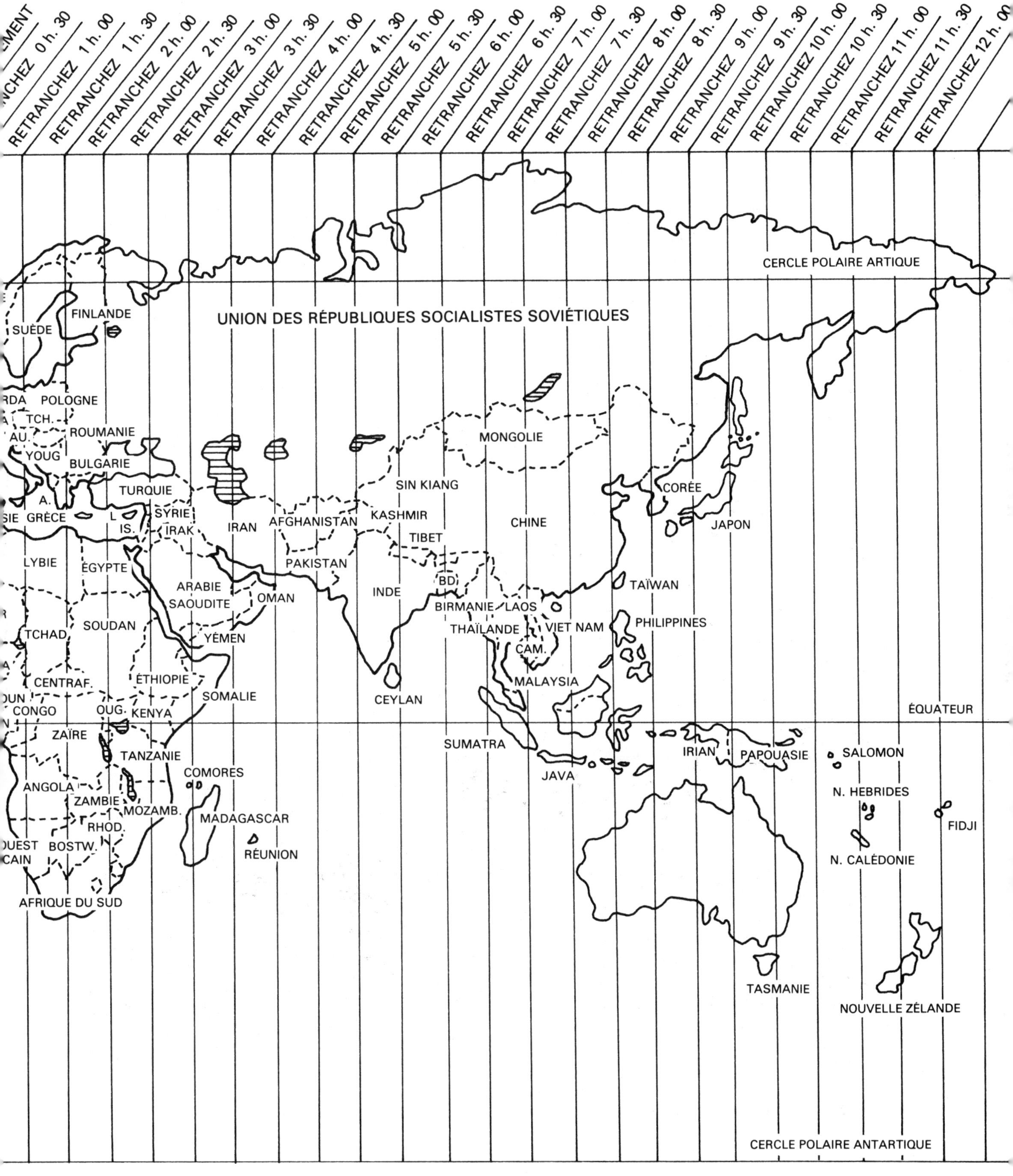

Un Bélier paisible. Lorsque aucun combat ne requiert son commandement, le Bélier sait s'abandonner à l'inaction absolue ; il se montre alors d'une très grande douceur et sociabilité.

Introduction

Le Bélier, c'est le printemps
qui traverse l'enfer.
JEAN CARTERET

Il existe déjà plusieurs collections sur les douze signes du Zodiaque. Si celle-ci a toutes les chances de sortir de l'ornière des généralités (le Bélier fonceur, le Taureau jouisseur, le Gémeaux joueur, etc.), c'est parce que l'éditeur a demandé aux astrologues de traiter leur propre signe : auto-analyse, panique ou prise de conscience ?

En tout cas, je me suis efforcé d'incarner au maximum le signe solaire dont je suis porteur, d'être Bélier plus qu'il n'est permis, pour ainsi dire. Pour *trancher* sur l'avalanche de livres qui se copient et se répètent, j'ai tenté de faire un livre d'auteur : je me suis raconté moi-même, à travers les personnages dont j'ai parlé. Entreprise difficile, peut-être vaine. Cela n'a pas été sans mal : il a fallu que je remplace le *nous* métaphysique qui m'est cher par le *je* nombrilique prisé par les marchands de souvenirs, les fanatiques de « vie quotidienne ».

J'ai essayé de montrer qu'on ne peut séparer l'astrologie d'une certaine conception du monde, ce qui explique les dissensions croissantes entre astrologues : l'astrologie est devenue, ainsi, l'un des piliers de la Tour de Babel.

En vérité, il n'y a rien à dire sur la personnalité, sinon que le rôle de l'astrologie est justement de la dépasser : un être évolué spirituellement a dépassé son signe, ainsi que les onze autres qui figurent dans son thème natal. Il est devenu une synthèse du cosmos, une incarnation du principe analogique qui gouverne l'hermétisme (astrologie, magie, alchimie).

Néanmoins, il faudrait bien que je sois Bélier quelque part : faute de détails biographiques (laissons cela aux « vedettes »), voici ce que je puis dire : plusieurs accidents et cicatrices à la tête (une des caractéristiques du signe), la recherche éternelle de l'aventure, dans tous les domaines, une façon de plonger la tête la première dans l'existence.

La fascination de l'Aube, des nouveaux recommencements. Se réveiller, un jour (qui ne serait pas une nuit), et redécouvrir l'univers, qui ne serait pas envahi par les médiocres et les tièdes.

Ouvrir le chemin, afin que d'autres le découvrent. Indiquer à ceux qui le méritent (le Bélier est un signe élitiste) la voie de la Lumière : l'aube sur les forêts, le corps incandescent d'une femme, la structure implacable d'un thème astral. La quête d'un Or étincelant (Soleil en exaltation en Bélier), le retour aux origines : tradition et révolution sont une seule et même chose. Elles signifient retour au point de départ, pour ne plus rien reconnaître. *Se réveiller*, enfin, et voir clair.

Le Bélier incarne *l'étincelle*. Celle-ci illumine les ténèbres, créant l'embrassement de la nuit et du jour, en un embrasement sans fin. J'espère l'avoir prouvé à travers cette galerie de personnages et cette explicitation de symboles, faute d'une biographie qui n'a pas plus d'intérêt que celle de n'importe qui : la vérité est impersonnelle.

De quel côté penche votre personnalité Bélier ?

Les deux listes d'adjectifs ci-dessous décrivent les aspects positifs et négatifs de la personnalité Bélier. Vous lisez chaque mot et, le plus honnêtement possible, vous évaluez si ce mot vous concerne ou non. Chaque fois que votre réponse est « Oui, ce mot me concerne », vous cochez la case correspondante dans la colonne 1 (maintenant).

Totalisez maintenant le nombre de croix de la colonne de gauche et inscrivez ce nombre dans la case Total ; faites de même pour la colonne de droite. Si votre total de gauche est supérieur de 8 points ou plus à votre total de droite, vous êtes actuellement dominé(e) par les excès et les contradictions de votre signe. Si votre total de droite est supérieur à votre total de gauche de 8 points ou plus, vous réalisez pleinement le potentiel du Bélier. Refaites cette exploration dans un an puis dans deux ans ; chaque fois que vous pourrez honnêtement supprimer une croix dans la colonne de gauche et ajouter une croix dans la colonne de droite, vous avancerez sur la voie de votre heureux accomplissement personnel.

	maintenant	dans 1 an	dans 2 ans		maintenant	dans 1 an	dans 2 ans
INFLAMMABLE				ENTHOUSIASTE			
SUFFISANT				SÛR DE SOI			
IMPÉRIEUX				DÉCIDÉ			
IMPULSIF				ENTREPRENANT			
TÉMÉRAIRE				AUDACIEUX			
FANFARON				COURAGEUX			
EGOÏSTE				INDÉPENDANT			
PROVOCANT				NOVATEUR			
TROP AVIDE DE NOUVEAUTÉ				AVANT-GARDISTE			
AUTORITAIRE				APTE A COMMANDER			
FIÉVREUX				ARDENT			
BRUTAL				DIRECT			
MATAMORE				BRILLANT DANS L'ACTION			
VANTARD				FIER			
PRÉCIPITÉ				RAPIDE			
MEGALOMANE				GÉNIAL			
INCONSTANT				OPPORTUNISTE			
SUPERFICIEL				PERSPICACE			
DILAPIDATEUR				GÉNÉREUX			
VIOLENT				ACTIF			
SURVOLTÉ				TONIQUE			
QUERELLEUR				COMBATIF			
SATIRIQUE				CRITIQUE			
BALOURD				ENTIER			
INDISCRET				CONCENTRÉ			
Total				**Total**			

Chapitre Premier

Symbolique et Mythologie du Signe

*Instinct de destruction, ardeur primaire, force vitale. Quelle que soit la cause embrassée, le Bélier se donnera tout entier, sans réfléchir, avec souvent une violence qui fait de lui le plus martien des signes. (*La Colère*, gravure du XVI*[e] *siècle.)*

La Symbolique du Signe

L'hiéroglyphe du Bélier

Le symbole zodiacal du Bélier esquisse très bien les caractéristiques du signe : il représente des cornes entées sur une tête, et la forme générale du dessin donne une idée d'extraversion, d'agressivité virile. C'est la tête du troupeau, celui qui se bat pour les autres.

En même temps, l'hiéroglyphe du Bélier, schématisé à l'extrême, symbolise le visage humain du signe : on y voit l'axe du nez, vertical, se prolongeant en deux volutes qui représentent les arcades sourcilières : celles-ci sont souvent très marquées chez les Bélier, le nez est, la plupart du temps, fortement charpenté et un peu busqué (en astrologie, il est en analogie avec le signe du Scorpion, lié au Bélier par la planète Pluton, second maître du signe) ; enfin, le front est souvent bien développé, très haut (Soleil en exaltation dans le signe).

L'impression dominante qui émane de l'hiéroglyphe du signe est celle de force, de noblesse. De plus, ce symbole *fait face* à la personne qui le regarde. En magie et en occultisme, c'est la tête du bouc, souvent représentée dans un cercle ou un pentagramme.

La planète qui règne sur le signe du Bélier est Mars. Selon l'astrologie traditionnelle, Mars serait aussi le maître du Scorpion. Le point commun aux deux signes est la force et l'agressivité, mais celle du Scorpion est plus cachée, et d'autant plus redoutable. Aussi, depuis la découverte de Pluton, planète des métamorphoses et de l'invisible, tous les astrologues sont d'accord pour la considérer comme le véritable maître du Scorpion (le second maître en étant Mars, alors que Pluton est le second maître du Bélier). Voilà pourquoi les rapports du Bélier et du Scorpion ne sont pas de tout repos, ce dernier, huitième signe par rapport au premier, symbolisant la sexualité, la mort, la transformation (exemple : Lénine et Trotski).

Le Bélier est donc un martien, c'est-à-dire un extra-terrestre ! En société, il a toujours quelque chose de marginal : il sème, il impose, il détruit, il n'adhère pas. Même s'il embrasse une cause très conformiste, il y a toujours chez lui un excès et une violence qui inquiètent et le démarquent de son entourage. Quelque part, toujours, le Bélier n'est « pas d'accord » (l'accord, c'est l'harmonie du signe opposé : la Balance). Le Bélier évolué dépasse les choses d'une *tête*, il a sa ligne d'horizon au-dessus de la moyenne. Aussi le résultat de ses actions lui importe-t-il peu. C'est l'action elle-même qui compte. « Fais ce qui doit être fait, sans regarder ni au succès ni à l'insuccès, le plus impersonnellement possible » (julius Evola, Mars en Bélier).

Glaive, lance acérée, fil de l'épée : attributs de Mars, ils conviennent bien au Bélier, premier signe du Zodiaque, signe de défricheurs, de découvreurs, de conquérants.

La planète Mars

Mars est la première des « planètes supérieures » — situées au-delà de l'orbite terrestre dans le système solaire. Cependant, elle est presque de moitié plus petite que la Terre (6790 km de diamètre). Sa masse équivaut donc à un dixième de celle de notre planète. Lorsqu'elle est le plus proche de nous, Mars est à 55,8 millions de kilomètres. Les nuits sont plus longues que les nôtres et les saisons sont marquées. Mars ressemble donc en beaucoup de points à la Terre ; pourtant il semble que la vie n'y existe pas, mais ce problème n'est toujours pas résolu. Une grande partie du sol martien est de couleur rouge brique. Le rouge est la couleur symbolique de Mars et du Bélier, ce qui prouve que les Anciens n'avaient pas attendu nos découvertes astronomiques pour concevoir l'Univers. Les calottes polaires de Mars sont constituées d'eau congelée. Récemment, des engins spatiaux américains photographièrent la planète de près et y découvrirent des cratères similaires à ceux de la Lune. Quant aux fameux « canaux », ils résultent de formations géologiques et ne contiennent pas d'eau, bien que l'on pense qu'elle a existé autrefois sous sa forme liquide sur Mars.

Bruit du fer sur l'enclume, rougeoiement du métal, énergie des corps en action : la forge, séjour de Vulcain, est le lieu électif du signe. (Gravure de l'école de Fontainebleau).

La symbolique martienne

Mars, planète du Bélier, est en analogie avec tout un univers, selon la loi hermétique des correspondances entre le microcosme et le macrocosme. Les doctrines hermétiques, rappelons-le, comprennent trois sciences traditionnelles dont les symboles sont identiques : l'astrologie, l'alchimie et la magie.

Le Fer

« Orages et mots de fer dans les orgues » (Stefano Karolyi). Dans le symbolisme alchimique, le fer correspond à Mars, planète *rouge*. Certains reliefs volcaniques contiennent de grandes quantités de fer et la terre y est ocre. Ce peut être aussi l'acier : Staline, « l'homme d'acier », (acier = *Stahl* en allemand) avait Saturne en Bélier. Quant à Bismarck, il avait pour surnom « le chancelier de fer ».

On parle également d'une « volonté d'acier », ce qui symbolise la dureté, la résistance aux attaques. Dans le mouvement national-socialiste (marqué en astrologie par Uranus et Pluton, deux planètes apparentées au Bélier ; de plus, l'Allemagne est du signe du Bélier), il y a une étonnante inflation des mots fer et acier, et de tout ce qui incarne la force et la dureté en général : *Stahlhelm* (casques d'acier), *Panzerdivisionen* (divisions blindées), etc. J'aurai l'occasion de revenir sur les composantes Bélier de cette période sanglante.

Rappelons aussi que nous sommes actuellement à l'extrême fin de l'âge de fer (*Kâli-Yuga*), âge de Kâli la Noire selon la tradition hindoue. La description de cet âge nous entraînerait trop loin [1]. Du point de vue qui nous intéresse, il est caractérisé par l'inversion des valeurs et par la domination des masses, de même que par l'oubli des Traditions, ce qui mène à des troubles cosmiques extrêmement graves : dégénérescence de l'homme, guerres planétaires, occultation de la sagesse et de l'Axe du Monde.

Le fer, métal *maudit* (Pluton second maître du Bélier), dont le travail est réservé à la caste des forgerons (rejetés en dehors des villes) devient prédominant avec ses vibrations dangereuses. Dans les civilisations traditionnelles, ce métal est soumis à certains rituels et il est proscrit des plus importants d'entre eux (la méditation, par exemple [2]).

A notre époque, le fer triomphe. Le meilleur exemple en est la tour Eiffel, séduisante aberration, hymne au progrès. Paris sera-t-il détruit avant qu'elle ne soit rouillée ? Laissons répondre les innombrables commentateurs de Nostradamus.

Mais le fer n'a pas que des aspects négatifs. C'est aussi le métal qui permet les guerres – et si elles sont toutes injustes, elles ne sont pas toutes inutiles. Elles peuvent rétablir un équilibre gravement compromis : c'est le thème islamique de la *guerre sainte (djihâd).*

C'est parce que Mars est maître du signe (avec Pluton : guerre larvée, occulte, souterraine) que tout Bélier mène une guerre. La plus haute, nous apprend la Tradition, est la guerre contre soi-même mais, évidemment, elle peut avoir lieu à travers les autres, puisque « Je est un autre ».

Ce qui est idéalement guerre sainte peut donc dégénérer, chez le Bélier dit inférieur, en agressivité mesquine : c'est « celui qui cherche la bagarre ». Mars, ici, n'est plus le dieu de la guerre, mais le canif qu'un blouson noir brandit dans un bistrot de banlieue (Verlaine, Miller, Cendrars). Derrière ces actes apparemment absurdes, l'astrologie nous permet toujours de discerner une transcendance (rapport microcosme-macrocosme).

Voici ce que dit à ce sujet René Guénon : « Il faut se souvenir que les métaux, en raison de leurs correspondances astrales, sont en quelque sorte les « planètes du monde inférieur » ; ils doivent donc naturellement avoir, comme les planètes elles-mêmes dont ils reçoivent et condensent pour ainsi dire les influences dans le milieu terrestre, un aspect « bénéfique » et un aspect « maléfique ». De plus, puisqu'il s'agit en quelque sorte d'un reflet inférieur, ce que représente nettement la situation même des mines métalliques à l'intérieur de la terre, le côté "maléfique" doit finalement devenir prédominant ; il ne faut pas oublier que, du point de vue de la Tradition, les métaux et la métallurgie sont en relation directe avec le "feu souterrain", dont l'idée s'associe sous bien des rapports à celle du "monde infernal". Bien entendu, les influences métalliques, si on les prend par le côté "bénéfique" en les utilisant d'une façon vraiment "rituelle" au sens le plus complet de ce mot, sont susceptibles d'être "transmuées" et "sublimées" ; et elles peuvent même d'autant mieux devenir alors un "support" spirituel que ce qui est au niveau le plus bas correspond, par analogie inverse, à ce qui est au niveau le plus élevé ; tout le symbolisme minéral de l'alchimie est en définitive fondé là-dessus, aussi bien que celui des anciennes initiations kabiriques [3]... »

Si le fer, métal de Mars, est dangereux, c'est parce qu'il représente une énergie cosmique solidifiée. En alchimie, le fer est en rapport avec l'opération dite « au rouge » (le feu et le sang). Et n'oublions pas que pour chauffer le fer, on le porte « au rouge ». Lénine, très marqué par le signe du Bélier, engloutit le tsarisme décadent sous un fleuve de sang (le fils du tsar était hémophile !) et de drapeaux rouges. Toute révolution, toute guerre se lavent dans le sang.

Le fer dans son aspect matérialisé, c'est donc la violence, l'arme blanche, le fil de l'épée : chez les samouraïs, « l'épée de vérité » doit trancher les attaches avec le monde. L'anneau qui relie le poignard ou la dague à la ceinture s'appelle, dans le langage des armuriers, la *bélière*...

1. Cf. l'irremplaçable livre de René Guénon : *le Règne de la quantité*, coll. Idées, Gallimard.
2. Sur ce sujet, cf. Mircea Eliade, *Forgerons et Alchimistes*.
3. Texte extrait du *Règne de la quantité* de René Guénon, chapitre « Signification de la métallurgie ».

Le désert : autre lieu martien. Le Soleil du Bélier, c'est aussi le Soleil implacablement destructeur qui brûle, calcine, et donne au désert sa beauté fascinante. (Le canyon de Chelly dans l'Arizona).

Les lieux de Mars

Tout d'abord, la planète Mars (habitée par des « Martiens », bien entendu délégués par les organismes touristiques de la planète Terre). Puis les lieux déserts, brûlés par le Soleil (le Désert de la Mort aux États-Unis), les mines abandonnées, les forges, les champs de bataille où règnent le cliquetis des armes ou leur spectre (Waterloo, le film *OK. Corral*). Les lieux d'affrontements impitoyables en général (la planète Terre, par exemple).

Frère symbolique des natifs du signe, le Bélier est le meneur du troupeau. Ses cornes lui confèrent force, persévérance et noblesse. (Dessin de Pisanello, XVIe siècle.)

Selon Hadès [1] : « Les arsenaux [l'Arsenal de Venise en particulier, antre infernal de Pluton et de Mars, note de l'auteur], les fonderies, les usines, les fours [cf. Landru, note de l'auteur], les forges, les ateliers de mécanique, les casernes, les boucheries, les armureries, les chaudronneries, les coutelleries, les toits [Mars : la tête, un lieu élevé], les ateliers de carrosserie, les quincailleries, les lieux de tir et de chasse, les terrains d'exercice, les entrepôts de matériel militaire, de lutte contre l'incendie [...] »

En bref, tous les lieux où s'opère une transmutation du relatif à l'absolu (*Agni*, le feu sacré qui « brûle tout »). Le Bélier est le signe du primordial, de la pureté, son feu réduit tout à néant (Hiroshima et Dresde en 1945).

Les animaux régis par Mars

Les fauves en général. Ceux qui sont sans pitié, mais non sans tendresse. *Les personnages Bélier aiment toujours les animaux* (exemple : Michel Simon). Le Bélier, bien sûr. Le mouflon, celui qui saute de rocher en rocher, qui a *la tête au-dessus de la ligne d'horizon*. Celui qui risque d'être abattu un jour par « ceux-venus-d'en-bas » (les petits-malins-des-onze-autres-signes).

Mais surtout, le loup ; selon la Tradition, il est sous la domination de Mars et Saturne. Animal hyperboréen, il incarne la lumière primordiale, originelle ; on le retrouve au centre de toutes les traditions nordiques. C'est une louve qui nourrit Romulus et Remus, fondateurs de Rome, ville placée sous le signe de Mars et du Bélier (civilisation guerrière).

Auparavant, le loup avait incarné un dieu guerrier du panthéon égyptien, Ophoïs, appelé aussi Ouapouaitou ou Aphérou, qui guide en terre ennemie les guerriers de sa tribu. Ce dieu Ophoïs, qui représente la cruauté, la combativité, est même représenté à la Basse-Époque sous des habits militaires, en officier à tête de chacal (Anubis).

1. *Mars et Vénus ou le désir de la chair*, Bussière, 1975.

Romulus et Remus nourris par la louve romaine. Placé sous la domination de Mars et de Saturne, cet animal venu du Nord incarne le retour aux origines, la lumière primordiale.

Dans de nombreuses peuplades (notamment les Yacoutes de Sibérie), le loup représente la fécondité (Mars, le phallus). Mais le dieu-loup Ophoïs pilote aussi la barque du Soleil durant son voyage nocturne (Pluton, version nocturne de Mars). Le loup est l'animal qui voit la nuit : chez les Nordiques et les Grecs, il est attribué à Belen ou Apollon lycien. Pour les Mongols, il est l'ancêtre du conquérant Gengis Khan (Timour-Tamerlan était du signe du Bélier).

Enfin, Adolf Hitler se faisait appeler « *Wolff* » (le Loup) avant son accession au pouvoir ; l'un de ses principaux Q.G. avait pour nom « *Wolffschanze* » (« Tanière du loup ») et ses animaux favoris étaient deux chiens-loups, ou « bergers (Bélier) - allemands (Bélier) ». Rappelons que l'Allemagne est du signe du Bélier et qu'Hitler avait Mars, dispositeur de Mercure en Bélier, conjoint à Vénus.

D'autres animaux martiens : le sanglier (très marqué par Saturne), l'ours, etc.

Les couleurs, végétaux, minéraux, les talismans

Les couleurs de Mars sont le rouge, l'orangé, le jaune cru (cf. la palette de Van Gogh ou de Vlaminck).

Les végétaux : La bergamote, la cannelle, le citron, la citronnelle, la verveine, le bois sous forme de braise.

Là aussi, les avis divergent suivant les auteurs, mais il y a consensus sur certains d'entre eux : houx, arnica, chardon, olivier, chicorée, bruyère, chiendent, cresson, genêt, persil, gui, houblon, romarin, thym, ail, menthe.

Le sel biologique de Mars est le phosphate de potassium ou *Kalium Phos* en homéopathie. Il dynamise, renforce les possibilités mentales et soigne la tête.

Les minéraux : Fer, pyrite, acier, lave en fusion.

Mars signe non seulement les armes blanches (arts martiaux), mais aussi la chirurgie (bistouri, scalpel) et le crime : les mauvais aspects de Mars (carré à Pluton ou Uranus) se retrouvent aussi bien dans les thèmes de criminels que de chirurgiens (Barnard ou Landru, au choix), ce qui nous en apprend autant sur la profondeur métaphysique de l'astrologie que sur la relativité des actions humaines. Un chef de guerre comme César (Mars au Milieu-du-Ciel en Balance) n'a-t-il pas tué, indirectement, des milliers de gens ? Et combien de chirurgiens, en revanche, amputent de bonne foi, alors qu'il ne sont que le produit, comme leurs victimes, d'un « système » aberrant...

Les pierres de Mars : Les météorites (ce qui *tombe* du ciel, mythe de Lucifer). Le silex (qui sert à faire du feu). L'améthyste, le rubis, la cornaline. Mais surtout et sans conteste, le *diamant* (« pur et dur »).

Les talismans : Un talisman de Mars n'est pas forcément adapté à un Bélier, car il rendra un Bélier « martien » très agressif. C'est pourquoi il faut se méfier des simplifications outrancières. Certains Bélier auront besoin d'être dynamisés (à cause d'un Saturne trop fort, par exemple), d'autres, trop marqués par Mars, auront au contraire besoin de valeurs opposées (Cancer, Balance) : couleur bleue, environnement harmonieux, tisane, musique douce, etc. Les talismans de Mars sont plus faits pour les actions martiennes (entreprises, combats, emprise sexuelle) que pour les Bélier en général.

Eiffel sur la tour à laquelle il donnera son nom. Témoin de notre "âge de fer", cet édifice à la structure métallique pour le moins agressive est aussi symbole de progrès – notion essentiellement Bélier.

*Etonnante peinture, d'une prodigieuse violence, où le mouvement se fait cosmique : toute la dynamique martienne s'exprime ici. (*Moïse défendant les filles de Jethro*, par le Rosso, XVI*[e] *siècle.)*

La Mythologie du Signe

La mythologie nous en apprendra beaucoup plus sur Mars et sur le Bélier. N'oublions pas qu'elle est le témoignage d'une connaissance supérieure — comme l'astrologie — et que le nom même de notre continent — Europe — est issu de cette mythologie grecque si riche d'enseignements. Tradition signifie pourtant source, mais en s'éloignant trop de la source les Européens se sont éloignés de la vie...

Chez les Romains, Mars était le premier des dieux. Rome et la civilisation romaine étaient régies par le signe du Bélier : civilisation guerrière, de conquête, mais aussi très marquée par l'agriculture. Mars était aussi un dieu agricole, le dieu du printemps, de la végétation.

En anglais et en allemand, la racine *Spring* signifie sauter, jaillir, et le même mot signifie aussi printemps en anglais. Dans les civilisations traditionnelles non chrétiennes, le véritable nouvel an correspondait à l'entrée du Soleil dans le signe du Bélier, c'est-à-dire à l'équinoxe de printemps. On y célébrait des rites agraires et sexuels. Le dieu Pan, dieu phallique et de fécondité, est évidemment en rapport avec Mars.

En Thrace, Mars était adoré sous la forme d'une épée rouillée fichée en terre ; chez les Sabins et à Rome sous la forme d'une lance ; chez les Gaulois c'était une épée nue, placée sur l'autel.

Chez les Grecs, Mars s'appelle Arès, dieu qui est à l'origine de la naissance du monde. On peut mettre ce nom en rapport avec le mot hindou *Arya*, qui désigne la race hyperboréenne, celle qui vient du Nord, qui est pure et porte la connaissance primordiale.

La mythologie grecque est à la mentalité moderne ce que la racine est à la plante (ce qui n'empêche pas les feuilles d'être frappées d'amnésie).

Selon Hésiode, Mars – ou Arès – était fils de Jupiter et de Junon, c'est-à-dire de Zeus et d'Héra. Mars fut formé aux arts de la guerre et apprit les danses des Corybantes, qui marchaient en sautant au son des tambours et des flûtes, en une sorte de délire sacré ; il s'apparente ainsi au dieu Pan, dieu ithyphallique. Il est donc permis de penser que le dieu Mars est un « phallocrate », c'est-à-dire un homme qui détient son pouvoir d'un phallus...

Ici, laissons la parole à Maurice Privat : « Le dieu Mars aime la bataille et, souvent vaincu, il se relève pour d'autres rencontres. [...] Il est aussi l'orage écumant. [...] Il est querelleur, sans doute, autant que brave, mais il sait commander, former des troupes, les armer, se montre aussi sage au conseil que résolu au combat. Il impose la discipline par le rythme bien scandé et les vertus de l'enthousiasme lui sont familières. [...] Il a une intelligence pratique, lucide. Il excelle à détruire et sait bâtir, multiplier les forts, creuser les tranchées, susciter ou utiliser les moyens d'action. Il forge dans les cœurs la notion du devoir. Il est aussi très sensible, dans sa chair plus que dans son cœur... Il ne faut pas oublier que si la guerre est un fléau, elle a, quelquefois, aidé la civilisation à s'épanouir. Comment les hommes accepteraient-ils de s'unir sans la menace d'un péril ? [...] Ce mal est un organisateur tyrannique [1]. »

1. Maurice Privat, *l'Astrologie scientifique à la portée de tous*, Grasset, 1939.

*Les Titans : incarnation des énergies primordiales, ils furent foudroyés par Zeus pour s'être révoltés contre les dieux. (*Gigantomachie*, gravée par Goltzius).*

A propos de la guerre, rappelons que Gurdjieff aussi bien que Krishnamurti en avaient fait un « mal » absolument nécessaire, pour des raisons d'ailleurs entièrement différentes : la guerre serait une réaction violente salutaire contre une maladie, qu'il s'agisse d'un organisme vivant ou d'une communauté tout entière ; Mars symboliserait alors les anticorps qui incarnent une salutaire *réaction*.

La guerre extérieure, nous enseignent les maîtres spirituels, n'est jamais que le reflet d'une guerre intérieure : c'est la guerre sainte (*djihâd*) de l'Islam. Ainsi, Mars ne serait que celui qui porte dans les ténèbres la lumière tranchante d'une dure vérité (combat, crime, guerre, opération, caste des *kshatrya*), tranchante comme la lame d'un sabre.

Dans la bataille, Mars était environné d'un terrible fracas et Homère le montre retournant vers l'Olympe « semblable à une nuée sombre, un nuage orageux, qui obscurcit le ciel au moment où s'élève le souffle furieux du vent ». Dans *l'Iliade*, Jupiter lui reproche de « se plaire à la discorde, aux guerres et aux combats ».

Ce guerrier géant qui aimait fréquenter les champs de bataille (précédant Pluton, dieu de la mort), incitait les guerriers au carnage. Emporté par sa force, il fut souvent victime de son impulsivité. Pourtant il devint l'amant d'Aphrodite, et eut avec elle un enfant nommé Harmonie, « celle qui unit » : ne trouve-t-on pas dans ce mythe le symbole de l'union du Bélier avec son contraire, la Balance (Mars et Vénus) ? Le mari d'Aphrodite était Héphaïstos (Vulcain), dieu-forgeron, considéré par les astrologues modernes comme le second maître de la Vierge.

Mars, c'est aussi le dieu Thor de la tradition nordique, c'est le dieu qui symbolise l'impulsion originelle, le cerveau, la tête (avec, dans le yoga, les correspondances qui s'imposent : la fontanelle, l'ouverture vers le haut : le prophète, l'inspiré). En psychologie, cela signifie : impulsion, aube, élan, puissance d'action, conquête, sang, blessure, fer, rouge, couteau, feu, danger, guerre.

Même de nos jours, le Champ-de-Mars n'est-il pas, à Paris, le terrain où s'élève la tour Eiffel, monument qui caractérise notre âge (*Kali-Yuga*, « âge de fer »).

Mars et Vénus surpris par Vulcain. L'union de Mars et Vénus (le dieu de la guerre et la déesse de l'amour), c'est aussi l'union du Bélier avec son contraire, la Balance.

Le mythe de la Toison d'or

« *Le soleil pastoral qui lave dans la mer la Toison d'or des étoiles* » (Paul Claudel).

Bien plus que Mars (qui peut se trouver dans douze signes différents, même si le Soleil est toujours en Bélier), c'est le mythe de la Toison d'or qui nous donne la clef du Bélier : *la Toison d'or, c'est le paradis inaccessible.* A sa place, le Bélier découvrira souvent l'enfer (Pluton, second maître du signe). Mais la Table d'émeraude ne nous enseigne-t-elle pas que « ce qui est en haut est comme ce qui est en bas » (Pluton, octave supérieure de Mars) ?

Dans la mythologie grecque, le Bélier s'appelle Chryzomalone ; animal fabuleux, il est capable de parler (le Bélier est l'incarnation du Verbe, le prophète qui parle sans avoir appris, la connaissance *avant* le savoir) et de voler avec sa toison dorée. C'est la reine Néphélé qui l'avait léguée en mourant à ses deux enfants, Phryxos et Hellé. La seconde épouse du roi n'aimait pas ces enfants et voulut les tuer. Ceux-ci s'enfuirent alors, montés sur le Bélier qui dégageait une telle chaleur (le Feu primordial, *Agni*) que la jeune fille ne put la supporter et tomba dans la mer en un lieu nommé depuis Hellespont, dans le détroit des Dardanelles.

Très justement, André Barbault commente ici : « Voici donc, chez "le bouclé", l'image de la facilité à lâcher la proie pour l'ombre, le bonheur déjà atteint et laissé pour un autre, entrevu en songe ; on voit aussi l'énergie totalement tendue, à laquelle peut succéder l'abandon complet. »

Ce Bélier merveilleux était né d'une tornade, provoquée par magie. Phryxos reçut ensuite asile en Colchide et, sur la propre demande du Bélier, il l'immola à Zeus-Jupiter. Il fit cadeau de la Toison d'or au roi du pays qui la suspendit à un chêne consacré à Mars (Bismarck avait-il conscience de ce mythe lorsque, pour se « recharger », il restait plusieurs minutes en méditation, enlacé à un arbre ?).Cette toison resta sous la garde d'un dragon. Par la suite, pour la conquérir, Jason monta une expédition avec ses compagnons, les Argonautes. Médée, fille du roi, lui donna un breuvage magique pour endormir le dragon et Jason put enfin conquérir la Toison d'or.

Outre qu'il montre bien le caractère solaire du Bélier, ce mythe illustre surtout la vocation *sacrificielle* du signe : renoncement aux illusions, énergie incandescente, recherche d'une *guerre juste*. Le Bélier idéal est celui qui vend sa peau pour rien. Il est généreux par nature, non par calcul. Il donne parce ce qu'il est, non parce qu'il a.

Nous sommes bien sûr au niveau des valeurs métaphysiques ; dans la réalité « sâmsarique »[1], on aura des Bélier mercenaires, brutes épaisses, jouisseurs dionysiaques. Mais quel que soit le niveau, on trouvera toujours chez le natif de ce signe, qui brûle la vie par les deux bouts, une étincelle d'éternité rougeoyant derrière les cendres.

Cette *primarité* du Bélier, l'astrologue Cyrille Wilczkowski l'a très bien décrite : « C'est une âme enfantine qui ne connaît pas les dédoublements et les complications d'une âme adulte, une âme d'*une seule pièce*, se donnant totalement, réagissant totalement en présence de tout phénomène extérieur, obéissant totalement à toute impulsion intérieure. Comme chez l'enfant, la marge entre le désir et l'action sera, chez lui, quasi inexistante et le rêve se confondra souvent avec la réalité. Il sera incapable de calcul et de ruse. Ses actes seront empreints de franchise et de spontanéité. Le sentiment le plus généreux et le caprice le plus naïf constitueront, au même titre, des impératifs inconditionnels... Comme l'enfant, il ne connaîtra d'autre passé qu'un passé immédiat. Il vivra orienté vers l'avenir, dont il ne sera pas capable de mesurer les menaces. Il distinguera mal entre le possible et l'impossible. Il n'aura pas le sens des proportions et de la relativité. Le malaise présent prendra chez lui un caractère exagéré et insupportable... Il s'effraiera d'une ombre et ne comprendra pas les dangers réels. Pour fuir l'angoisse imprécise de l'instant, il s'élancera dans l'aventure la plus folle, car c'est le futur qu'il va parer d'un prestige merveilleux et le dynamisme inépuisable de son âme éternellement jeune le projettera constamment vers la conquête de l'inconnu. »

Astrologie traditionnelle et astrologie orientale

Les chakras sont des centres d'énergie et de force se trouvant au long de la colonne vertébrale et de son prolongement, chacun de ces centres étant en rapport avec un organe subtil ou plexus. Ces chakras correspondent aux localisations classiques des douze signes solaires, allant du Bélier aux Poissons. La *kundâlini* (si chère à nos chaisières « spiritualistes », et pas seulement à elles, heureusement) est l'énergie cosmique qui monte du *Mulâdhâra-cakra* (Scorpion, sexe) au *Sahasrâra-cakra* (fontanelle).

Le signe du Bélier (la tête) correspond à deux des chakras de la cosmogonie tantrique. Je citerai ici des éléments traditionnels exposés par Julius Evola dans *le Yoga tantrique*[2].

« *Âjñâ-cakra* : correspond au plexus caverneux. Lieu : au niveau de l'arc orbital. A deux pétales correspondant aux lettres *ha* et *ksha*. Couleur : fulgurante comme une flamme blanche. Mantra : OM. En relation avec : 1) le cervelet ; 2) la moelle ; 3) l'"organe interne" [...] ; 4) dans le macrocosme, avec *sûkshma-prakrti*, c'est-à-dire toutes les puissances de la nature dans leur dimension subtile [...].

« Littéralement, *âjnâ-cakra* veut dire *cakra* ou centre de commandement. Sa région est celle de l'*ûrna*, la pierre frontale qui évoque, dans l'iconographie hindoue, le « troisième œil », l'œil de Civa, qui agit comme la foudre, comme un *vajra*, et auquel on attribue en même temps la vision cyclique ou "cyclopéenne", la vue transcendante. La représentation, dans ce *cakra*, du triangle renversé (symbole de la déesse et signe du *yoni*, de l'organe sexuel féminin) contenant un foudre, un *linga* adamantin, a une signification analogue ; c'est donc maintenant la virilité çivaïte sous sa forme de *vajra*, de force-foudre se manifestant dans tout commandement magique, qui s'unit à la Çakti primordiale. »

La vue transcendante, la force-foudre, le *vajra* (illustration), la virilité çivaïte, sont indéniablement des motifs Bélier. On voit donc que le rapport entre le signe et sa localisation par les doctrines secrètes hindoues est riche d'enseignement.

Le second chakra de la tête — et le dernier de la série ascendante qui mène à l'illumination — est la fontanelle, ou *Sahasrâra-cakra*. C'est l'endroit situé au sommet de la tête, d'où sortent les

1. *Samsâra*, mot sanskrit désignant la transmigration des êtres.

2. Julius Evola, *le Yoga tantrique*, Fayard.

Représentation des Chakras de la cosmogonie tantrique. On reconnaîtra le troisième œil de Çiva, l'œil cyclopéen, celui qui confère la vision transcendante.

influences subtiles et aussi l'« âme » au moment de la mort (du moins chez les individus évolués spirituellement). Voici ce qu'en dit la tradition tantrique, à travers Julius Evola :

« Le triangle renversé de la grande Çakti réapparaît ici dans le symbolisme avec non plus un *linga* (phallus) en contrepartie mais le "point suprême" (*parabindu*) en tant que "vide" (*cûnya*), c'est-à-dire en tant qu'inconditionné, simplicité immatérielle d'une pure fulguration transcendante où sont repoussées les limites de tout état conditionné... »

Je ne commenterai pas ces textes au contenu assez difficile ; précisons simplement que la Çakti a la forme de Civa, et qu'elle ne fait qu'un avec le « corps de son époux ». On peut y voir l'axe Bélier (Çiva) – Balance (Çakti), se rejoignant dans l'indifférenciation supra-humaine.

L'enlacement amoureux du couple Çiva-Çakti (à gauche), le feu originel, Agni (à droite) : deux clefs de la mythologie orientale. (Bois sculpté du XVIIe siècle ; bas-relief du temple de Khajuraho.)

A propos des analogies (relatives) de l'astrologie occidentale avec le tantrisme, il faut aussi préciser que l'axe qui va du sexe au cerveau correspond à celui qui relie le Scorpion au Bélier, ce qui pose des problèmes d'amputation du Zodiaque. En ce qui concerne le Bélier, il me semble correspondre bien mieux à l'*Ajnâ-cakra* (troisième œil, virilité transcendante, Çiva, dieu de la foudre et de la destruction) qu'au *Sahasrâra-cakra* (fontanelle), situé au sommet de la tête, en dehors de toute manifestation. Ce dernier correspondrait plutôt à l'arcane XXII du tarot, le Fou. Mais ce peut être aussi l'aspect prophétique du Bélier (Moïse). Le *sahasrâra* est « le lieu de la transcendance par-delà le cosmos », situé par analogie au-delà du corps.

Poursuivant mon enquête métaphysique sur le Bélier (précisons que cette tentative analogique est faite pour la première fois, à ma connaissance), j'essaierai, à propos du *Feu originel, primordial*, de faire la synthèse de toutes ces traditions (qui, on le sait, se rejoignent au sommet).

Dans le Vedântâ, le Feu primordial est assimilé au cerveau, à la bouche, à la nourriture, au

*Le symbolisme martien, essentiellement solaire, ne doit pas occulter l'aspect plutonien du signe, qui sait aussi se reconnaître dans le feu souterrain des enfers. (Détail de l'*Enlèvement de Proserpine par Pluton, *bas-relief de Girardon.).*

sang, aux *nadis*, aux canaux subtils du fluide nerveux, au désir et à la connaissance. Les Upanisad disent aussi que « les feux instruisent » ; c'est par le feu du sacrifice qu'on transmet les offrandes aux dieux.

D'autre part, *Agni* (le Feu originel) et *Agnus* (l'agneau divin) ont la même étymologie. Dans son ouvrage de référence [1], Marcelle Senard remarque que ces deux mots contiennent la racine *gn* qu'on trouve dans le mot *Gnose* et dans le mot allemand *Gnade* (la grâce). Et cet auteur ajoute : « Par la rupture d'un équilibre formel instable, le Feu créateur, sans cesse attiré et attisé par le désir de l'équilibre absolu de l'informel, jaillit dans la matière (le Bélier). »

Marcelle Senard nous apprend aussi que le Bélier correspond à l'attribut *Guna Sattwa*, c'est-à-dire *l'essentialité* : caste « sattwique », ou encore caste des brahmanes, de ceux qui *détiennent* la

1. Toutes ces références métaphysiques sont extraites du célèbre ouvrage de Marcelle Senard : *le Zodiaque et son ontologie*, Éditions Traditionnelles.

connaissance. Cette connaissance est un dépôt sacré, traditionnel, et n'a rien à voir avec une « recherche » comme le pensent les modernes.

Autre correspondance avec le premier signe du Zodiaque : *Parabrâhman*, la cause existant par elle-même, éternelle et indépendante.

Dans le Zodiaque hindou, le Bélier s'appelle *Mesham* ou *Aja*, c'est-à-dire « *ce qui n'a pas de naissance* ». On retrouve cet élément capital dans l'intuition souvent étonnante des natifs de ce signe, dans leur savoir inné, inexplicable, dans la force de leur instinct qui leur permet de mener le troupeau avec une confiance absolue en eux-mêmes. Puisqu'il n'y a pas de signe avant le sien, le Bélier ne peut tout tirer que de lui-même. « *Er ahnt mehr als er weiss* » : « il devine plus qu'il ne sait ».

Marcelle Senard ajoute que le caractère du Bélier est titanique. Les Titans sont les fils d'Uranus, le Ciel, et de Gaïa, la Terre ; ils incarnent donc les énergies primordiales. Selon l'astrologue Krafft, c'est Uranus qui serait maître du signe. Bien que cette hypothèse soit contredite de manière absolue par l'astrologie classique et traditionnelle, elle mérite d'être envisagée. On trouve dans le mot Uranus les racines *ur* : premier, originel, et *an* : commencement. Ce sont bien, comme la foudre, des caractéristiques propres au Bélier. Pourrait-on considérer Uranus comme second maître du signe, à la place de Pluton ?

Enfin, Marcelle Senard attribue au Bélier la racine phonétique *spr* dans de nombreuses langues qui vont du sanskrit à l'allemand, toutes de souche indo-européenne. Par exemple, *spargan* (être gonflé de sève), *sperma* (sperme, semence), et les mots germaniques *sprühen* (jaillir), *springen*

Moïse et le buisson ardent, *peint par Raphaël. Admirable geste d'humilité et d'effroi de celui qui reçoit la connaissance, mais ne peut soutenir l'éclat du feu, symbole de la Révélation.*

Représentation confondue de Mars et du feu dans la symbolique alchimique. Dans l'accomplissement du Grand OEuvre, le feu philosophal c'est le feu des Sages, celui qui ne brûle pas, mais vivifie.

(sauter), *spritzen* (pétiller), *sprechen* (parler) ; en anglais, les mots *spring* (ressort, printemps), *to spray* (jaillir), *sport.*

Du point de vue des signes, il semble bien que les systèmes astrologiques non occidentaux soient complètement différents ; les tentatives analogiques de quelques auteurs non familiarisés avec la science astrologique sont aussi floues et contestables que la mise en rapport des signes avec les lames du tarot. Le simple fait que le nombre des signes du Zodiaque n'est pas le même dans les astrologies maya, aztèque, chinoise, etc., exclut toute comparaison fructueuse. De plus, il s'agit de civilisations complètement différentes, de conceptions du monde et de l'homme radicalement divergentes. C'est pourquoi les signes de l'astrologie chinoise et leur description n'ont pas de signification pour l'homme occidental, et ne peuvent s'appliquer à lui. (Il faut souligner ce point malgré les affirmations de certaines personnes qui, confondant l'astrologie avec un simple « jeu de société », peuvent toujours avoir l'illusion de se reconnaître dans les signes chinois, dont la description relève pourtant de la pensée dialectique propre au taoïsme).

Il n'est pas jusqu'aux éléments eux-mêmes qui soient différents dans l'astrologie chinoise, puisqu'ils sont cinq (eau, feu, bois, métal, terre) : seulement trois d'entre eux sont les mêmes que dans notre tradition : l'eau, le feu et la terre.

Ce que dit la tradition chinoise à propos du Feu peut bien sûr s'appliquer aux trois signes (Bélier, Lion, Sagittaire) régis par cet élément, mais il est intéressant de constater de nombreuses analogies avec ce que dit la tradition hindoue du *Feu primordial* propre au premier signe .

Le Feu.

« a) Symbolisme. Très grand arbre aux petites racines. Oubli de la terre et des hommes. Seuls comptent le ciel et ses vents, les cieux et ses dieux. Aucune vie collective sinon dans la collectivité des chimériques divinités. Ce très grand arbre est un dieu pour tous les autres arbres qui supposent en sa cîme invisible le lien des divines chimères [...].

« b) Les natifs du Feu. Dieu parmi les hommes. Les êtres natifs du Feu sont très éloignés des préoccupations matérielles des hommes, leurs frères ordinaires. Ils se font une certaine idée du monde, des hommes et de Dieu, leur créateur. Bien souvent, ils font le sacrifice d'eux-mêmes au gouvernement des hommes. Ils aiment être – et ne peuvent qu'être – des empereurs, des dictateurs ou des hommes supérieurs [1] [...] »

La même tradition chinoise cite comme exemples de personnages placés sous le signe du Feu, Thiers, Toscanini et Mallarmé – qui sont du signe du Bélier selon l'astrologie occidentale, mais aussi d'autres personnages qui, selon cette astrologie, ne sont ni Bélier ni même d'un signe de Feu ! Cela ne signifie pas que l'astrologie chinoise est fausse, mais confirme qu'elle est radicalement différente et que toute comparaison entre les deux systèmes est vaine.

En revanche, la description des personnages marqués par l'élément Feu correspond tout à fait à ce qu'en dit notre astrologie ; simplement, on y discerne un langage et un symbolisme propres à l'univers chinois traditionnel : il n'y est pas question de « l'homme de la rue » ni du bourgeois – créations de l'Occident contemporain –, mais d'empereurs sublimes et d'arbres gigantesques. On retrouve néanmoins les caractéristiques du Bélier : idéalisme, recherche de la grandeur, sacrifice de soi-même, dans son aspect le plus « mythique »... Cette dimension est hélas trop souvent oubliée des astrologues modernes.

1. Passage extrait du livre de Xavier Frigara et Hélène Li : *la Tradition astrologique chinoise*, Dangles, 1978.

Chapitre II

Caractérologie générale du Signe

Claudia Cardinale, superbe amazone du signe. La femme Bélier est une conquérante, qui aime vaincre, pour laquelle l'aventure, même la plus folle, vaut d'être vécue.

Le Bélier dans la Vie

« Le paradis est à l'ombre des épées. »
MAHOMET

Le premier signe – celui qui émerge du chaos originel – est sous la domination de la planète Mars, qui correspond, en hermétisme, au fer. Le Bélier peut être défini comme un ferrailleur ; c'est l'homme des duels ; gageons que plus d'un représentant de ce signe regrette la suppression de cette honorable institution : de nos jours, il se contente de la vivre sur d'autres plans.

Les mots clés du Bélier sont *lutte, combat, bataille, guerre.* S'il n'a pas d'adversaire à sa disposition, il peut devenir très malheureux. La réputation de fonceur du Bélier est juste, mais à double tranchant, comme le fil d'une épée. Le nom de cet animal peu commode et robuste a été attribué à un accessoire de la panoplie médiévale permettant d'enfoncer les portes les plus solides. En principe, cette analogie peut également valoir sur le plan sexuel : le Bélier défonce toutes les portes, même si elles sont déjà ouvertes. Mais il a une nette préférence pour les portes fermées. Il arrive évidemment que le héros soit fatigué. Excessif en tout, il est alors capable de descendre au-dessous de tous les autres signes, avant de reprendre sa place, la première.

Si le Bélier n'a ni porte ni adversaire à sa disposition, il fonce dans le mur. Plus le mur est dur, plus sa tête le deviendra : il s'exerce.

A cause de cela, on lui a fait une réputation d'entêtement, voire de stupidité. C'est une erreur : signe du Feu primordial, de l'instinct à l'état pur, le Bélier est doté d'une forte intuition et d'une remarquable subtilité. Il déborde de vitalité, son problème étant de lui trouver une application.

Son impulsivité est à la fois sa faiblesse et sa force : si elle peut le pousser à des actions regrettables, elle est aussi un facteur de rapidité qui déroute ses adversaires.

La voie du Bélier est la violence. Il s'y sent à l'aise : le tout est de la maîtriser, comme dans le bouddhisme Zen ou les arts martiaux, disciplines qui relèvent incontestablement du premier signe. Lorsque le Bélier ne domine pas sa violence, il devient un pur destructeur, qui casse et brûle tout sur son passage. Apparaît alors le Feu indifférencié, sacrificiel (*Agni*), qui purifie et détruit ; il est symbolisé par la planète Pluton, second maître du signe.

Ces deux aspects coexistent dans le rôle joué au XXe siècle par l'Allemagne et le Japon, pays Bélier. Dans le monde actuel, régi par les masses (signes du Cancer et de la Balance), les valeurs Bélier, de hiérarchie et de force, sont minoritaires. Le mot « chef » ne s'emploie plus guère, excepté sur un mode de dérision. Peut-être le Bélier se sent-il moins épanoui que d'autres signes dans un environnement « égalitariste ». Mais d'une manière ou d'une autre, ses qualités finissent toujours par s'imposer, qu'il soit concierge ou chef d'orchestre. Sinon, le Bélier détruira ou se détruira – en bon *kamikaze* qui n'admet pas qu'on mette en doute les valeurs pour lesquelles il se bat.

Il y a toujours chez le Bélier un côté frondeur, voire destructeur. Il est représenté à merveille par un acteur de cinéma comme Marlon Brando : qu'on pense, par exemple, à cette scène extraordinaire d'*Un tramway nommé Désir* (l'auteur Tennessee Williams est également du Bélier) où Brando démolit le décor avec une violence indescriptible. Lorsqu'un Bélier est en colère (ce qui lui arrive souvent), il vaut mieux qu'il s'en prenne aux meubles qu'aux gens !

En dehors de son profil souvent caractéristique, il existe un bon moyen de reconnaître un Bélier homme ou femme : il a presque toujours une cicatrice à la tête. C'est, pour ainsi dire, sa signature.

Premier signe du Zodiaque, le Bélier est par là même le signe le plus incompris : le chef du troupeau, ne l'oublions pas, tourne le dos à ceux qui le suivent... ou ne le suivent pas. Il ouvre le chemin que d'autres parcoureront. Ce n'est pas le résultat qui l'intéresse, c'est l'action elle-même, l'instant de la découverte, de la conquête : *joie primitive et pure de l'étincelle.* Étincelle (*Iskra*) — tel était justement le titre de la revue fondée par Lénine, qui avait trois planètes (Mercure, Mars et Neptune) dans le signe du Bélier.

Quant à l'ascension foudroyante de Hitler, elle est due en grande partie à son Mercure dans le signe du Bélier (signe de l'Allemagne), soutenu par un puissant Uranus à l'Ascendant.

Comme il est le *premier*, le Bélier doit voir vite et loin. Il n'a pas le temps de s'attacher aux détails — ce sera le rôle des signes qui le suivent. Toujours en mouvement, il avance, il ouvre la route, il découvre, il brise. Le Lion, lui, second signe de Feu, incarne la flamme déjà domestiquée : il s'assied sur le trône, il s'installe.

Le Bélier, au contraire, traverse le social sans y adhérer. Il sème à tous vents, se souciant peu de réaliser. D'autres récolteront, accompliront, amasseront.

C'est aussi un provocateur, un maître du paradoxe ; encore un mot clef : *affronter.* Baudelaire, Verlaine, Van Gogh, tous trois calcinés par leur propre feu intérieur, incompréhensibles pour une société qui, à leurs yeux, n'est plus qu'une conspiration de banalités. Qu'on lise, à ce sujet, *Fusées*, de Baudelaire, un titre bien Bélier...

Aussi le Bélier sera-t-il le champion des causes perdues d'avance, les seules qui vaillent la peine d'être défendues : amour des valeurs authentiquement aristocratiques, d'une hiérarchie immémoriale. Éthique du combattant solitaire, du samouraï. C'est le baron Ungern von Sternberg, attaquant avec une poignée de cavaliers mongols une armée entière de communistes chinois.

La force suprême du premier signe est peut-être dans le paradoxe, qui lui permet de dépasser le déchirement intérieur provoqué par un idéal, un rêve inaccessible. « L'action est la mère de tous les vices », dit Cioran, un écrivain Bélier particulièrement lucide. Le Bélier est donc le père de tous les vices...

L'univers du Bélier

« Celui qui meurt d'un coup d'épée en combattant, en accomplissant son devoir de *kshatriya*, accomplit, dans l'acte même, le sacrifice le plus méritoire et sa purification a lieu à l'instant » (*Mânavadharmacâstra*, V,98).

La mythologie nous confirme cette pénétrante définition : en sanskrit, le Bélier a pour synonyme *Aja*, qui signifie « celui qui n'a pas de naissance ». C'est la source primordiale, Tradition originelle, qui est à la base de toute manifestation. C'est le Feu-Ether des Grecs, la fournaise d'où sort l'Œuf du monde.

De même, dans l'ordre naturel, c'est le printemps, qui correspond à la montée de la sève, à la renaissance cosmique.

Ainsi, les onze signes qui *suivent* le Bélier apparaissent marqués du sceau du relatif par rapport à l'étincelle primordiale, mystérieuse, issue du chaos originel, symbolisée par le premier signe : du même coup, ils apparaissent plus humains, plus adaptables, moins excessifs, mais aussi moins purs.

L'enfer, pour le Bélier, c'est justement ce qui est représenté par les autres signes : l'adaptation au monde, la plongée dans le relatif, la nécessité de composer. Pour le Bélier plus que pour n'importe quel autre signe, la vie est avant tout un voyage, une aventure : au terme de ce voyage, on revient au point de départ, pour ne plus rien reconnaître.

En ce sens, l'existence du Bélier est souvent placée, comme celle du Poissons — mais pour une raison opposée — sous le signe du sacrifice : sacrifice d'un idéal trop grandiose pour être humain, renoncement aux illusions d'une âme souvent enfantine, rêvant de trésors cachés et d'aventures merveilleuses. Par rapport à ses rêves d'enfance — symbolisés par le signe du Cancer (Maison IV solaire) —, le Bélier devra faire l'apprentissage des aspects les plus obscurs du monde incarné : la haine, la mesquinerie, le mensonge, contre lesquels il partira en guerre, tel un inlassable don Quichotte.

« Plonger au fond du gouffre. Enfer ou ciel qu'importe ? Au fond de l'inconnu pour trouver du nouveau » (Baudelaire) ; et : « Aucune force n'est supérieure à la force » (Nietzsche), voilà deux maximes qui illustrent à merveille l'univers du Bélier (même si Nietzsche n'avait pas le Soleil dans ce signe). On reprochera donc aux Bélier d'être violents, querelleurs, agressifs, « tout-en-gueule », dévastateurs, mais on ne connaît pas de Bélier sournois, paresseux, hypocrites, dissimulateurs : ces qualificatifs ne peuvent être apportés que par d'autres signes.

Bien entendu, il conviendra de se rappeler au cours de cet ouvrage qu'en traitant du signe du Bélier, je ne parle pas seulement de natifs ayant le Soleil dans ce signe, mais aussi de ceux qui sont fortement marqués par lui, même s'ils ont le Soleil dans un autre signe. (Il est capital de rappeler cette nuance pour ceux qui persistent à méconnaître l'importance de la véritable astrologie — laquelle n'est pas uniquement fondée sur le signe solaire).

L'homme du Bélier, donc, sera toujours l'homme d'un combat. Combat *contre* quelque chose, contre un obstacle. Débordant d'énergie, il aura parfois beaucoup de mal à lui trouver un terrain d'application. La société n'a pas été faite pour des héros, et les valeurs qui y dominent sont bien souvent celles de la compromission. Plus d'un Bélier s'y cassera la tête et les dents, mais il aura la satisfaction d'y avoir laissé quelques traces !

Dans la tradition hindoue, le Bélier correspond assez bien à la caste des guerriers (*Kshatryia*), parfois massacrés jusqu'au dernier pour une cause suprême. C'est le thème du sacrifice, si important pour ce signe.

A cause de son caractère absolu et excessif, le Bélier ne s'installe pas dans la société, il se contente de la traverser, y apportant ses innovations, renversant quelques murs lézardés, semant à tous vents ses idées et ses idéaux. Sa joie est dans l'action, non dans le fruit : c'est bien là qu'il incarne malgré lui *une forme de sagesse sacrificielle contenue dans l'étincelle primordiale*. Peu lui importe d'être compris ; il peut même trouver une certaine jouissance à lire la stupéfaction ou la peur sur le visage de son entourage. Il n'ignore pas que le monde des apparences est aux mains d'hommes prêts à toutes les concessions et que c'est *ailleurs* qu'ont lieu les véritables combats. Enfin, il sait que destruction et création sont liées, de même que le Yin et le Yang ; comme la déesse Kâli, il danse sur des charniers, une épée dans chaque main : avec le Scorpion, le Bélier est sans nul doute le signe qui ignore le plus la peur.

Bien entendu, il y a loin de la mythologie à la réalité, et tout le monde connaît des Bélier qui sont une piètre illustration des qualités du signe. En particulier, ce qu'on pourrait appeler le « complexe du héros », ou encore le « complexe de Zorro » (le vengeur masqué : Mars-Pluton), peut jouer des tours mémorables aux Bélier qui manquent d'humour. C'est l'aspect négatif de don Quichotte, mais n'oublions pas que, dans l'univers, tout a une double face et qu'« il n'y a pas de grand homme pour son valet de chambre » (aphorisme qu'il faudrait d'ailleurs à son tour relativiser dans la mesure où il émane d'une société de type « bourgeois »).

Il est impossible de parler du Bélier, premier signe — signe du *Kshatryia*, signe de la guerre, signe de la force, signe des « armes blanches », sans parler de l'époque actuelle. La Bible ne dit-elle pas que « les premiers seront les derniers » ? De même, les valeurs Bélier sont aujourd'hui bafouées partout dans le monde, à cause de l'*inversion des valeurs* qui caractérise la fin de notre âge noir, ou âge de Kali (*Kali-Yuga*), ou encore « âge de fer ». Les symboles du chef, de la tête, de la vérité, de celui qui sait, sont éclipsés. Dominent, à l'heure actuelle, des idéologies et des modes de vie fluctuants qui n'ont pas la faveur de notre Bélier absolutiste et intègre.

S'il n'est pas chef de guerre, le Bélier n'a plus alors qu'à livrer un combat de *franc-tireur* contre les valeurs officielles ou les personnages en place. A notre époque, le Bélier risque d'être souvent à contre-courant, puisqu'il y a chez lui la nostalgie d'une élite. A la fin des temps, nous disent les écritures sacrées de l'Inde, « la caste prédominante sera celle des esclaves... seuls les biens conféreront le rang... le seul lien entre les sexes sera le plaisir, l'unique moyen de compétition la fausseté... Le type de vie sera uniforme, au sein d'une promiscuité générale... n'importe qui s'imaginera être l'égal d'un brahmane... » (Rig-Veda).

En principe, le Bélier sera plutôt un homme d'action, nous l'avons vu. Mais quelle que soit la forme de cette action, il cherchera toujours à être le *premier*, le meneur, le *leader* : encore des mots Bélier. Le tempérament élitiste et aristocratique du Bélier (aristocratique au sens où l'aristocrate est nécessairement un homme seul) est en contradiction avec toute société, et singulièrement la société moderne. Voilà pourquoi les mots clés du Bélier sont non seulement lutte, combat, aventure, épopée, mais du même coup blessures (de l'âme et du corps), trahison, incompréhension de la part des autres. Le pionnier se moque d'être suivi ou non : il avance, il marche vers un lieu connu de lui seul. Comme s'il venait d'un pays qui n'existait pas encore. Ces lignes, peut-être excessives, sont écrites par un représentant de ce signe si incompris, et caricaturé par les astrologues (signe tout d'une pièce, fonceur, jovial, plein de vitalité, etc.). Comme si l'action ne pouvait pas être un remède à l'angoisse. Comme si la fuite en avant n'était pas une course contre le temps. N'oublions pas que le second maître du signe est la planète Pluton, planète de la subtilité, du mystère, de la destruction. Le Bélier est donc très rarement un rugbyman amateur de steacks saignants, de voitures de sport, et de toute la panoplie connue : on trouve des créatures de ce genre dans tous les signes du Zodiaque.

En revanche, il suffit de citer quelques-uns des plus grands poètes du monde moderne : Baudelaire, Verlaine, Lautréamont, ou des chefs d'orchestre puissants et raffinés comme Toscanini, pour détruire les clichés habituels.

Le seul mot qui nous semble pouvoir caractériser le Bélier en général, sans pour autant tomber dans la caricature outrancière, est le mot *premier*. Quelque part, le Bélier est toujours le premier, serait-ce dans la catastrophe. Les plus grands personnages du signe illustrent ce jaillissement extraordinaire, sauvage, inédit, cette fulgurance inouïe, cette incandescence qui effraie, surgis comme le printemps, du chaos, du froid, de la mort. Personne n'a écrit comme Baudelaire ou Lautréamont avant eux, personne ne joue comme Michel Simon, rien n'est survenu, dans l'Histoire, d'aussi violent que le national-socialisme ou le communisme. Fait troublant, le Japon a été le premier pays et le seul, jusqu'à présent, à connaître les ravages meurtriers de la bombe atomique. Or, c'est un pays que les astrologues ont placé sous le signe du Bélier.

Venons-en plus précisément à l'univers du signe, maintenant que j'en ai fini avec les banalités d'usage qui veulent que le Bélier ne soit qu'un primaire fort-en-gueule, faisant beaucoup de bruit pour rien. La légende dément cette vision issue d'une astrologie simpliste : en réalité, le Bélier est, avec les Poissons, le signe du sacrifice, celui qui donne le plus de lui-même. C'est le signe correspondant à la Tradition primordiale (le préfixe *Ur* en allemand), *celui qui sait* sans le savoir, qui est porteur du jaillissement originel.

On souligne toujours le côté « enfant » du Bélier, comme si c'était un défaut. C'est que souvent sont confondus infantilisme et innocence. Freud et consorts ne sont pas pour rien dans ce tour de passe-passe. Le Bélier n'est pas infantile, mais « enfant », au sens de pureté originelle, de source primordiale. N'est-ce pas Nietzsche qui avait dit : « Il faut avoir dépassé la jeunesse pour redevenir enfant » ?

En ce sens, le Bélier est enfant comme le poète : il porte en lui les vérités originelles, qu'il révèle comme malgré lui, sans même l'avoir prémédité ; il n'a rien appris, mais il est celui qui sait, celui qui est branché, par sa constitution même, aux sources de la vie... et donc de la mort. Comme saint François d'Assise, comme Henry Miller (Ascendant Bélier), comme Joseph Delteil, il vit les choses avant de les exprimer. Il *est* le printemps, il ne parle pas sur le printemps. Il est le témoignage avant d'être le témoin. Il explose, il jaillit. D'autres arriveront, métronomes et traités en main, pour donner à cette émanation de l'âme primitive un visage humain, trop humain...

Le Bélier c'est l'étincelle, c'est la foudre, la déflagration. On n'en parle pas, on la vit. « Viendront d'horribles travailleurs », disait Hoelderlin...

Image symbolique que ce combat de Michel Simon, fabuleux comédien du signe, avec une chevrette dont il enserre fermement les cornes.

*Julie Christie. Découverte par Truffaut (*Fahrenheit 451, *au titre étonnamment Bélier), elle a interprété, en harmonie avec son signe, des rôles de femmes passionnées, combatives, solaires (*le Messager, *de Losey).*

Le Bélier et l'Amour

« Il y a longtemps que j'ai pardonné
à mes parents de m'avoir mis au monde. »
HENRY MILLER, Ascendant Bélier.

Dans la manière de conjuguer le verbe aimer, le mot même de Bélier évoque pour les non-avertis des images de virilité, de jaillissement et de sexualité violente. L'animal du même nom a une réputation de reproducteur et de fécondateur qu'on retrouve aussi sur le plan de la mythologie. Le Bélier, c'est celui qui sème.

En amour, le Bélier pur sera donc sujet au coup de foudre, au désir ardent, au besoin de conquérir l'homme ou la femme de ses rêves. La tension érotique le fera délirer (Baudelaire, Verlaine) mais, une fois ses sens repus, le Bélier aura souvent tendance à chercher une autre forteresse à conquérir. Ce n'est pas la forteresse qui l'intéresse, c'est la conquête.

On dit souvent que le Bélier a une tendance à l'acte bref, mais les composantes de l'amour dans un thème ne dépendent pas que du signe solaire ; d'autre part, chaque acte amoureux, de même que chaque femme, est unique, et il n'y a pas plus d'éjaculateur précoce en soi (sauf maladie) que de femme frigide en soi.

L'homme Bélier

Ce qui est plus évident c'est la violence du désir et l'intensité passionnelle, la force de la sensualité chez le premier signe de Feu.

Le Bélier type ne s'embarrasse pas beaucoup de compliments et de « cour » ; il va droit au but et cherche avant tout la réalisation de l'acte. Dans les lieux ou dans les époques où le viol était considéré comme l'un des beaux-arts, il est possible que ce signe ait été en bonne position sur les rangs des candidats.

Là encore il ne faut pas caricaturer et prétendre que le Bélier est toujours un « rapide » qui fait l'amour « à la hussarde ». N'oublions pas que le signe de la Balance qui lui est opposé correspond en tous points à ses aspirations érotiques et sentimentales : beauté, raffinement, formes pleines, douceur des sentiments, goût de la « mise en scène » et recherche de la perfection. Les mauvais esprits disent qu'une femme possédant toutes ces qualités peut transformer le Bélier en mouton... l'espace d'un temps. Car le Bélier ne supporte pas la domination et, par l'entremise de Mars, l'amour peut devenir haine (Goya, Verlaine, Tennessee Williams). Apparaît alors le second maître du signe, Pluton, qui peut métamorphoser le couple en enfer. C'est Zola, Bélier particulièrement agressif mais peu chanceux en amour, qui a écrit un mémorable éloge de la haine. J'ai recueilli les confidences d'un remarquable personnage du signe, éjaculateur précoce fier de l'être pour qui l'amour « contrarié » était beaucoup plus exaltant que l'amour banal et « idyllique ». En effet, le Bélier est toujours l'être d'un combat, et très souvent les aventures faciles ne l'intéressent pas ; il a besoin de mystère et d'obstacles pour avoir l'impression de vaincre. Gageons que la prétendue « libération sexuelle » qui est, en fait, un nivellement par le bas et un effacement des caractéristiques de chaque sexe, n'est pas du goût de tous les Bélier. Qui parle encore de « conquérir » aujourd'hui ? Mais heureusement la nature a des ressources infinies et la conquête peut prendre d'autres formes.

Le Bélier a toujours un « complexe du chevalier » et il aime jouer les hommes virils, protecteurs, qui montrent la voie à la « faible femme ». La plus grande erreur de la femme d'un Bélier est de lui tenir tête, de chercher à être son égale. Celui-ci aime être admiré, suivi, il tient à être le découvreur du merveilleux dans l'amour.

Quelque part, le Bélier aime faire figure de héros, ne serait-ce que dans la manière magistrale dont il pousse le chariot dans les grands magasins. Les valeurs Bélier, nous l'avons dit, ne sont pas des valeurs modernes...

L'homme Bélier devant l'amour

En technique érotique, le Bélier est loin d'être le dernier signe du Zodiaque et il n'a aucun préjugé dans ce domaine. Son hypersexualité peut même occasionnellement le mener dans des chemins de traverse. Sa réputation de virilité et de sensualité est, en général, méritée ; peut-être lui reprochera-t-on de manquer parfois de raffinement, mais pas d'imagination. Comme Vénus est en exil au Bélier, il peut facilement jurer l'amour éternel alors qu'il ne s'agit que d'un caprice. Au moment où le Bélier le dit, il le croit : c'est la fable de la cigale et de la fourmi.

Ce que le Bélier ne supporte pas en amour, c'est l'indifférence. En effet, Vénus chez un Bélier peut se trouver en Poissons, en Bélier ou en Taureau, trois positions qui n'ont rien de froid ni de pudibond, et où l'amour de la chair est intense. Ses qualités sont la passion et une grande tendresse ; lorsque le Bélier aime, ce n'est pas à moitié.

Le revers de la médaille réside dans sa trop grande agressivité, son manque de mesure. Le Bélier est rarement facile à vivre ; il aime dominer, cherche facilement la bagarre. Si l'amour s'attiédit, il peut tenter de le raviver par la haine ou la querelle. Sa passion et son emportement peuvent le pousser à des extrémités qu'il regrette dès que l'orage est passé.

Ce sont la force et l'intensité passionnelle qui émanent de sa personnalité qui font le charme du Bélier (Marlon Brando). Mais ce peut-être aussi la composante d'un tempérament bellâtre, hâbleur : le « héros aux yeux de braise ».

Souvent le Bélier brûle la vie par les deux bouts et se retrouve calciné à cinquante ans. Le Bélier, d'ailleurs, brûle tout. Exemple : un des plus grands séducteurs de l'histoire (on l'oublie souvent) fut Henri-Désiré Landru. Les natifs de ce signe sont, en tout cas, rarement banals ou pusillanimes.

La femme Bélier

La femme Bélier est aussi une conquérante. Il n'est pas question de la conquérir, c'est elle qui décide. Elle peut avoir des bouffées de passion impérieuses, dévastatrices. Ce signe hypermasculin donne des femmes singulières – subtil mélange de dureté, de violence et de féminité impavide –, mais l'ensemble des planètes peut compenser la tendance virile et donner de superbes femmes : Ninon de Lenclos, Claudia Cardinale, Jayne Mansfield. La Lune dans le Bélier est beaucoup plus marquante pour une femme : elle donne des personnalités puissantes (Simone de Beauvoir, George Sand), ou bien une tendance à l'homosexualité. Il existe souvent chez la femme Bélier un complexe de l'allumeuse : elle brûle l'homme et le consume ainsi sans l'avoir touché, suprême pouvoir.

Une amazone. Audacieuse. Partant très jeune pour l'aventure plutôt risquée, la découverte des sensations inconnues, amateur de sports violents. Motocross, delta-planning, saut en parachute sont ses hobbies favoris. La compétition l'attire également : tout ce qui la confronte avec elle-même, un record à améliorer, une personnalité à égaler, voire à dépasser. De prime abord, elle ne se présente pas comme la femme traditionnelle. Vêtue de pantalons ou combinaisons, ou encore de cuir et de peau, elle ne cherche pas, dans une conversation, à intervenir ni à participer. Elle est ostensiblement absente. En revanche, son corps parle, il se déplace avec souplesse grâce à ses muscles entraînés. La femme Bélier s'élance vers les choses et les êtres avec enthousiasme et imprudence, parfois. C'est souvent elle qui « se casse le nez », s'abîme le front, a les yeux qui pleurent pour avoir trop longtemps regardé le soleil, ou souffre de migraines. Tout ce qui a trait au visage et à la tête la concerne. Elle peut être tentée par la chirurgie esthétique si ses traits ne lui plaisent pas, mais le plus souvent les cicatrices que vous voyez sur sa face sont dues à quelque accident de parcours : la dernière chose qu'elle songe à protéger, c'est elle-même. C'est pourquoi vous lui trouvez quelque chose d'indifférent à la vie comme à la mort. En vérité, c'est son intrépide inconscience qui vous donne l'impression d'avoir à faire à une martienne.

Mais sortez-la de ses dangers incessants, du feu avec lequel elle joue, des défis aux lois physiques qu'elle lance. Trouvez-lui une cause à défendre ou un être pour lequel il faut prendre parti contre la terre entière : elle devient la passionaria, la prêtresse des causes perdues, courant au-devant de la mort, ou la précédant. Elle a besoin de s'engager, de se battre, de conquérir. Quand une raison sociale, religieuse ou métaphysique ne requiert pas son énergie de militante, elle peut être la défenderesse d'un exilé, d'un homme aux abois, d'un aventurier magnifique, prête à risquer sa vie pour le protéger. Sa nature passionnée, sectaire et inconditionnelle, en fait une femme insoumise mais esclave de l'homme ou du parti qu'elle a choisi de défendre. C'est pourquoi cette louve guerrière a parfois le comportement d'un félin dompté : qu'elle aime, elle aime à la folie, elle se dévoue corps et âme, elle est prête à mourir plutôt que de renoncer à l'objet de sa passion. Elle est de celles qui deviendront aveugles pour ne pas voir une infidélité ou qui entreront dans les ordres si l'on déçoit leur amour. L'intransigeance, qui est le défaut principal du signe, peut très facilement glisser vers l'inadaptation, le rejet amer de la vie : rien n'est vraiment pur, rien n'est assez vrai, le monde n'est qu'un immense compromis, plein d'arrangements médiocres. Et la femme Bélier s'enferme alors dans un univers solitaire où personne ne peut plus la trahir.

Le plus souvent, sa nature excessive et violente est adoucie par la maternité. Elle reporte alors sur l'enfant son besoin d'amour. Sa demande affective presque agressive, sa possessivité jalouse, exclusive, intempérante qu'un homme — humain, trop humain — n'a pu supporter longtemps, elle va les reporter sur le fruit de ses entrailles, renonçant à tout pour l'élever, le protéger et, aussi, le posséder. Cet enfant-salut, en lui offrant l'occasion de se sacrifier, lui permettra de trouver son équilibre.

Son comportement amoureux

Conquérir, plus particulièrement ce qui est difficile ou impossible à conquérir, voilà sa devise. Plus les obstacles à sa conquête sont importants et plus elle se sent stimulée. Avec elle, il ne faut jamais s'abandonner, elle déteste qu'on ne la défie pas, qu'on ne lui fasse pas peur, qu'on ne la bouscule pas dans ses sentiments. Tout ce qui est facile la révulse. A plus forte raison les hommes faciles. Il est bon, si l'on veut l'intéresser, de lui résister un long moment, de la laisser faire sa cour sans céder et de ne jamais lui donner à penser que ce bien est acquis. Elle n'attache de prix qu'à ce qui réveille son instinct de compétition. La tendresse, les habitudes, tout ce qui transforme l'amour-passion en amitié ou en estime la fait fuir. Il lui faut des manifestations violentes et physiques des sentiments, ou rien. Comme elle recherche davantage l'action que la communication, son amour se nourrit principalement de preuves matérielles (par opposition à la Balance, par exemple, qui ne peut aimer sans une communion intense avec l'être cher, sans une fusion à la fois intellectuelle, affective et de sensations avec lui), la femme Bélier ressent l'amour comme un combat où il y a nécessairement un gagnant et un perdant. Il faut tour à tour la laisser gagner et la faire perdre, si l'on veut la garder.

Chez les deux sexes, on peut discerner une tendance au donjuanisme, mais c'est une valeur qui me paraît plutôt relever du signe des Poissons.

Peut-être nombre de Bélier hypervirilisés ont-ils tendance à rejeter leur propre composante féminine et à verser dans la misogynie. Mais ce sont des exceptions. Le Bélier en général est sensuel et a grand besoin de la femme. (Henry Miller, Ascendant Bélier, Joseph Delteil).

L'influence vénusienne

Vénus en Bélier

« Je voulais m'enivrer de l'énorme catin
Dont le charme infernal me rajeunit sans cesse » (Baudelaire).

Dans le signe de Mars, Vénus est en exil. Passions dévorantes, coups de foudre. On ne réfléchit pas aux conséquences des aventures. Ruptures brutales, sur un coup de tête. Infidélités et instabilité. Sensualité violente mais sans raffinement. « Perversions » possibles, par excès d'avidité. Chez une femme, attitude virile en amour ou lesbianisme. (Baudelaire, Jean-Paul Belmondo, Jayne Mansfield).

Vénus en Poissons

C'est une position qui « adoucit » le Bélier (sauf si elle est conjointe à Mars, comme chez Van Gogh). Emotivité intense, amour mystique, naïf, avec une tendance au sacrifice ou à l'aveuglement. Sensualité trouble : amour platonique ou dépravation sans frein. Mais le rêve amoureux risque d'être en décalage atroce avec la réalité. Cela peut aller de la sainte jusqu'à la femme hyper-séductrice. (Van Gogh, Zola, Napoléon III, Claudia Cardinale).

Vénus en Taureau

En principe, c'est la position la plus favorable. Sensualité forte mais saine, proche de la nature. L'amour dans les foins avec la bergère bien en chair. Tendance possessive et conservatrice, familiale. Fidélité, générosité, stabilité affective. Amour des fleurs, des animaux, de la beauté artistique. C'est une position typique chez les chanteurs (Caruso, Fischer-Dieskau). C'est l'amour d'opéra ou... d'opérette. L'amour 1930, les films de Gabin. Pour notre époque, ça manque un peu de piment. (Jean Giono, Jean Richard, Simone Signoret).

Shirley Mc Laine. Etonnante luminosité du regard de cette rayonnante comédienne, connue pour sa prodigieuse faculté de travail et sa conscience professionnelle à toute épreuve.

Jean-Paul Belmondo. Depuis le voyou anarchiste de A bout de souffle, *il a incarné à l'écran des personnages typiquement Bélier : virils, frondeurs, "forts en gueule" parfois, mais aussi fidèles en amitié et attentifs aux autres.*

Le Bélier et l'Amitié

La Maison XI solaire du Bélier étant le Verseau, le Bélier est donc un excellent ami. Il est même souvent plus heureux en amitié qu'en amour, puisque Vénus est en exil dans son signe. D'un point de vue « archétypique », il y a chez le Bélier un goût pour la femme considérée comme le « repos du guerrier ». De nos jours, ces notions font sourire. Il n'y a plus de guerrier au sens traditionnel du terme (sauf ceux qui « se sont retirés sur une ligne de bataille purement intérieure »), il n'y a donc plus de repos du guerrier. Espérons qu'il y a encore des femmes !

Le Bélier recherchant chez la femme la jouissance fulgurante et rapide, il peut y avoir chez lui une tendance à « l'amitié virile ». C'est, par excellence, le signe qui « fait feu de tout bois ».

Sujet au coup de foudre en amour, le Bélier est certainement plus fidèle en amitié. Néanmoins, son caractère impulsif et agressif peut lui valoir, là aussi, des revers. De même que sa naïveté : les signes de Feu ayant une propension à vivre une dimension supra-humaine, ils sont les plus faciles à trahir. Le Bélier ne s'en étonnera jamais : premier des signes, il a toujours un fond solitaire. Il sait que les autres viennent *après* lui.

Ses goûts spartiates, son naturel plutôt « chef de bande » et son amour du sport en font l'homme idéal pour dynamiser une équipe sportive, animer une expédition en montagne ou en mer, créer de nouveaux records. Il n'aime ses amis que s'il peut se mesurer à eux, déployer tous ses efforts pour les égaler et un jour les surpasser en talent, en rapidité, en performance. Hors compétition, le Bélier est un ami précieux, chaleureux, démonstratif, attentionné, toujours prêt à voler au secours de ses proches s'il les croit en danger.

Il a volontiers l'esprit « les copains d'abord » qui l'entraîne à partir en week-end entre garçons, à dîner plusieurs fois par semaine en dehors de son foyer, avec l'amicale des anciens footballeurs de son école ou des groupements de ce genre: simplement parce que, dans cet environnement, il peut manifester son tempérament de meneur, de chef, de dirigeant sans être contesté, avec la chaleur enthousiaste et inconditionnelle des admirateurs adhérents.

Le Bélier est un excellent ami. Les femmes « féminines » lui paraissant étrangères, il se sent rassuré par ses semblables. Il n'éprouve pas le besoin de s'opposer à eux comme il s'oppose au sexe dit faible et communique beaucoup plus aisément ses émotions, ses sentiments, ses états d'âme, à ses amis qu'à un amour.

Il se montre généralement très généreux avec les gens qu'il aime, capable de réels sacrifices, de dévouement et de fidélité. Il faut évidemment s'attendre à de brusques revirements de comportements, dus à des réactions irréfléchies face à telle ou telle contrariété, mais ces sautes d'humeur ne durent pas.

Il faut se montrer patient et impavide devant l'ami Bélier, malgré les jugements blessants qu'il peut porter sur vous, ou les injures qu'il vous adresse car tout est exprimé sous l'emprise de la colère, avec impulsivité, mais n'a aucune valeur profonde. Ne vous formalisez donc pas. Outre que le Bélier type a peu de discernement, il formule des jugements à l'emporte-pièce : pour exprimer son agressivité momentanée plus que pour vous communiquer des reproches longuement mûris et pensés (technique Scorpion).

L'amitié qu'il vous témoigne est inconditionnelle. Elle est courageuse, dans la mesure ou elle est capable de défier l'opinion publique, protectrice et peu influençable. En revanche, il ne faut jamais rester trop longtemps éloigné d'un ami — ou d'un amour — Bélier car, vivant dans le présent et soumis à toutes les impressions *du moment*, il vous oublie, aussi complètement et aussi simplement qu'il vous a intégré dans sa vie.

Omar Sharif (les Cavaliers, Lawrence d'Arabie) *et Gregory Peck* (Moby Dick, les Canons de Navarone) *: deux séduisants comédiens du signe, ici réunis à l'écran.*

Espiègle et casse-cou, l'enfant Bélier n'a rien d'un chérubin ! C'est en canalisant ses pulsions destructrices, et non en les contrecarrant, que l'on permettra à sa fantastique énergie de s'épanouir à l'âge adulte.

Le Bélier et son Education

Le Bélier a une âme d'éducateur mais constitue certainement l'une des bêtes noires des éducateurs. C'est un enfant remuant, vif, curieux, bagarreur. Sa vitalité et ses facéties amusent son entourage ; il est curieux de tout, abreuve ses parents de questions, tire la queue du chat, se brûle la main sur le poêle, descend l'escalier les quatre fers en l'air. Il n'est pas méchant mais espiègle.

Dynamique et enthousiaste, l'enfant Bélier veut tout découvrir ; c'est sur cette capacité d'ouverture que devra jouer l'éducation. Aucun obstacle ne l'arrête, les défis et les compétitions l'attirent. Sa témérité sera bien souvent source de soucis pour ses parents : combien de fois le verront-ils revenir de l'école ou d'une équipée quelconque en haillons, couvert de bleus ou de sang. En aucun cas il ne faut l'enfermer ou le punir, il faut simplement le contrôler, le suivre, aussi fatigant que ce soit ! C'est en favorisant son goût de l'« héroïsme », ses qualités de chef, son amour de la petite guerre, qu'on épanouira un enfant Bélier. En le prenant de front, on ne fera que le braquer et augmenter son agressivité. Son point faible : la tendresse. Le signe du Cancer (douceur, rêve, sentiment) est « la nuit du Bélier ».

Enfant terrible, insoumis, bagarreur et surtout inconscient du danger, telles sont les caractéristiques du petit Bélier. Très difficile à dompter, il peut être épuisant dans sa recherche permanente du risque. A surveiller sans interruption, nuit et jour. Il suffit de lui recommander quelque chose pour qu'il fasse le contraire. Ne lui montrez pas l'armoire à pharmacie deux mètres au-dessus de lui en lui disant qu'il peut mourir s'il y touche, parce que ce qu'il aura de plus pressé à faire dès que vous aurez tourné les talons, c'est d'atteindre et d'ouvrir ce petit meuble délicieusement interdit. Il adopte dès sa naissance les conduites les plus hors-la-loi, la transgression des interdits et la recherche des sensations fortes. Il veut tout vérifier : comment les crocs des chiens mordent, si on peut brancher ses doigts dans la prise électrique, et s'allumer, jusqu'où peut aller l'eau dans la maison quand elle a débordé de la baignoire, etc.

Le mieux, pour un parent de Bélier, est d'être hypotendu et philosophe. Car rien n'y fait ; ni les conseils, ni les menaces, ni l'indifférence (feinte). Il faut concentrer tous ses efforts sur les moyens de survivre à l'inquiétude permanente que génère l'enfant Bélier (« Qu'est-ce qu'il va encore trouver ? »), et dès que possible tenter de canaliser sa nature trompe-la-mort dans un sport ou une activité qui absorbe son énergie physique.

L'école n'est pas souvent son fort. Comme il a beaucoup de mal à se concentrer, les études sont un supplice pour lui, et, en général, un supplice inutile car il n'a pas de mémoire. Autant le guider très vite vers des activités qui lui conviennent : tous les sports de compétition, mais aussi les divertissements de groupe où ses qualités de meneur peuvent être mises en valeur ; scoutisme, jeux d'équipes, animation (théâtre, mime, cinéma) ou participation à une activité artistique : danse en groupe, chant ou instrument dans un orchestre, judo, karaté, etc. Il faut tenter dans la mesure du possible de l'éloigner des sports *dangereux* qui l'attirent comme un aimant : course automobile, à moto, à skis, en bateau, etc. Encourager ses connaissances pratiques par les voyages et les jeux divers car il est réfractaire à l'étude. Et faire confiance à sa bonne étoile, car il en a une !

Marcel Marceau. Le mime recrée, par la magie du geste et du regard, un univers plus intense que la réalité même. C'est sa façon à lui de rechercher l'essence première des choses et des êtres, aspiration propre au signe.

Le Bélier et son Travail

« Toute la société me roulait sur la tête au lieu du ciel »
MARGUERITE DURAS (Soleil en Bélier),
Hiroshima mon amour.

Le Bélier est un ouvreur de chemins. Dans le domaine professionnel, il sera volontiers *à la pointe* de quelque chose, se dévouant pour un idéal d'ailleurs inaccessible et que les autres adapteront ou transformeront pour le rendre réalisable.

Il y a toujours, chez le Bélier, la recherche du merveilleux, de terres nouvelles, du paradis perdu ; par rapport à cet univers peut-être plus réel que la réalité apparente (Van Gogh : « L'art est plus vrai que la réalité »), le monde social apparaît au Bélier comme un sinistre bouillon de culture qu'il s'agit de transformer en or : c'est son « complexe de don Quichotte ».

La panoplie des métiers correspondant au Bélier est bien sûr très vaste ; il tend à exprimer son agressivité prophétique ou pathologique (suivant le degré d'évolution spirituelle de la personne) dans les professions dites « martiennes ».

Ce qui demeure constant dans l'attitude sociale du signe c'est qu'il n'adhère pas à la société – comme les signes du Cancer (la masse, la démagogie), de la Balance (le charme, la diplomatie) et du Capricorne (l'ambition, l'arrivisme), opposés ou en carré avec lui. Le Bélier traverse le social telle la flèche de Mars, illuminant (philosophe ou poète), irradiant, incendiant (révolutionnaire, pompier ou pyromane), attaquant, détruisant (polémiste, homme de guerre), semant ses idées neuves avec générosité ou aveuglement.

C'est un individualiste qui préfère travailler seul ; sauf planètes contraires, il ne doute pas de lui et la collaboration sur un plan d'égalité lui répugne ; il préfère commander, diriger, organiser. Il supporte mal les contraintes et les conseils ; au négatif, sa foi en lui-même peut devenir despotisme, fanatisme ou aveuglement obtus. On pense à ce général qui disait : « Il n'y a plus de soldats ? Ça ne fait rien ; chargez quand même ! » Toutefois, ce genre d'entêtement peut aussi être un témoignage d'humour noir ou d'héroïsme sublime. Tout dépend du contexte et du point de vue...

Le prétendu optimisme du Bélier est une légende, du moins chez le type évolué (celui que Julius Evola appelait justement « l'homme différencié ») : chez celui-ci, la gaieté est toujours un peu teintée d'amertume, et elle jongle avec l'humour noir, car il a une douloureuse conscience du décalage entre son idéal embrasé et la froide et monotone réalité. C'est pourquoi le signe le plus dynamique est sujet à des crises d'abattement aussi violentes que le sont ses sommets (tempérament bilieux, Mars et Pluton). Personne n'a su exprimer comme Charles Baudelaire ce dégoût d'une société de petits malins où « les affaires marchent » ; mais on trouve aussi cette amertume sociale chez Tennessee Williams, Michel de Ghelderode, Verlaine, Cioran (natif du Bélier) auteur des *Syllogismes de l'amertume* : « L'action est la mère de tous les vices ».

A cause des vibrations discontinues de Mars, le Bélier est l'homme des « coups durs » plutôt que des actions à longue échéance. Il sera capable de faire mieux et en moins de temps que les autres le travail qu'on lui confie, à condition de lui laisser les mains libres. Mais, pour la même raison, il sera rarement un « coureur de fond ».

Comme pour tous les signes, il s'agit moins d'une sélection des « métiers possibles » que d'une manière d'agir commune à tous les natifs du signe. Pourtant, il existe quelques professions typiquement martiennes où le Bélier excelle, avec son « collègue » le Scorpion : métallurgiste, chef de guerre, sportif, boucher, chirurgien, héros, criminel, chef politique ou religieux, pompier, pyromane, révolutionnaire, polémiste...

Le mot qui convient le mieux pour définir son comportement est peut-être *pionnier* ; c'est une caractéristique que le Bélier partage avec le Verseau, dont le maître Uranus a parfois été attribué au premier signe.

Un exemple contemporain typique : Wernher von Braun, créateur des V1 et des V2 pour l'Allemagne, racheté par l'Amérique, pour la recherche spatiale.

Dans le domaine de la forge, du Feu sacré, de la chirurgie (illégale) et d'un héroïsme particulier, il serait difficile de ne pas citer l'inévitable Landru.

Jacques Brel : ce merveilleux troubadour n'a jamais arrêté son combat pour conquérir plus, trouver plus grand, plus fou, réussir plus loin. Son existence s'est amplifiée de défis en défis, de quêtes en victoires, jusqu'à sa mort prématurée : les Bélier n'aiment pas faire de vieux os.

Jean-Claude Brialy. Sa carrière, tant au théâtre qu'au cinéma (devant et derrière la caméra) est faite d'enthousiasme, de coups au cœur, de rencontres et d'amitiés.

Le Bélier et l'Argent

« Je donnerais cher pour être riche », pourrait-on dire en manière de boutade. Car le Bélier n'est pas un signe d'argent.

Il y a donc peu à dire sur les rapports du signe avec l'argent : contrairement au Taureau, l'argent est pour lui un moyen et non une fin. Le Bélier est un signe de désir, non de but. Par conséquent, lorsqu'il gagne des sommes importantes grâce à un de ces accès de rage panique ou d'intuition fulgurante dont il est coutumier, le Bélier les dépense avec la même innocence dionysiaque.

Il est alors très généreux, voire prodigue : il inondera ses amis et ses femmes de cadeaux, « jouira sans entraves » tant que ses moyens le lui permettront. En général, le Bélier n'épargne ni son énergie, ni ses sous. C'est pourquoi il meurt généralement vieux.

On a vu beaucoup de Bélier finir sur la paille, on n'en a jamais vu se suicider pour cela. Il semblerait donc que la bêtise du Bélier soit inférieure à son énergie. Il faut s'en féliciter.

Le Bélier est le signe du Zodiaque qui possède le plus d'énergie, mais seulement par intermittence (celle-ci est discontinue). Il ne s'agit pas de freiner cette énergie, mais de la canaliser. Cette loi est valable dans tous les domaines (notamment celui de la sexualité et de l'argent, Maison VIII).

Ce signe recherchant les manifestations extérieures du pouvoir — de la domination, de l'autorité —, il n'est pas rare de voir un Bélier sacrifier ses revenus matériels à une position hiérarchique « supérieure » ou de commandement. Contrairement au Scorpion pour qui n'importe quel être ou objectif a un prix, et qui est toujours plus disposé à payer qu'à obtenir gracieusement, le Bélier déborde et transcende l'argent. Il y a une certaine noblesse dans son attitude, faite de naïveté et de confiance en soi. En tout cas, le Bélier se passe royalement de ce matériau et conquiert la gloire, la renommée, les hauts lieux du pouvoir, sans acquérir quoi que ce soit. C'est l'incorruptible caractérisé, que personne ne peut acheter. Il se montre d'ailleurs souvent réfractaire à toute possession. Il hante les appartements meublés ou les hôtels, pour ne pas être propriétaire de murs, de meubles ou d'objets ; il est le champion de la location (smoking, télévision ou voiture), et s'il lui arrive de dépenser beaucoup d'argent, c'est plus pour les autres que pour lui — mis à part ses voyages et ses hobbies. En tout cas, le Bélier se distingue par son absence de territoire, de possessions matérielles et son horreur des acquisitions.

Dans une œuvre d'une richesse incomparable servie par une langue admirable, Montherlant s'est attaché à dépeindre, au travers d'analyses d'une rare acuité psychologique, des destins très divers. La décision ultime de son suicide est bien dans la lignée de cette personnalité hors du commun.

Le Bélier et sa Santé

« S'il n'y avait pas eu de médecins,
il n'y aurait jamais eu de malades »
ANTONIN ARTAUD.

Le Bélier est caractérisé par une hyperactivité des glandes hypophisaires et surrénales, d'où hypercérébralité et tendance aux maladies touchant la tête.

La médecine traditionnelle (« tout médecin qui n'est pas astrologue est un fou », disait Hippocrate) nous apprend que tout est dans tout et que le *chakra* de la tête (*Ajnâchakra*) est en correspondance directe avec le *Muladhâra-Chakra* (le sexe). Effectivement, le Scorpion est le huitième signe (sexualité et mort) par rapport au Bélier. Par l'intermédiaire de la colonne vertébrale, les maux de la tête se répercutent dans tout l'organisme et aboutissent à l'abdomen et au système génital.

Le Bélier est un hypergénital, il sera donc touché sur ce point en cas de troubles. Selon la médecine taoïste, le point le plus fort peut devenir — par excès — le point le plus faible. Ainsi, Lénine et Baudelaire devinrent hémiplégiques, par excès de la fonction cérébrale : ils vécurent à fond leur pathologie potentielle. De nos jours, l'astrologie médicale permet de minimiser celle-ci.

Malgré les « coups durs » au cours desquels il est capable de s'effondrer totalement, le Bélier est doté d'une vitalité au-dessus de la moyenne : n'est-il pas le premier signe ? Selon un traité d'astrologie médicale, le Bélier est « chaud, sec, vital, stérile, violent, énergique, colérique, masculin, diurne. Il gouverne la tête, les os du crâne et de la face à l'exception du nez, placé sous la domination du Scorpion, les dents de la mâchoire supérieure, le cerveau, les yeux, la musculature motrice, tous les sens en général, la vue en particulier ».

Il faut d'ailleurs préciser que la réalité morphologique peut être beaucoup plus subtile que cela : le front est « sous la domination du Soleil », les yeux sous celle de Mercure, la bouche sous celle de la Lune, etc.

La pathologie potentielle du Bélier en découle : lésions cérébrales, migraines, névralgies, maux de dents, vertiges, insomnies, méningites, encéphalites, congestions cérébrales, fièvres, inflammations (le Feu), blessures, cicatrices et opérations à la tête.

Le Bélier, tempérament bilieux, souffre d'une surestimation de ses possibilités et abuse facilement de ses ressources physiques et intellectuelles. Il n'est pas de Bélier digne de ce nom qui ne se souvienne de chutes de vélo, de bagarres homériques, d'accidents sportifs en général. Le Bélier aime les coups, qu'il en soit distributeur ou bénéficiaire ; il est fait pour se battre.

Il n'existe pas (ou presque) de Bélier sans cicatrice à la tête. De même, au moral, il n'existe pas de Bélier sans blessure, c'est-à-dire sans *amertume* (la bile)...

Il doit donc faire attention en maniant des outils, des armes ou des instruments tranchants. Empédocle, qui oublia ses sandales sur les bords d'un volcan avant de s'y jeter, devait être du signe du Bélier.

Au négatif, il a une tendance à l'apoplexie, aux otites, à la dyspepsie nerveuse, à l'humeur irritable, et aux accès brusques de fièvre et de fatigue accablante. Mais le Bélier « brûle des déchets » aussi rapidement que toutes choses, et se relève plus fort que jamais après un violent accès de fièvre qui lui a permis d'éliminer ses toxines (physiques ou psychiques). A moins qu'il ne s'en relève pas (dans ce cas, il brûlera dans l'autre monde).

Cette faculté de brûler, si elle ne le conduit pas au bûcher, est régénératrice : le Bélier se relève aussi vite qu'il s'est effondré (ce qui, d'ailleurs, limite sa mémoire, faculté réservée au signe du Cancer, en carré avec le sien).

Avec le Scorpion — auquel il est lié par Pluton et même par Mars selon l'astrologie traditionnelle — le Bélier est le signe le plus solide physiquement : il a *une santé de fer* !

Mars et Pluton étant les deux maîtres du signe, la mort du Bélier est souvent tragique, ce qui n'est pas pour lui déplaire : Lénine et Baudelaire sont frappés d'hémiplégie, devenant aussi stupides qu'ils avaient été géniaux (Baudelaire ne s'était-il pas senti frôlé par « l'aile de l'imbécillité » ?), Gambetta et Tamerlan perdent un œil (ce dernier se venge en coupant des *têtes*), Van Gogh se tire une balle dans le cœur, Murat et Brasillach sont fusillés, Landru est guillotiné (Ascendant Taureau), Paul Doumer est assassiné, Jayne Mansfield est décapitée dans un accident de voiture, Henry de Montherlant se suicide d'une balle dans la bouche, Jacques Brel meurt d'une embolie pulmonaire.

Les Bélier ont une préférence pour la mort brutale : congestion cérébrale, incendie, asphyxie, assassinat, accident par machine, meurtre, explosion.

Le mode de vie Bélier

« *Les adeptes disent qu'ils tirent leur acier du ventre d'Ariès, et ils appellent aussi cet acier leur aimant* » (Fulcanelli).

Je me limiterai ici au Soleil en Bélier, étant entendu que, pour juger réellement la pathologie d'un thème, il faut tenir compte de multiples autres facteurs (maître de l'Ascendant, Maison VI, Maison XII, etc.).

La médecine astrologique, répétons-le, a pour tâche d'éviter tout recours aux médicaments et à la chirurgie — sauf en cas d'accident grave. Son rôle doit être préventif, puisque l'étude d'un thème permet de discerner les points forts et faibles d'un sujet dès sa naissance.

Voici donc les règles de vie qu'on peut conseiller à un Bélier : Tout d'abord, refuser les vaccinations (règle valable pour tous les signes) qui affaiblissent le terrain (cette règle dépasse l'astrologie, et on pourrait dire que, dans tous les domaines, on a de bonnes chances d'être dans la bonne voie en faisant le contraire des slogans officiels !).

Le Bélier souffrant d'une surestimation de ses possibilités, il faudra le « freiner » autant que possible. Ce signe déborde d'énergie, mais il la canalise mal et par conséquent il la gaspille. Il ne s'agit pas de supprimer son agressivité, mais de la transmuter : alors, il peut atteindre au sublime et au génie (dans les cas supérieurs) ou tout au moins à une extraordinaire maîtrise de son Feu vital. Qu'il devienne un nouveau Baudelaire ou un champion de karaté, il a gagné ; sinon, il sera un énervé, une brute, un provocateur, un suicidaire par sa violence incontrôlée.

En tout premier lieu, le Bélier doit cultiver la maîtrise de soi et la concentration. Plus que tous les autres signes, il a besoin de se dépenser : les sports violents et les arts martiaux lui conviennent, mais il lui faudra toujours penser à protéger sa tête.

Le Bélier supporte mal les contraintes et est peu enclin à suivre une discipline (il préfère de beaucoup en imposer une aux autres), néanmoins il a tout intérêt à respecter certains principes de base sans lesquels il vivra tôt ou tard la pathologie propre à son signe.

Il lui faut, entre autres, freiner sa tendance à l'excès. Dans son alimentation, il doit éviter les piments, les plats en sauce, les excès de vin et d'alcool qui accroissent dangereusement son irritabilité – ce qui peut se traduire aussi bien par des crises de rage que par des éruptions cutanées.

Il est aussi sujet aux maux de dents, aux névralgies, aux encéphalites, aux fièvres brutales — qui lui permettent d'éliminer les poisons — aux vertiges, aux épuisements nerveux.

Le Bélier a intérêt à connaître le sel de Schuessler qui lui correspond : *Kalium phosphoricum* (phosphate de potassium) sous forme de poudre homéopathique. Celui-ci reconstitue les tissus nerveux. Il le trouvera sous sa forme naturelle dans les fruits et légumes suivants : betterave, céleri, laitue, chou-fleur, épinard, cresson, oignon, moutarde, radis, concombre, carotte, datte, pomme, noix, citron.

Les herbes et plantes du Bélier sont : armoise, chardon, olivier, aloès, basilic, laurier, câpre, menthe poivrée, radis noir, persil, thym, chicorée, chiendent...

D'autres auteurs attribuent au Bélier le genêt, la menthe, le raifort, l'ail, l'arnica, la belladone, la cannelle. En définitive, c'est l'attirance personnelle pour un fruit, un légume, une plante ou un parfum qui doit trancher.

La teinture d'arnica, ainsi que les feuilles d'acanthe, sont des remèdes souverains contre les plaies et bosses qui constituent le « blason » du signe.

Les grandes chaleurs attirent le Bélier mais ne lui conviennent pas. Il a une tendance aux insolations et aux engorgements cérébraux ; il lui faut donc porter un chapeau ou se mettre dans l'eau jusqu'aux genoux s'il est au bord d'un lac ou de la mer.

Les massages du cuir chevelu, les exercices de gymnastique la tête en bas sont excellents pour lui. Lorsque le Bélier est trop irrité — ce qui lui arrive plus souvent qu'à son tour —, un régime strict qui désengorge le foie et les reins sera le meilleur remède : bouillon, crudités, jus de fruits, un peu de viande rouge, beaucoup d'ail et d'oignon.

S'il peut le supporter, l'exercice du *neti*, que pratiquent les yogis, lui permettra de se nettoyer la cavité nasale et buccale — zone particulièrement sensible chez le Bélier —, de purifier l'hypophyse et d'activer le cerveau : il s'agit d'un double cordon qu'on introduit par le nez et qu'on fait sortir par la bouche, en « limant » le plus possible. Exercice peu « ragoûtant », mais l'abondance des matières extirpées en dit long sur son efficacité ! C'est aussi un palliatif radical du rhume et de la sinusite.

Enfin, les exercices respiratoires et tout ce qui contribue à irriguer le cerveau sont particulièrement conseillés au Bélier. L'aïkido, art martial moins brutal que le judo, peut lui apporter la souplesse et la maîtrise de soi qu'il ne possède pas toujours.

L'ennemi principal du Bélier est la monotonie. « Enfer ou ciel qu'importe... » La vie sédentaire le tuera plus vite que le danger, qu'il recherche. Ses meilleurs stimulants sont le risque, l'aventure, la marche vers l'inconnu. Le reste est littérature, car personne ne pourra jamais imposer une discipline à un Bélier : il n'a pas peur de mourir jeune, pourvu qu'il ait vécu intensément, qu'il ait brûlé ses énergies au feu de la passion.

Marie-Christine Barrault. Admirable comédienne, ses préférences vont à des rôles de femmes d'aujourd'hui, qu'elle interprète avec une immense sensibilité et sans aucun artifice.

Le Bélier et son Apparence

Il est très difficile de définir une apparence en fonction du signe solaire – en l'occurrence le Bélier –, car il est rare que l'on soit « pur » astrologiquement parlant, c'est-à-dire sans influences différentes ou opposées.

Le pur Bélier serait reconnaissable à son visage : ossature très marquée et saillante, nez anguleux, front assez court (correspondant à une imagination faible et à des dispositions cérébrales peu spéculatives), et étage maxillaire important : goût de l'entreprise, de l'action, courage, volonté. Son corps est musclé, mince mais pas forcément grand. En général, il marche courbé en avant, parfois sa démarche est seulement progressive, élancée vers son but, un peu comme si la tête et le tronc voulaient y arriver avant les jambes.

Il s'habille mal, ou plutot il ne s'habille pas : il cherche son confort et une efficacité maximale donc des vêtements adaptés à son activité et pas forcément seyants. Lorsqu'il fait un effort de présentation, c'est souvent une catastrophe car il se sent si mal dans ses vêtements anti-naturels que tout son comportement s'en trouve emprunté. Il aime les « deuxièmes peaux », les tenues vraiment sport dans lesquelles son tempérament de cascadeur(euse) peut s'exprimer en toute liberté.

La femme Bélier, a priori, se présente de manière très garçonne. Cheveux courts, sans maquillage, talons plats, sportive et dénuée de tout artifice. Pourtant, le lendemain, la voilà bouclée, fardée, vêtue d'une robe fendue, moulante, perchée sur de hauts talons et évoluant dans cette tenue avec autant d'aisance que la veille dans sa panoplie de grande fille simple. Aucune autre femme du Zodiaque n'est capable d'une telle métamorphose. Voici pourquoi : l'effort de féminisation qu'elle est incapable de faire pour elle-même (elle n'en a aucune envie), elle le fait pour quelqu'un d'autre : pour conquérir l'homme qu'elle aime. Pour céder à ses désirs. Ou pour vaincre une rivale. Par esprit de compétition, la femme du Bélier peut adopter un style vamp, jeune fille en fleurs ou madone hiératique avec un talent de grande comédienne : puisque son homme ou les circonstances l'exigent. Mais son vrai penchant est le naturel à la Diane chasseresse.

Nikita Khrouchtchev se rendit célèbre auprès du grand public par ses colères subites et ses prises de position outrancières, typiques d'un Bélier.

Chapitre III

L'entente du Bélier avec les autres Signes

Peter Ustinov. Merveilleux comédien au talent à mille facettes. Son action en faveur de l'enfance (il est "ambassadeur itinérant" de l'UNICEF), est révélatrice d'un altruisme profondément généreux, propre au signe.

Comment vous accordez-vous avec les autres Signes

Il est possible d'explorer vos affinités et vos incompatibilités d'humeur avec les autres en partant des caractéristiques de votre signe solaire.

Ce signe exerce en effet une action particulièrement puissante sur vos goûts et sur vos buts dans la vie.

Dans le tableau qui suit, vous découvrirez sous la forme de plusieurs mots clés la manière dont chaque signe zodiacal perçoit les onze autres signes, en termes d'accord, de conflit ou d'indifférence.

Votre personnalité est certes plus vaste que votre seul signe solaire, c'est pourquoi, pour en explorer un autre aspect, vous pouvez utiliser le même tableau mais en partant cette fois de votre signe Ascendant.

Votre Ascendant influence en effet directement votre comportement social spontané.

Si cette deuxième exploration recoupe la première, vous possédez une personnalité dont les affinités et les antipathies sont nettement tranchées ; si, en revanche, les deux résultats sont différents, votre capacité de contacts constructifs est très large.

Votre signe solaire	Perçoit les autres signes comme ci-dessous					
	BÉLIER	TAUREAU	GÉMEAUX	CANCER	LION	VIERGE
BELIER		Routinier Possessif Lent	Vif, rapide Intelligent Stimulant	Trop sensible Susceptible Nostalgique Rêveur	Organisateur Puissant Juste Créatif	Critique Pointilleuse Timorée Inquiète
TAUREAU	Impulsif Brusque Égoïste Imprudent		Inconstant Dilettante Bavard Trompeur	Maternel Économe Aimant le foyer	Autoritaire Théâtral Dépensier Dogmatique	Pratique Méthodique Serviable Perspicace
GÉMEAUX	Audacieux Entraînant Libre Décidé	Lourd Entêté Avide Rigide		Craintif Paresseux Peu ambitieux Désordonné	Chaleureux Large d'esprit Solide Plein d'autorité	Anxieuse Maniaque Trop attachée aux détails
CANCER	Agressif Indiscret Précipité Avide de nouveau	Fidèle Aimant Patient Solide	Nerveux Trop cérébral Insouciant Sceptique		Tumultueux Arriviste Snob Écrasant	Efficiente Réservée Concrète Honnête
LION	Enthousiaste Entreprenant Efficace Rapide	Fruste Obstiné Matérialiste Jaloux	Adaptable Talentueux Charmeur Habile	Capricieux Rancunier Faible Plaintif		Petite Étroite Craintive Critique
VIERGE	Aventureux Imprévoyant Irréfléchi	Doué pour gagner de l'argent Concret Travailleur	Joueur Insouciant Comédien Théoricien	Aimant l'intimité Délicat Prudent	Mégalomane Surmené Prétentieux Dépensier	
BALANCE	Ardent Actif Novateur Remuant	Grossier Instinctif Utilitaire Exclusif	Cultivé Brillant Diplomate Sociable	Replié sur soi Casanier Timide Paresseux	Rayonnant Esthète Courtois Loyal	Trop réservée Critique Timide Égoïste
SCORPION	Imprudent Versatile Précipité Hâbleur	Pratique Stable Affectueux Digne de confiance	Superficiel Dispersé Bavard Comédien	Fécond Compréhensif Tenace Profond	Despotique Orgueilleux Théâtral Conformiste	Précise Perspicace Ponctuelle Pratique
SAGITTAIRE	Énergique Disponible Dynamique Animateur	Limité Terre à terre Enraciné Intéressé	Juvénile Curieux Communicatif Mobile	Fantasque Casanier Désordonné Morose	Optimiste Organisateur Ambitieux Loyal	Manquant d'envergure Anxieuse Refroidissante
CAPRICORNE	Impulsif Fiévreux Révolutionnaire Changeant	Réalisateur Persévérant Gai, fidèle Sincère	Léger Distrait Bavard Superficiel	Pratique Aisé dans ses contacts Maternel Prudent	Théâtral Dépensier Fixé dans ses idées Autoritaire	Disciplinée Méthodique Rationnelle Pratique
VERSEAU	Inventif Progressiste Persuasif Militant	Matérialiste Rétrograde Épais Fatigant	Tolérant Intelligent Curieux de nouveauté Sociable	Passéiste Vulnérable Replié sur soi Infantile	Rayonnant Large d'esprit Maître de soi Efficace	Restrictive Froide Matérialiste Limitée
POISSONS	Agressif Violent Précipité Égoïste	Sécurisant Sensuel Calme Affectueux	Agité Verbeux Trompeur	Compréhensif Profond Idéaliste Maternel	Hautain Agressif Tumultueux Égoïste	Précise Serviable Pratique Consciencieuse

Perçoit les autres signes comme ci-dessous

LANCE	SCORPION	SAGITTAIRE	CAPRICORNE	VERSEAU	POISSONS	Votre signe Ascendant
uilibrée ffinée nciliante duisante	Secret Vindicatif Obstiné Destructeur	Jovial, sincère Large d'esprit Philosophe Sportif	Décourageant Froid Mesquin Rigide	Indécis Ouvert, amical Progressive Sincère	Impressionnable Fuyant Sentimental	**BÉLIER**
aliste vole cillante olente	Fascinant Fécond Instinctif Persévérant	Trop optimiste Risque-tout Joueur Tendu	Solide Ambitieux Patient Doué d'humour	Utopiste Excentrique Révolté Brusque	Hospitalier Généreux Compatissant Intuitif	**TAUREAU**
ine de charme uitable ondaine fectueuse	Critique Tortueux Jaloux Brutal	Optimiste Large d'esprit Sportif Explorateur	Pessimiste Mesquin Rigoriste Rancunier	Fraternel Libre Intensif Humain	Romanesque Vague, secret Indécis Abandonné	**GÉMEAUX**
angeante gère perficielle op ouverte	Profond Mystique Perspicace Tenace	Aventureux Exagéré Imprudent Peu délicat	Intériorisé Responsable Maître de soi Intègre	Imprévisible Inconstant Intellectuel Trop vaste	Bon, sensible Détaché Mystique Inspiré	**CANCER**
ffinée ciable égante uilibrée	Envieux Arrogant Extrêmiste Violent	Large, vital Entreprenant Compétent Clairvoyant	Isolé, froid Trop ambitieux Rigide Concentré	Humanitaire Complaisant Loyal Idéaliste Inventif	Impressionnable Dissimulé Morbide Faible	**LION**
vole éaliste spersée décise	Énergique Bénéfique Scrupuleux Passionné	Trop extériorisé Aventureux Joueur Trop habile	Économe Persévérant Voyant loin	Idéaliste Révolté Tendu	Ayant le sens du sacrifice Intuitif Bénéfique	**VIERGE**
	Tyrannique Brutal Instinctif Entier	Riche Talentueux Organisé Large d'esprit Enthousiaste	Décourageant Solitaire Calculateur Froid	Altruiste Fidèle Amical Intelligent	Replié sur soi Timide Secret, mou Négligent	**BALANCE**
op délicate éaliste tériorisée ésolue		Extériorisé Changeant Trop optimiste Diffus	Ambitieux Résolu Solide Perspicace	Excentrique Irréaliste Théorique Trop confiant	Mystique Inspiré Compréhensif Persuasif	**SCORPION**
ociable eprésentative evée vant du gement	Destructeur Révolté Secret Dangereux		Casanier Routinier Pessimiste Rancunier	Humain Libre, inventif Disponible Sincère	Empêtré dans son émotivité Confus, passif Fuyant	**SAGITTAIRE**
ans persévérance aniteuse entimentale uperficielle	Tenace Volontaire Fidèle Perspicace	Superficiel Aventureux Joueur Peu rigoureux		Rebelle Trop tendu Utopiste Imprévisible	Compatissant Hospitalier Intuitif Bon	**CAPRICORNE**
ociable aie, vivante éaliste plomate	Caustique Antisocial Jaloux Méfiant	Ouvert, sincère Mondialiste Explorateur Indépendant	Trop centré sur soi, froid Calculateur Pessimiste		Trop émotif Désordonné Fluctuant Flou	**VERSEAU**
xtériorisée ondaine rivole certaine	Mystique Passionné Profond Énergique	Trop extériorisé Excessif Turbulent	Solide, calme Prévoyant Concret Supérieur	Excentrique Brusque Révolté Prométhéen		**POISSONS**

L'Entente du Bélier avec les autres Signes

Bélier et Bélier

Imaginez la rencontre de ces deux animaux du même nom !... Eh bien, le résultat est à peu près le même avec deux Bélier astrologiques : un choc, des étincelles, une lutte sans merci. C'est Mars qui rencontre Mars : il n'y a pas complémentarité mais affrontement. Du moins ne peut-on dire que cette confrontation est ennuyeuse, comme ce pourrait être le cas avec deux Balance. Mon expérience personnelle me confirme que s'il y a parfois une certaine complicité et même de la sympathie entre les natifs, le conflit n'en éclate pas moins tôt ou tard, l'enthousiasme et l'ardeur étant communs mais pas les buts. Or, aucun Bélier ne changera d'avis : si l'un préfère la mer et l'autre la montagne, il vaut mieux qu'ils s'en aillent chacun de leur côté.

Les étincelles risquent d'être encore plus brillantes si les deux Bélier sont de sexe différent : un Bélier masculin supportera toujours mal de trouver les mêmes excès que les siens dans le tempérament d'une femme, et une femme Bélier, souvent masculine et passionnée, ne supportera pas plus le besoin de dominer, d'être l'« homme fort », le guide, qui anime l'homme du Bélier.

Aussi l'union amoureuse de deux Bélier (Caroline et Joachim Murat, la Castiglione et Napoléon III) sera-t-elle plutôt fondée sur la complicité et sur l'amitié. Les croisements de fer et les scènes sanglantes ne manqueront pas, et généralement c'est la femme qui partira la première, ce qui est sans doute une forme de victoire...

Bélier et Taureau

Un moyen très simple pour saisir la relation de base entre deux signes consiste à reporter le système des Maisons astrologiques sur eux : ainsi, le Taureau est le second signe par rapport au Bélier, on le définit donc comme la Maison II du Bélier (biens, affaires, argent). Ce qui différencie fondamentalement les deux signes, c'est la différence de vitesse : le Bélier est un rapide, un enthousiaste, le Taureau est lent, sceptique. Ils semblent donc s'opposer au premier abord (ne serait-ce que par l'élocution : le Taureau est encore en train de méditer ses prochaines paroles quand le Bélier a déjà fini son discours), mais en dehors de ces différences fondamentales de rythme, ils peuvent s'aider par leurs qualités complémentaires. Le Bélier apporte au Taureau son dynamisme, son sens de l'instant, ses idées novatrices, sa rapidité d'esprit et d'exécution ; le Taureau apporte au Bélier son réalisme, sa prudence, sa modération, et éventuellement... son argent.

En amour, les deux signes ont en commun une forte sensualité, plus « douillette » et parfois plus exigeante chez le Taureau. Si le Bélier ne papillonne pas trop, cela peut donner une union très charnelle, dionysiaque.

Mais attention ! Les deux signes sont jaloux, le Taureau encore plus que le Bélier. L'argent risque aussi d'être une pomme de discorde, le Taureau étant thésaurisateur alors que le Bélier aime le jeter par les fenêtres dans une flambée de plaisirs.

En résumé, c'est dans le domaine de l'amour et des biens matériels que les deux signes communieront ; en commun, aussi, leur amour de la campagne et des plaisirs sains. Le Bélier risque parfois de s'ennuyer aux côtés du Taureau attaché à ses habitudes, à son confort. Mais c'est au lit que la réconciliation se fera.

C'est une excellente combinaison, surtout si c'est l'homme qui est Bélier (planète maîtresse : Mars) et la femme Taureau (planète maîtresse : Vénus). Le cas contraire sera sans doute plus problématique, encore qu'à notre époque, les valeurs d'usage tendent à s'inverser ouvertement. Wagner ne parlait-il pas, déjà, de la « féminité dans l'homme »?

Bélier et Gémeaux

Le Gémeaux est la Maison III du Bélier : il représente pour lui la communication, les écrits, les petits voyages. Ses échanges avec lui seront donc féconds, animés, mais l'inconstance, la nervosité et la dispersion du Gémeaux risquent de déconcerter le premier signe.

Tous deux ont en commun le goût du mouvement, l'amour de la jeunesse et de l'aventure. Le Bélier aime dominer et le Gémeaux est un feu follet. C'est un peu David et Goliath... Mais cette association est placée sous le signe de la gaieté et de l'humour. Le Gémeaux apportera au Bélier son habileté parfois diabolique, son sens des doubles, et le Bélier pourra parfois relancer le dynamisme défaillant du Gémeaux, qui fait beaucoup de projets mais en réalise peu.

En amour, le Gémeaux est plus cérébral que le Bélier, mais il possède parfois des ressources insoupçonnées, de plus, il est sujet à des accès redoutables de réalisation de ses fantasmes. Les amis et les voyages joueront un rôle essentiel dans un tel couple, dont le foyer réside plus dans les hôtels, les trains et les avions, que dans une vie de famille (le Cancer est en carré avec le Bélier, il est la Maison II du Gémeaux).

Deux signes aventureux, indépendants, jeunes ; leur association, que ce soit en amour ou en affaires, se résume en un mot : la fantaisie (et, au négatif, l'inconstance).

Bélier et Cancer

Le Feu et l'Eau, l'avenir et le passé, la fougue et le rêve silencieux, l'aventure et le repli sur soi-même, tels sont les deux pôles de cette paradoxale association.

En principe, c'est l'union des contraires, ce qui est source de soucis. Le Bélier ne comprend pas la timidité, les détours, les rêves de l'âme cancérienne (ou, du moins, il feint de ne pas les comprendre, car ces éléments existent dans son inconscient) ; de son côté, le Cancer est choqué, bousculé par les outrances, les frasques du Bélier, comète intempestive qui sème le trouble dans son univers fermé.

En amour, c'est le même malentendu : le Bélier est tantôt séduit, tantôt exaspéré par la magie narcissique et les caprices de la femme Cancer, tour à tour féminine, douce, aimante, puis harpie déchaînée, démon du foyer. C'est le conflit entre l'extraversion du Bélier et l'introversion du Cancer, qui s'accomplit dans son « nid », au sein du cercle étroit de sa famille. Or, le Bélier n'est ni un signe familial (carré Bélier-Cancer), ni de mariage d'ailleurs (opposition Bélier-Balance). C'est un signe solitaire, indépendant.

Le matin, au lever, le Bélier saute du lit, ouvre la fenêtre, fait sa culture physique ou dévore en vitesse un petit déjeuner, puis se précipite au-dehors. Le (ou la) Cancer s'étire, reste allongé, rideaux fermés, s'attarde au lit, adore paresser, se plonger dans un album de photos, des vieilles lettres, etc. Il n'est pas exagéré de dire que le Bélier et le Cancer, c'est « le jour et la nuit ».

La femme Cancer pourra retenir l'homme Bélier par sa féminité maternelle, sa douceur, sa sensualité ; mais elle risque bien des fois de l'irriter et de lui donner une sensation d'étouffement. Un Bélier regarde toujours en direction de la porte...

Quant à l'alliance inverse (homme Cancer-femme Bélier), on pourrait presque parler de couple contre nature ! Il suffit d'imaginer un instant le couple qu'auraient formés Marcel Proust et George Sand !

Bélier et Lion

Deux signes de Feu qui s'attirent comme des aimants, qui regardent ensemble vers un même horizon. Fougue, générosité, idéalisme, dynamisme et rayonnement sont l'apanage de l'un et de l'autre. Comme le Bélier est l'étincelle primordiale et le Lion la flamme, le second réalisera bien souvent ce que le premier a conçu ; il le fera avec brio, inspiration et magnanimité. Mais là s'arrête l'analogie. Car entre ces deux signes, il existe aussi une rivalité : il ne s'agit pas du même Feu.

Le Bélier ouvre le chemin, le découvre ; le Lion l'emprunte et, au bout du chemin, s'assoit sur un trône. Telles sont les fonctions des deux signes, qui communient dans l'ardeur mais pas dans les méthodes.

Le Bélier conçoit, le Lion réalise. D'un côté, l'illumination, de l'autre l'apparat. D'où, très souvent, une espèce de rancœur bien compréhensible du Bélier envers le côté protecteur et vaniteux du Lion : ce dernier s'emparera d'une idée Bélier et la réalisera en se l'attribuant. La tendance dominatrice du Lion est encore plus forte que celle du Bélier, qui est capable, en cas d'échec, de se tourner vers une autre cible en tirant un trait sur le passé. Le Lion, lui, ne pardonne, ou ne se pardonne, jamais un échec.

Il faut donc distinguer entre la fougue juvénile, vécue dans l'instant, du Bélier (signe cardinal :

action) et la fougue maîtrisée, teintée de calcul, du Lion (signe fixe : réalisation, prudence). Cela donnera toujours des rapports paradoxaux entre les deux signes, le Lion cherchant à construire sa statue alors que le Bélier agit avant de penser, et accorde peu d'importance à ce qu'on dit et pense de lui.

En amour, on retrouvera la même différence d'attitude, le Lion s'attachant plus à l'apparence (sortir avec une jolie femme) que le Bélier, plus authentique (rentrer avec une jolie femme). Le Bélier vit les choses, le Lion les met en scène.

Quant à savoir s'il est préférable que l'homme soit du Bélier ou bien la femme dans cette combinaison de Feu, c'est plutôt une question de poésie...

Bélier et Vierge

Ce n'est plus le jour et la nuit, c'est le fauve et la puce !

Au point de vue professionnel, c'est une alliance qui peut être très efficace. Le Bélier s'occupe du gros œuvre, la Vierge règle les détails : c'est le rapport classique patron-secrétaire. Le Bélier apporte son audace et sa vitalité, la Vierge sa minutie et son efficacité. Déjà à ce niveau, il est préférable que le Bélier dirige et non le contraire, sinon la catastrophe est en vue : le Bélier ne supportera jamais le « coupage des cheveux en quatre » qui est caractéristique de la Vierge. Celle-ci est la Maison VI du premier signe, autant dire : servitudes, petits travaux, ennuis divers, notamment de santé. C'est, par exemple, une excellente alliance si le Bélier est dentiste et la Vierge son assistante ; dans le cas contraire, on ne sait lequel est le plus à plaindre !

En amour, ce n'est évidemment pas la combinaison idéale. La Vierge porte bien son nom, sauf lorsqu'elle est folle... et encore ! Raisonnable, peu sensuelle, réservée, la femme Vierge incarnerait plutôt l'archétype du bas-bleu qui constitue la bête noire du Bélier. De même, le Bélier est un peu, pour la Vierge, la brute irrationnelle qui incarne toutes ses frayeurs, à moins que ce ne soit ses fantasmes secrets.

On ne peut, une fois encore, prononcer une sentence définitive à propos de données aussi vagues, mais il est certain que l'un et l'autre auront de sérieuses concessions à faire pour s'entendre. Il faudra que le Bélier mette de l'eau dans son vin, et la Vierge du vin dans son eau.

Quant à la femme Bélier et à l'homme Vierge, voilà un couple hypothétique qui devrait inspirer les féministes.

Bélier et Balance

C'est l'attirance des contraires, Mars et Vénus. Face à ce signe réputé faible et hésitant, le Bélier perd souvent tous ses moyens.

Le sens de la diplomatie, la finesse psychologique, le raffinement esthétique de la Balance, ses atermoiements continuels contrastent avec la rudesse, l'agressivité directe du Bélier. La Balance est le septième signe du Bélier, donc le signe du mariage et des alliances ; il représente pour lui un excellent atout, aussi bien en affaires qu'en amour.

Le Bélier éprouve le besoin de dominer, d'imposer, la Balance de charmer : à eux deux, ils peuvent former un ensemble ou un couple parfait, œuvrant par des voies radicalement opposées mais complémentaires.

Dans le cas de ces signes cardinaux, la position respective des planètes Vénus et Mars dans les deux thèmes est capitale pour juger des chances d'entente, les mauvais aspects entre ces planètes étant particulièrement graves.

De l'harmonie à la rupture ou du conflit à l'harmonie, les rapports entre le premier et le septième signe sont subtils et peuvent englober toute la gamme des sentiments ; ils incarnent au fond les images archétypiques de l'homme et de la femme, du conquérant et de la séductrice.

Amoureuse-née, ambiguë, charmeuse avec tout le monde, la femme de la Balance fera souffrir mille morts au Bélier, impatient, jaloux, dominateur. S'il manque de recul ou d'humour, elle le transformera en girouette et le tournera en dérision. Avec le Scorpion, la Balance est certainement le signe le plus susceptible de défaire l'« héroïsme » un peu rigide du premier signe.

Les mêmes rapports vécus avec les sexes inversés (femme Bélier — homme Balance) doivent être encore plus curieux : à la limite, les partenaires pourraient échanger leurs vêtements !

Bélier et Scorpion

On a parfois dit que c'était Tristan et Isolde ; on pourrait rajouter Orphée et Eurydice, Roméo et Juliette, et bien d'autres encore.

Le Scorpion est le huitième signe par rapport au Bélier. Eros et Thanatos, sexualité, mort et transfiguration. De plus, il y a échange des planètes maîtresses : Mars et Pluton chez le Bélier, Pluton et Mars chez le Scorpion. La planète en domicile diurne chez l'un est en domicile nocturne chez l'autre, et inversement. Le jour est l'empire du Bélier, la nuit celui du Scorpion.

Chez les deux signes dominent la force et la volonté de puissance, mais, chez le Scorpion, celle-ci est cachée, souterraine. Les méthodes d'approche de l'objet à conquérir ou à détruire sont radicalement différentes. Néanmoins, ces deux signes plutoniens peuvent communier dans la violence et dans le risque.

Les rapports amoureux entre Bélier et Scorpion sont, en théorie, exceptionnels physiquement (Maison VIII), mais terribles affectivement, et dans bien des cas c'est le Bélier qui risque d'avoir le dessous, car il est plus vulnérable, plus sentimental que le Scorpion.

Tous deux ont des appétits sexuels au-dessus de la moyenne, mais la Maison VIII représente aussi la mort, et la femme Scorpion risque d'entraîner l'homme Bélier dans la voie de la passion et du drame. Le même phénomène est possible si c'est l'homme qui est Scorpion et la femme Bélier, encore que ce soit moins pathétique.

Le Bélier veut dominer et le Scorpion veut faire souffrir : autant dire que la combinaison de ces deux signes, en dehors de remarquables performances physiques, reste l'une des plus précieuses pour la une des journaux à sensation et pour les romans noirs. Pour résumer : James Bond et Mata-Hari.

Bélier et Sagittaire

Voici une tout aussi excellente, mais moins inquiétante, rencontre. Elle nous semble surtout meilleure que la confrontation Bélier-Lion, qui nous fait toujours penser à celle de Hitler et Mussolini chez le coiffeur dans le film *le Dictateur* de Charlie Chaplin !

Le Bélier et le Sagittaire sont les deux signes de la chevalerie, ils ont en commun la recherche d'un absolu, un certain « donquichottisme ». Mais le Sagittaire est plus conventionnel, plus conformiste, ses idées sont souvent mieux acceptées par la société : son Feu est domestiqué, alors que celui du Bélier fait peur. La collaboration des deux signes est donc placée sous d'excellents auspices, pourvu que le Bélier sache discipliner sa fougue et le Sagittaire réfréner sa tendance moralisatrice et professorale, le Bélier étant peu friand de conseils. Une aventure commune peut mener les représentants de ces deux signes à des découvertes exaltantes et grandioses, avec souvent une dimension spirituelle.

En amour, le couple Bélier-Sagittaire sera très dynamique, un peu superficiel : c'est la chevauchée à deux, les voyages et les sports en commun, la joie de vivre, les éclats de rire. Ce qui risque de manquer : l'intimité, et un certain raffinement qui n'appartient qu'aux signes d'Eau et d'Air.

Bélier et Capricorne

Le printemps et l'hiver, le brasier et la glace. Cela ne signifie pas que le Capricorne fondra ; en fait, c'est la pierre qui le représente. Au premier contact, le Bélier risque d'exploser, mais le Capricorne n'en a cure : il a le temps pour lui, alors que le premier signe vit dans l'instant présent. Bien que les deux signes soient « en carré », la confrontation est moins néfaste qu'avec le Cancer, signe opposé au Capricorne.

C'est qu'ils ont en commun une haute idée d'eux-mêmes, une grande ambition, un certain mépris de la masse, et peu de goût pour les joies de la famille. Pour le reste, le Capricorne gravit lentement la montagne, alors que le Bélier bondit de rocher en rocher, au risque de se rompre les os, qu'il a solides.

Au-delà d'un premier contact souvent difficile (le Bélier étant « refroidi » par le Capricorne), la collaboration risque donc d'être féconde, le dixième signe apportant sa patience, son sérieux, et parfois son machiavélisme, à la fougue juvénile du Bélier. Commun aux deux signes aussi : l'humour, froid chez l'un, brûlant chez l'autre, mais se rejoignant dans le noir.

Le Bélier aura du mal à accepter les conseils un peu systématiques du Capricorne, pourtant ceux-ci sont souvent profonds et durables.

Les deux signes regardent vers le lointain, mais l'un dans l'idéal et l'autre dans le réel. Trop souvent, c'est le Capricorne qu'on retrouvera vingt ans plus tard ministre des Armées, et le Bélier caporal en première ligne... sautant sur une mine !

En amour, même incompréhension, sur un fond de fidélité et de mélancolie : le Capricorne refoule ses sentiments, réfrène ses instincts (sauf explosions momentanées, typiques du signe), le Bélier ayant, en principe, les tendances opposées. Les exigences sexuelles de l'un et de l'autre peuvent se rejoindre pour quelque temps, puis chacun des partenaires reprendra des vies parallèles : une excellente combinaison, au fond, pour un « mariage moderne ». Mais pas question de vie en commun pour ces deux signes si différents. Plutôt une association à long terme, sur des bases intéressées (Maison X du Bélier).

Bélier et Verseau

Les deux signes ont en commun le goût de la liberté, de l'aventure, des grands espaces. Le Verseau est plus souple, et son sens de la fraternité, son ouverture au monde, peut faire merveille dans ses rapports avec le Bélier. L'un et l'autre croient en des lendemains meilleurs, à une aube radieuse qui ouvrirait une ère de grandeur et d'universalisme. Leur force et leur faiblesse à la fois : l'utopie. Ils ont aussi en commun la dimension uranienne, prométhéenne, qui aspire à tout briser pour tout reconstruire. Mais la seconde partie du programme risque d'être problématique...

En amour, les liens Bélier-Verseau seront profonds mais sujets à la cyclothymie, aux crises périodiques (vibrations discontinues de Mars et d'Uranus) : le tout est qu'ils ne s'effondrent pas au même moment, et que l'un soutienne l'autre dans ses moments difficiles. Malgré cette instabilité, ce peut être l'un des couples les plus heureux du Zodiaque, parce que chacun respecte la liberté de l'autre. Nous parlons de couple (Maisons V et VIII) et non de mariage (Maison VII). Le Verseau est d'ailleurs le onzième signe pour le Bélier, il incarne pour lui les valeurs d'amitié, de fraternité, de projection dans le monde. La sexualité pourrait être reléguée au second plan, ce qui est un problème plus pour le Bélier que pour le Verseau. Ce point risque d'être le point faible, car si les rêves du Verseau sont éthérés, ceux du Bélier sont charnels. Aussi est-ce souvent le couple de l'« amour libre » ; sinon, ce sera tôt ou tard la rupture, les appétits du Bélier étant beaucoup plus impérieux, alors que le Verseau passe aisément du déchaînement à l'ascétisme.

Bélier et Poissons

Ce sont les signes les plus éloignés et les plus proches en même temps, tout dépend du sens dans lequel on suit le Zodiaque. « Les abîmes les plus étroits sont les plus profonds », disait Nietzsche.

Tous deux ont en commun, quelque part, d'être en dehors du social, de viser un impossible absolu. Tous deux ont dans le regard quelque chose qui dépasse le visible, qui atteint à une dimension transcendante. Mais pour le reste, ils sont évidemment très différents : le Bélier archétypique fonce droit au but, le Poissons louvoie, file entre deux eaux, se perd dans les brumes. Pourtant, ils se rejoignent quelque part, dans le dépassement de l'homme, dans un curieux mélange d'hypersensibilité et d'insensibilité totale.

C'est que le Poissons correspond à la Maison XII du Bélier, il incarne pour lui le mystère, l'incompréhensible, l'insaisissable. L'intuition cosmique, le goût du sacrifice, l'inspiration suprahumaine sont communs aux deux signes (exemple frappant : Van Gogh).

Dans la réalité, les rapports seront souvent douloureux, l'agressivité du Bélier se perdant dans l'océan du Poissons : ce dernier risque de jouer pour lui — consciemment ou non — le rôle du naufrageur. Lolita devait être du signe des Poissons et sa victime du Bélier. Par les temps qui courent, cette situation est devenue banale : l'homme qui a « réussi » renonce à ses acquis pour une jeune créature inconsistante, le douzième signe incarnant l'image de la sirène pour le premier.

Ainsi le Zodiaque boucle sa boucle, le premier signe rejoignant le dernier pour le meilleur et pour le pire.

Joan Crawford : cette actrice fantasque, capricieuse, qui défraya les chroniques hollywoodiennes par ses sautes d'humeur et ses extravagances, vient de reprendre le devant de la scène grâce à l'une de ses filles adoptives qui a fait un roman de cette mère dure et abusive.

Ali Mc Graw et Steve Mc Queen, tous deux Bélier. Astromariage fréquent mais plein d'embûches car deux êtres qui vont de l'avant tête baissée risquent de perdre ensemble l'équilibre...

Les Astromariages de la Femme Bélier

Femme Bélier et homme Bélier

Ils se ressemblent. Ils ont la même audace intrépide, la même vitalité explosive, le même besoin d'action. Mais à la longue, si l'un des deux ne modifie pas complètement son comportement, il y a collision de personnalités (voir homme Bélier et femme Bélier).

Femme Bélier et homme Taureau

Mars et Vénus s'unissent. Formule un peu moins bonne que l'inverse (homme Bélier et femme Taureau) parce que le Vénusien du Taureau est obsédé par la propriété, les acquisitions, l'argent, et qu'il se démène pour obtenir un train de vie élevé pour assurer un haut « standing » à sa femme et qu'elle, Bélier, se moque un peu de tout cela. Elle préfère les risques, les voyages et l'aventure à cet univers plein de sécurité. En outre, le côté casanier, très terrien du Taureau l'irrite sans l'émouvoir. Elle a du mal à se priver d'une course en moto ou d'une escalade en haute montagne pour s'occuper de son mari et de ses enfants à la maison. Comme il est très possessif... il y a des tensions dans l'air !

Femme Bélier et homme Gémeaux

Là encore, l'Air (Gémeaux) attise le Feu (Bélier). Une entente spontanée et inattendue fait de ces êtres au fond très différents des complices. Meilleure combinaison que l'inverse (homme Bélier et femme Gémeaux) dans la mesure où la femme Bélier est plus souple, plus adaptable que l'homme du signe. Elle possède des qualités qui font défaut à l'homme des Gémeaux : l'esprit de décision, l'obstination, l'endurance et une certaine façon d'aller jusqu'au bout de ses actes. Elle peut le dynamiser et prendre en mains ses projets qui, sans elle, resteraient à l'état de projets. Son petit désir d'évasion, ses velléités, elle peut les transformer en grande aventure, tout en sachant respecter son besoin d'indépendance. Formule excellente pour un couple qui a des intérêts en commun ou qui fait le même métier.

Femme Bélier et homme Cancer

Marier l'Eau et le Feu, c'est toujours risqué... Pourtant, le Cancer est fasciné par cette chaleur solaire, ce rayonnement, cette gaieté. Bondissant des quatre sabots, notre alerte chevrette va le tirer, ce pauvre crabe, hors de sa carapace. Avec elle, il osera enfin aborder des rivages où il hésitait jusque-là à risquer la pince. L'audace de la femme Bélier lui devient indispensable. Et elle-même, qui ne brille pas par la persévérance, a besoin de la stabilité du Cancer. Fin psychologue, calme, il devine, derrière l'agressivité de cette biquette batailleuse, toute une féminité fragile qui ne demande qu'à se soumettre. Mais attention aux coups de corne : le Cancer déteste qu'on perturbe les eaux de sa mare intérieure. Un peu de cinéma, il veut bien, pour le distraire de sa morosité. Mais si cela tourne à la vraie bagarre, aux cris, il s'enfuira car il a les scènes de ménage en horreur.

Femme Bélier et homme Lion

Sautez bien haut, jolie dame, sautez de joie, voilà votre homme ! Feu plus Feu, Soleil et Mars, c'est l'incendie, un grand feu de joie qui éclairera toute votre vie.

Le Lion sera stimulé par l'irrésistible dynamisme de cette biquette entreprenante, enthousiaste, passionnée, généreuse. Elle trouvera en lui la stabilité dont elle a besoin (car le Lion est un signe fixe). Elle ne cesse de l'asticoter, elle le taquine, elle le flatte, elle le provoque : et comme c'est, en amour, une très grande actrice, il est enchanté ! Tant de démonstrations l'amusent et confortent son amour-propre. Ils se ressemblent, vivent sur le même mode de sensibilité extravertie et chaleureuse. Un même besoin intense d'activité les pousse à se dépenser à la fois physiquement et affectivement, à entreprendre, à créer, à monter sans cesse de nouvelles affaires...

Ils adorent les enfants tous les deux ; ils aiment les fêtes brillantes et les amis, ils sont sportifs, ils sont dans le vent...

Pourtant, attention aux coups de corne, chère biquette... Votre Lion est susceptible, et son ego assez développé ne supporte ni la rébellion ouverte, ni la concurrence : ne vous amusez pas à le rendre jaloux. Vous aimez la bagarre plus que lui : ne provoquez pas trop souvent ses colères ravageuses...

Femme Bélier et homme Vierge

Il est prudent, avisé, économe, raisonnable. Elle est téméraire, trompe-la-mort, tête brûlée, instinctive. Il est froid et plutôt critique. Elle est chaleureuse et enthousiaste. Comment faire pour qu'ils se rejoignent ? Ils n'aimeront ni vivre ensemble, ni voyager ensemble, ni travailler ensemble. Est-il bien nécessaire d'insister ?

Femme Bélier et homme Balance

C'est elle, tout d'abord, qui recherche sa compagnie. Lui, il hésite toujours un peu à choisir parmi les femmes celle qui doit devenir son épouse. Il les trouve toutes séduisantes, gracieuses, intelligentes ou il leur trouve de beaux yeux, un sourire fondant, des gestes doux. Difficile de décider un Homme Balance à choisir, mais la Dame Bélier est décidée pour deux. Et leur couple est fort sympathique.

Femme Bélier et homme Scorpion

Cela ne peut marcher qu'avec beaucoup de « si » :

Si le Feu du Bélier est calmé par un peu d'Eau, Bélier-Poissons, par exemple.

Ou bien si le Scorpion a un édulcorant dans son venin : Scorpion-Vierge, Scorpion-Balance, ou n'importe quel Ascendant qui s'accorde avec le Bélier, ou, parfois, même Ascendant.

Ou encore si la dame Bélier réussit brillamment, professionnellement ou socialement : le Scorpion respecte alors la réussite.

Si, enfin, ayant fait chacun de leur côté pas mal de bêtises, ils se rencontrent tard dans la vie, comme André Malraux et Louise de Vilmorin.

Qu'ont-ils de commun, cette biquette et ce grand méchant loup ? La planète Mars. Mais, chez le Bélier, c'est un Mars printanier éclairé par le Soleil, un Mars de jour fleur au fusil... Tandis que chez le Scorpion, c'est un Mars de nuit, assombri par les Enfers de Pluton, c'est la guerre d'extermination !

La chevrette, avec son clin d'œil à étincelles, allume facilement le Scorpion, qu'elle amuse par ses cabrioles.

Fonçant droit devant elle, toutes cornes dehors, elle ne se laisse pas si volontiers que ça marcher sur ses sabots. Elle donnera du poil à retordre au Scorpion ; si c'est un bon Scorpion, il n'essaiera pas de l'attacher au piquet de son pré. Si c'est un mauvais Scorpion, il se fâchera : la bergerie se transformera en tragédie... et le petit mouton deviendra enragé !

Femme Bélier et homme Sagittaire

Comme tous les signes de Feu entre eux, l'homme Sagittaire s'entend bien avec la femme du Bélier. Ce sont deux enthousiastes, aventuriers, entreprenants, deux constructeurs : il leur faudra peut-être des Ascendants Terre pour les stabiliser car ils se projettent trop dans l'avenir. C'est, en tout cas, un bon accord par affinités.

Femme Bélier et homme Capricorne

C'est comme essayer de rassembler la terre et le feu : ils sont fondamentalement de nature différente. Ils ne perçoivent, l'un de l'autre, que les défauts : parcimonie, austérité, réserve, et sens des projets à long terme pour l'un ; impulsivité, passion, rapidité, chaleur humaine et action dans l'instant pour l'autre. Il vaut mieux tenter, s'il naît une sympathie entre eux, de la transtormer en amitié.

Femme Bélier et homme Verseau

Il est, d'emblée, subjugué par cette boule de feu, piaffante, impétueuse et trompe-la-mort. Ensuite, il s'aperçoit qu'elle est constructive, courageuse, enthousiaste, prête à faire toutes les folies à ses côtés, gaie, vivante, combative, vigilante, et le coup de foudre se mue en grand amour. C'est une association très heureuse : ils se stimulent et se dynamisent l'un l'autre.

Femme Bélier et homme Poissons

C'est un couple que l'on rencontre fréquemment, comme l'inverse. La nature fougueuse, passionnée et, en même temps, inconditionnelle de la dame Bélier convient à l'idéaliste homme des Poissons qui recherche une communion très profonde, presque mystique avec la femme qu'il aime. Mystérieusement, l'Eau des Poissons et le Feu du Bélier s'accordent ici dans un échange dynamisant, peut-être parce que la femme du Bélier, conquérante et séductrice, est à la fois soumise, violente et peut être l'esclave de l'homme qu'elle aime s'il répond à son enthousiasme.

Leurs rapports sont romanesques souvent, intenses toujours... et peuvent durer. Ce fut le cas de la liaison de Victor Hugo (Poissons) avec Juliette Drouet (Bélier, Vénus en Poissons). Une rencontre amoureuse exceptionnelle, de toute façon.

Max Ernst, peintre du signe, en compagnie de sa femme Dorothea Tanning. Richesse de l'imagination, nouveauté plastique, humour, vie intense, se dégagent de ses toiles comme de ses sculptures.

Les Astromariages de l'Homme Bélier

Homme Bélier et femme Bélier

Alliage classique du Feu avec le Feu. On se retrouve en l'autre. L'homme du Bélier, plus narcissique que la femme du signe, aime à retrouver ses défauts en elle, ses penchants et cette fascinante combativité. Mais au bout de quelques mois tout se complique : ils foncent tous les deux sans réfléchir, ils prennent les mêmes colères ravageuses, ils aiment trop l'aventure et pas forcément ensemble. Couple pas facile à maintenir sauf si l'un des deux renonce aux tendances du signe ou plutôt adopte la tendance contraire : on voit des Bélier devenir Balance, chercher à devenir l'opposé de ce qu'ils sont, alors l'union réussit.

Homme Bélier et femme Taureau

Là, les complémentarités sont grandes. Elle est vénusienne, c'est-à-dire conciliante, douce, harmonieuse et sensuelle. Lui, martien, fait dans l'impulsion irréfléchie, les sports violents et la compétition tous azimuts. Il a vraiment besoin pour le conforter, l'entourer et l'assagir, d'une bienveillante muse et conseillère comme elle, d'autant plus que leur érotisme (surtout si Vénus dans les thèmes sont conjointes ou proches) vibre au même diapason. Des problèmes peuvent se poser à long terme, s'il ne calme pas sa nature conquérante, car la dame Taureau est extrêmement possessive, exclusive et jalouse. A bon entendeur...

Homme Bélier et femme Gémeaux

Une étrange alchimie se produit entre les deux compères. L'homme Bélier qui a, en principe, horreur des femmes compliquées, un rien doubles et allumeuses, se laisse littéralement envoûter par cette créature gaie, vivante, joueuse, hyperdouée. Il n'a rien de commun avec elle, ni le goût du sport, ni celui du danger mais elle le *stimule.* Son enthousiasme, sa légèreté, sa façon de prendre la vie au comique le subjuguent. En outre, sa faconde de femme souvent cultivée et toujours informée, son immense savoir-faire social, professionnel et privé, achèvent d'amadouer notre play-boy, plutôt maladroit dans les salons. Mais attention : couple fragile. Ne résiste guère aux intempéries de la vie à deux. Parce qu'elle déteste ne pas se sentir indépendante. Et qu'il déteste la laisser libre.

Homme Bélier et femme Cancer

Quatre sabots et dix paires de pattes, c'est tout de même trop pour un véhicule, même amphibie. L'ennui est que certaines pattes ont toujours tendance à vouloir marcher en biais...
On connaît quelques couples qui ont tenu le coup, mais si peu... Peut-être un Bélier Ascendant

Taureau et une Cancer Ascendant Balance ? Cette dernière est plus particulièrement vulnérable aux charmes du brillant Bélier.

Les inconvénients sont ici ceux, classiques, de la combinaison Eau + Feu : l'homme des signes de Feu ne comprend pas les zones d'ombre de la femme des signes d'Eau. La combinaison inverse (femme Bélier — homme Cancer) marche mieux que celle-ci.

L'homme Bélier est charmant, mais autoritaire et impulsif. Il exige trop de soumission de la femme Cancer. Celle-ci se rebiffe : c'est une personne très autonome, qui aime assez commander, et ne se laisse pas marcher sur les pinces. Si c'est elle qui tient le gouvernail, elle essaiera d'enfermer le Bélier dans un univers bien clos et bien douillet, pour mieux se le garder. Et le Bélier n'aura qu'un rêve : s'échapper tous azimuts. Si, au contraire, croyant bien faire, elle se soumet totalement au Bélier pour lui faire plaisir, cela n'ira pas non plus : il ne la sécurise guère, parce qu'il ne comprend pas sa nature sentimentale. Parfois même, il devient sadique, et elle s'enfonce alors dans un masochisme dépressif.

Il faut vraiment que les Ascendants de l'une et de l'autre soient semblables ou complémentaires. et les planètes réciproquement bien aspectées, pour que la combinaison ait quelque chance de durer.

Homme Bélier et femme Lion

Une Lionne ne passe jamais inaperçue : charme, élégance, autorité... Le cher Bélier, toujours prêt à se précipiter cornes baissées dans tout ce qui brille, prend feu immédiatement et passe à l'attaque. Hardi, petit. Et le voilà, tout feu tout flammes, faisant le siège de cette citadelle étoilée... On ne s'ennuie jamais avec ce couple gai, ouvert, actif. Le train-train, la grisaille, la soupe aux herbes, ce n'est pas leur genre. Mais le Bélier s'apercevra très vite que la Lionne est une patronne. Quelques coups de griffe le tiendront en respect... Comme ils adorent commander tous les deux, et que personne ne veut céder, ça risque de flamber... Le Bélier finira par baisser les cornes ; elle est beaucoup plus forte que lui ; surtout elle mijote ses coups en catimini, et le pauvre garçon, naïf, se fera avoir jusqu'à la racine du poil !

Homme Bélier et femme Vierge

Ils ne parlent pas la même langue. Ils ne vont pas dans la même direction. Ils n'ont aucun objectif en commun. L'homme Bélier est un impulsif, frondeur audacieux, presque irréfléchi, tellement il a besoin d'agir. Elle, la tendre Vierge, hésite à faire le moindre geste de peur de perturber, même infimement, l'ordre, l'ordonnance des choses. En outre, il aime conquérir : il accumule les passions brèves et les envolées d'un soir alors qu'elle est une amoureuse exclusive, fidèle, jalouse, bien qu'elle garde ses sentiments bien enfermés à double tour dans son for intérieur.

Homme Bélier et femme Balance

Deux opposés qui s'attirent irrésistiblement. Elle attise le feu du Bélier, et le Bélier lui fait un peu brûler son indécision.

Le Bélier sera particulièrement séduit par la Balance, laquelle cache son énergie sous une grande douceur apparente. Avec celle-là, il peut être heureux, elle le fera marcher en grande douceur et petite vitesse, sans qu'il s'en doute le moins du monde !

L'alliage de la douceur extrême avec la violence, de l'hésitation avec l'extrémisme, de la tolérance avec l'exclusivité absolue, cet alliage-là, disais-je, donne des couples heureux.

Homme Bélier et femme Scorpion

Exquis et séduisant, ce Bélier, mais il fait rarement l'affaire de la Scorpionne (sauf si leurs Ascendants sont complémentaires).

Il ne la rassure pas, parce qu'il ne la comprend pas : tout en impulsivité, extraverti, actif et sans complications, il est à mille bonds de soupçonner le monde secret de sa partenaire. Les motivations de celle-ci lui échappent complètement. Il ne respecte pas son intuition et s'il essaie de faire acte d'autorité, il la braque. Il vit dans l'instant présent, tout entier immergé dans l'immédiat

– tandis qu'elle vit à la fois dans les projets d'avenir lointains, et dans la conscience permanente du passé. Il n'y a pas de langage profond entre eux, entre le Feu du Bélier et l'Eau du Scorpion. Ils peuvent s'entendre en amitié, dans le feu de l'action. Mais pas en amour, et à long terme, à moins que le Bélier n'ait beaucoup d'Eau dans son Feu.

Homme Bélier et femme Sagittaire

Il y a un certain respect l'un pour l'autre mêlé d'inquiétude latente : la femme du Sagittaire étant quelqu'un d'enthousiaste mais de stable, elle se méfie toujours un peu des impulsions irraisonnées de monsieur Bélier. Leur dénominateur commun dans l'existence est fait de courage, d'élan vers l'avenir, de passion dans leurs activités, d'insatiable curiosité et de nombreuses relations amicales. Mais il faut peut-être qu'il soit plus âgé qu'elle pour calmer un peu ses folies impulsives...

Homme Bélier et femme Capricorne

C'est assez difficile de les unir. Mêmes remarques que pour l'homme Capricorne et la femme Bélier. Il y a d'un côté la sagesse, le sens profond et enraciné du devoir, des responsabilités, de l'autre une nature piaffante, instinctive et souvent limitée au présent, à l'instant même. Peu de points communs.

Homme Bélier et femme Verseau

Un point commun, mais de taille : la bougeotte. Ce sont deux actifs. Ils se rejoignent pour l'aventure, le risque, les grands voyages, l'imprévu. Ils s'enthousiasment souvent, ensemble, et pour les mêmes choses. Ils brûlent les vaisseaux, les étapes, la chandelle par les deux bouts. C'est à qui étonnera l'autre, le défiera le plus. Mais elle est une cérébrale, réfléchie tout de même, qui contrôle toujours ses dérapages, alors que lui fonce tête baissée vers le danger... Peut-on vraiment l'assagir ?

Homme Bélier et femme Poissons

Voilà l'extrême féminité, l'infinie douceur de la dame Poissons pliant devant l'impulsivité dominatrice et fougueuse du Bélier : comment vont-ils s'accorder ? Très bien. Encore le mystère des extrêmes qui se touchent... Bien que l'Eau soit réputée ne pas convenir au Feu, notre actif et impatient Bélier trouve son équilibre dans le climat enveloppant et passionnel de cette sirène.

Mais elle ? Qu'il n'oublie jamais, cet homme sportif et combatif, que la femme Poissons est une femme romanesque. Si l'ennui se glisse dans ce couple, elle s'enfuira. Rien ne la retiendra. La liaison fracassante de la belle Ursula Andress (Poissons) avec Jean-Paul Belmondo (Bélier), et leur rupture qui le fut tout autant, signale à ce couple passionné les écueils à éviter !

Comment trouver votre Ascendant

Je vous suppose assez averti des notions de base de l'astrologie pour ne pas confondre votre Ascendant horoscopique avec vos ascendants juridiques : l'Ascendant qui nous intéresse, vous le savez, n'a rien à voir avec vos chers parents, grands-parents et arrière-grands-parents. Il n'est cependant pas mauvais de rappeler brièvement quelques définitions avant d'entrer dans le vif du sujet.

Vous qui avez acheté ce livre parce qu'il vous concernait, votre anniversaire se situe forcément entre le 21 mars et le 20 avril, période annuelle durant laquelle le Soleil occupe le secteur zodiacal appelé Bélier. Vous savez donc que vous êtes natif du Bélier ou encore que le Bélier est votre signe solaire. Le jour où vous êtes né, quand le Soleil s'est levé, le signe du Bélier qu'il occupait se levait donc en même temps. Puis, ce Soleil en Bélier est monté dans le ciel printanier, et un peu plus tard dans la matinée, le signe du Taureau s'est levé à son tour. Ce furent ensuite, au cours de la journée, les levers successifs des Gémeaux, du Cancer, du Lion, et *tutti quanti.* C'est ainsi qu'en une période de vingt-quatre heures, du fait de la rotation de la Terre, les douze signes du Zodiaque se lèvent tour à tour. Moyennant la connaissance de votre heure et de votre lieu de naissance, il est possible de déterminer lequel des douze se levait à l'instant précis de votre venue au monde : vous connaîtrez alors votre signe Ascendant. Les pages techniques de ce livre vous fourniront tous les moyens de trouver vous-même si vous êtes Bélier Ascendant Lion, Bélier Ascendant Verseau ou Bélier — autre chose encore.

Pour trouver tout de suite votre Ascendant, vous avez besoin de connaître votre heure de naissance

Pour connaître votre heure de naissance, vous interrogez vos parents, ou bien, dans de nombreux pays, vous pouvez également l'obtenir auprès de votre mairie, en demandant un extrait d'acte de naissance.

Toutefois, l'heure que vos parents ou la mairie vous indiquent est une heure officielle qui ne coïncide pas forcément avec l'heure solaire.

Souvenez-vous qu'à la campagne certaines personnes ne désirent pas vivre à l'heure officielle et préfèrent suivre l'heure du Soleil.

De même, un enfant né à 14 heures officiellement serait, en fait, né à midi solaire.

Pour que vous puissiez facilement transformer votre heure officielle de naissance en heure solaire, nous avons établi un tableau par pays.

Vous recherchez, dans les pages suivantes, le tableau concernant votre pays de naissance et vous lisez ce que vous avez à faire.

Si le tableau vous demande « Retranchez 1 heure », cela veut dire que vous devez retrancher une heure de votre heure de naissance officielle pour trouver l'heure solaire.

Si le tableau vous demande « Ajoutez 0 h 30 », c'est l'inverse.

Si enfin le tableau indique « Aucun changement », c'est que l'heure officielle est la même que l'heure solaire.

Pourquoi est-il nécessaire que vous trouviez l'heure solaire de votre naissance ?

Tout simplement parce que, si vous utilisez directement votre heure officielle de naissance, vous trouveriez un Ascendant inexact chaque fois que cette heure aurait une avance ou un retard notable sur l'heure du Soleil.

Si vous avez bien noté votre heure de naissance, vous pouvez passer maintenant à la page 100 où vous lirez comment trouver votre Ascendant sans aucun calcul.

AFRIQUE
AFFARS et ISSAS (Djibouti)
Depuis 1910 aucun changement
AFRIQUE DU SUD
Ouest
Province du Cap occidentale
et Sud-Ouest africain
Depuis 1910 retranchez 0 h 45
Est
Orange, Transvaal, Natal, Cap orientale
Depuis 1910 aucun changement
ALGÉRIE
En 1910 aucun changement
De 1911 au 23 mars 1917 ajoutez 0 h 10
Du 24 mars au 20 avr. 1917 retranchez 0 h 50
De 1918 à 1921 retranchez 0 h 50
De 1922 à 1939 ajoutez 0 h 10
De 1940 au 1 avr. 1944 retranchez 0 h 50
Du 2 au 20 avril 1944 retranchez 1 h 50
Du 20 mars au 1 avr. 1945 retranchez 0 h 50
Du 2 au 20 avril 1945 retranchez 1 h 50
En 1946 retranchez 0 h 50
De 1947 à 1955 ajoutez 0 h 10
De 1956 au 13 avril 1963 retranchez 0 h 50
Du 14 avril 1963 à 1977 ajoutez 0 h 10
Du 20 au 23 mars 1978 ajoutez 0 h 10
Du 24 mars au 20 avr. 1978 retranchez 0 h 50
Depuis 1979 ajoutez 0 h 10
ANGOLA
Occidental
Depuis 1910 aucun changement
Oriental
Depuis 1910 ajoutez 0 h 20
BENIN (Dahomey)
De 1910 à 1933 aucun changement
Depuis 1934 retranchez 0 h 50
BOTSWANA
Depuis 1910 retranchez 0 h 20
BURUNDI
Depuis 1910 aucun changement
CAMEROUN
En 1910 et 1911 aucun changement
Depuis 1912 retranchez 0 h 10
CENTRAFRIQUE (Rép.)
En 1910 et 1911 aucun changement
Depuis 1912 ajoutez 0 h 20
COMORES (Iles)
Depuis 1910 aucun changement
CONGO
Depuis 1910 aucun changement
CÔTE D'IVOIRE
En 1910 et 1911 aucun changement
Depuis 1912 retranchez 0 h 20
ÉGYPTE
Depuis 1910 aucun changement
ÉTHIOPIE (Sauf Érythrée)
De 1910 à 1936 aucun changement
Depuis 1937 retranchez 0 h 25
ÉRYTHRÉE
De 1910 à 1930 aucun changement
Depuis 1931 retranchez 0 h 20
GABON
En 1910 et 1911 aucun changement
Depuis 1912 retranchez 0 h 15
GAMBIE
De 1910 à 1963 aucun changement
Depuis 1964 retranchez 1 h
GHANA
Depuis 1910 aucun changement
GUINÉE
En 1910 et 1911 aucun changement
De 1912 à 1933 retranchez 0 h 45
De 1934 à 1959 ajoutez 0 h 15
Depuis 1960 retranchez 0 h 45

GUINÉE BISSAU
Depuis 1910 aucun changement
GUINÉE ÉQUATORIALE
En 1910 et 1911 aucun changement
De 1912 à 1963 ajoutez 0 h 40
Depuis 1964 retranchez 0 h 20
HAUTE VOLTA
Depuis 1910 aucun changement
KENYA
De 1910 à 1928 aucun changement
En 1929 retranchez 0 h 30
De 1930 à 1939 aucun changement
De 1940 à 1959 retranchez 0 h 15
Depuis 1960 retranchez 0 h 30
LESOTHO
Depuis 1910 aucun changement
LIBÉRIA
Depuis 1910 aucun changement
LIBYE
Cyrénaïque
De 1910 à 1919 aucun changement
De 1920 à 1963 ajoutez 0 h 30
Depuis 1964 retranchez 0 h 30
Tripolitaine, Syrte
De 1910 à 1963 aucun changement
Depuis 1964 retranchez 1 h
MADAGASCAR
Depuis 1910 aucun changement
MALAWI
Depuis 1910 ajoutez 0 h 15
MALI
Oriental (Tombouctou-Gao)
En 1910 et 1911 aucun changement
De 1912 à 1933 retranchez 0 h 10
De 1934 à 1960 ajoutez 0 h 50
Depuis 1961 retranchez 0 h 10
Occidental (Bamako)
En 1910 et 1911 aucun changement
De 1912 à 1933 retranchez 0 h 30
De 1934 à 1960 ajoutez 0 h 30
Depuis 1961 retranchez 0 h 30
MAROC
De 1910 à 1913 aucun changement
De 1914 à 1939 retranchez 0 h 30
En 1940 retranchez 1 h 30
Depuis 1941 retranchez 0 h 30
MAURICE (Ile)
Depuis 1910 aucun changement
MAURITANIE
En 1910 et 1911 aucun changement
De 1912 à 1933 retranchez 0 h 55
De 1934 à 1959 aucun changement
Depuis 1960 retranchez 0 h 55
MOZAMBIQUE
Depuis 1910 retranchez 0 h 25
NIGER
Occidental (Niamey)
En 1910 et 1911 aucun changement
De 1912 à 1933 ajoutez 1 h 10
De 1934 à 1959 ajoutez 0 h 10
Depuis 1960 retranchez 0 h 50
Central (Tahoua, Nkoni, Ingau, Maradi)
En 1910 et 1911 aucun changement
De 1912 à 1959 ajoutez 0 h 25
Depuis 1960 retranchez 0 h 35
Oriental (Agadez, Bilma, Zinder, Nguigui)
En 1910 et 1911 aucun changement
Depuis 1912 retranchez 0 h 20
NIGÉRIA
De 1910 à 1919 aucun changement
De 1920 à ce jour retranchez 0 h 30 (1)

1. Sauf région du lac Tchad aucun changement

OUGANDA
De 1910 à 1919 aucun changement
De 1920 à 1928 retranchez 0 h 20
En 1929 retranchez 0 h 50
De 1930 à 1947 retranchez 0 h 20
De 1948 à 1963 retranchez 0 h 35
Depuis 1964 retranchez 0 h 50
RÉUNION (Ile de la)
En 1910 et 1911 aucun changement
Depuis 1912 retranchez 0 h 20
RHODÉSIE
Depuis 1910 aucun changement
SÉNÉGAL
De 1910 à 1941 aucun changement
Depuis 1942 retranchez 1 h
SIERRA LEONE
De 1910 à 1913 aucun changement
De 1914 à 1963 ajoutez 0 h 15
Depuis 1964 retranchez 0 h 45
SOMALIE
Ex-française et italienne
Depuis 1910 aucun changement
Ex-anglaise
De 1910 à 1965 ajoutez 0 h 30
Depuis 1966 aucun changement
SOUDAN
Depuis 1910 aucun changement
SWAZILAND
Depuis 1910 aucun changement
TANZANIE
Tanganyika
De 1910 à 1930 aucun changement
De 1931 à 1947 retranchez 0 h 30
De 1948 à 1960 retranchez 0 h 15
Depuis 1961 retranchez 0 h 30
Zanzibar
De 1910 à 1930 aucun changement
De 1931 à 1939 ajoutez 0 h 10
Depuis 1940 retranchez 0 h 20
TCHAD
En 1910 et 1911 aucun changement
Depuis 1912 ajoutez 0 h 10
TOGO
Depuis 1910 aucun changement
TUNISIE
En 1910 ajoutez 0 h 30
De 1911 au 15 avril 1939 retranchez 0 h 20
Du 16 avril 1939 à 1942 retranchez 1 h 20
Du 21 au 28 mars 1943 retranchez 0 h 20
Du 29 mars au 16 avr. 1943 retranchez 1 h 20
Du 17 au 20 avril 1943 retranchez 0 h 20
Du 21 mars au 2 avril 1944 retranchez 0 h 20
Du 3 au 20 avril 1944 retranchez 1 h 20
Du 20 mars au 1 avril 1945 retranchez 0 h 20
Du 2 au 20 avril 1945 retranchez 1 h 20
Depuis 1946 retranchez 0 h 20
ZAÏRE
Kinshasa - Léopoldville
Mbandaka - Coquillatville
De 1910 à 1920 aucun changement
De 1921 à 1935 retranchez 1 h
Depuis 1936 aucun changement
Provinces orientales, Kasaï, Katanga
De 1910 à 1920 ajoutez 0 h 45 (1)
Depuis 1921 retranchez 0 h 15
ZAMBIE
Depuis 1910 aucun changement

AMÉRIQUE DU NORD
ALASKA *
Région de Wrangel
Depuis 1910 retranchez 1 h

1. Et jusqu'en 1935 pour le Kasaï
* Voir note page 89

Région de Juneau *
Depuis 1910 retranchez 0 h 15
Central et Occidental *
Depuis 1910 aucun changement

CANADA *
Alberta retranchez 0 h 40
Colombie * aucun changement
Manitoba * retranchez 0 h 30
N.Brunswick retranchez 0 h 30
N.F.Labrador * retranchez 0 h 40
N.Écosse aucun changement
Ontario Est * retranchez 0 h 20
Ontario Ouest * retranchez 1 h
Québec ouest de Port Cartier * ajoutez 0 h 15
Québec Port Cartier et Est * retranchez 0 h 20
Saskatchewan * aucun changement

ÉTATS-UNIS * (* sauf Hawaï)
Alabama ajoutez 0 h 15
Arizona retranchez 0 h 25
Arkansas retranchez 0 h 10
Californie aucun changement
Caroline du Nord retranchez 0 h 20
Caroline du Sud retranchez 0 h 25
Colorado aucun changement
Connecticut ajouter 0 h 10
Dakota Nord (Est) retranchez 0 h 40
Dakota Nord (Ouest) aucun changement
Dakota Sud (Est) retranchez 0 h 35
Dakota Sud (Ouest) ajoutez 0 h 10
Delaware aucun changement
District Féd. aucun changement
Floride retranchez 0 h 30
sauf Panama, Pensacola ajoutez 0 h 20
Georgie retranchez 0 h 35
Idaho (Est) retranchez 0 h 30
Idaho (Ouest) ajoutez 0 h 15
Illinois aucun changement
Indiana ajoutez 0 h 15
Iowa retranchez 0 h 15
Kansas retranchez 0 h 30
sauf Dodge City et Ouest ajoutez 0 h 20
Kentucky Centre et Est retranchez 0 h 40
Kentucky Ouest ajoutez 0 h 10
Louisiane aucun changement
Maine ajoutez 0 h 20
Maryland retranchez 0 h 10
Massachusetts ajoutez 0 h 15
Michigan retranchez 0 h 45
Minnesota retranchez 0 h 15
Mississippi aucun changement
Missouri retranchez 0 h 10
Montana retranchez 0 h 20
Nebraska Est retranchez 0 h 30
Nebraska Ouest ajoutez 0 h 10
Nevada ajoutez 0 h 15
N.Hampshire ajoutez 0 h 15
N.Jersey aucun changement
N.York aucun changement
N.Mexique aucun changement
Ohio retranchez 0 h 30
Oklahoma retranchez 0 h 30
Oregon aucun changement
Pennsylvanie retranchez 0 h 15
Rhode Island aucun changement
Tennessee Est retranchez 0 h 35
Tennessee Ouest et Centre ajoutez 0 h 10
Texas Est retranchez 0 h 25
Texas Ouest retranchez 0 h 45
Utah Est retranchez 0 h 20
Utah Ouest ajoutez 0 h 30
Vermont aucun changement
Virginie retranchez 0 h 15
Virginie Occid. retranchez 0 h 25
Washington (DC) aucun changement
Washington (État) aucun changement
Wisconsin aucun changement
Wyoming retranchez 0 h 10
Hawaï retranchez 0 h 20

TERRE NEUVE (Ile de)
retranchez 0 h 15

AMÉRIQUE CENTRALE

BAHAMAS (Iles) *
Depuis 1910 aucun changement

COSTA RICA
De 1910 à 1920 aucun changement
Depuis 1921 ajoutez 0 h 25

CUBA
De 1910 à 1924 ajoutez 0 h 15
Depuis 1925 retranchez 0 h 15

RÉP. DOMINICAINE *
De 1910 à 1932 aucun changement
Depuis 1933 ajoutez 0 h 20

GUADELOUPE
Depuis 1910 aucun changement

GUATEMALA
Depuis 1910 aucun changement

HAÏTI
Depuis 1910 aucun changement

HONDURAS
Depuis 1910 aucun changement

HONDURAS BRITANNIQUE *
Depuis 1910 aucun changement

JAMAÏQUE
Depuis 1910 aucun changement

MARTINIQUE
Depuis 1910 aucun changement

MEXIQUE
Oriental
Provinces de Yucatan, Campeche, Chiapas, Oaxaca, Tabasco, Tamaulidas, Vera-Cruz
De 1910 à 1911 aucun changement
De 1912 à 1921 ajoutez 0 h 15
De 1922 à 1931 ajoutez 0 h 50
Depuis 1932 retranchez 0 h 10
Occidental
Provinces de Californie Nord et Sud
De 1910 à 1911 aucun changement
De 1912 à 1921 retranchez 1 h 05
De 1922 à 1931 retranchez 0 h 30
Depuis 1932
Californie Nord ajoutez 0 h 20
Californie Sud retranchez 0 h 30
Central
Toutes les autres provinces
De 1910 à 1911 aucun changement
De 1912 à 1921 retranchez 0 h 25
De 1922 à 1931 ajoutez 0 h 10
Depuis 1932 retranchez 0 h 50

NICARAGUA
De 1910 à 1933 aucun changement
Depuis 1934 ajoutez 0 h 20

PANAMA
De 1900 à 1907 aucun changement
Depuis 1908 retranchez 0 h 20

PETITES ANTILLES (Iles des)
Depuis 1910 aucun changement

PORTO RICO
Depuis 1910 retranchez 0 h 25

SAN SALVADOR
Depuis 1910 aucun changement

AMÉRIQUE DU SUD

ARGENTINE *
Est
Régions de Sante Fe, Cordoba, Buenos Aires, Bahia Blanca
De 1910 à 1920 ajoutez 0 h 10
Depuis 1921 aucun changement
Ouest
Régions de Tucuman, Mendoza et Patagonie
De 1910 à 1920 retranchez 0 h 20
Depuis 1921 retranchez 0 h 40

BOLIVIE
De 1910 à 1932 ajoutez 0 h 10
Depuis 1933 retranchez 0 h 25

BRÉSIL * (sauf Accre)
Depuis 1910 aucun changement
Accre *
De 1910 à 1913 aucun changement
Depuis 1914 ajoutez 0 h 20

CHILI *
De 1910 à 1933 ajoutez 0 h 15
Depuis 1933 retranchez 0 h 45

COLOMBIE
Depuis 1910 aucun changement

ÉQUATEUR
Depuis 1910 aucun changement

GUYANA
Depuis 1910 aucun changement

GUYANE FRANÇAISE
De 1910 à 1911 aucun changement
Depuis 1912 ajoutez 0 h 30

PARAGUAY
De 1910 à 1931 retranchez 0 h 15
Depuis 1932 ajoutez 0 h 10

PÉROU
Depuis 1910 aucun changement

SURINAM
Depuis 1910 aucun changement

URUGUAY *
De 1910 à 1920 ajoutez 0 h 15
Depuis 1921 retranchez 0 h 15

VENEZUELA
De 1910 à 1911 ajoutez 0 h 20
Depuis 1912 retranchez 0 h 15

MOYEN-ORIENT

ARABIE SAOUDITE (1)
Ouest
Retranchez 0 h 20
Est (dont Er Riad)
retranchez 0 h 50

ÉMIRATS ARABES (1)
Retranchez 0 h 20

IRAK
Aucun changement

ISRAËL
Ajoutez 0 h 20

JORDANIE
Ajoutez 0 h 25

KOWEIT
Aucun changement

LIBAN *
Ajoutez 0 h 20

SYRIE *
Ajoutez 0 h 30

YEMEN NORD et SUD
Aucun changement

---

1. Ces informations concernent la période récente, se renseigner pour l'heure officielle avant 1960.

* Pour les pays suivis du * voir le tableau spécial de l'heure d'été page 95 et l'appliquer en fonction de vos informations personnelles.

ASIE

AFGHANISTAN
Aucun changement

BIRMANIE
Aucun changement

CEYLAN
Aucun changement

CHINE
Pour Pékin et toute la côte Est
aucun changement
Pour le reste de la Chine se reporter
à l'heure locale sans aucun changement

CORÉE (1)
Retranchez 0 h 30

CAMBODGE
Aucun changement

INDE
Assam ajoutez 0 h 40
Côte et partie orientale aucun changement
Côte et partie occidentale
retranchez 0 h 30

INDONÉSIE
Sumatra retranchez 0 h 15
Java, Bali, Sumatra ajoutez 0 h 20
Bornéo retranchez 0 h 25
Célèbes, Timor, Flores aucun changement
Irian (N.Guinée) aucun changement
Moluques retranchez 0 h 25

JAPON
Kiou Siou retranchez 0 h 10
Sikok, Hondo, Ouest de Tokyo
aucun changement
Hondo, Nord de Tokyo et Yeso
ajoutez 0 h 30

LAOS
Aucun changement

MALAYSIA (FED)
Péninsule Malaise retranchez 0 h 15
Sabah, Sarawak (1) aucun changement

MANDCHOURIE
De 1900 à 1904 aucun changement
De 1905 à 1927 retranchez 0 h 30
De 1928 à 1932 aucun changement
Depuis 1933 se renseigner

PAKISTAN
Oriental
Aucun changement
Occidental (1)
Retranchez 0 h 30

PHILIPPINES (Iles)
Aucun changement

THAÏLANDE
De 1910 à 1920 aucun changement
Depuis 1921 retranchez 0 h 15

VIETNAM
Aucun changement
Sauf Vietnam du Sud de 1956 à 1975
retranchez 0 h 50

TAIWAN (Formose)
Aucun changement

U.R.S.S.
Sibérie
Kazakhstan Oriental,
Kirghizistan, Tajdikistan,
Région de Omsk
De 1910 à 1930 retranchez 2 h
De 1931 à 1963 aucun changement
Depuis 1964 retranchez 1 h
Altaï, régions de Tomsk,
Novossibirsk, Krasnoïarsk
De 1910 à 1930 retranchez 1 h
De 1931 à 1963 aucun changement
Depuis 1964 retranchez 1 h
Régions Lac Baïkal, Irkoutsk
De 1910 à 1963 aucun changement
Depuis 1964 retranchez 1 h
Région de Tchita-Mogotcha
De 1910 à 1930 ajoutez 1 h
De 1931 à 1963 aucun changement
Depuis 1964 retranchez 1 h
Régions de Vladivostok,
Komsomolsk, Okhotsk
De 1910 à 1963 aucun changement
Depuis 1964 retranchez 1 h
Régions de Magadan, Kamchatka
De 1910 à 1930 ajoutez 1 h
De 1931 à 1963 aucun changement
Depuis 1964 retranchez 1 h

OCÉANIE

AUSTRALIE
Provinces de Canberra, Victoria,
N.Galles du Sud, Papouasie (N.Guinée),
Queensland, Tasmanie
aucun changement
Territoires du Nord et Australie
méridionale retranchez 0 h 30
Australie Occidentale aucun changement

NOUVELLE ZÉLANDE
Aucun changement

TOUTES ILES DE L'OCÉANIE
Pratiquement aucun changement

EUROPE

ALBANIE
De 1910 à 1914 aucun changement
De 1915 à 1939 ajoutez 0 h 20
Du 20 au 31 mars 1940 ajoutez 0 h 20
Du 1 avril 1940 au 20 avril 1942
retranchez 0 h 40
Du 21 au 28 mars 1943 ajoutez 0 h 20
Du 29 mars au 20 av. 1943 retranchez 0 h 40
De 1944 à 1971 ajoutez 0 h 20
Depuis 1972 en mars ajoutez 0 h 20
Depuis 1972 en avril retranchez 0 h 40

ALLEMAGNE (RFA et RDA)
De 1910 à 1916 retranchez 0 h 15
Du 20 mars au 16 av. 1917 retranchez 0 h 15
Du 17 au 21 avril 1917 retranchez 1 h 15
Du 20 mars au 15 av. 1918 retranchez 0 h 15
Du 16 au 21 avril 1918 retranchez 1 h 15
De 1919 à 1939 retranchez 0 h 15
Du 20 au 31 mars 1940 retranchez 0 h 15
Du 1 avril 1940 au 21 avril 1942
retranchez 1 h 15
Du 20 au 28 mars 1943 retranchez 0 h 15
Du 29 mars au 21 av. 1943 retranchez 1 h 15
Du 20 mars au 2 av. 1944 retranchez 0 h 15
Du 3 au 21 avril 1944 retranchez 1 h 15
Du 20 mars au 1 av. 1945 retranchez 0 h 15
Du 2 au 21 avril 1945 retranchez 1 h 15
Du 20 mars au 13 av. 1946 retranchez 0 h 15
Du 14 au 21 avril 1946 retranchez 1 h 15
Du 20 mars au 10 av. 1947 retranchez 0 h 15
Du 11 au 21 avril 1947 retranchez 1 h 15
Du 20 mars au 17 av. 1948 retranchez 0 h 15
Du 18 au 21 avril 1948 retranchez 1 h 15
Du 20 mars au 9 av. 1949 retranchez 0 h 15
Du 10 au 21 avril 1949 retranchez 1 h 15
De 1950 à 1979 retranchez 0 h 15
En 1980 jusqu'au 5 avril retranchez 0 h 15
à partir du 6 avril retranchez 1 h 15
En 1981 jusqu'au 28 mars
retranchez 0 h 15
à partir du 29 mars retranchez 1 h 15
En 1982 jusqu'au 27 mars
retranchez 0 h 15
à partir du 28 mars retranchez 1 h 15
En 1983 jusqu'au 26 mars
retranchez 0 h 15
à partir du 27 mars retranchez 1 h 15
En 1984 jusqu'au 24 mars
retranchez 0 h 15
à partir du 25 mars retranchez 1 h 15
En 1985 jusqu'au 30 mars
retranchez 0 h 15
à partir du 31 mars retranchez 1 h 15
En 1986 jusqu'au 29 mars
retranchez 0 h 15
à partir du 30 mars retranchez 1 h 15

ANGLETERRE **
De 1900 à 1916 aucun changement (1)
Du 20 mars au 7 avril 1917 aucun
changement (1)
Du 8 au 21 avril 1917 retranchez 1 h (2)
Du 20 au 23 mars 1918 aucun
changement (1)
Du 24 mars au 21 avril 1918
retranchez 1 h (2)
Du 20 au 29 mars 1919 aucun
changement (1)
Du 30 mars au 21 avril 1919
retranchez 1 h (2)
Du 20 au 27 mars 1920 aucun
changement (1)
Du 28 mars au 21 avril 1920
retranchez 1 h (2)
Du 20 mars au 2 avril 1921
aucun changement (1)
Du 3 au 21 avril 1921 retranchez 1 h (3)
Du 20 au 25 mars 1922 aucun
changement (1)
Du 26 mars au 21 avril 1922
retranchez 1 h (3)
En 1923 aucun changement (1)
Du 20 mars au 12 avril 1924 aucun
changement (1)
Du 13 au 21 avril 1924 retranchez 1 h (3)
Du 20 mars au 18 avril 1925
aucun changement (1)
Du 19 au 21 avril 1925 retranchez 1 h (3)
Du 20 mars au 17 avril 1926 aucun
changement (1)
Du 18 au 21 avril 1926 retranchez 1 h (3)
Du 20 mars au 9 avril 1927
aucun changement (1)
Du 10 au 21 avril 1927 retranchez 1 h (3)
En 1928 et 1929 aucun changement (1)
Du 20 mars au 12 avril 1930
aucun changement (1)
Du 13 au 21 avril 1930 retranchez 1 h (3)
Du 20 mars au 18 avril 1931
aucun changement (1)
Du 19 au 21 avril 1931 retranchez 1 h (3)
Du 20 mars au 17 avril 1932
aucun changement (1)
Du 18 au 21 avril 1932 retranchez 1 h (3)
Du 20 mars au 8 avril 1933
aucun changement (1)
Du 9 au 21 avril 1933 retranchez 1 h (3)
En 1934 aucun changement (1)
Du 20 mars au 13 avril 1935
aucun changement (1)
Du 14 au 21 avril 1935 retranchez 1 h (3)
Du 20 mars au 18 avril 1936
aucun changement (1)
Du 19 au 21 avril 1936 retranchez 1 h (3)
Du 20 mars au 17 avril 1937
aucun changement (1)
Du 18 au 21 avril 1937 retranchez 1 h (3)
Du 20 mars au 9 avril 1938

1. Ces informations concernent la période récente. Se renseigner pour l'heure officielle avant 1960.

** Utilisez éventuellement les indications numérotées en fin de la liste pour chaque pays.

aucun changement (1)
Du 10 au 21 avril 1938 retranchez 1 h (3)
Du 20 mars au 15 avril 1939
aucun changement (1)
Du 16 au 21 avril 1939 retranchez 1 h (3)
De 1940 à 1945 retranchez 1 h (3)
Du 20 mars au 15 avril 1946
aucun changement (1)
Du 16 au 21 avril 1946 retranchez 1 h (3)
En 1947 et 1948 retranchez 1 h (3)
Du 20 mars au 2 avril 1949
aucun changement (1)
Du 3 au 21 avril 1949 retranchez 1 h (3)
Du 20 mars au 15 avril 1950
aucun changement (1)
Du 16 au 21 avril 1950 retranchez 1 h (3)
Du 20 mars au 14 avril 1951
aucun changement (1)
Du 15 au 21 avril 1951 retranchez 1 h (3)
En 1952 aucun changement (1)
Du 20 mars au 18 avril 1953
aucun changement (1)
Du 19 au 21 avril 1953 retranchez 1 h (3)
Du 20 mars au 10 avril 1954
aucun changement (1)
Du 11 au 21 avril 1954 retranchez 1 h (3)
Du 20 mars au 16 avril 1955
aucun changement (1)
Du 17 au 21 avril 1955 retranchez 1 h (3)
En 1956 aucun changement (1)
Du 20 mars au 13 avril 1957
aucun changement (1)
Du 14 au 21 avril 1957 retranchez 1 h (3)
Du 20 mars au 19 avril 1958
aucun changement (1)
Du 20 au 21 avril 1958 retranchez 1 h (3)
Du 20 mars au 18 avril 1959
aucun changement (1)
Du 19 au 21 avril 1959 retranchez 1 h (3)
Du 20 mars au 9 avril 1960
aucun changement (1)
Du 10 au 21 avril 1960 retranchez 1 h (3)
Du 20 au 25 mars 1961
aucun changement (1)
Du 26 mars au 21 avril 1961
retranchez 1 h (3)
Du 20 au 24 mars 1962
aucun changement (1)
Du 25 mars au 21 avril 1962
retranchez 1 h (3)
Du 20 au 30 mars 1963
aucun changement (1)
Du 31 mars au 21 avril 1963
retranchez 1 h (3)
Les 20 et 21 mars 1964
aucun changement (1)
Du 22 mars au 21 avril 1964
retranchez 1 h (3)
De 1965 à 1967 retranchez 1 h (3)
En 1968 retranchez 2 h (4)
De 1969 à 1975 retranchez 1 h (3)
Le 20 mars 1976 aucun changement (1)
Du 21 mars au 21 avril 1976
retranchez 1 h (3)
En 1977 et 1978 retranchez 1 h (3)
En 1979 et 1980 retranchez 1 h (3)
En 1981 jusqu'au 28 mars
aucun changement (1)
à partir du 29 mars retranchez 1 h (3)
En 1982 jusqu'au 27 mars
aucun changement (1)
à partir du 28 mars retranchez 1 h (3)
En 1983 jusqu'au 26 mars
aucun changement (1)
à partir du 27 mars retranchez 1 h (3)
En 1984 jusqu'au 24 mars
aucun changement (1)
à partir du 25 mars retranchez 1 h (3)
En 1985 jusqu'au 30 mars
aucun changement (1)
à partir du 31 mars retranchez 1 h (3)
En 1986 jusqu'au 29 mars
aucun changement (1)
à partir du 30 mars retranchez 1 h (3)

1. Pour Cornouailles, Ecosse et Galles retranchez 0 h 15
2. Pour Galles retranchez 0 h 15
3. Pour Cornouailles, Écosse, Galles retranchez 1 h 15
4. Pour Cornouailles, Écosse, Galles retranchez 2 h 15

AUTRICHE
De 1910 à 1916 aucun changement
Du 20 mars au 15 avril 1917
aucun changement
Du 16 au 21 avril 1917 retranchez 1 h
Du 20 mars au 14 avril 1918
aucun changement
Du 15 au 21 avril 1918 retranchez 1 h
De 1919 à 1939 aucun changement
Du 20 mars au 31 mars 1940
aucun changement
Du 1 avril 1940 au 21 avril 1942
retranchez 1 h
Du 20 au 28 mars 1943 aucun changement
Du 29 mars au 21 avril 1943 retranchez 1 h
Du 20 mars au 2 avril 1944
aucun changement
Du 3 au 21 avril 1944 retranchez 1 h
Du 20 mars au 1 avril 1945
aucun changement
Du 2 au 21 avril 1945 retranchez 1 h
Du 20 mars au 13 avril 1946
aucun changement
Du 14 au 21 avril 1946 retranchez 1 h
Du 20 mars au 5 avril 1947
aucun changement
Du 6 au 21 avril 1947 retranchez 1 h
Du 20 mars au 17 avril 1948
aucun changement
Du 18 au 21 avril 1948 retranchez 1 h
De 1949 à 1979 aucun changement
En 1980 jusqu'au 5 avril
aucun changement
à partir du 6 avril retranchez 1 h
En 1981 jusqu'au 28 mars
aucun changement
à partir du 29 mars retranchez 1 h
En 1982 jusqu'au 27 mars
aucun changement
à partir du 28 mars retranchez 1 h
En 1983 jusqu'au 26 mars
aucun changement
à partir du 27 mars retranchez 1 h
En 1984 jusqu'au 24 mars
aucun changement
à partir du 25 mars retranchez 1 h
En 1985 jusqu'au 30 mars
aucun changement
à partir du 31 mars retranchez 1 h
En 1986 jusqu'au 29 mars
aucun changement
à partir du 30 mars retranchez 1 h

BELGIQUE
De 1910 à 1914 ajoutez 0 h 20
En 1915 et 1916 retranchez 0 h 40
Du 20 mars au 15 avril 1917
retranchez 0 h 40
Du 16 au 21 avril 1917 retranchez 1 h 40
Du 20 mars au 14 avril 1918
retranchez 0 h 40
Du 15 au 21 avril 1918 retranchez 1 h 40
En 1919 retranchez 1 h 40
En 1920 et 1921 retranchez 0 h 40
Du 20 au 24 mars 1928 ajoutez 0 h 20
Du 23 mars au 21 avril 1922
retranchez 0 h 40
En 1923 ajoutez 0 h 20
Du 20 au 29 mars 1924 ajoutez 0 h 20
Du 30 mars au 21 avril 1924
retranchez 0 h 40
Du 20 mars au 4 avril 1925 ajoutez 0 h 20
Du 5 au 21 avril 1925 retranchez 0 h 40
Du 20 mars au 17 avril 1926 ajoutez 0 h 20
Du 18 au 21 avril 1926 retranchez 0 h 40
Du 20 mars au 9 avril 1927 ajoutez 0 h 20
Du 10 au 21 avril 1927 retranchez 0 h 40
Du 20 mars au 14 avril 1928 ajoutez 0 h 20
Du 15 au 21 avril 1928 retranchez 0 h 40
En 1929 ajoutez 0 h 20
Du 20 mars au 13 avril 1930 ajoutez 0 h 20
Du 14 au 21 avril 1930 retranchez 0 h 40
Du 20 mars au 18 avril 1931 ajoutez 0 h 20
Du 19 au 21 avril 1931 retranchez 0 h 40
Du 20 mars au 16 avril 1932 ajoutez 0 h 20
Du 17 au 21 avril 1932 retranchez 0 h 40
Du 20 au 25 mars 1933 ajoutez 0 h 20
Du 26 mars au 21 avril 1933
retranchez 0 h 40
Du 20 mars au 7 avril 1934 ajoutez 0 h 20
Du 8 au 21 avril 1934 retranchez 0 h 40
Du 20 au 30 mars 1935 ajoutez 0 h 20
Du 31 mars au 21 avril 1935
retranchez 0 h 40
Du 20 mars au 18 avril 1936 ajoutez 0 h 20
Du 19 au 21 avril 1936 retranchez 0 h 40
Du 20 mars au 3 avril 1937 ajoutez 0 h 20
Du 4 au 21 avril 1937 retranchez 0 h 40
Du 20 au 26 mars 1938 ajoutez 0 h 20
Du 27 mars au 21 avril 1938
retranchez 0 h 40
Du 20 mars au 15 avril 1939 ajoutez 0 h 20
Du 16 au 21 avril 1939 retranchez 0 h 40
En 1940 retranchez 0 h 40
En 1941 et 1942 retranchez 1 h 40
Du 20 au 28 mars 1943 retranchez 0 h 40
Du 29 mars au 21 avril 1943
retranchez 1 h 40
Du 20 mars au 2 avril 1944
retranchez 0 h 40
Du 3 au 21 avril 1944 retranchez 1 h 40
Du 20 mars au 1 avril 1945
retranchez 0 h 40
Du 2 au 21 avril 1945 retranchez 1 h 40
De 1946 à 1976 retranchez 0h40
Du 20 mars au 2 avril 1977
retranchez 0 h 40
Du 3 au 21 avril 1977 retranchez 1 h 40
Du 20 mars au 1 avril 1978
retranchez 0 h 40
Du 2 au 21 avril 1978 retranchez 1 h 40
En 1979 jusqu'au 31 mars
retranchez 0 h 40
à partir du 1 avril retranchez 1 h 40
En 1980 jusqu'au 5 avril retranchez 0 h 40
à partir du 6 avril retranchez 1 h 40
En 1981 jusqu'au 28 mars
retranchez 0 h 40
à partir du 29 mars retranchez 1 h 40
En 1982 jusqu'au 27 mars
retranchez 0 h 40
à partir du 28 mars retranchez 1 h 40
En 1983 jusqu'au 26 mars
retranchez 0 h 40
à partir du 27 mars retranchez 1 h 40
En 1984 jusqu'au 24 mars
retranchez 0 h 40
à partir du 25 mars retranchez 1 h 40
En 1985 jusqu'au 30 mars
retranchez 0 h 40
à partir du 31 mars retranchez 1 h 40

En 1986 jusqu'au 29 mars
retranchez 0 h 40
à partir du 30 mars retranchez 1 h 40

BULGARIE
De 1910 à 1942 retranchez 0 h 20
Du 20 au 28 mars 1943 retranchez 0 h 20
Du 29 mars au 21 av. 1943 retranchez 1 h 20
Du 20 mars au 2 av. 1944 retranchez 0 h 20
Du 3 au 21 avril 1944 retranchez 1 h 20
En 1945 retranchez 1 h 20
De 1946 à 1978 retranchez 0 h 20
En 1979 jusqu'au 31 mars
retranchez 0 h 20
à partir du 1 avril retranchez 1 h 20
En 1980 jusqu'au 5 avril
retranchez 0 h 20
à partir du 6 avril retranchez 1 h 20
En 1981 jusqu'au 4 avril retranchez 0 h 20
à partir du 5 avril retranchez 1 h 20
En 1982 jusqu'au 3 avril retranchez 0 h 20
à partir du 4 avril retranchez 1 h 20
En 1983 jusqu'au 2 avril retranchez 0 h 20
à partir du 3 avril retranchez 1 h 20
En 1984 jusqu'au 31 mars
retranchez 0 h 20
à partir du 1 avril retranchez 1 h 20
En 1985 jusqu'au 6 avril retranchez 0 h 20
à partir du 7 avril retranchez 1 h 20
En 1986 jusqu'au 5 avril retranchez 0 h 20
à partir du 6 avril retranchez 1 h 20

CHYPRE
De 1910 à 1921 aucun changement
De 1922 à 1974 ajoutez 0 h 15
Du 20 mars au 12 av. 1975 ajoutez 0 h 15
Du 13 au 21 avril 1975 retranchez 0 h 45
Du 20 mars au 10 avril 1976 ajoutez 0 h 15
Du 11 au 21 avril 1976 retranchez 0 h 45
Du 20 mars au 2 av. 1977 ajoutez 0 h 15
Du 3 au 21 avril 1977 retranchez 0 h 45
Du 20 mars au 1 avril 1978 ajoutez 0 h 15
Du 2 au 21 avril 1978 retranchez 0 h 45
Depuis 1979 heure d'été début avril
dans ce cas retranchez 0 h 45

DANEMARK
De 1910 à 1940 retranchez 0 h 15
En 1941 et 1942 retranchez 1 h 15
Du 20 au 28 mars 1943 retranchez 0 h 15
Du 29 mars au 21 av. 1943 retranchez 1 h 15
Du 20 mars au 2 av. 1944 retranchez 0 h 15
Du 3 au 21 avril 1944 retranchez 1 h 15
Du 20 mars au 1 av. 1945 retranchez 0 h 15
Du 2 au 21 avril 1945 retranchez 1 h 15
De 1946 à 1948 retranchez 0 h 15
Du 20 mars au 9 av. 1949 retranchez 0 h 15
Du 10 au 21 avril 1949 retranchez 1 h 15
Du 20 mars au 8 av. 1950 retranchez 0 h 15
Du 9 au 21 avril 1950 retranchez 1 h 15
Du 20 mars au 7 av. 1951 retranchez 0 h 15
Du 8 au 21 avril 1951 retranchez 1 h 15
De 1952 à 1979 retranchez 0 h 15
De 1980 à 1986
exactement comme l'Allemagne

ESPAGNE **
(R) Républicains
(F) Franquistes
De 1910 à 1917 retranchez 0 h 20 (1)
Du 20 mars au 6 avril 1918
retranchez 0 h 20 (1)
Du 7 au 21 avril 1918 retranchez 1 h 20 (2)
Du 20 mars au 5 avril 1919
retranchez 0 h 20 (1)
Du 6 au 21 avril 1919 retranchez 1 h 20 (2)
De 1920 à 1923 retranchez 0 h 20 (1)

** Utilisez éventuellement les indications numérotées en fin de liste pour chaque pays.

Du 20 mars au 16 avril 1924
retranchez 0 h 20 (1)
Du 17 au 21 avril 1924 retranchez 1 h 20 (2)
En 1925 retranchez 0 h 20 (1)
Du 20 mars au 17 avril 1926
retranchez 0 h 20 (1)
Du 18 au 21 avril 1926 retranchez 1 h 20 (2)
Du 20 mars au 9 avril 1927
retranchez 0 h 20 (1)
Du 10 au 21 avril 1927 retranchez 1 h 20 (2)
Du 20 mars au 14 avril 1928
retranchez 0 h 20 (1)
Du 15 au 21 avril 1928 retranchez 1 h 20 (2)
De 1929 à 1937 retranchez 0 h 20 (1)
Du 20 mars au 2 avril 1938 (R)
retranchez 0 h 20 (1)
Du 3 au 21 av. 1938 (R) retranchez 1 h 20 (2)
Du 20 mars au 26 mars 1938 (F)
retranchez 0 h 20 (1)
Du 27 mars au 21 avril 1938 (F)
retranchez 1 h 20 (2)
Du 20 au 31 mars 1939 (R)
retranchez 1 h 20 (2)
Du 20 au 31 mars 1939 (F)
retranchez 0 h 20 (1)
Du 1 au 15 avril 1939 retranchez 0 h 20 (1)
Du 16 au 21 avril 1939 retranchez 1 h 20 (2)
De 1940 à 1942 retranchez 1 h 20 (2)
Du 20 mars au 17 avril 1943
retranchez 1 h 20 (2)
Du 18 au 21 avril 1943 retranchez 2 h 20 (3)
Du 20 mars au 15 avril 1944 -
retranchez 1 h 20 (2)
Du 16 au 21 avril 1944 retranchez 2 h 20 (3)
Du 20 mars au 14 avril 1945
retranchez 1 h 20 (2)
Du 15 au 21 avril 1945 retranchez 2 h 20 (3)
Du 20 mars au 13 avril 1945
retranchez 1 h 20 (2)
Du 14 au 21 avril 1946 retranchez 2 h 20 (3)
De 1947 à 1973 retranchez 1 h 20 (2)
Du 20 mars au 13 avril 1974
retranchez 1 h 20 (2)
Du 14 au 21 avril 1974 retranchez 2 h 20 (3)
Du 20 mars au 11 avril 1975
retranchez 1 h 20 (2)
Du 12 au 21 avril 1975 retranchez 2 h 20 (3)
Du 20 mars au 27 mars 1976
retranchez 1 h 20 (2)
Du 28 mars au 21 avril 1976
retranchez 2 h 20 (3)
Du 20 mars au 2 avril 1977
retranchez 1 h 20 (2)
Du 3 au 21 avril 1977 retranchez 2 h 20 (3)
Du 20 mars au 2 avril 1978
retranchez 1 h 20 (2)
Du 3 au 21 avril 1978 retranchez 2 h 20 (3)
En 1979 jusqu'au 31 mars
retranchez 1 h 20 (2)
à partir du 1 avril retranchez 2 h 20 (3)
En 1980 jusqu'au 5 avril
retranchez 1 h 20 (2)
à partir du 6 avril retranchez 2 h 20 (3)
En 1981 jusqu'au 28 mars
retranchez 1 h 20 (2)
à partir du 29 mars retranchez 2 h 20 (3)
En 1982 jusqu'au 28 mars
retranchez 1 h 20 (2)
à partir du 28 mars retranchez 2 h 20 (3)
En 1983 jusqu'au 26 mars
retranchez 1 h 20 (2)
à partir du 27 mars retranchez 2 h 20 (3)
En 1984 jusqu'au 24 mars
retranchez 1 h 20 (2)
à partir du 25 mars retranchez 2 h 20 (3)
En 1985 jusqu'au 30 mars
retranchez 1 h 20 (2)
à partir du 31 mars retranchez 2 h 20 (3)
En 1986 jusqu'au 29 mars
retranchez 1 h 20 (2)
à partir du 30 mars retranchez 2 h 20 (3)

Pour Aragon, Baléares, Catalogne, Murcie, Navarre, Valence
1. aucun changement
2. retranchez 1 heure
3. retranchez 2 heures

ESTONIE
De 1910 à 1917 aucun changement
Du 20 mars au 15 avril 1918
aucun changement
Du 16 au 21 avril 1918 retranchez 0 h 20
En 1920 et 1921 aucun changement
De 1921 à 1963 retranchez 0 h 20
Depuis 1964 retranchez 1 h 20

FINLANDE
De 1910 à 1921 aucun changement
De 1922 à 1980 retranchez 0 h 20
En 1981 retranchez 1 h 20
En 1982 jusqu'au 27 mars
retranchez 0 h 20
à partir du 28 mars retranchez 1 h 20
En 1983 jusqu'au 27 mars
retranchez 1 h 20
à partir du 27 mars retranchez 0 h 20
En 1984 jusqu'au 24 mars
retranchez 0 h 20
à partir du 25 mars retranchez 1 h 20
En 1985 jusqu'au 30 mars
retranchez 0 h 20
à partir du 31 mars retranchez 1 h 20
En 1986 jusqu'au 29 mars
retranchez 0 h 20
à partir du 30 mars retranchez 1 h 20

FRANCE **
En 1910 retranchez 0 h 10 (1)
De 1911 à 1916 aucun changement (2)
Du 20 au 24 mars 1917
aucun changement (2)
Du 25 mars au 21 avril 1917
retranchez 1 h (3)
De 1918 à 1921 retranchez 1 h (3)
Du 20 au 25 mars 1922
aucun changement (2)
Du 26 mars au 21 avril 1922
retranchez 1 h (3)
En 1923 aucun changement (2)
Du 20 au 29 mars 1924
aucun changement (2)
Du 30 mars au 21 avril 1924
retranchez 1 h (3)
Du 20 mars au 4 avril 1925
aucun changement (2)
Du 5 au 21 avril 1925 retranchez 1 h (3)
Du 20 mars au 17 avril 1926
aucun changement (2)
Du 18 au 21 avril 1926 retranchez 1 h (3)
Du 20 mars au 9 avril 1927
aucun changement (2)
Du 10 au 21 avril 1927 retranchez 1 h (3)
Du 20 mars au 14 avril 1928
aucun changement (2)
Du 15 au 21 avril 1928 retranchez 1 h (3)
En 1929 aucun changement (2)
Du 20 mars au 12 avril 1930
aucun changement (2)
Du 13 au 21 avril 1930 retranchez 1 h (3)
Du 20 mars au 18 avril 1931
aucun changement (2)
Du 19 au 21 avril 1931 retranchez 1 h (3)
Du 20 mars au 2 avril 1932
aucun changement (2)

** Utilisez éventuellement les indications numérotées en fin de liste pour chaque pays.

Du 3 au 21 avril 1932 retranchez 1 h (3)
Du 20 au 25 mars 1933
aucun changement (2)
Du 26 mars au 21 avril 1933
retranchez 1 h (3)
Du 20 mars au 7 avril 1934
aucun changement (2)
Du 8 au 21 avril 1934 retranchez 1 h (3)
Du 20 au 30 mars 1935
aucun changement (2)
Du 31 mars au 21 avril 1975
retranchez 1 h (3)
Du 20 mars au 18 avril 1936
aucun changement (2)
Du 19 au 21 avril 1936 retranchez1 h (3)
Du 20 mars au 3 avril 1937
aucun changement (2)
Du 4 au 21 avril 1937 retranchez 1 h (3)
Du 20 au 26 mars 1938
aucun changement (2)
Du 27 mars au 21 avril 1938
retranchez 1 h (3)
Du 20 mars au 15 avril 1939
aucun changement (2)
Du 16 au 21 avril 1939 retranchez 1 h (3)
En 1940 retranchez 1 h (3)
En 1941 (ZL) retranchez 1 h (3)
En 1941 (ZO) retranchez 2 h (4)
En 1942 retranchez 2 h (4)
Du 20 au 28 mars 1943 retranchez 1 h (3)
Du 29 mars au 21 avril 1943
retranchez 2 h (4)
Du 20 mars au 2 avril 1944
retranchez 1 h (3)
Du 3 au 21 avril 1944 retranchez 2 h (4)
Du 20 mars au 1 avril 1945
retranchez 1 h (3)
Du 2 au 21 avril 1945 retranchez 2 h (4)
De 1946 à 1975 retranchez 1 h (3)
Du 20 au 27 mars 1976 retranchez 1 h (3)
Du 28 mars au 21 avril 1976
retranchez 2 h (4)
Du 20 mars au 2 avril 1977
retranchez 1 h (3)
Du 3 au 21 avril 1977 retranchez 2 h (4)
Du 20 mars au 1 avril 1978
retranchez 1 h (3)
Du 2 au 21 avril 1978 retranchez 2 h (4)
En 1979 jusqu'au 31 mars
retranchez 1 h (3)
à partir du 1 avril retranchez 2 h (4)
En 1980 jusqu'au 5 avril retranchez 1 h (3)
à partir du 6 avril retranchez 2 h (4)
En 1981 jusqu'au 28 mars
retranchez 1 h (4)
à partir du 29 mars retranchez 2 h (4)
En 1982 jusqu'au 27 mars
retranchez 1 h (3)
à partir du 28 mars retranchez 2 h (4)
En 1983 jusqu'au 26 mars
retranchez 1 h (3)
à partir du 27 mars retranchez 2 h (4)
En 1984 jusqu'au 24 mars
retranchez 1 h (3)
à partir du 25 mars retranchez 2 h (4)
En 1985 jusqu'au 30 mars
retranchez 1 h (3)
à partir du 31 mars retranchez 2 h (4)
En 1986 jusqu'au 29 mars
retranchez 1 h (3)
à partir du 30 mars retranchez 2 h (4)

Pour Alsace, Auvergne, Bourgogne, Champagne, Ardennes, Franche-Comté, Languedoc-Roussillon, Lorraine, Rhône-Alpes, Provence Côte d'Azur, Corse, Monaco
1. ajoutez 0 h 10
2. ajoutez 0 h 20
3. retranchez 0 h 40
4. retranchez 1 h 40

GRECE
De 1910 à 1916 aucun changement
De 1917 à 1940 retranchez 0 h 30
Du 20 mars au 6 av. 1941 retranchez 0 h 30
Du 7 au 21 avril 1941, retranchez 1 h 30
En 1942 retranchez 0 h 30
Du 20 au 29 mars 1943 ajoutez 0 h 30
Du 30 mars au 21 av. 1943 retranchez 0 h 30
Du 20 mars au 3 avril 1944 ajoutez 0 h 30
Du 4 au 21 avril 1944 retranchez 0 h 30
De 1945 à 1974 retranchez 0 h 30
Du 20 mars au 12 av. 1975 retranchez 0 h 30
Du 13 au 21 avril 1975 retranchez 1 h 30
Du 20 mars au 10 av. 1976 retranchez 0 h 30
Du 11 au 21 avril 1976 retranchez 1 h 30
Du 20 mars au 2 avril 1977 retranchez 0 h 30
Du 3 au 21 avril 1977 retranchez 1 h 30
Du 20 mars au 1 avril 1978 retranchez 0 h 30
Du 2 au 21 avril 1978 retranchez 1 h 30
En 1979 jusqu'au 31 mars
retranchez 0 h 30
à partir du 1 avril retranchez 1 h 30
En 1980 jusqu'au 5 avril retranchez 0 h 30
à partir du 6 avril retranchez 1 h 30
En 1981 jusqu'au 28 mars
retranchez 0 h 30
à partir du 29 mars retranchez 1 h 30
En 1982 jusqu'au 27 mars
retranchez 0 h 30
à partir du 28 mars retranchez 1 h 30
En 1983 jusqu'au 26 mars
retranchez 0 h 30
à partir du 27 mars retranchez 1 h 30
En 1984 jusqu'au 24 mars
retranchez 0 h 30
à partir du 25 mars retranchez 1 h 30
En 1985 jusqu'au 30 mars
retranchez 0 h 30
à partir du 31 mars retranchez 1 h 30
En 1986 jusqu'au 29 mars
retranchez 0 h 30
à partir du 30 mars retranchez 1 h 30

GROËNLAND
Depuis 1910 aucun changement

HOLLANDE
De 1910 à 1916 aucun changement
Du 20 mars au 15 avril 1917
aucun changement
Du 16 au 21 avril 1917 retranchez 1 h
Du 20 mars au 31 mars 1918
aucun changement
Du 1 au 21 avril 1918 retranchez 1 h
Du 20 mars au 6 avril 1919
aucun changement
Du 7 au 21 avril 1919 retranchez 1 h
Du 20 mars au 4 avril 1920
aucun changement
Du 5 au 21 avril 1920 retranchez 1 h
Du 20 mars au 3 avril 1921
aucun changement
Du 4 au 21 avril 1921 retranchez 1 h
Du 20 au 25 mars 1922 aucun changement
Du 26 mars au 21 av. 1922 retranchez 1 h
En 1923 aucun changement
Du 20 au 29 mars 1924 aucun changement
Du 30 mars au 21 av. 1924 retranchez 1 h
De 1925 à 1940 aucun changement
En 1941 et 1942 retranchez 1 h 40
Du 20 au 28 mars 1943 retranchez 0 h 40
Du 29 mars au 21 av. 1943 retranchez 1 h 40
Du 20 mars au 2 av. 1944 retranchez 0 h 40
Du 3 au 21 avril 1944 retranchez 1 h 40
Du 20 mars au 1 av. 1945 retranchez 0 h 40
Du 2 au 21 avril 1945 retranchez 1 h 40
De 1946 à 1976 retranchez 0 h 40
Du 20 mars au 2 av. 1977 retranchez 0 h 40
Du 3 au 21 avril 1977 retranchez 1 h 40
Du 20 mars au 1 av. 1978 retranchez 0 h 40
Du 2 au 21 avril 1978 retranchez 1 h 40
Depuis 1979
exactement comme la Belgique

HONGRIE
De 1910 à 1916 ajoutez 0 h 15
Du 20 mars au 15 avril 1917 ajoutez 0 h 15
Du 16 au 21 avril 1917 retranchez 0 h 45
De 1918 à 1940 ajoutez 0 h 15
Du 20 mars au 5 avril 1941 ajoutez 0 h 15
Du 6 au 21 avril 1941 retranchez 0 h 45
En 1942 retranchez 0 h 45
Du 20 au 28 mars 1943 ajoutez 0 h 15
Du 29 mars au 21 av. 1943 retranchez 0 h 45
Du 20 mars au 2 avril 1944 ajoutez 0 h 15
Du 3 au 21 avril 1944 retranchez 0 h 45
De 1945 à 1979 ajoutez 0 h 15
En 1980 jusqu'au 5 avril ajoutez 0 h 15
à partir du 6 avril retranchez 0 h 45
En 1981 jusqu'au 28 mars ajoutez 0 h 15
à partir du 29 mars retranchez 0 h 45
En 1982 jusqu'au 27 mars ajoutez 0 h 15
à partir du 28 mars retranchez 0 h 45
En 1983 jusqu'au 26 mars ajoutez 0 h 15
à partir du 27 mars retranchez 0 h 45
En 1984 jusqu'au 24 mars ajoutez 0 h 15
à partir du 25 mars retranchez 0 h 45
En 1985 jusqu'au 30 mars ajoutez 0 h 15
à partir du 31 mars retranchez 0 h 45
En 1986 jusqu'au 29 mars ajoutez 0 h 15
à partir du 30 mars retranchez 0 h 45

IRLANDE (EIRE)
De 1910 à 1916 aucun changement
De 1917 à 1967 retranchez 0 h 30
sauf pendant les périodes de l'heure d'été qui sont les mêmes que pour l'Angleterre avec les applications suivantes : (2) (3) retranchez 1 h 30
De 1968 à 1980 retranchez 1 h 30
En 1981 jusqu'au 28 mars
retranchez 0 h 30
à partir du 29 mars retranchez 1 h 30
En 1982 jusqu'au 27 mars
retranchez 0 h 30
à partir du 28 mars retranchez 1 h 30
En 1983 jusqu'au 26 mars
retranchez 0 h 30
à partir du 27 mars retranchez 1 h 30
En 1984 jusqu'au 24 mars
retranchez 0 h 30
à partir du 25 mars retranchez 1 h 30
En 1985 jusqu'au 30 mars
retranchez 0 h 30
à partir du 31 mars retranchez 1 h 30
En 1986 jusqu'au 29 mars
retranchez 0 h 30
à partir du 30 mars retranchez 1 h 30

IRLANDE DU NORD
De 1910 à 1916 aucun changement
De 1917 à 1945 retranchez 0 h 25
Sauf pendant les périodes de l'heure d'été qui sont les mêmes que pour le Pays de Galles avec les applications suivantes :
1. et 2. retranchez 0 h 25
3. retranchez 1 h 25
De 1946 à 1980 retranchez 1 h 25
Depuis 1981
exactement comme l'Irlande (Eire)

ISLANDE
De 1910 à 1946 retranchez 0 h 25
Du 20 mars au 5 avril 1947
retranchez 0 h 25

Du 6 au 21 avril 1947 retranchez 1 h 25
Du 20 mars au 3 av. 1948 retranchez 0 h 25
Du 4 au 21 avril 1948 retranchez 1 h 25
Du 20 mars au 2 av. 1949 retranchez 0 h 25
Du 3 au 21 avril 1949 retranchez 1 h 25
Du 20 mars au 1 av. 1950 retranchez 0 h 25
Du 2 au 21 avril 1950 retranchez 1 h 25
Du 20 au 31 mars 1951 retranchez 0 h 25
Du 1 au 21 avril 1951 retranchez 1 h 25
Du 20 mars au 5 av. 1952 retranchez 0 h 25
Du 6 au 21 avril 1952 retranchez 1 h 25
Du 20 mars au 4 av. 1953 retranchez 0 h 25
Du 5 au 21 avril 1953 retranchez 1 h 25
Du 20 mars au 3 av. 1954 retranchez 0 h 25
Du 4 au 21 avril 1954 retranchez 1 h 25
Du 20 mars au 2 av. 1955 retranchez 0 h 25
Du 3 au 21 avril 1955 retranchez 1 h 25
Du 20 au 31 mars 1956 retranchez 0 h 25
Du 1 au 21 avril 1956 retranchez 1 h 25
Du 20 mars au 6 avril 1957 retranchez 0 h 25
Du 7 au 21 avril 1957 retranchez 1 h 25
Du 20 mars au 5 av. 1958 retranchez 0 h 25
Du 6 au 21 avril 1958 retranchez 1 h 25
Du 20 mars au 4 av. 1959 retranchez 0 h 25
Du 5 au 21 avril 1959 retranchez 1 h 25
Du 20 mars au 2 av. 1960 retranchez 0 h 25
Du 3 au 21 avril 1960 retranchez 1 h 25
Du 20 mars au 1 av. 1961 retranchez 0 h 25
Du 2 au 21 avril 1961 retranchez 1 h 25
Du 20 au 31 mars 1962 retranchez 0 h 25
Du 1 au 21 avril 1962 retranchez 1 h 25
Du 20 mars au 6 av. 1963 retranchez 0 h 25
Du 7 au 21 avril 1963 retranchez 1 h 25
Du 20 mars au 4 av. 1964 retranchez 0 h 25
Du 5 au 21 avril 1964 retranchez 1 h 25
Du 20 mars au 3 av. 1965 retranchez 0 h 25
Du 4 au 21 avril 1965 retranchez 1 h 25
Du 20 mars au 2 av. 1966 retranchez 0 h 25
Du 3 au 11 avril 1966 retranchez 1 h 25
Du 20 mars au 1 av. 1967 retranchez 0 h 25
Du 2 au 21 avril 1967 retranchez 1 h 25
Depuis 1968 retranchez 1 h 25

ITALIE **
De 1910 à 1916 aucun changement (1)
Du 20 au 31 mars 1917
aucun changement (1)
Du 1 au 21 av. 1917 retranchez 1 h (2)
De 1918 à 1940 aucun changement (1)
En 1941 et 1942 retranchez 1 h (2)
Du 20 au 28 mars 1943
aucun changement (1)
Du 29 mars au 21 av. 1943 retranchez 1 h (2)
En 1944 aucun changement (1)
(sauf Italie du Nord retranchez 1 h (2) du 3 au 21 avril)
Du 20 mars au 1 avril 1945
aucun changement (1)
Du 2 au 21 av. 1945 retranchez 1 h (2)
De 1946 à 1948 retranchez 1 h (2)
De 1949 à 1979 aucun changement (1)
Depuis 1980 exactement comme l'Autriche

Pour l'Emilie, Ligurie, Lombardie, Piémont, Toscane, Sardaigne
1. retranchez 0 h 20
2. retranchez 1 h 20

LETTONIE
De 1910 à 1917 retranchez 0 h 25
Du 20 mars au 14 avril 1918
retranchez 0 h 25
Du 15 au 21 avril 1918 retranchez 1 h
Du 20 au 31 mars 1919 retranchez 0 h 25
Du 1 au 21 avril 1919 retranchez 1 h
De 1920 à 1926 aucun changement
De 1927 à 1963 retranchez 0 h 25
Depuis 1964 retranchez 1 h 25

LITHUANIE
De 1910 à 1919 aucun changement
De 1920 à 1940 ajoutez 0 h 30
De 1941 à 1963 retranchez 0 h 30
Depuis 1964 retranchez 1 h 30

LUXEMBOURG
De 1910 à 1917 retranchez 0 h 35
Du 20 mars au 14 av. 1918 retranchez 0 h 35
Du 15 au 21 avril 1918 retranchez 1 h 35
De 1919 à 1921 ajoutez 0 h 25
Du 20 au 25 mars 1922 ajoutez 0 h 25
Du 26 mars au 21 av. 1922 retranchez 0 h 35
En 1923 ajoutez 0 h 25
Du 20 au 29 mars 1924 ajoutez 0 h 25
Du 30 mars au 21 av. 1924 retranchez 0 h 35
Du 20 mars au 4 av. 1925 ajoutez 0 h 25
Du 5 au 21 avril 1925 retranchez 0 h 35
Du 20 mars au 17 av. 1926 ajoutez 0 h 25
Du 18 au 21 avril 1926 retranchez 0 h 35
Du 20 mars au 9 av. 1927 ajoutez 0 h 25
Du 10 au 21 avril 1927 retranchez 0 h 35
Du 20 mars au 14 av. 1928 ajoutez 0 h 25
Du 15 au 21 avril 1928 retranchez 0 h 35
En 1929 ajoutez 0 h 25
Du 20 mars au 12 av. 1930 ajoutez 0 h 25
Du 13 au 21 avril 1930 retranchez 0 h 35
Du 20 mars au 18 av. 1931 ajoutez 0 h 25
Du 19 au 21 avril 1931 retranchez 0 h 35
Du 20 mars au 2 av. 1932 ajoutez 0 h 25
Du 3 au 21 avril 1932 retranchez 0 h 35
Du 20 au 25 mars 1933 ajoutez 0 h 25
Du 26 mars au 21 av. 1933 retranchez 0 h 35
Du 20 mars au 7 av. 1934 ajoutez 0 h 25
Du 8 au 21 avril 1934 retranchez 0 h 35
Du 20 au 30 mars 1935 ajoutez 0 h 25
Du 31 mars au 21 av. 1935 retranchez 0 h 35
Du 20 mars au 18 av. 1936 ajoutez 0 h 25
Du 19 au 21 avril 1936 retranchez 0 h 35
Du 20 mars au 3 av. 1937 ajoutez 0 h 25
Du 4 au 21 avril 1937 retranchez 0 h 35
Du 20 au 26 mars 1938 ajoutez 0 h 25
Du 27 mars au 21 av. 1938 retranchez 0 h 35
Du 20 mars au 15 av. 1939 ajoutez 0 h 25
Du 16 au 21 av. 1939 retranchez 0 h 35
En 1940 ajoutez 0 h 25
En 1941 et 1942 retranchez 1 h 35
Du 20 au 28 mars 1943 retranchez 0 h 35
Du 29 mars au 21 av. 1943 retranchez 1 h 35
Du 20 mars au 2 av. 1944 retranchez 0 h 35
Du 3 au 21 avril 1944 retranchez 1 h 35
Du 20 mars au 1 av. 1945 retranchez 0 h 35
Du 2 au 21 avril 1945 retranchez 1 h 35
De 1946 à 1976 retranchez 0 h 35
Du 20 mars au 2 av. 1977 retranchez 0 h 35
Du 3 au 21 avril 1977 retranchez 1 h 35
Du 20 mars au 1 av. 1978 retranchez 0 h 35
Du 2 au 21 avril 1978 retranchez 1 h 35
Depuis 1979
exactement comme la Belgique

MALTE
Jusqu'en 1973 comme en Italie
En 1974 et 1975 aucun changement
Du 20 mars au 17 avril 1976
aucun changement
Du 18 au 21 avril 1976 retranchez 1 h
Du 20 mars au 16 avril 1977
aucun changement
Du 17 au 21 avril 1977 retranchez 1 h
Du 20 mars au 15 avril 1978
aucun changement
Du 16 au 21 avril 1978, retranchez 1 h
Depuis 1979 heure d'été à la mi-avril
retranchez 1 h

NORVÈGE
De 1910 à 1940 retranchez 0 h 20
En 1941 et 1942 retranchez 1 h 20
Du 20 au 28 mars 1943 retranchez 0 h 20
Du 29 mars au 21 av. 1943 retranchez 1 h 20
Du 20 mars au 2 av. 1944 retranchez 0 h 20
Du 3 au 21 avril 1944 retranchez 1 h 20
Du 20 mars au 1 av. 1945 retranchez 0 h 20
Du 2 au 21 avril 1945 retranchez 1 h 20
De 1946 à 1958 retranchez 0 h 20
De 1959 à 1964 retranchez 1 h 20
De 1965 à 1979 retranchez 0 h 20
Depuis 1980
exactement comme l'Allemagne

POLOGNE
De 1910 à 1916
Pour les territoires sous contrôle allemand voir ALLEMAGNE
Pour les territoires sous contrôle autrichien voir AUTRICHE
Pour les territoires sous contrôle russe aucun changement
Du 20 mars au 15 av. 1917 ajoutez 0 h 15
Du 16 au 21 avril 1917 retranchez 0 h 45
Du 20 mars au 14 av. 1918 ajoutez 0 h 15
Du 15 au 21 avril 1918 retranchez 0 h 45
En 1919 ajoutez 0 h 15
De 1920 à 1922 retranchez 0 h 45
De 1923 à 1939 ajoutez 0 h 15
Du 20 mars au 1 av. 1940 ajoutez 0 h 15
Du 2 au 21 avril 1940 retranchez 0 h 45
En 1941 et 1942 retranchez 0 h 45
Du 20 au 28 mars 1943 ajoutez 0 h 15
Du 29 mars au 21 av. 1943 retranchez 0 h 45
Du 20 mars au 2 av. 1944 ajoutez 0 h 15
Du 3 au 21 avril 1944 retranchez 0 h 45
Du 20 mars au 1 av. 1945 ajoutez 0 h 15
Du 2 au 21 avril 1945 retranchez 0 h 45
De 1946 à 1976 ajoutez 0 h 15
En 1977 jusqu'au 2 avril ajoutez 1 h 15
à partir du 3 avril retranchez 0 h 45
En 1978 jusqu'au 1 avril ajoutez 0 h 15
à partir du 2 avril retranchez 0 h 45
En 1979 jusqu'au 31 mars ajoutez 0 h 15
à partir du 1 avril retranchez 0 h 45
Depuis 1980
exactement comme la Hongrie

PORTUGAL
En 1910 et 1911 aucun changement
De 1912 à 1916 retranchez 0 h 30
De 1917 à 1921 retranchez 1 h 30
En 1922 et 1923 retranchez 0 h 30
Du 20 mars au 16 av. 1924 retranchez 0 h 30
Du 17 au 21 avril 1924 retranchez 1 h 30
En 1925 retranchez 0 h 30
Du 20 mars au 17 av. 1926 retranchez 0 h 30
Du 18 au 21 avril 1926 retranchez 1 h 30
Du 20 mars au 9 av. 1927 retranchez 0 h 30
Du 10 au 21 avril 1927 retranchez 1 h 30
Du 20 mars au 14 av. 1928 retranchez 0 h 30
Du 15 au 21 avril 1928 retranchez 1 h 30
En 1929 et 1930 retranchez 0 h 30
Du 20 mars au 18 av. 1931 retranchez 0 h 30
Du 19 au 21 avril 1931 retranchez 1 h 30
Du 20 mars au 2 av. 1932 retranchez 0 h 30
Du 3 au 21 avril 1932, retranchez 1 h 30
En 1933 retranchez 0 h 30
Du 20 mars au 7 av. 1934 retranchez 0 h 30
Du 8 au 21 avril 1934, retranchez 1 h 30
Du 20 mars au 21 av. 1935 retranchez 0 h 30
Du 20 mars au 18 av. 1936 retranchez 0 h 30
Du 19 au 21 avril 1936 retranchez 1 h 30
Du 20 mars au 3 av. 1937 retranchez 0 h 30
Du 4 au 21 avril 1937 retranchez 1 h 30
Du 20 au 26 mars 1938 retranchez 0 h 30
Du 27 mars au 21 av. 1938 retranchez 1 h 30
Du 20 mars au 15 av. 1939 retranchez 0 h 30

** Utilisez éventuellement les indications numérotées en fin de liste pour chaque pays.

Du 16 au 21 avril 1939 retranchez 1 h 30
En 1940 retranchez 1 h 30
Du 20 mars au 5 av. 1941 retranchez 0 h 30
Du 6 au 21 avril 1941 retranchez 1 h 30
En 1942 retranchez 1 h 30
Du 20 mars au 17 av. 1943 retranchez 1 h 30
Du 18 au 21 avril 1943 retranchez 2 h 30
En 1944 et 1945 retranchez 1 h 30
Du 20 mars au 6 av. 1946 retranchez 0 h 30
Du 7 au 21 avril 1946 retranchez 1 h 30
Du 20 mars au 5 av. 1947 retranchez 0 h 30
Du 6 au 21 avril 1947 retranchez 1 h 30
Du 20 mars au 3 av. 1948 retranchez 0 h 30
Du 4 au 21 avril 1948 retranchez 1 h 30
Du 20 mars au 2 av. 1949 retranchez 0 h 30
Du 3 au 21 avril 1949 retranchez 1 h 30
Du 20 mars au 1 av. 1950 retranchez 0 h 30
Du 2 au 21 avril 1950 retranchez 1 h 30
Du 20 au 31 mars 1951 retranchez 0 h 30
Du 1 au 21 avril 1951 retranchez 1 h 30
Du 20 mars au 5 av. 1952 retranchez 0 h 30
Du 6 au 21 av. 1952 retranchez 1 h 30
Du 20 mars au 4 av. 1953 retranchez 0 h 30
Du 5 au 21 avril 1953 retranchez 1 h 30
Du 20 mars au 3 av. 1954 retranchez 0 h 30
Du 4 au 21 avril 1954 retranchez 1 h 30
Du 20 mars au 2 av. 1955 retranchez 0 h 30
Du 3 au 21 avril 1955 retranchez 1 h 30
Du 20 au 31 mars 1956 retranchez 0 h 30
Du 1 au 21 avril 1956 retranchez 1 h 30
Du 20 mars au 6 av. 1957 retranchez 0 h 30
Du 7 au 21 avril 1957 retranchez 1 h 30
Du 20 mars au 5 av. 1958 retranchez 0 h 30
Du 6 au 21 avril 1958 retranchez 1 h 30
Du 20 mars au 4 av. 1959 retranchez 0 h 30
Du 5 au 21 avril 1959 retranchez 1 h 30
Du 20 mars au 2 av. 1960 retranchez 0 h 30
Du 3 au 21 avril 1960 retranchez 1 h 30
Du 20 mars au 1 av. 1961 retranchez 0 h 30
Du 2 au 21 avril 1961 retranchez 1 h 30
Du 20 au 31 mars 1962 retranchez 0 h 30
Du 1 au 21 avril 1962 retranchez 1 h 30
Du 20 mars au 6 av. 1963 retranchez 0 h 30
Du 7 au 21 avril 1963 retranchez 1 h 30
Du 20 mars au 4 av. 1964 retranchez 0 h 30
Du 5 au 21 avril 1964 retranchez 1 h 30
Du 20 mars au 3 av. 1965 retranchez 0 h 30
Du 4 au 21 avril 1965 retranchez 1 h 30
Du 20 mars au 2 av. 1966 retranchez 0 h 30
Du 3 au 21 avril 1966 retranchez 1 h 30
De 1967 à 1976 retranchez 1 h 30
Du 20 mars au 26 mars 1977
retranchez 0 h 30
Du 27 mars au 21 av. 1977 retranchez 1 h 30
Du 20 mars au 1 av. 1978 retranchez 0 h 30
Du 2 au 21 avril 1978 retranchez 1 h 30
Depuis 1979
exactement comme pour la Grèce

ROUMANIE
De 1910 à 1931 aucun changement
En 1932 retranchez 0 h 15
Du 20 mars au 1 av. 1933 retranchez 0 h 15
Du 2 au 21 avril 1933 retranchez 1 h 15
Du 20 mars au 7 av. 1934 retranchez 0 h 15
Du 8 au 21 avril 1934 retranchez 1 h 15
Du 20 mars au 6 av. 1935 retranchez 0 h 15
Du 7 au 21 avril 1935 retranchez 1 h 15
Du 20 mars au 4 av. 1936 retranchez 0 h 15
Du 5 au 21 avril 1936 retranchez 1 h 15
Du 20 mars au 3 av. 1937 retranchez 0 h 15
Du 4 au 21 avril 1937 retranchez 1 h 15
Du 20 mars au 2 av. 1938 retranchez 0 h 15
Du 3 au 21 avril 1938 retranchez 1 h 15
Du 20 mars au 1 av. 1939 retranchez 0 h 15
Du 2 au 21 avril 1939 retranchez 1 h 15
En 1940 jusqu'au 31 mars
retranchez 0 h 15
à partir du 1 avril retranchez 1 h 15
De 1941 à 1945 retranchez 1 h 15
De 1946 à 1979 retranchez 0 h 15
Depuis 1980
exactement comme la Bulgarie

SUÈDE
De 1910 à 1979 ajoutez 0 h 10
Depuis 1980
exactement comme la Hongrie

SUISSE
De 1910 à 1980 retranchez 0 h 25
Depuis 1981 exactement comme la Grèce

TCHÉCOSLOVAQUIE
De 1910 à 1916 ajoutez 0 h 10
Du 20 mars au 15 av. 1917 ajoutez 0 h 10
Du 16 au 21 avril 1917 retranchez 0 h 50
Du 20 mars au 14 av. 1918 ajoutez 0 h 10
Du 15 au 21 avril 1918 retranchez 0 h 50
De 1919 à 1939 ajoutez 0 h 10
Du 20 au 31 mars 1940 ajoutez 0 h 10
Du 1 avril 1940 au 21 avril 1942
retranchez 0 h 50
Du 20 au 28 mars 1943 ajoutez 0 h 10
Du 29 mars au 21 av. 1943 retranchez 0 h 50
Du 20 mars au 2 av. 1944 ajoutez 0 h 10
Du 3 au 21 avril 1944 retranchez 0 h 50
Du 20 mars au 7 av. 1945 ajoutez 0 h 10
Du 8 au 21 avril 1945 retranchez 0 h 50
De 1946 à 1978 ajoutez 0 h 10
En 1979 jusqu'au 31 mars ajoutez 0 h 10
à partir du 1 avril retranchez 0 h 50
Depuis 1980
exactement comme la Hongrie

TURQUIE **
Occidentale
De 1910 à 1919 aucun changement (1)
Du 20 au 27 mars 1920
aucun changement (1)
Du 28 mars au 21 avril 1920
retranchez 1 h (2)
Du 20 mars au 2 avril 1921
aucun changement (1)
Du 3 au 21 avril 1921 retranchez 1 h (2)
Du 20 au 25 mars 1922
aucun changement (1)
Du 26 mars au 21 avril 1922
retranchez 1 h (2)
De 1923 à 1974 aucun changement (1)
Du 20 au 29 mars 1975
aucun changement (1)
Du 30 mars au 21 avril 1975
retranchez 1 h (2)
En 1976 aucun changement (1)
Du 20 mars au 2 avril 1977
aucun changement (1)
Du 3 au 21 avril 1977 retranchez 1 h (2)
Du 20 mars au 1 avril 1978
aucun changement (1)
Du 2 au 21 avril 1978 retranchez 1 h (2)
Depuis 1979 heure d'été début avril
En mars aucun changement (1)
En avril retranchez 1 h (2)

Pour la Turquie Orientale
1. ajoutez 0 h 40
2. retranchez 0 h 20

U.R.S.S.
Bielorussie, Carélie, Crimée,
Moldavie, Ukraine, Régions de Leningrad,
Moscou, Orel
De 1910 à 1916 aucun changement
Du 20 mars au 13 avril 1917
aucun changement
Du 14 au 21 avril 1917 retranchez 1 h
De 1918 à 1963 aucun changement
De 1964 à 1981 retranchez 1 h
Depuis 1981 suivre exactement le tableau de base de la France, c'est-à-dire retranchez tantôt 1 h tantôt 2 h
Arménie, Azerbaïdjan,
Géorgie, Régions du Caucase,
de la Volga centrale et méridionale
et de Kirov
De 1910 à 1916 ajoutez 1 h
Du 20 mars au 13 av. 1917 ajoutez 1 h
Du 14 au 21 avril 1917 aucun changement
De 1918 à 1930 ajoutez 1 h
De 1931 à 1963 aucun changement
Depuis 1964 retranchez 1 h
Versants occidental et oriental
de l'Oural, Kazakhstan occidental,
Turkmenistan, Ouzbekistan
De 1910 à 1916 ajoutez 2 h
Du 20 mars au 13 av. 1917 ajoutez 2 h
Du 14 au 21 av. 1917 ajoutez 1 h
De 1918 à 1930 ajoutez 2 h
De 1931 à 1963 aucun changement
Depuis 1964 retranchez 1 h

YOUGOSLAVIE
De 1910 à 1940 ajoutez 0 h 15
Du 20 mars au 18 av. 1941 ajoutez 0 h 15
Du 19 avril 1941 au 21 avril 1942
retranchez 0 h 45
Du 20 au 28 mars 1943 ajoutez 0 h 15
Du 29 mars au 21 av. 1943 retranchez 0 h 45
Du 20 mars au 2 av. 1944 ajoutez 0 h 15
Du 3 au 21 avril 1944 retranchez 0 h 45
Depuis 1945 ajoutez 0 h 15

** Utilisez éventuellement les indications numérotées en fin de liste pour la Turquie Orientale.

Pour les pays marqués d'un * nous savons qu'ils pratiquent l'heure d'été mais les dates précises de début et de fin de période ne nous sont pas connues, ainsi que les années.

Le tableau suivant vous indique comment passer directement d'une heure officielle d'été à l'heure solaire de naissance correspondante.

Vous devez utiliser ce tableau spécial si vous êtes certain(e) que votre naissance a eu lieu pendant la période officielle d'application de l'heure d'été *pour l'année de votre naissance.*

Par exemple, pour les États-Unis, cette période va du dernier dimanche d'avril à 2 heures du matin jusqu'au dernier dimanche d'octobre à 2 heures du matin.

AMERIQUE DU NORD

ALASKA

Région de Wrangel retranchez 2 h.
Région de Juneau retranchez 1 h. 15
Alaska central retranchez 1 h.
Alaska occid. retranchez 1 h.

CANADA sauf Alberta, Nouv.-Brunswick, Nouvelle-Écosse

Colombie retranchez 1 h.
Manitoba retranchez 1 h. 30
NF.Labrador retranchez 1 h. 40
Ontario Est retranchez 1 h. 20
Ontario Ouest retranchez 2 h
Québec Est retranchez 1 h. 20
Québec Ouest retranchez 0 h 45
Saskatchewan retranchez 1 h.

ETATS-UNIS

Alabama retranchez 0 h. 45
Arizona pas d'heure d'été
Arkansas retranchez 1 h. 10
Californie retranchez 1 h.
Caroline Nord retranchez 1 h. 20
Caroline Sud retranchez 1 h. 25
Colorado retranchez 1 h.
Connecticut retranchez 0 h. 50
Dakota Nord (Est) retranchez 1 h. 40
Dakota Nord (Ouest) retranchez 1 h.
Dakota Sud (Est) retranchez 1 h. 35
Dakota Sud (Ouest) retranchez 0 h. 50
Delaware retranchez 1 h.
District Fedéral retranchez 1 h.
Floride retranchez 1 h. 30
S.F. Panama Pensacola retranchez 0 h. 40
Géorgie retranchez 1 h. 35
Idaho Est retranchez 1 h. 30
Idaho Ouest retranchez 0 h. 45
Illinois retranchez 1 h.
Indiana retranchez 0 h. 45
Iowa retranchez 0 h. 45
Kansas retranchez 1 h. 30
S.F. Dodge city et Ouest retranchez 0 h. 40
Kentucky Centre et Est retranchez 1 h. 40
Kentucky Ouest retranchez 0 h. 50
Louisiane retranchez 1 h.
Maine retranchez 0 h. 40
Maryland retranchez 1 h. 10
Massachussets retranchez 0 h.45
Michigan retranchez 1 h. 45
Minnesota retranchez 1 h. 15
Mississipi retranchez 1 h.
Missouri retranchez 1 h. 10
Montana retranchez 1 h. 20
Nebraska Est retranchez 1 h. 30
Nebraska Ouest retranchez 0 h. 50
Nevada retranchez 0 h. 45
N. Hampshire retranchez 0 h. 45
N. Jersey retranchez 1 h.
New York retranchez 1 h.
N. Mexique retranchez 1 h.
Ohio retranchez 1 h. 30
Oklahoma retranchez 1 h. 30
Oregon retranchez 1 h.
Pennsylvanie retranchez 1 h. 15
Rhode Island retranchez 1 h.
Tennessee Est retranchez 1 h. 35
Tennessee Ouest retranchez 0 h. 50
Texas Est retranchez 1 h. 25
Texas Ouest retranchez 1 h. 45
Utah Est retranchez 1 h. 20
Utah Ouest retranchez 0 h. 30
Vermont retranchez 1 h.
Virginie Occidentale retranchez 1 h. 25
Washington (D.C.) retranchez 1 h.
Washington (état) retranchez 1 h.
Wisconsin retranchez 1 h.
Wyoming retranchez 1 h. 10
Hawaï pas d'heure d'été.

AMERIQUE CENTRALE

BAHAMAS (Iles) retranchez 1 h.
REP. DOMINICAINE retranchez 0 h. 40

AMERIQUE DU SUD

ARGENTINE (après 1920)
Est retranchez 1 h.
Ouest retranchez 1 h. 40
BRESIL
Sauf Accre retranchez 1 h.
Accre retranchez 0 h. 40

URUGUAY (après 1920) retranchez 1 h. 15

MOYEN ORIENT

LIBAN retranchez 0 h. 40
SYRIE retranchez 0 h. 30

Comment découvrir votre Ascendant sans aucun calcul

Votre Ascendant est le signe zodiacal qui se levait à l'horizon Est au moment de votre naissance.

Il dépend étroitement de votre heure et de votre lieu de naissance, éléments dont nous avons déjà tenu compte dans la transformation de votre heure officielle en heure solaire de naissance.

Sans effectuer de calcul, vous pouvez dès maintenant découvrir votre signe Ascendant dans la Table des Ascendants qui vous concerne.

Pour savoir quelle Table consulter, il vous suffit de regarder à la page suivante le numéro de la Table correspondant à votre pays de naissance.

Vous consultez alors votre Table, en recherchant la colonne de votre jour de naissance, puis la ligne de votre heure solaire de naissance qui vous donne votre signe Ascendant.

Si ce signe est le dernier d'une série, vous pouvez considérer que vous êtes également influencé(e) par le signe d'après.

Exemple :

	Scorpion	
	Scorpion	
	Scorpion	
Ligne de votre heure	**Scorpion**	.... vous êtes **Scorpion** mais
	Sagittaire	vous êtes également **Sagittaire**
	Sagittaire	

En effet, en raison de la rotation de la Terre sur elle-même en 24 heures, chaque signe zodiacal se lève à son tour à l'horizon Est d'un lieu terrestre déterminé.

Ainsi dans l'ordre des signes, lorsque le **Scorpion** a fini de se lever, c'est au tour du **Sagittaire** d'apparaître, si bien que le début du **Sagittaire** se lève quelques minutes après la fin du **Scorpion** : voilà qui explique l'influence de ces deux signes Ascendants sur une personne.

Le signe Ascendant exerce une influence prépondérante sur votre tempérament, sur votre morphologie et votre comportement.

Étant l'élément le plus individualisé de votre configuration astrologique natale, votre Ascendant caractérise votre mode d'adaptation au monde extérieur aussi bien sur les plans biologique, social que professionnel.

L'analyse concernant votre signe Ascendant s'applique donc essentiellement à votre façon d'être avec les autres et, par conséquent, à la manière dont les autres vous perçoivent.

Si vous ne connaissez votre heure de naissance que de façon approximative, par exemple, « dans la matinée », « en fin d'après-midi », vous pouvez vous reporter aux descriptions et juger, à la lecture de leur analyse, du signe qui correspond le mieux à votre comportement spontané.

Vous pouvez contrôler le résultat avec un de vos proches.

Numéro de la Table des Ascendants à consulter pour chaque pays

AFRIQUE

PAYS	1	2	3	4	5	6
AFFARS ET ISSAS	1					
AFRIQUE DU SUD		2				
ALGÉRIE			3			
SAHARA ALGÉRIEN		2				
ANGOLA	1					
BENIN (DAHOMEY)	1					
BOTSWANA		2				
CAMEROUN	1					
CAP VERT (ÎLES)	1					
CENTRAFRIQUE Rép.	1					
COMORES (ÎLES)	1					
CONGO	1					
CÔTE D'IVOIRE	1					
ÉGYPTE		2				
ÉTHIOPIE	1					
GABON	1					
GAMBIE	1					
GHANA	1					
GUINÉE	1					
GUINÉE BISSAU	1					
GUINÉE ÉQUAT.	1					
HAUTE VOLTA	1					
KENYA	1					
LESOTHO		2				
LIBÉRIA	1					
LIBYE		2				
MADAGASCAR		2				
MALAWI	1					
MAROC NORD			3			
MAURICE (ÎLE)		2				
MAURITANIE		2				
MOZAMBIQUE NORD	1					
MOZAMBIQUE SUD		2				
NIGER	1					
NIGÉRIA	1					
OUGANDA	1					
RÉUNION (ÎLE)		2				
RHODÉSIE		2				
RWANDA	1					
SAOTOME (ÎLE)	1					
SÉNÉGAL	1					
SEYCHELLES (ÎLES)	1					
SIERRA LÉONE	1					
SOMALIE	1					
SOUDAN	1					
SUD-OUEST AFRICAIN		2				
SWAZILAND		2				
TANGER			3			
TANZANIE	1					
TCHAD	1					
TOGO	1					
TUNISIE NORD			3			
TUNISIE SUD		2				
ZAÏRE	1					
ZAMBIE	1					

AMÉRIQUE DU NORD

PAYS	1	2	3	4	5	6
CANADA						
ALBERTA SUD					5	
ALBERTA NORD						6
BRITISH COLUMBIA SUD					5	
BRITISH COLUMBIA NORD						6
MANITOBA SUD					5	
MANITOBA NORD						6
NEW BRUNSWICK				4		
NEW F. LABRADOR						6
NOUVELLE ÉCOSSE				4		
ONTARIO SUD				4		
ONTARIO NORD					5	
QUÉBEC SUD				4		
QUÉBEC NORD					5	
SASKATCHEWAN SUD					5	
SASKATCHEWAN NORD						6
TERRIT. NORD-OUEST						6
St PIERRE ET MIQUELON				4		

ETATS-UNIS

PAYS	1	2	3	4	5	6
ALABAMA			3			
ALASKA						6
ARIZONA			3			
ARKANSAS			3			
CALIFORNIE			3			
CAROLINE NORD			3			
CAROLINE SUD			3			
COLORADO			3			
CONNECTICUT				4		
DAKOTA NORD				4		
DAKOTA SUD				4		
DELAWARE			3			
FLORIDE		2				
GÉORGIE			3			
IDAHO				4		
ILLINOIS			3			
INDIANA			3			
IOWA			3			
KANSAS			3			
KENTUCKY			3			
LOUISIANE		2				
MAINE				4		
MARYLAND			3			
MASSACHUSETTS				4		
MICHIGAN				4		
MINNESOTA				4		
MISSISSIPI			3			
MISSOURI			3			
MONTANA				4		
NEBRASKA			3			
NEVADA			3			
NEW HAMPSHIRE				4		
NEW JERSEY			3			
NEW YORK				4		
NOUVEAU MEXIQUE			3			
OHIO			3			
OKLAHOMA			3			
ORÉGON				4		
PENNSYLVANIE			3			
RHODE - ISLAND			3			
TENNESSEE			3			
TEXAS		2				
UTAH			3			
VERMONT				4		
VIRGINIE			3			
VIRGINIE OCCID.			3			
WASHINGTON			3			
WASHINGTON ÉTAT				4		
WISCONSIN				4		
WYOMING				4		
HAWAÏ		2				
BERMUDES DES (ÎLE)			3			
TERRE NEUVE (ÎLE)				4		

AMERIQUE CENTRALE

PAYS	1	2	3	4	5	6
BAHAMAS (ÎLES)		2				
BARBADE (ÎLES)	1					
COSTA-RICA	1					
CUBA		2				
CURAÇAO	1					
DOMINICAINE Rép.		2				
GUADELOUPE		2				
GUATÉMALA	1					
HAÏTI		2				
HONDURAS	1					
HONDURAS BOIT.		2				
JAMAÏQUE		2				
MARTINIQUE	1					
MEXIQUE		2				
NICARAGUA	1					
PANAMA	1					
PETITES ANTILLES (ÎLES)	1					
PORTO-RICO		2				
SAN SALVADOR	1					

AMÉRIQUE DU SUD

PAYS	1	2	3	4	5	6
ARGENTINE NORD		2				
ARGENTINE CENTRE			3			
ARGENTINE SUD				4		
BOLIVIE NORD	1					
BOLIVIE SUD		2				
BRÉSIL NORD	1					
BRÉSIL SUD soit :						
MINAS GERAIS		2				
SAO PAULO-RIO		2				
CHILI NORD		2				
CHILI CENTRE			3			
CHILI SUD				4		
COLOMBIE	1					
ÉQUATEUR	1					
GUYANA	1					
GUYANE FRANÇAISE	1					
PARAGUAY		2				
PÉROU	1					
SURINAM	1					
URUGUAY			3			
VÉNÉZUELA	1					

ASIE

PAYS	1	2	3	4	5	6
AFGHANISTAN			3			
BIRMANIE		2				
BHOUTAN		2				
CACHEMIRE			3			
CAMBODGE	1					
CEYLAN (SRILANKA)	1					
CHINE DU NORD			3			
(SINKIANG, LIAO MING,						
HOPEH, CHANSI, CHENSI						
MANDCHOURIE, KANSOU						
KIANG-SOU, NAN CHAN)						
CHINE CENTRALE		2				
(YANG TSE KIANG)						
CHINE DU SUD		2				
CORÉE DU NORD			3			
CORÉE DU SUD			3			
INDE SUD	1					
INDE CENTRE		2				
INDE NORD		2				
INDONÉSIE	1					
JAPON			3			
JAPON (YESO)				4		
LAOS		2				
MALAYSIA (FÉD.)	1					
MONGOLIE EXT.				4		
NÉPAL		2				

PAYS	TABLE N° 1	2	3	4	5	6
PAKISTAN OR. OCC.		2				
PHILIPPINES (ÎLES)	1					
THAÏLANDE	1					
U.R.S.S.						
KAZAKHSTAN				4		
KIRGHIZISTAN			3			
OUZBEKISTAN			3			
SIBÉRIE SUD					5	
(OMSK, NOVOSSIBIRSK						
IRKOUTSK)						
RESTE SIBÉRIE						6
TADJIKISTAN			3			
TURKMENISTAN			3			
VLADIVOSTOK (PROV.)				4		
VIETNAM (NORD)		2				
VIETNAM (SUD)	1					
EUROPE						
ALBANIE			3			
NORD ÉCOSSE						6
ALLEMAGNE DE L'EST					5	
ALLEMAGNE OUEST						
NORD-CENTRE					5	
BAVIÈRE-BADE				4		
ANGLETERRE					5	
AUTRICHE				4		
BELGIQUE					5	
BULGARIE				4		
CHYPRE (ÎLE)			3			
DANEMARK						6
ESPAGNE NORD				4		
ESPAGNE CENTRE			3			
ESPAGNE SUD			3			
BALÉARES (ÎLES)			3			
ESTONIE						6
FINLANDE						6
FRANCE				4		
GRÈCE			3			
GROËNLAND						6
HOLLALNDE					5	
HONGRIE				4		
IRLANDE (EIRE)					5	

PAYS	TABLE N° 1	2	3	4	5	6
IRLANDE DU NORD					5	
ISLANDE						6
ITALIE NORD CENTRE				4		
ITALIE SUD			3			
SARDAIGNE-SICILE			3			
LETTONIE						6
LITHUANIE						6
LUXEMBOURG					5	
MALTE			3			
NORVÈGE						6
POLOGNE					5	
PORTUGAL			3			
ROUMANIE				4		
SUÈDE						6
SUISSE				4		
TCHÉCOSLOVAQUIE					5	
TURQUIE			3			
U.R.S.S.						
AZERBAÏDJAN				4		
ARMÉNIE				4		
BIELORUSSIE					5	
GÉORGIE				4		
UKRAINE				4		
U.R.S.S. NORD LIGNE						
SMOLENSK-MOSCOU-						
KAZAN						6
U.R.S.S.-SUD					5	
YOUGOSLAVIE				4		
MOYEN ORIENT						
ARABIE SAOUDITE		2				
ÉMIRATS ARABES		2				
IRAK			3			
IRAN NORD			3			
IRAN SUD		2				
ISRAËL		2				
JORDANIE		2				
KOWEIT		2				
LIBAN			3			
SAMOA		2				
SYRIE			3			

PAYS	TABLE N° 1	2	3	4	5	6
YEMEN NORD	1					
YEMEN SUD	1					
OCÉANIE						
AUSTRALIE						
AUSTRALIE MÉRIDIONALE			3			
AUSTRALIE OCCIDENTALE		2				
NOUVELLES—GALLES DU SUD			3			
QUEEN'S LAND		2				
SAUF PÉNINSULE D'YORK	1					
TERRIT. DU NORD (NORD)	1					
TERRIT. DU NORD (SUD)		2				
VICTORIA			3			
TASMANIE				4		
NOUVELLE—CALÉDONIE		2				
NOUVELLE—GUINÉE	1					
NOUVELLE—ZÉLANDE						
NORD ÎLE FUMANTE			3			
SUD ÎLE DE JADE				4		
AUTRES ÎLES						
CAROLINES	1					
CHATHAM				4		
CHESTERFIELD		2				
ELLICE	1					
FIDJI	1					
GILBERT	1					
HÉBRIDES	1					
KERMADEC			3			
LOYAUTÉ		2				
MARIANNES	1					
MARQUISES	1					
MARSHALL	1					
MIDWAY		2				
SALOMON	1					
SAOA	1					
SOCIÉTÉ	1					
TONGA		2				
TOUAMOTOU	1					
TUBUAÏ		2				

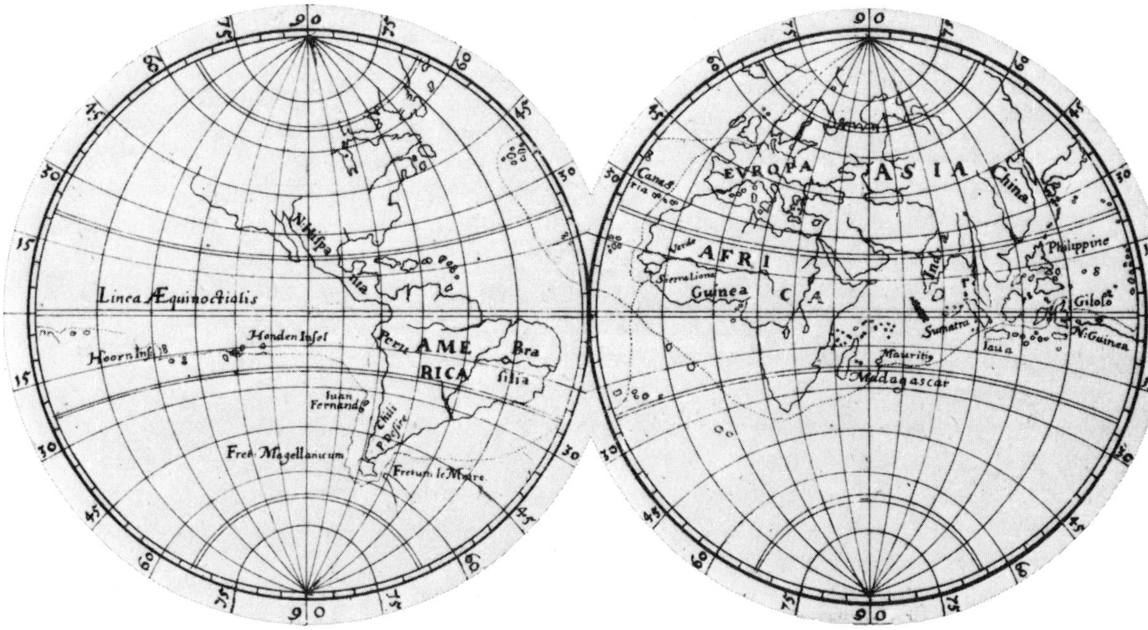

Comment découvrir votre Ascendant si vous êtes né(e) dans l'hémisphère Sud

Par rapport au Zodiaque, l'horizon Est dans l'hémisphère Sud n'est pas le même que dans l'hémisphère Nord.

Pour tenir compte de ce fait, vous ajoutez simplement 12 heures à votre heure solaire de naissance.

Si le total est supérieur à 24 heures, vous retranchez 24 heures : par exemple 20 h 30 + 12 h = 32 h 30 − 24 h = 8 h 30.

En prenant la nouvelle heure obtenue, 8 h 30 dans notre exemple, vous recherchez votre signe Ascendant exactement comme pour une naissance dans l'hémisphère Nord.

Vous obtenez le nom d'un signe zodiacal.

Celui-ci n'est pas encore votre Ascendant.

En effet, vous savez que les saisons australes sont inversées par rapport aux saisons boréales ; l'été en Australie correspond à l'hiver en Europe.

De même, le signe du Bélier de l'hémisphère Nord, c'est-à-dire le début du printemps, correspond au signe de la Balance qui marque le début du printemps dans l'hémisphère Sud.

C'est donc le signe zodiacal opposé au signe que vous avez trouvé précédemment qui est votre signe Ascendant final, et le tableau ci-dessous vous permet de trouver immédiatement ce signe.

Votre signe Ascendant lu dans la Table ▼	Votre signe Ascendant final ▼
Bélier	**Balance**
Taureau	**Scorpion**
Gémeaux	**Sagittaire**
Cancer	**Capricorne**
Lion	**Verseau**
Vierge	**Poissons**
Balance	**Bélier**
Scorpion	**Taureau**
Sagittaire	**Gémeaux**
Capricorne	**Cancer**
Verseau	**Lion**
Poissons	**Vierge**

DECOUVREZ VOTRE ASCENDANT SANS AUCUN CALCUL : TABLE N° 1

VOTRE HEURE DE NAISSANCE	20 MARS	21 MARS	22 MARS	23 MARS	24 MARS	25 MARS	26 MARS	27 MARS
0 h 00	SAGITTAIRE	SAGITTAIRE	SAGITTAIRE	SAGITTAIRE	SAGITTAIRE	CAPRICORNE	CAPRICORNE	CAPRICORNE
0 h 30	CAPRICORNE	CAPRICORNE	CAPRICORNE	CAPRICORNE	CAPRICORNE	CAPRICORNE	CAPRICORNE	CAPRICORNE
1 h 00	CAPRICORNE	CAPRICORNE	CAPRICORNE	CAPRICORNE	CAPRICORNE	CAPRICORNE	CAPRICORNE	CAPRICORNE
1 h 30	CAPRICORNE	CAPRICORNE	CAPRICORNE	CAPRICORNE	CAPRICORNE	CAPRICORNE	CAPRICORNE	CAPRICORNE
2 h 00	CAPRICORNE	CAPRICORNE	CAPRICORNE	CAPRICORNE	CAPRICORNE	CAPRICORNE	CAPRICORNE	VERSEAU
2 h 30	VERSEAU	VERSEAU	VERSEAU	VERSEAU	VERSEAU	VERSEAU	VERSEAU	VERSEAU
3 h 00	VERSEAU	VERSEAU	VERSEAU	VERSEAU	VERSEAU	VERSEAU	VERSEAU	VERSEAU
3 h 30	VERSEAU	VERSEAU	VERSEAU	VERSEAU	VERSEAU	VERSEAU	VERSEAU	VERSEAU
4 h 00	VERSEAU	VERSEAU	VERSEAU	VERSEAU	VERSEAU	VERSEAU	POISSONS	POISSONS
4 h 30	POISSONS	POISSONS	POISSONS	POISSONS	POISSONS	POISSONS	POISSONS	POISSONS
5 h 00	POISSONS	POISSONS	POISSONS	POISSONS	POISSONS	POISSONS	POISSONS	POISSONS
5 h 30	POISSONS	POISSONS	POISSONS	POISSONS	POISSONS	POISSONS	POISSONS	POISSONS
6 h 00	POISSONS	POISSONS	BELIER	BELIER	BELIER	BELIER	BELIER	BELIER
6 h 30	BELIER	BELIER	BELIER	BELIER	BELIER	BELIER	BELIER	BELIER
7 h 00	BELIER	BELIER	BELIER	BELIER	BELIER	BELIER	BELIER	BELIER
7 h 30	BELIER	BELIER	BELIER	BELIER	BELIER	BELIER	TAUREAU	TAUREAU
8 h 00	TAUREAU	TAUREAU	TAUREAU	TAUREAU	TAUREAU	TAUREAU	TAUREAU	TAUREAU
8 h 30	TAUREAU	TAUREAU	TAUREAU	TAUREAU	TAUREAU	TAUREAU	TAUREAU	TAUREAU
9 h 00	TAUREAU	TAUREAU	TAUREAU	TAUREAU	TAUREAU	TAUREAU	TAUREAU	TAUREAU
9 h 30	TAUREAU	TAUREAU	TAUREAU	TAUREAU	TAUREAU	GEMEAUX	GEMEAUX	GEMEAUX
10 h 00	GEMEAUX	GEMEAUX	GEMEAUX	GEMEAUX	GEMEAUX	GEMEAUX	GEMEAUX	GEMEAUX
10 h 30	GEMEAUX	GEMEAUX	GEMEAUX	GEMEAUX	GEMEAUX	GEMEAUX	GEMEAUX	GEMEAUX
11 h 00	GEMEAUX	GEMEAUX	GEMEAUX	GEMEAUX	GEMEAUX	GEMEAUX	GEMEAUX	GEMEAUX
11 h 30	GEMEAUX	GEMEAUX	GEMEAUX	GEMEAUX	GEMEAUX	GEMEAUX	CANCER	CANCER
MIDI	CANCER	CANCER	CANCER	CANCER	CANCER	CANCER	CANCER	CANCER
12 h 30	CANCER	CANCER	CANCER	CANCER	CANCER	CANCER	CANCER	CANCER
13 h 00	CANCER	CANCER	CANCER	CANCER	CANCER	CANCER	CANCER	CANCER
13 h 30	CANCER	CANCER	CANCER	CANCER	CANCER	CANCER	CANCER	CANCER
14 h 00	CANCER	LION	LION	LION	LION	LION	LION	LION
14 h 30	LION	LION	LION	LION	LION	LION	LION	LION
15 h 00	LION	LION	LION	LION	LION	LION	LION	LION
15 h 30	LION	LION	LION	LION	LION	LION	LION	LION
16 h 00	LION	LION	VIERGE	VIERGE	VIERGE	VIERGE	VIERGE	VIERGE
16 h 30	VIERGE	VIERGE	VIERGE	VIERGE	VIERGE	VIERGE	VIERGE	VIERGE
17 h 00	VIERGE	VIERGE	VIERGE	VIERGE	VIERGE	VIERGE	VIERGE	VIERGE
17 h 30	VIERGE	VIERGE	VIERGE	VIERGE	VIERGE	VIERGE	VIERGE	VIERGE
18 h 00	VIERGE	VIERGE	BALANCE	BALANCE	BALANCE	BALANCE	BALANCE	BALANCE
18 h 30	BALANCE	BALANCE	BALANCE	BALANCE	BALANCE	BALANCE	BALANCE	BALANCE
19 h 00	BALANCE	BALANCE	BALANCE	BALANCE	BALANCE	BALANCE	BALANCE	BALANCE
19 h 30	BALANCE	BALANCE	BALANCE	BALANCE	BALANCE	BALANCE	BALANCE	BALANCE
20 h 00	BALANCE	SCORPION	SCORPION	SCORPION	SCORPION	SCORPION	SCORPION	SCORPION
20 h 30	SCORPION	SCORPION	SCORPION	SCORPION	SCORPION	SCORPION	SCORPION	SCORPION
21 h 00	SCORPION	SCORPION	SCORPION	SCORPION	SCORPION	SCORPION	SCORPION	SCORPION
21 h 30	SCORPION	SCORPION	SCORPION	SCORPION	SCORPION	SCORPION	SCORPION	SCORPION
22 h 00	SCORPION	SCORPION	SAGITTAIRE	SAGITTAIRE	SAGITTAIRE	SAGITTAIRE	SAGITTAIRE	SAGITTAIRE
22 h 30	SAGITTAIRE	SAGITTAIRE	SAGITTAIRE	SAGITTAIRE	SAGITTAIRE	SAGITTAIRE	SAGITTAIRE	SAGITTAIRE
23 h 00	SAGITTAIRE	SAGITTAIRE	SAGITTAIRE	SAGITTAIRE	SAGITTAIRE	SAGITTAIRE	SAGITTAIRE	SAGITTAIRE
23 h 30	SAGITTAIRE	SAGITTAIRE	SAGITTAIRE	SAGITTAIRE	SAGITTAIRE	SAGITTAIRE	SAGITTAIRE	SAGITTAIRE

DECOUVREZ VOTRE ASCENDANT SANS AUCUN CALCUL : TABLE N° 1

VOTRE HEURE DE NAISSANCE	28 MARS	29 MARS	30 MARS	31 MARS	1 AVRIL	2 AVRIL	3 AVRIL	4 AVRIL
0 h 00	CAPRICORNE	CAPRICORNE	CAPRICORNE	CAPRICORNE	CAPRICORNE	CAPRICORNE	CAPRICORNE	CAPRICORNE
0 h 30	CAPRICORNE	CAPRICORNE	CAPRICORNE	CAPRICORNE	CAPRICORNE	CAPRICORNE	CAPRICORNE	CAPRICORNE
1 h 00	CAPRICORNE	CAPRICORNE	CAPRICORNE	CAPRICORNE	CAPRICORNE	CAPRICORNE	CAPRICORNE	CAPRICORNE
1 h 30	CAPRICORNE	CAPRICORNE	CAPRICORNE	CAPRICORNE	CAPRICORNE	CAPRICORNE	VERSEAU	VERSEAU
2 h 00	VERSEAU	VERSEAU	VERSEAU	VERSEAU	VERSEAU	VERSEAU	VERSEAU	VERSEAU
2 h 30	VERSEAU	VERSEAU	VERSEAU	VERSEAU	VERSEAU	VERSEAU	VERSEAU	VERSEAU
3 h 00	VERSEAU	VERSEAU	VERSEAU	VERSEAU	VERSEAU	VERSEAU	VERSEAU	VERSEAU
3 h 30	VERSEAU	VERSEAU	VERSEAU	VERSEAU	VERSEAU	POISSONS	POISSONS	POISSONS
4 h 00	POISSONS	POISSONS	POISSONS	POISSONS	POISSONS	POISSONS	POISSONS	POISSONS
4 h 30	POISSONS	POISSONS	POISSONS	POISSONS	POISSONS	POISSONS	POISSONS	POISSONS
5 h 00	POISSONS	POISSONS	POISSONS	POISSONS	POISSONS	POISSONS	POISSONS	POISSONS
5 h 30	POISSONS	POISSONS	BELIER	BELIER	BELIER	BELIER	BELIER	BELIER
6 h 00	BELIER	BELIER	BELIER	BELIER	BELIER	BELIER	BELIER	BELIER
6 h 30	BELIER	BELIER	BELIER	BELIER	BELIER	BELIER	BELIER	BELIER
7 h 00	BELIER	BELIER	BELIER	BELIER	BELIER	BELIER	TAUREAU	TAUREAU
7 h 30	TAUREAU	TAUREAU	TAUREAU	TAUREAU	TAUREAU	TAUREAU	TAUREAU	TAUREAU
8 h 00	TAUREAU	TAUREAU	TAUREAU	TAUREAU	TAUREAU	TAUREAU	TAUREAU	TAUREAU
8 h 30	TAUREAU	TAUREAU	TAUREAU	TAUREAU	TAUREAU	TAUREAU	TAUREAU	TAUREAU
9 h 00	TAUREAU	TAUREAU	TAUREAU	TAUREAU	GEMEAUX	GEMEAUX	GEMEAUX	GEMEAUX
9 h 30	GEMEAUX	GEMEAUX	GEMEAUX	GEMEAUX	GEMEAUX	GEMEAUX	GEMEAUX	GEMEAUX
10 h 00	GEMEAUX	GEMEAUX	GEMEAUX	GEMEAUX	GEMEAUX	GEMEAUX	GEMEAUX	GEMEAUX
10 h 30	GEMEAUX	GEMEAUX	GEMEAUX	GEMEAUX	GEMEAUX	GEMEAUX	GEMEAUX	GEMEAUX
11 h 00	GEMEAUX	GEMEAUX	GEMEAUX	GEMEAUX	GEMEAUX	GEMEAUX	CANCER	CANCER
11 h 30	CANCER	CANCER	CANCER	CANCER	CANCER	CANCER	CANCER	CANCER
MIDI	CANCER	CANCER	CANCER	CANCER	CANCER	CANCER	CANCER	CANCER
12 h 30	CANCER	CANCER	CANCER	CANCER	CANCER	CANCER	CANCER	CANCER
13 h 00	CANCER	CANCER	CANCER	CANCER	CANCER	CANCER	CANCER	CANCER
13 h 30	CANCER	LION	LION	LION	LION	LION	LION	LION
14 h 00	LION	LION	LION	LION	LION	LION	LION	LION
14 h 30	LION	LION	LION	LION	LION	LION	LION	LION
15 h 00	LION	LION	LION	LION	LION	LION	LION	LION
15 h 30	LION	LION	VIERGE	VIERGE	VIERGE	VIERGE	VIERGE	VIERGE
16 h 00	VIERGE	VIERGE	VIERGE	VIERGE	VIERGE	VIERGE	VIERGE	VIERGE
16 h 30	VIERGE	VIERGE	VIERGE	VIERGE	VIERGE	VIERGE	VIERGE	VIERGE
17 h 00	VIERGE	VIERGE	VIERGE	VIERGE	VIERGE	VIERGE	VIERGE	VIERGE
17 h 30	VIERGE	VIERGE	BALANCE	BALANCE	BALANCE	BALANCE	BALANCE	BALANCE
18 h 00	BALANCE	BALANCE	BALANCE	BALANCE	BALANCE	BALANCE	BALANCE	BALANCE
18 h 30	BALANCE	BALANCE	BALANCE	BALANCE	BALANCE	BALANCE	BALANCE	BALANCE
19 h 00	BALANCE	BALANCE	BALANCE	BALANCE	BALANCE	BALANCE	BALANCE	BALANCE
19 h 30	BALANCE	SCORPION	SCORPION	SCORPION	SCORPION	SCORPION	SCORPION	SCORPION
20 h 00	SCORPION	SCORPION	SCORPION	SCORPION	SCORPION	SCORPION	SCORPION	SCORPION
20 h 30	SCORPION	SCORPION	SCORPION	SCORPION	SCORPION	SCORPION	SCORPION	SCORPION
21 h 00	SCORPION	SCORPION	SCORPION	SCORPION	SCORPION	SCORPION	SCORPION	SCORPION
21 h 30	SCORPION	SCORPION	SAGITTAIRE	SAGITTAIRE	SAGITTAIRE	SAGITTAIRE	SAGITTAIRE	SAGITTAIRE
22 h 00	SAGITTAIRE	SAGITTAIRE	SAGITTAIRE	SAGITTAIRE	SAGITTAIRE	SAGITTAIRE	SAGITTAIRE	SAGITTAIRE
22 h 30	SAGITTAIRE	SAGITTAIRE	SAGITTAIRE	SAGITTAIRE	SAGITTAIRE	SAGITTAIRE	SAGITTAIRE	SAGITTAIRE
23 h 00	SAGITTAIRE	SAGITTAIRE	SAGITTAIRE	SAGITTAIRE	SAGITTAIRE	SAGITTAIRE	SAGITTAIRE	SAGITTAIRE
23 h 30	SAGITTAIRE	SAGITTAIRE	SAGITTAIRE	SAGITTAIRE	SAGITTAIRE	CAPRICORNE	CAPRICORNE	CAPRICORNE

DECOUVREZ VOTRE ASCENDANT SANS AUCUN CALCUL : TABLE N° 1

VOTRE HEURE DE NAISSANCE	5 AVRIL	6 AVRIL	7 AVRIL	8 AVRIL	9 AVRIL	10 AVRIL	11 AVRIL	12 AVRIL
0 h 00	CAPRICORNE	CAPRICORNE	CAPRICORNE	CAPRICORNE	CAPRICORNE	CAPRICORNE	CAPRICORNE	CAPRIÇORNE
0 h 30	CAPRICORNE	CAPRICORNE	CAPRICORNE	CAPRICORNE	CAPRICORNE	CAPRICORNE	CAPRICORNE	CAPRICORNE
1 h 00	CAPRICORNE	CAPRICORNE	CAPRICORNE	CAPRICORNE	CAPRICORNE	CAPRICORNE	VERSEAU	VERSEAU
1 h 30	VERSEAU	VERSEAU	VERSEAU	VERSEAU	VERSEAU	VERSEAU	VERSEAU	VERSEAU
2 h 00	VERSEAU	VERSEAU	VERSEAU	VERSEAU	VERSEAU	VERSEAU	VERSEAU	VERSEAU
2 h 30	VERSEAU	VERSEAU	VERSEAU	VERSEAU	VERSEAU	VERSEAU	VERSEAU	VERSEAU
3 h 00	VERSEAU	VERSEAU	VERSEAU	VERSEAU	VERSEAU	POISSONS	POISSONS	POISSONS
3 h 30	POISSONS	POISSONS	POISSONS	POISSONS	POISSONS	POISSONS	POISSONS	POISSONS
4 h 00	POISSONS	POISSONS	POISSONS	POISSONS	POISSONS	POISSONS	POISSONS	POISSONS
4 h 30	POISSONS	POISSONS	POISSONS	POISSONS	POISSONS	POISSONS	POISSONS	POISSONS
5 h 00	POISSONS	POISSONS	BELIER	BELIER	BELIER	BELIER	BELIER	BELIER
5 h 30	BELIER	BELIER	BELIER	BELIER	BELIER	BELIER	BELEIR	BELIER
6 h 00	BELIER	BELIER	BELIER	BELIER	BELIER	BELIER	BELIER	BELIER
6 h 30	BELIER	BELIER	BELIER	BELIER	BELIER	TAUREAU	TAUREAU	TAUREAU
7 h 00	TAUREAU	TAUREAU	TAUREAU	TAUREAU	TAUREAU	TAUREAU	TAUREAU	TAUREAU
7 h 30	TAUREAU	TAUREAU	TAUREAU	TAUREAU	TAUREAU	TAUREAU	TAUREAU	TAUREAU
8 h 00	TAUREAU	TAUREAU	TAUREAU	TAUREAU	TAUREAU	TAUREAU	TAUREAU	TAUREAU
8 h 30	TAUREAU	TAUREAU	TAUREAU	TAUREAU	GEMEAUX	GEMEAUX	GEMEAUX	GEMEAUX
9 h 00	GEMEAUX	GEMEAUX	GEMEAUX	GEMEAUX	GEMEAUX	GEMEAUX	GEMEAUX	GEMEAUX
9 h 30	GEMEAUX	GEMEAUX	GEMEAUX	GEMEAUX	GEMEAUX	GEMEAUX	GEMEAUX	GEMEAUX
10 h 00	GEMEAUX	GEMEAUX	GEMEAUX	GEMEAUX	GEMEAUX	GEMEAUX	GEMEAUX	GEMEAUX
10 h 30	GEMEAUX	GEMEAUX	GEMEAUX	GEMEAUX	GEMEAUX	CANCER	CANCER	CANCER
11 h 00	CANCER	CANCER	CANCER	CANCER	CANCER	CANÇER	CANCER	CANCER
11 h 30	CANCER	CANCER	CANCER	CANCER	CANCER	CANCER	CANCER	CANCER
MIDI	CANCER	CANCER	CANCER	CANCER	CANCER	CANCER	CANCER	CANCER
12 h 30	CANCER	CANCER	CANCER	CANCER	CANCER	CANCER	CANCER	CANCER
13 h 00	CANCER	LION	LION	LION	LION	LION	LION	LION
13 h 30	LION	LION	LION	LION	LION	LION	LION	LION
14 h 00	LION	LION	LION	LION	LION	LION	LION	LION
14 h 30	LION	LION	LION	LION	LION	LION	LION	LION
15 h 00	LION	LION	VIERGE	VIERGE	VIERGE	VIERGE	VIERGE	VIERGE
15 h 30	VIERGE	VIERGE	VIERGE	VIERGE	VIERGE	VIERGE	VIERGE	VIERGE
16 h 00	VIERGE	VIERGE	VIERGE	VIERGE	VIERGE	VIERGE	VIERGE	VIERGE
16 h 30	VIERGE	VIERGE	VIERGE	VIERGE	VIERGE	VIERGE	VIERGE	VIERGE
17 h 00	VIERGE	VIERGE	BALANCE	BALANCE	BALANCE	BALANCE	BALANCE	BALANCE
17 h 30	BALANCE	BALANCE	BALANCE	BALANCE	BALANCE	BALANCE	BALANCE	BALANCE
18 h 00	BALANCE	BALANCE	BALANCE	BALANCE	BALANCE	BALANCE	BALANCE	BALANCE
18 h 30	BALANCE	BALANCE	BALANCE	BALANCE	BALANCE	BALANCE	BALANCE	BALANCE
19 h 00	SCORPION	SCORPION	SCORPION	SCORPION	SCORPION	SCORPION	SCORPION	SCORPION
19 h 30	SCORPION	SCORPION	SCORPION	SCORPION	SCORPION	SCORPION	SCORPION	SCORPION
20 h 00	SCORPION	SCORPION	SCORPION	SCORPION	SCORPION	SCORPION	SCORPION	SCORPION
20 h 30	SCORPION	SCORPION	SCORPION	SCORPION	SCORPION	SCORPION	SCORPION	SCORPION
21 h 00	SCORPION	SCORPION	SAGITTAIRE	SAGITTAIRE	SAGITTAIRE	SAGITTAIRE	SAGITTAIRE	SAGITTAIRE
21 h 30	SAGITTAIRE	SAGITTAIRE	SAGITTAIRE	SAGITTAIRE	SAGITTAIRE	SAGITTAIRE	SAGITTAIRE	SAGITTAIRE
22 h 00	SAGITTAIRE	SAGITTAIRE	SAGITTAIRE	SAGITTAIRE	SAGITTAIRE	SAGITTAIRE	SAGITTAIRE	SAGITTAIRE
22 h 30	SAGITTAIRE	SAGITTAIRE	SAGITTAIRE	SAGITTAIRE	SAGITTAIRE	SAGITTAIRE	SAGITTAIRE	SAGITTAIRE
23 h 00	SAGITTAIRE	SAGITTAIRE	SAGITTAIRE	SAGITTAIRE	CAPRICORNE	CAPRICORNE	CAPRICORNE	CAPRICORNE
23 h 30	CAPRICORNE	CAPRICORNE	CAPRICORNE	CAPRICORNE	CAPRICORNE	CAPRICORNE	CAPRICORNE	CAPRICORNE

DECOUVREZ VOTRE ASCENDANT SANS AUCUN CALCUL : TABLE N° 1

VOTRE HEURE DE NAISSANCE	13 AVRIL	14 AVRIL	15 AVRIL	16 AVRIL	17 AVRIL	18 AVRIL	19 AVRIL	20 AVRIL	21 AVRIL
0 h 00	CAPRICORNE	CAPRICORNE	CAPRICORNE	CAPRICORNE	CAPRICORNE	CAPRICORNE	CAPRICORNE	CAPRICORNE	CAPRICORNE
0 h 30	CAPRICORNE	CAPRICORNE	CAPRICORNE	CAPRICORNE	CAPRICORNE	CAPRICORNE	VERSEAU	VERSEAU	VERSEAU
1 h 00	VERSEAU	VERSEAU	VERSEAU	VERSEAU	VERSEAU	VERSEAU	VERSEAU	VERSEAU	VERSEAU
1 h 30	VERSEAU	VERSEAU	VERSEAU	VERSEAU	VERSEAU	VERSEAU	VERSEAU	VERSEAU	VERSEAU
2 h 00	VERSEAU	VERSEAU	VERSEAU	VERSEAU	VERSEAU	VERSEAU	VERSEAU	VERSEAU	VERSEAU
2 h 30	VERSEAU	VERSEAU	VERSEAU	VERSEAU	VERSEAU	POISSONS	POISSONS	POISSONS	POISSONS
3 h 00	POISSONS	POISSONS	POISSONS	POISSONS	POISSONS	POISSONS	POISSONS	POISSONS	POISSONS
3 h 30	POISSONS	POISSONS	POISSONS	POISSONS	POISSONS	POISSONS	POISSONS	POISSONS	POISSONS
4 h 00	POISSONS	POISSONS	POISSONS	POISSONS	POISSONS	POISSONS	POISSONS	POISSONS	POISSONS
4 h 30	POISSONS	BELIER	BELIER	BELIER	BELIER	BELIER	BELIER	BELIER	BELIER
5 h 00	BELIER	BELIER	BELIER	BELIER	BELIER	BELIER	BELIER	BELIER	BELIER
5 h 30	BELIER	BELIER	BELIER	BELIER	BELIER	BELIER	BELIER	BELIER	BELIER
6 h 00	BELIER	BELIER	BELIER	BELIER	BELIER	TAUREAU	TAUREAU	TAUREAU	TAUREAU
6 h 30	TAUREAU	TAUREAU	TAUREAU	TAUREAU	TAUREAU	TAUREAU	TAUREAU	TAUREAU	TAUREAU
7 h 00	TAUREAU	TAUREAU	TAUREAU	TAUREAU	TAUREAU	TAUREAU	TAUREAU	TAUREAU	TAUREAU
7 h 30	TAUREAU	TAUREAU	TAUREAU	TAUREAU	TAUREAU	TAUREAU	TAUREAU	TAUREAU	TAUREAU
8 h 00	TAUREAU	TAUREAU	TAUREAU	TAUREAU	GEMEAUX	GEMEAUX	GEMEAUX	GEMEAUX	GEMEAUX
8 h 30	GEMEAUX	GEMEAUX	GEMEAUX	GEMEAUX	GEMEAUX	GEMEAUX	GEMEAUX	GEMEAUX	GEMEAUX
9 h 00	GEMEAUX	GEMEAUX	GEMEAUX	GEMEAUX	GEMEAUX	GEMEAUX	GEMEAUX	GEMEAUX	GEMEAUX
9 h 30	GEMEAUX	GEMEAUX	GEMEAUX	GEMEAUX	GEMEAUX	GEMEAUX	GEMEAUX	GEMEAUX	GEMEAUX
10 h 00	GEMEAUX	GEMEAUX	GEMEAUX	GEMEAUX	GEMEAUX	CANCER	CANCER	CANCER	CANCER
10 h 30	CANCER	CANCER	CANCER	CANCER	CANCER	CANCER	CANCER	CANCER	CANCER
11 h 00	CANCER	CANCER	CANCER	CANCER	CANCER	CANCER	CANCER	CANCER	CANCER
11 h 30	CANCER	CANCER	CANCER	CANCER	CANCER	CANCER	CANCER	CANCER	CANCER
MIDI	CANCER	CANCER	CANCER	CANCER	CANCER	CANCER	CANCER	CANCER	LION
12 h 30	LION	LION	LION	LION	LION	LION	LION	LION	LION
13 h 00	LION	LION	LION	LION	LION	LION	LION	LION	LION
13 h 30	LION	LION	LION	LION	LION	LION	LION	LION	LION
14 h 00	LION	LION	LION	LION	LION	LION	LION	LION	LION
14 h 30	LION	VIERGE	VIERGE	VIERGE	VIERGE	VIERGE	VIERGE	VIERGE	VIERGE
15 h 00	VIERGE	VIERGE	VIERGE	VIERGE	VIERGE	VIERGE	VIERGE	VIERGE	VIERGE
15 h 30	VIERGE	VIERGE	VIERGE	VIERGE	VIERGE	VIERGE	VIERGE	VIERGE	VIERGE
16 h 00	VIERGE	VIERGE	VIERGE	VIERGE	VIERGE	VIERGE	VIERGE	VIERGE	VIERGE
16 h 30	VIERGE	BALANCE	BALANCE	BALANCE	BALANCE	BALANCE	BALANCE	BALANCE	BALANCE
17 h 00	BALANCE	BALANCE	BALANCE	BALANCE	BALANCE	BALANCE	BALANCE	BALANCE	BALANCE
17 h 30	BALANCE	BALANCE	BALANCE	BALANCE	BALANCE	BALANCE	BALANCE	BALANCE	BALANCE
18 h 00	BALANCE	BALANCE	BALANCE	BALANCE	BALANCE	BALANCE	BALANCE	BALANCE	SCORPION
18 h 30	SCORPION	SCORPION	SCORPION	SCORPION	SCORPION	SCORPION	SCORPION	SCORPION	SCORPION
19 h 00	SCORPION	SCORPION	SCORPION	SCORPION	SCORPION	SCORPION	SCORPION	SCORPION	SCORPION
19 h 30	SCORPION	SCORPION	SCORPION	SCORPION	SCORPION	SCORPION	SCORPION	SCORPION	SCORPION
20 h 00	SCORPION	SCORPION	SCORPION	SCORPION	SCORPION	SCORPION	SCORPION	SCORPION	SCORPION
20 h 30	SCORPION	SAGITTAIRE	SAGITTAIRE	SAGITTAIRE	SAGITTAIRE	SAGITTAIRE	SAGITTAIRE	SAGITTAIRE	SAGITTAIRE
21 h 00	SAGITTAIRE	SAGITTAIRE	SAGITTAIRE	SAGITTAIRE	SAGITTAIRE	SAGITTAIRE	SAGITTAIRE	SAGITTAIRE	SAGITTAIRE
21 h 30	SAGITTAIRE	SAGITTAIRE	SAGITTAIRE	SAGITTAIRE	SAGITTAIRE	SAGITTAIRE	SAGITTAIRE	SAGITTAIRE	SAGITTAIRE
22 h 00	SAGITTAIRE	SAGITTAIRE	SAGITTAIRE	SAGITTAIRE	SAGITTAIRE	SAGITTAIRE	SAGITTAIRE	SAGITTAIRE	SAGITTAIRE
22 h 30	SAGITTAIRE	SAGITTAIRE	SAGITTAIRE	SAGITTAIRE	CAPRICORNE	CAPRICORNE	CAPRICORNE	CAPRICORNE	CAPRICORNE
23 h 00	CAPRICORNE	CAPRICORNE	CAPRICORNE	CAPRICORNE	CAPRICORNE	CAPRICORNE	CAPRICORNE	CAPRICORNE	CAPRICORNE
23 h 30	CAPRICORNE	CAPRICORNE	CAPRICORNE	CAPRICORNE	CAPRICORNE	CAPRICORNE	CAPRICORNE	CAPRICORNE	CAPRICORNE

DECOUVREZ VOTRE ASCENDANT SANS AUCUN CALCUL : TABLE N° 2

VOTRE HEURE DE NAISSANCE	20 MARS	21 MARS	22 MARS	23 MARS	24 MARS	25 MARS	26 MARS	27 MARS
0 h 00	SAGITTAIRE	SAGITTAIRE	SAGITTAIRE	SAGITTAIRE	SAGITTAIRE	SAGITTAIRE	SAGITTAIRE	SAGITTAIRE
0 h 30	SAGITTAIRE	SAGITTAIRE	SAGITTAIRE	SAGITTAIRE	SAGITTAIRE	SAGITTAIRE	SAGITTAIRE	SAGITTAIRE
1 h 00	CAPRICORNE	CAPRICORNE	CAPRICORNE	CAPRICORNE	CAPRICORNE	CAPRICORNE	CAPRICORNE	CAPRICORNE
1 h 30	CAPRICORNE	CAPRICORNE	CAPRICORNE	CAPRICORNE	CAPRICORNE	CAPRICORNE	CAPRICORNE	CAPRICORNE
2 h 00	CAPRICORNE	CAPRICORNE	CAPRICORNE	CAPRICORNE	CAPRICORNE	CAPRICORNE	CAPRICORNE	CAPRICORNE
2 h 30	CAPRICORNE	CAPRICORNE	CAPRICORNE	CAPRICORNE	CAPRICORNE	CAPRICORNE	CAPRICORNE	CAPRICORNE
3 h 00	VERSEAU	VERSEAU	VERSEAU	VERSEAU	VERSEAU	VERSEAU	VERSEAU	VERSEAU
3 h 30	VERSEAU	VERSEAU	VERSEAU	VERSEAU	VERSEAU	VERSEAU	VERSEAU	VERSEAU
4 h 00	VERSEAU	VERSEAU	VERSEAU	VERSEAU	VERSEAU	VERSEAU	VERSEAU	VERSEAU
4 h 30	VERSEAU	VERSEAU	VERSEAU	POISSONS	POISSONS	POISSONS	POISSONS	POISSONS
5 h 00	POISSONS	POISSONS	POISSONS	POISSONS	POISSONS	POISSONS	POISSONS	POISSONS
5 h 30	POISSONS	POISSONS	POISSONS	POISSONS	POISSONS	POISSONS	POISSONS	POISSONS
6 h 00	POISSONS	POISSONS	BELIER	BELIER	BELIER	BELIER	BELIER	BELIER
6 h 30	BELIER	BELIER	BELIER	BELIER	BELIER	BELIER	BELIER	BELIER
7 h 00	BELIER	BELIER	BELIER	BELIER	BELIER	BELIER	BELIER	BELIER
7 h 30	BELIER	TAUREAU	TAUREAU	TAUREAU	TAUREAU	TAUREAU	TAUREAU	TAUREAU
8 h 00	TAUREAU	TAUREAU	TAUREAU	TAUREAU	TAUREAU	TAUREAU	TAUREAU	TAUREAU
8 h 30	TAUREAU	TAUREAU	TAUREAU	TAUREAU	TAUREAU	TAUREAU	TAUREAU	TAUREAU
9 h 00	TAUREAU	TAUREAU	TAUREAU	GEMEAUX	GEMEAUX	GEMEAUX	GEMEAUX	GEMEAUX
9 h 30	GEMEAUX	GEMEAUX	GEMEAUX	GEMEAUX	GEMEAUX	GEMEAUX	GEMEAUX	GEMEAUX
10 h 00	GEMEAUX	GEMEAUX	GEMEAUX	GEMEAUX	GEMEAUX	GEMEAUX	GEMEAUX	GEMEAUX
10 h 30	GEMEAUX	GEMEAUX	GEMEAUX	GEMEAUX	GEMEAUX	GEMEAUX	GEMEAUX	GEMEAUX
11 h 00	GEMEAUX	GEMEAUX	GEMEAUX	CANCER	CANCER	CANCER	CANCER	CANCER
11 h 30	CANCER	CANCER	CANCER	CANCER	CANCER	CANCER	CANCER	CANCER
MIDI	CANCER	CANCER	CANCER	CANCER	CANCER	CANCER	CANCER	CANCER
12 h 30	CANCER	CANCER	CANCER	CANCER	CANCER	CANCER	CANCER	CANCER
13 h 00	CANCER	CANCER	CANCER	CANCER	CANCER	CANCER	CANCER	CANCER
13 h 30	LION	LION	LION	LION	LION	LION	LION	LION
14 h 00	LION	LION	LION	LION	LION	LION	LION	LION
14 h 30	LION	LION	LION	LION	LION	LION	LION	LION
15 h 00	LION	LION	LION	LION	LION	LION	LION	LION
15 h 30	LION	LION	LION	LION	LION	VIERGE	VIERGE	VIERGE
16 h 00	VIERGE	VIERGE	VIERGE	VIERGE	VIERGE	VIERGE	VIERGE	VIERGE
16 h 30	VIERGE	VIERGE	VIERGE	VIERGE	VIERGE	VIERGE	VIERGE	VIERGE
17 h 00	VIERGE	VIERGE	VIERGE	VIERGE	VIERGE	VIERGE	VIERGE	VIERGE
17 h 30	VIERGE	VIERGE	VIERGE	VIERGE	VIERGE	VIERGE	VIERGE	VIERGE
18 h 00	VIERGE	VIERGE	BALANCE	BALANCE	BALANCE	BALANCE	BALANCE	BALANCE
18 h 30	BALANCE	BALANCE	BALANCE	BALANCE	BALANCE	BALANCE	BALANCE	BALANCE
19 h 00	BALANCE	BALANCE	BALANCE	BALANCE	BALANCE	BALANCE	BALANCE	BALANCE
19 h 30	BALANCE	BALANCE	BALANCE	BALANCE	BALANCE	BALANCE	BALANCE	BALANCE
20 h 00	BALANCE	BALANCE	BALANCE	BALANCE	BALANCE	BALANCE	SCORPION	SCORPION
20 h 30	SCORPION	SCORPION	SCORPION	SCORPION	SCORPION	SCORPION	SCORPION	SCORPION
21 h 00	SCORPION	SCORPION	SCORPION	SCORPION	SCORPION	SCORPION	SCORPION	SCORPION
21 h 30	SCORPION	SCORPION	SCORPION	SCORPION	SCORPION	SCORPION	SCORPION	SCORPION
22 h 00	SCORPION	SCORPION	SCORPION	SCORPION	SCORPION	SCORPION	SCORPION	SCORPION
22 h 30	SCORPION	SCORPION	SCORPION	SCORPION	SAGITTAIRE	SAGITTAIRE	SAGITTAIRE	SAGITTAIRE
23 h 00	SAGITTAIRE	SAGITTAIRE	SAGITTAIRE	SAGITTAIRE	SAGITTAIRE	SAGITTAIRE	SAGITTAIRE	SAGITTAIRE
23 h 30	SAGITTAIRE	SAGITTAIRE	SAGITTAIRE	SAGITTAIRE	SAGITTAIRE	SAGITTAIRE	SAGITTAIRE	SAGITTAIRE

DECOUVREZ VOTRE ASCENDANT SANS AUCUN CALCUL : TABLE Nº 2

VOTRE HEURE DE NAISSANCE	28 MARS	29 MARS	30 MARS	31 MARS	1 AVRIL	2 AVRIL	3 AVRIL	4 AVRIL
0 h 00	SAGITTAIRE	SAGITTAIRE	SAGITTAIRE	SAGITTAIRE	SAGITTAIRE	SAGITTAIRE	SAGITTAIRE	SAGITTAIRE
0 h 30	CAPRICORNE	CAPRICORNE	CAPRICORNE	CAPRICORNE	CAPRICORNE	CAPRICORNE	CAPRICORNE	CAPRICORNE
1 h 00	CAPRICORNE	CAPRICORNE	CAPRICORNE	CAPRICORNE	CAPRICORNE	CAPRICORNE	CAPRICORNE	CAPRICORNE
1 h 30	CAPRICORNE	CAPRICORNE	CAPRICORNE	CAPRICORNE	CAPRICORNE	CAPRICORNE	CAPRICORNE	CAPRICORNE
2 h 00	CAPRICORNE	CAPRICORNE	CAPRICORNE	CAPRICORNE	CAPRICORNE	CAPRICORNE	CAPRICORNE	CAPRICORNE
2 h 30	VERSEAU	VERSEAU	VERSEAU	VERSEAU	VERSEAU	VERSEAU	VERSEAU	VERSEAU
3 h 00	VERSEAU	VERSEAU	VERSEAU	VERSEAU	VERSEAU	VERSEAU	VERSEAU	VERSEAU
3 h 30	VERSEAU	VERSEAU	VERSEAU	VERSEAU	VERSEAU	VERSEAU	VERSEAU	VERSEAU
4 h 00	VERSEAU	VERSEAU	VERSEAU	POISSONS	POISSONS	POISSONS	POISSONS	POISSONS
4 h 30	POISSONS	POISSONS	POISSONS	POISSONS	POISSONS	POISSONS	POISSONS	POISSONS
5 h 00	POISSONS	POISSONS	POISSONS	POISSONS	POISSONS	POISSONS	POISSONS	POISSONS
5 h 30	POISSONS	POISSONS	BELIER	BELIER	BELIER	BELIER	BELIER	BELIER
6 h 00	BELIER	BELIER	BELIER	BELIER	BELIER	BELIER	BELIER	BELIER
6 h 30	BELIER	BELIER	BELIER	BELIER	BELIER	BELIER	BELIER	BELIER
7 h 00	BELIER	TAUREAU	TAUREAU	TAUREAU	TAUREAU	TAUREAU	TAUREAU	TAUREAU
7 h 30	TAUREAU	TAUREAU	TAUREAU	TAUREAU	TAUREAU	TAUREAU	TAUREAU	TAUREAU
8 h 00	TAUREAU	TAUREAU	TAUREAU	TAUREAU	TAUREAU	TAUREAU	TAUREAU	TAUREAU
8 h 30	TAUREAU	TAUREAU	TAUREAU	GEMEAUX	GEMEAUX	GEMEAUX	GEMEAUX	GEMEAUX
9 h 00	GEMEAUX	GEMEAUX	GEMEAUX	GEMEAUX	GEMEAUX	GEMEAUX	GEMEAUX	GEMEAUX
9 h 30	GEMEAUX	GEMEAUX	GEMEAUX	GEMEAUX	GEMEAUX	GEMEAUX	GEMEAUX	GEMEAUX
10 h 00	GEMEAUX	GEMEAUX	GEMEAUX	GEMEAUX	GEMEAUX	GEMEAUX	GEMEAUX	GEMEAUX
10 h 30	GEMEAUX	GEMEAUX	GEMEAUX	CANCER	CANCER	CANCER	CANCER	CANCER
11 h 00	CANCER	CANCER	CANCER	CANCER	CANCER	CANCER	CANCER	CANCER
11 h 30	CANCER	CANCER	CANCER	CANCER	CANCER	CANCER	CANCER	CANCER
MIDI	CANCER	CANCER	CANCER	CANCER	CANCER	CANCER	CANCER	CANCER
12 h 30	CANCER	CANCER	CANCER	CANCER	CANCER	CANCER	CANCER	LION
13 h 00	LION	LION	LION	LION	LION	LION	LION	LION
13 h 30	LION	LION	LION	LION	LION	LION	LION	LION
14 h 00	LION	LION	LION	LION	LION	LION	LION	LION
14 h 30	LION	LION	LION	LION	LION	LION	LION	LION
15 h 00	LION	LION	LION	LION	LION	VIERGE	VIERGE	VIERGE
15 h 30	VIERGE	VIERGE	VIERGE	VIERGE	VIERGE	VIERGE	VIERGE	VIERGE
16 h 00	VIERGE	VIERGE	VIERGE	VIERGE	VIERGE	VIERGE	VIERGE	VIERGE
16 h 30	VIERGE	VIERGE	VIERGE	VIERGE	VIERGE	VIERGE	VIERGE	VIERGE
17 h 00	VIERGE	VIERGE	VIERGE	VIERGE	VIERGE	VIERGE	VIERGE	VIERGE
17 h 30	VIERGE	VIERGE	BALANCE	BALANCE	BALANCE	BALANCE	BALANCE	BALANCE
18 h 00	BALANCE	BALANCE	BALANCE	BALANCE	BALANCE	BALANCE	BALANCE	BALANCE
18 h 30	BALANCE	BALANCE	BALANCE	BALANCE	BALANCE	BALANCE	BALANCE	BALANCE
19 h 00	BALANCE	BALANCE	BALANCE	BALANCE	BALANCE	BALANCE	BALANCE	BALANCE
19 h 30	BALANCE	BALANCE	BALANCE	BALANCE	BALANCE	BALANCE	SCORPION	SCORPION
20 h 00	SCORPION	SCORPION	SCORPION	SCORPION	SCORPION	SCORPION	SCORPION	SCORION
20 h 30	SCORPION	SCORPION	SCORPION	SCORPION	SCORPION	SCORPION	SCORPION	SCORPION
21 h 00	SCORPION	SCORPION	SCORPION	SCORPION	SCORPION	SCORPION	SCORPION	SCORPION
21 h 30	SCORPION	SCORPION	SCORPION	SCORPION	SCORPION	SCORPION	SCORPION	SCORPION
22 h 00	SCORPION	SCORPION	SCORPION	SAGITTAIRE	SAGITTAIRE	SAGITTAIRE	SAGITTAIRE	SAGITTAIRE
22 h 30	SAGITTAIRE	SAGITTAIRE	SAGITTAIRE	SAGITTAIRE	SAGITTAIRE	SAGITTAIRE	SAGITTAIRE	SAGITTAIRE
23 h 00	SAGITTAIRE	SAGITTAIRE	SAGITTAIRE	SAGITTAIRE	SAGITTAIRE	SAGITTAIRE	SAGITTAIRE	SAGITTAIRE
23 h 30	SAGITTAIRE	SAGITTAIRE	SAGITTAIRE	SAGITTAIRE	SAGITTAIRE	SAGITTAIRE	SAGITTAIRE	SAGITTAIRE

DECOUVREZ VOTRE ASCENDANT SANS AUCUN CALCUL : TABLE N° 2

VOTRE HEURE DE NAISSANCE	5 AVRIL	6 AVRIL	7 AVRIL	8 AVRIL	9 AVRIL	10 AVRIL	11 AVRIL	12 AVRIL
0 h 00	CAPRICORNE	CAPRICORNE	CAPRICORNE	CAPRICORNE	CAPRICORNE	CAPRICORNE	CAPRICORNE	CAPRICORNE
0 h 30	CAPRICORNE	CAPRICORNE	CAPRICORNE	CAPRICORNE	CAPRICORNE	CAPRICORNE	CAPRICORNE	CAPRICORNE
1 h 00	CAPRICORNE	CAPRICORNE	CAPRICORNE	CAPRICORNE	CAPRICORNE	CAPRICORNE	CAPRICORNE	CAPRICORNE
1 h 30	CAPRICORNE	CAPRICORNE	CAPRICORNE	CAPRICORNE	CAPRICORNE	CAPRICORNE	CAPRICORNE	CAPRICORNE
2 h 00	VERSEAU	VERSEAU	VERSEAU	VERSEAU	VERSEAU	VERSEAU	VERSEAU	VERSEAU
2 h 30	VERSEAU	VERSEAU	VERSEAU	VERSEAU	VERSEAU	VERSEAU	VERSEAU	VERSEAU
3 h 00	VERSEAU	VERSEAU	VERSEAU	VERSEAU	VERSEAU	VERSEAU	VERSEAU	VERSEAU
3 h 30	VERSEAU	VERSEAU	POISSONS	POISSONS	POISSONS	POISSONS	POISSONS	POISSONS
4 h 00	POISSONS	POISSONS	POISSONS	POISSONS	POISSONS	POISSONS	POISSONS	POISSONS
4 h 30	POISSONS	POISSONS	POISSONS	POISSONS	POISSONS	POISSONS	POISSONS	POISSONS
5 h 00	POISSONS	POISSONS	BELIER	BELIER	BELIER	BELIER	BELIER	BELIER
5 h 30	BELIER	BELIER	BELIER	BELIER	BELIER	BELIER	BELIER	BELIER
6 h 00	BELIER	BELIER	BELIER	BELIER	BELIER	BELIER	BELIER	BELIER
6 h 30	TAUREAU	TAUREAU	TAUREAU	TAUREAU	TAUREAU	TAUREAU	TAUREAU	TAUREAU
7 h 00	TAUREAU	TAUREAU	TAUREAU	TAUREAU	TAUREAU	TAUREAU	TAUREAU	TAUREAU
7 h 30	TAUREAU	TAUREAU	TAUREAU	TAUREAU	TAUREAU	TAUREAU	TAUREAU	TAUREAU
8 h 00	TAUREAU	TAUREAU	TAUREAU	GEMEAUX	GEMEAUX	GEMEAUX	GEMEAUX	GEMEAUX
8 h 30	GEMEAUX	GEMEAUX	GEMEAUX	GEMEAUX	GEMEAUX	GEMEAUX	GEMEAUX	GEMEAUX
9 h 00	GEMEAUX	GEMEAUX	GEMEAUX	GEMEAUX	GEMEAUX	GEMEAUX	GEMEAUX	GEMEAUX
9 h 30	GEMEAUX	GEMEAUX	GEMEAUX	GEMEAUX	GEMEAUX	GEMEAUX	GEMEAUX	GEMEAUX
10 h 00	GEMEAUX	GEMEAUX	CANCER	CANCER	CANCER	CANCER	CANCER	CANCER
10 h 30	CANCER	CANCER	CANCER	CANCER	CANCER	CANCER	CANCER	CANCER
11 h 00	CANCER	CANCER	CANCER	CANCER	CANCER	CANCER	CANCER	CANCER
11 h 30	CANCER	CANCER	CANCER	CANCER	CANCER	CANCER	CANCER	CANCER
MIDI	CANCER	CANCER	CANCER	CANCER	CANCER	CANCER	CANCER	LION
12 h 30	LION	LION	LION	LION	LION	LION	LION	LION
13 h 00	LION	LION	LION	LION	LION	LION	LION	LION
13 h 30	LION	LION	LION	LION	LION	LION	LION	LION
14 h 00	LION	LION	LION	LION	LION	LION	LION	LION
14 h 30	LION	LION	LION	LION	VIERGE	VIERGE	VIERGE	VIERGE
15 h 00	VIERGE	VIERGE	VIERGE	VIERGE	VIERGE	VIERGE	VIERGE	VIERGE
15 h 30	VIERGE	VIERGE	VIERGE	VIERGE	VIERGE	VIERGE	VIERGE	VIERGE
16 h 00	VIERGE	VIERGE	VIERGE	VIERGE	VIERGE	VIERGE	VIERGE	VIERGE
16 h 30	VIERGE	VIERGE	VIERGE	VIERGE	VIERGE	VIERGE	VIERGE	VIERGE
17 h 00	VIERGE	VIERGE	BALANCE	BALANCE	BALANCE	BALANCE	BALANCE	BALANCE
17 h 30	BALANCE	BALANCE	BALANCE	BALANCE	BALANCE	BALANCE	BALANCE	BALANCE
18 h 00	BALANCE	BALANCE	BALANCE	BALANCE	BALANCE	BALANCE	BALANCE	BALANCE
18 h 30	BALANCE	BALANCE	BALANCE	BALANCE	BALANCE	BALANCE	BALANCE	BALANCE
19 h 00	BALANCE	BALANCE	BALANCE	BALANCE	BALANCE	SCORPION	SCORPION	SCORPION
19 h 30	SCORPION	SCORPION	SCORPION	SCORPION	SCORPION	SCORPION	SCORPION	SCORPION
20 h 00	SCORPION	SCORPION	SCORPION	SCORPION	SCORPION	SCORPION	SCORPION	SCORPION
20 h 30	SCORPION	SCORPION	SCORPION	SCORPION	SCORPION	SCORPION	SCORPION	SCORPION
21 h 00	SCORPION	SCORPION	SCORPION	SCORPION	SCORPION	SCORPION	SCORPION	SCORPION
21 h 30	SCORPION	SCORPION	SCORPION	SAGITTAIRE	SAGITTAIRE	SAGITTAIRE	SAGITTAIRE	SAGITTAIRE
22 h 00	SAGITTAIRE	SAGITTAIRE	SAGITTAIRE	SAGITTAIRE	SAGITTAIRE	SAGITTAIRE	SAGITTAIRE	SAGITTAIRE
22 h 30	SAGITTAIRE	SAGITTAIRE	SAGITTAIRE	SAGITTAIRE	SAGITTAIRE	SAGITTAIRE	SAGITTAIRE	SAGITTAIRE
23 h 00	SAGITTAIRE	SAGITTAIRE	SAGITTAIRE	SAGITTAIRE	SAGITTAIRE	SAGITTAIRE	SAGITTAIRE	SAGITTAIRE
23 h 30	SAGITTAIRE	SAGITTAIRE	SAGITTAIRE	SAGITTAIRE	SAGITTAIRE	SAGITTAIRE	SAGITTAIRE	SAGITTAIRE

DECOUVREZ VOTRE ASCENDANT SANS AUCUN CALCUL : TABLE N° 2

VOTRE HEURE DE NAISSANCE	13 AVRIL	14 AVRIL	15 AVRIL	16 AVRIL	17 AVRIL	18 AVRIL	19 AVRIL	20 AVRIL	21 AVRIL
0 h 00	CAPRICORNE	CAPRICORNE	CAPRICORNE	CAPRICORNE	CAPRICORNE	CAPRICORNE	CAPRICORNE	CAPRICORNE	CAPRICORNE
0 h 30	CAPRICORNE	CAPRICORNE	CAPRICORNE	CAPRICORNE	CAPRICORNE	CAPRICORNE	CAPRICORNE	CAPRICORNE	CAPRICORNE
1 h 00	CAPRICORNE	CAPRICORNE	CAPRICORNE	CAPRICORNE	CAPRICORNE	CAPRICORNE	CAPRICORNE	VERSEAU	VERSEAU
1 h 30	VERSEAU	VERSEAU	VERSEAU	VERSEAU	VERSEAU	VERSEAU	VERSEAU	VERSEAU	VERSEAU
2 h 00	VERSEAU	VERSEAU	VERSEAU	VERSEAU	VERSEAU	VERSEAU	VERSEAU	VERSEAU	VERSEAU
2 h 30	VERSEAU	VERSEAU	VERSEAU	VERSEAU	VERSEAU	VERSEAU	VERSEAU	VERSEAU	VERSEAU
3 h 00	VERSEAU	VERSEAU	POISSONS	POISSONS	POISSONS	POISSONS	POISSONS	POISSONS	POISSONS
3 h 30	POISSONS	POISSONS	POISSONS	POISSONS	POISSONS	POISSONS	POISSONS	POISSONS	POISSONS
4 h 00	POISSONS	POISSONS	POISSONS	POISSONS	POISSONS	POISSONS	POISSONS	POISSONS	POISSONS
4 h 30	POISSONS	BELIER	BELIER	BELIER	BELIER	BELIER	BELIER	BELIER	BELIER
5 h 00	BELIER	BELIER	BELIER	BELIER	BELIER	BELIER	BELIER	BELIER	BELIER
5 h 30	BELIER	BELIER	BELIER	BELIER	BELIER	BELIER	BELIER	BELIER	BELIER
6 h 00	TAUREAU	TAUREAU	TAUREAU	TAUREAU	TAUREAU	TAUREAU	TAUREAU	TAUREAU	TAUREAU
6 h 30	TAUREAU	TAUREAU	TAUREAU	TAUREAU	TAUREAU	TAUREAU	TAUREAU	TAUREAU	TAUREAU
7 h 00	TAUREAU	TAUREAU	TAUREAU	TAUREAU	TAUREAU	TAUREAU	TAUREAU	TAUREAU	TAUREAU
7 h 30	TAUREAU	TAUREAU	GEMEAUX	GEMEAUX	GEMEAUX	GEMEAUX	GEMEAUX	GEMEAUX	GEMEAUX
8 h 00	GEMEAUX	GEMEAUX	GEMEAUX	GEMEAUX	GEMEAUX	GEMEAUX	GEMEAUX	GEMEAUX	GEMEAUX
8 h 30	GEMEAUX	GEMEAUX	GEMEAUX	GEMEAUX	GEMEAUX	GEMEAUX	GEMEAUX	GEMEAUX	GEMEAUX
9 h 00	GEMEAUX	GEMEAUX	GEMEAUX	GEMLEAUX	GEMEAUX	GEMEAUX	GEMEAUX	GEMEAUX	GEMEAUX
9 h 30	GEMEAUX	GEMEAUX	CANCER	CANCER	CANCER	CANCER	CANCER	CANCER	CANCER
10 h 00	CANCER	CANCER	CANCER	CANCER	CANCER	CANCER	CANCER	CANCER	CANCER
10 h 30	CANCER	CANCER	CANCER	CANCER	CANCER	CANCER	CANCER	CANCER	CANCER
11 h 00	CANCER	CANCER	CANCER	CANCER	CANCER	CANCER	CANCER	CANCER	CANCER
11 h 30	CANCER	CANCER	CANCER	CANCER	CANCER	CANCER	CANCER	LION	LION
MIDI	LION	LION	LION	LION	LION	LION	LION	LION	LION
12 h 30	LION	LION	LION	LION	LION	LION	LION	LION	LION
13 h 00	LION	LION	LION	LION	LION	LION	LION	LION	LION
13 h 30	LION	LION	LION	LION	LION	LION	LION	LION	LION
14 h 00	LION	LION	LION	LION	VIERGE	VIERGE	VIERGE	VIERGE	VIERGE
14 h 30	VIERGE	VIERGE	VIERGE	VIERGE	VIERGE	VIERGE	VIERGE	VIERGE	VIERGE
15 h 00	VIERGE	VIERGE	VIERGE	VIERGE	VIERGE	VIERGE	VIERGE	VIERGE	VIERGE
15 h 30	VIERGE	VIERGE	VIERGE	VIERGE	VIERGE	VIERGE	VIERGE	VIERGE	VIERGE
16 h 00	VIERGE	VIERGE	VIERGE	VIERGE	VIERGE	VIERGE	VIERGE	VIERGE	VIERGE
16 h 30	VIERGE	BALANCE	BALANCE	BALANCE	BALANCE	BALANCE	BALANCE	BLANCE	BALANCE
17 h 00	BALANCE	BALANCE	BALANCE	BALANCE	BALANCE	BALANCE	BALANCE	BALANCE	BALANCE
17 h 30	BALANCE	BALANCE	BALANCE	BALANCE	BALANCE	BALANCE	BALANCE	BALANCE	BALANCE
18 h 00	BALANCE	BALANCE	BALANCE	BALANCE	BALANCE	BALANCE	BALANCE	BALANCE	BALANCE
18 h 30	BALANCE	BALANCE	BALANCE	BALANCE	BALANCE	SCORPION	SCORPION	SCOPRION	SCORPION
19 h 00	SCORPION	SCORPION	SCORPION	SCORPION	SCORPION	SCORPION	SCORPION	SCORPION	SCORPION
19 h 30	SCORPION	SCORPION	SCORPION	SCORPION	SCORPION	SCORPION	SCORPION	SCORPION	SCORPION
20 h 00	SCORPION	SCORPION	SCORPION	SCORPION	SCORPION	SCORPION	SCORPION	SCORPION	SCORPION
20 h 30	SCORPION	SCORPION	SCORPION	SCORPION	SCORPION	SCORPION	SCORPION	SCORPION	SCORPION
21 h 00	SCORPION	SCORPION	SAGITTAIRE	SAGITTAIRE	SAGITTAIRE	SAGITTAIRE	SAGITTAIRE	SAGITTAIRE	SAGITTAIRE
21 h 30	SAGITTAIRE	SAGITTAIRE	SAGITTAIRE	SAGITTAIRE	SAGITTAIRE	SAGITTAIRE	SAGITTAIRE	SAGITTAIRE	SAGITTAIRE
22 h 00	SAGITTAIRE	SAGITTAIRE	SAGITTAIRE	SAGITTAIRE	SAGITTAIRE	SAGITTAIRE	SAGITTAIRE	SAGITTAIRE	SAGITTAIRE
22 h 30	SAGITTAIRE	SAGITTAIRE	SAGITTAIRE	SAGITTAIRE	SAGITTAIRE	SAGITTAIRE	SAGITTAIRE	SAGITTAIRE	SAGITTAIRE
23 h 00	SAGITTAIRE	SAGITTAIRE	SAGITTAIRE	SAGITTAIRE	SAGITTAIRE	SAGITTAIRE	SAGITTAIRE	CAPRICORNE	CAPRICORNE
23 h 30	CAPRICORNE	CAPRICORNE	CAPRICORNE	CAPRICORNE	CAPRICORNE	CAPRICORNE	CAPRICORNE	CAPRICORNE	CAPRICORNE

DECOUVREZ VOTRE ASCENDANT SANS AUCUN CALCUL : TABLE N° 3

VOTRE HEURE DE NAISSANCE	20 MARS	21 MARS	22 MARS	23 MARS	24 MARS	25 MARS	26 MARS	27 MARS
0 h 00	SAGITTAIRE	SAGITTAIRE	SAGITTAIRE	SAGITTAIRE	SAGITTAIRE	SAGITTAIRE	SAGITTAIRE	SAGITTAIRE
0 h 30	SAGITTAIRE	SAGITTAIRE	SAGITTAIRE	SAGITTAIRE	SAGITTAIRE	SAGITTAIRE	SAGITTAIRE	SAGITTAIRE
1 h 00	SAGITTAIRE	SAGITTAIRE	SAGITTAIRE	SAGITTAIRE	SAGITTAIRE	SAGITTAIRE	SAGITTAIRE	CAPRICORNE
1 h 30	CAPRICORNE	CAPRICORNE	CAPRICORNE	CAPRICORNE	CAPRICORNE	CAPRICORNE	CAPRICORNE	CAPRICORNE
2 h 00	CAPRICORNE	CAPRICORNE	CAPRICORNE	CAPRICORNE	CAPRICORNE	CAPRICORNE	CAPRICORNE	CAPRICORNE
2 h 30	CAPRICORNE	CAPRICORNE	CAPRICORNE	CAPRICORNE	CAPRICORNE	CAPRICORNE	CAPRICORNE	CAPRICORNE
3 h 00	CAPRICORNE	CAPRICORNE	CAPRICORNE	CAPRICORNE	CAPRICORNE	CAPRICORNE	VERSEAU	VERSEAU
3 h 30	VERSEAU	VERSEAU	VERSEAU	VERSEAU	VERSEAU	VERSEAU	VERSEAU	VERSEAU
4 h 00	VERSEAU	VERSEAU	VERSEAU	VERSEAU	VERSEAU	VERSEAU	VERSEAU	VERSEAU
4 h 30	VERSEAU	VERSEAU	VERSEAU	VERSEAU	VERSEAU	VERSEAU	POISSONS	POISSONS
5 h 00	POISSONS	POISSONS	POISSONS	POISSONS	POISSONS	POISSONS	POISSONS	POISSONS
5 h 30	POISSONS	POISSONS	POISSONS	POISSONS	POISSONS	POISSONS	POISSONS	POISSONS
6 h 00	POISSONS	POISSONS	BELIER	BELIER	BELIER	BELIER	BELIER	BELIER
6 h 30	BELIER	BELIER	BELIER	BELIER	BELIER	BELIER	BELIER	BELIER
7 h 00	BELIER	BELIER	BELIER	BELIER	BELIER	BELIER	TAUREAU	TAUREAU
7 h 30	TAUREAU	TAUREAU	TAUREAU	TAUREAU	TAUREAU	TAUREAU	TAUREAU	TAUREAU
8 h 00	TAUREAU	TAUREAU	TAUREAU	TAUREAU	TAUREAU	TAUREAU	TAUREAU	TAUREAU
8 h 30	TAUREAU	TAUREAU	TAUREAU	TAUREAU	TAUREAU	TAUREAU	GEMEAUX	GEMEAUX
9 h 00	GEMEAUX	GEMEAUX	GEMEAUX	GEMEAUX	GEMEAUX	GEMEAUX	GEMEAUX	GEMEAUX
9 h 30	GEMEAUX	GEMEAUX	GEMEAUX	GEMEAUX	GEMEAUX	GEMEAUX	GEMEAUX	GEMEAUX
10 h 00	GEMEAUX	GEMEAUX	GEMEAUX	GEMEAUX	GEMEAUX	GEMEAUX	GEMEAUX	GEMEAUX
10 h 30	GEMEAUX	GEMEAUX	GEMEAUX	GEMEAUX	GEMEAUX	CANCER	CANCER	CANCER
11 h 00	CANCER	CANCER	CANCER	CANCER	CANCER	CANCER	CANCER	CANCER
11 h 30	CANCER	CANCER	CANCER	CANCER	CANCER	CANCER	CANCER	CANCER
MIDI	CANCER	CANCER	CANCER	CANCER	CANCER	CANCER	CANCER	CANCER
12 h 30	CANCER	CANCER	CANCER	CANCER	CANCER	CANCER	CANCER	CANCER
13 h 00	CANCER	CANCER	LION	LION	LION	LION	LION	LION
13 h 30	LION	LION	LION	LION	LION	LION	LION	LION
14 h 00	LION	LION	LION	LION	LION	LION	LION	LION
14 h 30	LION	LION	LION	LION	LION	LION	LION	LION
15 h 00	LION	LION	LION	LION	LION	LION	LION	LION
15 h 30	LION	LION	VIERGE	VIERGE	VIERGE	VIERGE	VIERGE	VIERGE
16 h 00	VIERGE	VIERGE	VIERGE	VIERGE	VIERGE	VIERGE	VIERGE	VIERGE
16 h 30	VIERGE	VIERGE	VIERGE	VIERGE	VIERGE	VIERGE	VIERGE	VIERGE
17 h 00	VIERGE	VIERGE	VIERGE	VIERGE	VIERGE	VIERGE	VIERGE	VIERGE
17 h 30	VIERGE	VIERGE	VIERGE	VIERGE	VIERGE	VIERGE	VIERGE	VIERGE
18 h 00	VIERGE	VIERGE	BALANCE	BALANCE	BALANCE	BALANCE	BALANCE	BALANCE
18 h 30	BALANCE	BALANCE	BALANCE	BALANCE	BALANCE	BALANCE	BALANCE	BALANCE
19 h 00	BALANCE	BALANCE	BALANCE	BALANCE	BALANCE	BALANCE	BALANCE	BALANCE
19 h 30	BALANCE	BALANCE	BALANCE	BALANCE	BALANCE	BALANCE	BALANCE	BALANCE
20 h 00	BALANCE	BALANCE	BALANCE	BALANCE	BALANCE	BALANCE	BALANCE	BALANCE
20 h 30	BALANCE	SCORPION	SCORPION	SCORPION	SCORPION	SCORPION	SCORPION	SCORPION
21 h 00	SCORPION	SCORPION	SCORPION	SCORPION	SCORPION	SCORPION	SCORPION	SCORPION
21 h 30	SCORPION	SCORPION	SCORPION	SCORPION	SCORPION	SCORPION	SCORPION	SCORPION
22 h 00	SCORPION	SCORPION	SCORPION	SCORPION	SCORPION	SCORPION	SCORPION	SCORPION
22 h 30	SCORPION	SCORPION	SCORPION	SCORPION	SCORPION	SCORPION	SCORPION	SCORPION
23 h 00	SCORPION	SAGITTAIRE	SAGITTAIRE	SAGITTAIRE	SAGITTAIRE	SAGITTAIRE	SAGITTAIRE	SAGITTAIRE
23 h 30	SAGITTAIRE	SAGITTAIRE	SAGITTAIRE	SAGITTAIRE	SAGITTAIRE	SAGITTAIRE	SAGITTAIRE	SAGITTAIRE

DECOUVREZ VOTRE ASCENDANT SANS AUCUN CALCUL : TABLE N° 3

VOTRE HEURE DE NAISSANCE	28 MARS	29 MARS	30 MARS	31 MARS	1 AVRIL	2 AVRIL	3 AVRIL	4 AVRIL
0 h 00	SAGITTAIRE	SAGITTAIRE	SAGITTAIRE	SAGITTAIRE	SAGITTAIRE	SAGITTAIRE	SAGITTAIRE	SAGITTAIRE
0 h 30	SAGITTAIRE	SAGITTAIRE	SAGITTAIRE	SAGITTAIRE	SAGITTAIRE	SAGITTAIRE	CAPRICORNE	CAPRICORNE
1 h 00	CAPRICORNE	CAPRICORNE	CAPRICORNE	CAPRICORNE	CAPRICORNE	CAPRICORNE	CAPRICORNE	CAPRICORNE
1 h 30	CAPRICORNE	CAPRICORNE	CAPRICORNE	CAPRICORNE	CAPRICORNE	CAPRICORNE	CAPRICORNE	CAPRICORNE
2 h 00	CAPRICORNE	CAPRICORNE	CAPRICORNE	CAPRICORNE	CAPRICORNE	CAPRICORNE	CAPRICORNE	CAPRICORNE
2 h 30	CAPRICORNE	CAPRICORNE	CAPRICORNE	CAPRICORNE	CAPRICORNE	VERSEAU	VERSEAU	VERSEAU
3 h 00	VERSEAU	VERSEAU	VERSEAU	VERSEAU	VERSEAU	VERSEAU	VERSEAU	VERSEAU
3 h 30	VERSEAU	VERSEAU	VERSEAU	VERSEAU	VERSEAU	VERSEAU	VERSEAU	VERSEAU
4 h 00	VERSEAU	VERSEAU	VERSEAU	VERSEAU	VERSEAU	POISSONS	POISSONS	POISSONS
4 h 30	POISSONS	POISSONS	POISSONS	POISSONS	POISSONS	POISSONS	POISSONS	POISSONS
5 h 00	POISSONS	POISSONS	POISSONS	POISSONS	POISSONS	POISSONS	POISSONS	POISSONS
5 h 30	POISSONS	POISSONS	BELIER	BELIER	BELIER	BELIER	BELIER	BELIER
6 h 00	BELIER	BELIER	BELIER	BELIER	BELIER	BELIER	BELIER	BELIER
6 h 30	BELIER	BELIER	BELIER	BELIER	BELIER	BELIER	TAUREAU	TAUREAU
7 h 00	TAUREAU	TAUREAU	TAUREAU	TAUREAU	TAUREAU	TAUREAU	TAUREAU	TAUREAU
7 h 30	TAUREAU	TAUREAU	TAUREAU	TAUREAU	TAUREAU	TAUREAU	TAUREAU	TAUREAU
8 h 00	TAUREAU	TAUREAU	TAUREAU	TAUREAU	TAUREAU	GEMEAUX	GEMEAUX	GEMEAUX
8 h 30	GEMEAUX	GEMEAUX	GEMEAUX	GEMEAUX	GEMEAUX	GEMEAUX	GEMEAUX	GEMEAUX
9 h 00	GEMEAUX	GEMEAUX	GEMEAUX	GEMEAUX	GEMEAUX	GEMEAUX	GEMEAUX	GEMEAUX
9 h 30	GEMEAUX	GEMEAUX	GEMEAUX	GEMEAUX	GEMEAUX	GEMEAUX	GEMEAUX	GEMEAUX
10 h 00	GEMEAUX	GEMEAUX	GEMEAUX	GEMEAUX	CANCER	CANCER	CANCER	CANCER
10 h 30	CANCER	CANCER	CANCER	CANCER	CANCER	CANCER	CANCER	CANCER
11 h 00	CANCER	CANCER	CANCER	CANCER	CANCER	CANCER	CANCER	CANCER
11 h 30	CANCER	CANCER	CANCER	CANCER	CANCER	CANCER	CANCER	CANCER
MIDI	CANCER	CANCER	CANCER	CANCER	CANCER	CANCER	CANCER	CANCER
12 h 30	CANCER	CANCER	LION	LION	LION	LION	LION	LION
13 h 00	LION	LION	LION	LION	LION	LION	LION	LION
13 h 30	LION	LION	LION	LION	LION	LION	LION	LION
14 h 00	LION	LION	LION	LION	LION	LION	LION	LION
14 h 30	LION	LION	LION	LION	LION	LION	LION	LION
15 h 00	LION	LION	VIERGE	VIERGE	VIERGE	VIERGE	VIERGE	VIERGE
15 h 30	VIERGE	VIERGE	VIERGE	VIERGE	VIERGE	VIERGE	VIERGE	VIERGE
16 h 00	VIERGE	VIERGE	VIERGE	VIERGE	VIERGE	VIERGE	VIERGE	VIERGE
16 h 30	VIERGE	VIERGE	VIERGE	VIERGE	VIERGE	VIERGE	VIERGE	VIERGE
17 h 00	VIERGE	VIERGE	VIERGE	VIERGE	VIERGE	VIERGE	VIERGE	VIERGE
17 h 30	VIERGE	VIERGE	BALANCE	BALANCE	BALANCE	BALANCE	BALANCE	BALANCE
18 h 00	BALANCE	BALANCE	BALANCE	BALANCE	BALANCE	BALANCE	BALANCE	BALANCE
18 h 30	BALANCE	BALANCE	BALANCE	BALANCE	BALANCE	BALANCE	BALANCE	BALANCE
19 h 00	BALANCE	BALANCE	BALANCE	BALANCE	BALANCE	BALANCE	BALANCE	BALANCE
19 h 30	BALANCE	BALANCE	BALANCE	BALANCE	BALANCE	BALANCE	BALANCE	BALANCE
20 h 00	BALANCE	SCORPION	SCORPION	SCORPION	SCORPION	SCORPION	SCORPION	SCORPION
20 h 30	SCORPION	SCORPION	SCORPION	SCORPION	SCORPION	SCORPION	SCORPION	SCORPION
21 h 00	SCORPION	SCORPION	SCORPION	SCORPION	SCORPION	SCORPION	SCORPION	SCORPION
21 h 30	SCORPION	SCORPION	SCORPION	SCORPION	SCORPION	SCORPION	SCORPION	SCORPION
22 h 00	SCORPION	SCORPION	SCORPION	SCORPION	SCORPION	SCORPION	SCORPION	SCORPION
22 h 30	SCORPION	SAGITTAIRE	SAGITTAIRE	SAGITTAIRE	SAGITTAIRE	SAGITTAIRE	SAGITTAIRE	SAGITTAIRE
23 h 00	SAGITTAIRE	SAGITTAIRE	SAGITTAIRE	SAGITTAIRE	SAGITTAIRE	SAGITTAIRE	SAGITTAIRE	SAGITTAIRE
23 h 30	SAGITTAIRE	SAGITTAIRE	SAGITTAIRE	SAGITTAIRE	SAGITTAIRE	SAGITTAIRE	SAGITTAIRE	SAGITTAIRE

DECOUVREZ VOTRE ASCENDANT SANS AUCUN CALCUL : TABLE N° 3

VOTRE HEURE DE NAISSANCE	5 AVRIL	6 AVRIL	7 AVRIL	8 AVRIL	9 AVRIL	10 AVRIL	11 AVRIL	12 AVRIL
0 h 00	SAGITTAIRE	SAGITTAIRE	SAGITTAIRE	SAGITTAIRE	SAGITTAIRE	SAGITTAIRE	CAPRICORNE	CAPRICORNE
0 h 30	CAPRICORNE	CAPRICORNE	CAPRICORNE	CAPRICORNE	CAPRICORNE	CAPRICORNE	CAPRICORNE	CAPRICORNE
1 h 00	CAPRICORNE	CAPRICORNE	CAPRICORNE	CAPRICORNE	CAPRICORNE	CAPRICORNE	CAPRICORNE	CAPRICORNE
1 h 30	CAPRICORNE	CAPRICORNE	CAPRICORNE	CAPRICORNE	CAPRICORNE	CAPRICORNE	CAPRICORNE	CAPRICORNE
2 h 00	CAPRICORNE	CAPRICORNE	CAPRICORNE	CAPRICORNE	CAPRICORNE	VERSEAU	VERSEAU	VERSEAU
2 h 30	VERSEAU	VERSEAU	VERSEAU	VERSEAU	VERSEAU	VERSEAU	VERSEAU	VERSEAU
3 h 00	VERSEAU	VERSEAU	VERSEAU	VERSEAU	VERSEAU	VERSEAU	VERSEAU	VERSEAU
3 h 30	VERSEAU	VERSEAU	VERSEAU	VERSEAU	VERSEAU	POISSONS	POISSONS	POISSONS
4 h 00	POISSONS	POISSONS	POISSONS	POISSONS	POISSONS	POISSONS	POISSONS	POISSONS
4 h 30	POISSONS	POISSONS	POISSONS	POISSONS	POISSONS	POISSONS	POISSONS	POISSONS
5 h 00	POISSONS	POISSONS	BELIER	BELIER	BELIER	BELIER	BELIER	BELIER
5 h 30	BELIER	BELIER	BELIER	BELIER	BELIER	BELIER	BELIER	BELIER
6 h 00	BELIER	BELIER	BELIER	BELIER	BELIER	TAUREAU	TAUREAU	TAUREAU
6 h 30	TAUREAU	TAUREAU	TAUREAU	TAUREAU	TAUREAU	TAUREAU	TAUREAU	TAUREAU
7 h 00	TAUREAU	TAUREAU	TAUREAU	TAUREAU	TAUREAU	TAUREAU	TAUREAU	TAUREAU
7 h 30	TAUREAU	TAUREAU	TAUREAU	TAUREAU	TAUREAU	GEMEAUX	GEMEAUX	GEMEAUX
8 h 00	GEMEAUX	GEMEAUX	GEMEAUX	GEMEAUX	GEMEAUX	GEMEAUX	GEMEAUX	GEMEAUX
8 h 30	GEMEAUX	GEMEAUX	GEMEAUX	GEMEAUX	GEMEAUX	GEMEAUX	GEMEAUX	GEMEAUX
9 h 00	GEMEAUX	GEMEAUX	GEMEAUX	GEMEAUX	GEMEAUX	GEMEAUX	GEMEAUX	GEMEAUX
9 h 30	GEMEAUX	GEMEAUX	GEMEAUX	GEMEAUX	CANCER	CANCER	CANCER	CANCER
10 h 00	CANCER	CANCER	CANCER	CANCER	CANCER	CANCER	CANCER	CANCER
10 h 30	CANCER	CANCER	CANCER	CANCER	CANCER	CANCER	CANCER	CANCER
11 h 00	CANCER	CANCER	CANCER	CANCER	CANCER	CANCER	CANCER	CANCER
11 h 30	CANCER	CANCER	CANCER	CANCER	CANCER	CANCER	CANCER	CANCER
MIDI	CANCER	CANCER	LION	LION	LION	LION	LION	LION
12 h 30	LION	LION	LION	LION	LION	LION	LION	LION
13 h 00	LION	LION	LION	LION	LION	LION	LION	LION
13 h 30	LION	LION	LION	LION	LION	LION	LION	LION
14 h 00	LION	LION	LION	LION	LION	LION	LION	LION
14 h 30	LION	VIERGE	VIERGE	VIERGE	VIERGE	VIERGE	VIERGE	VIERGE
15 h 00	VIERGE	VIERGE	VIERGE	VIERGE	VIERGE	VIERGE	VIERGE	VIERGE
15 h 30	VIERGE	VIERGE	VIERGE	VIERGE	VIERGE	VIERGE	VIERGE	VIERGE
16 h 00	VIERGE	VIERGE	VIERGE	VIERGE	VIERGE	VIERGE	VIERGE	VIERGE
16 h 30	VIERGE	VIERGE	VIERGE	VIERGE	VIERGE	VIERGE	VIERGE	VIERGE
17 h 00	VIERGE	VIERGE	BALANCE	BALANCE	BALANCE	BALANCE	BALANCE	BALANCE
17 h 30	BALANCE	BALANCE	BALANCE	BALANCE	BALANCE	BALANCE	BALANCE	BALANCE
18 h 00	BALANCE	BALANCE	BALANCE	BALANCE	BALANCE	BALANCE	BALANCE	BALANCE
18 h 30	BALANCE	BALANCE	BALANCE	BALANCE	BALANCE	BALANCE	BALANCE	BALANCE
19 h 00	BALANCE	BALANCE	BALANCE	BALANCE	BALANCE	BALANCE	BALANCE	BALANCE
19 h 30	BALANCE	SCORPION	SCORPION	SCORPION	SCORPION	SCORPION	SCORPION	SCORPION
20 h 00	SCORPION	SCORPION	SCORPION	SCORPION	SCORPION	SCORPION	SCORPION	SCORPION
20 h 30	SCORPION	SCORPION	SCORPION	SCORPION	SCORPION	SCORPION	SCORPION	SCORPION
21 h 00	SCORPION	SCORPION	SCORPION	SCORPION	SCORPION	SCORPION	SCORPION	SCORPION
21 h 30	SCORPION	SCORPION	SCORPION	SCORPION	SCORPION	SCORPION	SCORPION	SCORPION
22 h 00	SAGITTAIRE	SAGITTAIRE	SAGITTAIRE	SAGITTAIRE	SAGITTAIRE	SAGITTAIRE	SAGITTAIRE	SAGITTAIRE
22 h 30	SAGITTAIRE	SAGITTAIRE	SAGITTAIRE	SAGITTAIRE	SAGITTAIRE	SAGITTAIRE	SAGITTAIRE	SAGITTAIRE
23 h 00	SAGITTAIRE	SAGITTAIRE	SAGITTAIRE	SAGITTAIRE	SAGITTAIRE	SAGITTAIRE	SAGITTAIRE	SAGITTAIRE
23 h 30	SAGITTAIRE	SAGITTAIRE	SAGITTAIRE	SAGITTAIRE	SAGITTAIRE	SAGITTAIRE	SAGITTAIRE	SAGITTAIRE

DECOUVREZ VOTRE ASCENDANT SANS AUCUN CALCUL : TABLE N° 3

VOTRE HEURE DE NAISSANCE	13 AVRIL	14 AVRIL	15 AVRIL	16 AVRIL	17 AVRIL	18 AVRIL	19 AVRIL	20 AVRIL	21 AVRIL
0 h 00	CAPRICORNE	CAPRICORNE	CAPRICORNE	CAPRICORNE	CAPRICORNE	CAPRICORNE	CAPRICORNE	CAPRICORNE	CAPRICORNE
0 h 30	CAPRICORNE	CAPRICORNE	CAPRICORNE	CAPRICORNE	CAPRICORNE	CAPRICORNE	CAPRICORNE	CAPRICORNE	CAPRICORNE
1 h 00	CAPRICORNE	CAPRICORNE	CAPRICORNE	CAPRICORNE	CAPRICORNE	CAPRICORNE	CAPRICORNE	CAPRICORNE	CAPRICORNE
1 h 30	CAPRICORNE	CAPRICORNE	CAPRICORNE	CAPRICORNE	CAPRICORNE	VERSEAU	VERSEAU	VERSEAU	VERSEAU
2 h 00	VERSEAU	VERSEAU	VERSEAU	VERSEAU	VERSEAU	VERSEAU	VERSEAU	VERSEAU	VERSEAU
2 h 30	VERSEAU	VERSEAU	VERSEAU	VERSEAU	VERSEAU	VERSEAU	VERSEAU	VERSEAU	VERSEAU
3 h 00	VERSEAU	VERSEAU	VERSEAU	VERSEAU	VERSEAU	POISSONS	POISSONS	POISSONS	POISSONS
3 h 30	POISSONS	POISSONS	POISSONS	POISSONS	POISSONS	POISSONS	POISSONS	POISSONS	POISSONS
4 h 00	POISSONS	POISSONS	POISSONS	POISSONS	POISSONS	POISSONS	POISSONS	POISSONS	POISSONS
4 h 30	POISSONS	BELIER	BELIER	BELIER	BELIER	BELIER	BELIER	BELIER	BELIER
5 h 00	BELIER	BELIER	BELIER	BELIER	BELIER	BELIER	BELIER	BELIER	BELIER
5 h 30	BELIER	BELIER	BELIER	BELIER	BELIER	TAUREAU	TAUREAU	TAUREAU	TAUREAU
6 h 00	TAUREAU	TAUREAU	TAUREAU	TAUREAU	TAUREAU	TAUREAU	TAUREAU	TAUREAU	TAUREAU
6 h 30	TAUREAU	TAUREAU	TAUREAU	TAUREAU	TAUREAU	TAUREAU	TAUREAU	TAUREAU	TAUREAU
7 h 00	TAUREAU	TAUREAU	TAUREAU	TAUREAU	TAUREAU	GEMEAUX	GEMEAUX	GEMEAUX	GEMEAUX
7 h 30	GEMEAUX	GEMEAUX	GEMEAUX	GEMEAUX	GEMEAUX	GEMEAUX	GEMEAUX	GEMEAUX	GEMEAUX
8 h 00	GEMEAUX	GEMEAUX	GEMEAUX	GEMEAUX	GEMEAUX	GEMEAUX	GEMEAUX	GEMEAUX	GEMEAUX
8 h 30	GEMEAUX	GEMEAUX	GEMEAUX	GEMEAUX	GEMEAUX	GEMEAUX	GEMEAUX	GEMEAUX	GEMEAUX
9 h 00	GEMEAUX	GEMEAUX	GEMEAUX	GEMEAUX	CANCER	CANCER	CANCER	CANCER	CANCER
9 h 30	CANCER	CANCER	CANCER	CANCER	CANCER	CANCER	CANCER	CANCER	CANCER
10 h 00	CANCER	CANCER	CANCER	CANCER	CANCER	CANCER	CANCER	CANCER	CANCER
10 h 30	CANCER	CANCER	CANCER	CANCER	CANCER	CANCER	CANCER	CANCER	CANCER
11 h 00	CANCER	CANCER	CANCER	CANCER	CANCER	CANCER	CANCER	CANCER	CANCER
11 h 30	CANCER	LION	LION	LION	LION	LION	LION	LION	LION
MIDI	LION	LION	LION	LION	LION	LION	LION	LION	LION
12 h 30	LION	LION	LION	LION	LION	LION	LION	LION	LION
13 h 00	LION	LION	LION	LION	LION	LION	LION	LION	LION
13 h 30	LION	LION	LION	LION	LION	LION	LION	LION	LION
14 h 00	LION	VIERGE	VIERGE	VIERGE	VIERGE	VIERGE	VIERGE	VIERGE	VIERGE
14 h 30	VIERGE	VIERGE	VIERGE	VIERGE	VIERGE	VIERGE	VIERGE	VIERGE	VIERGE
15 h 00	VIERGE	VIERGE	VIERGE	VIERGE	VIERGE	VIERGE	VIERGE	VIERGE	VIERGE
15 h 30	VIERGE	VIERGE	VIERGE	VIERGE	VIERGE	VIERGE	VIERGE	VIERGE	VIERGE
16 h 00	VIERGE	VIERGE	VIERGE	VIERGE	VIERGE	VIERGE	VIERGE	VIERGE	VIERGE
16 h 30	VIERGE	BALANCE	BALANCE	BALANCE	BALANCE	BALANCE	BALANCE	BALANCE	BALANCE
17 h 00	BALANCE	BALANCE	BALANCE	BALANCE	BALANCE	BALANCE	BALANCE	BALANCE	BALANCE
17 h 30	BALANCE	BALANCE	BALANCE	BALANCE	BALANCE	BALANCE	BALANCE	BALANCE	BALANCE
18 h 00	BALANCE	BALANCE	BALANCE	BALANCE	BALANCE	BALANCE	BALANCE	BALANCE	BALANCE
18 h 30	BALANCE	BALANCE	BALANCE	BALANCE	BALANCE	BALANCE	BALANCE	BALANCE	SCORPION
19 h 00	SCORPION	SCORPION	SCORPION	SCORPION	SCORPION	SCORPION	SCORPION	SCORPION	SCORPION
19 h 30	SCORPION	SCORPION	SCORPION	SCORPION	SCORPION	SCORPION	SCORPION	SCORPION	SCORPION
20 h 00	SCORPION	SCORPION	SCORPION	SCORPION	SCORPION	SCORPION	SCORPION	SCORPION	SCORPION
20 h 30	SCORPION	SCORPION	SCORPION	SCORPION	SCORPION	SCORPION	SCORPION	SCORPION	SCORPION
21 h 00	SCORPION	SCORPION	SCORPION	SCORPION	SCORPION	SCORPION	SCORPION	SCORPION	SAGITTAIRE
21 h 30	SAGITTAIRE	SAGITTAIRE	SAGITTAIRE	SAGITTAIRE	SAGITTAIRE	SAGITTAIRE	SAGITTAIRE	SAGITTAIRE	SAGITTAIRE
22 h 00	SAGITTAIRE	SAGITTAIRE	SAGITTAIRE	SAGITTAIRE	SAGITTAIRE	SAGITTAIRE	SAGITTAIRE	SAGITTAIRE	SAGITTAIRE
22 h 30	SAGITTAIRE	SAGITTAIRE	SAGITTAIRE	SAGITTAIRE	SAGITTAIRE	SAGITTAIRE	SAGITTAIRE	SAGITTAIRE	SAGITTAIRE
23 h 00	SAGITTAIRE	SAGITTAIRE	SAGITTAIRE	SAGITTAIRE	SAGITTAIRE	SAGITTAIRE	SAGITTAIRE	SAGITTAIRE	SAGITTAIRE
23 h 30	SAGITTAIRE	SAGITTAIRE	SAGITTAIRE	SAGITTAIRE	SAGITTAIRE	SAGITTAIRE	CAPRICORNE	CAPRICORNE	CAPRICORNE

DECOUVREZ VOTRE ASCENDANT SANS AUCUN CALCUL : TABLE N° 4

VOTRE HEURE DE NAISSANCE	20 MARS	21 MARS	22 MARS	23 MARS	24 MARS	25 MARS	26 MARS	27 MARS
0 h 00	SAGITTAIRE	SAGITTAIRE	SAGITTAIRE	SAGITTAIRE	SAGITTAIRE	SAGITTAIRE	SAGITTAIRE	SAGITTAIRE
0 h 30	SAGITTAIRE	SAGITTAIRE	SAGITTAIRE	SAGITTAIRE	SAGITTAIRE	SAGITTAIRE	SAGITTAIRE	SAGITTAIRE
1 h 00	SAGITTAIRE	SAGITTAIRE	SAGITTAIRE	SAGITTAIRE	SAGITTAIRE	SAGITTAIRE	SAGITTAIRE	SAGITTAIRE
1 h 30	SAGITTAIRE	SAGITTAIRE	SAGITTAIRE	SAGITTAIRE	SAGITTAIRE	SAGITTAIRE	CAPRICORNE	CAPRICORNE
2 h 00	CAPRICORNE	CAPRICORNE	CAPRICORNE	CAPRICORNE	CAPRICORNE	CAPRICORNE	CAPRICORNE	CAPRICORNE
2 h 30	CAPRICORNE	CAPRICORNE	CAPRICORNE	CAPRICORNE	CAPRICORNE	CAPRICORNE	CAPRICORNE	CAPRICORNE
3 h 00	CAPRICORNE	CAPRICORNE	CAPRICORNE	CAPRICORNE	CAPRICORNE	CAPRICORNE	CAPRICORNE	CAPRICORNE
3 h 30	CAPRICORNE	CAPRICORNE	CAPRICORNE	CAPRICORNE	VERSEAU	VERSEAU	VERSEAU	VERSEAU
4 h 00	VERSEAU	VERSEAU	VERSEAU	VERSEAU	VERSEAU	VERSEAU	VERSEAU	VERSEAU
4 h 30	VERSEAU	VERSEAU	VERSEAU	VERSEAU	VERSEAU	VERSEAU	VERSEAU	VERSEAU
5 h 00	VERSEAU	POISSONS	POISSONS	POISSONS	POISSONS	POISSONS	POISSONS	POISSONS
5 h 30	POISSONS	POISSONS	POISSONS	POISSONS	POISSONS	POISSONS	POISSONS	POISSONS
6 h 00	POISSONS	POISSONS	BELIER	BELIER	BELIER	BELIER	BELIER	BELIER
6 h 30	BELIER	BELIER	BELIER	BELIER	BELIER	BELIER	BELIER	BELIER
7 h 00	BELIER	BELIER	BELIER	TAUREAU	TAUREAU	TAUREAU	TAUREAU	TAUREAU
7 h 30	TAUREAU	TAUREAU	TAUREAU	TAUREAU	TAUREAU	TAUREAU	TAUREAU	TAUREAU
8 h 00	TAUREAU	TAUREAU	TAUREAU	TAUREAU	TAUREAU	TAUREAU	TAUREAU	TAUREAU
8 h 30	TAUREAU	GEMEAUX	GEMEAUX	GEMEAUX	GEMEAUX	GEMEAUX	GEMEAUX	GEMEAUX
9 h 00	GEMEAUX	GEMEAUX	GEMEAUX	GEMEAUX	GEMEAUX	GEMEAUX	GEMEAUX	GEMEAUX
9 h 30	GEMEAUX	GEMEAUX	GEMEAUX	GEMEAUX	GEMEAUX	GEMEAUX	GEMEAUX	GEMEAUX
10 h 00	GEMEAUX	GEMEAUX	GEMEAUX	GEMEAUX	GEMEAUX	GEMEAUX	CANCER	CANCER
10 h 30	CANCER	CANCER	CANCER	CANCER	CANCER	CANCER	CANCER	CANCER
11 h 00	CANCER	CANCER	CANCER	CANCER	CANCER	CANCER	CANCER	CANCER
11 h 30	CANCER	CANCER	CANCER	CANCER	CANCER	CANCER	CANCER	CANCER
MIDI	CANCER	CANCER	CANCER	CANCER	CANCER	CANCER	CANCER	CANCER
12 h 30	CANCER	CANCER	CANCER	CANCER	CANCER	LION	LION	LION
13 h 00	LION	LION	LION	LION	LION	LION	LION	LION
13 h 30	LION	LION	LION	LION	LION	LION	LION	LION
14 h 00	LION	LION	LION	LION	LION	LION	LION	LION
14 h 30	LION	LION	LION	LION	LION	LION	LION	LION
15 h 00	LION	LION	LION	LION	LION	LION	LION	VIERGE
15 h 30	VIERGE	VIERGE	VIERGE	VIERGE	VIERGE	VIERGE	VIERGE	VIERGE
16 h 00	VIERGE	VIERGE	VIERGE	VIERGE	VIERGE	VIERGE	VIERGE	VIERGE
16 h 30	VIERGE	VIERGE	VIERGE	VIERGE	VIERGE	VIERGE	VIERGE	VIERGE
17 h 00	VIERGE	VIERGE	VIERGE	VIERGE	VIERGE	VIERGE	VIERGE	VIERGE
17 h 30	VIERGE	VIERGE	VIERGE	VIERGE	VIERGE	VIERGE	VIERGE	VIERGE
18 h 00	VIERGE	VIERGE	BALANCE	BALANCE	BALANCE	BALANCE	BALANCE	BALANCE
18 h 30	BALANCE	BALANCE	BALANCE	BALANCE	BALANCE	BALANCE	BALANCE	BALANCE
19 h 00	BALANCE	BALANCE	BALANCE	BALANCE	BALANCE	BALANCE	BALANCE	BALANCE
19 h 30	BALANCE	BALANCE	BALANCE	BALANCE	BALANCE	BALANCE	BALANCE	BALANCE
20 h 00	BALANCE	BALANCE	BALANCE	BALANCE	BALANCE	BALANCE	BALANCE	BALANCE
20 h 30	BALANCE	BALANCE	BALANCE	BALANCE	BALANCE	SCORPION	SCORPION	SCORPION
21 h 00	SCORPION	SCORPION	SCORPION	SCORPION	SCORPION	SCORPION	SCORPION	SCORPION
21 h 30	SCORPION	SCORPION	SCORPION	SCORPION	SCORPION	SCORPION	SCORPION	SCORPION
22 h 00	SCORPION	SCORPION	SCORPION	SCORPION	SCORPION	SCORPION	SCORPION	SCORPION
22 h 30	SCORPION	SCORPION	SCORPION	SCORPION	SCORPION	SCORPION	SCORPION	SCORPION
23 h 00	SCORPION	SCORPION	SCORPION	SCORPION	SCORPION	SCORPION	SAGITTAIRE	SAGITTAIRE
23 h 30	SAGITTAIRE	SAGITTAIRE	SAGITTAIRE	SAGITTAIRE	SAGITTAIRE	SAGITTAIRE	SAGITTAIRE	SAGITTAIRE

DECOUVREZ VOTRE ASCENDANT SANS AUCUN CALCUL : TABLE N° 4

VOTRE HEURE DE NAISSANCE	28 MARS	29 MARS	30 MARS	31 MARS	1 AVRIL	2 AVRIL	3 AVRIL	4 AVRIL
0 h 00	SAGITTAIRE	SAGITTAIRE	SAGITTAIRE	SAGITTAIRE	SAGITTAIRE	SAGITTAIRE	SAGITTAIRE	SAGITTAIRE
0 h 30	SAGITTAIRE	SAGITTAIRE	SAGITTAIRE	SAGITTAIRE	SAGITTAIRE	SAGITTAIRE	SAGITTAIRE	SAGITTAIRE
1 h 00	SAGITTAIRE	SAGITTAIRE	SAGITTAIRE	SAGITTAIRE	SAGITTAIRE	CAPRICORNE	CAPRICORNE	CAPRICORNE
1 h 30	CAPRICORNE	CAPRICORNE	CAPRICORNE	CAPRICORNE	CAPRICORNE	CAPRICORNE	CAPRICORNE	CAPRICORNE
2 h 00	CAPRICORNE	CAPRICORNE	CAPRICORNE	CAPRICORNE	CAPRICORNE	CAPRICORNE	CAPRICORNE	CAPRICORNE
2 h 30	CAPRICORNE	CAPRICORNE	CAPRICORNE	CAPRICORNE	CAPRICORNE	CAPRICORNE	CAPRICORNE	CAPRICORNE
3 h 00	CAPRICORNE	CAPRICORNE	CAPRICORNE	VERSEAU	VERSEAU	VERSEAU	VERSEAU	VERSEAU
3 h 30	VERSEAU	VERSEAU	VERSEAU	VERSEAU	VERSEAU	VERSEAU	VERSEAU	VERSEAU
4 h 00	VERSEAU	VERSEAU	VERSEAU	VERSEAU	VERSEAU	VERSEAU	VERSEAU	VERSEAU
4 h 30	VERSEAU	POISSONS	POISSONS	POISSONS	POISSONS	POISSONS	POISSONS	POISSONS
5 h 00	POISSONS	POISSONS	POISSONS	POISSONS	POISSONS	POISSONS	POISSONS	POISSONS
5 h 30	POISSONS	POISSONS	BELIER	BELIER	BELIER	BELIER	BELIER	BELIER
6 h 00	BELIER	BELIER	BELIER	BELIER	BELIER	BELIER	BELIER	BELIER
6 h 30	BELIER	BELIER	BELIER	TAUREAU	TAUREAU	TAUREAU	TAUREAU	TAUREAU
7 h 00	TAUREAU	TAUREAU	TAUREAU	TAUREAU	TAUREAU	TAUREAU	TAUREAU	TAUREAU
7 h 30	TAUREAU	TAUREAU	TAUREAU	TAUREAU	TAUREAU	TAUREAU	TAUREAU	TAUREAU
8 h 00	GEMEAUX	GEMEAUX	GEMEAUX	GEMEAUX	GEMEAUX	GEMEAUX	GEMEAUX	GEMEAUX
8 h 30	GEMEAUX	GEMEAUX	GEMEAUX	GEMEAUX	GEMEAUX	GEMEAUX	GEMEAUX	GEMEAUX
9 h 00	GEMEAUX	GEMEAUX	GEMEAUX	GEMEAUX	GEMEAUX	GEMEAUX	GEMEAUX	GEMEAUX
9 h 30	GEMEAUX	GEMEAUX	GEMEAUX	GEMEAUX	GEMEAUX	CANCER	CANCER	CANCER
10 h 00	CANCER	CANCER	CANCER	CANCER	CANCER	CANCER	CANCER	CANCER
10 h 30	CANCER	CANCER	CANCER	CANCER	CANCER	CANCER	CANCER	CANCER
11 h 00	CANCER	CANCER	CANCER	CANCER	CANCER	CANCER	CANCER	CANCER
11 h 30	CANCER	CANCER	CANCER	CANCER	CANCER	CANCER	CANCER	CANCER
MIDI	CANCER	CANCER	CANCER	CANCER	LION	LION	LION	LION
12 h 30	LION	LION	LION	LION	LION	LION	LION	LION
13 h 00	LION	LION	LION	LION	LION	LION	LION	LION
13 h 30	LION	LION	LION	LION	LION	LION	LION	LION
14 h 00	LION	LION	LION	LION	LION	LION	LION	LION
14 h 30	LION	LION	LION	LION	LION	LION	LION	VIERGE
15 h 00	VIERGE	VIERGE	VIERGE	VIERGE	VIERGE	VIERGE	VIERGE	VIERGE
15 h 30	VIERGE	VIERGE	VIERGE	VIERGE	VIERGE	VIERGE	VIERGE	VIERGE
16 h 00	VIERGE	VIERGE	VIERGE	VIERGE	VIERGE	VIERGE	VIERGE	VIERGE
16 h 30	VIERGE	VIERGE	VIERGE	VIERGE	VIERGE	VIERGE	VIERGE	VIERGE
17 h 00	VIERGE	VIERGE	VIERGE	VIERGE	VIERGE	VIERGE	VIERGE	VIERGE
17 h 30	VIERGE	VIERGE	BALANCE	BALANCE	BALANCE	BALANCE	BALANCE	BALANCE
18 h 00	BALANCE	BALANCE	BALANCE	BALANCE	BALANCE	BALANCE	BALANCE	BALANCE
18 h 30	BALANCE	BALANCE	BALANCE	BALANCE	BALANCE	BALANCE	BALANCE	BALANCE
19 h 00	BALANCE	BALANCE	BALANCE	BALANCE	BALANCE	BALANCE	BALANCE	BALANCE
19 h 30	BALANCE	BALANCE	BALANCE	BALANCE	BALANCE	BALANCE	BALANCE	BALANCE
20 h 00	BALANCE	BALANCE	BALANCE	BALANCE	SCORPION	SCORPION	SCORPION	SCORPION
20 h 30	SCORPION	SCORPION	SCORPION	SCORPION	SCORPION	SCORPION	SCORPION	SCORPION
21 h 00	SCORPION	SCORPION	SCORPION	SCORPION	SCORPION	SCORPION	SCORPION	SCORPION
21 h 30	SCORPION	SCORPION	SCORPION	SCORPION	SCORPION	SCORPION	SCORPION	SCORPION
22 h 00	SCORPION	SCORPION	SCORPION	SCORPION	SCORPION	SCORPION	SCORPION	SCORPION
22 h 30	SCORPION	SCORPION	SCORPION	SCORPION	SCORPION	SCORPION	SAGITTAIRE	SAGITTAIRE
23 h 00	SAGITTAIRE	SAGITTAIRE	SAGITTAIRE	SAGITTAIRE	SAGITTAIRE	SAGITTAIRE	SAGITTAIRE	SAGITTAIRE
23 h 30	SAGITTAIRE	SAGITTAIRE	SAGITTAIRE	SAGITTAIRE	SAGITTAIRE	SAGITTAIRE	SAGITTAIRE	SAGITTAIRE

DECOUVREZ VOTRE ASCENDANT SANS AUCUN CALCUL : TABLE N° 4

VOTRE HEURE DE NAISSANCE	5 AVRIL	6 AVRIL	7 AVRIL	8 AVRIL	9 AVRIL	10 AVRIL	11 AVRIL	12 AVRIL
0 h 00	SAGITTAIRE	SAGITTAIRE	SAGITTAIRE	SAGITTAIRE	SAGITTAIRE	SAGITTAIRE	SAGITTAIRE	SAGITTAIRE
0 h 30	SAGITTAIRE	SAGITTAIRE	SAGITTAIRE	SAGITTAIRE	SAGITTAIRE	CAPRICORNE	CAPRICORNE	CAPRICORNE
1 h 00	CAPRICORNE	CAPRICORNE	CAPRICORNE	CAPRICORNE	CAPRICORNE	CAPRICORNE	CAPRICORNE	CAPRICORNE
1 h 30	CAPRICORNE	CAPRICORNE	CAPRICORNE	CAPRICORNE	CAPRICORNE	CAPRICORNE	CAPRICORNE	CAPRICORNE
2 h 00	CAPRICORNE	CAPRICORNE	CAPRICORNE	CAPRICORNE	CAPRICORNE	CAPRICORNE	CAPRICORNE	CAPRICORNE
2 h 30	CAPRICORNE	CAPRICORNE	CAPRICORNE	VERSEAU	VERSEAU	VERSEAU	VERSEAU	VERSEAU
3 h 00	VERSEAU	VERSEAU	VERSEAU	VERSEAU	VERSEAU	VERSEAU	VERSEAU	VERSEAU
3 h 30	VERSEAU	VERSEAU	VERSEAU	VERSEAU	VERSEAU	VERSEAU	VERSEAU	VERSEAU
4 h 00	POISSONS	POISSONS	POISSONS	POISSONS	POISSONS	POISSONS	POISSONS	POISSONS
4 h 30	POISSONS	POISSONS	POISSONS	POISSONS	POISSONS	POISSONS	POISSONS	POISSONS
5 h 00	POISSONS	POISSONS	BELIER	BELIER	BELIER	BELIER	BELIER	BELIER
5 h 30	BELIER	BELIER	BELIER	BELIER	BELIER	BELIER	BELIER	BELIER
6 h 00	BELIER	BELIER	TAUREAU	TAUREAU	TAUREAU	TAUREAU	TAUREAU	TAUREAU
6 h 30	TAUREAU	TAUREAU	TAUREAU	TAUREAU	TAUREAU	TAUREAU	TAUREAU	TAUREAU
7 h 00	TAUREAU	TAUREAU	TAUREAU	TAUREAU	TAUREAU	TAUREAU	TAUREAU	GEMEAUX
7 h 30	GEMEAUX	GEMEAUX	GEMEAUX	GEMEAUX	GEMEAUX	GEMEAUX	GEMEAUX	GEMEAUX
8 h 00	GEMEAUX	GEMEAUX	GEMEAUX	GEMEAUX	GEMEAUX	GEMEAUX	GEMEAUX	GEMEAUX
8 h 30	GEMEAUX	GEMEAUX	GEMEAUX	GEMEAUX	GEMEAUX	GEMEAUX	GEMEAUX	GEMEAUX
9 h 00	GEMEAUX	GEMEAUX	GEMEAUX	GEMEAUX	GEMEAUX	CANCER	CANCER	CANCER
9 h 30	CANCER	CANCER	CANCER	CANCER	CANCER	CANCER	CANCER	CANCER
10 h 00	CANCER	CANCER	CANCER	CANCER	CANCER	CANCER	CANCER	CANCER
10 h 30	CANCER	CANCER	CANCER	CANCER	CANCER	CANCER	CANCER	CANCER
11 h 00	CANCER	CANCER	CANCER	CANCER	CANCER	CANCER	CANCER	CANCER
11 h 30	CANCER	CANCER	CANCER	CANCER	LION	LION	LION	LION
MIDI	LION	LION	LION	LION	LION	LION	LION	LION
12 h 30	LION	LION	LION	LION	LION	LION	LION	LION
13 h 00	LION	LION	LION	LION	LION	LION	LION	LION
13 h 30	LION	LION	LION	LION	LION	LION	LION	LION
14 h 00	LION	LION	LION	LION	LION	LION	VIERGE	VIERGE
14 h 30	VIERGE	VIERGE	VIERGE	VIERGE	VIERGE	VIERGE	VIERGE	VIERGE
15 h 00	VIERGE	VIERGE	VIERGE	VIERGE	VIERGE	VIERGE	VIERGE	VIERGE
15 h 30	VIERGE	VIERGE	VIERGE	VIERGE	VIERGE	VIERGE	VIERGE	VIERGE
16 h 00	VIERGE	VIERGE	VIERGE	VIERGE	VIERGE	VIERGE	VIERGE	VIERGE
16 h 30	VIERGE	VIERGE	VIERGE	VIERGE	VIERGE	VIERGE	VIERGE	VIERGE
17 h 00	VIERGE	VIERGE	BALANCE	BALANCE	BALANCE	BALANCE	BALANCE	BALANCE
17 h 30	BALANCE	BALANCE	BALANCE	BALANCE	BALANCE	BALANCE	BALANCE	BALANCE
18 h 00	BALANCE	BALANCE	BALANCE	BALANCE	BALANCE	BALANCE	BALANCE	BALANCE
18 h 30	BALANCE	BALANCE	BALANCE	BALANCE	BALANCE	BALANCE	BALANCE	BALANCE
19 h 00	BALANCE	BALANCE	BALANCE	BALANCE	BALANCE	BALANCE	BALANCE	BALANCE
19 h 30	BALANCE	BALANCE	BALANCE	BALANCE	SCORPION	SCORPION	SCORPION	SCORPION
20 h 00	SCORPION	SCORPION	SCORPION	SCORPION	SCORPION	SCORPION	SCORPION	SCORPION
20 h 30	SCORPION	SCORPION	SCORPION	SCORPION	SCORPION	SCORPION	SCORPION	SCORPION
21 h 00	SCORPION	SCORPION	SCORPION	SCORPION	SCORPION	SCORPION	SCORPION	SCORPION
21 h 30	SCORPION	SCORPION	SCORPION	SCORPION	SCORPION	SCORPION	SCORPION	SCORPION
22 h 00	SCORPION	SCORPION	SCORPION	SCORPION	SCORPION	SAGITTAIRE	SAGITTAIRE	SAGITTAIRE
22 h 30	SAGITTAIRE	SAGITTAIRE	SAGITTAIRE	SAGITTAIRE	SAGITTAIRE	SAGITTAIRE	SAGITTAIRE	SAGITTAIRE
23 h 00	SAGITTAIRE	SAGITTAIRE	SAGITTAIRE	SAGITTAIRE	SAGITTAIRE	SAGITTAIRE	SAGITTAIRE	SAGITTAIRE
23 h 30	SAGITTAIRE	SAGITTAIRE	SAGITTAIRE	SAGITTAIRE	SAGITTAIRE	SAGITTAIRE	SAGITTAIRE	SAGITTAIRE

DECOUVREZ VOTRE ASCENDANT SANS AUCUN CALCUL : TABLE N° 4

VOTRE HEURE DE NAISSANCE	13 AVRIL	14 AVRIL	15 AVRIL	16 AVRIL	17 AVRIL	18 AVRIL	19 AVRIL	20 AVRIL	21 AVRIL
0 h 00	SAGITTAIRE	SAGITTAIRE	SAGITTAIRE	SAGITTAIRE	CAPRICORNE	CAPRICORNE	CAPRICORNE	CAPRICORNE	CAPRICORNE
0 h 30	CAPRICORNE	CAPRICORNE	CAPRICORNE	CAPRICORNE	CAPRICORNE	CAPRICORNE	CAPRICORNE	CAPRICORNE	CAPRICORNE
1 h 00	CAPRICORNE	CAPRICORNE	CAPRICORNE	CAPRICORNE	CAPRICORNE	CAPRICORNE	CAPRICORNE	CAPRICORNE	CAPRICORNE
1 h 30	CAPRICORNE	CAPRICORNE	CAPRICORNE	CAPRICORNE	CAPRICORNE	CAPRICORNE	CAPRICORNE	CAPRICORNE	CAPRICORNE
2 h 00	CAPRICORNE	CAPRICORNE	CAPRICORNE	VERSEAU	VERSEAU	VERSEAU	VERSEAU	VERSEAU	VERSEAU
2 h 30	VERSEAU	VERSEAU	VERSEAU	VERSEAU	VERSEAU	VERSEAU	VERSEAU	VERSEAU	VERSEAU
3 h 00	VERSEAU	VERSEAU	VERSEAU	VERSEAU	VERSEAU	VERSEAU	VERSEAU	VERSEAU	VERSEAU
3 h 30	POISSONS	POISSONS	POISSONS	POISSONS	POISSONS	POISSONS	POISSONS	POISSONS	POISSONS
4 h 00	POISSONS	POISSONS	POISSONS	POISSONS	POISSONS	POISSONS	POISSONS	POISSONS	POISSONS
4 h 30	POISSONS	BELIER	BELIER	BELIER	BELIER	BELIER	BELIER	BELIER	BELIER
5 h 00	BELIER	BELIER	BELIER	BELIER	BELIER	BELIER	BELIER	BELIER	BELIER
5 h 30	BELIER	BELIER	TAUREAU	TAUREAU	TAUREAU	TAUREAU	TAUREAU	TAUREAU	TAUREAU
6 h 00	TAUREAU	TAUREAU	TAUREAU	TAUREAU	TAUREAU	TAUREAU	TAUREAU	TAUREAU	TAUREAU
6 h 30	TAUREAU	TAUREAU	TAUREAU	TAUREAU	TAUREAU	TAUREAU	TAUREAU	GEMEAUX	GEMEAUX
7 h 00	GEMEAUX	GEMEAUX	GEMEAUX	GEMEAUX	GEMEAUX	GEMEAUX	GEMEAUX	GEMEAUX	GEMEAUX
7 h 30	GEMEAUX	GEMEAUX	GEMEAUX	GEMEAUX	GEMEAUX	GEMEAUX	GEMEAUX	GEMEAUX	GEMEAUX
8 h 00	GEMEAUX	GEMEAUX	GEMEAUX	GEMEAUX	GEMEAUX	GEMEAUX	GEMEAUX	GEMEAUX	GEMEAUX
8 h 30	GEMEAUX	GEMEAUX	GEMEAUX	GEMEAUX	GEMEAUX	CANCER	CANCER	CANCER	CANCER
9 h 00	CANCER	CANCER	CANCER	CANCER	CANCER	CANCER	CANCER	CANCER	CANCER
9 h 30	CANCER	CANCER	CANCER	CANCER	CANCER	CANCER	CANCER	CANCER	CANCER
10 h 00	CANCER	CANCER	CANCER	CANCER	CANCER	CANCER	CANCER	CANCER	CANCER
10 h 30	CANCER	CANCER	CANCER	CANCER	CANCER	CANCER	CANCER	CANCER	CANCER
11 h 00	CANCER	CANCER	CANCER	LION	LION	LION	LION	LION	LION
11 h 30	LION	LION	LION	LION	LION	LION	LION	LION	LION
MIDI	LION	LION	LION	LION	LION	LION	LION	LION	LION
12 h 30	LION	LION	LION	LION	LION	LION	LION	LION	LION
13 h 00	LION	LION	LION	LION	LION	LION	LION	LION	LION
13 h 30	LION	LION	LION	LION	LION	LION	VIERGE	VIERGE	VIERGE
14 h 00	VIERGE	VIERGE	VIERGE	VIERGE	VIERGE	VIERGE	VIERGE	VIERGE	VIERGE
14 h 30	VIERGE	VIERGE	VIERGE	VIERGE	VIERGE	VIERGE	VIERGE	VIERGE	VIERGE
15 h 00	VIERGE	VIERGE	VIERGE	VIERGE	VIERGE	VIERGE	VIERGE	VIERGE	VIERGE
15 h 30	VIERGE	VIERGE	VIERGE	VIERGE	VIERGE	VIERGE	VIERGE	VIERGE	VIERGE
16 h 00	VIERGE	VIERGE	VIERGE	VIERGE	VIERGE	VIERGE	VIERGE	VIERGE	VIERGE
16 h 30	VIERGE	BALANCE	BALANCE	BALANCE	BALANCE	BALANCE	BALANCE	BALANCE	BALANCE
17 h 00	BALANCE	BALANCE	BALANCE	BALANCE	BALANCE	BALANCE	BALANCE	BALANCE	BALANCE
17 h 30	BALANCE	BALANCE	BALANCE	BALANCE	BALANCE	BALANCE	BALANCE	BALANCE	BALANCE
18 h 00	BALANCE	BALANCE	BALANCE	BALANCE	BALANCE	BALANCE	BALANCE	BALANCE	BALANCE
18 h 30	BALANCE	BALANCE	BALANCE	BALANCE	BALANCE	BALANCE	BALANCE	BALANCE	BALANCE
19 h 00	BALANCE	BALANCE	BALANCE	SCORPION	SCORPION	SCORPION	SCORPION	SCORPION	SCORPION
19 h 30	SCORPION	SCORPION	SCORPION	SCORPION	SCORPION	SCORPION	SCORPION	SCORPION	SCORPION
20 h 00	SCORPION	SCORPION	SCORPION	SCORPION	SCORPION	SCORPION	SCORPION	SCORPION	SCORPION
20 h 30	SCORPION	SCORPION	SCORPION	SCORPION	SCORPION	SCORPION	SCORPION	SCORPION	SCORPION
21 h 00	SCORPION	SCORPION	SCORPION	SCORPION	SCORPION	SCORPION	SCORPION	SCORPION	SCORPION
21 h 30	SCORPION	SCORPION	SCORPION	SCORPION	SCORPION	SAGITTAIRE	SAGITTAIRE	SAGITTAIRE	SAGITTAIRE
22 h 00	SAGITTAIRE	SAGITTAIRE	SAGITTAIRE	SAGITTAIRE	SAGITTAIRE	SAGITTAIRE	SAGITTAIRE	SAGITTAIRE	SAGITTAIRE
22 h 30	SAGITTAIRE	SAGITTAIRE	SAGITTAIRE	SAGITTAIRE	SAGITTAIRE	SAGITTAIRE	SAGITTAIRE	SAGITTAIRE	SAGITTAIRE
23 h 00	SAGITTAIRE	SAGITTAIRE	SAGITTAIRE	SAGITTAIRE	SAGITTAIRE	SAGITTAIRE	SAGITTAIRE	SAGITTAIRE	SAGITTAIRE
23 h 30	SAGITTAIRE	SAGITTAIRE	SAGITTAIRE	SAGITTAIRE	SAGITTAIRE	SAGITTAIRE	SAGITTAIRE	SAGITTAIRE	SAGITTAIRE

DECOUVREZ VOTRE ASCENDANT SANS AUCUN CALCUL : TABLE N° 5

VOTRE HEURE DE NAISSANCE	20 MARS	21 MARS	22 MARS	23 MARS	24 MARS	25 MARS	26 MARS	27 MARS
0 h 00	SAGITTAIRE	SAGITTAIRE	SAGITTAIRE	SAGITTAIRE	SAGITTAIRE	SAGITTAIRE	SAGITTAIRE	SAGITTAIRE
0 h 30	SAGITTAIRE	SAGITTAIRE	SAGITTAIRE	SAGITTAIRE	SAGITTAIRE	SAGITTAIRE	SAGITTAIRE	SAGITTAIRE
1 h 00	SAGITTAIRE	SAGITTAIRE	SAGITTAIRE	SAGITTAIRE	SAGITTAIRE	SAGITTAIRE	SAGITTAIRE	SAGITTAIRE
1 h 30	SAGITTAIRE	SAGITTAIRE	SAGITTAIRE	SAGITTAIRE	SAGITTAIRE	SAGITTAIRE	SAGITTAIRE	SAGITTAIRE
2 h 00	SAGITTAIRE	SAGITTAIRE	SAGITTAIRE	SAGITTAIRE	SAGITTAIRE	SAGITTAIRE	CAPRICORNE	CAPRICORNE
2 h 30	CAPRICORNE	CAPRICORNE	CAPRICORNE	CAPRICORNE	CAPRICORNE	CAPRICORNE	CAPRICORNE	CAPRICORNE
3 h 00	CAPRICORNE	CAPRICORNE	CAPRICORNE	CAPRICORNE	CAPRICORNE	CAPRICORNE	CAPRICORNE	CAPRICORNE
3 h 30	CAPRICORNE	CAPRICORNE	CAPRICORNE	CAPRICORNE	CAPRICORNE	CAPRICORNE	CAPRICORNE	CAPRICORNE
4 h 00	CAPRICORNE	CAPRICORNE	CAPRICORNE	VERSEAU	VERSEAU	VERSEAU	VERSEAU	VERSEAU
4 h 30	VERSEAU	VERSEAU	VERSEAU	VERSEAU	VERSEAU	VERSEAU	VERSEAU	VERSEAU
5 h 00	VERSEAU	VERSEAU	VERSEAU	VERSEAU	VERSEAU	POISSONS	POISSONS	POISSONS
5 h 30	POISSONS	POISSONS	POISSONS	POISSONS	POISSONS	POISSONS	POISSONS	POISSONS
6 h 00	POISSONS	POISSONS	BELIER	BELIER	BELIER	BELIER	BELIER	BELIER
6 h 30	BELIER	BELIER	BELIER	BELIER	BELIER	BELIER	BELIER	BELIER
7 h 00	TAUREAU	TAUREAU	TAUREAU	TAUREAU	TAUREAU	TAUREAU	TAUREAU	TAUREAU
7 h 30	TAUREAU	TAUREAU	TAUREAU	TAUREAU	TAUREAU	TAUREAU	TAUREAU	TAUREAU
8 h 00	TAUREAU	TAUREAU	GEMEAUX	GEMEAUX	GEMEAUX	GEMEAUX	GEMEAUX	GEMEAUX
8 h 30	GEMEAUX	GEMEAUX	GEMEAUX	GEMEAUX	GEMEAUX	GEMEAUX	GEMEAUX	GEMEAUX
9 h 00	GEMEAUX	GEMEAUX	GEMEAUX	GEMEAUX	GEMEAUX	GEMEAUX	GEMEAUX	GEMEAUX
9 h 30	GEMEAUX	GEMEAUX	GEMEAUX	GEMEAUX	GEMEAUX	GEMEAUX	CANCER	CANCER
10 h 00	CANCER	CANCER	CANCER	CANCER	CANCER	CANCER	CANCER	CANCER
10 h 30	CANCER	CANCER	CANCER	CANCER	CANCER	CANCER	CANCER	CANCER
11 h 00	CANCER	CANCER	CANCER	CANCER	CANCER	CANCER	CANCER	CANCER
11 h 30	CANCER	CANCER	CANCER	CANCER	CANCER	CANCER	CANCER	CANCER
MIDI	CANCER	CANCER	CANCER	CANCER	CANCER	CANCER	CANCER	LION
12 h 30	LION	LION	LION	LION	LION	LION	LION	LION
13 h 00	LION	LION	LION	LION	LION	LION	LION	LION
13 h 30	LION	LION	LION	LION	LION	LION	LION	LION
14 h 00	LION	LION	LION	LION	LION	LION	LION	LION
14 h 30	LION	LION	LION	LION	LION	LION	LION	LION
15 h 00	LION	LION	LION	LION	VIERGE	VIERGE	VIERGE	VIERGE
15 h 30	VIERGE	VIERGE	VIERGE	VIERGE	VIERGE	VIERGE	VIERGE	VIERGE
16 h 00	VIERGE	VIERGE	VIERGE	VIERGE	VIERGE	VIERGE	VIERGE	VIERGE
16 h 30	VIERGE	VIERGE	VIERGE	VIERGE	VIERGE	VIERGE	VIERGE	VIERGE
17 h 00	VIERGE	VIERGE	VIERGE	VIERGE	VIERGE	VIERGE	VIERGE	VIERGE
17 h 30	VIERGE	VIERGE	VIERGE	VIERGE	VIERGE	VIERGE	VIERGE	VIERGE
18 h 00	VIERGE	VIERGE	BALANCE	BALANCE	BALANCE	BALANCE	BALANCE	BALANCE
18 h 30	BALANCE	BALANCE	BALANCE	BALANCE	BALANCE	BALANCE	BALANCE	BALANCE
19 h 00	BALANCE	BALANCE	BALANCE	BALANCE	BALANCE	BALANCE	BALANCE	BALANCE
19 h 30	BALANCE	BALANCE	BALANCE	BALANCE	BALANCE	BALANCE	BALANCE	BALANCE
20 h 00	BALANCE	BALANCE	BALANCE	BALANCE	BALANCE	BALANCE	BALANCE	BALANCE
20 h 30	BALANCE	BALANCE	BALANCE	BALANCE	BALANCE	BALANCE	BALANCE	BALANCE
21 h 00	SCORPION	SCORPION	SCORPION	SCORPION	SCORPION	SCORPION	SCORPION	SCORPION
21 h 30	SCORPION	SCORPION	SCORPION	SCORPION	SCORPION	SCORPION	SCORPION	SCORPION
22 h 00	SCORPION	SCORPION	SCORPION	SCORPION	SCORPION	SCORPION	SCORPION	SCORPION
22 h 30	SCORPION	SCORPION	SCORPION	SCORPION	SCORPION	SCORPION	SCORPION	SCORPION
23 h 00	SCORPION	SCORPION	SCORPION	SCORPION	SCORPION	SCORPION	SCORPION	SCORPION
23 h 30	SCORPION	SCORPION	SCORPION	SCORPION	SCORPION	SCORPION	SAGITTAIRE	SAGITTAIRE

DECOUVREZ VOTRE ASCENDANT SANS AUCUN CALCUL : TABLE N° 5

VOTRE HEURE DE NAISSANCE	28 MARS	29 MARS	30 MARS	31 MARS	1 AVRIL	2 AVRIL	3 AVRIL	4 AVRIL
0 h 00	SAGITTAIRE	SAGITTAIRE	SAGITTAIRE	SAGITTAIRE	SAGITTAIRE	SAGITTAIRE	SAGITTAIRE	SAGITTAIRE
0 h 30	SAGITTAIRE	SAGITTAIRE	SAGITTAIRE	SAGITTAIRE	SAGITTAIRE	SAGITTAIRE	SAGITTAIRE	SAGITTAIRE
1 h 00	SAGITTAIRE	SAGITTAIRE	SAGITTAIRE	SAGITTAIRE	SAGITTAIRE	SAGITTAIRE	SAGITTAIRE	SAGITTAIRE
1 h 30	SAGITTAIRE	SAGITTAIRE	SAGITTAIRE	SAGITTAIRE	SAGITTAIRE	SAGITTAIRE	CAPRICORNE	CAPRICORNE
2 h 00	CAPRICORNE	CAPRICORNE	CAPRICORNE	CAPRICORNE	CAPRICORNE	CAPRICORNE	CAPRICORNE	CAPRICORNE
2 h 30	CAPRICORNE	CAPRICORNE	CAPRICORNE	CAPRICORNE	CAPRICORNE	CAPRICORNE	CAPRICORNE	CAPRICORNE
3 h 00	CAPRICORNE	CAPRICORNE	CAPRICORNE	CAPRICORNE	CAPRICORNE	CAPRICORNE	CAPRICORNE	CAPRICORNE
3 h 30	CAPRICORNE	CAPRICORNE	CAPRICORNE	VERSEAU	VERSEAU	VERSEAU	VERSEAU	VERSEAU
4 h 00	VERSEAU	VERSEAU	VERSEAU	VERSEAU	VERSEAU	VERSEAU	VERSEAU	VERSEAU
4 h 30	VERSEAU	VERSEAU	VERSEAU	VERSEAU	VERSEAU	POISSONS	POISSONS	POISSONS
5 h 00	POISSONS	POISSONS	POISSONS	POISSONS	POISSONS	POISSONS	POISSONS	POISSONS
5 h 30	POISSONS	POISSONS	BELIER	BELIER	BELIER	BELIER	BELIER	BELIER
6 h 00	BELIER	BELIER	BELIER	BELIER	BELIER	BELIER	BELIER	TAUREAU
6 h 30	TAUREAU	TAUREAU	TAUREAU	TAUREAU	TAUREAU	TAUREAU	TAUREAU	TAUREAU
7 h 00	TAUREAU	TAUREAU	TAUREAU	TAUREAU	TAUREAU	TAUREAU	TAUREAU	TAUREAU
7 h 30	TAUREAU	TAUREAU	GEMEAUX	GEMEAUX	GEMEAUX	GEMEAUX	GEMEAUX	GEMEAUX
8 h 00	GEMEAUX	GEMEAUX	GEMEAUX	GEMEAUX	GEMEAUX	GEMEAUX	GEMEAUX	GEMEAUX
8 h 30	GEMEAUX	GEMEAUX	GEMEAUX	GEMEAUX	GEMEAUX	GEMEAUX	GEMEAUX	GEMEAUX
9 h 00	GEMEAUX	GEMEAUX	GEMEAUX	GEMEAUX	GEMEAUX	GEMEAUX	CANCER	CANCER
9 h 30	CANCER	CANCER	CANCER	CANCER	CANCER	CANCER	CANCER	CANCER
10 h 00	CANCER	CANCER	CANCER	CANCER	CANCER	CANCER	CANCER	CANCER
10 h 30	CANCER	CANCER	CANCER	CANCER	CANCER	CANCER	CANCER	CANCER
11 h 00	CANCER	CANCER	CANCER	CANCER	CANCER	CANCER	CANCER	CANCER
11 h 30	CANCER	CANCER	CANCER	CANCER	CANCER	CANCER	LION	LION
MIDI	LION	LION	LION	LION	LION	LION	LION	LION
12 h 30	LION	LION	LION	LION	LION	LION	LION	LION
13 h 00	LION	LION	LION	LION	LION	LION	LION	LION
13 h 30	LION	LION	LION	LION	LION	LION	LION	LION
14 h 00	LION	LION	LION	LION	LION	LION	LION	LION
14 h 30	LION	LION	LION	LION	VIERGE	VIERGE	VIERGE	VIERGE
15 h 00	VIERGE	VIERGE	VIERGE	VIERGE	VIERGE	VIERGE	VIERGE	VIERGE
15 h 30	VIERGE	VIERGE	VIERGE	VIERGE	VIERGE	VIERGE	VIERGE	VIERGE
16 h 00	VIERGE	VIERGE	VIERGE	VIERGE	VIERGE	VIERGE	VIERGE	VIERGE
16 h 30	VIERGE	VIERGE	VIERGE	VIERGE	VIERGE	VIERGE	VIERGE	VIERGE
17 h 00	VIERGE	VIERGE	VIERGE	VIERGE	VIERGE	VIERGE	VIERGE	VIERGE
17 h 30	VIERGE	VIERGE	BALANCE	BALANCE	BALANCE	BALANCE	BALANCE	BALANCE
18 h 00	BALANCE	BALANCE	BALANCE	BALANCE	BALANCE	BALANCE	BALANCE	BALANCE
18 h 30	BALANCE	BALANCE	BALANCE	BALANCE	BALANCE	BALANCE	BALANCE	BALANCE
19 h 00	BALANCE	BALANCE	BALANCE	BALANCE	BALANCE	BALANCE	BALANCE	BALANCE
19 h 30	BALANCE	BALANCE	BALANCE	BALANCE	BALANCE	BALANCE	BALANCE	BALANCE
20 h 00	BALANCE	BALANCE	BALANCE	BALANCE	BALANCE	BALANCE	BALANCE	SCORPION
20 h 30	SCORPION	SCORPION	SCORPION	SCORPION	SCORPION	SCORPION	SCORPION	SCORPION
21 h 00	SCORPION	SCORPION	SCORPION	SCORPION	SCORPION	SCORPION	SCORPION	SCORPION
21 h 30	SCORPION	SCORPION	SCORPION	SCORPION	SCORPION	SCORPION	SCORPION	SCORPION
22 h 00	SCORPION	SCORPION	SCORPION	SCORPION	SCORPION	SCORPION	SCORPION	SCORPION
22 h 30	SCORPION	SCORPION	SCORPION	SCORPION	SCORPION	SCORPION	SCORPION	SCORPION
23 h 00	SCORPION	SCORPION	SCORPION	SCORPION	SCORPION	SCORPION	SAGITTAIRE	SAGITTAIRE
23 h 30	SAGITTAIRE	SAGITTAIRE	SAGITTAIRE	SAGITTAIRE	SAGITTAIRE	SAGITTAIRE	SAGITTAIRE	SAGITTAIRE

DECOUVREZ VOTRE ASCENDANT SANS AUCUN CALCUL : TABLE N° 5

VOTRE HEURE DE NAISSANCE	5 AVRIL	6 AVRIL	7 AVRIL	8 AVRIL	9 AVRIL	10 AVRIL	11 AVRIL	12 AVRIL
0 h 00	SAGITTAIRE	SAGITTAIRE	SAGITTAIRE	SAGITTAIRE	SAGITTAIRE	SAGITTAIRE	SAGITTAIRE	SAGITTAIRE
0 h 30	SAGITTAIRE	SAGITTAIRE	SAGITTAIRE	SAGITTAIRE	SAGITTAIRE	SAGITTAIRE	SAGITTAIRE	SAGITTAIRE
1 h 00	SAGITTAIRE	SAGITTAIRE	SAGITTAIRE	SAGITTAIRE	SAGITTAIRE	CAPRICORNE	CAPRICORNE	CAPRICORNE
1 h 30	CAPRICORNE	CAPRICORNE	CAPRICORNE	CAPRICORNE	CAPRICORNE	CAPRICORNE	CAPRICORNE	CAPRICORNE
2 h 00	CAPRICORNE	CAPRICORNE	CAPRICORNE	CAPRICORNE	CAPRICORNE	CAPRICORNE	CAPRICORNE	CAPRICORNE
2 h 30	CAPRICORNE	CAPRICORNE	CAPRICORNE	CAPRICORNE	CAPRICORNE	CAPRICORNE	CAPRICORNE	CAPRICORNE
3 h 00	CAPRICORNE	CAPRICORNE	CAPRICORNE	VERSEAU	VERSEAU	VERSEAU	VERSEAU	VERSEAU
3 h 30	VERSEAU	VERSEAU	VERSEAU	VERSEAU	VERSEAU	VERSEAU	VERSEAU	VERSEAU
4 h 00	VERSEAU	VERSEAU	VERSEAU	VERSEAU	POISSONS	POISSONS	POISSONS	POISSONS
4 h 30	POISSONS	POISSONS	POISSONS	POISSONS	POISSONS	POISSONS	POISSONS	POISSONS
5 h 00	POISSONS	POISSONS	BELIER	BELIER	BELIER	BELIER	BELIER	BELIER
5 h 30	BELIER	BELIER	BELIER	BELIER	BELIER	BELIER	BELIER	TAUREAU
6 h 00	TAUREAU	TAUREAU	TAUREAU	TAUREAU	TAUREAU	TAUREAU	TAUREAU	TAUREAU
6 h 30	TAUREAU	TAUREAU	TAUREAU	TAUREAU	TAUREAU	TAUREAU	TAUREAU	TAUREAU
7 h 00	TAUREAU	TAUREAU	GEMEAUX	GEMEAUX	GEMEAUX	GEMEAUX	GEMEAUX	GEMEAUX
7 h 30	GEMEAUX	GEMEAUX	GEMEAUX	GEMEAUX	GEMEAUX	GEMEAUX	GEMEAUX	GEMEAUX
8 h 00	GEMEAUX	GEMEAUX	GEMEAUX	GEMEAUX	GEMEAUX	GEMEAUX	GEMEAUX	GEMEAUX
8 h 30	GEMEAUX	GEMEAUX	GEMEAUX	GEMEAUX	GEMEAUX	CANCER	CANCER	CANCER
9 h 00	CANCER	CANCER	CANCER	CANCER	CANCER	CANCER	CANCER	CANCER
9 h 30	CANCER	CANCER	CANCER	CANCER	CANCER	CANCER	CANCER	CANCER
10 h 00	CANCER	CANCER	CANCER	CANCER	CANCER	CANCER	CANCER	CANCER
10 h 30	CANCER	CANCER	CANCER	CANCER	CANCER	CANCER	CANCER	CANCER
11 h 00	CANCER	CANCER	CANCER	CANCER	CANCER	CANCER	LION	LION
11 h 30	LION	LION	LION	LION	LION	LION	LION	LION
MIDI	LION	LION	LION	LION	LION	LION	LION	LION
12 h 30	LION	LION	LION	LION	LION	LION	LION	LION
13 h 00	LION	LION	LION	LION	LION	LION	LION	LION
13 h 30	LION	LION	LION	LION	LION	LION	LION	LION
14 h 00	LION	LION	LION	VIERGE	VIERGE	VIERGE	VIERGE	VIERGE
14 h 30	VIERGE	VIERGE	VIERGE	VIERGE	VIERGE	VIERGE	VIERGE	VIERGE
15 h 00	VIERGE	VIERGE	VIERGE	VIERGE	VIERGE	VIERGE	VIERGE	VIERGE
15 h 30	VIERGE	VIERGE	VIERGE	VIERGE	VIERGE	VIERGE	VIERGE	VIERGE
16 h 00	VIERGE	VIERGE	VIERGE	VIERGE	VIERGE	VIERGE	VIERGE	VIERGE
16 h 30	VIERGE	VIERGE	VIERGE	VIERGE	VIERGE	VIERGE	VIERGE	VIERGE
17 h 00	VIERGE	VIERGE	BALANCE	BALANCE	BALANCE	BALANCE	BALANCE	BALANCE
17 h 30	BALANCE	BALANCE	BALANCE	BALANCE	BALANCE	BALANCE	BALANCE	BALANCE
18 h 00	BALANCE	BALANCE	BALANCE	BALANCE	BALANCE	BALANCE	BALANCE	BALANCE
18 h 30	BALANCE	BALANCE	BALANCE	BALANCE	BALANCE	BALANCE	BALANCE	BALANCE
19 h 00	BALANCE	BALANCE	BALANCE	BALANCE	BALANCE	BALANCE	BALANCE	BALANCE
19 h 30	BALANCE	BALANCE	BALANCE	BALANCE	BALANCE	BALANCE	BALANCE	SCORPION
20 h 00	SCORPION	SCORPION	SCORPION	SCORPION	SCORPION	SCORPION	SCORPION	SCORPION
20 h 30	SCORPION	SCORPION	SCORPION	SCORPION	SCORPION	SCORPION	SCORPION	SCORPION
21 h 00	SCORPION	SCORPION	SCORPION	SCORPION	SCORPION	SCORPION	SCORPION	SCORPION
21 h 30	SCORPION	SCORPION	SCORPION	SCORPION	SCORPION	SCORPION	SCORPION	SCORPION
22 h 00	SCORPION	SCORPION	SCORPION	SCORPION	SCORPION	SCORPION	SCORPION	SCORPION
22 h 30	SCORPION	SCORPION	SCORPION	SCORPION	SCORPION	SAGITTAIRE	SAGITTAIRE	SAGITTAIRE
23 h 00	SAGITTAIRE	SAGITTAIRE	SAGITTAIRE	SAGITTAIRE	SAGITTAIRE	SAGITTAIRE	SAGITTAIRE	SAGITTAIRE
23 h 30	SAGITTAIRE	SAGITTAIRE	SAGITTAIRE	SAGITTAIRE	SAGITTAIRE	SAGITTAIRE	SAGITTAIRE	SAGITTAIRE

DECOUVREZ VOTRE ASCENDANT SANS AUCUN CALCUL : TABLE N° 5

VOTRE HEURE DE NAISSANCE	13 AVRIL	14 AVRIL	15 AVRIL	16 AVRIL	17 AVRIL	18 AVRIL	19 AVRIL	20 AVRIL	21 AVRIL
0 h 00	SAGITTAIRE	SAGITTAIRE	SAGITTAIRE	SAGITTAIRE	SAGITTAIRE	SAGITTAIRE	SAGITTAIRE	SAGITTAIRE	SAGITTAIRE
0 h 30	SAGITTAIRE	SAGITTAIRE	SAGITTAIRE	SAGITTAIRE	SAGITTAIRE	CAPRICORNE	CAPRICORNE	CAPRICORNE	CAPRICORNE
1 h 00	CAPRICORNE	CAPRICORNE	CAPRICORNE	CAPRICORNE	CAPRICORNE	CAPRICORNE	CAPRICORNE	CAPRICORNE	CAPRICORNE
1 h 30	CAPRICORNE	CAPRICORNE	CAPRICORNE	CAPRICORNE	CAPRICORNE	CAPRICORNE	CAPRICORNE	CAPRICORNE	CAPRICORNE
2 h 00	CAPRICORNE	CAPRICORNE	CAPRICORNE	CAPRICORNE	CAPRICORNE	CAPRICORNE	CAPRICORNE	CAPRICORNE	CAPRICORNE
2 h 30	CAPRICORNE	CAPRICORNE	VERSEAU	VERSEAU	VERSEAU	VERSEAU	VERSEAU	VERSEAU	VERSEAU
3 h 00	VERSEAU	VERSEAU	VERSEAU	VERSEAU	VERSEAU	VERSEAU	VERSEAU	VERSEAU	VERSEAU
3 h 30	VERSEAU	VERSEAU	VERSEAU	VERSEAU	POISSONS	POISSONS	POISSONS	POISSONS	POISSONS
4 h 00	POISSONS	POISSONS	POISSONS	POISSONS	POISSONS	POISSONS	POISSONS	POISSONS	POISSONS
4 h 30	POISSONS	BELIER	BELIER	BELIER	BELIER	BELIER	BELIER	BELIER	BELIER
5 h 00	BELIER	BELIER	BELIER	BELIER	BELIER	BELIER	TAUREAU	TAUREAU	TAUREAU
5 h 30	TAUREAU	TAUREAU	TAUREAU	TAUREAU	TAUREAU	TAUREAU	TAUREAU	TAUREAU	TAUREAU
6 h 00	TAUREAU	TAUREAU	TAUREAU	TAUREAU	TAUREAU	TAUREAU	TAUREAU	TAUREAU	TAUREAU
6 h 30	TAUREAU	GEMEAUX	GEMEAUX	GEMEAUX	GEMEAUX	GEMEAUX	GEMEAUX	GEMEAUX	GEMEAUX
7 h 00	GEMEAUX	GEMEAUX	GEMEAUX	GEMEAUX	GEMEAUX	GEMEAUX	GEMEAUX	GEMEAUX	GEMEAUX
7 h 30	GEMEAUX	GEMEAUX	GEMEAUX	GEMEAUX	GEMEAUX	GEMEAUX	GEMEAUX	GEMEAUX	GEMEAUX
8 h 00	GEMEAUX	GEMEAUX	GEMEAUX	GEMEAUX	GEMEAUX	CANCER	CANCER	CANCER	CANCER
8 h 30	CANCER	CANCER	CANCER	CANCER	CANCER	CANCER	CANCER	CANCER	CANCER
9 h 00	CANCER	CANCER	CANCER	CANCER	CANCER	CANCER	CANCER	CANCER	CANCER
9 h 30	CANCER	CANCER	CANCER	CANCER	CANCER	CANCER	CANCER	CANCER	CANCER
10 h 00	CANCER	CANCER	CANCER	CANCER	CANCER	CANCER	CANCER	CANCER	CANCER
10 h 30	CANCER	CANCER	CANCER	CANCER	CANCER	LION	LION	LION	LION
11 h 00	LION	LION	LION	LION	LION	LION	LION	LION	LION
11 h 30	LION	LION	LION	LION	LION	LION	LION	LION	LION
MIDI	LION	LION	LION	LION	LION	LION	LION	LION	LION
12 h 30	LION	LION	LION	LION	LION	LION	LION	LION	LION
13 h 00	LION	LION	LION	LION	LION	LION	LION	LION	LION
13 h 30	LION	LION	LION	VIERGE	VIERGE	VIERGE	VIERGE	VIERGE	VIERGE
14 h 00	VIERGE	VIERGE	VIERGE	VIERGE	VIERGE	VIERGE	VIERGE	VIERGE	VIERGE
14 h 30	VIERGE	VIERGE	VIERGE	VIERGE	VIERGE	VIERGE	VIERGE	VIERGE	VIERGE
15 h 00	VIERGE	VIERGE	VIERGE	VIERGE	VIERGE	VIERGE	VIERGE	VIERGE	VIERGE
15 h 30	VIERGE	VIERGE	VIERGE	VIERGE	VIERGE	VIERGE	VIERGE	VIERGE	VIERGE
16 h 00	VIERGE	VIERGE	VIERGE	VIERGE	VIERGE	VIERGE	VIERGE	VIERGE	VIERGE
16 h 30	VIERGE	BALANCE	BALANCE	BALANCE	BALANCE	BALANCE	BALANCE	BALANCE	BALANCE
17 h 00	BALANCE	BALANCE	BALANCE	BALANCE	BALANCE	BALANCE	BALANCE	BALANCE	BALANCE
17 h 30	BALANCE	BALANCE	BALANCE	BALANCE	BALANCE	BALANCE	BALANCE	BALANCE	BALANCE
18 h 00	BALANCE	BALANCE	BALANCE	BALANCE	BALANCE	BALANCE	BALANCE	BALANCE	BALANCE
18 h 30	BALANCE	BALANCE	BALANCE	BALANCE	BALANCE	BALANCE	BALANCE	BALANCE	BALANCE
19 h 00	BALANCE	BALANCE	BALANCE	BALANCE	BALANCE	BALANCE	SCORPION	SCORPION	SCORPION
19 h 30	SCORPION	SCORPION	SCORPION	SCORPION	SCORPION	SCORPION	SCORPION	SCORPION	SCORPION
20 h 00	SCORPION	SCORPION	SCORPION	SCORPION	SCORPION	SCORPION	SCORPION	SCORPION	SCORPION
20 h 30	SCORPION	SCORPION	SCORPION	SCORPION	SCORPION	SCORPION	SCORPION	SCORPION	SCORPION
21 h 00	SCORPION	SCORPION	SCORPION	SCORPION	SCORPION	SCORPION	SCORPION	SCORPION	SCORPION
21 h 30	SCORPION	SCORPION	SCORPION	SCORPION	SCORPION	SCORPION	SCORPION	SCORPION	SCORPION
22 h 00	SCORPION	SCORPION	SCORPION	SCORPION	SCORPION	SAGITTAIRE	SAGITTAIRE	SAGITTAIRE	SAGITTAIRE
22 h 30	SAGITTAIRE	SAGITTAIRE	SAGITTAIRE	SAGITTAIRE	SAGITTAIRE	SAGITTAIRE	SAGITTAIRE	SAGITTAIRE	SAGITTAIRE
23 h 00	SAGITTAIRE	SAGITTAIRE	SAGITTAIRE	SAGITTAIRE	SAGITTAIRE	SAGITTAIRE	SAGITTAIRE	SAGITTAIRE	SAGITTAIRE
23 h 30	SAGITTAIRE	SAGITTAIRE	SAGITTAIRE	SAGITTAIRE	SAGITTAIRE	SAGITTAIRE	SAGITTAIRE	SAGITTAIRE	SAGITTAIRE

DECOUVREZ VOTRE ASCENDANT SANS AUCUN CALCUL : TABLE N° 6

VOTRE HEURE DE NAISSANCE	20 MARS	21 MARS	22 MARS	23 MARS	24 MARS	25 MARS	26 MARS	27 MARS
0 h 00	SCORPION	SCORPION	SCORPION	SCORPION	SCORPION	SCORPION	SCORPION	SCORPION
0 h 30	SAGITTAIRE	SAGITTAIRE	SAGITTAIRE	SAGITTAIRE	SAGITTAIRE	SAGITTAIRE	SAGITTAIRE	SAGITTAIRE
1 h 00	SAGITTAIRE	SAGITTAIRE	SAGITTAIRE	SAGITTAIRE	SAGITTAIRE	SAGITTAIRE	SAGITTAIRE	SAGITTAIRE
1 h 30	SAGITTAIRE	SAGITTAIRE	SAGITTAIRE	SAGITTAIRE	SAGITTAIRE	SAGITTAIRE	SAGITTAIRE	SAGITTAIRE
2 h 00	SAGITTAIRE	SAGITTAIRE	SAGITTAIRE	SAGITTAIRE	SAGITTAIRE	SAGITTAIRE	SAGITTAIRE	SAGITTAIRE
2 h 30	SAGITTAIRE	SAGITTAIRE	SAGITTAIRE	SAGITTAIRE	SAGITTAIRE	SAGITTAIRE	SAGITTAIRE	SAGITTAIRE
3 h 00	SAGITTAIRE	SAGITTAIRE	SAGITTAIRE	CAPRICORNE	CAPRICORNE	CAPRICORNE	CAPRICORNE	CAPRICORNE
3 h 30	CAPRICORNE	CAPRICORNE	CAPRICORNE	CAPRICORNE	CAPRICORNE	CAPRICORNE	CAPRICORNE	CAPRICORNE
4 h 00	CAPRICORNE	CAPRICORNE	CAPRICORNE	CAPRICORNE	CAPRICORNE	CAPRICORNE	CAPRICORNE	CAPRICORNE
4 h 30	CAPRICORNE	CAPRICORNE	CAPRICORNE	CAPRICORNE	CAPRICORNE	VERSEAU	VERSEAU	VERSEAU
5 h 00	VERSEAU	VERSEAU	VERSEAU	VERSEAU	VERSEAU	VERSEAU	VERSEAU	VERSEAU
5 h 30	VERSEAU	POISSONS	POISSONS	POISSONS	POISSONS	POISSONS	POISSONS	POISSONS
6 h 00	POISSONS	POISSONS	BELIER	BELIER	BELIER	BELIER	BELIER	BELIER
6 h 30	BELIER	BELIER	BELIER	TAUREAU	TAUREAU	TAUREAU	TAUREAU	TAUREAU
7 h 00	TAUREAU	TAUREAU	TAUREAU	TAUREAU	TAUREAU	TAUREAU	TAUREAU	TAUREAU
7 h 30	GEMEAUX	GEMEAUX	GEMEAUX	GEMEAUX	GEMEAUX	GEMEAUX	GEMEAUX	GEMEAUX
8 h 00	GEMEAUX	GEMEAUX	GEMEAUX	GEMEAUX	GEMEAUX	GEMEAUX	GEMEAUX	GEMEAUX
8 h 30	GEMEAUX	GEMEAUX	GEMEAUX	GEMEAUX	GEMEAUX	GEMEAUX	GEMEAUX	GEMEAUX
9 h 00	CANCER	CANCER	CANCER	CANCER	CANCER	CANCER	CANCER	CANCER
9 h 30	CANCER	CANCER	CANCER	CANCER	CANCER	CANCER	CANCER	CANCER
10 h 00	CANCER	CANCER	CANCER	CANCER	CANCER	CANCER	CANCER	CANCER
10 h 30	CANCER	CANCER	CANCER	CANCER	CANCER	CANCER	CANCER	CANCER
11 h 00	CANCER	CANCER	CANCER	CANCER	CANCER	CANCER	CANCER	CANCER
11 h 30	CANCER	CANCER	CANCER	CANCER	LION	LION	LION	LION
MIDI	LION	LION	LION	LION	LION	LION	LION	LION
12 h 30	LION	LION	LION	LION	LION	LION	LION	LION
13 h 00	LION	LION	LION	LION	LION	LION	LION	LION
13 h 30	LION	LION	LION	LION	LION	LION	LION	LION
14 h 00	LION	LION	LION	LION	LION	LION	LION	LION
14 h 30	LION	LION	LION	LION	LION	LION	LION	VIERGE
15 h 00	VIERGE	VIERGE	VIERGE	VIERGE	VIERGE	VIERGE	VIERGE	VIERGE
15 h 30	VIERGE	VIERGE	VIERGE	VIERGE	VIERGE	VIERGE	VIERGE	VIERGE
16 h 00	VIERGE	VIERGE	VIERGE	VIERGE	VIERGE	VIERGE	VIERGE	VIERGE
16 h 30	VIERGE	VIERGE	VIERGE	VIERGE	VIERGE	VIERGE	VIERGE	VIERGE
17 h 00	VIERGE	VIERGE	VIERGE	VIERGE	VIERGE	VIERGE	VIERGE	VIERGE
17 h 30	VIERGE	VIERGE	VIERGE	VIERGE	VIERGE	VIERGE	VIERGE	VIERGE
18 h 00	VIERGE	VIERGE	BALANCE	BALANCE	BALANCE	BALANCE	BALANCE	BALANCE
18 h 30	BALANCE	BALANCE	BALANCE	BALANCE	BALANCE	BALANCE	BALANCE	BALANCE
19 h 00	BALANCE	BALANCE	BALANCE	BALANCE	BALANCE	BALANCE	BALANCE	BALANCE
19 h 30	BALANCE	BALANCE	BALANCE	BALANCE	BALANCE	BALANCE	BALANCE	BALANCE
20 h 00	BALANCE	BALANCE	BALANCE	BALANCE	BALANCE	BALANCE	BALANCE	BALANCE
20 h 30	BALANCE	BALANCE	BALANCE	BALANCE	BALANCE	BALANCE	BALANCE	BALANCE
21 h 00	BALANCE	BALANCE	BALANCE	BALANCE	BALANCE	SCORPION	SCORPION	SCORPION
21 h 30	SCORPION	SCORPION	SCORPION	SCORPION	SCORPION	SCORPION	SCORPION	SCORPION
22 h 00	SCORPION	SCORPION	SCORPION	SCORPION	SCORPION	SCORPION	SCORPION	SCORPION
22 h 30	SCORPION	SCORPION	SCORPION	SCORPION	SCORPION	SCORPION	SCORPION	SCORPION
23 h 00	SCORPION	SCORPION	SCORPION	SCORPION	SCORPION	SCORPION	SCORPION	SCORPION
23 h 30	SCORPION	SCORPION	SCORPION	SCORPION	SCORPION	SCORPION	SCORPION	SCORPION

DECOUVREZ VOTRE ASCENDANT SANS AUCUN CALCUL : TABLE N° 6

VOTRE HEURE DE NAISSANCE	28 MARS	29 MARS	30 MARS	31 MARS	1 AVRIL	2 AVRIL	3 AVRIL	4 AVRIL
0 h 00	SAGITTAIRE	SAGITTAIRE	SAGITTAIRE	SAGITTAIRE	SAGITTAIRE	SAGITTAIRE	SAGITTAIRE	SAGITTAIRE
0 h 30	SAGITTAIRE	SAGITTAIRE	SAGITTAIRE	SAGITTAIRE	SAGITTAIRE	SAGITTAIRE	SAGITTAIRE	SAGITTAIRE
1 h 00	SAGITTAIRE	SAGITTAIRE	SAGITTAIRE	SAGITTAIRE	SAGITTAIRE	SAGITTAIRE	SAGITTAIRE	SAGITTAIRE
1 h 30	SAGITTAIRE	SAGITTAIRE	SAGITTAIRE	SAGITTAIRE	SAGITTAIRE	SAGITTAIRE	SAGITTAIRE	SAGITTAIRE
2 h 00	SAGITTAIRE	SAGITTAIRE	SAGITTAIRE	SAGITTAIRE	SAGITTAIRE	SAGITTAIRE	SAGITTAIRE	SAGITTAIRE
2 h 30	SAGITTAIRE	SAGITTAIRE	SAGITTAIRE	CAPRICORNE	CAPRICORNE	CAPRICORNE	CAPRICORNE	CAPRICORNE
3 h 00	CAPRICORNE	CAPRICORNE	CAPRICORNE	CAPRICORNE	CAPRICORNE	CAPRICORNE	CAPRICORNE	CAPRICORNE
3 h 30	CAPRICORNE	CAPRICORNE	CAPRICORNE	CAPRICORNE	CAPRICORNE	CAPRICORNE	CAPRICORNE	CAPRICORNE
4 h 00	CAPRICORNE	CAPRICORNE	CAPRICORNE	CAPRICORNE	VERSEAU	VERSEAU	VERSEAU	VERSEAU
4 h 30	VERSEAU	VERSEAU	VERSEAU	VERSEAU	VERSEAU	VERSEAU	VERSEAU	VERSEAU
5 h 00	VERSEAU	POISSONS	POISSONS	POISSONS	POISSONS	POISSONS	POISSONS	POISSONS
5 h 30	POISSONS	POISSONS	BELIER	BELIER	BELIER	BELIER	BELIER	BELIER
6 h 00	BELIER	BELIER	BELIER	TAUREAU	TAUREAU	TAUREAU	TAUREAU	TAUREAU
6 h 30	TAUREAU	TAUREAU	TAUREAU	TAUREAU	TAUREAU	TAUREAU	TAUREAU	GEMEAUX
7 h 00	GEMEAUX	GEMEAUX	GEMEAUX	GEMEAUX	GEMEAUX	GEMEAUX	GEMEAUX	GEMEAUX
7 h 30	GEMEAUX	GEMEAUX	GEMEAUX	GEMEAUX	GEMEAUX	GEMEAUX	GEMEAUX	GEMEAUX
8 h 00	GEMEAUX	GEMEAUX	GEMEAUX	GEMEAUX	GEMEAUX	GEMEAUX	GEMEAUX	GEMEAUX
8 h 30	CANCER	CANCER	CANCER	CANCER	CANCER	CANCER	CANCER	CANCER
9 h 00	CANCER	CANCER	CANCER	CANCER	CANCER	CANCER	CANCER	CANCER
9 h 30	CANCER	CANCER	CANCER	CANCER	CANCER	CANCER	CANCER	CANCER
10 h 00	CANCER	CANCER	CANCER	CANCER	CANCER	CANCER	CANCER	CANCER
10 h 30	CANCER	CANCER	CANCER	CANCER	CANCER	CANCER	CANCER	CANCER
11 h 00	CANCER	CANCER	CANCER	CANCER	LION	LION	LION	LION
11 h 30	LION	LION	LION	LION	LION	LION	LION	LION
MIDI	LION	LION	LION	LION	LION	LION	LION	LION
12 h 30	LION	LION	LION	LION	LION	LION	LION	LION
13 h 00	LION	LION	LION	LION	LION	LION	LION	LION
13 h 30	LION	LION	LION	LION	LION	LION	LION	LION
14 h 00	LION	LION	LION	LION	LION	LION	LION	VIERGE
14 h 30	VIERGE	VIERGE	VIERGE	VIERGE	VIERGE	VIERGE	VIERGE	VIERGE
15 h 00	VIERGE	VIERGE	VIERGE	VIERGE	VIERGE	VIERGE	VIERGE	VIERGE
15 h 30	VIERGE	VIERGE	VIERGE	VIERGE	VIERGE	VIERGE	VIERGE	VIERGE
16 h 00	VIERGE	VIERGE	VIERGE	VIERGE	VIERGE	VIERGE	VIERGE	VIERGE
16 h 30	VIERGE	VIERGE	VIERGE	VIERGE	VIERGE	VIERGE	VIERGE	VIERGE
17 h 00	VIERGE	VIERGE	VIERGE	VIERGE	VIERGE	VIERGE	VIERGE	VIERGE
17 h 30	VIERGE	VIERGE	BALANCE	BALANCE	BALANCE	BALANCE	BALANCE	BALANCE
18 h 00	BALANCE	BALANCE	BALANCE	BALANCE	BALANCE	BALANCE	BALANCE	BALANCE
18 h 30	BALANCE	BALANCE	BALANCE	BALANCE	BALANCE	BALANCE	BALANCE	BALANCE
19 h 00	BALANCE	BALANCE	BALANCE	BALANCE	BALANCE	BALANCE	BALANCE	BALANCE
19 h 30	BALANCE	BALANCE	BALANCE	BALANCE	BALANCE	BALANCE	BALANCE	BALANCE
20 h 00	BALANCE	BALANCE	BALANCE	BALANCE	BALANCE	BALANCE	BALANCE	BALANCE
20 h 30	BALANCE	BALANCE	BALANCE	BALANCE	SCORPION	SCORPION	SCORPION	SCORPION
21 h 00	SCORPION	SCORPION	SCORPION	SCORPION	SCORPION	SCORPION	SCORPION	SCORPION
21 h 30	SCORPION	SCORPION	SCORPION	SCORPION	SCORPION	SCORPION	SCORPION	SCORPION
22 h 00	SCORPION	SCORPION	SCORPION	SCORPION	SCORPION	SCORPION	SCORPION	SCORPION
22 h 30	SCORPION	SCORPION	SCORPION	SCORPION	SCORPION	SCORPION	SCORPION	SCORPION
23 h 00	SCORPION	SCORPION	SCORPION	SCORPION	SCORPION	SCORPION	SCORPION	SCORPION
23 h 30	SCORPION	SCORPION	SCORPION	SCORPION	SCORPION	SCORPION	SCORPION	SCORPION

DECOUVREZ VOTRE ASCENDANT SANS AUCUN CALCUL : TABLE N° 6

VOTRE HEURE DE NAISSANCE	5 AVRIL	6 AVRIL	7 AVRIL	8 AVRIL	9 AVRIL	10 AVRIL	11 AVRIL	12 AVRIL
0 h 00	SAGITTAIRE	SAGITTAIRE	SAGITTAIRE	SAGITTAIRE	SAGITTAIRE	SAGITTAIRE	SAGITTAIRE	SAGITTAIRE
0 h 30	SAGITTAIRE	SAGITTAIRE	SAGITTAIRE	SAGITTAIRE	SAGITTAIRE	SAGITTAIRE	SAGITTAIRE	SAGITTAIRE
1 h 00	SAGITTAIRE	SAGITTAIRE	SAGITTAIRE	SAGITTAIRE	SAGITTAIRE	SAGITTAIRE	SAGITTAIRE	SAGITTAIRE
1 h 30	SAGITTAIRE	SAGITTAIRE	SAGITTAIRE	SAGITTAIRE	SAGITTAIRE	SAGITTAIRE	SAGITTAIRE	SAGITTAIRE
2 h 00	SAGITTAIRE	SAGITTAIRE	CAPRICORNE	CAPRICORNE	CAPRICORNE	CAPRICORNE	CAPRICORNE	CAPRICORNE
2 h 30	CAPRICORNE	CAPRICORNE	CAPRICORNE	CAPRICORNE	CAPRICORNE	CAPRICORNE	CAPRICORNE	CAPRICORNE
3 h 00	CAPRICORNE	CAPRICORNE	CAPRICORNE	CAPRICORNE	CAPRICORNE	CAPRICORNE	CAPRICORNE	CAPRICORNE
3 h 30	CAPRICORNE	CAPRICORNE	CAPRICORNE	CAPRICORNE	VERSEAU	VERSEAU	VERSEAU	VERSEAU
4 h 00	VERSEAU	VERSEAU	VERSEAU	VERSEAU	VERSEAU	VERSEAU	VERSEAU	VERSEAU
4 h 30	VERSEAU	POISSONS	POISSONS	POISSONS	POISSONS	POISSONS	POISSONS	POISSONS
5 h 00	POISSONS	POISSONS	BELIER	BELIER	BELIER	BELIER	BELIER	BELIER
5 h 30	BELIER	BELIER	TAUREAU	TAUREAU	TAUREAU	TAUREAU	TAUREAU	TAUREAU
6 h 00	TAUREAU	TAUREAU	TAUREAU	TAUREAU	TAUREAU	TAUREAU	TAUREAU	GEMEAUX
6 h 30	GEMEAUX	GEMEAUX	GEMEAUX	GEMEAUX	GEMEAUX	GEMEAUX	GEMEAUX	GEMEAUX
7 h 00	GEMEAUX	GEMEAUX	GEMEAUX	GEMEAUX	GEMEAUX	GEMEAUX	GEMEAUX	GEMEAUX
7 h 30	GEMEAUX	GEMEAUX	GEMEAUX	GEMEAUX	GEMEAUX	GEMEAUX	GEMEAUX	CANCER
8 h 00	CANCER	CANCER	CANCER	CANCER	CANCER	CANCER	CANCER	CANCER
8 h 30	CANCER	CANCER	CANCER	CANCER	CANCER	CANCER	CANCER	CANCER
9 h 00	CANCER	CANCER	CANCER	CANCER	CANCER	CANCER	CANCER	CANCER
9 h 30	CANCER	CANCER	CANCER	CANCER	CANCER	CANCER	CANCER	CANCER
10 h 00	CANCER	CANCER	CANCER	CANCER	CANCER	CANCER	CANCER	CANCER
10 h 30	CANCER	CANCER	CANCER	LION	LION	LION	LION	LION
11 h 00	LION	LION	LION	LION	LION	LION	LION	LION
11 h 30	LION	LION	LION	LION	LION	LION	LION	LION
MIDI	LION	LION	LION	LION	LION	LION	LION	LION
12 h 30	LION	LION	LION	LION	LION	LION	LION	LION
13 h 00	LION	LION	LION	LION	LION	LION	LION	LION
13 h 30	LION	LION	LION	LION	LION	LION	VIERGE	VIERGE
14 h 00	VIERGE	VIERGE	VIERGE	VIERGE	VIERGE	VIERGE	VIERGE	VIERGE
14 h 30	VIERGE	VIERGE	VIERGE	VIERGE	VIERGE	VIERGE	VIERGE	VIERGE
15 h 00	VIERGE	VIERGE	VIERGE	VIERGE	VIERGE	VIERGE	VIERGE	VIERGE
15 h 30	VIERGE	VIERGE	VIERGE	VIERGE	VIERGE	VIERGE	VIERGE	VIERGE
16 h 00	VIERGE	VIERGE	VIERGE	VIERGE	VIERGE	VIERGE	VIERGE	VIERGE
16 h 30	VIERGE	VIERGE	VIERGE	VIERGE	VIERGE	VIERGE	VIERGE	VIERGE
17 h 00	VIERGE	VIERGE	BALANCE	BALANCE	BALANCE	BALANCE	BALANCE	BALANCE
17 h 30	BALANCE	BALANCE	BALANCE	BALANCE	BALANCE	BALANCE	BALANCE	BALANCE
18 h 00	BALANCE	BALANCE	BALANCE	BALANCE	BALANCE	BALANCE	BALANCE	BALANCE
18 h 30	BALANCE	BALANCE	BALANCE	BALANCE	BALANCE	BALANCE	BALANCE	BALANCE
19 h 00	BALANCE	BALANCE	BALANCE	BALANCE	BALANCE	BALANCE	BALANCE	BALANCE
19 h 30	BALANCE	BALANCE	BALANCE	BALANCE	BALANCE	BALANCE	BALANCE	BALANCE
20 h 00	BALANCE	BALANCE	BALANCE	BALANCE	SCORPION	SCORPION	SCORPION	SCORPION
20 h 30	SCORPION	SCORPION	SCORPION	SCORPION	SCORPION	SCORPION	SCORPION	SCORPION
21 h 00	SCORPION	SCORPION	SCORPION	SCORPION	SCORPION	SCORPION	SCORPION	SCORPION
21 h 30	SCORPION	SCORPION	SCORPION	SCORPION	SCORPION	SCORPION	SCORPION	SCORPION
22 h 00	SCORPION	SCORPION	SCORPION	SCORPION	SCORPION	SCORPION	SCORPION	SCORPION
22 h 30	SCORPION	SCORPION	SCORPION	SCORPION	SCORPION	SCORPION	SCORPION	SCORPION
23 h 00	SCORPION	SCORPION	SCORPION	SCORPION	SCORPION	SCORPION	SCORPION	SAGITTAIRE
23 h 30	SAGITTAIRE	SAGITTAIRE	SAGITTAIRE	SAGITTAIRE	SAGITTAIRE	SAGITTAIRE	SAGITTAIRE	SAGITTAIRE

DECOUVREZ VOTRE ASCENDANT SANS AUCUN CALCUL : TABLE N° 6

VOTRE HEURE DE NAISSANCE	13 AVRIL	14 AVRIL	15 AVRIL	16 AVRIL	17 AVRIL	18 AVRIL	19 AVRIL	20 AVRIL	21 AVRIL
0 h 00	SAGITTAIRE	SAGITTAIRE	SAGITTAIRE	SAGITTAIRE	SAGITTAIRE	SAGITTAIRE	SAGITTAIRE	SAGITTAIRE	SAGITTAIRE
0 h 30	SAGITTAIRE	SAGITTAIRE	SAGITTAIRE	SAGITTAIRE	SAGITTAIRE	SAGITTAIRE	SAGITTAIRE	SAGITTAIRE	SAGITTAIRE
1 h 00	SAGITTAIRE	SAGITTAIRE	SAGITTAIRE	SAGITTAIRE	SAGITTAIRE	SAGITTAIRE	SAGITTAIRE	SAGITTAIRE	SAGITTAIRE
1 h 30	SAGITTAIRE	SAGITTAIRE	CAPRICORNE	CAPRICORNE	CAPRICORNE	CAPRICORNE	CAPRICORNE	CAPRICORNE	CAPRICORNE
2 h 00	CAPRICORNE	CAPRICORNE	CAPRICORNE	CAPRICORNE	CAPRICORNE	CAPRICORNE	CAPRICORNE	CAPRICORNE	CAPRICORNE
2 h 30	CAPRICORNE	CAPRICORNE	CAPRICORNE	CAPRICORNE	CAPRICORNE	CAPRICORNE	CAPRICORNE	CAPRICORNE	CAPRICORNE
3 h 00	CAPRICORNE	CAPRICORNE	CAPRICORNE	VERSEAU	VERSEAU	VERSEAU	VERSEAU	VERSEAU	VERSEAU
3 h 30	VERSEAU	VERSEAU	VERSEAU	VERSEAU	VERSEAU	VERSEAU	VERSEAU	VERSEAU	POISSONS
4 h 00	POISSONS	POISSONS	POISSONS	POISSONS	POISSONS	POISSONS	POISSONS	POISSONS	POISSONS
4 h 30	POISSONS	BELIER	BELIER	BELIER	BELIER	BELIER	BELIER	BELIER	BELIER
5 h 00	BELIER	BELIER	TAUREAU	TAUREAU	TAUREAU	TAUREAU	TAUREAU	TAUREAU	TAUREAU
5 h 30	TAUREAU	TAUREAU	TAUREAU	TAUREAU	TAUREAU	TAUREAU	GEMEAUX	GEMEAUX	GEMEAUX
6 h 00	GEMEAUX	GEMEAUX	GEMEAUX	GEMEAUX	GEMEAUX	GEMEAUX	GEMEAUX	GEMEAUX	GEMEAUX
6 h 30	GEMEAUX	GEMEAUX	GEMEAUX	GEMEAUX	GEMEAUX	GEMEAUX	GEMEAUX	GEMEAUX	GEMEAUX
7 h 00	GEMEAUX	GEMEAUX	GEMEAUX	GEMEAUX	GEMEAUX	GEMEAUX	GEMEAUX	CANCER	CANCER
7 h 30	CANCER	CANCER	CANCER	CANCER	CANCER	CANCER	CANCER	CANCER	CANCER
8 h 00	CANCER	CANCER	CANCER	CANCER	CANCER	CANCER	CANCER	CANCER	CANCER
8 h 30	CANCER	CANCER	CANCER	CANCER	CANCER	CANCER	CANCER	CANCER	CANCER
9 h 00	CANCER	CANCER	CANCER	CANCER	CANCER	CANCER	CANCER	CANCER	CANCER
9 h 30	CANCER	CANCER	CANCER	CANCER	CANCER	CANCER	CANCER	CANCER	CANCER
10 h 00	CANCER	CANCER	CANCER	LION	LION	LION	LION	LION	LION
10 h 30	LION	LION	LION	LION	LION	LION	LION	LION	LION
11 h 00	LION	LION	LION	LION	LION	LION	LION	LION	LION
11 h 30	LION	LION	LION	LION	LION	LION	LION	LION	LION
MIDI	LION	LION	LION	LION	LION	LION	LION	LION	LION
12 h 30	LION	LION	LION	LION	LION	LION	LION	LION	LION
13 h 00	LION	LION	LION	LION	LION	LION	VIERGE	VIERGE	VIERGE
13 h 30	VIERGE	VIERGE	VIERGE	VIERGE	VIERGE	VIERGE	VIERGE	VIERGE	VIERGE
14 h 00	VIERGE	VIERGE	VIERGE	VIERGE	VIERGE	VIERGE	VIERGE	VIERGE	VIERGE
14 h 30	VIERGE	VIERGE	VIERGE	VIERGE	VIERGE	VIERGE	VIERGE	VIERGE	VIERGE
15 h 00	VIERGE	VIERGE	VIERGE	VIERGE	VIERGE	VIERGE	VIERGE	VIERGE	VIERGE
15 h 30	VIERGE	VIERGE	VIERGE	VIERGE	VIERGE	VIERGE	VIERGE	VIERGE	VIERGE
16 h 00	VIERGE	VIERGE	VIERGE	VIERGE	VIERGE	VIERGE	VIERGE	VIERGE	VIERGE
16 h 30	VIERGE	BALANCE	BALANCE	BALANCE	BALANCE	BALANCE	BALANCE	BALANCE	BALANCE
17 h 00	BALANCE	BALANCE	BALANCE	BALANCE	BALANCE	BALANCE	BALANCE	BALANCE	BALANCE
17 h 30	BALANCE	BALANCE	BALANCE	BALANCE	BALANCE	BALANCE	BALANCE	BALANCE	BALANCE
18 h 00	BALANCE	BALANCE	BALANCE	BALANCE	BALANCE	BALANCE	BALANCE	BALANCE	BALANCE
18 h 30	BALANCE	BALANCE	BALANCE	BALANCE	BALANCE	BALANCE	BALANCE	BALANCE	BALANCE
19 h 00	BALANCE	BALANCE	BALANCE	BALANCE	BALANCE	BALANCE	BALANCE	BALANCE	BALANCE
19 h 30	BALANCE	BALANCE	BALANCE	SCORPION	SCORPION	SCORPION	SCORPION	SCORPION	SCORPION
20 h 00	SCORPION	SCORPION	SCORPION	SCORPION	SCORPION	SCORPION	SCORPION	SCORPION	SCORPION
20 h 30	SCORPION	SCORPION	SCORPION	SCORPION	SCORPION	SCORPION	SCORPION	SCORPION	SCORPION
21 h 00	SCORPION	SCORPION	SCORPION	SCORPION	SCORPION	SCORPION	SCORPION	SCORPION	SCORPION
21 h 30	SCORPION	SCORPION	SCORPION	SCORPION	SCORPION	SCORPION	SCORPION	SCORPION	SCORPION
22 h 00	SCORPION	SCORPION	SCORPION	SCORPION	SCORPION	SCORPION	SCORPION	SCORPION	SCORPION
22 h 30	SCORPION	SCORPION	SCORPION	SCORPION	SCORPION	SCORPION	SAGITTAIRE	SAGITTAIRE	SAGITTAIRE
23 h 00	SAGITTAIRE	SAGITTAIRE	SAGITTAIRE	SAGITTAIRE	SAGITTAIRE	SAGITTAIRE	SAGITTAIRE	SAGITTAIRE	SAGITTAIRE
23 h 30	SAGITTAIRE	SAGITTAIRE	SAGITTAIRE	SAGITTAIRE	SAGITTAIRE	SAGITTAIRE	SAGITTAIRE	SAGITTAIRE	SAGITTAIRE

Lénine incarne à merveille le Bélier meneur d'hommes, capable de renverser l'ordre établi, et ne reculant devant rien pour arriver au but qu'il s'est fixé.

Combinaison du Signe avec les Ascendants

La combinaison du signe solaire et du signe ascendant constitue la charpente, l'ossature du thème natal : le Soleil en Bélier signifiant l'être profond de la personne et l'Ascendant sa manière de le vivre. Cette structure de base est capitale : rien n'est plus différent d'un Bélier Ascendant Bélier qu'un Bélier Ascendant Cancer... Dans le premier cas, la guerre sera extérieure (chef d'armée, révolutionnaire), dans le second cas elle sera intérieure (polémiste, artiste « martien »).

Bélier Ascendant Bélier

C'est évidemment le Bélier à l'état pur, Mars-Mars et Feu-Feu. Cette configuration accentue l'agressivité, l'impulsivité, le dynamisme. Si elle n'est pas freinée par d'autres aspects du thème, elle peut devenir dangereuse pour le sujet ou pour son entourage. C'est le thème du guerrier, du combattant. Il faut que ce type de Bélier apprenne la retenue, la modération, sinon il court à la catastrophe, au meurtre, à l'accident mortel.

Ici, Mars est maître du Soleil et de l'Ascendant, sa position est donc capitale. Il peut être plus problématique encore s'il est situé dans un signe où il n'est pas à l'aise, car l'agressivité du sujet risque alors de se retourner contre lui-même.

L'affirmation de soi est sans scrupules, mais, paradoxalement, l'hésitation peut surgir tout à coup, l'attirance pour le signe opposé (la Balance) étant très puissante. Néanmoins on ne peut pas demander au « double Bélier » de se transformer en Balance et, si elle est bien vécue, cette combinaison donnera un « punch » extraordinaire, un homme d'action imbattable, un aventurier génial, un combattant héroïque. Exemple : Murat, grand général de l'épopée napoléonienne, qui paya de sa vie ses erreurs.

Bélier Ascendant Taureau

C'est un curieux alliage, celui de l'avion à réaction et du tank. D'une part le Taureau apporte un peu de calme et de pondération à la fièvre du Bélier, de l'autre il augmente son amour de la nature et des couleurs, sa sensualité. Le côté têtu et opiniâtre devient aveugle et terrifiant, c'est le rouleau compresseur (Hitler : Mercure en Bélier, Vénus et Mars en Taureau). La personnalité est vigoureuse, féconde, constructive, jouisseuse. La possessivité est redoutable. Un point commun aux deux signes : une certaine naïveté printanière, qui peut les rendre vulnérables aux signes plus froids, plus intellectualisés. Le conservatisme du Taureau et son scepticisme s'allient à la fougue et au prophétisme du Bélier : cette structure permet aux idées hardies et neuves de se réaliser, de se matérialiser. Amour profond de la vie, endurance, capacité de travail écrasante. Tempérament joyeux, dionysiaque, amour des fêtes. Le raffinement et la subtilité sont limités. C'est l'amour de

Mistinguett :
grande artiste du music-hall
de l'entre-deux guerres.
Son authentique tempérament
de titi parisien, sa verve gouailleuse,
lui faisaient littéralement
brûler les planches.

la vie qui domine. Exemples : Giono, Vlaminck, Thorez (ainsi que de nombreux leaders soviétiques et théoriciens matérialistes).

Bélier Ascendant Gémeaux

La vivacité et l'impulsivité se trouvent accentuées par cette combinaison. L'alliance de Mars et Mercure donne intelligence, rapidité, sens de la polémique, mais aussi dispersion. Le Gémeaux apporte sa subtilité au côté un peu « fort en gueule » du Bélier, ce qui met l'accent sur le charme et l'humour. Mots clés : le feu follet, la séduction. L'aspect cyclothymique, capricieux, enfantin, imprévisible, peut être dominant. Le don d'éloquence et de persuasion s'en trouve renforcé, aux dépens de la stabilité : le Bélier Ascendant Gémeaux est l'être de l'instant par excellence, celui qui jongle, qui joue, qui persuade ou qui égare.

Mais la superficialité n'est qu'apparente : Pluton, second maître du Soleil, approfondit « l'alliage » du Feu et de l'Air (le personnage du dieu Loge dans la Tétralogie de Wagner). Bavardage, grimaces, interjections, pirouettes, derrière lesquelles se cache un sens profond de la vérité. Le mensonge brillant (le Bélier au service du Gémeaux) ou la vérité percutante (le Gémeaux au service du Bélier). Le manque de concentration peut devenir lassant. Risque d'hypernervosité et d'effondrements cyclothymiques. Le grand air, la décontraction et les exercices respiratoires sont indispensables. L'ironie est considérable mais le charme est tel que les amis pardonnent tout, puisque tout se passe dans l'instant. Il faut cultiver la persévérance, sous peine de succomber à la fable de *la Cigale et la Fourmi*. Exemples : Jean-Paul Belmondo, Henri II, Alain Poher, Wernher von Braun, Rémy de Gourmont.

Jayne Mansfield. Star des années 50. au sex-appeal provocant et à la plastique irréprochable. Sa courte carrière fut quelque peu occultée par celle de Marilyn Monroe qui l'empêcha d'épanouir sa véritable nature.

Bélier Ascendant Cancer

C'est une combinaison problématique au premier abord, puisque les deux signes sont en carré. Maîtres : Mars et la Lune, l'agressivité et l'imagination, l'action et le repli sur soi-même. Selon le reste du thème, il y aura un rêve d'action ou ce rêve réalisé. Caprices, sautes d'humeur, tempêtes. Rapports difficiles avec le sexe opposé. La masculinité ou la féminité intérieure sont en conflit, ce qui se répercute dans l'existence.

Attachement au foyer, à la famille. L'aventure peut rester sur le plan du rêve. Contradiction entre l'esprit révolutionnaire et le conservatisme. Cette structure peut donner un tempérament démoniaque (Mars-Lune). Nervosité et lymphatisme à la fois. Intérêt pour la magie, sous toutes ses formes.

La faiblesse réside dans l'utopie, mais la force dans le mystère (le Cancer est le domicile nocturne du Bélier). Goût de l'envoûtement, de l'abîme. Forte sensibilité et prospection des gouffres humains. C'est une combinaison qui a donné des créateurs géniaux et profonds, mais souvent névrosés. La générosité et l'amertume se complètent. Exemples : Goya, Proust, Michel de Ghelderode, Louis Armstrong, Van Gogh.

Bélier Ascendant Lion

Que de Feu ! Combinaison Soleil-Soleil. La tête et le cœur rayonnent. Magnanimité, goût du faste, haine de la médiocrité. Beaucoup d'orgueil, de panache ; goût de la croisade. Le natif Bélier Ascendant Lion ne doute pas de lui, au contraire ; dans son aventure démesurée, il risque de

Gloria Swanson,
star typiquement américaine,
a la séduction violente et magnétique
des Bélier : sex-appeal, puissante
personnalité et talent multiforme
sont à la base de sa carrière
internationale.

pécher par excès. S'il n'est pas génial, visionnaire ou dictateur, il sera mégalomane, vantard, donquichottesque.

C'est une combinaison très fougueuse, très virile, qui n'admet pas la discussion. Chez une femme, complexe de la « pasionaria ». Mots clés : la grandeur, le faste, l'empire.

Les grands voyages peuvent être vécus intérieurement, on aura alors un tempérament mystique, brûlé par un Feu sublime.

La vie est placée sous le signe de la réussite : actions d'éclat, demeures somptueuses, amour du théâtre, des fêtes. Générosité à condition de se plier aux exigences tyranniques du sujet.

La création est placée sous d'excellents auspices (le Lion, signe V par rapport au Bélier) : enfants, spectacle, théâtre, amour. Tempérament royal, avec un fort penchant à l'égocentrisme tyrannique. Besoin d'être flatté, courtisé. Exemples : Bolivar, Bismarck, Lannes, Claudel, Guillaume Ier, Thiers.

Bélier Ascendant Vierge

C'est une position problématique : le volcan du Bélier est passé au crible, comprimé par l'Ascendant Vierge. Le côté pusillanime et torturé de la Vierge contraste avec la force étincelante, sans retenue, du premier signe, d'où une dualité fort douloureuse. Il existe une contradiction entre le besoin d'aventures et de sécurité : c'est le poète génial, Baudelaire, bourré de hantises et de névroses, terrorisé à l'idée d'entrer seul dans un café, et qui fut l'un des plus grands aventuriers de l'esprit au XIXe siècle !

La cérébralité, l'esprit critique sont importants (Mars et Mercure). Tempérament de polémiste,

Autre grande star hollywoodienne, Bette Davis a marqué de sa personnalité des rôles de femmes fatales, fortes, ambitieuses (*l'Insoumise* avec Henry Fonda). Ettore Scola lui donna récemment, avec une étonnante composition, une nouvelle occasion de faire preuve de son immense talent (*l'Argent de la vieille*).

d'analyste impitoyable ; un certain sadisme mental, celui de l'entomologiste qui épingle ses victimes.

Ce n'est pas une bonne position pour l'amour, l'agressivité étant freinée par le rationalisme, voire la ratiocination. Les meilleurs amis de Baudelaire ont prétendu qu'il était mort vierge...

Au positif, le réalisme de la Vierge peut permettre au Bélier d'incarner ses idéaux, non sans tergiversations, hésitations, remords et culpabilité. L'érudition est particulièrement favorisée. Exemples : leur dualité est particulièrement instructive ; d'une part, Descartes, un des principaux responsables de la mort de l'imagination en Occident ; de l'autre, Baudelaire, le poète des poètes, à l'esprit affiné comme une lame de rasoir...

Bélier Ascendant Balance

Voilà une dualité qui n'est pas forcément néfaste : le signe opposé est toujours à la fois celui d'une fascination et d'un refus. Ici, le Bélier devient particulièrement sensible : l'axe Bélier-Balance n'est-il pas celui de la justice ? La lutte se teinte de pessimisme. Recherche des combats perdus d'avance. Le tempérament oscille entre le fanatisme et la conciliation. Torture mentale, conflits intérieurs terribles (Drieu La Rochelle). La tendance à la critique du monde extérieur peut devenir pathologique ; tendance « masochiste », car ce balancement prédispose à un rôle de bouc émissaire. Ou l'on joue les forts, ou l'on joue les faibles ; mais si on joue les deux en même temps... Il y a un risque de sacrifice, de don de sa personne à une cause extérieure : l'agressivité du Bélier se projette dans la recherche d'une entente impossible (Balance). Le besoin de charmer et de concilier des extrêmes tourne à l'obsession, le don-quichottisme devient délirant.

Raymond Barre,
théoricien de l'économie,
Premier ministre, sut ne pas dévier
sa route, même seul contre tous :
il incarne ainsi le Bélier qui voit loin
mais se coupe par là même
de l'assentiment général
et se retrouve en tête... mais solitaire.

Le Bélier n'hésite jamais, et la Balance toujours. Douloureuse alchimie, qui s'est soldée, pour Drieu La Rochelle, par une mort de désespoir. Exemples : Rimbaud, Gogol, Lamartine.

Bélier Ascendant Scorpion

Remarquable alliage (Mars-Pluton, Pluton-Mars) : il y a comme un échange des premiers et seconds maîtres, comme à la tête d'un vaisseau infernal. La puissance d'action et l'efficacité sont redoutables : c'est le capitaine Nemo.

La personnalité est hyper-agressive, la violence est lucide, maîtrisée, parfois méchante. Chirurgien ou criminel...

Si cette révolte féroce n'est pas extériorisée, elle peut donner un tempérament suicidaire, « somatisant » ses problèmes à travers une agressivité pathologique.

Intolérance, fanatisme, goût des sectes, des petits groupes bourrés de dynamite. C'est le terrorisme, d'une manière ou d'une autre. Le comportement est implacable.

C'est le chef (Bélier) d'un réseau souterrain (Scorpion) détruisant sans pitié un monde qu'il méprise... Le docteur Mabuse aurait pu avoir cette structure dans son thème hypothétique.

Les qualités du Bélier et du Scorpion mêlées forment un des plus durs et explosifs alliages du Zodiaque. Les défauts aussi... Exemple : Gambetta, Henri Becque.

Bélier Ascendant Sagittaire

C'est la combinaison la plus sublime. Ici, Zorro-Don Quichotte mobilise toutes ses armées

René Andrieu, journaliste, polémiste talentueux, à la repartie cinglante : Bélier typique, totalement dévoué à une cause, il a mis ses qualités au service d'une idéologie sans concessions, entièrement tendu vers le but choisi.

pour monter à l'assaut d'une forteresse imaginaire. Autre traduction : « Votre élan et votre vitalité se joignent, de façon fort heureuse pour votre avenir et votre destin, à un optimisme et une chance dépassant la moyenne. »

Le héros sublime, enflammé, ou le vulgum pecus paranoïaque. La confiance en soi est excessive, et n'est intéressante qu'au niveau spirituel. Tempérament plein de foi, naïf, enthousiaste : le boy-scout. Donneur de conseils, très serviable, plein de fougue, toujours « à côté de la plaque », à moins qu'il ne soit génial.

Au positif, orgueil sublime, recherche de la grandeur, de l'héroïsme. Gandhi ou Bleustein-Blanchet (qui ne sont ni l'un ni l'autre Bélier) ont l'Ascendant Sagittaire.

La chance est remarquable et les amours protégées. C'est aussi une combinaison qui a donné de nombreux sportifs.

Quelle que soit la manière dont est vécue cette alliance, une chose demeure : un Soleil et un Ascendant en signe de Feu n'ont jamais donné une nature très subtile. Que de Feu ! Exemples : Zola, Ladoumègue, Bismarck.

Bélier Ascendant Capricorne

Combinaison très intéressante, mais difficile. La dureté et l'ambition dominent, les deux signes sont en carré. Le Mars du Bélier et le Mars du Capricorne, tous deux en dignité, sont antinomiques : l'un agresse dans l'instant, l'autre vise à longue échéance. Mais les deux peuvent finir par se rejoindre.

Néanmoins, il existe une contradiction entre le côté « jeune » et « vieux ». Le Soleil pousse vers

Jean-Pierre Marielle,
comédien du signe, interprète
des comédies de mœurs françaises.
Il sait se montrer très talentueux
et sensible, par exemple dans
Un moment d'égarement
de Claude Berri, ou *l'Imprécateur*
de Bertucelli.

le mouvement, l'Ascendant vers la stagnation. D'un côté, le Feu dévorant, de l'autre l'immobilité glacée. La fusion, si elle est réussie, peut donner un « feu de glace », une passion froide, lucide, maîtrisée.

Il y aura toujours une hésitation entre l'action et le renoncement. J'ai remarqué qu'elle peut être surmontée par la création artistique, ayant connu deux grands poètes marqués par cette structure. Dans la « réalité », c'est une combinaison qui se révèle forcément douloureuse.

Une orientation vers la politique (qui peut se définir comme un « ratage réussi ») peut servir de soupape. Le tempérament est sincère, mais absolu : le Bélier recherche la force, le Capricorne le pouvoir. Exemples : Napoléon III, Tamerlan.

Bélier Ascendant Verseau

Mélange explosif et harmonieux à la fois, où la foudre a son mot à dire. Les deux signes vont vers l'avenir, par des voies différentes mais proches. Le Bélier Ascendant Verseau est indépendant, novateur ; il ne supporte aucune contrainte. Il fait exploser les structures autour de lui. Il a le sens de l'amitié et il est parfaitement désintéressé. Ce curieux animal ne dédaigne pas de se libérer dans le scandale et il forme à lui seul un couple anticonformiste. Il peut s'égarer dans les mirages et dans l'utopie, mais, en général, le talent ne lui manquera pas. Il sait s'attirer les sympathies et les affections.

Sa faiblesse peut résider dans l'ingénuité, le militantisme un peu obtus, le manque de réalisme.

Sa force sera dans la physique ou dans la métaphysique ; dans la politique, il sera surtout un

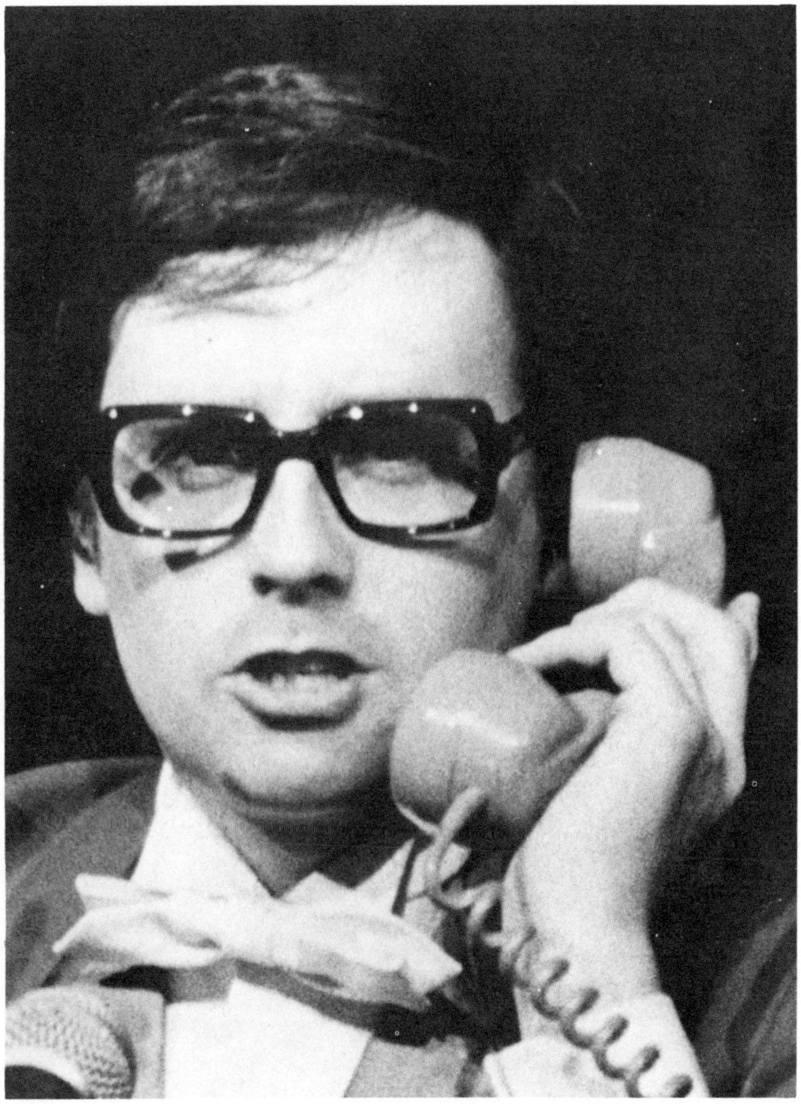

Thierry Le Luron.
Chanteur et fantaisiste, il a conquis un large public grâce à ses savoureuses imitations d'hommes politiques et de gens du spectacle.

utopiste. Mars et Uranus « ne sont pas de ce monde ». Cette combinaison peut donner un « complexe de Prométhée », avec, en négatif, une manie de la persécution.

Rien de médiocre, en tout cas, dans cet alliage qui désigne le natif, presque toujours, à la vindicte de ses contemporains. Souvent, un côté mystique. Exemples : Gassendi, Jules Ferry, sainte Thérèse d'Avila.

Bélier Ascendant Poissons

Une épée rougie plongée dans l'océan : bouillonnement chaotique, effervescence incontrôlée. Intuition cosmique, goût du mystère, sacrifice à une cause obscure : le Poissons n'est-il pas le douzième signe (Maison XII) par rapport au Bélier ?

L'émotivité, la sensibilité sont considérables. Mars étant au service de Neptune, il n'y a de salut que dans le don de soi et la mystique, sinon ce pourra être l'alcoolisme, la drogue et toutes les errances : le Bélier Ascendant Poissons est « le moins Bélier » de tous les Bélier. Le plus grand doute côtoie la plus grande certitude, l'épée voisine avec le mollusque, la force brutale avec la passivité. Grande leçon taoïste, ou naufrage complet. L'Eau devient ignée, le Feu aquatique. Plus personne ne s'y retrouvera, surtout pas le natif. Le mieux est de devenir génial dans le rôle ou les fonctions choisies ; autrement le biais est peut-être dans le charme, l'humour, la drôlerie, la bonté, la générosité. Aucune méchanceté dans cet alliage, où le dieu de la mer noie complètement le Feu de Mars. Exception : celle où Mars parviendrait à transformer la mer en une mer de feu. La contradiction n'est-elle pas l'équation du génie ? Exemples : Gorki, Vigny.

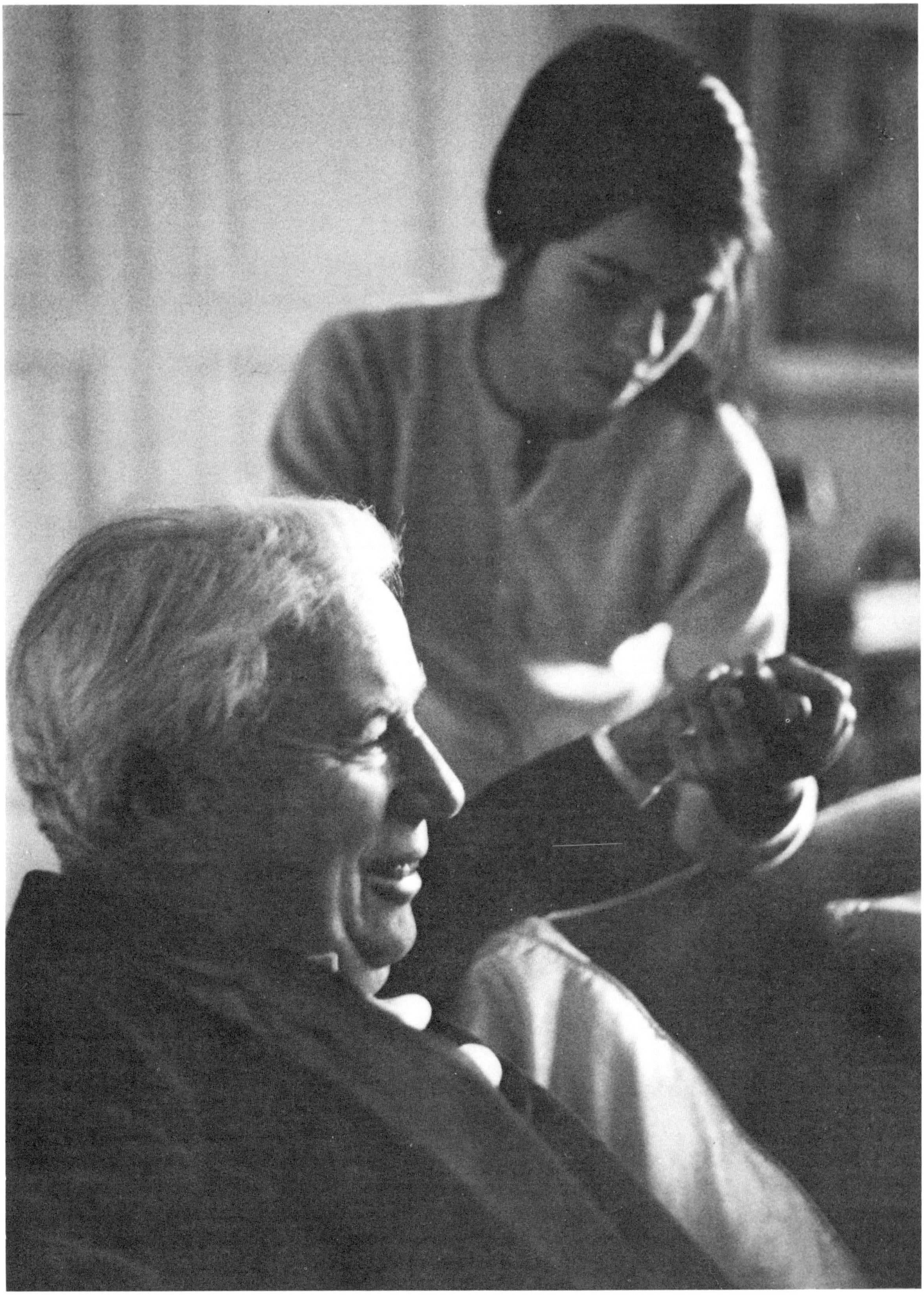

Les Temps modernes, le Kid, la Ruée vers l'or, les Lumières de la ville *: l'immense génie créateur de Chaplin – que Delluc compara à Molière – éclate à chaque plan de ses films. Marié trois fois, père de dix enfants, il illustre bien l'aspect prolifique du Bélier, son amour de la vie, brûlée par tous les côtés.*

Chapitre IV

Quelques personnalités nées sous le Signe du Bélier

Quatre destins Bélier, quatre engagements menés à leur terme : Gorki, fondateur de la littérature sociale en Russie ; Gambetta, ardent républicain ; Bismarck, le "chancelier de fer", constructeur de l'unité allemande ; Thiers, qui n'hésita pas à noyer la Commune de Paris dans un bain de sang.

Quelques grands noms

Charles Baudelaire

Avant de parler du plus grand des poètes modernes, génial et prophétique par maints aspects, je me permettrai de citer un long extrait d'un de ses textes en prose les plus visionnaires, peu connu de surcroît, et bien Bélier par son acuité amère. Il est extrait de *Fusées*.

« Le monde va finir. La seule raison pour laquelle il pourrait durer, c'est qu'il existe. Que cette raison est faible, comparée à toutes celles qui annoncent le contraire, particulièrement à celle-ci : qu'est-ce que le monde a désormais à faire sous le ciel ? [1] Car, en supposant qu'il continuât à exister matériellement, serait-ce une existence digne de ce nom et du dictionnaire historique ? Je ne dis pas que le monde sera réduit aux expédients et aux désordres bouffons des républiques du Sud-Amérique, que peut-être même nous retournerons à l'état sauvage, et que nous retournerons, à travers les ruines herbues de notre civilisation, chercher notre pâture, un fusil à la main. Non : car ce sort et ces aventures supposeraient encore une certaine énergie vitale, écho des premiers âges.

« Nouvel exemple et nouvelles victimes des inexorables lois morales, nous périrons par où nous avons cru vivre. La mécanique nous aura tellement américanisés, le progrès aura si bien strophié en nous toute la partie spirituelle, que rien parmi les rêveries sanguinaires, sacrilèges, ou antinaturelles des utopistes ne pourra être comparé à ses résultats positifs. Je demande à tout homme qui pense de me montrer ce qui subsiste de la vie. De la religion, je crois inutile d'en parler et d'en chercher les restes, puisque se donner encore la peine de nier Dieu est le seul scandale en pareilles matières. La propriété avait disparu virtuellement avec la suppression du droit d'aînesse ; mais le temps viendra où l'humanité, comme un ogre vengeur, arrachera leur dernier morceau à ceux qui croiront avoir hérité légitimement des révolutions. Encore, là ne serait pas le mal suprême.

« L'imagination humaine peut concevoir, sans trop de peine, des républiques ou autres états communautaires, dignes de quelque gloire, s'ils sont dirigés par des hommes sacrés, par certains aristocrates. Mais ce n'est pas particulièrement par des institutions politiques que se manifestera la ruine universelle, ou le progrès universel ; car peu m'importe le nom. Ce sera par l'avilissement des cœurs. Ai-je besoin de dire que le peu qui restera de politique se débattra péniblement dans les étreintes de l'animalité générale, et que les gouvernants seront forcés, pour se maintenir et pour créer un fantôme d'ordre, de recourir à des moyens qui feraient frissonner notre humanité actuelle, pourtant si endurcie ? Alors, le fils fuira la famille, non pas à dix-huit ans, mais à douze, émancipé par sa précocité gloutonne ; il la fuira, non pas pour chercher des aventures héroïques, non pas pour délivrer une beauté prisonnière dans une tour, non pas pour immortaliser un galetas par de sublimes pensées, mais pour fonder un commerce, pour s'enrichir, et pour faire concurrence à son infâme papa — fondateur et actionnaire d'un journal qui répandra les lumières et qui ferait considérer *le Siècle* d'alors comme un suppôt de la superstition. Alors, les errantes, les déclassées, celles qui ont eu quelques amants, et qu'on appelle parfois des anges, en raison et en remerciement de l'étourderie qui brille, lumière de hasard, dans leur existence qui brille comme le mal —, alors celles-là, dis-je, ne seront plus qu'impitoyable sagesse, sagesse qui condamnera tout, fors l'argent, tout, même les erreurs des sens ! Alors, ce qui ressemblera à la vertu — que dis-je —, tout ce qui ne sera pas l'ardeur vers Plutus [2] sera réputé un immense ridicule. La justice, si, à cette époque fortunée, il peut encore exister une justice, fera interdire les citoyens qui ne sauront pas faire fortune. Ton épouse, ô Bourgeois ! ta chaste moi-

1. On comparera cette phrase prophétique à celle de René Guénon : « Si le monde moderne prenait conscience de ce qu'il est, il cesserait immédiatement d'exister. »

2. Pluton, planète de la sexualité et du « mal », dominante dans le thème de Baudelaire (ce qu'il ignore complètement).

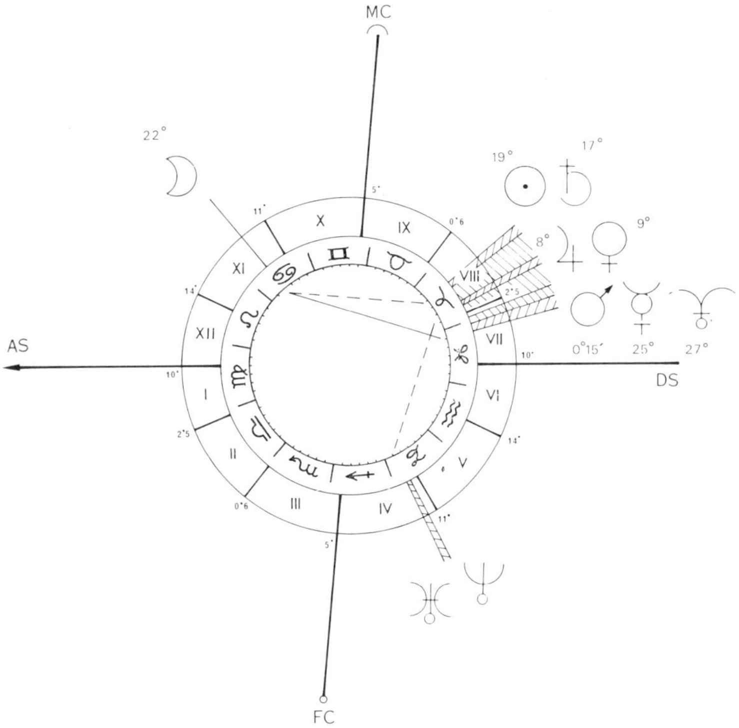

Baudelaire incarne les penchants lucifériens du signe, la chute au plus profond des abîmes de l'âme, l'exacerbation des sens, la vie retrouvée à travers un exceptionnel talent poétique.

tié dont la légitimité fait pour toi la poésie, introduisant désormais dans la légalité une infâmie irréprochable, gardienne vigilante et amoureuse de ton coffre-fort, ne sera plus que l'idéal parfait de la femme entretenue. Ta fille, avec une nubilité enfantine, rêvera dans son berceau qu'elle se vend un million [...].

« Quant à moi, qui sens quelquefois en moi le ridicule d'un prophète, je sais que je n'y trouverai jamais la charité d'un médecin. Perdu dans ce vilain monde, coudoyé par les foules, je suis comme un homme lassé dont l'œil ne voit en arrière, dans les années profondes, que désabusement et amertume, et devant lui qu'un orage où rien de neuf n'est contenu, ni enseignement ni douleur. Le soir où cet homme a volé à la destinée quelques heures de plaisir, bercé dans sa digestion, oublieux — autant que possible — du passé, content du présent et résigné à l'avenir, enivré de son sang-froid et de son dandysme, fier de ne pas être aussi bas que ceux qui passent, il se dit en contemplant la fumée de son cigare : Que m'importe où vont ces consciences ? »

Il n'y a rien à ajouter à ce portrait impitoyable de la société moderne par un Bélier qui avait cinq planètes dans ce signe, localisées dans la Maison VIII, celle de la sexualité, de l'angoisse et de la mort.

Baudelaire était Bélier Ascendant Vierge. Mercure, maître de l'Ascendant, est conjoint à Pluton, carré à Uranus et Neptune : c'est la révolte, le raz-de-marée, la lutte luciférienne : « Enfin, la tyrannie de la race humaine a disparu... »

La conjonction Mercure-Mars-Pluton donne, en même temps que le prince des poètes, le plus génial critique artistique qui ait sans doute existé. Mais cette conjonction a lieu en Poissons, signe mystique. Revenons au Bélier. Charles Baudelaire y a le Soleil conjoint à Saturne, maître de la Maison V (les plaisirs, la création) : c'est bien la recherche des jouissances interdites, le plaisir de la transgression, *les Fleurs du Mal.* Bien entendu, il faut rapporter cette donnée à l'époque où elle fut vécue ; mais le poète fut un révolté profond, incarnant et dépassant en lui toutes les névroses de son temps :

« Ces plaisanteries nerveuses ne sont pas sans péril, et on peut souvent les payer cher. Mais qu'importe l'éternité de la damnation à qui a trouvé dans une seconde l'infini de la jouissance ? »

Cette obsession de la damnation chez Baudelaire est à attribuer à la Maison VIII, Maison de la mort et de l'invisible. C'est elle qui fit de ce Bélier saturnien un visionnaire, tandis que la conjonction Mercure-Mars-Pluton à la limite Poissons-Bélier (Mars seul étant en Bélier, en domicile) accentuait l'acuité de l'esprit, le sens critique et le penchant vers le sexe considéré comme « infernal ».

Étant donné l'amas de planètes en Poissons-Bélier, les aspects sont peu nombreux mais éloquents. La conjonction Soleil-Saturne est en carré à la Lune en Cancer : terrible frustration, problèmes avec la mère et avec les femmes (on connaît les rapports ambigus de Baudelaire avec l'autre sexe, son mélange de fascination et de répulsion, son goût pervers pour les prostituées). Vénus-Jupiter en Maison VIII confèrent au poète une sensualité brûlante, tandis que Saturne et le Soleil dans le même signe du Bélier le bloquent, le glacent et lui donnent un « complexe d'échec ». Effectivement, tout le thème de Baudelaire est placé sous le signe de la sublimation, de l'au-delà (Maison VIII), car son existence même ne sera qu'un long enfer, entretenu comme à plaisir.

Hanté par la mort et par la sexualité, Baudelaire est un Bélier complètement intériorisé, qui retourna son agressivité contre lui-même.
Bien qu'en domicile dans le signe rêveur et narcissique du Cancer, la Lune en carré au Soleil en Bélier indique aussi une dissociation entre la féminité intérieure et la masculinité du poète, conflit qui fut vécu douloureusement. Avec Mercure en Poissons, cette position explique la recherche des paradis artificiels, l'atmosphère d'étrangeté de maints poèmes, ainsi que l'amour des bateaux et de la mer : « O mort, vieux capitaine... » Ou encore : « Il faut être toujours ivre... Pour ne pas sentir l'horrible fardeau du Temps qui brise vos épaules... »
Cet horrible fardeau, c'est bien Saturne en Bélier, qui explique aussi l'hémiplégie et la congestion cérébrale qui emportèrent le poète. Avec cette subtilité quasi surnaturelle qui le caractérise, n'avait-il pas prévu sa fin en écrivant : « J'ai cultivé mon hystérie avec jouissance et terreur. Aujourd'hui 23 janvier 1862, j'ai subi un singulier avertissement, j'ai senti passer sur moi le vent de l'aile de l'imbécillité. »
Comme tant d'autres Bélier, Baudelaire mourut l'esprit affaibli. A l'hôpital de Bruxelles, il ne savait plus dire qu'un seul mot : « Crénom ! », lui qui avait écrit les plus beaux textes en langue française moderne.
La damnation dont il se glorifiait semble l'avoir poursuivi jusque dans la tombe, puisqu'il fut inhumé dans le même caveau que le général Aupick, son beau-père, l'homme qu'il avait le plus détesté au monde, l'archétype du militaire acéphale, celui qu'il souhaitait voir « fusiller ».
Quant aux ennuis d'argent et aux dettes qui assombrirent toute l'existence de Baudelaire et contribuèrent à en faire une lente déchéance, il faut les attribuer également à ce terrible Saturne en Maison VIII, sans lequel le poète eût peut-être été l'un des plus grands amoureux de l'Histoire...
L'Ascendant Vierge lui donna ce style littéraire extrêmement pur, ce sens critique infaillible, mais ne contribua pas à épanouir les planètes en Bélier. Il accentua au contraire le côté rétracté, voire maniaque, du personnage, visible sur la morphologie de son visage. Nul doute que Charles Baudelaire fût un névrosé qui vécut sur Terre les tortures de l'Enfer ; mais personne, même les pires détracteurs de la « culture », ne songe à nier son génie, la profondeur de son amertume. Ce Bélier saturnien fut plus qu'un poète — un mystique.

Marlon Brando

Né le 3 avril 1924.

Cet acteur nous semble dépasser la catégorie du comédien, où on le cantonne officiellement. Comme beaucoup de Bélier célèbres, il est devenu une sorte d'archétype.
Le thème natal de Brando est passionnant pour un astrologue, car il incarne à merveille les contradictions et les tensions du Bélier : le Soleil, conjoint à la Lune, est carré à Mars et Pluton, les deux maîtres du signe. L'Ascendant est en Sagittaire, signe de Feu également, avec Jupiter dans le signe, en domicile. La dominante est nettement de Feu, d'autant plus que le Soleil et la Lune sont reliés à Jupiter et à Neptune par un magnifique trigone.
De nombreuses planètes sont en dignité, ce qui est toujours excellent. Soleil en Bélier, Vénus en Taureau, Jupiter en Sagittaire, Mars en Capricorne. Le magnifique trigone de Feu, qui donne un sens de la grandeur, un côté mythologique (*Torquemada*), un sens profond de la justice, correspond à l'aspect « héroïque » du personnage, valable tant à l'écran que dans la vie (défense des Indiens, actions en faveur de diverses minorités opprimées, exil à Tahiti).
Mais cette même conjonction Soleil-Lune, toujours dangereuse en soi parce qu'elle indique une indifférenciation entre les parents, est affectée par Mars et Pluton. Pluton est en Maison VIII, ce qui donne des phénomènes dramatiques, des angoisses profondes et de graves problèmes familiaux (signe du Cancer). Effectivement, la mère de Marlon Brando mourut alcoolique, rejetant son fils, qui éprouvait pour elle des sentiments que la morale puritaine réprouve. Le Soleil et la Lune étant en Maison IV, tout ce qui touche à la famille fut sombre et dramatique pour le futur acteur, ce qui, bien sûr, marqua définitivement son caractère ombrageux et violent.
La combinaison Bélier-Sagittaire correspond souvent à un « complexe du chevalier ». Ne le retrouve-t-on pas, non seulement dans de nombreux rôles de « redresseurs de tort » incarnés par l'acteur - notamment dans *l'Equipée sauvage*, où il déchaîne les passions dans une ville américaine — mais dans son patronyme même, puisque Brando est, en anglais, en rapport avec *brand*, « incendie, brûlot » ?
Effectivement, c'est presque toujours le même archétype qui apparaît dans les rôles de Brando, celui du justicier solitaire, qui sème la violence par son attitude intransigeante : c'est le complexe de Zorro, repris à un niveau supérieur. Jupiter représente bien la soif de justice dans son aspect conformiste et social, mais le carré de Soleil-Lune à Mars et Pluton infléchit cette tendance vers le drame sanglant, l'embrasement général : c'est le cas dans *l'Équipée sauvage*, où toute la ville finit par flamber, mais aussi et surtout dans la magnifique adaptation de la pièce de Tennessee Williams, *Un tramway nommé Désir*, où Brando témoigne de sa capacité d'incarner un rôle très subtil, loin des bandes dessinées héroïques. Par son carré de Pluton (le révélateur caché et impitoyable), Brando parvient à une profondeur quasi diabolique, sa simple présence provoquant les drames et les prises de conscience. C'est le poids du *fatum*, du destin. C'est ce mélange de brutalité épaisse, provocatrice, et de finesse psychologique quasi démoniaque, dû à l'alchimie de l'Actor's Studio, qui rend cet acteur si attachant.
La dimension plutonienne du personnage se révèle particulièrement dans le film *Reflets dans un œil d'or*, avec sa dimension malsaine, son voyeurisme pervers. Dans le thème natal de l'acteur, la Lune maîtresse de la

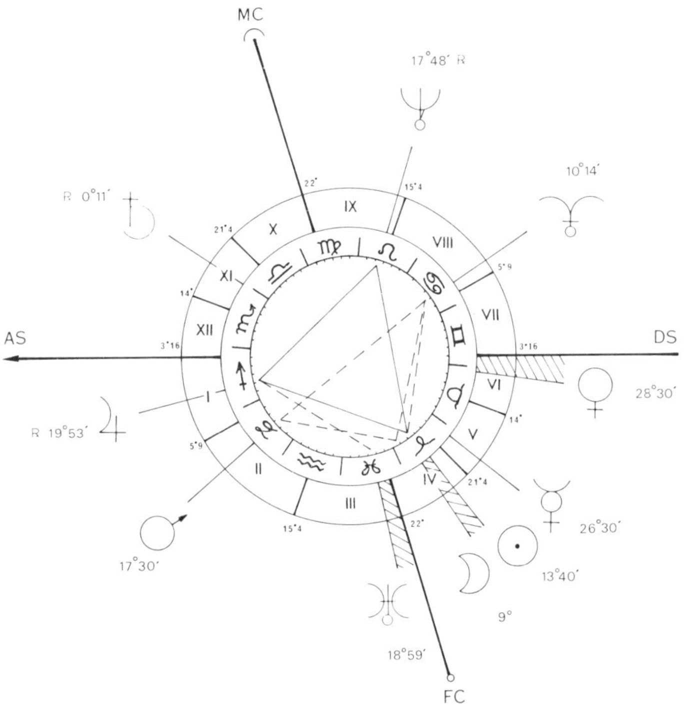

Marlon Brando. Son exceptionnel talent d'acteur est fait d'une présence quasi animale alliée à une grande subtilité de jeu. Ici, dans Sur les quais *d'Elia Kazan, en 1954.*

Maison VIII est en carré à Pluton en Maison VIII, tandis que le Soleil est en carré à Mars : nul doute que Brando ait eu de graves problèmes sexuels, qui renvoient à sa « face d'ombre ». Autocastration, rapports avec des femmes dévoreuses, autodestruction du « mythe Brando ». L'effritement du mythe est évident, des films de la grande période jusqu'au personnage actuel, qui joue un rôle de roman-feuilleton dans *le Parrain*, film saturé d'argent et de conformisme (mauvais aspect de Pluton) – ou encore, qui incarne, dans *le Dernier Tango à Paris*, le « mythe » à la mode de l'homme-zombie dévoré par la femme-amazone.

On peut trouver une consolation à ce gâchis en invoquant la décadence du cinéma, plutôt que celle de Brando. Cette décadence fait d'ailleurs partie d'un mouvement d'involution général : il suffit de voir ce que sont devenus, à la fin de leur vie, des créateurs Bélier comme Max Ernst, Salvador Dali, Béla Bartók, laminés par le système toujours en progrès. Que l'on considère aussi les rôles que dut jouer Michel Simon pour « gagner sa vie » au moment de gagner sa mort. Au moment où j'écris ces lignes, Jacques Brel, autre Bélier émérite, est mort, transformé en fantôme tahitien, par une curieuse analogie avec Brando, la « grande presse » se partageant les lambeaux de son mythe. Mais ici, je dépasse sans doute l'univers du Bélier. Alors, revenons-y. Mais n'oublions pas que ce premier signe vit toujours ce qui lui arrive et ce qui l'entoure avec une intensité supérieure. En cela, il est témoignage avant d'être témoin, il vit les choses avant que d'autres les analysent, les réfléchissent : tel est le sens profond du mot « bouc émissaire ».

Contrairement au Lion, qui tend à s'installer, à s'étaler, on trouvera toujours chez le Bélier une tendance à s'effacer, à disparaître, car le premier signe vit de manière dramatique le décalage entre l'idée et sa réalisation, entre l'étincelle et la flamme.

Le volcan ne se domestique pas, mais il peut s'éteindre.

Cioran

Né le 8 avril 1911 à Rasinari (Roumanie).

On pourra trouver étonnant, au premier abord, que cet essayiste célèbre par son scepticisme noir, ses réflexions d'un cynisme désabusé, soit du Bélier, où il n'a d'ailleurs que le Soleil, Vulcain et la Tête du Dragon.

Pourtant, ce pessimisme fait d'un mélange de ricanement, de résignation et de rage, a quelque chose de tonique et de revigorant. La lecture de Cioran, comme celle de Céline, engendre une sorte de rire salvateur, apporte paradoxalement une bouffée d'air irrespirable qui nous réconcilie avec nous-même.

Dans cet espèce de volcan étouffé que représente la pensée de Cioran, on retrouve bien l'amertume d'un

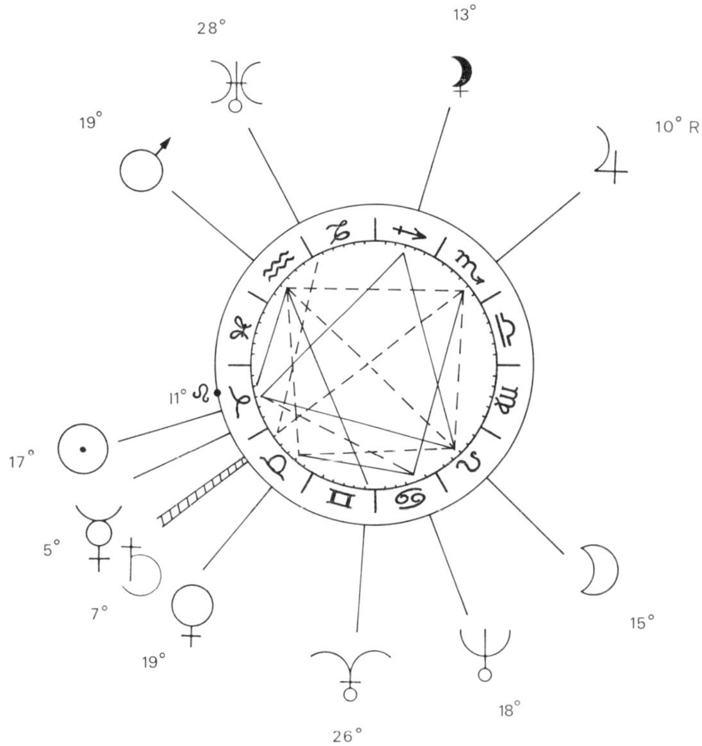

Analyste impitoyable et précis des illusions de l'homme, Cioran a donné, dans un style pur et magnifique, une œuvre nihiliste tout empreinte de dérision, sans concession.

Bélier saturnien (conjonction Mercure-Saturne en Taureau, opposée à Jupiter en Scorpion), transfigurée par une verve et une subtilité inimitables auxquelles le sang slave n'est pas étranger. Fils d'un pope, cet exilé roumain, qui doit son style somptueux et dense au fait d'avoir appris le français dans des dictionnaires du XVIIIe siècle, a développé jusqu'au vertige « l'art de penser contre soi », et contre tout, comme il le dit lui-même. Sa culture est immense, elle embrasse aussi bien la littérature mondiale que les écrits des saints et les livres sacrés hindous et bouddhistes.

On retrouve aussi la marque du Bélier dans le goût des aphorismes, des pensées cristallisées comme des pierres précieuses où Mars et Pluton auraient ajouté quelques gouttes d'acide. Les maîtres à penser de Cioran s'appellent sainte Thérèse d'Avila, Byron, Shelley, mais aussi Néron et autres monstres qui tentèrent d'exorciser le « scandale de la respiration ». C'est dire combien les écrits du métaphysicien roumain, devenus un stimulant pour ce qu'il y a de meilleur dans la jeunesse estudiantine actuelle, sont une école de lucidité et d'humour qui survivra à toutes les modes pseudo-philosophiques passagères, à tous les châteaux de cartes noyés dans le formol universitaire.

Si le pessimisme « noir comme la sépia de la seiche » (Nietzsche) de Cioran est dû à la conjonction Mercure-Saturne en Taureau, sa verve acide et revigorante, il la doit bien à ce Soleil en Bélier conjoint à Vulcain, sextile à Mars en Verseau, trigone à la Lune en Lion, et carré à Neptune en Cancer. Grandeur prométhéenne, goût du grandiose d'un côté, mais angoisse et romantisme déçu (Neptune) de l'autre.

Les titres des principaux livres sont déjà, comme de nombreuses maximes de l'écrivain, de véritables médailles frappées au coin de l'ironie byronienne et « stravroguinienne » : *Précis de décomposition, la Tentation d'exister, Syllogismes de l'amertume, la Chute dans le temps.* Bien que marqués fortement par l'axe Taureau-Scorpion, ces titres ont aussi du Bélier l'amertume martienne qui est comme l'écume de la nostalgie de l'inaccessible, d'un Paradis perdu dont le premier signe aurait le souvenir.

Cioran n'a-t-il pas magnifiquement défini l'aspect luciférien du Bélier (« Nous sommes tous des Lucifer de statistique ») en définissant l'aphorisme par un autre aphorisme : « L'aphorisme ? Du feu sans flamme. On comprend que personne ne veuille s'y réchauffer. »

Toute l'œuvre de ce personnage étant une suite de maximes, je me contenterai d'en citer quelques-unes au hasard, sans commentaires. Le lecteur ne manquera pas d'y reconnaître le sens du paradoxe et de l'humour noir qui est une des marques du Bélier, *signe bilieux* :

« Depuis des années, sans café, sans alcool, sans tabac ! Par bonheur, l'anxiété est là, qui remplace utilement les excitants les plus forts. »

« A quand l'homme qui saura nous défaire de tous les hommes ? »

« Plus quelqu'un est comblé de dons, moins il avance sur le plan spirituel. Le talent est un obstacle à la vie intérieure. »

« L'être est suspect. Que dire alors de la vie, qui en est la déviation et la flétrissure ? »

« A mesure que l'art s'enfonce dans l'impasse, les artistes se multiplient. »

« Celui qui a vécu parmi les hommes, et *guette encore un seul événement inattendu*, celui-là n'a rien compris et ne comprendra jamais rien. Il est mûr pour la Cité : tout doit lui être offert, tous les postes et les honneurs. Tel est le fait de tous les hommes – et cela explique la longévité de cet enfer sublunaire... »

Karajan et Toscanini

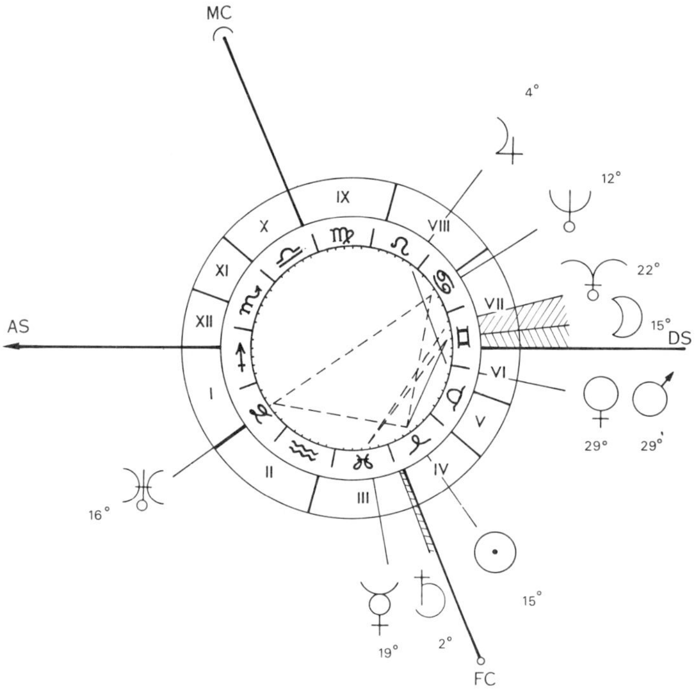

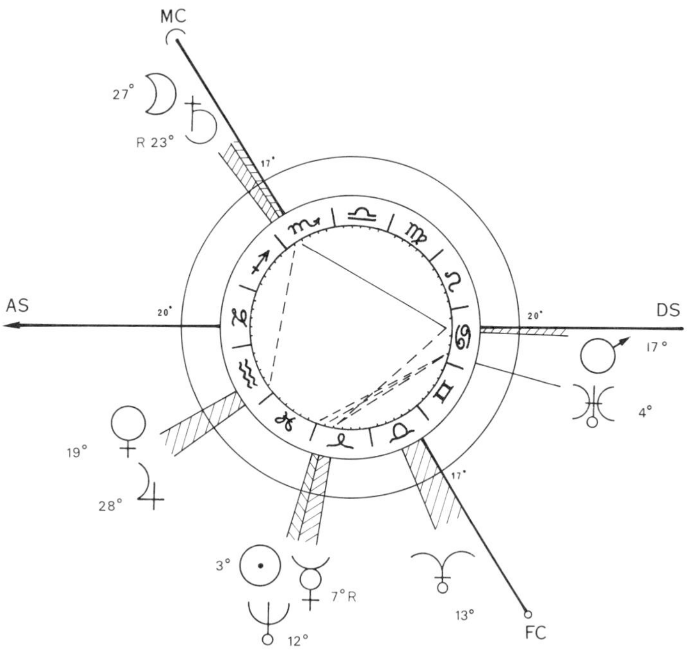

Herbert von Karajan, Arturo Toscanini. Deux styles en apparence opposés : recherche de la transparence du tissu orchestral, alchimie sonore du premier, dynamique dionysiaque du second. Mais même ascendant quasi médiumnique sur l'orchestre : ils sont à leur manière des meneurs d'hommes.

Ce rapprochement entre deux chefs apparemment si différents peut étonner. Les divergences, pourtant, relèvent plus de la culture que des tempéraments, fort proches.
Le style de Karajan est plus voluptueux. Ascendant Scorpion, le chef allemand a Vénus en Taureau et Mercure en Poissons : son lyrisme est charnel (bien que Saturne en Bélier apporte une note de dépouillement), profondément ancré dans la matière. Le Soleil, durement touché par les carrés de Neptune en Cancer et d'Uranus en Capricorne, donne quelque chose de flou au personnage, ce qui explique les grands écarts entre diverses versions d'une même œuvre.
La direction d'Arturo Toscanini est plus nerveuse, plus sèche, plus dépouillée. Ici, le lyrisme est italien, tout en finesse, le style est purement solaire, sans la moindre brume.
Les deux chefs ont pourtant de nombreux points en commun : la fougue, la puissance, la rapidité, parfois la violence. Il n'y a pas que le Soleil en Bélier qui soit commun aux deux hommes : on retrouve les mêmes valeurs uraniennes et neptuniennes fréquentes chez les musiciens. Dans le thème de Toscanini, le Soleil est conjoint à Mercure et Neptune (l'inspiration, la fougue, le génie) et il est carré à Uranus en Cancer. De plus, Mercure et Neptune sont au carré de Mars en Cancer : c'est la tempête permanente.
On connaît le tempérament irascible et absolu de Toscanini, qu'on retrouve chez Karajan. Mais le chef italien y ajoutait un sens du détail infaillible, en véritable tyran de la précision (Ascendant Capricorne, le maître Saturne étant conjoint à la Lune au Milieu-du-Ciel dans le signe du Scorpion.
Moins coupant, mais tout aussi puissant dans les sommets orchestraux, le style de Karajan se distingue par son charme voluptueux, viennois.
Les deux chefs se rejoignent néanmoins dans les valeurs Bélier de base : style orageux, nerveux, puissant, tempos très rapides, parfois trop. Recherche d'un style très pur, plus dépouillé chez Toscanini. D'un côté, le paysage grec ou romain, de l'autre, le charme grandiose de la forêt germanique. Mais les deux chefs ont en commun la grandeur, la force, qualités Bélier... Et, surtout, la puissance du rythme, la pulsation cosmique, qu'on retrouve chez Roussel et chez Bartók, compositeurs Bélier.
J'ai pu remarquer que, quantitativement, les grands compositeurs avec le Soleil en Bélier sont rares ; en revanche, les *composantes* Bélier sont fréquentes chez les musiciens (Bruckner et Tchaïkovski). Cela se comprend parfaitement : signe de conception plus que de création, le Bélier pur est plutôt fait pour diriger un orchestre que pour créer la musique. Statistiquement, la majorité des compositeurs sont marqués par Uranus et Neptune, maîtres des Poissons et du Verseau.
Toujours à la recherche du nouveau, de la jouissance de l'instant, le Bélier est plus porté à transfigurer une œuvre grâce à sa baguette (magique ou non) qu'à créer quelque chose de définitif (action qui relève des signes fixes).
Haydn et Bartók sont évidemment de redoutables exceptions dans cette loi purement quantitative. Lorsqu'un Bélier innove, on s'en souvient...
Néanmoins, on remarque, dans l'ensemble des musiciens, cette dominante urano-neptunienne (quel que soit le signe solaire) tout à fait compréhensible puisqu'il s'agit de planètes réceptrices, passives, condensatrices de vibrations, que le Soleil aura pour tâche de faire rayonner dans une œuvre.
En revanche, la liste des chefs d'orchestre ayant le Soleil dans le signe du Bélier est beaucoup plus fournie ; et, bien entendu, il s'agit de chefs de premier plan. Citons, au hasard, Stokowski, Mengelberg, Pierre Monteux, Pierre Boulez, Adrian Boult...

Simone Signoret

Née le 25 mars 1921, à Wiesbaden (Allemagne).

L'heure de naissance de Simone Signoret (de son vrai nom Simone Kaminker) est inconnue, mais certains astrologues lui attribuent un Ascendant Scorpion. De toute façon, c'est une « plutonienne », puisque Pluton est au carré du Soleil en Bélier : d'où un divorce avec sa propre image, un recul, un détachement, un refus de s'identifier. D'où, aussi, des projections dans des personnages infernaux, des déclassés, des êtres mystérieux et marginaux, derrière lesquels l'actrice aime à se dissimuler : Pluton, n'est-ce pas la planète des masques ? Il y a aussi dans cet aspect une dimension de révolte, Pluton étant maître de la Lune qui se trouve en Scorpion.
Simone Signoret n'a que le Soleil dans le signe du Bélier ; la dominante de son thème natal est bien plutôt un trigone en signe d'Eau, qui relie une magnifique conjonction Mercure-Uranus en Poissons à la Lune en Scorpion et à Pluton en Cancer. Dans ce trigone, c'est la valeur Poissons qui est le plus privilégiée, Mercure et Uranus étant plus à l'aise dans ce signe que la Lune en Scorpion et Pluton en Cancer, tous deux en chute. Cette valeur Poissons, c'est l'enchanteresse, la fée, la sirène. Seulement, les planètes en chute dans les deux autres signes d'Eau font basculer la féminité de l'actrice du côté des personnages de femme fatale, de vamp, voire de « garce » (Lune en Scorpion, son maître Pluton au carré du Soleil : la naufrageuse).
Ce personnage est bien incarné dans des films comme *Manèges*, d'Yves Allégret (1949), *Casque d'or*, de Jacques Becker (1951), où elle joue le rôle d'une Carmen qui mène un homme à la guillotine, dans une atmosphère populiste typique du cinéma de l'époque. Le thème de cette grande actrice est d'ailleurs dominé par des valeurs de type « révolutionnaire » : Mercure

est conjoint à Uranus en Poissons (révolte des masses), opposé à Jupiter et Saturne qui représentent la légalité bourgeoise ; Vénus et Mars sont conjoints en Taureau, opposés à la Lune, ce qui indique des problèmes de personnalité, d'intimes conflits, cette tendance étant aggravée par le carré du Soleil à Pluton, signe de dissociation avec l'image masculine et paternelle. Tout cela explique que Simone Signoret soit restée très discrète sur sa vie amoureuse dans ses mémoires, *la Nostalgie n'est plus ce qu'elle était*. Très beau titre, qui illustre bien les valeurs d'Eau (le souvenir, le sentiment), cancériennes en particulier.
Heureusement, Neptune en Lion, au trigone du Soleil, vient apporter le génie du Feu (*Casque d'or*) à ce thème finalement puissant.
Mais il manque tout de même l'élément Air.

Pas de jeu, pas de légèreté, une certaine pesanteur dans la façon de prendre la vie, peut-être.
Le carré Soleil-Pluton complique le destin de l'actrice, il la pousse à se dépasser elle-même, à se démarquer des autres à travers un humour noir et sardonique, présent à chaque page de son autobiographie : c'est le scalpel de l'entomologiste, dont elle est la première victime. Simone Signoret a réussi à maintenir une distance entre ce qu'elle joue et ce qu'elle est, attitude très plutonienne : elle se cache derrière ses personnages, là où d'autres s'identifient (par Jupiter ou la Lune, par exemple).
Il ne faut pas se fier à l'exhibitionnisme apparent du Bélier, qui est très souvent un signe pudique (Pluton, second maître du signe) : ayant Pluton au carré du Soleil en Bélier, l'actrice illustre à merveille le dédou-

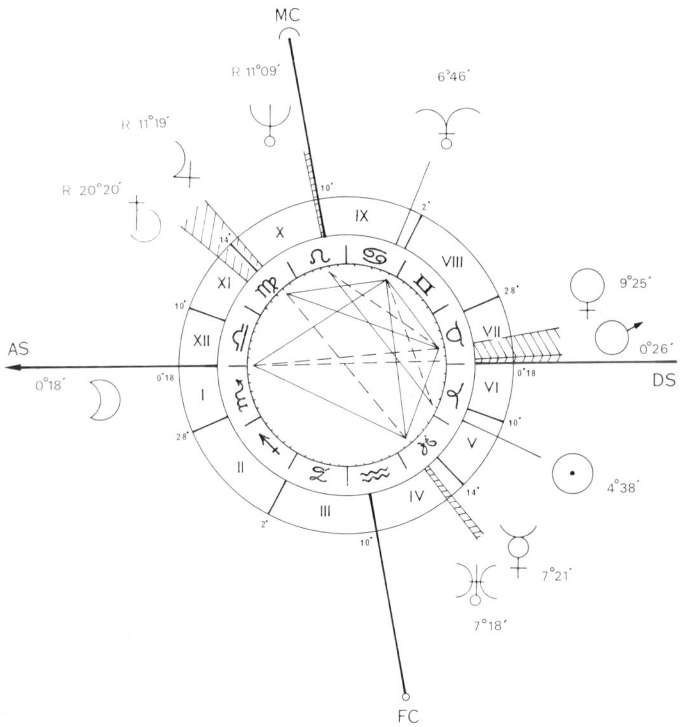

Simone Signoret : une personnalité hors pair, engagée dans la vie comme dans son métier avec une générosité de cœur qui transparaît à chaque ligne de ses mémoires. Il s'y dessine le portrait d'une femme attachante, émouvante souvent, lucide toujours.

blement, où le jeu scénique constitue une sorte de psychothérapie, instituant une distance pleine d'humour par rapport à soi-même.
Dans ce thème où la Lune est si fortement affligée, il faudrait aussi parler de la forte influence de la mère, mais ici nous entrons dans le domaine de l'astrologie générale.
En « termes de métier », on peut dire que les deux luminaires (Soleil et Lune) sont affligés, ce qui constitue toujours de graves problèmes dans la formation de la personnalité, puisque ces deux planètes symbolisent le père et la mère, leur rôle génétique et éducatif.
La mère fut probablement sur-protectrice, ce qui empêche longtemps l'actrice de s'épanouir. Quant au père, le carré Soleil-Pluton indique bien la difficulté pour l'actrice de s'identifier à lui.
On retrouve ce problème des rapports avec l'homme dans son idylle avec Yves Montand, qui valurent à l'actrice des lettres anonymes, des drames et des scandales divers. Il n'est pas jusqu'à la parution récente de son livre qui n'illustre ce carré Soleil-Pluton qui peut être considéré comme la dominante du thème de Simone Signoret : cette parution lui valut un procès... qu'elle gagna.
Pluton a toujours ajouté au feu de l'actrice le poids des forces cachées qu'il contient.
Bélier, la célèbre actrice le reste en tout cas par sa vie de luttes et de combats.

Michel Simon

« Jouer la comédie ne m'intéresse plus, tandis que tout le reste, je ne m'en lasserai jamais ! Voyez-vous, pour moi qui suis athée depuis l'âge de dix ans, je vénère quand même un dieu : Eros ! C'est Dieu le père, créateur de toutes choses. »
Michel Simon, adorateur de Priape, comptempteur des idoles bourgeoises... Nul doute que s'il avait connu Verlaine les deux personnages auraient sympathisé et vécu ensemble maintes épopées.
Acteur de génie, il ne peut être censuré en aucune manière : sa « trogne », son don d'ubiquite, son verbe sont là, fixés une fois pour toutes par la caméra, le disque, le livre. Sans parler du personnage intime... J'ai remarqué que, parmi les innombrables livres parlant d'astrologie, aucun ne cite Michel Simon, ni comme Bélier (où il n'a que le Soleil), ni comme Gémeaux (trois planètes), ni comme Scorpion (deux planètes). L'un des plus grands acteurs du siècle n'existerait-il pas pour les astrologues ?
Michel Simon n'avait donc en Bélier que le Soleil et la Lune Noire, mais le Soleil y était singulièrement valorisé : il est opposé à la Lune au Milieu-du-Ciel, sextile à Mars et Neptune en Gémeaux, trigone à l'Ascendant Sagittaire. Importance capitale des signes doubles, qui font de Michel Simon un acteur né, capable de se mettre dans la peau de n'importe quel personnage, sans pour autant perdre de son intense personnalité.
Comme Louis Jouvet – l'un de ses maîtres –, comme Marlon Brando, Simon fait partie de ces monstres sacrés, habités par leur rôle, capables de transcendance à un niveau théâtral dont on n'a plus la moindre idée aujourd'hui. De nos jours, au cinéma comme au théâtre, il semble qu'on recherche les acteurs le plus banals possible pour incarner des rôles tout aussi banals : c'est le culte de la « vie quotidienne ». Michel Simon fait partie d'une autre génération, d'une autre conception du monde et de la vie qui le rapprochent de la Renaissance.
Dans la combinaison Bélier-Sagittaire, il y a de la grandeur, du drame. Tandis que dans les trois planètes en Gémeaux et dans Mercure en Poissons, on trouve l'ineffable sens de la dérision et des masques qui signe le jeu de l'acteur.
Michel Simon n'était pourtant pas le prototype du grand acteur monolithique jouant éternellement le même jeu – comme Louis Jouvet. Il faisait partie de l'espèce supérieure, la plus rare, comme le disait Henri Langlois : « Il y a les acteurs qui sont toujours eux-mêmes : ils sont très grands, ils sont très célèbres, ils sont de grandes vedettes. Il y a les acteurs de composition, qui mettent des barbes, des moustaches ; ils sont très fameux ; seulement, ce sont des cabotins. Et puis il y a le vrai acteur, qui, avec un rien, un accent, son jeu pur, devient le personnage : sa personnalité change, il est le personnage. »
Michel Simon, insaisissable Protée, appartient à cette dernière et rarissime catégorie. Son Mercure en Poissons, trigone Uranus en exaltation en Scorpion, lui donne cette inimitable gouaille, ce don d'amuseur et de bouffon, pourtant toujours mêlé de tragique.
C'est cela peut-être qui fait la grandeur du comédien : ce mélange de comique et de tragique, cette bouffonnerie rabelaisienne qui inquiète, parce qu'elle est l'essence même de la vie :
« On est moches, on n'est pas beaux, mais on n'est pas des petites natures », confiait l'acteur à son amie Édith Piaf.
Le reste – obsessions sexuelles, tatouage, goût de la « dépravation » – appartient peut-être plus à l'axe Taureau-Scorpion qu'au signe du Bélier. Dans cet axe, Michel Simon avait en effet Vénus en Maison V, en opposition exacte à Uranus : fréquentation assidue des maisons closes et surtout cet extraordinaire musée d'érotisme que l'acteur avait constitué, et qu'il voulait léguer à la France après sa mort. L'acteur ignorait que Paris est du signe de la Vierge, et il avait peut-être oublié que la France est le pays d'Europe le plus ingrat envers les créateurs. Imagine-t-on un musée d'érotisme dans la capitale des fonctionnaires et du formol ?
Curieux monstre sacré, Michel Simon, mi-homme mi-centaure priapique, continue à hanter un cinéma dont la production actuelle n'a plus la créativité ni les bonheurs d'antan.
Pour illustrer la dimension surhumaine et extraterrestre du personnage, voici une anecdote, citée par une « locomotive » à la mode : Participant, avec Philippe Bouvard, à une émission où des auditeurs avaient la possibilité de lui téléphoner en direct, Simon eut au bout du fil une certaine Madame Irma, tenancière de maison close, maintenant mariée à un colonel de gendarmerie. Sentimental, influençable, l'acteur en eut les larmes aux yeux, et se mit à évoquer les bons souvenirs (Lune en Balance, au Milieu-du-Ciel). Puis, soudain, le Bélier-Scorpion se réveilla, et déclara : « Au bout de quelques années d'enquêtes et d'interrogatoires, les gendarmes s'aperçoivent qu'en province seules les professionnelles de l'amour sont vraiment propres. Alors ils les épousent... »
En quelques mots, ce Bélier d'un bois particulier avait réussi, par l'énonciation d'une dure vérité à se mettre à dos la maréchaussée, la congrégation des respectables prostituées, et le reste. Seule Madame Irma en sortit immaculée...
Dans la même ligne, Michel Simon déclara lors d'une interview : « On me reproche d'aimer les gigolos et les prostituées. Est-ce ma faute si la vie m'y a amené ? Les uns sont les seuls hommes qui soient aimés pour eux-mêmes... Les autres m'ont souvent témoigné plus de loyauté et de propreté morale que des femmes très distinguées. Et dites-moi, mon petit, y a-t-il autre chose qu'une nuance entre elles et moi ? Elles prêtent leur corps pour de l'argent. Pour de l'argent, je grimace, je fais semblant de ressentir des émotions, je les joue. Au fond, c'est encore plus grave... »
Frère de Michel Simon par bien des points (Soleil en Bélier, importance de l'axe Taureau-Scorpion), Verlaine eût apprécié ces déclarations intempestives, dites par le grand acteur avec cette voix éraillée, ce ton de bouffon inimitable qui faisait rire à la scène, mais qui inquiétait dans la vie.
Dans cet aspect shakespearien, hoffmannesque, de son jeu, il faut voir sans nul doute l'effet de la conjonction du Soleil avec la planète de Vulcain ; elle explique cette trogne ubuesque, le côté monstrueux du personnage,

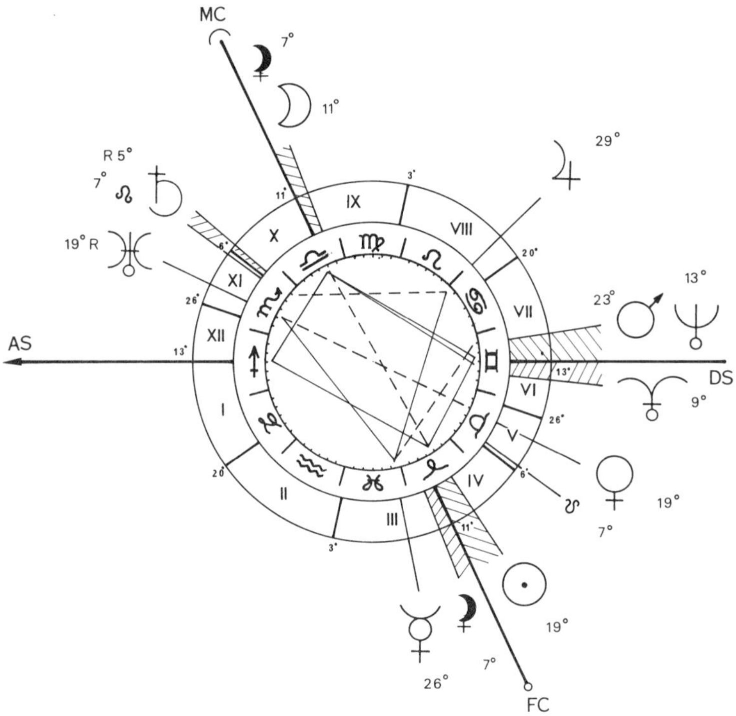

Michel Simon. Monstre sacré capable de transcendance, grandiose dans sa démesure, il a su incarner, au travers de compositions fortement dessinées, toute la dynamique solaire du signe.

qui faisait dire à un critique : « Sa crinière ondulante de photographe joli-cœur, ses petits bêlements de vieille chèvre, ses toussoteries rengorgées, ses mines mielleuses, son sourire arrondi, tout cela ne saurait se dépeindre et prend un relief inhumain. Il y a en lui de la vieille dame énervée et aussi du vieil enfant geignard et chipeur de gâteaux. Vous remarquerez qu'il ne marche en aucune circonstance d'un pas normal : il trottine. Il ne parle pas non plus : il chantonne. Il a des "hem ! hem !" gênés lorsque sa filouterie devient trop apparente, et sa couardise garde toujours quelque chose d'onctueux... Il ne fait jamais rire sans que ce rire ne soit mêlé d'un certain effroi... »
Vulcain, si important dans ce thème puisque conjoint au Soleil en exaltation, n'est-il pas le dieu boîteux, le dieu-forgeron, celui qui effraye par sa démesure et son animalité ?

Les anecdotes sur l'aspect monstrueux du personnage ne manquent pas : une actrice raconte que, pendant le tournage d'une scène d'amour, Michel Simon se précipita sur elle avec une telle conviction, l'embrassant fougueusement tandis que sa main s'égarait vers des lieux de son corps que le scénario ne mentionnait pas. Elle dut alors se dégager, ce qui ne fut pas facile et la scène fut ratée.
C'est bien le Feu, par le Soleil et par l'Ascendant, qui domine chez cet homme de la Renaissance, cet acteur dont le jeu ne vieillira jamais, parce que chacun de ses rôles était une création originale.
Je ne serai pas le seul, tant s'en faut, à regretter que son extraordinaire musée d'érotisme ait été dispersé aux quatre vents ; il aurait pu apporter, comme son propriétaire, un peu de fantaisie et de beauté dans notre univers glacé.

Paul Verlaine

Né le 30 mars 1844, à 21 heures, à Metz

« Quand sera fermée la dalle, Messieurs, apprenons aux passants que cette existence fut entre toutes correcte. » (Mallarmé, discours sur la tombe de Verlaine.)
Il nous a semblé difficile de parler de Baudelaire sans parler de Verlaine car, outre qu'ils sont tous deux Bélier, il y a entre ces deux poètes plus qu'une association purement euphonique ou fondée sur des réminiscences scolaires...
Né en 1844 – vingt-trois ans après Baudelaire –, Paul Verlaine avait le Soleil en Bélier, l'Ascendant en Scorpion, ce qui le place d'emblée sous les feux croisés de Mars et de Pluton. Il n'a pas le côté pusillanime, délicat, « névrosé en chambre », de son aîné et inspirateur. Il suffit de regarder les portraits des deux poètes pour

voir l'abîme qui les sépare : au contraire de Baudelaire, Verlaine a un côté animal, faunesque ; ce n'est pas un dandy. Dans les pires moments de son existence, il vivra comme un clochard, goûtera de la prison, de l'asile pour indigents, de l'homosexualité et de toutes les formes de dépravation qui attirent la réprobation sociale. Chez Verlaine, tout cela est vécu, alors que Baudelaire, par la magie du verbe, transforme son vertige intérieur en abominable débauche, par l'effet d'un surmoi écrasant (Saturne) : en ce sens, Baudelaire fut la victime d'une société bourgeoise particulièrement sclérosante contre laquelle il n'osa jamais protester qu'en parole, le fait de vivre en concubinage avec une mûlatresse n'ayant rien de bien héroïque, même à l'époque ! Chez cet autre Bélier en révolte qu'est Verlaine, la révolte fut vécue sur tous les plans, avec une authenticité totale et émouvante, qui en fait le frère de Baudelaire, dans une autre réalité.

Il y a chez Verlaine, surtout, une empoignade avec les « choses de la vie », un corps à corps sans merci, en même temps qu'un vertige sexuel qui le rend beaucoup plus proche de notre temps. Ce qui pourtant le rapproche le plus de Baudelaire, c'est une profonde amertume qui serait un peu, par rapport au signe du Bélier, comme l'inévitable écume (la « bile ») de Mars et de Pluton, les deux maîtres du signe. Nous avons vu qu'on retrouve cette amertume très particulière au signe chez nombre de personnages Bélier, qu'ils s'appellent Michel Simon, Marlon Brando, Michel de Ghelderode ou Cioran (auteur des *Syllogismes de l'amertume*).

Revenons à Verlaine, dont nous pensons que, d'une certaine manière, il est allé plus loin que Baudelaire, parce que sa révolte part du corps (conjonction Vénus-Mars dans le signe du Taureau).

Que trouve-t-on, chez lui, dans le signe du Bélier ? Une conjonction Soleil-Mercure-Uranus, ainsi que Pluton maître de l'Ascendant : cet amas, hélas, se trouve en Maison VI, dans le domaine des servitudes et ennuis de santé. Ces quatre planètes en Bélier signent bien le tempérament puissant, révolté, exacerbé, anticonformiste à tout crin du poète, tandis que la conjonction Mars-Vénus en Taureau, sensuelle et exigeante à l'extrême, le précipita sa vie durant dans les aventures sexuelles et sentimentales les plus échevelées, sans distinction de sexe ni de niveau social, ainsi que dans de dangereuses crises d'alcoolisme. Verlaine fit feu sur Rimbaud (celui-ci se vengea, plus tard, en lui administrant une raclée), battit sa mère, traîna dans les bouges les plus infâmes en compagnie de gens peu recommandables, connut en un mot toutes les turpitudes possibles (le maître de la Maison V – plaisirs, créations – est Neptune, au carré de Mars et Vénus, dans le signe anticonformiste du Verseau ; le maître de la Maison VIII – la sexualité – est Mercure, conjoint à Uranus). Et pourtant, Verlaine était un pur...

Ses poèmes érotiques ont un accent charnel inimitable, d'où est absent le parfum de « damnation » qui planait chez Baudelaire.

« Brune encore non eue
Je te veux presque nue
Sur un canapé noir
Dans un jaune boudoir...

Presque nue et non nue
A travers une nue
De dentelles montrant
Ta chair où va courant
Ma bouche délirante... »

Paul Verlaine, Bélier torturé aux prises avec une réalité qui l'accable et l'attire irrésistiblement : il libéra ses tensions grâce à son génie poétique, totalement libre et nouveau.

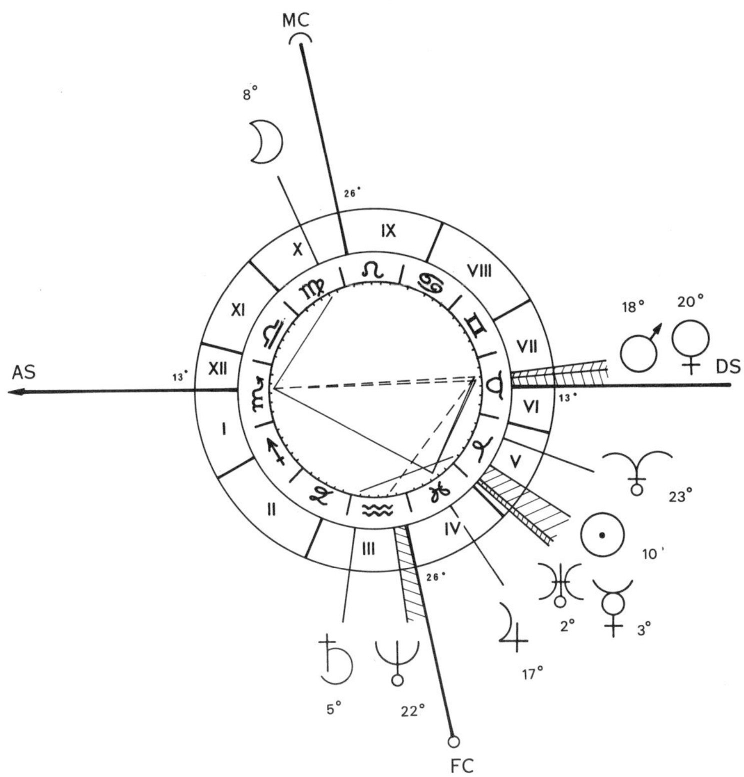

Ou encore cette délicieuse parodie :

« Mignonne allons voir si ton lit
A toujours sous le rideau rouge
L'oreiller sorcier qui tant bouge
Et les draps fous. O vers ton lit ! »

Verlaine se considérait lui-même comme un « poète saturnien », et effectivement Saturne joue un rôle assez important dans son thème natal, bien que moindre par rapport à Baudelaire : il se trouve en Verseau, donc en dignité, maître de la Maison III en Maison III : les écrits, les rapports avec l'entourage. Ce Saturne très positif, enfin, qui a dû freiner la tendance aux excès chez le poète, est sextile à Mercure et il est aussi maître de la Maison IV, la fin de la vie. N'explique-t-il pas le détachement vers lequel Verlaine s'achemina peu à peu, de même que Jupiter en Poissons signerait ses accès de mysticisme chrétien : entre deux « expéditions » sexuelles et alcooliques, n'allait-il pas se retremper, si j'ose dire, dans un monastère pour faire retraite ? Le corps a ses raisons que la raison ignore.
Aura-t-on remarqué, aussi, l'indéniable ressemblance physique entre Verlaine et Lénine, tous deux Mercure-Bélier et Ascendant Scorpion ? L'analogie s'arrête là, car Lénine était avant tout un ascète et un neptunien, alors que notre poète était avant tout un uranien et un plutonien, l'ascèse opérant à travers les excès de la chair (ceux que Baudelaire vécut cérébralement).
Le visage même de Verlaine a souvent été comparé à celui d'un faune, d'un bouc : sourcils broussailleux, regard lourd et sensuel (Vénus-Mars en Taureau), air de défi, de celui qui en sait long sur la nature humaine. Au premier abord, c'est l'antithèse des portraits de Baudelaire, collégien prolongé, crispé, hystérique, frustré, autodestructeur, bouc émissaire désincarné d'une immonde bourgeoisie. D'un côté, le vampire, de l'autre le faune. Chez Baudelaire, il n'y a que des barrières, chez Verlaine, il n'y en a aucune.
Et pourtant, tous deux se rejoignent dans le sarcasme, le mépris pour cette société mercantile, tous deux proposent leur candidature à l'Académie française, et la retirent avant même qu'une décision ait eu lieu — ô dérision de la poésie dans un univers de combinards et de marchands !

« Bons camarades de la Presse,
Comme aussi de la Poésie,
Fleurs de muflisme et de bassesse,
Elite par quel Dieu choisie,
Par quel Dieu de toute bassesse ? »

nous dit Verlaine dans « Littérature », une des pièces contenue dans le recueil peu connu, et d'ailleurs très inégal, qui s'intitule *Invectives* (un titre Bélier-Scorpion, s'il en fût).
Le Milieu-du-Ciel est en Lion — d'où le besoin de briller, la mise en scène de sa propre personne, l'absence totale de pudeur, ou plutôt, de puritanisme, chez le poète au pied fourchu. Ses poèmes « sous le manteau », ses règlements de compte parfois sordides, son penchant à l'abjection, sont étalés avec une sorte d'angélisme démoniaque (valeurs Bélier, Verseau et Scorpion vécues sur une toile de fond Taureau hypersexuelle). Il n'y a chez Verlaine aucun commandement moral, c'est le côté « faunesque » qui prime, la sensation pure. De nos jours, les mass-media et la « culture » se sont emparés de lui pour en faire le parolier sucré de quelques chansons et poèmes scolaires. Quelle imposture, quelle dérision ! Il n'y a pas de danger qu'on donne au public et aux enfants l'image de ce que fut véritablement le poète, un homme en révolte totale, et sur tous les plans, contre « le système ». Un Bélier qui avait dans ce signe non seulement le Soleil, mais aussi Mercure, Uranus et Pluton, les deux planètes de la révolte absolue. Révolte qui fut vécue dans son esprit et dans sa chair.
Verlaine mourut à cinquante-deux ans, épuisé par les excès de toutes sortes. A ses obsèques étaient présents François Coppée, Maurice Barrès et le symboliste Stéphane Mallarmé.
Le maître de la Maison VIII (la mort) étant Mercure, on a parlé de congestion pulmonaire. Qui sait ? Ce qui nous semble certain, c'est que dans le paradis où se trouve Verlaine, il n'y a pas de crucifix. Contrairement à Baudelaire, il n'en éprouvait même pas la nostalgie :

« Je connais tout, même moi-même.
Je ne sais rien, même de toi,
Je suis l'inconscient et j'aime
Je ne sais qui, jusques à moi ! »

Chapitre V

A la recherche de votre « Moi » profond

Le goût du risque, des aventures un peu folles, caractérise le signe. Il aime voir loin, embrasser le monde, les espaces étriqués l'indisposent. Ici, Marcel Amont jouant au flibustier.

Dans quel Signe se trouvaient les Planètes à votre naissance

Comment utiliser les Tables des positions planétaires

Les planètes, le Soleil et la Lune sont des points d'émission énergétiques qui correspondent chacun à une certaine expression de votre personnalité.

Mais ces corps célestes n'agissent pas directement sur nous.

Entre eux et la Terre, le Zodiaque avec ses douze signes différents constitue une sorte de bande abstraite à travers laquelle va s'exercer l'action des astres sur la Terre.

Ainsi la planète Jupiter n'agit-elle pas directement sur vous mais à travers le signe zodiacal dans lequel, vue de la Terre, elle se trouvait au moment de votre naissance.

C'est pourquoi, pour connaître le mode d'action complet de Jupiter sur vous, vous devez rechercher ce signe.

Les Tables de positions planétaires de 1910 à 1989 vous permettront de trouver d'un seul coup d'œil pour l'année et le jour de votre naissance le signe zodiacal dans lequel se trouvait chacune des huit planètes de Mercure à Pluton.

Vous pouvez reporter ces positions sur la page 3 de votre *Guide psycho-astrologique personnel* (en tiré à part).

Pour la Lune, vous procédez différemment car cet astre se déplace beaucoup plus rapidement que les planètes, si bien qu'il vous faut tenir compte de votre heure de naissance pour connaître son signe zodiacal.

Dans les *Tables des positions planétaires* vous trouvez la position de la Lune à midi, temps universel de Greenwich, près de Londres.

Comme la Lune parcourt en moyenne 12 degrés zodiacaux par jour, elle reste environ deux jours et demi dans un signe puisque chaque signe compte 30 degrés zodiacaux.

Toutes les deux heures la Lune parcourt 1 degré zodiacal et c'est en fonction de cela que nous trouverons sa position finale.

Pratiquement, voici comment vous allez opérer :

1) Si les *Tables des positions planétaires* vous indiquent une position de la Lune comprise entre 6 et 23 degrés de n'importe quel signe zodiacal, la Lune est restée toute la journée dans ce signe que vous inscrivez sur votre *Guide psycho-astrologique personnel ;*

2) Si les *Tables* vous indiquent une position 0, 1, 2, 3, 4, 5, ou 24, 25, 26, 27, 28, 29 degrés d'un signe zodiacal, vous devez tenir compte de vos heure et lieu de naissance pour trouver la position réelle de la Lune à ce moment-là. Vous procédez alors comme indiqué à la page 192.

DECOUVREZ DANS QUEL SIGNE SE TROUVAIENT LES PLANETES A VOTRE NAISSANCE

1910	MERCURE	VÉNUS	MARS	JUPITER	SATURNE	URANUS	NEPTUNE	PLUTON	LUNE *
21 MARS	POISSONS	VERSEAU	GEMEAUX	BALANCE	BELIER	CAPRICORNE	CANCER	GEMEAUX	10 LION
22 MARS	POISSONS	VERSEAU	GEMEAUX	BALANCE	BELIER	CAPRICORNE	CANCER	GEMEAUX	23 LION
23 MARS	POISSONS	VERSEAU	GEMEAUX	BALANCE	BELIER	CAPRICORNE	CANCER	GEMEAUX	5 VIERGE
24 MARS	POISSONS	VERSEAU	GEMEAUX	BALANCE	BELIER	CAPRICORNE	CANCER	GEMEAUX	18 VIERGE
25 MARS	POISSONS	VERSEAU	GEMEAUX	BALANCE	BELIER	CAPRICORNE	CANCER	GEMEAUX	0 BALANCE
26 MARS	POISSONS	VERSEAU	GEMEAUX	BALANCE	BELIER	CAPRICORNE	CANCER	GEMEAUX	12 BALANCE
27 MARS	POISSONS	VERSEAU	GEMEAUX	BALANCE	BELIER	CAPRICORNE	CANCER	GEMEAUX	24 BALANCE
28 MARS	POISSONS	VERSEAU	GEMEAUX	BALANCE	BELIER	CAPRICORNE	CANCER	GEMEAUX	6 SCORPION
29 MARS	BELIER	VERSEAU	GEMEAUX	BALANCE	BELIER	CAPRICORNE	CANCER	GEMEAUX	17 SCORPION
30 MARS	BELIER	VERSEAU	GEMEAUX	BALANCE	BELIER	CAPRICORNE	CANCER	GEMEAUX	29 SCORPION
31 MARS	BELIER	VERSEAU	GEMEAUX	BALANCE	BELIER	CAPRICORNE	CANCER	GEMEAUX	11 SAGITTAIRE
1 AVRIL	BELIER	VERSEAU	GEMEAUX	BALANCE	BELIER	CAPRICORNE	CANCER	GEMEAUX	23 SAGITTAIRE
2 AVRIL	BELIER	VERSEAU	GEMEAUX	BALANCE	BELIER	CAPRICORNE	CANCER	GEMEAUX	5 CAPRICORNE
3 AVRIL	BELIER	VERSEAU	GEMEAUX	BALANCE	BELIER	CAPRICORNE	CANCER	GEMEAUX	18 CAPRICORNE
4 AVRIL	BELIER	VERSEAU	GEMEAUX	BALANCE	BELIER	CAPRICORNE	CANCER	GEMEAUX	1 VERSEAU
5 AVRIL	BELIER	POISSONS	GEMEAUX	BALANCE	BELIER	CAPRICORNE	CANCER	GEMEAUX	15 VERSEAU
6 AVRIL	BELIER	POISSONS	GEMEAUX	BALANCE	BELIER	CAPRICORNE	CANCER	GEMEAUX	28 VERSEAU
7 AVRIL	BELIER	POISSONS	GEMEAUX	BALANCE	BELIER	CAPRICORNE	CANCER	GEMEAUX	13 POISSONS
8 AVRIL	BELIER	POISSONS	GEMEAUX	BALANCE	BELIER	CAPRICORNE	CANCER	GEMEAUX	28 POISSONS
9 AVRIL	BELIER	POISSONS	GEMEAUX	BALANCE	BELIER	CAPRICORNE	CANCER	GEMEAUX	13 BELIER
10 AVRIL	BELIER	POISSONS	GEMEAUX	BALANCE	BELIER	CAPRICORNE	CANCER	GEMEAUX	28 BELIER
11 AVRIL	BELIER	POISSONS	GEMEAUX	BALANCE	BELIER	CAPRICORNE	CANCER	GEMEAUX	13 TAUREAU
12 AVRIL	BELIER	POISSONS	GEMEAUX	BALANCE	BELIER	CAPRICORNE	CANCER	GEMEAUX	28 TAUREAU
13 AVRIL	TAUREAU	POISSONS	GEMEAUX	BALANCE	BELIER	CAPRICORNE	CANCER	GEMEAUX	13 GEMEAUX
14 AVRIL	TAUREAU	POISSONS	GEMEAUX	BALANCE	BELIER	CAPRICORNE	CANCER	GEMEAUX	27 GEMEAUX
15 AVRIL	TAUREAU	POISSONS	GEMEAUX	BALANCE	BELIER	CAPRICORNE	CANCER	GEMEAUX	11 CANCER
16 AVRIL	TAUREAU	POISSONS	GEMEAUX	BALANCE	BELIER	CAPRICORNE	CANCER	GEMEAUX	24 CANCER
17 AVRIL	TAUREAU	POISSONS	GEMEAUX	BALANCE	BELIER	CAPRICORNE	CANCER	GEMEAUX	7 LION
18 AVRIL	TAUREAU	POISSONS	GEMEAUX	BALANCE	BELIER	CAPRICORNE	CANCER	GEMEAUX	20 LION
19 AVRIL	TAUREAU	POISSONS	GEMEAUX	BALANCE	BELIER	CAPRICORNE	CANCER	GEMEAUX	2 VIERGE
20 AVRIL	TAUREAU	POISSONS	GEMEAUX	BALANCE	BELIER	CAPRICORNE	CANCER	GEMEAUX	15 VIERGE

LE SOLEIL ENTRE DANS LE SIGNE DU BELIER LE 21 MARS 1910 A 12 h 00
LE SOLEIL QUITTE LE SIGNE DU BELIER LE 20 AVRIL 1910 A 23 h 40

* LES CHIFFRES INDIQUENT LES DEGRES

1911	MERCURE	VENUS	MARS	JUPITER	SATURNE	URANUS	NEPTUNE	PLUTON	LUNE *
21 MARS	BELIER	BELIER	VERSEAU	SCORPION	TAUREAU	CAPRICORNE	CANCER	GEMEAUX	13 SAGITTAIRE
22 MARS	BELIER	BELIER	VERSEAU	SCORPION	TAUREAU	CAPRICORNE	CANCER	GEMEAUX	25 SAGITTAIRE
23 MARS	BELIER	BELIER	VERSEAU	SCORPION	TAUREAU	CAPRICORNE	CANCER	GEMEAUX	7 CAPRICORNE
24 MARS	BELIER	TAUREAU	VERSEAU	SCORPION	TAUREAU	CAPRICORNE	CANCER	GEMEAUX	19 CAPRICORNE
25 MARS	BELIER	TAUREAU	VERSEAU	SCORPION	TAUREAU	CAPRICORNE	CANCER	GEMEAUX	1 VERSEAU
26 MARS	BELIER	TAUREAU	VERSEAU	SCORPION	TAUREAU	CAPRICORNE	CANCER	GEMEAUX	14 VERSEAU
27 MARS	BELIER	TAUREAU	VERSEAU	SCORPION	TAUREAU	CAPRICORNE	CANCER	GEMEAUX	27 VERSEAU
28 MARS	BELIER	TAUREAU	VERSEAU	SCORPION	TAUREAU	CAPRICORNE	CANCER	GEMEAUX	10 POISSONS
29 MARS	BELIER	TAUREAU	VERSEAU	SCORPION	TAUREAU	CAPRICORNE	CANCER	GEMEAUX	24 POISSONS
30 MARS	BELIER	TAUREAU	VERSEAU	SCORPION	TAUREAU	CAPRICORNE	CANCER	GEMEAUX	8 BELIER
31 MARS	BELIER	TAUREAU	VERSEAU	SCORPION	TAUREAU	CAPRICORNE	CANCER	GEMEAUX	22 BELIER
1 AVRIL	BELIER	TAUREAU	VERSEAU	SCORPION	TAUREAU	CAPRICORNE	CANCER	GEMEAUX	7 TAUREAU
2 AVRIL	BELIER	TAUREAU	VERSEAU	SCORPION	TAUREAU	CAPRICORNE	CANCER	GEMEAUX	21 TAUREAU
3 AVRIL	BELIER	TAUREAU	VERSEAU	SCORPION	TAUREAU	CAPRICORNE	CANCER	GEMEAUX	6 GEMEAUX
4 AVRIL	BELIER	TAUREAU	VERSEAU	SCORPION	TAUREAU	CAPRICORNE	CANCER	GEMEAUX	20 GEMEAUX
5 AVRIL	TAUREAU	TAUREAU	VERSEAU	SCORPION	TAUREAU	CAPRICORNE	CANCER	GEMEAUX	4 CANCER
6 AVRIL	TAUREAU	TAUREAU	VERSEAU	SCORPION	TAUREAU	CAPRICORNE	CANCER	GEMEAUX	19 CANCER
7 AVRIL	TAUREAU	TAUREAU	VERSEAU	SCORPION	TAUREAU	CAPRICORNE	CANCER	GEMEAUX	2 LION
8 AVRIL	TAUREAU	TAUREAU	VERSEAU	SCORPION	TAUREAU	CAPRICORNE	CANCER	GEMEAUX	16 LION
9 AVRIL	TAUREAU	TAUREAU	VERSEAU	SCORPION	TAUREAU	CAPRICORNE	CANCER	GEMEAUX	29 LION
10 AVRIL	TAUREAU	TAUREAU	VERSEAU	SCORPION	TAUREAU	CAPRICORNE	CANCER	GEMEAUX	13 VIERGE
11 AVRIL	TAUREAU	TAUREAU	VERSEAU	SCORPION	TAUREAU	CAPRICORNE	CANCER	GEMEAUX	26 VIERGE
12 AVRIL	TAUREAU	TAUREAU	VERSEAU	SCORPION	TAUREAU	CAPRICORNE	CANCER	GEMEAUX	8 BALANCE
13 AVRIL	TAUREAU	TAUREAU	VERSEAU	SCORPION	TAUREAU	CAPRICORNE	CANCER	GEMEAUX	21 BALANCE
14 AVRIL	TAUREAU	TAUREAU	VERSEAU	SCORPION	TAUREAU	CAPRICORNE	CANCER	GEMEAUX	3 SCORPION
15 AVRIL	TAUREAU	TAUREAU	VERSEAU	SCORPION	TAUREAU	CAPRICORNE	CANCER	GEMEAUX	15 SCORPION
16 AVRIL	TAUREAU	TAUREAU	VERSEAU	SCORPION	TAUREAU	CAPRICORNE	CANCER	GEMEAUX	27 SCORPION
17 AVRIL	TAUREAU	TAUREAU	VERSEAU	SCORPION	TAUREAU	CAPRICORNE	CANCER	GEMEAUX	9 SAGITTAIRE
18 AVRIL	TAUREAU	GEMEAUX	VERSEAU	SCORPION	TAUREAU	CAPRICORNE	CANCER	GEMEAUX	21 SAGITTAIRE
19 AVRIL	TAUREAU	GEMEAUX	VERSEAU	SCORPION	TAUREAU	CAPRICORNE	CANCER	GEMEAUX	3 CAPRICORNE
20 AVRIL	TAUREAU	GEMEAUX	VERSEAU	SCORPION	TAUREAU	CAPRICORNE	CANCER	GEMEAUX	15 CAPRICORNE
21 AVRIL	TAUREAU	GEMEAUX	VERSEAU	SCORPION	TAUREAU	CAPRICORNE	CANCER	GEMEAUX	27 CAPRICORNE

LE SOLEIL ENTRE DANS LE SIGNE DU BELIER LE 21 MARS 1911 A 18 h 00
LE SOLEIL QUITTE LE SIGNE DU BELIER LE 21 AVRIL 1911 A 5 h 40

* LES CHIFFRES INDIQUENT LES DEGRES

DECOUVREZ DANS QUEL SIGNE SE TROUVAIENT LES PLANETES A VOTRE NAISSANCE

1912	MERCURE	VENUS	MARS	JUPITER	SATURNE	URANUS	NEPTUNE	PLUTON	LUNE *
20 MARS	BELIER	POISSONS	GEMEAUX	SAGITTAIRE	TAUREAU	VERSEAU	CANCER	GEMEAUX	18 BELIER
21 MARS	BELIER	POISSONS	GEMEAUX	SAGITTAIRE	TAUREAU	VERSEAU	CANCER	GEMEAUX	1 TAUREAU
22 MARS	BELIER	POISSONS	GEMEAUX	SAGITTAIRE	TAUREAU	VERSEAU	CANCER	GEMEAUX	15 TAUREAU
23 MARS	BELIER	POISSONS	GEMEAUX	SAGITTAIRE	TAUREAU	VERSEAU	CANCER	GEMEAUX	28 TAUREAU
24 MARS	BELIER	POISSONS	GEMEAUX	SAGITTAIRE	TAUREAU	VERSEAU	CANCER	GEMEAUX	12 GEMEAUX
25 MARS	BELIER	POISSONS	GEMEAUX	SAGITTAIRE	TAUREAU	VERSEAU	CANCER	GEMEAUX	26 GEMEAUX
26 MARS	BELIER	POISSONS	GEMEAUX	SAGITTAIRE	TAUREAU	VERSEAU	CANCER	GEMEAUX	10 CANCER
27 MARS	BELIER	POISSONS	GEMEAUX	SAGITTAIRE	TAUREAU	VERSEAU	CANCER	GEMEAUX	24 CANCER
28 MARS	BELIER	POISSONS	GEMEAUX	SAGITTAIRE	TAUREAU	VERSEAU	CANCER	GEMEAUX	9 LION
29 MARS	BELIER	POISSONS	GEMEAUX	SAGITTAIRE	TAUREAU	VERSEAU	CANCER	GEMEAUX	23 LION
30 MARS	BELIER	POISSONS	GEMEAUX	SAGITTAIRE	TAUREAU	VERSEAU	CANCER	GEMEAUX	7 VIERGE
31 MARS	BELIER	POISSONS	GEMEAUX	SAGITTAIRE	TAUREAU	VERSEAU	CANCER	GEMEAUX	22 VIERGE
1 AVRIL	BELIER	POISSONS	GEMEAUX	SAGITTAIRE	TAUREAU	VERSEAU	CANCER	GEMEAUX	6 BALANCE
2 AVRIL	BELIER	POISSONS	GEMEAUX	SAGITTAIRE	TAUREAU	VERSEAU	CANCER	GEMEAUX	19 BALANCE
3 AVRIL	BELIER	POISSONS	GEMEAUX	SAGITTAIRE	TAUREAU	VERSEAU	CANCER	GEMEAUX	3 SCORPION
4 AVRIL	BELIER	POISSONS	GEMEAUX	SAGITTAIRE	TAUREAU	VERSEAU	CANCER	GEMEAUX	16 SCORPION
5 AVRIL	BELIER	POISSONS	CANCER	SAGITTAIRE	TAUREAU	VERSEAU	CANCER	GEMEAUX	29 SCORPION
6 AVRIL	BELIER	POISSONS	CANCER	SAGITTAIRE	TAUREAU	VERSEAU	CANCER	GEMEAUX	11 SAGITTAIRE
7 AVRIL	BELIER	POISSONS	CANCER	SAGITTAIRE	TAUREAU	VERSEAU	CANCER	GEMEAUX	23 SAGITTAIRE
8 AVRIL	BELIER	POISSONS	CANCER	SAGITTAIRE	TAUREAU	VERSEAU	CANCER	GEMEAUX	5 CAPRICORNE
9 AVRIL	BELIER	POISSONS	CANCER	SAGITTAIRE	TAUREAU	VERSEAU	CANCER	GEMEAUX	17 CAPRICORNE
10 AVRIL	BELIER	POISSONS	CANCER	SAGITTAIRE	TAUREAU	VERSEAU	CANCER	GEMEAUX	29 CAPRICORNE
11 AVRIL	BELIER	POISSONS	CANCER	SAGITTAIRE	TAUREAU	VERSEAU	CANCER	GEMEAUX	11 VERSEAU
12 AVRIL	BELIER	POISSONS	CANCER	SAGITTAIRE	TAUREAU	VERSEAU	CANCER	GEMEAUX	23 VERSEAU
13 AVRIL	BELIER	BELIER	CANCER	SAGITTAIRE	TAUREAU	VERSEAU	CANCER	GEMEAUX	5 POISSONS
14 AVRIL	BELIER	BELIER	CANCER	SAGITTAIRE	TAUREAU	VERSEAU	CANCER	GEMEAUX	18 POISSONS
15 AVRIL	BELIER	BELIER	CANCER	SAGITTAIRE	TAUREAU	VERSEAU	CANCER	GEMEAUX	1 BELIER
16 AVRIL	BELIER	BELIER	CANCER	SAGITTAIRE	TAUREAU	VERSEAU	CANCER	GEMEAUX	14 BELIER
17 AVRIL	BELIER	BELIER	CANCER	SAGITTAIRE	TAUREAU	VERSEAU	CANCER	GEMEAUX	27 BELIER
18 AVRIL	BELIER	BELIER	CANCER	SAGITTAIRE	TAUREAU	VERSEAU	CANCER	GEMEAUX	11 TAUREAU
19 AVRIL	BELIER	BELIER	CANCER	SAGITTAIRE	TAUREAU	VERSEAU	CANCER	GEMEAUX	24 TAUREAU
20 AVRIL	BELIER	BELIER	CANCER	SAGITTAIRE	TAUREAU	VERSEAU	CANCER	GEMEAUX	8 GEMEAUX

LE SOLEIL	ENTRE DANS LE SIGNE DU	BELIER	LE 20 MARS 1912	A 23 h 30
	QUITTE LE SIGNE DU		LE 20 AVRIL	11 h 10

* LES CHIFFRES INDIQUENT LES DEGRES

1913	MERCURE	VENUS	MARS	JUPITER	SATURNE	URANUS	NEPTUNE	PLUTON	LUNE *
21 MARS	BELIER	TAUREAU	VERSEAU	CAPRICORNE	TAUREAU	VERSEAU	CANCER	GEMEAUX	16 VIERGE
22 MARS	BELIER	TAUREAU	VERSEAU	CAPRICORNE	TAUREAU	VERSEAU	CANCER	GEMEAUX	1 BALANCE
23 MARS	BELIER	TAUREAU	VERSEAU	CAPRICORNE	TAUREAU	VERSEAU	CANCER	GEMEAUX	16 BALANCE
24 MARS	BELIER	TAUREAU	VERSEAU	CAPRICORNE	TAUREAU	VERSEAU	CANCER	GEMEAUX	1 SCORPION
25 MARS	BELIER	TAUREAU	VERSEAU	CAPRICORNE	TAUREAU	VERSEAU	CANCER	GEMEAUX	15 SCORPION
26 MARS	BELIER	TAUREAU	VERSEAU	CAPRICORNE	GEMEAUX	VERSEAU	CANCER	GEMEAUX	29 SCORPION
27 MARS	BELIER	TAUREAU	VERSEAU	CAPRICORNE	GEMEAUX	VERSEAU	CANCER	GEMEAUX	12 SAGITTAIRE
28 MARS	BELIER	TAUREAU	VERSEAU	CAPRICORNE	GEMEAUX	VERSEAU	CANCER	GEMEAUX	25 SAGITTAIRE
29 MARS	BELIER	TAUREAU	VERSEAU	CAPRICORNE	GEMEAUX	VERSEAU	CANCER	GEMEAUX	7 CAPRICORNE
30 MARS	BELIER	TAUREAU	POISSONS	CAPRICORNE	GEMEAUX	VERSEAU	CANCER	GEMEAUX	20 CAPRICORNE
31 MARS	BELIER	TAUREAU	POISSONS	CAPRICORNE	GEMEAUX	VERSEAU	CANCER	GEMEAUX	2 VERSEAU
1 AVRIL	BELIER	TAUREAU	POISSONS	CAPRICORNE	GEMEAUX	VERSEAU	CANCER	GEMEAUX	14 VERSEAU
2 AVRIL	BELIER	TAUREAU	POISSONS	CAPRICORNE	GEMEAUX	VERSEAU	CANCER	GEMEAUX	25 VERSEAU
3 AVRIL	BELIER	TAUREAU	POISSONS	CAPRICORNE	GEMEAUX	VERSEAU	CANCER	GEMEAUX	7 POISSONS
4 AVRIL	BELIER	TAUREAU	POISSONS	CAPRICORNE	GEMEAUX	VERSEAU	CANCER	GEMEAUX	19 POISSONS
5 AVRIL	BELIER	TAUREAU	POISSONS	CAPRICORNE	GEMEAUX	VERSEAU	CANCER	GEMEAUX	1 BELIER
6 AVRIL	BELIER	TAUREAU	POISSONS	CAPRICORNE	GEMEAUX	VERSEAU	CANCER	GEMEAUX	13 BELIER
7 AVRIL	BELIER	TAUREAU	POISSONS	CAPRICORNE	GEMEAUX	VERSEAU	CANCER	GEMEAUX	25 BELIER
8 AVRIL	POISSONS	TAUREAU	POISSONS	CAPRICORNE	GEMEAUX	VERSEAU	CANCER	GEMEAUX	8 TAUREAU
9 AVRIL	POISSONS	TAUREAU	POISSONS	CAPRICORNE	GEMEAUX	VERSEAU	CANCER	GEMEAUX	20 TAUREAU
10 AVRIL	POISSONS	TAUREAU	POISSONS	CAPRICORNE	GEMEAUX	VERSEAU	CANCER	GEMEAUX	3 GEMEAUX
11 AVRIL	POISSONS	TAUREAU	POISSONS	CAPRICORNE	GEMEAUX	VERSEAU	CANCER	GEMEAUX	16 GEMEAUX
12 AVRIL	POISSONS	TAUREAU	POISSONS	CAPRICORNE	GEMEAUX	VERSEAU	CANCER	GEMEAUX	0 CANCER
13 AVRIL	POISSONS	TAUREAU	POISSONS	CAPRICORNE	GEMEAUX	VERSEAU	CANCER	GEMEAUX	13 CANCER
14 AVRIL	BELIER	TAUREAU	POISSONS	CAPRICORNE	GEMEAUX	VERSEAU	CANCER	GEMEAUX	27 CANCER
15 AVRIL	BELIER	TAUREAU	POISSONS	CAPRICORNE	GEMEAUX	VERSEAU	CANCER	GEMEAUX	11 LION
16 AVRIL	BELIER	TAUREAU	POISSONS	CAPRICORNE	GEMEAUX	VERSEAU	CANCER	GEMEAUX	26 LION
17 AVRIL	BELIER	TAUREAU	POISSONS	CAPRICORNE	GEMEAUX	VERSEAU	CANCER	GEMEAUX	10 VIERGE
18 AVRIL	BELIER	TAUREAU	POISSONS	CAPRICORNE	GEMEAUX	VERSEAU	CANCER	GEMEAUX	25 VIERGE
19 AVRIL	BELIER	TAUREAU	POISSONS	CAPRICORNE	GEMEAUX	VERSEAU	CANCER	GEMEAUX	9 BALANCE
20 AVRIL	BELIER	TAUREAU	POISSONS	CAPRICORNE	GEMEAUX	VERSEAU	CANCER	GEMEAUX	24 BALANCE

LE SOLEIL	ENTRE DANS LE SIGNE DU	BELIER	LE 21 MARS 1913	A 5 h 20
	QUITTE LE SIGNE DU		LE 20 AVRIL	A 17 h 00

* LES CHIFFRES INDIQUENT LES DEGRES

DECOUVREZ DANS QUEL SIGNE SE TROUVAIENT LES PLANETES A VOTRE NAISSANCE

1914	MERCURE	VENUS	MARS	JUPITER	SATURNE	URANUS	NEPTUNE	PLUTON	LUNE *
21 MARS	POISSONS	BELIER	CANCER	VERSEAU	GEMEAUX	VERSEAU	CANCER	GEMEAUX	2 VERSEAU
22 MARS	POISSONS	BELIER	CANCER	VERSEAU	GEMEAUX	VERSEAU	CANCER	GEMEAUX	14 VERSEAU
23 MARS	POISSONS	BELIER	CANCER	VERSEAU	GEMEAUX	VERSEAU	CANCER	GEMEAUX	26 VERSEAU
24 MARS	POISSONS	BELIER	CANCER	VERSEAU	GEMEAUX	VERSEAU	CANCER	GEMEAUX	8 POISSONS
25 MARS	POISSONS	BELIER	CANCER	VERSEAU	GEMEAUX	VERSEAU	CANCER	GEMEAUX	20 POISSONS
26 MARS	POISSONS	BELIER	CANCER	VERSEAU	GEMEAUX	VERSEAU	CANCER	GEMEAUX	2 BELIER
27 MARS	POISSONS	BELIER	CANCER	VERSEAU	GEMEAUX	VERSEAU	CANCER	GEMEAUX	14 BELIER
28 MARS	POISSONS	BELIER	CANCER	VERSEAU	GEMEAUX	VERSEAU	CANCER	GEMEAUX	26 BELIER
29 MARS	POISSONS	BELIER	CANCER	VERSEAU	GEMEAUX	VERSEAU	CANCER	GEMEAUX	7 TAUREAU
30 MARS	POISSONS	BELIER	CANCER	VERSEAU	GEMEAUX	VERSEAU	CANCER	GEMEAUX	19 TAUREAU
31 MARS	POISSONS	BELIER	CANCER	VERSEAU	GEMEAUX	VERSEAU	CANCER	GEMEAUX	1 GEMEAUX
1 AVRIL	POISSONS	BELIER	CANCER	VERSEAU	GEMEAUX	VERSEAU	CANCER	GEMEAUX	14 GEMEAUX
2AVRIL	POISSONS	BELIER	CANCER	VERSEAU	GEMEAUX	VERSEAU	CANCER	GEMEAUX	26 GEMEAUX
3 AVRIL	POISSONS	BELIER	CANCER	VERSEAU	GEMEAUX	VERSEAU	CANCER	GEMEAUX	9 CANCER
4 AVRIL	POISSONS	BELIER	CANCER	VERSEAU	GEMEAUX	VERSEAU	CANCER	GEMEAUX	22 CANCER
5 AVRIL	POISSONS	BELIER	CANCER	VERSEAU	GEMEAUX	VERSEAU	CANCER	GEMEAUX	5 LION
6 AVRIL	POISSONS	BELIER	CANCER	VERSEAU	GEMEAUX	VERSEAU	CANCER	GEMEAUX	19 LION
7 AVRIL	POISSONS	TAUREAU	CANCER	VERSEAU	GEMEAUX	VERSEAU	CANCER	GEMEAUX	4 VIERGE
8 AVRIL	POISSONS	TAUREAU	CANCER	VERSEAU	GEMEAUX	VERSEAU	CANCER	GEMEAUX	18 VIERGE
9 AVRIL	POISSONS	TAUREAU	CANCER	VERSEAU	GEMEAUX	VERSEAU	CANCER	GEMEAUX	3 BALANCE
10 AVRIL	POISSONS	TAUREAU	CANCER	VERSEAU	GEMEAUX	VERSEAU	CANCER	GEMEAUX	19 BALANCE
11 AVRIL	POISSONS	TAUREAU	CANCER	VERSEAU	GEMEAUX	VERSEAU	CANCER	GEMEAUX	4 SCORPION
12 AVRIL	POISSONS	TAUREAU	CANCER	VERSEAU	GEMEAUX	VERSEAU	CANCER	GEMEAUX	19 SCORPION
13 AVRIL	POISSONS	TAUREAU	CANCER	VERSEAU	GEMEAUX	VERSEAU	CANCER	GEMEAUX	4 SAGITTAIRE
14 AVRIL	POISSONS	TAUREAU	CANCER	VERSEAU	GEMEAUX	VERSEAU	CANCER	GEMEAUX	18 SAGITTAIRE
15 AVRIL	POISSONS	TAUREAU	CANCER	VERSEAU	GEMEAUX	VERSEAU	CANCER	GEMEAUX	2 CAPRICORNE
16 AVRIL	POISSONS	TAUREAU	CANCER	VERSEAU	GEMEAUX	VERSEAU	CANCER	GEMEAUX	15 CAPRICORNE
17 AVRIL	BELIER	TAUREAU	CANCER	VERSEAU	GEMEAUX	VERSEAU	CANCER	GEMEAUX	28 CAPRICORNE
18 AVRIL	BELIER	TAUREAU	CANCER	VERSEAU	GEMEAUX	VERSEAU	CANCER	GEMEAUX	11 VERSEAU
19 AVRIL	BELIER	TAUREAU	CANCER	VERSEAU	GEMEAUX	VERSEAU	CANCER	GEMEAUX	23 VERSEAU
20 AVRIL	BELIER	TAUREAU	CANCER	VERSEAU	GEMEAUX	VERSEAU	CANCER	GEMEAUX	5 POISSONS

ENTRE DANS LE SIGNE DU — LE 21 MARS — A 10 h 45
LE SOLEIL — BELIER — 1914 — * LES CHIFFRES INDIQUENT LES DEGRES
QUITTE LE SIGNE DU — LE 20 AVRIL — A 22 h 45

1915	MERCURE	VENUS	MARS	JUPITER	SATURNE	URANUS	NEPTUNE	PLUTON	LUNE *
21 MARS	POISSONS	VERSEAU	POISSONS	POISSONS	GEMEAUX	VERSEAU	CANCER	CANCER	3 GEMEAUX
22 MARS	POISSONS	VERSEAU	POISSONS	POISSONS	GEMEAUX	VERSEAU	CANCER	CANCER	15 GEMEAUX
23 MARS	POISSONS	VERSEAU	POISSONS	POISSONS	GEMEAUX	VERSEAU	CANCER	CANCER	26 GEMEAUX
24 MARS	POISSONS	VERSEAU	POISSONS	POISSONS	GEMEAUX	VERSEAU	CANCER	CANCER	9 CANCER
25 MARS	POISSONS	VERSEAU	POISSONS	POISSONS	GEMEAUX	VERSEAU	CANCER	CANCER	21 CANCER
26 MARS	POISSONS	VERSEAU	POISSONS	POISSONS	GEMEAUX	VERSEAU	CANCER	CANCER	4 LION
27 MARS	POISSONS	VERSEAU	POISSONS	POISSONS	GEMEAUX	VERSEAU	CANCER	CANCER	17 LION
28 MARS	POISSONS	VERSEAU	POISSONS	POISSONS	GEMEAUX	VERSEAU	CANCER	CANCER	0 VIERGE
29 MARS	POISSONS	VERSEAU	POISSONS	POISSONS	GEMEAUX	VERSEAU	CANCER	CANCER	14 VIERGE
30 MARS	POISSONS	VERSEAU	POISSONS	POISSONS	GEMEAUX	VERSEAU	CANCER	CANCER	28 VIERGE
31 MARS	POISSONS	VERSEAU	POISSONS	POISSONS	GEMEAUX	VERSEAU	CANCER	CANCER	13 BALANCE
1 AVRIL	POISSONS	VERSEAU	POISSONS	POISSONS	GEMEAUX	VERSEAU	CANCER	CANCER	28 BALANCE
2 AVRIL	POISSONS	POISSONS	POISSONS	POISSONS	GEMEAUX	VERSEAU	CANCER	CANCER	13 SCORPION
3 AVRIL	POISSONS	POISSONS	POISSONS	POISSONS	GEMEAUX	VERSEAU	CANCER	CANCER	28 SCORPION
4 AVRIL	POISSONS	POISSONS	POISSONS	POISSONS	GEMEAUX	VERSEAU	CANCER	CANCER	12 SAGITTAIRE
5 AVRIL	POISSONS	POISSONS	POISSONS	POISSONS	GEMEAUX	VERSEAU	CANCER	CANCER	27 SAGITTAIRE
6 AVRIL	POISSONS	POISSONS	POISSONS	POISSONS	GEMEAUX	VERSEAU	CANCER	CANCER	11 CAPRICORNE
7 AVRIL	POISSONS	POISSONS	POISSONS	POISSONS	GEMEAUX	VERSEAU	CANCER	CANCER	25 CAPRICORNE
8 AVRIL	POISSONS	POISSONS	POISSONS	POISSONS	GEMEAUX	VERSEAU	CANCER	CANCER	8 VERSEAU
9 AVRIL	POISSONS	POISSONS	POISSONS	POISSONS	GEMEAUX	VERSEAU	CANCER	CANCER	21 VERSEAU
10 AVRIL	POISSONS	POISSONS	POISSONS	POISSONS	GEMEAUX	VERSEAU	CANCER	CANCER	4 POISSONS
11 AVRIL	BELIER	POISSONS	POISSONS	POISSONS	GEMEAUX	VERSEAU	CANCER	CANCER	16 POISSONS
12 AVRIL	BELIER	POISSONS	POISSONS	POISSONS	GEMEAUX	VERSEAU	CANCER	CANCER	29 POISSONS
13 AVRIL	BELIER	POISSONS	POISSONS	POISSONS	GEMEAUX	VERSEAU	CANCER	CANCER	11 BELIER
14 AVRIL	BELIER	POISSONS	POISSONS	POISSONS	GEMEAUX	VERSEAU	CANCER	CANCER	23 BELIER
15 AVRIL	BELIER	POISSONS	POISSONS	POISSONS	GEMEAUX	VERSEAU	CANCER	CANCER	5 TAUREAU
16 AVRIL	BELIER	POISSONS	POISSONS	POISSONS	GEMEAUX	VERSEAU	CANCER	CANCER	17 TAUREAU
17 AVRIL	BELIER	POISSONS	BELIER	POISSONS	GEMEAUX	VERSEAU	CANCER	CANCER	29 TAUREAU
18 AVRIL	BELIER	POISSONS	BELIER	POISSONS	GEMEAUX	VERSEAU	CANCER	CANCER	11 GEMEAUX
19 AVRIL	BELIER	POISSONS	BELIER	POISSONS	GEMEAUX	VERSEAU	CANCER	CANCER	23 GEMEAUX
20 AVRIL	BELIER	POISSONS	BELIER	POISSONS	GEMEAUX	VERSEAU	CANCER	CANCER	5 CANCER
21 AVRIL	BELIER	POISSONS	BELIER	POISSONS	GEMEAUX	VERSEAU	CANCER	CANCER	17 CANCER

ENTRE DANS LE SIGNE DU — LE 21 MARS — A 16 h 50
LE SOLEIL — BELIER — 1915 — * LES CHIFFRES INDIQUENT LES DEGRES
QUITTE LE SIGNE DU — LE 21 AVRIL — A 4 h 15

DECOUVREZ DANS QUEL SIGNE SE TROUVAIENT LES PLANETES A VOTRE NAISSANCE

1916	MERCURE	VENUS	MARS	JUPITER	SATURNE	URANUS	NEPTUNE	PLUTON	LUNE *
20 MARS	POISSONS	TAUREAU	LION	BELIER	CANCER	VERSEAU	CANCER	CANCER	9 BALANCE
21 MARS	POISSONS	TAUREAU	LION	BELIER	CANCER	VERSEAU	CANCER	CANCER	22 BALANCE
22 MARS	POISSONS	TAUREAU	LION	BELIER	CANCER	VERSEAU	CANCER	CANCER	6 SCORPION
23 MARS	POISSONS	TAUREAU	LION	BELIER	CANCER	VERSEAU	CANCER	CANCER	20 SCORPION
24 MARS	POISSONS	TAUREAU	LION	BELIER	CANCER	VERSEAU	CANCER	CANCER	4 SAGITTAIRE
25 MARS	POISSONS	TAUREAU	LION	BELIER	CANCER	VERSEAU	CANCER	CANCER	19 SAGITTAIRE
26 MARS	POISSONS	TAUREAU	LION	BELIER	CANCER	VERSEAU	CANCER	CANCER	3 CAPRICORNE
27 MARS	POISSONS	TAUREAU	LION	BELIER	CANCER	VERSEAU	CANCER	CANCER	17 CAPRICORNE
28 MARS	POISSONS	TAUREAU	LION	BELIER	CANCER	VERSEAU	CANCER	CANCER	1 VERSEAU
29 MARS	POISSONS	TAUREAU	LION	BELIER	CANCER	VERSEAU	CANCER	CANCER	15 VERSEAU
30 MARS	POISSONS	TAUREAU	LION	BELIER	CANCER	VERSEAU	CANCER	CANCER	29 VERSEAU
31 MARS	POISSONS	TAUREAU	LION	BELIER	CANCER	VERSEAU	CANCER	CANCER	13 POISSONS
1 AVRIL	POISSONS	TAUREAU	LION	BELIER	CANCER	VERSEAU	CANCER	CANCER	26 POISSONS
2 AVRIL	BELIER	TAUREAU	LION	BELIER	CANCER	VERSEAU	CANCER	CANCER	10 BELIER
3 AVRIL	BELIER	TAUREAU	LION	BELIER	CANCER	VERSEAU	CANCER	CANCER	23 BELIER
4 AVRIL	BELIER	TAUREAU	LION	BELIER	CANCER	VERSEAU	CANCER	CANCER	6 TAUREAU
5 AVRIL	BELIER	TAUREAU	LION	BELIER	CANCER	VERSEAU	CANCER	CANCER	19 TAUREAU
6 AVRIL	BELIER	GEMEAUX	LION	BELIER	CANCER	VERSEAU	CANCER	CANCER	1 GEMEAUX
7 AVRIL	BELIER	GEMEAUX	LION	BELIER	CANCER	VERSEAU	CANCER	CANCER	13 GEMEAUX
8 AVRIL	BELIER	GEMEAUX	LION	BELIER	CANCER	VERSEAU	CANCER	CANCER	25 GEMEAUX
9 AVRIL	BELIER	GEMEAUX	LION	BELIER	CANCER	VERSEAU	CANCER	CANCER	8 CANCER
10 AVRIL	BELIER	GEMEAUX	LION	BELIER	CANCER	VERSEAU	CANCER	CANCER	19 CANCER
11 AVRIL	BELIER	GEMEAUX	LION	BELIER	CANCER	VERSEAU	CANCER	CANCER	1 LION
12 AVRIL	BELIER	GEMEAUX	LION	BELIER	CANCER	VERSEAU	CANCER	CANCER	13 LION
13 AVRIL	BELIER	GEMEAUX	LION	BELIER	CANCER	VERSEAU	CANCER	CANCER	25 LION
14 AVRIL	BELIER	GEMEAUX	LION	BELIER	CANCER	VERSEAU	CANCER	CANCER	7 VIERGE
15 AVRIL	BELIER	GEMEAUX	LION	BELIER	CANCER	VERSEAU	CANCER	CANCER	20 VIERGE
16 AVRIL	BELIER	GEMEAUX	LION	BELIER	CANCER	VERSEAU	CANCER	CANCER	4 BALANCE
17 AVRIL	TAUREAU	GEMEAUX	LION	BELIER	CANCER	VERSEAU	CANCER	CANCER	18 BALANCE
18 AVRIL	TAUREAU	GEMEAUX	LION	BELIER	CANCER	VERSEAU	CANCER	CANCER	2 SCORPION
19 AVRIL	TAUREAU	GEMEAUX	LION	BELIER	CANCER	VERSEAU	CANCER	CANCER	16 SCORPION
20 AVRIL	TAUREAU	GEMEAUX	LION	BELIER	CANCER	VERSEAU	CANCER	CANCER	0 SAGITTAIRE

	ENTRE DANS LE SIGNE DU		LE 20 MARS	A 22 h 30	
LE SOLEIL		BELIER	1916		* LES CHIFFRES INDIQUENT LES DEGRES
	QUITTE LE SIGNE DU		LE 20 AVRIL	A 10 h 15	

1917	MERCURE	VENUS	MARS	JUPITER	SATURNE	URANUS	NEPTUNE	PLUTON	LUNE *
21 MARS	POISSONS	POISSONS	POISSONS	TAUREAU	CANCER	VERSEAU	LION	CANCER	7 POISSONS
22 MARS	POISSONS	POISSONS	POISSONS	TAUREAU	CANCER	VERSEAU	LION	CANCER	22 POISSONS
23 MARS	POISSONS	POISSONS	POISSONS	TAUREAU	CANCER	VERSEAU	LION	CANCER	6 BELIER
24 MARS	POISSONS	POISSONS	POISSONS	TAUREAU	CANCER	VERSEAU	LION	CANCER	21 BELIER
25 MARS	BELIER	POISSONS	POISSONS	TAUREAU	CANCER	VERSEAU	LION	CANCER	5 TAUREAU
26 MARS	BELIER	POISSONS	POISSONS	TAUREAU	CANCER	VERSEAU	LION	CANCER	19 TAUREAU
27 MARS	BELIER	POISSONS	BELIER	TAUREAU	CANCER	VERSEAU	LION	CANCER	2 GEMEAUX
28 MARS	BELIER	POISSONS	BELIER	TAUREAU	CANCER	VERSEAU	LION	CANCER	15 GEMEAUX
29 MARS	BELIER	BELIER	BELIER	TAUREAU	CANCER	VERSEAU	LION	CANCER	27 GEMEAUX
30 MARS	BELIER	BELIER	BELIER	TAUREAU	CANCER	VERSEAU	LION	CANCER	10 CANCER
31 MARS	BELIER	BELIER	BELIER	TAUREAU	CANCER	VERSEAU	LION	CANCER	21 CANCER
1 AVRIL	BELIER	BELIER	BELIER	TAUREAU	CANCER	VERSEAU	LION	CANCER	3 LION
2 AVRIL	BELIER	BELIER	BELIER	TAUREAU	CANCER	VERSEAU	LION	CANCER	15 LION
3 AVRIL	BELIER	BELIER	BELIER	TAUREAU	CANCER	VERSEAU	LION	CANCER	27 LION
4 AVRIL	BELIER	BELIER	BELIER	TAUREAU	CANCER	VERSEAU	LION	CANCER	9 VIERGE
5 AVRIL	BELIER	BELIER	BELIER	TAUREAU	CANCER	VERSEAU	LION	CANCER	21 VIERGE
6 AVRIL	BELIER	BELIER	BELIER	TAUREAU	CANCER	VERSEAU	LION	CANCER	3 BALANCE
7 AVRIL	BELIER	BELIER	BELIER	TAUREAU	CANCER	VERSEAU	LION	CANCER	16 BALANCE
8 AVRIL	BELIER	BELIER	BELIER	TAUREAU	CANCER	VERSEAU	LION	CANCER	29 BALANCE
9 AVRIL	TAUREAU	BELIER	BELIER	TAUREAU	CANCER	VERSEAU	LION	CANCER	12 SCORPION
10 AVRIL	TAUREAU	BELIER	BELIER	TAUREAU	CANCER	VERSEAU	LION	CANCER	25 SCORPION
11 AVRIL	TAUREAU	BELIER	BELIER	TAUREAU	CANCER	VERSEAU	LION	CANCER	8 SAGITTAIRE
12 AVRIL	TAUREAU	BELIER	BELIER	TAUREAU	CANCER	VERSEAU	LION	CANCER	22 SAGITTAIRE
13 AVRIL	TAUREAU	BELIER	BELIER	TAUREAU	CANCER	VERSEAU	LION	CANCER	5 CAPRICORNE
14 AVRIL	TAUREAU	BELIER	BELIER	TAUREAU	CANCER	VERSEAU	LION	CANCER	19 CAPRICORNE
15 AVRIL	TAUREAU	BELIER	BELIER	TAUREAU	CANCER	VERSEAU	LION	CANCER	3 VERSEAU
16 AVRIL	TAUREAU	BELIER	BELIER	TAUREAU	CANCER	VERSEAU	LION	CANCER	17 VERSEAU
17 AVRIL	TAUREAU	BELIER	BELIER	TAUREAU	CANCER	VERSEAU	LION	CANCER	2 POISSONS
18 AVRIL	TAUREAU	BELIER	BELIER	TAUREAU	CANCER	VERSEAU	LION	CANCER	16 POISSONS
19 AVRIL	TAUREAU	BELIER	BELIER	TAUREAU	CANCER	VERSEAU	LION	CANCER	1 BELIER
20 AVRIL	TAUREAU	BELIER	BELIER	TAUREAU	CANCER	VERSEAU	LION	CANCER	15 BELIER

	ENTRE DANS LE SIGNE DU		LE 21 MARS	A 4 h 30	
LE SOLEIL		BELIER	1917		* LES CHIFFRES INDIQUENT LES DEGRES
	QUITTE LE SIGNE DU		LE 20 AVRIL	A 16 h 00	

DECOUVREZ DANS QUEL SIGNE SE TROUVAIENT LES PLANETES A VOTRE NAISSANCE

1918	MERCURE	VENUS	MARS	JUPITER	SATURNE	URANUS	NEPTUNE	PLUTON	LUNE *
21 MARS	BELIER	VERSEAU	VIERGE	GEMEAUX	LION	VERSEAU	LION	CANCER	22 CANCER
22 MARS	BELIER	VERSEAU	VIERGE	GEMEAUX	LION	VERSEAU	LION	CANCER	4 LION
23 MARS	BELIER	VERSEAU	VIERGE	GEMEAUX	LION	VERSEAU	LION	CANCER	16 LION
24 MARS	BELIER	VERSEAU	VIERGE	GEMEAUX	LION	VERSEAU	LION	CANCER	28 LION
25 MARS	BELIER	VERSEAU	VIERGE	GEMEAUX	LION	VERSEAU	LION	CANCER	10 VIERGE
26 MARS	BELIER	VERSEAU	VIERGE	GEMEAUX	LION	VERSEAU	LION	CANCER	22 VIERGE
27 MARS	BELIER	VERSEAU	VIERGE	GEMEAUX	LION	VERSEAU	LION	CANCER	4 BALANCE
28 MARS	BELIER	VERSEAU	VIERGE	GEMEAUX	LION	VERSEAU	LION	CANCER	16 BALANCE
29 MARS	BELIER	VERSEAU	VIERGE	GEMEAUX	LION	VERSEAU	LION	CANCER	28 BALANCE
30 MARS	BELIER	VERSEAU	VIERGE	GEMEAUX	LION	VERSEAU	LION	CANCER	10 SCORPION
31 MARS	BELIER	VERSEAU	VIERGE	GEMEAUX	LION	VERSEAU	LION	CANCER	22 SCORPION
1 AVRIL	BELIER	VERSEAU	VIERGE	GEMEAUX	LION	VERSEAU	LION	CANCER	4 SAGITTAIRE
2 AVRIL	BELIER	VERSEAU	VIERGE	GEMEAUX	LION	VERSEAU	LION	CANCER	17 SAGITTAIRE
3 AVRIL	TAUREAU	VERSEAU	VIERGE	GEMEAUX	LION	VERSEAU	LION	CANCER	0 CAPRICORNE
4 AVRIL	TAUREAU	VERSEAU	VIERGE	GEMEAUX	LION	VERSEAU	LION	CANCER	13 CAPRICORNE
5 AVRIL	TAUREAU	VERSEAU	VIERGE	GEMEAUX	LION	VERSEAU	LION	CANCER	26 CAPRICORNE
6 AVRIL	TAUREAU	POISSONS	VIERGE	GEMEAUX	LION	VERSEAU	LION	CANCER	10 VERSEAU
7 AVRIL	TAUREAU	POISSONS	VIERGE	GEMEAUX	LION	VERSEAU	LION	CANCER	25 VERSEAU
8 AVRIL	TAUREAU	POISSONS	VIERGE	GEMEAUX	LION	VERSEAU	LION	CANCER	9 POISSONS
9 AVRIL	TAUREAU	POISSONS	VIERGE	GEMEAUX	LION	VERSEAU	LION	CANCER	24 POISSONS
10 AVRIL	TAUREAU	POISSONS	VIERGE	GEMEAUX	LION	VERSEAU	LION	CANCER	10 BELIER
11 AVRIL	TAUREAU	POISSONS	VIERGE	GEMEAUX	LION	VERSEAU	LION	CANCER	25 BELIER
12 AVRIL	TAUREAU	POISSONS	VIERGE	GEMEAUX	LION	VERSEAU	LION	CANCER	10 TAUREAU
13 AVRIL	TAUREAU	POISSONS	VIERGE	GEMEAUX	LION	VERSEAU	LION	CANCER	25 TAUREAU
14 AVRIL	TAUREAU	POISSONS	VIERGE	GEMEAUX	LION	VERSEAU	LION	CANCER	9 GEMEAUX
15 AVRIL	TAUREAU	POISSONS	VIERGE	GEMEAUX	LION	VERSEAU	LION	CANCER	22 GEMEAUX
16 AVRIL	TAUREAU	POISSONS	VIERGE	GEMEAUX	LION	VERSEAU	LION	CANCER	6 CANCER
17 AVRIL	TAUREAU	POISSONS	VIERGE	GEMEAUX	LION	VERSEAU	LION	CANCER	19 CANCER
18 AVRIL	TAUREAU	POISSONS	VIERGE	GEMEAUX	LION	VERSEAU	LION	CANCER	1 LION
19 AVRIL	TAUREAU	POISSONS	VIERGE	GEMEAUX	LION	VERSEAU	LION	CANCER	13 LION
20 AVRIL	TAUREAU	POISSONS	VIERGE	GEMEAUX	LION	VERSEAU	LION	CANCER	25 LION

ENTRE DANS LE SIGNE DU — LE 21 MARS — A 10 h 15

LE SOLEIL — BELIER — 1918 — * LES CHIFFRES INDIQUENT LES DEGRÉS

QUITTE LE SIGNE DU — LE 20 AVRIL — A 21 h 45

1919	MERCURE	VENUS	MARS	JUPITER	SATURNE	URANUS	NEPTUNE	PLUTON	LUNE *
21 MARS	BELIER	BELIER	BELIER	CANCER	LION	VERSEAU	LION	CANCER	23 SCORPION
22 MARS	BELIER	BELIER	BELIER	CANCER	LION	VERSEAU	LION	CANCER	4 SAGITTAIRE
23 MARS	BELIER	TAUREAU	BELIER	CANCER	LION	VERSEAU	LION	CANCER	16 SAGITTAIRE
24 MARS	BELIER	TAUREAU	BELIER	CANCER	LION	VERSEAU	LION	CANCER	28 SAGITTAIRE
25 MARS	BELIER	TAUREAU	BELIER	CANCER	LION	VERSEAU	LION	CANCER	11 CAPRICORNE
26 MARS	BELIER	TAUREAU	BELIER	CANCER	LION	VERSEAU	LION	CANCER	24 CAPRICORNE
27 MARS	BELIER	TAUREAU	BELIER	CANCER	LION	VERSEAU	LION	CANCER	7 VERSEAU
28 MARS	BELIER	TAUREAU	BELIER	CANCER	LION	VERSEAU	LION	CANCER	20 VERSEAU
29 MARS	BELIER	TAUREAU	BELIER	CANCER	LION	VERSEAU	LION	CANCER	5 POISSONS
30 MARS	BELIER	TAUREAU	BELIER	CANCER	LION	VERSEAU	LION	CANCER	19 POISSONS
31 MARS	BELIER	TAUREAU	BELIER	CANCER	LION	VERSEAU	LION	CANCER	4 BELIER
1 AVRIL	BELIER	TAUREAU	BELIER	CANCER	LION	POISSONS	LION	CANCER	19 BELIER
2 AVRIL	BELIER	TAUREAU	BELIER	CANCER	LION	POISSONS	LION	CANCER	4 TAUREAU
3 AVRIL	BELIER	TAUREAU	BELIER	CANCER	LION	POISSONS	LION	CANCER	19 TAUREAU
4 AVRIL	BELIER	TAUREAU	BELIER	CANCER	LION	POISSONS	LION	CANCER	4 GEMEAUX
5 AVRIL	BELIER	TAUREAU	BELIER	CANCER	LION	POISSONS	LION	CANCER	18 GEMEAUX
6 AVRIL	BELIER	TAUREAU	BELIER	CANCER	LION	POISSONS	LION	CANCER	2 CANCER
7 AVRIL	BELIER	TAUREAU	BELIER	CANCER	LION	POISSONS	LION	CANCER	16 CANCER
8 AVRIL	BELIER	TAUREAU	BELIER	CANCER	LION	POISSONS	LION	CANCER	29 CANCER
9 AVRIL	BELIER	TAUREAU	BELIER	CANCER	LION	POISSONS	LION	CANCER	12 LION
10 AVRIL	BELIER	TAUREAU	BELIER	CANCER	LION	POISSONS	LION	CANCER	25 LION
11 AVRIL	BELIER	TAUREAU	BELIER	CANCER	LION	POISSONS	LION	CANCER	7 VIERGE
12 AVRIL	BELIER	TAUREAU	BELIER	CANCER	LION	POISSONS	LION	CANCER	20 VIERGE
13 AVRIL	BELIER	TAUREAU	BELIER	CANCER	LION	POISSONS	LION	CANCER	2 BALANCE
14 AVRIL	BELIER	TAUREAU	BELIER	CANCER	LION	POISSONS	LION	CANCER	14 BALANCE
15 AVRIL	BELIER	TAUREAU	TAUREAU	CANCER	LION	POISSONS	LION	CANCER	26 BALANCE
16 AVRIL	BELIER	TAUREAU	TAUREAU	CANCER	LION	POISSONS	LION	CANCER	8 SCORPION
17 AVRIL	BELIER	GEMEAUX	TAUREAU	CANCER	LION	POISSONS	LION	CANCER	19 SCORPION
18 AVRIL	BELIER	GEMEAUX	TAUREAU	CANCER	LION	POISSONS	LION	CANCER	1 SAGITTAIRE
19 AVRIL	BELIER	GEMEAUX	TAUREAU	CANCER	LION	POISSONS	LION	CANCER	13 SAGITTAIRE
20 AVRIL	BELIER	GEMEAUX	TAUREAU	CANCER	LION	POISSONS	LION	CANCER	25 SAGITTAIRE
21 AVRIL	BELIER	GEMEAUX	TAUREAU	CANCER	LION	POISSONS	LION	CANCER	7 CAPRICORNE

ENTRE DANS LE SIGNE DU — LE 21 MARS — A 16 h 00

LE SOLEIL — BELIER — 1919 — *LES CHIFFRES INDIQUENT LES DEGRÉS

QUITTE LE SIGNE DU — LE 21 AVRIL — A 3 h 45

DECOUVREZ DANS QUEL SIGNE SE TROUVAIENT LES PLANETES A VOTRE NAISSANCE

1920	MERCURE	VENUS	MARS	JUPITER	SATURNE	URANUS	NEPTUNE	PLUTON	LUNE *
20 MARS	POISSONS	POISSONS	SCORPION	LION	VIERGE	POISSONS	LION	CANCER	0 BELIER
21 MARS	POISSONS	POISSONS	SCORPION	LION	VIERGE	POISSONS	LION	CANCER	14 BELIER
22 MARS	POISSONS	POISSONS	SCORPION	LION	VIERGE	POISSONS	LION	CANCER	28 BELIER
23 MARS	POISSONS	POISSONS	SCORPION	LION	VIERGE	POISSONS	LION	CANCER	12 TAUREAU
24 MARS	POISSONS	POISSONS	SCORPION	LION	VIERGE	POISSONS	LION	CANCER	26 TAUREAU
25 MARS	POISSONS	POISSONS	SCORPION	LION	VIERGE	POISSONS	LION	CANCER	11 GEMEAUX
26 MARS	POISSONS	POISSONS	SCORPION	LION	VIERGE	POISSONS	LION	CANCER	25 GEMEAUX
27 MARS	POISSONS	POISSONS	SCORPION	LION	VIERGE	POISSONS	LION	CANCER	9 CANCER
28 MARS	POISSONS	POISSONS	SCORPION	LION	VIERGE	POISSONS	LION	CANCER	24 CANCER
29 MARS	POISSONS	POISSONS	SCORPION	LION	VIERGE	POISSONS	LION	CANCER	7 LION
30 MARS	POISSONS	POISSONS	SCORPION	LION	VIERGE	POISSONS	LION	CANCER	21 LION
31 MARS	POISSONS	POISSONS	SCORPION	LION	VIERGE	POISSONS	LION	CANCER	4 VIERGE
1 AVRIL	POISSONS	POISSONS	SCORPION	LION	VIERGE	POISSONS	LION	CANCER	18 VIERGE
2 AVRIL	POISSONS	POISSONS	SCORPION	LION	VIERGE	POISSONS	LION	CANCER	1 BALANCE
3 AVRIL	POISSONS	POISSONS	SCORPION	LION	VIERGE	POISSONS	LION	CANCER	14 BALANCE
4 AVRIL	POISSONS	POISSONS	SCORPION	LION	VIERGE	POISSONS	LION	CANCER	26 BALANCE
5 AVRIL	POISSONS	POISSONS	SCORPION	LION	VIERGE	POISSONS	LION	CANCER	9 SCORPION
6 AVRIL	POISSONS	POISSONS	SCORPION	LION	VIERGE	POISSONS	LION	CANCER	21 SCORPION
7 AVRIL	POISSONS	POISSONS	SCORPION	LION	VIERGE	POISSONS	LION	CANCER	3 SAGITTAIRE
8 AVRIL	POISSONS	POISSONS	SCORPION	LION	VIERGE	POISSONS	LION	CANCER	15 SAGITTAIRE
9 AVRIL	POISSONS	POISSONS	SCORPION	LION	VIERGE	POISSONS	LION	CANCER	27 SAGITTAIRE
10 AVRIL	POISSONS	POISSONS	SCORPION	LION	VIERGE	POISSONS	LION	CANCER	8 CAPRICORNE
11 AVRIL	POISSONS	POISSONS	SCORPION	LION	VIERGE	POISSONS	LION	CANCER	20 CAPRICORNE
12 AVRIL	POISSONS	BELIER	SCORPION	LION	VIERGE	POISSONS	LION	CANCER	2 VERSEAU
13 AVRIL	POISSONS	BELIER	SCORPION	LION	VIERGE	POISSONS	LION	CANCER	15 VERSEAU
14 AVRIL	POISSONS	BELIER	SCORPION	LION	VIERGE	POISSONS	LION	CANCER	28 VERSEAU
15 AVRIL	POISSONS	BELIER	SCORPION	LION	VIERGE	POISSONS	LION	CANCER	11 POISSONS
16 AVRIL	POISSONS	BELIER	SCORPION	LION	VIERGE	POISSONS	LION	CANCER	24 POISSONS
17 AVRIL	POISSONS	BELIER	SCORPION	LION	VIERGE	POISSONS	LION	CANCER	8 BELIER
18 AVRIL	BELIER	BELIER	SCORPION	LION	VIERGE	POISSONS	LION	CANCER	22 BELIER
19 AVRIL	BELIER	BELIER	SCORPION	LION	VIERGE	POISSONS	LION	CANCER	7 TAUREAU
20 AVRIL	BELIER	BELIER	SCORPION	LION	VIERGE	POISSONS	LION	CANCER	22 TAUREAU

ENTRE DANS LE SIGNE DU — LE 20 MARS — A 21 h 45
LE SOLEIL — BELIER — 1920 — *LES CHIFFRES INDIQUENT LES DEGRÉS
QUITTE LE SIGNE DU — LE 20 AVRIL — A 9 h 30

1921	MERCURE	VENUS	MARS	JUPITER	SATURNE	URANUS	NEPTUNE	PLUTON	LUNE *
21 MARS	POISSONS	TAUREAU	BELIER	VIERGE	VIERGE	POISSONS	LION	CANCER	28 LION
22 MARS	POISSONS	TAUREAU	BELIER	VIERGE	VIERGE	POISSONS	LION	CANCER	13 VIERGE
23 MARS	POISSONS	TAUREAU	BELIER	VIERGE	VIERGE	POISSONS	LION	CANCER	27 VIERGE
24 MARS	POISSONS	TAUREAU	BELIER	VIERGE	VIERGE	POISSONS	LION	CANCER	12 BALANCE
25 MARS	POISSONS	TAUREAU	TAUREAU	VIERGE	VIERGE	POISSONS	LION	CANCER	25 BALANCE
26 MARS	POISSONS	TAUREAU	TAUREAU	VIERGE	VIERGE	POISSONS	LION	CANCER	9 SCORPION
27 MARS	POISSONS	TAUREAU	TAUREAU	VIERGE	VIERGE	POISSONS	LION	CANCER	22 SCORPION
28 MARS	POISSONS	TAUREAU	TAUREAU	VIERGE	VIERGE	POISSONS	LION	CANCER	5 SAGITTAIRE
29 MARS	POISSONS	TAUREAU	TAUREAU	VIERGE	VIERGE	POISSONS	LION	CANCER	17 SAGITTAIRE
30 MARS	POISSONS	TAUREAU	TAUREAU	VIERGE	VIERGE	POISSONS	LION	CANCER	29 SAGITTAIRE
31 MARS	POISSONS	TAUREAU	TAUREAU	VIERGE	VIERGE	POISSONS	LION	CANCER	11 CAPRICORNE
1 AVRIL	POISSONS	TAUREAU	TAUREAU	VIERGE	VIERGE	POISSONS	LION	CANCER	23 CAPRICORNE
2 AVRIL	POISSONS	TAUREAU	TAUREAU	VIERGE	VIERGE	POISSONS	LION	CANCER	5 VERSEAU
3 AVRIL	POISSONS	TAUREAU	TAUREAU	VIERGE	VIERGE	POISSONS	LION	CANCER	17 VERSEAU
4 AVRIL	POISSONS	TAUREAU	TAUREAU	VIERGE	VIERGE	POISSONS	LION	CANCER	29 VERSEAU
5 AVRIL	POISSONS	TAUREAU	TAUREAU	VIERGE	VIERGE	POISSONS	LION	CANCER	11 POISSONS
6 AVRIL	POISSONS	TAUREAU	TAUREAU	VIERGE	VIERGE	POISSONS	LION	CANCER	24 POISSONS
7 AVRIL	POISSONS	TAUREAU	TAUREAU	VIERGE	VIERGE	POISSONS	LION	CANCER	6 BELIER
8 AVRIL	POISSONS	TAUREAU	TAUREAU	VIERGE	VIERGE	POISSONS	LION	CANCER	19 BELIER
9 AVRIL	POISSONS	TAUREAU	TAUREAU	VIERGE	VIERGE	POISSONS	LION	CANCER	2 TAUREAU
10 AVRIL	POISSONS	TAUREAU	TAUREAU	VIERGE	VIERGE	POISSONS	LION	CANCER	16 TAUREAU
11 AVRIL	POISSONS	TAUREAU	TAUREAU	VIERGE	VIERGE	POISSONS	LION	CANCER	0 GEMEAUX
12 AVRIL	POISSONS	TAUREAU	TAUREAU	VIERGE	VIERGE	POISSONS	LION	CANCER	13 GEMEAUX
13 AVRIL	POISSONS	TAUREAU	TAUREAU	VIERGE	VIERGE	POISSONS	LION	CANCER	27 GEMEAUX
14 AVRIL	BELIER	TAUREAU	TAUREAU	VIERGE	VIERGE	POISSONS	LION	CANCER	11 CANCER
15 AVRIL	BELIER	TAUREAU	TAUREAU	VIERGE	VIERGE	POISSONS	LION	CANCER	26 CANCER
16 AVRIL	BELIER	TAUREAU	TAUREAU	VIERGE	VIERGE	POISSONS	LION	CANCER	10 LION
17 AVRIL	BELIER	TAUREAU	TAUREAU	VIERGE	VIERGE	POISSONS	LION	CANCER	24 LION
18 AVRIL	BELIER	TAUREAU	TAUREAU	VIERGE	VIERGE	POISSONS	LION	CANCER	8 VIERGE
19 AVRIL	BELIER	TAUREAU	TAUREAU	VIERGE	VIERGE	POISSONS	LION	CANCER	22 VIERGE
20 AVRIL	BELIER	TAUREAU	TAUREAU	VIERGE	VIERGE	POISSONS	LION	CANCER	6 BALANCE

ENTRE DANS LE SIGNE DU — LE 21 MARS — A 3 h 45
LE SOLEIL — BELIER — 1921 — * LES CHIFFRES INDIQUENT LES DEGRÉS
QUITTE LE SIGNE DU — LE 20 AVRIL — A 15 h 15

DECOUVREZ DANS QUEL SIGNE SE TROUVAIENT LES PLANETES A VOTRE NAISSANCE

1922	MERCURE	VENUS	MARS	JUPITER	SATURNE	URANUS	NEPTUNE	PLUTON	LUNE *
21 MARS	POISSONS	BELIER	SAGITTAIRE	BALANCE	BALANCE	POISSONS	LION	CANCER	13 CAPRICORNE
22 MARS	POISSONS	BELIER	SAGITTAIRE	BALANCE	BALANCE	POISSONS	LION	CANCER	25 CAPRICORNE
23 MARS	POISSONS	BELIER	SAGITTAIRE	BALANCE	BALANCE	POISSONS	LION	CANCER	7 VERSEAU
24 MARS	POISSONS	BELIER	SAGITTAIRE	BALANCE	BALANCE	POISSONS	LION	CANCER	19 VERSEAU
25 MARS	POISSONS	BELIER	SAGITTAIRE	BALANCE	BALANCE	POISSONS	LION	CANCER	1 POISSONS
26 MARS	POISSONS	BELIER	SAGITTAIRE	BALANCE	BALANCE	POISSONS	LION	CANCER	12 POISSONS
27 MARS	POISSONS	BELIER	SAGITTAIRE	BALANCE	BALANCE	POISSONS	LION	CANCER	24 POISSONS
28 MARS	POISSONS	BELIER	SAGITTAIRE	BALANCE	BALANCE	POISSONS	LION	CANCER	6 BELIER
29 MARS	POISSONS	BELIER	SAGITTAIRE	BALANCE	BALANCE	POISSONS	LION	CANCER	18 BELIER
30 MARS	POISSONS	BELIER	SAGITTAIRE	BALANCE	BALANCE	POISSONS	LION	CANCER	0 TAUREAU
31 MARS	POISSONS	BELIER	SAGITTAIRE	BALANCE	BALANCE	POISSONS	LION	CANCER	13 TAUREAU
1 AVRIL	POISSONS	BELIER	SAGITTAIRE	BALANCE	BALANCE	POISSONS	LION	CANCER	25 TAUREAU
2 AVRIL	POISSONS	BELIER	SAGITTAIRE	BALANCE	BALANCE	POISSONS	LION	CANCER	8 GEMEAUX
3 AVRIL	POISSONS	BELIER	SAGITTAIRE	BALANCE	BALANCE	POISSONS	LION	CANCER	21 GEMEAUX
4 AVRIL	POISSONS	BELIER	SAGITTAIRE	BALANCE	BALANCE	POISSONS	LION	CANCER	4 CANCER
5 AVRIL	POISSONS	BELIER	SAGITTAIRE	BALANCE	BALANCE	POISSONS	LION	CANCER	18 CANCER
6 AVRIL	POISSONS	BELIER	SAGITTAIRE	BALANCE	BALANCE	POISSONS	LION	CANCER	2 LION
7 AVRIL	BELIER	TAUREAU	SAGITTAIRE	BALANCE	BALANCE	POISSONS	LION	CANCER	16 LION
8 AVRIL	BELIER	TAUREAU	SAGITTAIRE	BALANCE	BALANCE	POISSONS	LION	CANCER	1 VIERGE
9 AVRIL	BELIER	TAUREAU	SAGITTAIRE	BALANCE	BALANCE	POISSONS	LION	CANCER	16 VIERGE
10 AVRIL	BELIER	TAUREAU	SAGITTAIRE	BALANCE	BALANCE	POISSONS	LION	CANCER	1 BALANCE
11 AVRIL	BELIER	TAUREAU	SAGITTAIRE	BALANCE	BALANCE	POISSONS	LION	CANCER	15 BALANCE
12 AVRIL	BELIER	TAUREAU	SAGITTAIRE	BALANCE	BALANCE	POISSONS	LION	CANCER	0 SCORPION
13 AVRIL	BELIER	TAUREAU	SAGITTAIRE	BALANCE	BALANCE	POISSONS	LION	CANCER	15 SCORPION
14 AVRIL	BELIER	TAUREAU	SAGITTAIRE	BALANCE	BALANCE	POISSONS	LION	CANCER	29 SCORPION
15 AVRIL	BELIER	TAUREAU	SAGITTAIRE	BALANCE	BALANCE	POISSONS	LION	CANCER	13 SAGITTAIRE
16 AVRIL	BELIER	TAUREAU	SAGITTAIRE	BALANCE	BALANCE	POISSONS	LION	CANCER	26 SAGITTAIRE
17 AVRIL	BELIER	TAUREAU	SAGITTAIRE	BALANCE	BALANCE	POISSONS	LION	CANCER	9 CAPRICORNE
18 AVRIL	BELIER	TAUREAU	SAGITTAIRE	BALANCE	BALANCE	POISSONS	LION	CANCER	21 CAPRICORNE
19 AVRIL	BELIER	TAUREAU	SAGITTAIRE	BALANCE	BALANCE	POISSONS	LION	CANCER	3 VERSEAU
20 AVRIL	BELIER	TAUREAU	SAGITTAIRE	BALANCE	BALANCE	POISSONS	LION	CANCER	15 VERSEAU

ENTRE DANS LE SIGNE DU LE 21 MARS A 9 h 40
LE SOLEIL BELIER 1922 * LES CHIFFRES INDIQUENT LES DEGRÉS
QUITTE LE SIGNE DU LE 20 AVRIL A 21 h 15

1923	MERCURE	VENUS	MARS	JUPITER	SATURNE	URANUS	NEPTUNE	PLUTON	LUNE *
21 MARS	POISSONS	VERSEAU	TAUREAU	SCORPION	BALANCE	POISSONS	LION	CANCER	12 TAUREAU
22 MARS	POISSONS	VERSEAU	TAUREAU	SCORPION	BALANCE	POISSONS	LION	CANCER	24 TAUREAU
23 MARS	POISSONS	VERSEAU	TAUREAU	SCORPION	BALANCE	POISSONS	LION	CANCER	6 GEMEAUX
24 MARS	POISSONS	VERSEAU	TAUREAU	SCORPION	BALANCE	POISSONS	LION	CANCER	19 GEMEAUX
25 MARS	POISSONS	VERSEAU	TAUREAU	SCORPION	BALANCE	POISSONS	LION	CANCER	1 CANCER
26 MARS	POISSONS	VERSEAU	TAUREAU	SCORPION	BALANCE	POISSONS	LION	CANCER	14 CANCER
27 MARS	POISSONS	VERSEAU	TAUREAU	SCORPION	BALANCE	POISSONS	LION	CANCER	27 CANCER
28 MARS	POISSONS	VERSEAU	TAUREAU	SCORPION	BALANCE	POISSONS	LION	CANCER	11 LION
29 MARS	POISSONS	VERSEAU	TAUREAU	SCORPION	BALANCE	POISSONS	LION	CANCER	25 LION
30 MARS	POISSONS	VERSEAU	TAUREAU	SCORPION	BALANCE	POISSONS	LION	CANCER	10 VIERGE
31 MARS	BELIER	VERSEAU	TAUREAU	SCORPION	BALANCE	POISSONS	LION	CANCER	25 VIERGE
1 AVRIL	BELIER	POISSONS	TAUREAU	SCORPION	BALANCE	POISSONS	LION	CANCER	10 BALANCE
2 AVRIL	BELIER	POISSONS	TAUREAU	SCORPION	BALANCE	POISSONS	LION	CANCER	25 BALANCE
3 AVRIL	BELIER	POISSONS	TAUREAU	SCORPION	BALANCE	POISSONS	LION	CANCER	10 SCORPION
4 AVRIL	BELIER	POISSONS	TAUREAU	SCORPION	BALANCE	POISSONS	LION	CANCER	25 SCORPION
5 AVRIL	BELIER	POISSONS	TAUREAU	SCORPION	BALANCE	POISSONS	LION	CANCER	10 SAGITTAIRE
6 AVRIL	BELIER	POISSONS	TAUREAU	SCORPION	BALANCE	POISSONS	LION	CANCER	24 SAGITTAIRE
7 AVRIL	BELIER	POISSONS	TAUREAU	SCORPION	BALANCE	POISSONS	LION	CANCER	7 CAPRICORNE
8 AVRIL	BELIER	POISSONS	TAUREAU	SCORPION	BALANCE	POISSONS	LION	CANCER	21 CAPRICORNE
9 AVRIL	BELIER	POISSONS	TAUREAU	SCORPION	BALANCE	POISSONS	LION	CANCER	3 VERSEAU
10 AVRIL	BELIER	POISSONS	TAUREAU	SCORPION	BALANCE	POISSONS	LION	CANCER	16 VERSEAU
11 AVRIL	BELIER	POISSONS	TAUREAU	SCORPION	BALANCE	POISSONS	LION	CANCER	28 VERSEAU
12 AVRIL	BELIER	POISSONS	TAUREAU	SCORPION	BALANCE	POISSONS	LION	CANCER	10 POISSONS
13 AVRIL	BELIER	POISSONS	TAUREAU	SCORPION	BALANCE	POISSONS	LION	CANCER	22 POISSONS
14 AVRIL	BELIER	POISSONS	TAUREAU	SCORPION	BALANCE	POISSONS	LION	CANCER	4 BELIER
15 AVRIL	TAUREAU	POISSONS	TAUREAU	SCORPION	BALANCE	POISSONS	LION	CANCER	16 BELIER
16 AVRIL	TAUREAU	POISSONS	GEMEAUX	SCORPION	BALANCE	POISSONS	LION	CANCER	28 BELIER
17 AVRIL	TAUREAU	POISSONS	GEMEAUX	SCORPION	BALANCE	POISSONS	LION	CANCER	9 TAUREAU
18 AVRIL	TAUREAU	POISSONS	GEMEAUX	SCORPION	BALANCE	POISSONS	LION	CANCER	21 TAUREAU
19 AVRIL	TAUREAU	POISSONS	GEMEAUX	SCORPION	BALANCE	POISSONS	LION	CANCER	3 GEMEAUX
20 AVRIL	TAUREAU	POISSONS	GEMEAUX	SCORPION	BALANCE	POISSONS	LION	CANCER	16 GEMEAUX
21 AVRIL	TAUREAU	POISSONS	GEMEAUX	SCORPION	BALANCE	POISSONS	LION	CANCER	28 GEMEAUX

ENTRE DANS LE SIGNE DU LE 21 MARS A 15 h 15
LE SOLEIL BELIER 1923 * LES CHIFFRES INDIQUENT LES DEGRÉS
QUITTE LE SIGNE DU LE 21 AVRIL A 2 h 45

DECOUVREZ DANS QUEL SIGNE SE TROUVAIENT LES PLANETES A VOTRE NAISSANCE

1924	MERCURE	VENUS	MARS	JUPITER	SATURNE	URANUS	NEPTUNE	PLUTON	LUNE *
20 MARS	POISSONS	TAUREAU	CAPRICORNE	SAGITTAIRE	SCORPION	POISSONS	LION	CANCER	20 VIERGE
21 MARS	POISSONS	TAUREAU	CAPRICORNE	SAGITTAIRE	SCORPION	POISSONS	LION	CANCER	4 BALANCE
22 MARS	BELIER	TAUREAU	CAPRICORNE	SAGITTAIRE	SCORPION	POISSONS	LION	CANCER	19 BALANCE
23 MARS	BELIER	TAUREAU	CAPRICORNE	SAGITTAIRE	SCORPION	POISSONS	LION	CANCER	4 SCORPION
24 MARS	BELIER	TAUREAU	CAPRICORNE	SAGITTAIRE	SCORPION	POISSONS	LION	CANCER	18 SCORPION
25 MARS	BELIER	TAUREAU	CAPRICORNE	SAGITTAIRE	SCORPION	POISSONS	LION	CANCER	3 SAGITTAIRE
26 MARS	BELIER	TAUREAU	CAPRICORNE	SAGITTAIRE	SCORPION	POISSONS	LION	CANCER	17 SAGITTAIRE
27 MARS	BELIER	TAUREAU	CAPRICORNE	SAGITTAIRE	SCORPION	POISSONS	LION	CANCER	2 CAPRICORNE
28 MARS	BELIER	TAUREAU	CAPRICORNE	SAGITTAIRE	SCORPION	POISSONS	LION	CANCER	16 CAPRICORNE
29 MARS	BELIER	TAUREAU	CAPRICORNE	SAGITTAIRE	SCORPION	POISSONS	LION	CANCER	29 CAPRICORNE
30 MARS	BELIER	TAUREAU	CAPRICORNE	SAGITTAIRE	SCORPION	POISSONS	LION	CANCER	13 VERSEAU
31 MARS	BELIER	TAUREAU	CAPRICORNE	SAGITTAIRE	SCORPION	POISSONS	LION	CANCER	26 VERSEAU
1 AVRIL	BELIER	TAUREAU	CAPRICORNE	SAGITTAIRE	SCORPION	POISSONS	LION	CANCER	9 POISSONS
2 AVRIL	BELIER	TAUREAU	CAPRICORNE	SAGITTAIRE	SCORPION	POISSONS	LION	CANCER	21 POISSONS
3 AVRIL	BELIER	TAUREAU	CAPRICORNE	SAGITTAIRE	SCORPION	POISSONS	LION	CANCER	4 BELIER
4 AVRIL	BELIER	TAUREAU	CAPRICORNE	SAGITTAIRE	SCORPION	POISSONS	LION	CANCER	16 BELIER
5 AVRIL	BELIER	GEMEAUX	CAPRICORNE	SAGITTAIRE	SCORPION	POISSONS	LION	CANCER	29 BELIER
6 AVRIL	TAUREAU	GEMEAUX	CAPRICORNE	SAGITTAIRE	BALANCE	POISSONS	LION	CANCER	11 TAUREAU
7 AVRIL	TAUREAU	GEMEAUX	CAPRICORNE	SAGITTAIRE	BALANCE	POISSONS	LION	CANCER	23 TAUREAU
8 AVRIL	TAUREAU	GEMEAUX	CAPRICORNE	SAGITTAIRE	BALANCE	POISSONS	LION	CANCER	5 GEMEAUX
9 AVRIL	TAUREAU	GEMEAUX	CAPRICORNE	SAGITTAIRE	BALANCE	POISSONS	LION	CANCER	16 GEMEAUX
10 AVRIL	TAUREAU	GEMEAUX	CAPRICORNE	SAGITTAIRE	BALANCE	POISSONS	LION	CANCER	28 GEMEAUX
11 AVRIL	TAUREAU	GEMEAUX	CAPRICORNE	SAGITTAIRE	BALANCE	POISSONS	LION	CANCER	10 CANCER
12 AVRIL	TAUREAU	GEMEAUX	CAPRICORNE	SAGITTAIRE	BALANCE	POISSONS	LION	CANCER	22 CANCER
13 AVRIL	TAUREAU	GEMEAUX	CAPRICORNE	SAGITTAIRE	BALANCE	POISSONS	LION	CANCER	5 LION
14 AVRIL	TAUREAU	GEMEAUX	CAPRICORNE	SAGITTAIRE	BALANCE	POISSONS	LION	CANCER	17 LION
15 AVRIL	TAUREAU	GEMEAUX	CAPRICORNE	SAGITTAIRE	BALANCE	POISSONS	LION	CANCER	1 VIERGE
16 AVRIL	TAUREAU	GEMEAUX	CAPRICORNE	SAGITTAIRE	BALANCE	POISSONS	LION	CANCER	14 VIERGE
17 AVRIL	TAUREAU	GEMEAUX	CAPRICORNE	SAGITTAIRE	BALANCE	POISSONS	LION	CANCER	28 VIERGE
18 AVRIL	TAUREAU	GEMEAUX	CAPRICORNE	SAGITTAIRE	BALANCE	POISSONS	LION	CANCER	13 BALANCE
19 AVRIL	TAUREAU	GEMEAUX	CAPRICORNE	SAGITTAIRE	BALANCE	POISSONS	LION	CANCER	28 BALANCE
20 AVRIL	TAUREAU	GEMEAUX	CAPRICORNE	SAGITTAIRE	BALANCE	POISSONS	LION	CANCER	13 SCORPION

LE SOLEIL — ENTRE DANS LE SIGNE DU BELIER LE 20 MARS 1924 A 21 h 15
QUITTE LE SIGNE DU BELIER LE 20 AVRIL 1924 A 8 h 45

* LES CHIFFRES INDIQUENT LES DEGRÉS

1925	MERCURE	VENUS	MARS	JUPITER	SATURNE	URANUS	NEPTUNE	PLUTON	LUNE *
21 MARS	BELIER	POISSONS	TAUREAU	CAPRICORNE	SCORPION	POISSONS	LION	CANCER	20 VERSEAU
22 MARS	BELIER	POISSONS	TAUREAU	CAPRICORNE	SCORPION	POISSONS	LION	CANCER	4 POISSONS
23 MARS	BELIER	POISSONS	TAUREAU	CAPRICORNE	SCORPION	POISSONS	LION	CANCER	18 POISSONS
24 MARS	BELIER	POISSONS	GEMEAUX	CAPRICORNE	SCORPION	POISSONS	LION	CANCER	2 BELIER
25 MARS	BELIER	POISSONS	GEMEAUX	CAPRICORNE	SCORPION	POISSONS	LION	CANCER	16 BELIER
26 MARS	BELIER	POISSONS	GEMEAUX	CAPRICORNE	SCORPION	POISSONS	LION	CANCER	29 BELIER
27 MARS	BELIER	POISSONS	GEMEAUX	CAPRICORNE	SCORPION	POISSONS	LION	CANCER	12 TAUREAU
28 MARS	BELIER	BELIER	GEMEAUX	CAPRICORNE	SCORPION	POISSONS	LION	CANCER	24 TAUREAU
29 MARS	BELIER	BELIER	GEMEAUX	CAPRICORNE	SCORPION	POISSONS	LION	CANCER	7 GEMEAUX
30 MARS	BELIER	BELIER	GEMEAUX	CAPRICORNE	SCORPION	POISSONS	LION	CANCER	19 GEMEAUX
31 MARS	BELIER	BELIER	GEMEAUX	CAPRICORNE	SCORPION	POISSONS	LION	CANCER	1 CANCER
1 AVRIL	BELIER	BELIER	GEMEAUX	CAPRICORNE	SCORPION	POISSONS	LION	CANCER	13 CANCER
2 AVRIL	TAUREAU	BELIER	GEMEAUX	CAPRICORNE	SCORPION	POISSONS	LION	CANCER	24 CANCER
3 AVRIL	TAUREAU	BELIER	GEMEAUX	CAPRICORNE	SCORPION	POISSONS	LION	CANCER	6 LION
4 AVRIL	TAUREAU	BELIER	GEMEAUX	CAPRICORNE	SCORPION	POISSONS	LION	CANCER	18 LION
5 AVRIL	TAUREAU	BELIER	GEMEAUX	CAPRICORNE	SCORPION	POISSONS	LION	CANCER	1 VIERGE
6 AVRIL	TAUREAU	BELIER	GEMEAUX	CAPRICORNE	SCORPION	POISSONS	LION	CANCER	13 VIERGE
7 AVRIL	TAUREAU	BELIER	GEMEAUX	CAPRICORNE	SCORPION	POISSONS	LION	CANCER	26 VIERGE
8 AVRIL	TAUREAU	BELIER	GEMEAUX	CAPRICORNE	SCORPION	POISSONS	LION	CANCER	10 BALANCE
9 AVRIL	TAUREAU	BELIER	GEMEAUX	CAPRICORNE	SCORPION	POISSONS	LION	CANCER	23 BALANCE
10 AVRIL	TAUREAU	BELIER	GEMEAUX	CAPRICORNE	SCORPION	POISSONS	LION	CANCER	7 SCORPION
11 AVRIL	TAUREAU	BELIER	GEMEAUX	CAPRICORNE	SCORPION	POISSONS	LION	CANCER	21 SCORPION
12 AVRIL	TAUREAU	BELIER	GEMEAUX	CAPRICORNE	SCORPION	POISSONS	LION	CANCER	6 SAGITTAIRE
13 AVRIL	TAUREAU	BELIER	GEMEAUX	CAPRICORNE	SCORPION	POISSONS	LION	CANCER	20 SAGITTAIRE
14 AVRIL	TAUREAU	BELIER	GEMEAUX	CAPRICORNE	SCORPION	POISSONS	LION	CANCER	4 CAPRICORNE
15 AVRIL	TAUREAU	BELIER	GEMEAUX	CAPRICORNE	SCORPION	POISSONS	LION	CANCER	18 CAPRICORNE
16 AVRIL	BELIER	BELIER	GEMEAUX	CAPRICORNE	SCORPION	POISSONS	LION	CANCER	2 VERSEAU
17 AVRIL	BELIER	BELIER	GEMEAUX	CAPRICORNE	SCORPION	POISSONS	LION	CANCER	16 VERSEAU
18 AVRIL	BELIER	BELIER	GEMEAUX	CAPRICORNE	SCORPION	POISSONS	LION	CANCER	0 POISSONS
19 AVRIL	BELIER	BELIER	GEMEAUX	CAPRICORNE	SCORPION	POISSONS	LION	CANCER	14 POISSONS
20 AVRIL	BELIER	BELIER	GEMEAUX	CAPRICORNE	SCORPION	POISSONS	LION	CANCER	28 POISSONS

LE SOLEIL — ENTRE DANS LE SIGNE DU BELIER LE 21 MARS 1925 A 3 h 00
QUITTE LE SIGNE DU BELIER LE 20 AVRIL 1925 A 14 h 45

* LES CHIFFRES INDIQUENT LES DEGRÉS

DECOUVREZ DANS QUEL SIGNE SE TROUVAIENT LES PLANETES A VOTRE NAISSANCE

1926	MERCURE	VENUS	MARS	JUPITER	SATURNE	URANUS	NEPTUNE	PLUTON	LUNE *
21 MARS	BELIER	VERSEAU	CAPRICORNE	VERSEAU	SCORPION	POISSONS	LION	CANCER	3 CANCER
22 MARS	BELIER	VERSEAU	CAPRICORNE	VERSEAU	SCORPION	POISSONS	LION	CANCER	15 CANCER
23 MARS	BELIER	VERSEAU	VERSEAU	VERSEAU	SCORPION	POISSONS	LION	CANCER	27 CANCER
24 MARS	BELIER	VERSEAU	VERSEAU	VERSEAU	SCORPION	POISSONS	LION	CANCER	9 LION
25 MARS	BELIER	VERSEAU	VERSEAU	VERSEAU	SCORPION	POISSONS	LION	CANCER	21 LION
26 MARS	BELIER	VERSEAU	VERSEAU	VERSEAU	SCORPION	POISSONS	LION	CANCER	2 VIERGE
27 MARS	BELIER	VERSEAU	VERSEAU	VERSEAU	SCORPION	POISSONS	LION	CANCER	14 VIERGE
28 MARS	BELIER	VERSEAU	VERSEAU	VERSEAU	SCORPION	POISSONS	LION	CANCER	26 VIERGE
29 MARS	BELIER	VERSEAU	VERSEAU	VERSEAU	SCORPION	POISSONS	LION	CANCER	9 BALANCE
30 MARS	BELIER	VERSEAU	VERSEAU	VERSEAU	SCORPION	POISSONS	LION	CANCER	21 BALANCE
31 MARS	BELIER	VERSEAU	VERSEAU	VERSEAU	SCORPION	POISSONS	LION	CANCER	4 SCORPION
1 AVRIL	BELIER	VERSEAU	VERSEAU	VERSEAU	SCORPION	POISSONS	LION	CANCER	17 SCORPION
2 AVRIL	BELIER	VERSEAU	VERSEAU	VERSEAU	SCORPION	POISSONS	LION	CANCER	0 SAGITTAIRE
3 AVRIL	BELIER	VERSEAU	VERSEAU	VERSEAU	SCORPION	POISSONS	LION	CANCER	13 SAGITTAIRE
4 AVRIL	BELIER	VERSEAU	VERSEAU	VERSEAU	SCORPION	POISSONS	LION	CANCER	26 SAGITTAIRE
5 AVRIL	BELIER	VERSEAU	VERSEAU	VERSEAU	SCORPION	POISSONS	LION	CANCER	10 CAPRICORNE
6 AVRIL	BELIER	POISSONS	VERSEAU	VERSEAU	SCORPION	POISSONS	LION	CANCER	24 CAPRICORNE
7 AVRIL	BELIER	POISSONS	VERSEAU	VERSEAU	SCORPION	POISSONS	LION	CANCER	8 VERSEAU
8 AVRIL	BELIER	POISSONS	VERSEAU	VERSEAU	SCORPION	POISSONS	LION	CANCER	22 VERSEAU
9 AVRIL	BELIER	POISSONS	VERSEAU	VERSEAU	SCORPION	POISSONS	LION	CANCER	7 POISSONS
10 AVRIL	BELIER	POISSONS	VERSEAU	VERSEAU	SCORPION	POISSONS	LION	CANCER	22 POISSONS
11 AVRIL	BELIER	POISSONS	VERSEAU	VERSEAU	SCORPION	POISSONS	LION	CANCER	6 BELIER
12 AVRIL	BELIER	POISSONS	VERSEAU	VERSEAU	SCORPION	POISSONS	LION	CANCER	21 BELIER
13 AVRIL	BELIER	POISSONS	VERSEAU	VERSEAU	SCORPION	POISSONS	LION	CANCER	5 TAUREAU
14 AVRIL	BELIER	POISSONS	VERSEAU	VERSEAU	SCORPION	POISSONS	LION	CANCER	19 TAUREAU
15 AVRIL	BELIER	POISSONS	VERSEAU	VERSEAU	SCORPION	POISSONS	LION	CANCER	3 GEMEAUX
16 AVRIL	BELIER	POISSONS	VERSEAU	VERSEAU	SCORPION	POISSONS	LION	CANCER	16 GEMEAUX
17 AVRIL	BELIER	POISSONS	VERSEAU	VERSEAU	SCORPION	POISSONS	LION	CANCER	29 GEMEAUX
18 AVRIL	BELIER	POISSONS	VERSEAU	VERSEAU	SCORPION	POISSONS	LION	CANCER	11 CANCER
19 AVRIL	BELIER	POISSONS	VERSEAU	VERSEAU	SCORPION	POISSONS	LION	CANCER	23 CANCER
20 AVRIL	BELIER	POISSONS	VERSEAU	VERSEAU	SCORPION	POISSONS	LION	CANCER	5 LION

LE SOLEIL	ENTRE DANS LE SIGNE DU	BELIER	LE 21 MARS	1926	A 8 h 45
	QUITTE LE SIGNE DU		LE 20 AVRIL		A 20 h 15

* LES CHIFFRES INDIQUENT LES DEGRÉS

1927	MERCURE	VENUS	MARS	JUPITER	SATURNE	URANUS	NEPTUNE	PLUTON	LUNE *
21 MARS	POISSONS	BELIER	GEMEAUX	POISSONS	SAGITTAIRE	POISSONS	LION	CANCER	3 SCORPION
22 MARS	POISSONS	BELIER	GEMEAUX	POISSONS	SAGITTAIRE	POISSONS	LION	CANCER	15 SCORPION
23 MARS	POISSONS	TAUREAU	GEMEAUX	POISSONS	SAGITTAIRE	POISSONS	LION	CANCER	27 SCORPION
24 MARS	POISSONS	TAUREAU	GEMEAUX	POISSONS	SAGITTAIRE	POISSONS	LION	CANCER	9 SAGITTAIRE
25 MARS	POISSONS	TAUREAU	GEMEAUX	POISSONS	SAGITTAIRE	POISSONS	LION	CANCER	22 SAGITTAIRE
26 MARS	POISSONS	TAUREAU	GEMEAUX	POISSONS	SAGITTAIRE	POISSONS	LION	CANCER	5 CAPRICORNE
27 MARS	POISSONS	TAUREAU	GEMEAUX	POISSONS	SAGITTAIRE	POISSONS	LION	CANCER	18 CAPRICORNE
28 MARS	POISSONS	TAUREAU	GEMEAUX	POISSONS	SAGITTAIRE	POISSONS	LION	CANCER	2 VERSEAU
29 MARS	POISSONS	TAUREAU	GEMEAUX	POISSONS	SAGITTAIRE	POISSONS	LION	CANCER	16 VERSEAU
30 MARS	POISSONS	TAUREAU	GEMEAUX	POISSONS	SAGITTAIRE	POISSONS	LION	CANCER	0 POISSONS
31 MARS	POISSONS	TAUREAU	GEMEAUX	POISSONS	SAGITTAIRE	BELIER	LION	CANCER	15 POISSONS
1 AVRIL	POISSONS	TAUREAU	GEMEAUX	POISSONS	SAGITTAIRE	BELIER	LION	CANCER	1 BELIER
2 AVRIL	POISSONS	TAUREAU	GEMEAUX	POISSONS	SAGITTAIRE	BELIER	LION	CANCER	16 BELIER
3 AVRIL	POISSONS	TAUREAU	GEMEAUX	POISSONS	SAGITTAIRE	BELIER	LION	CANCER	1 TAUREAU
4 AVRIL	POISSONS	TAUREAU	GEMEAUX	POISSONS	SAGITTAIRE	BELIER	LION	CANCER	16 TAUREAU
5 AVRIL	POISSONS	TAUREAU	GEMEAUX	POISSONS	SAGITTAIRE	BELIER	LION	CANCER	1 GEMEAUX
6 AVRIL	POISSONS	TAUREAU	GEMEAUX	POISSONS	SAGITTAIRE	BELIER	LION	CANCER	15 GEMEAUX
7 AVRIL	POISSONS	TAUREAU	GEMEAUX	POISSONS	SAGITTAIRE	BELIER	LION	CANCER	28 GEMEAUX
8 AVRIL	POISSONS	TAUREAU	GEMEAUX	POISSONS	SAGITTAIRE	BELIER	LION	CANCER	11 CANCER
9 AVRIL	POISSONS	TAUREAU	GEMEAUX	POISSONS	SAGITTAIRE	BELIER	LION	CANCER	24 CANCER
10 AVRIL	POISSONS	TAUREAU	GEMEAUX	POISSONS	SAGITTAIRE	BELIER	LION	CANCER	6 LION
11 AVRIL	POISSONS	TAUREAU	GEMEAUX	POISSONS	SAGITTAIRE	BELIER	LION	CANCER	19 LION
12 AVRIL	POISSONS	TAUREAU	GEMEAUX	POISSONS	SAGITTAIRE	BELIER	LION	CANCER	1 VIERGE
13 AVRIL	POISSONS	TAUREAU	GEMEAUX	POISSONS	SAGITTAIRE	BELIER	LION	CANCER	12 VIERGE
14 AVRIL	POISSONS	TAUREAU	GEMEAUX	POISSONS	SAGITTAIRE	BELIER	LION	CANCER	24 VIERGE
15 AVRIL	POISSONS	TAUREAU	GEMEAUX	POISSONS	SAGITTAIRE	BELIER	LION	CANCER	6 BALANCE
16 AVRIL	POISSONS	TAUREAU	GEMEAUX	POISSONS	SAGITTAIRE	BELIER	LION	CANCER	18 BALANCE
17 AVRIL	POISSONS	GEMEAUX	CANCER	POISSONS	SAGITTAIRE	BELIER	LION	CANCER	0 SCORPION
18 AVRIL	BELIER	GEMEAUX	CANCER	POISSONS	SAGITTAIRE	BELIER	LION	CANCER	12 SCORPION
19 AVRIL	BELIER	GEMEAUX	CANCER	POISSONS	SAGITTAIRE	BELIER	LION	CANCER	24 SCORPION
20 AVRIL	BELIER	GEMEAUX	CANCER	POISSONS	SAGITTAIRE	BELIER	LION	CANCER	6 SAGITTAIRE
21 AVRIL	BELIER	GEMEAUX	CANCER	POISSONS	SAGITTAIRE	BELIER	LION	CANCER	19 SAGITTAIRE

LE SOLEIL	ENTRE DANS LE SIGNE DU	BELIER	LE 21 MARS	1927	A 14 h 45
	QUITTE LE SIGNE DU		LE 21 AVRIL		A 2 h 15

* LES CHIFFRES INDIQUENT LES DEGRÉS

DECOUVREZ DANS QUEL SIGNE SE TROUVAIENT LES PLANETES A VOTRE NAISSANCE

1928	MERCURE	VENUS	MARS	JUPITER	SATURNE	URANUS	NEPTUNE	PLUTON	LUNE *
20 MARS	POISSONS	POISSONS	VERSEAU	BELIER	SAGITTAIRE	BELIER	LION	CANCER	11 POISSONS
21 MARS	POISSONS	POISSONS	VERSEAU	BELIER	SAGITTAIRE	BELIER	LION	CANCER	25 POISSONS
22 MARS	POISSONS	POISSONS	VERSEAU	BELIER	SAGITTAIRE	BELIER	LION	CANCER	10 BELIER
23 MARS	POISSONS	POISSONS	VERSEAU	BELIER	SAGITTAIRE	BELIER	LION	CANCER	25 BELIER
24 MARS	POISSONS	POISSONS	VERSEAU	BELIER	SAGITTAIRE	BELIER	LION	CANCER	10 TAUREAU
25 MARS	POISSONS	POISSONS	VERSEAU	BELIER	SAGITTAIRE	BELIER	LION	CANCER	25 TAUREAU
26 MARS	POISSONS	POISSONS	VERSEAU	BELIER	SAGITTAIRE	BELIER	LION	CANCER	9 GEMEAUX
27 MARS	POISSONS	POISSONS	VERSEAU	BELIER	SAGITTAIRE	BELIER	LION	CANCER	23 GEMEAUX
28 MARS	POISSONS	POISSONS	VERSEAU	BELIER	SAGITTAIRE	BELIER	LION	CANCER	7 CANCER
29 MARS	POISSONS	POISSONS	VERSEAU	BELIER	SAGITTAIRE	BELIER	LION	CANCER	21 CANCER
30 MARS	POISSONS	POISSONS	VERSEAU	BELIER	SAGITTAIRE	BELIER	LION	CANCER	4 LION
31 MARS	POISSONS	POISSONS	VERSEAU	BELIER	SAGITTAIRE	BELIER	LION	CANCER	17 LION
1 AVRIL	POISSONS	POISSONS	VERSEAU	BELIER	SAGITTAIRE	BELIER	LION	CANCER	0 VIERGE
2 AVRIL	POISSONS	POISSONS	VERSEAU	BELIER	SAGITTAIRE	BELIER	LION	CANCER	12 VIERGE
3 AVRIL	POISSONS	POISSONS	VERSEAU	BELIER	SAGITTAIRE	BELIER	LION	CANCER	25 VIERGE
4 AVRIL	POISSONS	POISSONS	VERSEAU	BELIER	SAGITTAIRE	BELIER	LION	CANCER	7 BALANCE
5 AVRIL	POISSONS	POISSONS	VERSEAU	BELIER	SAGITTAIRE	BELIER	LION	CANCER	19 BALANCE
6 AVRIL	POISSONS	POISSONS	VERSEAU	BELIER	SAGITTAIRE	BELIER	LION	CANCER	1 SCORPION
7 AVRIL	POISSONS	POISSONS	VERSEAU	BELIER	SAGITTAIRE	BELIER	LION	CANCER	13 SCORPION
8 AVRIL	POISSONS	POISSONS	POISSONS	BELIER	SAGITTAIRE	BELIER	LION	CANCER	25 SCORPION
9 AVRIL	POISSONS	POISSONS	POISSONS	BELIER	SAGITTAIRE	BELIER	LION	CANCER	6 SAGITTAIRE
10 AVRIL	POISSONS	POISSONS	POISSONS	BELIER	SAGITTAIRE	BELIER	LION	CANCER	18 SAGITTAIRE
11 AVRIL	BELIER	POISSONS	POISSONS	BELIER	SAGITTAIRE	BELIER	LION	CANCER	0 CAPRICORNE
12 AVRIL	BELIER	BELIER	POISSONS	BELIER	SAGITTAIRE	BELIER	LION	CANCER	12 CAPRICORNE
13 AVRIL	BELIER	BELIER	POISSONS	BELIER	SAGITTAIRE	BELIER	LION	CANCER	25 CAPRICORNE
14 AVRIL	BELIER	BELIER	POISSONS	BELIER	SAGITTAIRE	BELIER	LION	CANCER	8 VERSEAU
15 AVRIL	BELIER	BELIER	POISSONS	BELIER	SAGITTAIRE	BELIER	LION	CANCER	21 VERSEAU
16 AVRIL	BELIER	BELIER	POISSONS	BELIER	SAGITTAIRE	BELIER	LION	CANCER	5 POISSONS
17 AVRIL	BELIER	BELIER	POISSONS	BELIER	SAGITTAIRE	BELIER	LION	CANCER	19 POISSONS
18 AVRIL	BELIER	BELIER	POISSONS	BELIER	SAGITTAIRE	BELIER	LION	CANCER	4 BELIER
19 AVRIL	BELIER	BELIER	POISSONS	BELIER	SAGITTAIRE	BELIER	LION	CANCER	19 BELIER
20 AVRIL	BELIER	BELIER	POISSONS	BELIER	SAGITTAIRE	BELIER	LION	CANCER	4 TAUREAU

	ENTRE DANS LE SIGNE DU	LE 20 MARS	20 h 40	
LE SOLEIL	BELIER	1928		* LES CHIFFRES INDIQUENT LES DEGRÉS
	QUITTE LE SIGNE DU	LE 20 AVRIL	A 8 h 10	

1929	MERCURE	VENUS	MARS	JUPITER	SATURNE	URANUS	NEPTUNE	PLUTON	LUNE *
21 MARS	POISSONS	TAUREAU	CANCER	TAUREAU	CAPRICORNE	BELIER	LION	CANCER	12 LION
22 MARS	POISSONS	TAUREAU	CANCER	TAUREAU	CAPRICORNE	BELIER	LION	CANCER	26 LION
23 MARS	POISSONS	TAUREAU	CANCER	TAUREAU	CAPRICORNE	BELIER	LION	CANCER	9 VIERGE
24 MARS	POISSONS	TAUREAU	CANCER	TAUREAU	CAPRICORNE	BELIER	LION	CANCER	23 VIERGE
25 MARS	POISSONS	TAUREAU	CANCER	TAUREAU	CAPRICORNE	BELIER	LION	CANCER	6 BALANCE
26 MARS	POISSONS	TAUREAU	CANCER	TAUREAU	CAPRICORNE	BELIER	LION	CANCER	19 BALANCE
27 MARS	POISSONS	TAUREAU	CANCER	TAUREAU	CAPRICORNE	BELIER	LION	CANCER	2 SCORPION
28 MARS	POISSONS	TAUREAU	CANCER	TAUREAU	CAPRICORNE	BELIER	LION	CANCER	14 SCORPION
29 MARS	POISSONS	TAUREAU	CANCER	TAUREAU	CAPRICORNE	BELIER	LION	CANCER	26 SCORPION
30 MARS	POISSONS	TAUREAU	CANCER	TAUREAU	CAPRICORNE	BELIER	LION	CANCER	8 SAGITTAIRE
31 MARS	POISSONS	TAUREAU	CANCER	TAUREAU	CAPRICORNE	BELIER	LION	CANCER	20 SAGITTAIRE
1 AVRIL	POISSONS	TAUREAU	CANCER	TAUREAU	CAPRICORNE	BELIER	LION	CANCER	2 CAPRICORNE
2 AVRIL	POISSONS	TAUREAU	CANCER	TAUREAU	CAPRICORNE	BELIER	LION	CANCER	14 CAPRICORNE
3 AVRIL	POISSONS	TAUREAU	CANCER	TAUREAU	CAPRICORNE	BELIER	LION	CANCER	26 CAPRICORNE
4 AVRIL	BELIER	TAUREAU	CANCER	TAUREAU	CAPRICORNE	BELIER	LION	CANCER	8 VERSEAU
5 AVRIL	BELIER	TAUREAU	CANCER	TAUREAU	CAPRICORNE	BELIER	LION	CANCER	21 VERSEAU
6 AVRIL	BELIER	TAUREAU	CANCER	TAUREAU	CAPRICORNE	BELIER	LION	CANCER	4 POISSONS
7 AVRIL	BELIER	TAUREAU	CANCER	TAUREAU	CAPRICORNE	BELIER	LION	CANCER	17 POISSONS
8 AVRIL	BELIER	TAUREAU	CANCER	TAUREAU	CAPRICORNE	BELIER	LION	CANCER	0 BELIER
9 AVRIL	BELIER	TAUREAU	CANCER	TAUREAU	CAPRICORNE	BELIER	LION	CANCER	14 BELIER
10 AVRIL	BELIER	TAUREAU	CANCER	TAUREAU	CAPRICORNE	BELIER	LION	CANCER	28 BELIER
11 AVRIL	BELIER	TAUREAU	CANCER	TAUREAU	CAPRICORNE	BELIER	LION	CANCER	13 TAUREAU
12 AVRIL	BELIER	TAUREAU	CANCER	TAUREAU	CAPRICORNE	BELIER	LION	CANCER	27 TAUREAU
13 AVRIL	BELIER	TAUREAU	CANCER	TAUREAU	CAPRICORNE	BELIER	LION	CANCER	12 GEMEAUX
14 AVRIL	BELIER	TAUREAU	CANCER	TAUREAU	CAPRICORNE	BELIER	LION	CANCER	26 GEMEAUX
15 AVRIL	BELIER	TAUREAU	CANCER	TAUREAU	CAPRICORNE	BELIER	LION	CANCER	10 CANCER
16 AVRIL	BELIER	TAUREAU	CANCER	TAUREAU	CAPRICORNE	BELIER	LION	CANCER	25 CANCER
17 AVRIL	BELIER	TAUREAU	CANCER	TAUREAU	CAPRICORNE	BELIER	LION	CANCER	8 LION
18 AVRIL	BELIER	TAUREAU	CANCER	TAUREAU	CAPRICORNE	BELIER	LION	CANCER	22 LION
19 AVRIL	TAUREAU	TAUREAU	CANCER	TAUREAU	CAPRICORNE	BELIER	LION	CANCER	6 VIERGE
20 AVRIL	TAUREAU	BELIER	CANCER	TAUREAU	CAPRICORNE	BELIER	LION	CANCER	19 VIERGE

	ENTRE DANS LE SIGNE DU	LE 21 MARS	A 2 h 15	
LE SOLEIL	BELIER	1929		* LES CHIFFRES INDIQUENT LES DEGRÉS
	QUITTE LE SIGNE DU	LE 20 AVRIL	A 14 h 00	

DECOUVREZ DANS QUEL SIGNE SE TROUVAIENT LES PLANETES A VOTRE NAISSANCE

1930	MERCURE	VENUS	MARS	JUPITER	SATURNE	URANUS	NEPTUNE	PLUTON	LUNE *
21 MARS	POISSONS	BELIER	POISSONS	GEMEAUX	CAPRICORNE	BELIER	VIERGE	CANCER	23 SAGITTAIRE
22 MARS	POISSONS	BELIER	POISSONS	GEMEAUX	CAPRICORNE	BELIER	VIERGE	CANCER	5 CAPRICORNE
23 MARS	POISSONS	BELIER	POISSONS	GEMEAUX	CAPRICORNE	BELIER	VIERGE	CANCER	17 CAPRICORNE
24 MARS	POISSONS	BELIER	POISSONS	GEMEAUX	CAPRICORNE	BELIER	VIERGE	CANCER	29 CAPRICORNE
25 MARS	POISSONS	BELIER	POISSONS	GEMEAUX	CAPRICORNE	BELIER	VIERGE	CANCER	11 VERSEAU
26 MARS	POISSONS	BELIER	POISSONS	GEMEAUX	CAPRICORNE	BELIER	VIERGE	CANCER	22 VERSEAU
27 MARS	BELIER	BELIER	POISSONS	GEMEAUX	CAPRICORNE	BELIER	VIERGE	CANCER	5 POISSONS
28 MARS	BELIER	BELIER	POISSONS	GEMEAUX	CAPRICORNE	BELIER	VIERGE	CANCER	17 POISSONS
29 MARS	BELIER	BELIER	POISSONS	GEMEAUX	CAPRICORNE	BELIER	VIERGE	CANCER	29 POISSONS
30 MARS	BELIER	BELIER	POISSONS	GEMEAUX	CAPRICORNE	BELIER	VIERGE	CANCER	12 BELIER
31 MARS	BELIER	BELIER	POISSONS	GEMEAUX	CAPRICORNE	BELIER	VIERGE	CANCER	25 BELIER
1 AVRIL	BELIER	BELIER	POISSONS	GEMEAUX	CAPRICORNE	BELIER	VIERGE	CANCER	8 TAUREAU
2 AVRIL	BELIER	BELIER	POISSONS	GEMEAUX	CAPRICORNE	BELIER	VIERGE	CANCER	21 TAUREAU
3 AVRIL	BELIER	BELIER	POISSONS	GEMEAUX	CAPRICORNE	BELIER	VIERGE	CANCER	4 GEMEAUX
4 AVRIL	BELIER	BELIER	POISSONS	GEMEAUX	CAPRICORNE	BELIER	VIERGE	CANCER	18 GEMEAUX
5 AVRIL	BELIER	BELIER	POISSONS	GEMEAUX	CAPRICORNE	BELIER	VIERGE	CANCER	2 CANCER
6 AVRIL	BELIER	TAUREAU	POISSONS	GEMEAUX	CAPRICORNE	BELIER	VIERGE	CANCER	16 CANCER
7 AVRIL	BELIER	TAUREAU	POISSONS	GEMEAUX	CAPRICORNE	BELIER	VIERGE	CANCER	0 LION
8 AVRIL	BELIER	TAUREAU	POISSONS	GEMEAUX	CAPRICORNE	BELIER	VIERGE	CANCER	15 LION
9 AVRIL	BELIER	TAUREAU	POISSONS	GEMEAUX	CAPRICORNE	BELIER	VIERGE	CANCER	29 LION
10 AVRIL	BELIER	TAUREAU	POISSONS	GEMEAUX	CAPRICORNE	BELIER	VIERGE	CANCER	13 VIERGE
11 AVRIL	TAUREAU	TAUREAU	POISSONS	GEMEAUX	CAPRICORNE	BELIER	VIERGE	CANCER	28 VIERGE
12 AVRIL	TAUREAU	TAUREAU	POISSONS	GEMEAUX	CAPRICORNE	BELIER	VIERGE	CANCER	12 BALANCE
13 AVRIL	TAUREAU	TAUREAU	POISSONS	GEMEAUX	CAPRICORNE	BELIER	VIERGE	CANCER	26 BALANCE
14 AVRIL	TAUREAU	TAUREAU	POISSONS	GEMEAUX	CAPRICORNE	BELIER	VIERGE	CANCER	9 SCORPION
15 AVRIL	TAUREAU	TAUREAU	POISSONS	GEMEAUX	CAPRICORNE	BELIER	VIERGE	CANCER	23 SCORPION
16 AVRIL	TAUREAU	TAUREAU	POISSONS	GEMEAUX	CAPRICORNE	BELIER	VIERGE	CANCER	6 SAGITTAIRE
17 AVRIL	TAUREAU	TAUREAU	POISSONS	GEMEAUX	CAPRICORNE	BELIER	VIERGE	CANCER	18 SAGITTAIRE
18 AVRIL	TAUREAU	TAUREAU	POISSONS	GEMEAUX	CAPRICORNE	BELIER	VIERGE	CANCER	1 CAPRICORNE
19 AVRIL	TAUREAU	TAUREAU	POISSONS	GEMEAUX	CAPRICORNE	BELIER	VIERGE	CANCER	13 CAPRICORNE
20 AVRIL	TAUREAU	TAUREAU	POISSONS	GEMEAUX	CAPRICORNE	BELIER	VIERGE	CANCER	25 CAPRICORNE

ENTRE DANS LE SIGNE DU — LE 21 MARS — A 8 h 15
LE SOLEIL — BELIER — 1930 — * LES CHIFFRES INDIQUENT LES DEGRÉS
QUITTE LE SIGNE DU — LE 20 AVRIL — A 19 h 45

1931	MERCURE	VENUS	MARS	JUPITER	SATURNE	URANUS	NEPTUNE	PLUTON	LUNE *
21 MARS	BELIER	VERSEAU	CANCER	CANCER	CAPRICORNE	BELIER	VIERGE	CANCER	23 BELIER
22 MARS	BELIER	VERSEAU	CANCER	CANCER	CAPRICORNE	BELIER	VIERGE	CANCER	5 TAUREAU
23 MARS	BELIER	VERSEAU	CANCER	CANCER	CAPRICORNE	BELIER	VIERGE	CANCER	18 TAUREAU
24 MARS	BELIER	VERSEAU	CANCER	CANCER	CAPRICORNE	BELIER	VIERGE	CANCER	0 GEMEAUX
25 MARS	BELIER	VERSEAU	CANCER	CANCER	CAPRICORNE	BELIER	VIERGE	CANCER	13 GEMEAUX
26 MARS	BELIER	VERSEAU	CANCER	CANCER	CAPRICORNE	BELIER	VIERGE	CANCER	26 GEMEAUX
27 MARS	BELIER	VERSEAU	CANCER	CANCER	CAPRICORNE	BELIER	VIERGE	CANCER	9 CANCER
28 MARS	BELIER	VERSEAU	CANCER	CANCER	CAPRICORNE	BELIER	VIERGE	CANCER	23 CANCER
29 MARS	BELIER	VERSEAU	CANCER	CANCER	CAPRICORNE	BELIER	VIERGE	CANCER	7 LION
30 MARS	BELIER	VERSEAU	LION	CANCER	CAPRICORNE	BELIER	VIERGE	CANCER	22 LION
31 MARS	BELIER	VERSEAU	LION	CANCER	CAPRICORNE	BELIER	VIERGE	CANCER	7 VIERGE
1 AVRIL	BELIER	POISSONS	LION	CANCER	CAPRICORNE	BELIER	VIERGE	CANCER	22 VIERGE
2 AVRIL	BELIER	POISSONS	LION	CANCER	CAPRICORNE	BELIER	VIERGE	CANCER	7 BALANCE
3 AVRIL	BELIER	POISSONS	LION	CANCER	CAPRICORNE	BELIER	VIERGE	CANCER	22 BALANCE
4 AVRIL	TAUREAU	POISSONS	LION	CANCER	CAPRICORNE	BELIER	VIERGE	CANCER	7 SCORPION
5 AVRIL	TAUREAU	POISSONS	LION	CANCER	CAPRICORNE	BELIER	VIERGE	CANCER	21 SCORPION
6 AVRIL	TAUREAU	POISSONS	LION	CANCER	CAPRICORNE	BELIER	VIERGE	CANCER	5 SAGITTAIRE
7 AVRIL	TAUREAU	POISSONS	LION	CANCER	CAPRICORNE	BELIER	VIERGE	CANCER	19 SAGITTAIRE
8 AVRIL	TAUREAU	POISSONS	LION	CANCER	CAPRICORNE	BELIER	VIERGE	CANCER	2 CAPRICORNE
9 AVRIL	TAUREAU	POISSONS	LION	CANCER	CAPRICORNE	BELIER	VIERGE	CANCER	14 CAPRICORNE
10 AVRIL	TAUREAU	POISSONS	LION	CANCER	CAPRICORNE	BELIER	VIERGE	CANCER	27 CAPRICORNE
11 AVRIL	TAUREAU	POISSONS	LION	CANCER	CAPRICORNE	BELIER	VIERGE	CANCER	9 VERSEAU
12 AVRIL	TAUREAU	POISSONS	LION	CANCER	CAPRICORNE	BELIER	VIERGE	CANCER	21 VERSEAU
13 AVRIL	TAUREAU	POISSONS	LION	CANCER	CAPRICORNE	BELIER	VIERGE	CANCER	3 POISSONS
14 AVRIL	TAUREAU	POISSONS	LION	CANCER	CAPRICORNE	BELIER	VIERGE	CANCER	15 POISSONS
15 AVRIL	TAUREAU	POISSONS	LION	CANCER	CAPRICORNE	BELIER	VIERGE	CANCER	26 POISSONS
16 AVRIL	TAUREAU	POISSONS	LION	CANCER	CAPRICORNE	BELIER	VIERGE	CANCER	8 BELIER
17 AVRIL	TAUREAU	POISSONS	LION	CANCER	CAPRICORNE	BELIER	VIERGE	CANCER	20 BELIER
18 AVRIL	TAUREAU	POISSONS	LION	CANCER	CAPRICORNE	BELIER	VIERGE	CANCER	2 TAUREAU
19 AVRIL	TAUREAU	POISSONS	LION	CANCER	CAPRICORNE	BELIER	VIERGE	CANCER	15 TAUREAU
20 AVRIL	TAUREAU	POISSONS	LION	CANCER	CAPRICORNE	BELIER	VIERGE	CANCER	27 TAUREAU
21 AVRIL	TAUREAU	POISSONS	LION	CANCER	CAPRICORNE	BELIER	VIERGE	CANCER	10 GEMEAUX

ENTRE DANS LE SIGNE DU — LE 21 MARS — A 13 h 45
LE SOLEIL — BELIER — 1931 — * LES CHIFFRES INDIQUENT LES DEGRÉS
QUITTE LE SIGNE DU — LE 21 AVRIL — A 1 h 30

DECOUVREZ DANS QUEL SIGNE SE TROUVAIENT LES PLANETES A VOTRE NAISSANCE

1932	MERCURE	VENUS	MARS	JUPITER	SATURNE	URANUS	NEPTUNE	PLUTON	LUNE *
20 MARS	BELIER	TAUREAU	POISSONS	LION	VERSEAU	BELIER	VIERGE	CANCER	1 VIERGE
21 MARS	BELIER	TAUREAU	POISSONS	LION	VERSEAU	BELIER	VIERGE	CANCER	16 VIERGE
22 MARS	BELIER	TAUREAU	POISSONS	LION	VERSEAU	BELIER	VIERGE	CANCER	1 BALANCE
23 MARS	BELIER	TAUREAU	POISSONS	LION	VERSEAU	BELIER	VIERGE	CANCER	16 BALANCE
24 MARS	BELIER	TAUREAU	POISSONS	LION	VERSEAU	BELIER	VIERGE	CANCER	1 SCORPION
25 MARS	BELIER	TAUREAU	POISSONS	LION	VERSEAU	BELIER	VIERGE	CANCER	16 SCORPION
26 MARS	BELIER	TAUREAU	POISSONS	LION	VERSEAU	BELIER	VIERGE	CANCER	1 SAGITTAIRE
27 MARS	BELIER	TAUREAU	POISSONS	LION	VERSEAU	BELIER	VIERGE	CANCER	15 SAGITTAIRE
28 MARS	BELIER	TAUREAU	POISSONS	LION	VERSEAU	BELIER	VIERGE	CANCER	29 SAGITTAIRE
29 MARS	BELIER	TAUREAU	POISSONS	LION	VERSEAU	BELIER	VIERGE	CANCER	13 CAPRICORNE
30 MARS	BELIER	TAUREAU	POISSONS	LION	VERSEAU	BELIER	VIERGE	CANCER	26 CAPRICORNE
31 MARS	BELIER	TAUREAU	POISSONS	LION	VERSEAU	BELIER	VIERGE	CANCER	8 VERSEAU
1 AVRIL	BELIER	TAUREAU	POISSONS	LION	VERSEAU	BELIER	VIERGE	CANCER	21 VERSEAU
2 AVRIL	BELIER	TAUREAU	POISSONS	LION	VERSEAU	BELIER	VIERGE	CANCER	3 POISSONS
3 AVRIL	BELIER	TAUREAU	BELIER	LION	VERSEAU	BELIER	VIERGE	CANCER	15 POISSONS
4 AVRIL	BELIER	TAUREAU	BELIER	LION	VERSEAU	BELIER	VIERGE	CANCER	27 POISSONS
5 AVRIL	BELIER	GEMEAUX	BELIER	LION	VERSEAU	BELIER	VIERGE	CANCER	9 BELIER
6 AVRIL	BELIER	GEMEAUX	BELIER	LION	VERSEAU	BELIER	VIERGE	CANCER	21 BELIER
7 AVRIL	BELIER	GEMEAUX	BELIER	LION	VERSEAU	BELIER	VIERGE	CANCER	3 TAUREAU
8 AVRIL	BELIER	GEMEAUX	BELIER	LION	VERSEAU	BELIER	VIERGE	CANCER	15 TAUREAU
9 AVRIL	BELIER	GEMEAUX	BELIER	LION	VERSEAU	BELIER	VIERGE	CANCER	26 TAUREAU
10 AVRIL	BELIER	GEMEAUX	BELIER	LION	VERSEAU	BELIER	VIERGE	CANCER	8 GEMEAUX
11 AVRIL	BELIER	GEMEAUX	BELIER	LION	VERSEAU	BELIER	VIERGE	CANCER	21 GEMEAUX
12 AVRIL	BELIER	GEMEAUX	BELIER	LION	VERSEAU	BELIER	VIERGE	CANCER	3 CANCER
13 AVRIL	BELIER	GEMEAUX	BELIER	LION	VERSEAU	BELIER	VIERGE	CANCER	15 CANCER
14 AVRIL	BELIER	GEMEAUX	BELIER	LION	VERSEAU	BELIER	VIERGE	CANCER	28 CANCER
15 AVRIL	BELIER	GEMEAUX	BELIER	LION	VERSEAU	BELIER	VIERGE	CANCER	12 LION
16 AVRIL	BELIER	GEMEAUX	BELIER	LION	VERSEAU	BELIER	VIERGE	CANCER	25 LION
17 AVRIL	BELIER	GEMEAUX	BELIER	LION	VERSEAU	BELIER	VIERGE	CANCER	10 VIERGE
18 AVRIL	BELIER	GEMEAUX	BELIER	LION	VERSEAU	BELIER	VIERGE	CANCER	24 VIERGE
19 AVRIL	BELIER	GEMEAUX	BELIER	LION	VERSEAU	BELIER	VIERGE	CANCER	9 BALANCE
20 AVRIL	BELIER	GEMEAUX	BELIER	LION	VERSEAU	BELIER	VIERGE	CANCER	24 BALANCE

LE SOLEIL ENTRE DANS LE SIGNE DU BELIER LE 20 MARS 1932 A 19 h 45
LE SOLEIL QUITTE LE SIGNE DU BELIER LE 20 AVRIL 1932 A 7 h 15

* LES CHIFFRES INDIQUENT LES DEGRÉS

1933	MERCURE	VENUS	MARS	JUPITER	SATURNE	URANUS	NEPTUNE	PLUTON	LUNE *
21 MARS	BELIER	POISSONS	VIERGE	VIERGE	VERSEAU	BELIER	VIERGE	CANCER	4 VERSEAU
22 MARS	BELIER	POISSONS	VIERGE	VIERGE	VERSEAU	BELIER	VIERGE	CANCER	17 VERSEAU
23 MARS	BELIER	POISSONS	VIERGE	VIERGE	VERSEAU	BELIER	VIERGE	CANCER	1 POISSONS
24 AVRIL	BELIER	POISSONS	VIERGE	VIERGE	VERSEAU	BELIER	VIERGE	CANCER	14 POISSONS
25 MARS	BELIER	POISSONS	VIERGE	VIERGE	VERSEAU	BELIER	VIERGE	CANCER	27 POISSONS
26 MARS	POISSONS	POISSONS	VIERGE	VIERGE	VERSEAU	BELIER	VIERGE	CANCER	9 BELIER
27 MARS	POISSONS	POISSONS	VIERGE	VIERGE	VERSEAU	BELIER	VIERGE	CANCER	22 BELIER
28 MARS	POISSONS	BELIER	VIERGE	VIERGE	VERSEAU	BELIER	VIERGE	CANCER	4 TAUREAU
29 MARS	POISSONS	BELIER	VIERGE	VIERGE	VERSEAU	BELIER	VIERGE	CANCER	16 TAUREAU
30 MARS	POISSONS	BELIER	VIERGE	VIERGE	VERSEAU	BELIER	VIERGE	CANCER	28 TAUREAU
31 MARS	POISSONS	BELIER	VIERGE	VIERGE	VERSEAU	BELIER	VIERGE	CANCER	10 GEMEAUX
1 AVRIL	POISSONS	BELIER	VIERGE	VIERGE	VERSEAU	BELIER	VIERGE	CANCER	22 GEMEAUX
2 AVRIL	POISSONS	BELIER	VIERGE	VIERGE	VERSEAU	BELIER	VIERGE	CANCER	4 CANCER
3 AVRIL	POISSONS	BELIER	VIERGE	VIERGE	VERSEAU	BELIER	VIERGE	CANCER	16 CANCER
4 AVRIL	POISSONS	BELIER	VIERGE	VIERGE	VERSEAU	BELIER	VIERGE	CANCER	28 CANCER
5 AVRIL	POISSONS	BELIER	VIERGE	VIERGE	VERSEAU	BELIER	VIERGE	CANCER	10 LION
6 AVRIL	POISSONS	BELIER	VIERGE	VIERGE	VERSEAU	BELIER	VIERGE	CANCER	23 LION
7 AVRIL	POISSONS	BELIER	VIERGE	VIERGE	VERSEAU	BELIER	VIERGE	CANCER	7 VIERGE
8 AVRIL	POISSONS	BELIER	VIERGE	VIERGE	VERSEAU	BELIER	VIERGE	CANCER	20 VIERGE
9 AVRIL	POISSONS	BELIER	VIERGE	VIERGE	VERSEAU	BELIER	VIERGE	CANCER	4 BALANCE
10 AVRIL	POISSONS	BELIER	VIERGE	VIERGE	VERSEAU	BELIER	VIERGE	CANCER	19 BALANCE
11 AVRIL	POISSONS	BELIER	VIERGE	VIERGE	VERSEAU	BELIER	VIERGE	CANCER	4 SCORPION
12 AVRIL	POISSONS	BELIER	VIERGE	VIERGE	VERSEAU	BELIER	VIERGE	CANCER	19 SCORPION
13 AVRIL	POISSONS	BELIER	VIERGE	VIERGE	VERSEAU	BELIER	VIERGE	CANCER	3 SAGITTAIRE
14 AVRIL	POISSONS	BELIER	VIERGE	VIERGE	VERSEAU	BELIER	VIERGE	CANCER	18 SAGITTAIRE
15 AVRIL	POISSONS	BELIER	VIERGE	VIERGE	VERSEAU	BELIER	VIERGE	CANCER	3 CAPRICORNE
16 AVRIL	POISSONS	BELIER	VIERGE	VIERGE	VERSEAU	BELIER	VIERGE	CANCER	17 CAPRICORNE
17 AVRIL	POISSONS	BELIER	VIERGE	VIERGE	VERSEAU	BELIER	VIERGE	CANCER	1 VERSEAU
18 AVRIL	BELIER	BELIER	VIERGE	VIERGE	VERSEAU	BELIER	VIERGE	CANCER	14 VERSEAU
19 AVRIL	BELIER	BELIER	VIERGE	VIERGE	VERSEAU	BELIER	VIERGE	CANCER	28 VERSEAU
20 AVRIL	BELIER	BELIER	VIERGE	VIERGE	VERSEAU	BELIER	VIERGE	CANCER	11 POISSONS

LE SOLEIL ENTRE DANS LE SIGNE DU BELIER LE 21 MARS 1933 A 1 h 30
LE SOLEIL QUITTE LE SIGNE DU BELIER LE 20 AVRIL 1933 A 13 h 00

* LES CHIFFRES INDIQUENT LES DEGRÉS

DECOUVREZ DANS QUEL SIGNE SE TROUVAIENT LES PLANETES A VOTRE NAISSANCE

1934	MERCURE	VENUS	MARS	JUPITER	SATURNE	URANUS	NEPTUNE	PLUTON	LUNE *
21 MARS	POISSONS	VERSEAU	BELIER	BALANCE	VERSEAU	BELIER	VIERGE	CANCER	13 GEMEAUX
22 MARS	POISSONS	VERSEAU	BELIER	BALANCE	VERSEAU	BELIER	VIERGE	CANCER	25 GEMEAUX
23 MARS	POISSONS	VERSEAU	BELIER	BALANCE	VERSEAU	BELIER	VIERGE	CANCER	6 CANCER
24 MARS	POISSONS	VERSEAU	BELIER	BALANCE	VERSEAU	BELIER	VIERGE	CANCER	18 CANCER
25 MARS	POISSONS	VERSEAU	BELIER	BALANCE	VERSEAU	BELIER	VIERGE	CANCER	0 LION
26 MARS	POISSONS	VERSEAU	BELIER	BALANCE	VERSEAU	BELIER	VIERGE	CANCER	12 LION
27 MARS	POISSONS	VERSEAU	BELIER	BALANCE	VERSEAU	BELIER	VIERGE	CANCER	24 LION
28 MARS	POISSONS	VERSEAU	BELIER	BALANCE	VERSEAU	BELIER	VIERGE	CANCER	7 VIERGE
29 MARS	POISSONS	VERSEAU	BELIER	BALANCE	VERSEAU	BELIER	VIERGE	CANCER	19 VIERGE
30 MARS	POISSONS	VERSEAU	BELIER	BALANCE	VERSEAU	BELIER	VIERGE	CANCER	2 BALANCE
31 MARS	POISSONS	VERSEAU	BELIER	BALANCE	VERSEAU	BELIER	VIERGE	CANCER	15 BALANCE
1 AVRIL	POISSONS	VERSEAU	BELIER	BALANCE	VERSEAU	BELIER	VIERGE	CANCER	29 BALANCE
2 AVRIL	POISSONS	VERSEAU	BELIER	BALANCE	VERSEAU	BELIER	VIERGE	CANCER	12 SCORPION
3 AVRIL	POISSONS	VERSEAU	BELIER	BALANCE	VERSEAU	BELIER	VIERGE	CANCER	26 SCORPION
4 AVRIL	POISSONS	VERSEAU	BELIER	BALANCE	VERSEAU	BELIER	VIERGE	CANCER	10 SAGITTAIRE
5 AVRIL	POISSONS	VERSEAU	BELIER	BALANCE	VERSEAU	BELIER	VIERGE	CANCER	25 SAGITTAIRE
6 AVRIL	POISSONS	POISSONS	BELIER	BALANCE	VERSEAU	BELIER	VIERGE	CANCER	9 CAPRICORNE
7 AVRIL	POISSONS	POISSONS	BELIER	BALANCE	VERSEAU	BELIER	VIERGE	CANCER	23 CAPRICORNE
8 AVRIL	POISSONS	POISSONS	BELIER	BALANCE	VERSEAU	BELIER	VIERGE	CANCER	7 VERSEAU
9 AVRIL	POISSONS	POISSONS	BELIER	BALANCE	VERSEAU	BELIER	VIERGE	CANCER	21 VERSEAU
10 AVRIL	POISSONS	POISSONS	BELIER	BALANCE	VERSEAU	BELIER	VIERGE	CANCER	5 POISSONS
11 AVRIL	POISSONS	POISSONS	BELIER	BALANCE	VERSEAU	BELIER	VIERGE	CANCER	19 POISSONS
12 AVRIL	POISSONS	POISSONS	BELIER	BALANCE	VERSEAU	BELIER	VIERGE	CANCER	3 BELIER
13 AVRIL	POISSONS	POISSONS	BELIER	BALANCE	VERSEAU	BELIER	VIERGE	CANCER	16 BELIER
14 AVRIL	POISSONS	POISSONS	BELIER	BALANCE	VERSEAU	BELIER	VIERGE	CANCER	0 TAUREAU
15 AVRIL	BELIER	POISSONS	BELIER	BALANCE	VERSEAU	BELIER	VIERGE	CANCER	13 TAUREAU
16 AVRIL	BELIER	POISSONS	BELIER	BALANCE	VERSEAU	BELIER	VIERGE	CANCER	26 TAUREAU
17 AVRIL	BELIER	POISSONS	BELIER	BALANCE	VERSEAU	BELIER	VIERGE	CANCER	8 GEMEAUX
18 AVRIL	BELIER	POISSONS	BELIER	BALANCE	VERSEAU	BELIER	VIERGE	CANCER	20 GEMEAUX
19 AVRIL	BELIER	POISSONS	BELIER	BALANCE	VERSEAU	BELIER	VIERGE	CANCER	2 CANCER
20 AVRIL	BELIER	POISSONS	BELIER	BALANCE	VERSEAU	BELIER	VIERGE	CANCER	14 CANCER

LE SOLEIL ENTRE DANS LE SIGNE DU BELIER LE 21 MARS 1934 A 7 h 15
QUITTE LE SIGNE DU BELIER LE 20 AVRIL 1934 A 18 h 45

* LES CHIFFRES INDIQUENT LES DEGRÉS

1935	MERCURE	VENUS	MARS	JUPITER	SATURNE	URANUS	NEPTUNE	PLUTON	LUNE *
21 MARS	POISSONS	BELIER	BALANCE	SCORPION	POISSONS	BELIER	VIERGE	CANCER	14 BALANCE
22 MARS	POISSONS	TAUREAU	BALANCE	SCORPION	POISSONS	BELIER	VIERGE	CANCER	26 BALANCE
23 MARS	POISSONS	TAUREAU	BALANCE	SCORPION	POISSONS	BELIER	VIERGE	CANCER	9 SCORPION
24 MARS	POISSONS	TAUREAU	BALANCE	SCORPION	POISSONS	BELIER	VIERGE	CANCER	21 SCORPION
25 MARS	POISSONS	TAUREAU	BALANCE	SCORPION	POISSONS	BELIER	VIERGE	CANCER	4 SAGITTAIRE
26 MARS	POISSONS	TAUREAU	BALANCE	SCORPION	POISSONS	BELIER	VIERGE	CANCER	17 SAGITTAIRE
27 MARS	POISSONS	TAUREAU	BALANCE	SCORPION	POISSONS	BELIER	VIERGE	CANCER	1 CAPRICORNE
28 MARS	POISSONS	TAUREAU	BALANCE	SCORPION	POISSONS	TAUREAU	VIERGE	CANCER	15 CAPRICORNE
29 MARS	POISSONS	TAUREAU	BALANCE	SCORPION	POISSONS	TAUREAU	VIERGE	CANCER	29 CAPRICORNE
30 MARS	POISSONS	TAUREAU	BALANCE	SCORPION	POISSONS	TAUREAU	VIERGE	CANCER	13 VERSEAU
31 MARS	POISSONS	TAUREAU	BALANCE	SCORPION	POISSONS	TAUREAU	VIERGE	CANCER	28 VERSEAU
1 AVRIL	POISSONS	TAUREAU	BALANCE	SCORPION	POISSONS	TAUREAU	VIERGE	CANCER	13 POISSONS
2 AVRIL	POISSONS	TAUREAU	BALANCE	SCORPION	POISSONS	TAUREAU	VIERGE	CANCER	27 POISSONS
3 AVRIL	POISSONS	TAUREAU	BALANCE	SCORPION	POISSONS	TAUREAU	VIERGE	CANCER	12 BELIER
4 AVRIL	POISSONS	TAUREAU	BALANCE	SCORPION	POISSONS	TAUREAU	VIERGE	CANCER	27 BELIER
5 AVRIL	POISSONS	TAUREAU	BALANCE	SCORPION	POISSONS	TAUREAU	VIERGE	CANCER	11 TAUREAU
6 AVRIL	POISSONS	TAUREAU	BALANCE	SCORPION	POISSONS	TAUREAU	VIERGE	CANCER	25 TAUREAU
7 AVRIL	POISSONS	TAUREAU	BALANCE	SCORPION	POISSONS	TAUREAU	VIERGE	CANCER	9 GEMEAUX
8 AVRIL	POISSONS	TAUREAU	BALANCE	SCORPION	POISSONS	TAUREAU	VIERGE	CANCER	22 GEMEAUX
9 AVRIL	BELIER	TAUREAU	BALANCE	SCORPION	POISSONS	TAUREAU	VIERGE	CANCER	4 CANCER
10 AVRIL	BELIER	TAUREAU	BALANCE	SCORPION	POISSONS	TAUREAU	VIERGE	CANCER	17 CANCER
11 AVRIL	BELIER	TAUREAU	BALANCE	SCORPION	POISSONS	TAUREAU	VIERGE	CANCER	29 CANCER
12 AVRIL	BELIER	TAUREAU	BALANCE	SCORPION	POISSONS	TAUREAU	VIERGE	CANCER	11 LION
13 AVRIL	BELIER	TAUREAU	BALANCE	SCORPION	POISSONS	TAUREAU	VIERGE	CANCER	22 LION
14 AVRIL	BELIER	TAUREAU	BALANCE	SCORPION	POISSONS	TAUREAU	VIERGE	CANCER	4 VIERGE
15 AVRIL	BELIER	TAUREAU	BALANCE	SCORPION	POISSONS	TAUREAU	VIERGE	CANCER	16 VIERGE
16 AVRIL	BELIER	GEMEAUX	BALANCE	SCORPION	POISSONS	TAUREAU	VIERGE	CANCER	28 VIERGE
17 AVRIL	BELIER	GEMEAUX	BALANCE	SCORPION	POISSONS	TAUREAU	VIERGE	CANCER	10 BALANCE
18 AVRIL	BELIER	GEMEAUX	BALANCE	SCORPION	POISSONS	TAUREAU	VIERGE	CANCER	23 BALANCE
19 AVRIL	BELIER	GEMEAUX	BALANCE	SCORPION	POISSONS	TAUREAU	VIERGE	CANCER	5 SCORPION
20 AVRIL	BELIER	GEMEAUX	BALANCE	SCORPION	POISSONS	TAUREAU	VIERGE	CANCER	18 SCORPION
21 AVRIL	BELIER	GEMEAUX	BALANCE	SCORPION	POISSONS	TAUREAU	VIERGE	CANCER	1 SAGITTAIRE

LE SOLEIL ENTRE DANS LE SIGNE DU BELIER LE 21 MARS 1935 A 13 h 00
QUITTE LE SIGNE DU BELIER LE 21 AVRIL 1935 A 0 h 40

* LES CHIFFRES INDIQUENT LES DEGRÉS

DECOUVREZ DANS QUEL SIGNE SE TROUVAIENT LES PLANETES A VOTRE NAISSANCE

1936	MERCURE	VENUS	MARS	JUPITER	SATURNE	URANUS	NEPTUNE	PLUTON	LUNE *
20 MARS	POISSONS	POISSONS	BELIER	SAGITTAIRE	POISSONS	TAUREAU	VIERGE	CANCER	22 VERSEAU
21 MARS	POISSONS	POISSONS	BELIER	SAGITTAIRE	POISSONS	TAUREAU	VIERGE	CANCER	7 POISSONS
22 MARS	POISSONS	POISSONS	BELIER	SAGITTAIRE	POISSONS	TAUREAU	VIERGE	CANCER	22 POISSONS
23 MARS	POISSONS	POISSONS	BELIER	SAGITTAIRE	POISSONS	TAUREAU	VIERGE	CANCER	7 BELIER
24 MARS	POISSONS	POISSONS	BELIER	SAGITTAIRE	POISSONS	TAUREAU	VIERGE	CANCER	22 BELIER
25 MARS	POISSONS	POISSONS	BELIER	SAGITTAIRE	POISSONS	TAUREAU	VIERGE	CANCER	7 TAUREAU
26 MARS	POISSONS	POISSONS	BELIER	SAGITTAIRE	POISSONS	TAUREAU	VIERGE	CANCER	22 TAUREAU
27 MARS	POISSONS	POISSONS	BELIER	SAGITTAIRE	POISSONS	TAUREAU	VIERGE	CANCER	6 GEMEAUX
28 MARS	POISSONS	POISSONS	BELIER	SAGITTAIRE	POISSONS	TAUREAU	VIERGE	CANCER	20 GEMEAUX
29 MARS	POISSONS	POISSONS	BELIER	SAGITTAIRE	POISSONS	TAUREAU	VIERGE	CANCER	4 CANCER
30 MARS	POISSONS	POISSONS	BELIER	SAGITTAIRE	POISSONS	TAUREAU	VIERGE	CANCER	17 CANCER
31 MARS	BELIER	POISSONS	BELIER	SAGITTAIRE	POISSONS	TAUREAU	VIERGE	CANCER	29 CANCER
1 AVRIL	BELIER	POISSONS	BELIER	SAGITTAIRE	POISSONS	TAUREAU	VIERGE	CANCER	11 LION
2 AVRIL	BELIER	POISSONS	TAUREAU	SAGITTAIRE	POISSONS	TAUREAU	VIERGE	CANCER	24 LION
3 AVRIL	BELIER	POISSONS	TAUREAU	SAGITTAIRE	POISSONS	TAUREAU	VIERGE	CANCER	6 VIERGE
4 AVRIL	BELIER	POISSONS	TAUREAU	SAGITTAIRE	POISSONS	TAUREAU	VIERGE	CANCER	18 VIERGE
5 AVRIL	BELIER	POISSONS	TAUREAU	SAGITTAIRE	POISSONS	TAUREAU	VIERGE	CANCER	29 VIERGE
6 AVRIL	BELIER	POISSONS	TAUREAU	SAGITTAIRE	POISSONS	TAUREAU	VIERGE	CANCER	11 BALANCE
7 AVRIL	BELIER	POISSONS	TAUREAU	SAGITTAIRE	POISSONS	TAUREAU	VIERGE	CANCER	23 BALANCE
8 AVRIL	BELIER	POISSONS	TAUREAU	SAGITTAIRE	POISSONS	TAUREAU	VIERGE	CANCER	5 SCORPION
9 AVRIL	BELIER	POISSONS	TAUREAU	SAGITTAIRE	POISSONS	TAUREAU	VIERGE	CANCER	17 SCORPION
10 AVRIL	BELIER	POISSONS	TAUREAU	SAGITTAIRE	POISSONS	TAUREAU	VIERGE	CANCER	29 SCORPION
11 AVRIL	BELIER	BELIER	TAUREAU	SAGITTAIRE	POISSONS	TAUREAU	VIERGE	CANCER	11 SAGITTAIRE
12 AVRIL	BELIER	BELIER	TAUREAU	SAGITTAIRE	POISSONS	TAUREAU	VIERGE	CANCER	24 SAGITTAIRE
13 AVRIL	BELIER	BELIER	TAUREAU	SAGITTAIRE	POISSONS	TAUREAU	VIERGE	CANCER	6 CAPRICORNE
14 AVRIL	BELIER	BELIER	TAUREAU	SAGITTAIRE	POISSONS	TAUREAU	VIERGE	CANCER	19 CAPRICORNE
15 AVRIL	TAUREAU	BELIER	TAUREAU	SAGITTAIRE	POISSONS	TAUREAU	VIERGE	CANCER	3 VERSEAU
16 AVRIL	TAUREAU	BELIER	TAUREAU	SAGITTAIRE	POISSONS	TAUREAU	VIERGE	CANCER	16 VERSEAU
17 AVRIL	TAUREAU	BELIER	TAUREAU	SAGITTAIRE	POISSONS	TAUREAU	VIERGE	CANCER	0 POISSONS
18 AVRIL	TAUREAU	BELIER	TAUREAU	SAGITTAIRE	POISSONS	TAUREAU	VIERGE	CANCER	15 POISSONS
19 AVRIL	TAUREAU	BELIER	TAUREAU	SAGITTAIRE	POISSONS	TAUREAU	VIERGE	CANCER	0 BELIER
20 AVRIL	TAUREAU	BELIER	TAUREAU	SAGITTAIRE	POISSONS	TAUREAU	VIERGE	CANCER	15 BELIER

ENTRE DANS LE SIGNE DU BELIER LE 20 MARS 1936 A 18 h 45
LE SOLEIL
QUITTE LE SIGNE DU BELIER LE 20 AVRIL 1936 A 6 h 15

* LES CHIFFRES INDIQUENT LES DEGRÉS

1937	MERCURE	VENUS	MARS	JUPITER	SATURNE	URANUS	NEPTUNE	PLUTON	LUNE *
21 MARS	POISSONS	TAUREAU	SAGITTAIRE	CAPRICORNE	POISSONS	TAUREAU	VIERGE	CANCER	25 CANCER
22 MARS	POISSONS	TAUREAU	SAGITTAIRE	CAPRICORNE	POISSONS	TAUREAU	VIERGE	CANCER	9 LION
23 MARS	BELIER	TAUREAU	SAGITTAIRE	CAPRICORNE	POISSONS	TAUREAU	VIERGE	CANCER	22 LION
24 MARS	BELIER	TAUREAU	SAGITTAIRE	CAPRICORNE	POISSONS	TAUREAU	VIERGE	CANCER	5 VIERGE
25 MARS	BELIER	TAUREAU	SAGITTAIRE	CAPRICORNE	POISSONS	TAUREAU	VIERGE	CANCER	17 VIERGE
26 MARS	BELIER	TAUREAU	SAGITTAIRE	CAPRICORNE	POISSONS	TAUREAU	VIERGE	CANCER	0 BALANCE
27 MARS	BELIER	TAUREAU	SAGITTAIRE	CAPRICORNE	POISSONS	TAUREAU	VIERGE	CANCER	12 BALANCE
28 MARS	BELIER	TAUREAU	SAGITTAIRE	CAPRICORNE	POISSONS	TAUREAU	VIERGE	CANCER	24 BALANCE
29 MARS	BELIER	TAUREAU	SAGITTAIRE	CAPRICORNE	POISSONS	TAUREAU	VIERGE	CANCER	6 SCORPION
30 MARS	BELIER	TAUIREAU	SAGITTAIRE	CAPRICORNE	POISSONS	TAUREAU	VIERGE	CANCER	18 SCORPION
31 MARS	BELIER	TAUREAU	SAGITTAIRE	CAPRICORNE	POISSONS	TAUREAU	VIERGE	CANCER	0 SAGITTAIRE
1 AVRIL	BELIER	TAUREAU	SAGITTAIRE	CAPRICORNE	POISSONS	TAUREAU	VIERGE	CANCER	12 SAGITTAIRE
2 AVRIL	BELIER	TAUREAU	SAGITTAIRE	CAPRICORNE	POISSONS	TAUREAU	VIERGE	CANCER	24 SAGITTAIRE
3 AVRIL	BELIER	TAUREAU	SAGITTAIRE	CAPRICORNE	POISSONS	TAUREAU	VIERGE	CANCER	6 CAPRICORNE
4 AVRIL	BELIER	TAUREAU	SAGITTAIRE	CAPRICORNE	POISSONS	TAUREAU	VIERGE	CANCER	18 CAPRICORNE
5 AVRIL	BELIER	TAUREAU	SAGITTAIRE	CAPRICORNE	POISSONS	TAUREAU	VIERGE	CANCER	0 VERSEAU
6 AVRIL	BELIER	TAUREAU	SAGITTAIRE	CAPRICORNE	POISSONS	TAUREAU	VIERGE	CANCER	13 VERSEAU
7 AVRIL	TAUREAU	TAUREAU	SAGITTAIRE	CAPRICORNE	POISSONS	TAUREAU	VIERGE	CANCER	27 VERSEAU
8 AVRIL	TAUREAU	TAUREAU	SAGITTAIRE	CAPRICORNE	POISSONS	TAUREAU	VIERGE	CANCER	11 POISSONS
9 AVRIL	TAUREAU	TAUREAU	SAGITTAIRE	CAPRICORNE	POISSONS	TAUREAU	VIERGE	CANCER	25 POISSONS
10 AVRIL	TAUREAU	TAUREAU	SAGITTAIRE	CAPRICORNE	POISSONS	TAUREAU	VIERGE	CANCER	10 BELIER
11 AVRIL	TAUREAU	TAUREAU	SAGITTAIRE	CAPRICORNE	POISSONS	TAUREAU	VIERGE	CANCER	25 BELIER
12 AVRIL	TAUREAU	TAUREAU	SAGITTAIRE	CAPRICORNE	POISSONS	TAUREAU	VIERGE	CANCER	10 TAUREAU
13 AVRIL	TAUREAU	TAUREAU	SAGITTAIRE	CAPRICORNE	POISSONS	TAUREAU	VIERGE	CANCER	25 TAUREAU
14 AVRIL	TAUREAU	BELIER	SAGITTAIRE	CAPRICORNE	POISSONS	TAUREAU	VIERGE	CANCER	10 GEMEAUX
15 AVRIL	TAUREAU	BELIER	SAGITTAIRE	CAPRICORNE	POISSONS	TAUREAU	VIERGE	CANCER	24 GEMEAUX
16 AVRIL	TAUREAU	BELIER	SAGITTAIRE	CAPRICORNE	POISSONS	TAUREAU	VIERGE	CANCER	8 CANCER
17 AVRIL	TAUREAU	BELIER	SAGITTAIRE	CAPRICORNE	POISSONS	TAUREAU	VIERGE	CANCER	22 CANCER
18 AVRIL	TAUREAU	BELIER	SAGITTAIRE	CAPRICORNE	POISSONS	TAUREAU	VIERGE	CANCER	6 LION
19 AVRIL	TAUREAU	BELIER	SAGITTAIRE	CAPRICORNE	POISSONS	TAUREAU	VIERGE	CANCER	19 LION
20 AVRIL	TAUREAU	BELIER	SAGITTAIRE	CAPRICORNE	POISSONS	TAUREAU	VIERGE	CANCER	2 VIERGE

ENTRE DANS LE SIGNE DU BELIER LE 21 MARS 1937 A 0 h 30
LE SOLEIL
QUITTE LE SIGNE DU BELIER LE 20 AVRIL 1937 A 12 h 00

* LES CHIFFRES INDIQUENT LES DEGRÉS

DECOUVREZ DANS QUEL SIGNE SE TROUVAIENT LES PLANETES A VOTRE NAISSANCE

1938	MERCURE	VENUS	MARS	JUPITER	SATURNE	URANUS	NEPTUNE	PLUTON	LUNE *
21 MARS	BELIER	BELIER	TAUREAU	VERSEAU	BELIER	TAUREAU	VIERGE	CANCER	2 SAGITTAIRE
22 MARS	BELIER	BELIER	TAUREAU	VERSEAU	BELIER	TAUREAU	VIERGE	CANCER	14 SAGITTAIRE
23 MARS	BELIER	BELIER	TAUREAU	VERSEAU	BELIER	TAUREAU	VIERGE	CANCER	26 SAGITTAIRE
24 MARS	BELIER	BELIER	TAUREAU	VERSEAU	BELIER	TAUREAU	VIERGE	CANCER	8 CAPRICORNE
25 MARS	BELIER	BELIER	TAUREAU	VERSEAU	BELIER	TAUREAU	VIERGE	CANCER	20 CAPRICORNE
26 MARS	BELIER	BELIER	TAUREAU	VERSEAU	BELIER	TAUREAU	VIERGE	CANCER	2 VERSEAU
27 MARS	BELIER	BELIER	TAUREAU	VERSEAU	BELIER	TAUREAU	VIERGE	CANCER	14 VERSEAU
28 MARS	BELIER	BELIER	TAUREAU	VERSEAU	BELIER	TAUREAU	VIERGE	CANCER	26 VERSEAU
29 MARS	BELIER	BELIER	TAUREAU	VERSEAU	BELIER	TAUREAU	VIERGE	CANCER	10 POISSONS
30 MARS	BELIER	BELIER	TAUREAU	VERSEAU	BELIER	TAUREAU	VIERGE	CANCER	23 POISSONS
31 MARS	BELIER	BELIER	TAUREAU	VERSEAU	BELIER	TAUREAU	VIERGE	CANCER	6 BELIER
1 AVRIL	BELIER	BELIER	TAUREAU	VERSEAU	BELIER	TAUREAU	VIERGE	CANCER	20 BELIER
2 AVRIL	TAUREAU	BELIER	TAUREAU	VERSEAU	BELIER	TAUREAU	VIERGE	CANCER	4 TAUREAU
3 AVRIL	TAUREAU	BELIER	TAUREAU	VERSEAU	BELIER	TAUREAU	VIERGE	CANCER	18 TAUREAU
4 AVRIL	TAUREAU	BELIER	TAUREAU	VERSEAU	BELIER	TAUREAU	VIERGE	CANCER	2 GEMEAUX
5 AVRIL	TAUREAU	BELIER	TAUREAU	VERSEAU	BELIER	TAUREAU	VIERGE	CANCER	17 GEMEAUX
6 AVRIL	TAUREAU	TAUREAU	TAUREAU	VERSEAU	BELIER	TAUREAU	VIERGE	CANCER	1 CANCER
7 AVRIL	TAUREAU	TAUREAU	TAUREAU	VERSEAU	BELIER	TAUREAU	VIERGE	CANCER	15 CANCER
8 AVRIL	TAUREAU	TAUREAU	TAUREAU	VERSEAU	BELIER	TAUREAU	VIERGE	CANCER	29 CANCER
9 AVRIL	TAUREAU	TAUREAU	TAUREAU	VERSEAU	BELIER	TAUREAU	VIERGE	CANCER	13 LION
10 AVRIL	TAUREAU	TAUREAU	TAUREAU	VERSEAU	BELIER	TAUREAU	VIERGE	CANCER	27 LION
11 AVRIL	TAUREAU	TAUREAU	TAUREAU	VERSEAU	BELIER	TAUREAU	VIERGE	CANCER	11 VIERGE
12 AVRIL	TAUREAU	TAUREAU	TAUREAU	VERSEAU	BELIER	TAUREAU	VIERGE	CANCER	24 VIERGE
13 AVRIL	TAUREAU	TAUREAU	TAUREAU	VERSEAU	BELIER	TAUREAU	VIERGE	CANCER	7 BALANCE
14 AVRIL	TAUREAU	TAUREAU	TAUREAU	VERSEAU	BELIER	TAUREAU	VIERGE	CANCER	20 BALANCE
15 AVRIL	TAUREAU	TAUREAU	TAUREAU	VERSEAU	BELIER	TAUREAU	VIERGE	CANCER	3 SCORPION
16 AVRIL	TAUREAU	TAUREAU	TAUREAU	VERSEAU	BELIER	TAUREAU	VIERGE	CANCER	16 SCORPION
17 AVRIL	TAUREAU	TAUREAU	TAUREAU	VERSEAU	BELIER	TAUREAU	VIERGE	CANCER	28 SCORPION
18 AVRIL	TAUREAU	TAUREAU	TAUREAU	VERSEAU	BELIER	TAUREAU	VIERGE	CANCER	10 SAGITTAIRE
19 AVRIL	TAUREAU	TAUREAU	TAUREAU	VERSEAU	BELIER	TAUREAU	VIERGE	CANCER	22 SAGITTAIRE
20 AVRIL	TAUREAU	TAUREAU	TAUREAU	VERSEAU	BELIER	TAUREAU	VIERGE	CANCER	4 CAPRICORNE

LE SOLEIL ENTRE DANS LE SIGNE DU BELIER LE 21 MARS 1938 A 6 h 30
LE SOLEIL QUITTE LE SIGNE DU BELIER LE 20 AVRIL 1938 A 18 h 00

* LES CHIFFRES INDIQUENT LES DEGRÉS

1939	MERCURE	VENUS	MARS	JUPITER	SATURNE	URANUS	NEPTUNE	PLUTON	LUNE *
21 MARS	BELIER	VERSEAU	CAPRICORNE	POISSONS	BELIER	TAUREAU	VIERGE	CANCER	4 BELIER
22 MARS	BELIER	VERSEAU	CAPRICORNE	POISSONS	BELIER	TAUREAU	VIERGE	CANCER	17 BELIER
23 MARS	BELIER	VERSEAU	CAPRICORNE	POISSONS	BELIER	TAUREAU	VIERGE	CANCER	0 TAUREAU
24 MARS	BELIER	VERSEAU	CAPRICORNE	POISSONS	BELIER	TAUREAU	VIERGE	CANCER	13 TAUREAU
25 MARS	BELIER	VERSEAU	CAPRICORNE	POISSONS	BELIER	TAUREAU	VIERGE	CANCER	26 TAUREAU
26 MARS	BELIER	VERSEAU	CAPRICORNE	POISSONS	BELIER	TAUREAU	VIERGE	CANCER	9 GEMEAUX
27 MARS	BELIER	VERSEAU	CAPRICORNE	POISSONS	BELIER	TAUREAU	VIERGE	CANCER	23 GEMEAUX
28 MARS	BELIER	VERSEAU	CAPRICORNE	POISSONS	BELIER	TAUREAU	VIERGE	CANCER	6 CANCER
29 MARS	BELIER	VERSEAU	CAPRICORNE	POISSONS	BELIER	TAUREAU	VIERGE	CANCER	21 CANCER
30 MARS	BELIER	VERSEAU	CAPRICORNE	POISSONS	BELIER	TAUREAU	VIERGE	CANCER	5 LION
31 MARS	BELIER	POISSONS	CAPRICORNE	POISSONS	BELIER	TAUREAU	VIERGE	CANCER	19 LION
1 AVRIL	BELIER	POISSONS	CAPRICORNE	POISSONS	BELIER	TAUREAU	VIERGE	CANCER	4 VIERGE
2 AVRIL	BELIER	POISSONS	CAPRICORNE	POISSONS	BELIER	TAUREAU	VIERGE	CANCER	19 VIERGE
3 AVRIL	BELIER	POISSONS	CAPRICORNE	POISSONS	BELIER	TAUREAU	VIERGE	CANCER	3 BALANCE
4 AVRIL	BELIER	POISSONS	CAPRICORNE	POISSONS	BELIER	TAUREAU	VIERGE	CANCER	18 BALANCE
5 AVRIL	BELIER	POISSONS	CAPRICORNE	POISSONS	BELIER	TAUREAU	VIERGE	CANCER	2 SCORPION
6 AVRIL	BELIER	POISSONS	CAPRICORNE	POISSONS	BELIER	TAUREAU	VIERGE	CANCER	15 SCORPION
7 AVRIL	BELIER	POISSONS	CAPRICORNE	POISSONS	BELIER	TAUREAU	VIERGE	CANCER	29 SCORPION
8 AVRIL	BELIER	POISSONS	CAPRICORNE	POISSONS	BELIER	TAUREAU	VIERGE	CANCER	12 SAGITTAIRE
9 AVRIL	BELIER	POISSONS	CAPRICORNE	POISSONS	BELIER	TAUREAU	VIERGE	CANCER	24 SAGITTAIRE
10 AVRIL	BELIER	POISSONS	CAPRICORNE	POISSONS	BELIER	TAUREAU	VIERGE	CANCER	6 CAPRICORNE
11 AVRIL	BELIER	POISSONS	CAPRICORNE	POISSONS	BELIER	TAUREAU	VIERGE	CANCER	18 CAPRICORNE
12 AVRIL	BELIER	POISSONS	CAPRICORNE	POISSONS	BELIER	TAUREAU	VIERGE	CANCER	0 VERSEAU
13 AVRIL	BELIER	POISSONS	CAPRICORNE	POISSONS	BELIER	TAUREAU	VIERGE	CANCER	12 VERSEAU
14 AVRIL	BELIER	POISSONS	CAPRICORNE	POISSONS	BELIER	TAUREAU	VIERGE	CANCER	24 VERSEAU
15 AVRIL	BELIER	POISSONS	CAPRICORNE	POISSONS	BELIER	TAUREAU	VIERGE	CANCER	6 POISSONS
16 AVRIL	BELIER	POISSONS	CAPRICORNE	POISSONS	BELIER	TAUREAU	VIERGE	CANCER	18 POISSONS
17 AVRIL	BELIER	POISSONS	CAPRICORNE	POISSONS	BELIER	TAUREAU	VIERGE	CANCER	1 BELIER
18 AVRIL	BELIER	POISSONS	CAPRICORNE	POISSONS	BELIER	TAUREAU	VIERGE	CANCER	13 BELIER
19 AVRIL	BELIER	POISSONS	CAPRICORNE	POISSONS	BELIER	TAUREAU	VIERGE	CANCER	26 BELIER
20 AVRIL	BELIER	POISSONS	CAPRICORNE	POISSONS	BELIER	TAUREAU	VIERGE	CANCER	9 TAUREAU

LE SOLEIL ENTRE DANS LE SIGNE DU BELIER LE 21 MARS 1939 A 12 h 15
LE SOLEIL QUITTE LE SIGNE DU BELIER LE 20 AVRIL 1939 A 23 h 40

* LES CHIFFRES INDIQUENT LES DEGRÉS

DECOUVREZ DANS QUEL SIGNE SE TROUVAIENT LES PLANETES A VOTRE NAISSANCE

1940	MERCURE	VENUS	MARS	JUPITER	SATURNE	URANUS	NEPTUNE	PLUTON	LUNE *
20 MARS	POISSONS	TAUREAU	TAUREAU	BELIER	TAUREAU	TAUREAU	VIERGE	LION	13 LION
21 MARS	POISSONS	TAUREAU	TAUREAU	BELIER	TAUREAU	TAUREAU	VIERGE	LION	28 LION
22 MARS	POISSONS	TAUREAU	TAUREAU	BELIER	TAUREAU	TAUREAU	VIERGE	LION	13 VIERGE
23 MARS	POISSONS	TAUREAU	TAUREAU	BELIER	TAUREAU	TAUREAU	VIERGE	LION	28 VIERGE
24 MARS	POISSONS	TAUREAU	TAUREAU	BELIER	TAUREAU	TAUREAU	VIERGE	LION	13 BALANCE
25 MARS	POISSONS	TAUREAU	TAUREAU	BELIER	TAUREAU	TAUREAU	VIERGE	LION	28 BALANCE
26 MARS	POISSONS	TAUREAU	TAUREAU	BELIER	TAUREAU	TAUREAU	VIERGE	LION	13 SCORPION
27 MARS	POISSONS	TAUREAU	TAUREAU	BELIER	TAUREAU	TAUREAU	VIERGE	LION	27 SCORPION
28 MARS	POISSONS	TAUREAU	TAUREAU	BELIER	TAUREAU	TAUREAU	VIERGE	LION	11 SAGITTAIRE
29 MARS	POISSONS	TAUREAU	TAUREAU	BELIER	TAUREAU	TAUREAU	VIERGE	LION	24 SAGITTAIRE
30 MARS	POISSONS	TAUREAU	TAUREAU	BELIER	TAUREAU	TAUREAU	VIERGE	LION	7 CAPRICORNE
31 MARS	POISSONS	TAUREAU	TAUREAU	BELIER	TAUREAU	TAUREAU	VIERGE	LION	20 CAPRICORNE
1 AVRIL	POISSONS	TAUREAU	TAUREAU	BELIER	TAUREAU	TAUREAU	VIERGE	LION	2 VERSEAU
2 AVRIL	POISSONS	TAUREAU	GEMEAUX	BELIER	TAUREAU	TAUREAU	VIERGE	LION	14 VERSEAU
3 AVRIL	POISSONS	TAUREAU	GEMEAUX	BELIER	TAUREAU	TAUREAU	VIERGE	LION	26 VERSEAU
4 AVRIL	POISSONS	TAUREAU	GEMEAUX	BELIER	TAUREAU	TAUREAU	VIERGE	LION	8 POISSONS
5 AVRIL	POISSONS	GEMEAUX	GEMEAUX	BELIER	TAUREAU	TAUREAU	VIERGE	LION	20 POISSONS
6 AVRIL	POISSONS	GEMEAUX	GEMEAUX	BELIER	TAUREAU	TAUREAU	VIERGE	LION	2 BELIER
7 AVRIL	POISSONS	GEMEAUX	GEMEAUX	BELIER	TAUREAU	TAUREAU	VIERGE	LION	13 BELIER
8 AVRIL	POISSONS	GEMEAUX	GEMEAUX	BELIER	TAUREAU	TAUREAU	VIERGE	LION	25 BELIER
9 AVRIL	POISSONS	GEMEAUX	GEMEAUX	BELIER	TAUREAU	TAUREAU	VIERGE	LION	7 TAUREAU
10 AVRIL	POISSONS	GEMEAUX	GEMEAUX	BELIER	TAUREAU	TAUREAU	VIERGE	LION	20 TAUREAU
11 AVRIL	POISSONS	GEMEAUX	GEMEAUX	BELIER	TAUREAU	TAUREAU	VIERGE	LION	2 GEMEAUX
12 AVRIL	POISSONS	GEMEAUX	GEMEAUX	BELIER	TAUREAU	TAUREAU	VIERGE	LION	15 GEMEAUX
13 AVRIL	POISSONS	GEMEAUX	GEMEAUX	BELIER	TAUREAU	TAUREAU	VIERGE	LION	27 GEMEAUX
14 AVRIL	POISSONS	GEMEAUX	GEMEAUX	BELIER	TAUREAU	TAUREAU	VIERGE	LION	11 CANCER
15 AVRIL	POISSONS	GEMEAUX	GEMEAUX	BELIER	TAUREAU	TAUREAU	VIERGE	LION	24 CANCER
16 AVRIL	POISSONS	GEMEAUX	GEMEAUX	BELIER	TAUREAU	TAUREAU	VIERGE	LION	8 LION
17 AVRIL	BELIER	GEMEAUX	GEMEAUX	BELIER	TAUREAU	TAUREAU	VIERGE	LION	22 LION
18 AVRIL	BELIER	GEMEAUX	GEMEAUX	BELIER	TAUREAU	TAUREAU	VIERGE	LION	7 VIERGE
19 AVRIL	BELIER	GEMEAUX	GEMEAUX	BELIER	TAUREAU	TAUREAU	VIERGE	LION	21 VIERGE
20 AVRIL	BELIER	GEMEAUX	GEMEAUX	BELIER	TAUREAU	TAUREAU	VIERGE	LION	6 BALANCE

	ENTRE DANS LE SIGNE DU	LE 20 MARS	A 18 h 00	
LE SOLEIL	BELIER	1940		* LES CHIFFRES INDIQUENT LES DEGRÉS
	QUITTE LE SIGNE DU	LE 20 AVRIL	A 5 h 45	

1941	MERCURE	VENUS	MARS	JUPITER	SATURNE	URANUS	NEPTUNE	PLUTON	LUNE *
21 MARS	POISSONS	POISSONS	CAPRICORNE	TAUREAU	TAUREAU	TAUREAU	VIERGE	LION	17 CAPRICORNE
22 MARS	POISSONS	POISSONS	CAPRICORNE	TAUREAU	TAUREAU	TAUREAU	VIERGE	LION	0 VERSEAU
23 MARS	POISSONS	POISSONS	CAPRICORNE	TAUREAU	TAUREAU	TAUREAU	VIERGE	LION	13 VERSEAU
24 MARS	POISSONS	POISSONS	CAPRICORNE	TAUREAU	TAUREAU	TAUREAU	VIERGE	LION	26 VERSEAU
25 MARS	POISSONS	POISSONS	CAPRICORNE	TAUREAU	TAUREAU	TAUREAU	VIERGE	LION	8 POISSONS
26 MARS	POISSONS	POISSONS	CAPRICORNE	TAUREAU	TAUREAU	TAUREAU	VIERGE	LION	20 POISSONS
27 MARS	POISSONS	BELIER	CAPRICORNE	TAUREAU	TAUREAU	TAUREAU	VIERGE	LION	2 BELIER
28 MARS	POISSONS	BELIER	CAPRICORNE	TAUREAU	TAUREAU	TAUREAU	VIERGE	LION	14 BELIER
29 MARS	POISSONS	BELIER	CAPRICORNE	TAUREAU	TAUREAU	TAUREAU	VIERGE	LION	26 BELIER
30 MARS	POISSONS	BELIER	CAPRICORNE	TAUREAU	TAUREAU	TAUREAU	VIERGE	LION	8 TAUREAU
31 MARS	POISSONS	BELIER	CAPRICORNE	TAUREAU	TAUREAU	TAUREAU	VIERGE	LION	20 TAUREAU
1 AVRIL	POISSONS	BELIER	CAPRICORNE	TAUREAU	TAUREAU	TAUREAU	VIERGE	LION	1 GEMEAUX
2 AVRIL	POISSONS	BELIER	VERSEAU	TAUREAU	TAUREAU	TAUREAU	VIERGE	LION	14 GEMEAUX
3 AVRIL	POISSONS	BELIER	VERSEAU	TAUREAU	TAUREAU	TAUREAU	VIERGE	LION	26 GEMEAUX
4 AVRIL	POISSONS	BELIER	VERSEAU	TAUREAU	TAUREAU	TAUREAU	VIERGE	LION	8 CANCER
5 AVRIL	POISSONS	BELIER	VERSEAU	TAUREAU	TAUREAU	TAUREAU	VIERGE	LION	21 CANCER
6 AVRIL	POISSONS	BELIER	VERSEAU	TAUREAU	TAUREAU	TAUREAU	VIERGE	LION	4 LION
7 AVRIL	POISSONS	BELIER	VERSEAU	TAUREAU	TAUREAU	TAUREAU	VIERGE	LION	17 LION
8 AVRIL	POISSONS	BELIER	VERSEAU	TAUREAU	TAUREAU	TAUREAU	VIERGE	LION	1 VIERGE
9 AVRIL	POISSONS	BELIER	VERSEAU	TAUREAU	TAUREAU	TAUREAU	VIERGE	LION	16 VIERGE
10 AVRIL	POISSONS	BELIER	VERSEAU	TAUREAU	TAUREAU	TAUREAU	VIERGE	LION	0 BALANCE
11 AVRIL	POISSONS	BELIER	VERSEAU	TAUREAU	TAUREAU	TAUREAU	VIERGE	LION	15 BALANCE
12 AVRIL	BELIER	BELIER	VERSEAU	TAUREAU	TAUREAU	TAUREAU	VIERGE	LION	1 SCORPION
13 AVRIL	BELIER	BELIER	VERSEAU	TAUREAU	TAUREAU	TAUREAU	VIERGE	LION	16 SCORPION
14 AVRIL	BELIER	BELIER	VERSEAU	TAUREAU	TAUREAU	TAUREAU	VIERGE	LION	1 SAGITTAIRE
15 AVRIL	BELIER	BELIER	VERSEAU	TAUREAU	TAUREAU	TAUREAU	VIERGE	LION	16 SAGITTAIRE
16 AVRIL	BELIER	BELIER	VERSEAU	TAUREAU	TAUREAU	TAUREAU	VIERGE	LION	0 CAPRICORNE
17 AVRIL	BELIER	BELIER	VERSEAU	TAUREAU	TAUREAU	TAUREAU	VIERGE	LION	14 CAPRICORNE
18 AVRIL	BELIER	BELIER	VERSEAU	TAUREAU	TAUREAU	TAUREAU	VIERGE	LION	27 CAPRICORNE
19 AVRIL	BELIER	BELIER	VERSEAU	TAUREAU	TAUREAU	TAUREAU	VIERGE	LION	10 VERSEAU
20 AVRIL	BELIER	TAUREAU	VERSEAU	TAUREAU	TAUREAU	TAUREAU	VIERGE	LION	23 VERSEAU

	ENTRE DANS LE SIGNE DU	LE 21 MARS	A 0 h 10	
LE SOLEIL	BELIER	1941		* LES CHIFFRES INDIQUENT LES DEGRÉS
	QUITTE LE SIGNE DU	LE 20 AVRIL	A 11 h 45	

DECOUVREZ DANS QUEL SIGNE SE TROUVAIENT LES PLANETES A VOTRE NAISSANCE

1942	MERCURE	VENUS	MARS	JUPITER	SATURNE	URANUS	NEPTUNE	PLUTON	LUNE *
21 MARS	POISSONS	VERSEAU	GEMEAUX	GEMEAUX	TAUREAU	TAUREAU	VIERGE	LION	22 TAUREAU
22 MARS	POISSONS	VERSEAU	GEMEAUX	GEMEAUX	TAUREAU	TAUREAU	VIERGE	LION	4 GEMEAUX
23 MARS	POISSONS	VERSEAU	GEMEAUX	GEMEAUX	TAUREAU	TAUREAU	VIERGE	LION	16 GEMEAUX
24 MARS	POISSONS	VERSEAU	GEMEAUX	GEMEAUX	TAUREAU	TAUREAU	VIERGE	LION	27 GEMEAUX
25 MARS	POISSONS	VERSEAU	GEMEAUX	GEMEAUX	TAUREAU	TAUREAU	VIERGE	LION	9 CANCER
26 MARS	POISSONS	VERSEAU	GEMEAUX	GEMEAUX	TAUREAU	TAUREAU	VIERGE	LION	21 CANCER
27 MARS	POISSONS	VERSEAU	GEMEAUX	GEMEAUX	TAUREAU	TAUREAU	VIERGE	LION	4 LION
28 MARS	POISSONS	VERSEAU	GEMEAUX	GEMEAUX	TAUREAU	TAUREAU	VIERGE	LION	16 LION
29 MARS	POISSONS	VERSEAU	GEMEAUX	GEMEAUX	TAUREAU	TAUREAU	VIERGE	LION	29 LION
30 MARS	POISSONS	VERSEAU	GEMEAUX	GEMEAUX	TAUREAU	TAUREAU	VIERGE	LION	13 VIERGE
31 MARS	POISSONS	VERSEAU	GEMEAUX	GEMEAUX	TAUREAU	TAUREAU	VIERGE	LION	26 VIERGE
1 AVRIL	POISSONS	VERSEAU	GEMEAUX	GEMEAUX	TAUREAU	TAUREAU	VIERGE	LION	10 BALANCE
2 AVRIL	POISSONS	VERSEAU	GEMEAUX	GEMEAUX	TAUREAU	TAUREAU	VIERGE	LION	25 BALANCE
3 AVRIL	POISSONS	VERSEAU	GEMEAUX	GEMEAUX	TAUREAU	TAUREAU	VIERGE	LION	9 SCORPION
4 AVRIL	POISSONS	VERSEAU	GEMEAUX	GEMEAUX	TAUREAU	TAUREAU	VIERGE	LION	24 SCORPION
5 AVRIL	BELIER	VERSEAU	GEMEAUX	GEMEAUX	TAUREAU	TAUREAU	VIERGE	LION	9 SAGITTAIRE
6 AVRIL	BELIER	VERSEAU	GEMEAUX	GEMEAUX	TAUREAU	TAUREAU	VIERGE	LION	23 SAGITTAIRE
7 AVRIL	BELIER	POISSONS	GEMEAUX	GEMEAUX	TAUREAU	TAUREAU	VIERGE	LION	8 CAPRICORNE
8 AVRIL	BELIER	POISSONS	GEMEAUX	GEMEAUX	TAUREAU	TAUREAU	VIERGE	LION	22 CAPRICORNE
9 AVRIL	BELIER	POISSONS	GEMEAUX	GEMEAUX	TAUREAU	TAUREAU	VIERGE	LION	5 VERSEAU
10 AVRIL	BELIER	POISSONS	GEMEAUX	GEMEAUX	TAUREAU	TAUREAU	VIERGE	LION	19 VERSEAU
11 AVRIL	BELIER	POISSONS	GEMEAUX	GEMEAUX	TAUREAU	TAUREAU	VIERGE	LION	2 POISSONS
12 AVRIL	BELIER	POISSONS	GEMEAUX	GEMEAUX	TAUREAU	TAUREAU	VIERGE	LION	15 POISSONS
13 AVRIL	BELIER	POISSONS	GEMEAUX	GEMEAUX	TAUREAU	TAUREAU	VIERGE	LION	28 POISSONS
14 AVRIL	BELIER	POISSONS	GEMEAUX	GEMEAUX	TAUREAU	TAUREAU	VIERGE	LION	11 BELIER
15 AVRIL	BELIER	POISSONS	GEMEAUX	GEMEAUX	TAUREAU	TAUREAU	VIERGE	LION	23 BELIER
16 AVRIL	BELIER	POISSONS	GEMEAUX	GEMEAUX	TAUREAU	TAUREAU	VIERGE	LION	6 TAUREAU
17 AVRIL	BELIER	POISSONS	GEMEAUX	GEMEAUX	TAUREAU	TAUREAU	VIERGE	LION	18 TAUREAU
18 AVRIL	BELIER	POISSONS	GEMEAUX	GEMEAUX	TAUREAU	TAUREAU	VIERGE	LION	0 GEMEAUX
19 AVRIL	BELIER	POISSONS	GEMEAUX	GEMEAUX	TAUREAU	TAUREAU	VIERGE	LION	12 GEMEAUX
20 AVRIL	BELIER	POISSONS	GEMEAUX	GEMEAUX	TAUREAU	TAUREAU	VIERGE	LION	24 GEMEAUX

ENTRE DANS LE SIGNE DU BELIER LE 21 MARS 1942 A 5 h 45

LE SOLEIL

QUITTE LE SIGNE DU BELIER LE 20 AVRIL 1942 A 17 h 15

* LES CHIFFRES INDIQUENT LES DEGRÉS

1943	MERCURE	VENUS	MARS	JUPITER	SATURNE	URANUS	NEPTUNE	PLUTON	LUNE *
21 MARS	POISSONS	BELIER	VERSEAU	CANCER	GEMEAUX	GEMEAUX	BALANCE	LION	25 VIERGE
22 MARS	POISSONS	TAUREAU	VERSEAU	CANCER	GEMEAUX	GEMEAUX	BALANCE	LION	7 BALANCE
23 MARS	POISSONS	TAUREAU	VERSEAU	CANCER	GEMEAUX	GEMEAUX	BALANCE	LION	20 BALANCE
24 MARS	POISSONS	TAUREAU	VERSEAU	CANCER	GEMEAUX	GEMEAUX	BALANCE	LION	4 SCORPION
25 MARS	POISSONS	TAUREAU	VERSEAU	CANCER	GEMEAUX	GEMEAUX	BALANCE	LION	17 SCORPION
26 MARS	POISSONS	TAUREAU	VERSEAU	CANCER	GEMEAUX	GEMEAUX	BALANCE	LION	1 SAGITTAIRE
27 MARS	POISSONS	TAUREAU	VERSEAU	CANCER	GEMEAUX	GEMEAUX	BALANCE	LION	15 SAGITTAIRE
28 MARS	BELIER	TAUREAU	VERSEAU	CANCER	GEMEAUX	GEMEAUX	BALANCE	LION	29 SAGITTAIRE
29 MARS	BELIER	TAUREAU	VERSEAU	CANCER	GEMEAUX	GEMEAUX	BALANCE	LION	13 CAPRICORNE
30 MARS	BELIER	TAUREAU	VERSEAU	CANCER	GEMEAUX	GEMEAUX	BALANCE	LION	27 CAPRICORNE
31 MARS	BELIER	TAUREAU	VERSEAU	CANCER	GEMEAUX	GEMEAUX	BALANCE	LION	11 VERSEAU
1 AVRIL	BELIER	TAUREAU	VERSEAU	CANCER	GEMEAUX	GEMEAUX	BALANCE	LION	26 VERSEAU
2 AVRIL	BELIER	TAUREAU	VERSEAU	CANCER	GEMEAUX	GEMEAUX	BALANCE	LION	10 POISSONS
3 AVRIL	BELIER	TAUREAU	VERSEAU	CANCER	GEMEAUX	GEMEAUX	BALANCE	LION	24 POISSONS
4 AVRIL	BELIER	TAUREAU	VERSEAU	CANCER	GEMEAUX	GEMEAUX	BALANCE	LION	8 BELIER
5 AVRIL	BELIER	TAUREAU	VERSEAU	CANCER	GEMEAUX	GEMEAUX	BALANCE	LION	22 BELIER
6 AVRIL	BELIER	TAUREAU	VERSEAU	CANCER	GEMEAUX	GEMEAUX	BALANCE	LION	5 TAUREAU
7 AVRIL	BELIER	TAUREAU	VERSEAU	CANCER	GEMEAUX	GEMEAUX	BALANCE	LION	18 TAUREAU
8 AVRIL	BELIER	TAUREAU	VERSEAU	CANCER	GEMEAUX	GEMEAUX	BALANCE	LION	1 GEMEAUX
9 AVRIL	BELIER	TAUREAU	VERSEAU	CANCER	GEMEAUX	GEMEAUX	BALANCE	LION	14 GEMEAUX
10 AVRIL	BELIER	TAUREAU	VERSEAU	CANCER	GEMEAUX	GEMEAUX	BALANCE	LION	26 GEMEAUX
11 AVRIL	BELIER	TAUREAU	VERSEAU	CANCER	GEMEAUX	GEMEAUX	BALANCE	LION	8 CANCER
12 AVRIL	TAUREAU	TAUREAU	VERSEAU	CANCER	GEMEAUX	GEMEAUX	BALANCE	LION	20 CANCER
13 AVRIL	TAUREAU	TAUREAU	VERSEAU	CANCER	GEMEAUX	GEMEAUX	BALANCE	LION	2 LION
14 AVRIL	TAUREAU	TAUREAU	VERSEAU	CANCER	GEMEAUX	GEMEAUX	BALANCE	LION	14 LION
15 AVRIL	TAUREAU	TAUREAU	VERSEAU	CANCER	GEMEAUX	GEMEAUX	BALANCE	LION	25 LION
16 AVRIL	TAUREAU	GEMEAUX	VERSEAU	CANCER	GEMEAUX	GEMEAUX	BALANCE	LION	8 VIERGE
17 AVRIL	TAUREAU	GEMEAUX	POISSONS	CANCER	GEMEAUX	GEMEAUX	BALANCE	LION	20 VIERGE
18 AVRIL	TAUREAU	GEMEAUX	POISSONS	CANCER	GEMEAUX	GEMEAUX	VIERGE	LION	3 BALANCE
19 AVRIL	TAUEAU	GEMEAUX	POISSONS	CANCER	GEMEAUX	GEMEAUX	VIERGE	LION	16 BALANCE
20 AVRIL	TAUREAU	GEMEAUX	POISSONS	CANCER	GEMEAUX	GEMEAUX	VIERGE	LION	29 BALANCE

ENTRE DANS LE SIGNE DU BELIER LE 21 MARS 1943 A 11 h 45

LE SOLEIL

QUITTE LE SIGNE DU BELIER LE 20 AVRIL 1943 A 23 h 15

* LES CHIFFRES INDIQUENT LES DEGRÉS

DECOUVREZ DANS QUEL SIGNE SE TROUVAIENT LES PLANETES A VOTRE NAISSANCE

1944	MERCURE	VENUS	MARS	JUPITER	SATURNE	URANUS	NEPTUNE	PLUTON	LUNE *
21 MARS	BELIER	POISSONS	GEMEAUX	LION	GEMEAUX	GEMEAUX	BALANCE	LION	19 VERSEAU
22 MARS	BELIER	POISSONS	GEMEAUX	LION	GEMEAUX	GEMEAUX	BALANCE	LION	3 POISSONS
23 MARS	BELIER	POISSONS	GEMEAUX	LION	GEMEAUX	GEMEAUX	BALANCE	LION	19 POISSONS
24 MARS	BELIER	POISSONS	GEMEAUX	LION	GEMEAUX	GEMEAUX	BALANCE	LION	4 BELIER
25 MARS	BELIER	POISSONS	GEMEAUX	LION	GEMEAUX	GEMEAUX	BALANCE	LION	19 BELIER
26 MARS	BELIER	POISSONS	GEMEAUX	LION	GEMEAUX	GEMEAUX	BALANCE	LION	3 TAUREAU
27 MARS	BELIER	POISSONS	GEMEAUX	LION	GEMEAUX	GEMEAUX	BALANCE	LION	18 TAUREAU
28 MARS	BELIER	POISSONS	CANCER	LION	GEMEAUX	GEMEAUX	BALANCE	LION	1 GEMEAUX
29 MARS	BELIER	POISSONS	CANCER	LION	GEMEAUX	GEMEAUX	BALANCE	LION	15 GEMEAUX
30 MARS	BELIER	POISSONS	CANCER	LION	GEMEAUX	GEMEAUX	BALANCE	LION	28 GEMEAUX
31 MARS	BELIER	POISSONS	CANCER	LION	GEMEAUX	GEMEAUX	BALANCE	LION	10 CANCER
1 AVRIL	BELIER	POISSONS	CANCER	LION	GEMEAUX	GEMEAUX	BALANCE	LION	22 CANCER
2 AVRIL	BELIER	POISSONS	CANCER	LION	GEMEAUX	GEMEAUX	BALANCE	LION	4 LION
3 AVRIL	BELIER	POISSONS	CANCER	LION	GEMEAUX	GEMEAUX	BALANCE	LION	16 LION
4 AVRIL	TAUREAU	POISSONS	CANCER	LION	GEMEAUX	GEMEAUX	BALANCE	LION	28 LION
5 AVRIL	TAUREAU	POISSONS	CANCER	LION	GEMEAUX	GEMEAUX	BALANCE	LION	10 VIERGE
6 AVRIL	TAUREAU	POISSONS	CANCER	LION	GEMEAUX	GEMEAUX	BALANCE	LION	21 VIERGE
7 AVRIL	TAUREAU	POISSONS	CANCER	LION	GEMEAUX	GEMEAUX	BALANCE	LION	4 BALANCE
8 AVRIL	TAUREAU	POISSONS	CANCER	LION	GEMEAUX	GEMEAUX	BALANCE	LION	16 BALANCE
9 AVRIL	TAUREAU	POISSONS	CANCER	LION	GEMEAUX	GEMEAUX	BALANCE	LION	28 BALANCE
10 AVRIL	TAUREAU	BELIER	CANCER	LION	GEMEAUX	GEMEAUX	BALANCE	LION	11 SCORPION
11 AVRIL	TAUREAU	BELIER	CANCER	LION	GEMEAUX	GEMEAUX	BALANCE	LION	23 SCORPION
12 AVRIL	TAUREAU	BELIER	CANCER	LION	GEMEAUX	GEMEAUX	BALANCE	LION	6 SAGITTAIRE
13 AVRIL	TAUREAU	BELIER	CANCER	LION	GEMEAUX	GEMEAUX	BALANCE	LION	19 SAGITTAIRE
14 AVRIL	TAUREAU	BELIER	CANCER	LION	GEMEAUX	GEMEAUX	BALANCE	LION	2 CAPRICORNE
15 AVRIL	TAUREAU	BELIER	CANCER	LION	GEMEAUX	GEMEAUX	BALANCE	LION	16 CAPRICORNE
16 AVRIL	TAUREAU	BELIER	CANCER	LION	GEMEAUX	GEMEAUX	BALANCE	LION	0 VERSEAU
17 AVRIL	TAUREAU	BELIER	CANCER	LION	GEMEAUX	GEMEAUX	BALANCE	LION	14 VERSEAU
18 AVRIL	TAUREAU	BELIER	CANCER	LION	GEMEAUX	GEMEAUX	BALANCE	LION	28 VERSEAU
19 AVRIL	TAUREAU	BELIER	CANCER	LION	GEMEAUX	GEMEAUX	BALANCE	LION	13 POISSONS
20 AVRIL	TAUREAU	BELIER	CANCER	LION	GEMEAUX	GEMEAUX	BALANCE	LION	27 POISSONS

ENTRE DANS LE SIGNE DU — LE 21 MARS — A 17 h 40
LE SOLEIL — BELIER — 1944 — * LES CHIFFRES INDIQUENT LES DEGRÉS
QUITTE LE SIGNE DU — LE 20 AVRIL — A 5 h 00

1945	MERCURE	VENUS	MARS	JUPITER	SATURNE	URANUS	NEPTUNE	PLUTON	LUNE *
20 MARS	BELIER	TAUREAU	VERSEAU	VIERGE	CANCER	GEMEAUX	BALANCE	LION	25 GEMEAUX
21 MARS	BELIER	TAUREAU	VERSEAU	VIERGE	CANCER	GEMEAUX	BALANCE	LION	9 CANCER
22 MARS	BELIER	TAUREAU	VERSEAU	VIERGE	CANCER	GEMEAUX	BALANCE	LION	22 CANCER
23 MARS	BELIER	TAUREAU	VERSEAU	VIERGE	CANCER	GEMEAUX	BALANCE	LION	4 LION
24 MARS	BELIER	TAUREAU	VERSEAU	VIERGE	CANCER	GEMEAUX	BALANCE	LION	16 LION
25 MARS	BELIER	TAUREAU	POISSONS	VIERGE	CANCER	GEMEAUX	BALANCE	LION	29 LION
26 MARS	BELIER	TAUREAU	POISSONS	VIERGE	CANCER	GEMEAUX	BALANCE	LION	11 VIERGE
27 MARS	BELIER	TAUREAU	POISSONS	VIERGE	CANCER	GEMEAUX	BALANCE	LION	23 VIERGE
28 MARS	BELIER	TAUREAU	POISSONS	VIERGE	CANCER	GEMEAUX	BALANCE	LION	5 BALANCE
29 MARS	BELIER	TAUREAU	POISSONS	VIERGE	CANCER	GEMEAUX	BALANCE	LION	16 BALANCE
30 MARS	BELIER	TAUREAU	POISSONS	VIERGE	CANCER	GEMEAUX	BALANCE	LION	28 BALANCE
31 MARS	BELIER	TAUREAU	POISSONS	VIERGE	CANCER	GEMEAUX	BALANCE	LION	10 SCORPION
1 AVRIL	BELIER	TAUREAU	POISSONS	VIERGE	CANCER	GEMEAUX	BALANCE	LION	22 SCORPION
2 AVRIL	BELIER	TAUREAU	POISSONS	VIERGE	CANCER	GEMEAUX	BALANCE	LION	4 SAGITTAIRE
3 AVRIL	BELIER	TAUREAU	POISSONS	VIERGE	CANCER	GEMEAUX	BALANCE	LION	16 SAGITTAIRE
4 AVRIL	BELIER	TAUREAU	POISSONS	VIERGE	CANCER	GEMEAUX	BALANCE	LION	29 SAGITTAIRE
5 AVRIL	BELIER	TAUREAU	POISSONS	VIERGE	CANCER	GEMEAUX	BALANCE	LION	11 CAPRICORNE
6 AVRIL	BELIER	TAUREAU	POISSONS	VIERGE	CANCER	GEMEAUX	BALANCE	LION	24 CAPRICORNE
7 AVRIL	BELIER	TAUREAU	POISSONS	VIERGE	CANCER	GEMEAUX	BALANCE	LION	8 VERSEAU
8 AVRIL	BELIER	BELIER	POISSONS	VIERGE	CANCER	GEMEAUX	BALANCE	LION	22 VERSEAU
9 AVRIL	BELIER	BELIER	POISSONS	VIERGE	CANCER	GEMEAUX	BALANCE	LION	6 POISSONS
10 AVRIL	BELIER	BELIER	POISSONS	VIERGE	CANCER	GEMEAUX	BALANCE	LION	21 POISSONS
11 AVRIL	BELIER	BELIER	POISSONS	VIERGE	CANCER	GEMEAUX	BALANCE	LION	6 BELIER
12 AVRIL	BELIER	BELIER	POISSONS	VIERGE	CANCER	GEMEAUX	BALANCE	LION	22 BELIER
13 AVRIL	BELIER	BELIER	POISSONS	VIERGE	CANCER	GEMEAUX	BALANCE	LION	7 TAUREAU
14 AVRIL	BELIER	BELIER	POISSONS	VIERGE	CANCER	GEMEAUX	BALANCE	LION	22 TAUREAU
15 AVRIL	BELIER	BELIER	POISSONS	VIERGE	CANCER	GEMEAUX	BALANCE	LION	7 GEMEAUX
16 AVRIL	BELIER	BELIER	POISSONS	VIERGE	CANCER	GEMEAUX	BALANCE	LION	21 GEMEAUX
17 AVRIL	BELIER	BELIER	POISSONS	VIERGE	CANCER	GÉMEAUX	BALANCE	LION	5 CANCER
18 AVRIL	BELIER	BELIER	POISSONS	VIERGE	CANCER	GEMEAUX	BALANCE	LION	18 CANCER
19 AVRIL	BELIER	BELIER	POISSONS	VIERGE	CANCER	GEMEAUX	BALANCE	LION	1 LION
20 AVRIL	BELIER	BELIER	POISSONS	VIERGE	CANCER	GEMEAUX	BALANCE	LION	13 LION

ENTRE DANS LE SIGNE DU — LE 20 MARS — A 23 h 30
LE SOLEIL — BELIER — 1945 — * LES CHIFFRES INDIQUENT LES DEGRÉS
QUITTE LE SIGNE DU — LE 20 AVRIL — A 10 h 45

DECOUVREZ DANS QUEL SIGNE SE TROUVAIENT LES PLANETES A VOTRE NAISSANCE

1946	MERCURE	VENUS	MARS	JUPITER	SATURNE	URANUS	NEPTUNE	PLUTON	LUNE *
21 MARS	BELIER	BELIER	CANCER	BALANCE	CANCER	GEMEAUX	BALANCE	LION	12 SCORPION
22 MARS	BELIER	BELIER	CANCER	BALANCE	CANCER	GEMEAUX	BALANCE	LION	24 SCORPION
23 MARS	BELIER	BELIER	CANCER	BALANCE	CANCER	GEMEAUX	BALANCE	LION	5 SAGITTAIRE
24 MARS	BELIER	BELIER	CANCER	BALANCE	CANCER	GEMEAUX	BALANCE	LION	17 SAGITTAIRE
25 MARS	BELIER	BELIER	CANCER	BALANCE	CANCER	GEMEAUX	BALANCE	LION	29 SAGITTAIRE
26 MARS	BELIER	BELIER	CANCER	BALANCE	CANCER	GEMEAUX	BALANCE	LION	11 CAPRICORNE
27 MARS	BELIER	BELIER	CANCER	BALANCE	CANCER	GEMEAUX	BALANCE	LION	23 CAPRICORNE
28 MARS	BELIER	BELIER	CANCER	BALANCE	CANCER	GEMEAUX	BALANCE	LION	6 VERSEAU
29 MARS	BELIER	BELIER	CANCER	BALANCE	CANCER	GEMEAUX	BALANCE	LION	19 VERSEAU
30 MARS	BELIER	BELIER	CANCER	BALANCE	CANCER	GEMEAUX	BALANCE	LION	3 POISSONS
31 MARS	BELIER	BELIER	CANCER	BALANCE	CANCER	GEMEAUX	BALANCE	LION	17 POISSONS
1 AVRIL	BELIER	BELIER	CANCER	BALANCE	CANCER	GEMEAUX	BALANCE	LION	1 BELIER
2 AVRIL	POISSONS	BELIER	CANCER	BALANCE	CANCER	GEMEAUX	BALANCE	LION	16 BELIER
3 AVRIL	POISSONS	BELIER	CANCER	BALANCE	CANCER	GEMEAUX	BALANCE	LION	1 TAUREAU
4 AVRIL	POISSONS	BELIER	CANCER	BALANCE	CANCER	GEMEAUX	BALANCE	LION	16 TAUREAU
5 AVRIL	POISSONS	TAUREAU	CANCER	BALANCE	CANCER	GEMEAUX	BALANCE	LION	1 GEMEAUX
6 AVRIL	POISSONS	TAUREAU	CANCER	BALANCE	CANCER	GEMEAUX	BALANCE	LION	15 GEMEAUX
7 AVRIL	POISSONS	TAUREAU	CANCER	BALANCE	CANCER	GEMEAUX	BALANCE	LION	29 GEMEAUX
8 AVRIL	POISSONS	TAUREAU	CANCER	BALANCE	CANCER	GEMEAUX	BALANCE	LION	13 CANCER
9 AVRIL	POISSONS	TAUREAU	CANCER	BALANCE	CANCER	GEMEAUX	BALANCE	LION	27 CANCER
10 AVRIL	POISSONS	TAUREAU	CANCER	BALANCE	CANCER	GEMEAUX	BALANCE	LION	10 LION
11 AVRIL	POISSONS	TAUREAU	CANCER	BALANCE	CANCER	GEMEAUX	BALANCE	LION	24 LION
12 AVRIL	POISSONS	TAUREAU	CANCER	BALANCE	CANCER	GEMEAUX	BALANCE	LION	6 VIERGE
13 AVRIL	POISSONS	TAUREAU	CANCER	BALANCE	CANCER	GEMEAUX	BALANCE	LION	19 VIERGE
14 AVRIL	POISSONS	TAUREAU	CANCER	BALANCE	CANCER	GEMEAUX	BALANCE	LION	2 BALANCE
15 AVRIL	POISSONS	TAUREAU	CANCER	BALANCE	CANCER	GEMEAUX	BALANCE	LION	14 BALANCE
16 AVRIL	POISSONS	TAUREAU	CANCER	BALANCE	CANCER	GEMEAUX	BALANCE	LION	26 BALANCE
17 AVRIL	BELIER	TAUREAU	CANCER	BALANCE	CANCER	GEMEAUX	BALANCE	LION	8 SCORPION
18 AVRIL	BELIER	TAUREAU	CANCER	BALANCE	CANCER	GEMEAUX	BALANCE	LION	20 SCORPION
19 AVRIL	BELIER	TAUREAU	CANCER	BALANCE	CANCER	GEMEAUX	BALANCE	LION	2 SAGITTAIRE
20 AVRIL	BELIER	TAUREAU	CANCER	BALANCE	CANCER	GEMEAUX	BALANCE	LION	14 SAGITTAIRE

LE SOLEIL ENTRE DANS LE SIGNE DU BELIER LE 21 MARS 1946 A 5 h 30
LE SOLEIL QUITTE LE SIGNE DU BELIER LE 20 AVRIL 1946 A 16 h 45

* LES CHIFFRES INDIQUENT LES DEGRÉS

1947	MERCURE	VENUS	MARS	JUPITER	SATURNE	URANUS	NEPTUNE	PLUTON	LUNE *
21 MARS	POISSONS	VERSEAU	POISSONS	SCORPION	LION	GEMEAUX	BALANCE	LION	15 POISSONS
22 MARS	POISSONS	VERSEAU	POISSONS	SCORPION	LION	GEMEAUX	BALANCE	LION	28 POISSONS
23 MARS	POISSONS	VERSEAU	POISSONS	SCORPION	LION	GEMEAUX	BALANCE	LION	12 BELIER
24 MARS	POISSONS	VERSEAU	POISSONS	SCORPION	LION	GEMEAUX	BALANCE	LION	25 BELIER
25 MARS	POISSONS	VERSEAU	POISSONS	SCORPION	LION	GEMEAUX	BALANCE	LION	9 TAUREAU
26 MARS	POISSONS	VERSEAU	POISSONS	SCORPION	LION	GEMEAUX	BALANCE	LION	23 TAUREAU
27 MARS	POISSONS	VERSEAU	POISSONS	SCORPION	LION	GEMEAUX	BALANCE	LION	7 GEMEAUX
28 MARS	POISSONS	VERSEAU	POISSONS	SCORPION	LION	GEMEAUX	BALANCE	LION	21 GEMEAUX
29 MARS	POISSONS	VERSEAU	POISSONS	SCORPION	LION	GEMEAUX	BALANCE	LION	5 CANCER
30 MARS	POISSONS	VERSEAU	POISSONS	SCORPION	LION	GEMEAUX	BALANCE	LION	19 CANCER
31 MARS	POISSONS	POISSONS	POISSONS	SCORPION	LION	GEMEAUX	BALANCE	LION	4 LION
1 AVRIL	POISSONS	POISSONS	POISSONS	SCORPION	LION	GEMEAUX	BALANCE	LION	18 LION
2 AVRIL	POISSONS	POISSONS	POISSONS	SCORPION	LION	GEMEAUX	BALANCE	LION	2 VIERGE
3 AVRIL	POISSONS	POISSONS	POISSONS	SCORPION	LION	GEMEAUX	BALANCE	LION	16 VIERGE
4 AVRIL	POISSONS	POISSONS	POISSONS	SCORPION	LION	GEMEAUX	BALANCE	LION	29 VIERGE
5 AVRIL	POISSONS	POISSONS	POISSONS	SCORPION	LION	GEMEAUX	BALANCE	LION	13 BALANCE
6 AVRIL	POISSONS	POISSONS	POISSONS	SCORPION	LION	GEMEAUX	BALANCE	LION	26 BALANCE
7 AVRIL	POISSONS	POISSONS	POISSONS	SCORPION	LION	GEMEAUX	BALANCE	LION	9 SCORPION
8 AVRIL	POISSONS	POISSONS	POISSONS	SCORPION	LION	GEMEAUX	BALANCE	LION	21 SCORPION
9 AVRIL	POISSONS	POISSONS	POISSONS	SCORPION	LION	GEMEAUX	BALANCE	LION	4 SAGITTAIRE
10 AVRIL	POISSONS	POISSONS	POISSONS	SCORPION	LION	GEMEAUX	BALANCE	LION	16 SAGITTAIRE
11 AVRIL	POISSONS	POISSONS	POISSONS	SCORPION	LION	GEMEAUX	BALANCE	LION	28 SAGITTAIRE
12 AVRIL	POISSONS	POISSONS	BELIER	SCORPION	LION	GEMEAUX	BALANCE	LION	9 CAPRICORNE
13 AVRIL	POISSONS	POISSONS	BELIER	SCORPION	LION	GEMEAUX	BALANCE	LION	21 CAPRICORNE
14 AVRIL	POISSONS	POISSONS	BELIER	SCORPION	LION	GEMEAUX	BALANCE	LION	3 VERSEAU
15 AVRIL	POISSONS	POISSONS	BELIER	SCORPION	LION	GEMEAUX	BALANCE	LION	15 VERSEAU
16 AVRIL	BELIER	POISSONS	BELIER	SCORPION	LION	GEMEAUX	BALANCE	LION	28 VERSEAU
17 AVRIL	BELIER	POISSONS	BELIER	SCORPION	LION	GEMEAUX	BALANCE	LION	10 POISSONS
18 AVRIL	BELIER	POISSONS	BELIER	SCORPION	LION	GEMEAUX	BALANCE	LION	23 POISSONS
19 AVRIL	BELIER	POISSONS	BELIER	SCORPION	LION	GEMEAUX	BALANCE	LION	7 BELIER
20 AVRIL	BELIER	POISSONS	BELIER	SCORPION	LION	GEMEAUX	BALANCE	LION	20 BELIER

LE SOLEIL ENTRE DANS LE SIGNE DU BELIER LE 21 MARS 1947 A 11 h 00
LE SOLEIL QUITTE LE SIGNE DU BELIER LE 20 AVRIL 1947 A 22 h 30

* LES CHIFFRES INDIQUENT LES DEGRÉS

DECOUVREZ DANS QUEL SIGNE SE TROUVAIENT LES PLANETES A VOTRE NAISSANCE

1948	MERCURE	VENUS	MARS	JUPITER	SATURNE	URANUS	NEPTUNE	PLUTON	LUNE *
20 MARS	POISSONS	TAUREAU	LION	SAGITTAIRE	LION	GEMEAUX	BALANCE	LION	25 CANCER
21 MARS	POISSONS	TAUREAU	LION	SAGITTAIRE	LION	GEMEAUX	BALANCE	LION	10 LION
22 MARS	POISSONS	TAUREAU	LION	SAGITTAIRE	LION	GEMEAUX	BALANCE	LION	25 LION
23 MARS	POISSONS	TAUREAU	LION	SAGITTAIRE	LION	GEMEAUX	BALANCE	LION	10 VIERGE
24 MARS	POISSONS	TAUREAU	LION	SAGITTAIRE	LION	GEMEAUX	BALANCE	LION	25 VIERGE
25 MARS	POISSONS	TAUREAU	LION	SAGITTAIRE	LION	GEMEAUX	BALANCE	LION	9 BALANCE
26 MARS	POISSONS	TAUREAU	LION	SAGITTAIRE	LION	GEMEAUX	BALANCE	LION	24 BALANCE
27 MARS	POISSONS	TAUREAU	LION	SAGITTAIRE	LION	GEMEAUX	BALANCE	LION	8 SCORPION
28 MARS	POISSONS	TAUREAU	LION	SAGITTAIRE	LION	GEMEAUX	BALANCE	LION	22 SCORPION
29 MARS	POISSONS	TAUREAU	LION	SAGITTAIRE	LION	GEMEAUX	BALANCE	LION	5 SAGITTAIRE
30 MARS	POISSONS	TAUREAU	LION	SAGITTAIRE	LION	GEMEAUX	BALANCE	LION	17 SAGITTAIRE
31 MARS	POISSONS	TAUREAU	LION	SAGITTAIRE	LION	GEMEAUX	BALANCE	LION	0 CAPRICORNE
1 AVRIL	POISSONS	TAUREAU	LION	SAGITTAIRE	LION	GEMEAUX	BALANCE	LION	12 CAPRICORNE
2 AVRIL	POISSONS	TAUREAU	LION	SAGITTAIRE	LION	GEMEAUX	BALANCE	LION	24 CAPRICORNE
3 AVRIL	POISSONS	TAUREAU	LION	SAGITTAIRE	LION	GEMEAUX	BALANCE	LION	6 VERSEAU
4 AVRIL	POISSONS	TAUREAU	LION	SAGITTAIRE	LION	GEMEAUX	BALANCE	LION	18 VERSEAU
5 AVRIL	POISSONS	GEMEAUX	LION	SAGITTAIRE	LION	GEMEAUX	BALANCE	LION	0 POISSONS
6 AVRIL	POISSONS	GEMEAUX	LION	SAGITTAIRE	LION	GEMEAUX	BALANCE	LION	12 POISSONS
7 AVRIL	POISSONS	GEMEAUX	LION	SAGITTAIRE	LION	GEMEAUX	BALANCE	LION	24 POISSONS
8 AVRIL	POISSONS	GEMEAUX	LION	SAGITTAIRE	LION	GEMEAUX	BALANCE	LION	6 BELIER
9 AVRIL	BELIER	GEMEAUX	LION	SAGITTAIRE	LION	GEMEAUX	BALANCE	LION	19 BELIER
10 AVRIL	BELIER	GEMEAUX	LION	SAGITTAIRE	LION	GEMEAUX	BALANCE	LION	1 TAUREAU
11 AVRIL	BELIER	GEMEAUX	LION	SAGITTAIRE	LION	GEMEAUX	BALANCE	LION	14 TAUREAU
12 AVRIL	BELIER	GEMEAUX	LION	SAGITTAIRE	LION	GEMEAUX	BALANCE	LION	27 TAUREAU
13 AVRIL	BELIER	GEMEAUX	LION	SAGITTAIRE	LION	GEMEAUX	BALANCE	LION	11 GEMEAUX
14 AVRIL	BELIER	GEMEAUX	LION	SAGITTAIRE	LION	GEMEAUX	BALANCE	LION	24 GEMEAUX
15 AVRIL	BELIER	GEMEAUX	LION	SAGITTAIRE	LION	GEMEAUX	BALANCE	LION	8 CANCER
16 AVRIL	BELIER	GEMEAUX	LION	SAGITTAIRE	LION	GEMEAUX	BALANCE	LION	22 CANCER
17 AVRIL	BELIER	GEMEAUX	LION	SAGITTAIRE	LION	GEMEAUX	BALANCE	LION	6 LION
18 AVRIL	BELIER	GEMEAUX	LION	SAGITTAIRE	LION	GEMEAUX	BALANCE	LION	20 LION
19 AVRIL	BELIER	GEMEAUX	LION	SAGITTAIRE	LION	GEMEAUX	BALANCE	LION	5 VIERGE
20 AVRIL	BELIER	GEMEAUX	LION	SAGITTAIRE	LION	GEMEAUX	BALANCE	LION	19 VIERGE

ENTRE DANS LE SIGNE DU — LE 20 MARS — A 16 h 45
LE SOLEIL — BELIER — 1948 — * LES CHIFFRES INDIQUENT LES DEGRÉS
QUITTE LE SIGNE DU — LE 20 AVRIL — A 4 h 15

1949	MERCURE	VENUS	MARS	JUPITER	SATURNE	URANUS	NEPTUNE	PLUTON	LUNE *
20 MARS	POISSONS	POISSONS	POISSONS	CAPRICORNE	VIERGE	GEMEAUX	BALANCE	LION	16 SAGITTAIRE
21 MARS	POISSONS	POISSONS	POISSONS	CAPRICORNE	VIERGE	GEMEAUX	BALANCE	LION	0 CAPRICORNE
22 MARS	POISSONS	POISSONS	BELIER	CAPRICORNE	VIERGE	GEMEAUX	BALANCE	LION	12 CAPRICORNE
23 MARS	POISSONS	POISSONS	BELIER	CAPRICORNE	VIERGE	GEMEAUX	BALANCE	LION	25 CAPRICORNE
24 MARS	POISSONS	POISSONS	BELIER	CAPRICORNE	VIERGE	GEMEAUX	BALANCE	LION	7 VERSEAU
25 MARS	POISSONS	POISSONS	BELIER	CAPRICORNE	VIERGE	GEMEAUX	BALANCE	LION	19 VERSEAU
26 MARS	POISSONS	BELIER	BELIER	CAPRICORNE	VIERGE	GEMEAUX	BALANCE	LION	1 POISSONS
27 MARS	POISSONS	BELIER	BELIER	CAPRICORNE	VIERGE	GEMEAUX	BALANCE	LION	13 POISSONS
28 MARS	POISSONS	BELIER	BELIER	CAPRICORNE	VIERGE	GEMEAUX	BALANCE	LION	25 POISSONS
29 MARS	POISSONS	BELIER	BELIER	CAPRICORNE	VIERGE	GEMEAUX	BALANCE	LION	7 BELIER
30 MARS	POISSONS	BELIER	BELIER	CAPRICORNE	VIERGE	GEMEAUX	BALANCE	LION	19 BELIER
31 MARS	POISSONS	BELIER	BELIER	CAPRICORNE	VIERGE	GEMEAUX	BALANCE	LION	0 TAUREAU
1 AVRIL	POISSONS	BELIER	BELIER	CAPRICORNE	VIERGE	GEMEAUX	BALANCE	LION	12 TAUREAU
2 AVRIL	BELIER	BELIER	BELIER	CAPRICORNE	VIERGE	GEMEAUX	BALANCE	LION	25 TAUREAU
3 AVRIL	BELIER	BELIER	BELIER	CAPRICORNE	LION	GEMEAUX	BALANCE	LION	7 GEMEAUX
4 AVRIL	BELIER	BELIER	BELIER	CAPRICORNE	LION	GEMEAUX	BALANCE	LION	19 GEMEAUX
5 AVRIL	BELIER	BELIER	BELIER	CAPRICORNE	LION	GEMEAUX	BALANCE	LION	2 CANCER
6 AVRIL	BELIER	BELIER	BELIER	CAPRICORNE	LION	GEMEAUX	BALANCE	LION	15 CANCER
7 AVRIL	BELIER	BELIER	BELIER	CAPRICORNE	LION	GEMEAUX	BALANCE	LION	29 CANCER
8 AVRIL	BELIER	BELIER	BELIER	CAPRICORNE	LION	GEMEAUX	BALANCE	LION	13 LION
9 AVRIL	BELIER	BELIER	BELIER	CAPRICORNE	LION	GEMEAUX	BALANCE	LION	28 LION
10 AVRIL	BELIER	BELIER	BELIER	CAPRICORNE	LION	GEMEAUX	BALANCE	LION	12 VIERGE
11 AVRIL	BELIER	BELIER	BELIER	CAPRICORNE	LION	GEMEAUX	BALANCE	LION	27 VIERGE
12 AVRIL	BELIER	BELIER	BELIER	CAPRICORNE	LION	GEMEAUX	BALANCE	LION	12 BALANCE
13 AVRIL	BELIER	BELIER	BELIER	VERSEAU	LION	GEMEAUX	BALANCE	LION	28 BALANCE
14 AVRIL	BELIER	BELIER	BELIER	VERSEAU	LION	GEMEAUX	BALANCE	LION	12 SCORPION
15 AVRIL	BELIER	BELIER	BELIER	VERSEAU	LION	GEMEAUX	BALANCE	LION	27 SCORPION
16 AVRIL	BELIER	BELIER	BELIER	VERSEAU	LION	GEMEAUX	BALANCE	LION	11 SAGITTAIRE
17 AVRIL	TAUREAU	BELIER	BELIER	VERSEAU	LION	GEMEAUX	BALANCE	LION	25 SAGITTAIRE
18 AVRIL	TAUREAU	BELIER	BELIER	VERSEAU	LION	GEMEAUX	BALANCE	LION	8 CAPRICORNE
19 AVRIL	TAUREAU	BELIER	BELIER	VERSEAU	LION	GEMEAUX	BALANCE	LION	21 CAPRICORNE
20 AVRIL	TAUREAU	TAUREAU	BELIER	VERSEAU	LION	GEMEAUX	BALANCE	LION	4 VERSEAU

ENTRE DANS LE SIGNE DU — LE 20 MARS — A 22 h 40
LE SOLEIL — BELIER — 1949 — * LES CHIFFRES INDIQUENT LES DEGRÉS
QUITTE LE SIGNE DU — LE 20 AVRIL — A 10 h 00

DECOUVREZ DANS QUEL SIGNE SE TROUVAIENT LES PLANETES A VOTRE NAISSANCE

1950	MERCURE	VENUS	MARS	JUPITER	SATURNE	URANUS	NEPTUNE	PLUTON	LUNE *
21 MARS	POISSONS	VERSEAU	BALANCE	VERSEAU	VIERGE	CANCER	BALANCE	LION	1 TAUREAU
22 MARS	POISSONS	VERSEAU	BALANCE	VERSEAU	VIERGE	CANCER	BALANCE	LION	13 TAUREAU
23 MARS	POISSONS	VERSEAU	BALANCE	VERSEAU	VIERGE	CANCER	BALANCE	LION	25 TAUREAU
24 MARS	POISSONS	VERSEAU	BALANCE	VERSEAU	VIERGE	CANCER	BALANCE	LION	7 GEMEAUX
25 MARS	BELIER	VERSEAU	BALANCE	VERSEAU	VIERGE	CANCER	BALANCE	LION	19 GEMEAUX
26 MARS	BELIER	VERSEAU	BALANCE	VERSEAU	VIERGE	CANCER	BALANCE	LION	1 CANCER
27 MARS	BELIER	VERSEAU	BALANCE	VERSEAU	VIERGE	CANCER	BALANCE	LION	14 CANCER
28 MARS	BELIER	VERSEAU	BALANCE	VERSEAU	VIERGE	CANCER	BALANCE	LION	26 CANCER
29 MARS	BELIER	VERSEAU	VIERGE	VERSEAU	VIERGE	CANCER	BALANCE	LION	10 LION
30 MARS	BELIER	VERSEAU	VIERGE	VERSEAU	VIERGE	CANCER	BALANCE	LION	23 LION
31 MARS	BELIER	VERSEAU	VIERGE	VERSEAU	VIERGE	CANCER	BALANCE	LION	7 VIERGE
1 AVRIL	BELIER	VERSEAU	VIERGE	VERSEAU	VIERGE	CANCER	BALANCE	LION	22 VIERGE
2 AVRIL	BELIER	VERSEAU	VIERGE	VERSEAU	VIERGE	CANCER	BALANCE	LION	7 BALANCE
3 AVRIL	BELIER	VERSEAU	VIERGE	VERSEAU	VIERGE	CANCER	BALANCE	LION	22 BALANCE
4 AVRIL	BELIER	VERSEAU	VIERGE	VERSEAU	VIERGE	CANCER	BALANCE	LION	7 SCORPION
5 AVRIL	BELIER	VERSEAU	VIERGE	VERSEAU	VIERGE	CANCER	BALANCE	LION	22 SCORPION
6 AVRIL	BELIER	VERSEAU	VIERGE	VERSEAU	VIERGE	CANCER	BALANCE	LION	7 SAGITTAIRE
7 AVRIL	BELIER	POISSONS	VIERGE	VERSEAU	VIERGE	CANCER	BALANCE	LION	21 SAGITTAIRE
8 AVRIL	TAUREAU	POISSONS	VIERGE	VERSEAU	VIERGE	CANCER	BALANCE	LION	5 CAPRICORNE
9 AVRIL	TAUREAU	POISSONS	VIERGE	VERSEAU	VIERGE	CANCER	BALANCE	LION	19 CAPRICORNE
10 AVRIL	TAUREAU	POISSONS	VIERGE	VERSEAU	VIERGE	CANCER	BALANCE	LION	2 VERSEAU
11 AVRIL	TAUREAU	POISSONS	VIERGE	VERSEAU	VIERGE	CANCER	BALANCE	LION	15 VERSEAU
12 AVRIL	TAUREAU	POISSONS	VIERGE	VERSEAU	VIERGE	CANCER	BALANCE	LION	28 VERSEAU
13 AVRIL	TAUREAU	POISSONS	VIERGE	VERSEAU	VIERGE	CANCER	BALANCE	LION	10 POISSONS
14 AVRIL	TAUREAU	POISSONS	VIERGE	VERSEAU	VIERGE	CANCER	BALANCE	LION	22 POISSONS
15 AVRIL	TAUREAU	POISSONS	VIERGE	POISSONS	VIERGE	CANCER	BALANCE	LION	4 BELIER
16 AVRIL	TAUREAU	POISSONS	VIERGE	POISSONS	VIERGE	CANCER	BALANCE	LION	16 BELIER
17 AVRIL	TAUREAU	POISSONS	VIERGE	POISSONS	VIERGE	CANCER	BALANCE	LION	28 BELIER
18 AVRIL	TAUREAU	POISSONS	VIERGE	POISSONS	VIERGE	CANCER	BALANCE	LION	10 TAUREAU
19 AVRIL	TAUREAU	POISSONS	VIERGE	POISSONS	VIERGE	CANCER	BALANCE	LION	22 TAUREAU
20 AVRIL	TAUREAU	POISSONS	VIERGE	POISSONS	VIERGE	CANCER	BALANCE	LION	4 GEMEAUX

LE SOLEIL — ENTRE DANS LE SIGNE DU BELIER LE 21 MARS 1950 A 4 h 15 — QUITTE LE SIGNE DU BELIER LE 20 AVRIL 1950 A 15 h 45

* LES CHIFFRES INDIQUENT LES DEGRÉS

1951	MERCURE	VENUS	MARS	JUPITER	SATURNE	URANUS	NEPTUNE	PLUTON	LUNE *
21 MARS	BELIER	TAUREAU	BELIER	POISSONS	VIERGE	CANCER	BALANCE	LION	5 VIERGE
22 MARS	BELIER	TAUREAU	BELIER	POISSONS	VIERGE	CANCER	BALANCE	LION	19 VIERGE
23 MARS	BELIER	TAUREAU	BELIER	POISSONS	VIERGE	CANCER	BALANCE	LION	2 BALANCE
24 MARS	BELIER	TAUREAU	BELIER	POISSONS	VIERGE	CANCER	BALANCE	LION	16 BALANCE
25 MARS	BELIER	TAUREAU	BELIER	POISSONS	VIERGE	CANCER	BALANCE	LION	0 SCORPION
26 MARS	BELIER	TAUREAU	BELIER	POISSONS	VIERGE	CANCER	BALANCE	LION	15 SCORPION
27 MARS	BELIER	TAUREAU	BELIER	POISSONS	VIERGE	CANCER	BALANCE	LION	29 SCORPION
28 MARS	BELIER	TAUREAU	BELIER	POISSONS	VIERGE	CANCER	BALANCE	LION	14 SAGITTAIRE
29 MARS	BELIER	TAUREAU	BELIER	POISSONS	VIERGE	CANCER	BALANCE	LION	28 SAGITTAIRE
30 MARS	BELIER	TAUREAU	BELIER	POISSONS	VIERGE	CANCER	BALANCE	LION	12 CAPRICORNE
31 MARS	BELIER	TAUREAU	BELIER	POISSONS	VIERGE	CANCER	BALANCE	LION	26 CAPRICORNE
1 AVRIL	BELIER	TAUREAU	BELIER	POISSONS	VIERGE	CANCER	BALANCE	LION	10 VERSEAU
2 AVRIL	TAUREAU	TAUREAU	BELIER	POISSONS	VIERGE	CANCER	BALANCE	LION	24 VERSEAU
3 AVRIL	TAUREAU	TAUREAU	BELIER	POISSONS	VIERGE	CANCER	BALANCE	LION	7 POISSONS
4 AVRIL	TAUREAU	TAUREAU	BELIER	POISSONS	VIERGE	CANCER	BALANCE	LION	20 POISSONS
5 AVRIL	TAUREAU	TAUREAU	BELIER	POISSONS	VIERGE	CANCER	BALANCE	LION	3 BELIER
6 AVRIL	TAUREAU	TAUREAU	BELIER	POISSONS	VIERGE	CANCER	BALANCE	LION	16 BELIER
7 AVRIL	TAUREAU	TAUREAU	BELIER	POISSONS	VIERGE	CANCER	BALANCE	LION	29 BELIER
8 AVRIL	TAUREAU	TAUREAU	BELIER	POISSONS	VIERGE	CANCER	BALANCE	LION	11 TAUREAU
9 AVRIL	TAUREAU	TAUREAU	BELIER	POISSONS	VIERGE	CANCER	BALANCE	LION	23 TAUREAU
10 AVRIL	TAUREAU	TAUREAU	TAUREAU	POISSONS	VIERGE	CANCER	BALANCE	LION	5 GEMEAUX
11 AVRIL	TAUREAU	TAUREAU	TAUREAU	POISSONS	VIERGE	CANCER	BALANCE	LION	17 GEMEAUX
12 AVRIL	TAUREAU	TAUREAU	TAUREAU	POISSONS	VIERGE	CANCER	BALANCE	LION	29 GEMEAUX
13 AVRIL	TAUREAU	TAUREAU	TAUREAU	POISSONS	VIERGE	CANCER	BALANCE	LION	11 CANCER
14 AVRIL	TAUREAU	TAUREAU	TAUREAU	POISSONS	VIERGE	CANCER	BALANCE	LION	23 CANCER
15 AVRIL	TAUREAU	GEMEAUX	TAUREAU	POISSONS	VIERGE	CANCER	BALANCE	LION	5 LION
16 AVRIL	TAUREAU	GEMEAUX	TAUREAU	POISSONS	VIERGE	CANCER	BALANCE	LION	17 LION
17 AVRIL	TAUREAU	GEMEAUX	TAUREAU	POISSONS	VIERGE	CANCER	BALANCE	LION	0 VIERGE
18 AVRIL	TAUREAU	GEMEAUX	TAUREAU	POISSONS	VIERGE	CANCER	BALANCE	LION	13 VIERGE
19 AVRIL	TAUREAU	GEMEAUX	TAUREAU	POISSONS	VIERGE	CANCER	BALANCE	LION	27 VIERGE
20 AVRIL	TAUREAU	GEMEAUX	TAUREAU	POISSONS	VIERGE	CANCER	BALANCE	LION	11 BALANCE

LE SOLEIL — ENTRE DANS LE SIGNE DU BELIER LE 21 MARS 1951 A 10 h 00 — QUITTE LE SIGNE DU BELIER LE 20 AVRIL 1951 A 21 h 40

* LES CHIFFRES INDIQUENT LES DEGRÉS

DECOUVREZ DANS QUEL SIGNE SE TROUVAIENT LES PLANETES A VOTRE NAISSANCE

1952	MERCURE	VENUS	MARS	JUPITER	SATURNE	URANUS	NEPTUNE	PLUTON	LUNE *
20 MARS	BELIER	POISSONS	SCORPION	BELIER	BALANCE	CANCER	BALANCE	LION	18 CAPRICORNE
21 MARS	BELIER	POISSONS	SCORPION	BELIER	BALANCE	CANCER	BALANCE	LION	2 VERSEAU
22 MARS	BELIER	POISSONS	SCORPION	BELIER	BALANCE	CANCER	BALANCE	LION	11 VERSEAU
23 MARS	BELIER	POISSONS	SCORPION	BELIER	BALANCE	CANCER	BALANCE	LION	1 POISSONS
24 MARS	BELIER	POISSONS	SCORPION	BELIER	BALANCE	CANCER	BALANCE	LION	16 POISSONS
25 MARS	BELIER	POISSONS	SCORPION	BELIER	BALANCE	CANCER	BALANCE	LION	0 BELIER
26 MARS	BELIER	POISSONS	SCORPION	BELIER	BALANCE	CANCER	BALANCE	LION	14 BELIER
27 MARS	BELIER	POISSONS	SCORPION	BELIER	BALANCE	CANCER	BALANCE	LION	28 BELIER
28 MARS	BELIER	POISSONS	SCORPION	BELIER	BALANCE	CANCER	BALANCE	LION	11 TAUREAU
29 MARS	BELIER	POISSONS	SCORPION	BELIER	BALANCE	CANCER	BALANCE	LION	25 TAUREAU
30 MARS	BELIER	POISSONS	SCORPION	BELIER	BALANCE	CANCER	BALANCE	LION	7 GEMEAUX
31 MARS	BELIER	POISSONS	SCORPION	BELIER	BALANCE	CANCER	BALANCE	LION	20 GEMEAUX
1 AVRIL	BELIER	POISSONS	SCORPION	BELIER	BALANCE	CANCER	BALANCE	LION	2 CANCER
2 AVRIL	BELIER	POISSONS	SCORPION	BELIER	BALANCE	CANCER	BALANCE	LION	14 CANCER
3 AVRIL	BELIER	POISSONS	SCORPION	BELIER	BALANCE	CANCER	BALANCE	LION	26 CANCER
4 AVRIL	BELIER	POISSONS	SCORPION	BELIER	BALANCE	CANCER	BALANCE	LION	7 LION
5 AVRIL	BELIER	POISSONS	SCORPION	BELIER	BALANCE	CANCER	BALANCE	LION	19 LION
6 AVRIL	BELIER	POISSONS	SCORPION	BELIER	BALANCE	CANCER	BALANCE	LION	1 VIERGE
7 AVRIL	BELIER	POISSONS	SCORPION	BELIER	BALANCE	CANCER	BALANCE	LION	14 VIERGE
8 AVRIL	BELIER	POISSONS	SCORPION	BELIER	BALANCE	CANCER	BALANCE	LION	26 VIERGE
9 AVRIL	BELIER	POISSONS	SCORPION	BELIER	BALANCE	CANCER	BALANCE	LION	9 BALANCE
10 AVRIL	BELIER	BELIER	SCORPION	BELIER	BALANCE	CANCER	BALANCE	LION	22 BALANCE
11 AVRIL	BELIER	BELIER	SCORPION	BELIER	BALANCE	CANCER	BALANCE	LION	5 SCORPION
12 AVRIL	BELIER	BELIER	SCORPION	BELIER	BALANCE	CANCER	BALANCE	LION	19 SCORPION
13 AVRIL	BELIER	BELIER	SCORPION	BELIER	BALANCE	CANCER	BALANCE	LION	2 SAGITTAIRE
14 AVRIL	BELIER	BELIER	SCORPION	BELIER	BALANCE	CANCER	BALANCE	LION	16 SAGITTAIRE
15 AVRIL	BELIER	BELIER	SCORPION	BELIER	BALANCE	CANCER	BALANCE	LION	0 CAPRICORNE
16 AVRIL	BELIER	BELIER	SCORPION	BELIER	BALANCE	CANCER	BALANCE	LION	15 CAPRICORNE
17 AVRIL	BELIER	BELIER	SCORPION	BELIER	BALANCE	CANCER	BALANCE	LION	29 CAPRICORNE
18 AVRIL	BELIER	BELIER	SCORPION	BELIER	BALANCE	CANCER	BALANCE	LION	13 VERSEAU
19 AVRIL	BELIER	BELIER	SCORPION	BELIER	BALANCE	CANCER	BALANCE	LION	27 VERSEAU
20 AVRIL	BELIER	BELIER	SCORPION	BELIER	BALANCE	CANCER	BALANCE	LION	11 POISSONS

ENTRE DANS LE SIGNE DU LE 20 MARS A 16 h 00
LE SOLEIL BELIER 1952 * LES CHIFFRES INDIQUENT LES DEGRÉS
QUITTE LE SIGNE DU LE 20 AVRIL A 3 h 15

1953	MERCURE	VENUS	MARS	JUPITER	SATURNE	URANUS	NEPTUNE	PLUTON	LUNE *
20 MARS	POISSONS	TAUREAU	TAUREAU	TAUREAU	BALANCE	CANCER	BALANCE	LION	7 GEMEAUX
21 MARS	POISSONS	TAUREAU	TAUREAU	TAUREAU	BALANCE	CANCER	BALANCE	LION	20 GEMEAUX
22 MARS	POISSONS	TAUREAU	TAUREAU	TAUREAU	BALANCE	CANCER	BALANCE	LION	3 CANCER
23 MARS	POISSONS	TAUREAU	TAUREAU	TAUREAU	BALANCE	CANCER	BALANCE	LION	15 CANCER
24 MARS	POISSONS	TAUREAU	TAUREAU	TAUREAU	BALANCE	CANCER	BALANCE	LION	28 CANCER
25 MARS	POISSONS	TAUREAU	TAUREAU	TAUREAU	BALANCE	CANCER	BALANCE	LION	9 LION
26 MARS	POISSONS	TAUREAU	TAUREAU	TAUREAU	BALANCE	CANCER	BALANCE	LION	21 LION
27 MARS	POISSONS	TAUREAU	TAUREAU	TAUREAU	BALANCE	CANCER	BALANCE	LION	3 VIERGE
28 MARS	POISSONS	TAUREAU	TAUREAU	TAUREAU	BALANCE	CANCER	BALANCE	LION	15 VIERGE
29 MARS	POISSONS	TAUREAU	TAUREAU	TAUREAU	BALANCE	CANCER	BALANCE	LION	27 VIERGE
30 MARS	POISSONS	TAUREAU	TAUREAU	TAUREAU	BALANCE	CANCER	BALANCE	LION	9 BALANCE
31 MARS	POISSONS	BELIER	TAUREAU	TAUREAU	BALANCE	CANCER	BALANCE	LION	21 BALANCE
1 AVRIL	POISSONS	BELIER	TAUREAU	TAUREAU	BALANCE	CANCER	BALANCE	LION	3 SCORPION
2 AVRIL	POISSONS	BELIER	TAUREAU	TAUREAU	BALANCE	CANCER	BALANCE	LION	16 SCORPION
3 AVRIL	POISSONS	BELIER	TAUREAU	TAUREAU	BALANCE	CANCER	BALANCE	LION	28 SCORPION
4 AVRIL	POISSONS	BELIER	TAUREAU	TAUREAU	BALANCE	CANCER	BALANCE	LION	11 SAGITTAIRE
5 AVRIL	POISSONS	BELIER	TAUREAU	TAUREAU	BALANCE	CANCER	BALANCE	LION	24 SAGITTAIRE
6 AVRIL	POISSONS	BELIER	TAUREAU	TAUREAU	BALANCE	CANCER	BALANCE	LION	7 CAPRICORNE
7 AVRIL	POISSONS	BELIER	TAUREAU	TAUREAU	BALANCE	CANCER	BALANCE	LION	21 CAPRICORNE
8 AVRIL	POISSONS	BELIER	TAUREAU	TAUREAU	BALANCE	CANCER	BALANCE	LION	5 VERSEAU
9 AVRIL	POISSONS	BELIER	TAUREAU	TAUREAU	BALANCE	CANCER	BALANCE	LION	19 VERSEAU
10 AVRIL	POISSONS	BELIER	TAUREAU	TAUREAU	BALANCE	CANCER	BALANCE	LION	3 POISSONS
11 AVRIL	POISSONS	BELIER	TAUREAU	TAUREAU	BALANCE	CANCER	BALANCE	LION	18 POISSONS
12 AVRIL	POISSONS	BELIER	TAUREAU	TAUREAU	BALANCE	CANCER	BALANCE	LION	3 BELIER
13 AVRIL	POISSONS	BELIER	TAUREAU	TAUREAU	BALANCE	CANCER	BALANCE	LION	18 BELIER
14 AVRIL	POISSONS	BELIER	TAUREAU	TAUREAU	BALANCE	CANCER	BALANCE	LION	3 TAUREAU
15 AVRIL	POISSONS	BELIER	TAUREAU	TAUREAU	BALANCE	CANCER	BALANCE	LION	18 TAUREAU
16 AVRIL	POISSONS	BELIER	TAUREAU	TAUREAU	BALANCE	CANCER	BALANCE	LION	2 GEMEAUX
17 AVRIL	POISSONS	BELIER	TAUREAU	TAUREAU	BALANCE	CANCER	BALANCE	LION	15 GEMEAUX
18 AVRIL	BELIER	BELIER	TAUREAU	TAUREAU	BALANCE	CANCER	BALANCE	LION	29 GEMEAUX
19 AVRIL	BELIER	BELIER	TAUREAU	TAUREAU	BALANCE	CANCER	BALANCE	LION	11 CANCER
20 AVRIL	BELIER	BELIER	TAUREAU	TAUREAU	BALANCE	CANCER	BALANCE	LION	24 CANCER

ENTRE DANS LE SIGNE DU LE 20 MARS A 21 h 45
LE SOLEIL BELIER 1953 * LES CHIFFRES INDIQUENT LES DEGRÉS
QUITTE LE SIGNE DU LE 20 AVRIL A 9 h 15

DECOUVREZ DANS QUEL SIGNE SE TROUVAIENT LES PLANETES A VOTRE NAISSANCE

1954	MERCURE	VENUS	MARS	JUPITER	SATURNE	URANUS	NEPTUNE	PLUTON	LUNE *
21 MARS	POISSONS	BELIER	SAGITTAIRE	GEMEAUX	SCORPION	CANCER	BALANCE	LION	22 BALANCE
22 MARS	POISSONS	BELIER	SAGITTAIRE	GEMEAUX	SCORPION	CANCER	BALANCE	LION	3 SCORPION
23 MARS	POISSONS	BELIER	SAGITTAIRE	GEMEAUX	SCORPION	CANCER	BALANCE	LION	15 SCORPION
24 MARS	POISSONS	BELIER	SAGITTAIRE	GEMEAUX	SCORPION	CANCER	BALANCE	LION	27 SCORPION
25 MARS	POISSONS	BELIER	SAGITTAIRE	GEMEAUX	SCORPION	CANCER	BALANCE	LION	9 SAGITTAIRE
26 MARS	POISSONS	BELIER	SAGITTAIRE	GEMEAUX	SCORPION	CANCER	BALANCE	LION	21 SAGITTAIRE
27 MARS	POISSONS	BELIER	SAGITTAIRE	GEMEAUX	SCORPION	CANCER	BALANCE	LION	4 CAPRICORNE
28 MARS	POISSONS	BELIER	SAGITTAIRE	GEMEAUX	SCORPION	CANCER	BALANCE	LION	17 CAPRICORNE
29 MARS	POISSONS	BELIER	SAGITTAIRE	GEMEAUX	SCORPION	CANCER	BALANCE	LION	0 VERSEAU
30 MARS	POISSONS	BELIER	SAGITTAIRE	GEMEAUX	SCORPION	CANCER	BALANCE	LION	14 VERSEAU
31 MARS	POISSONS	BELIER	SAGITTAIRE	GEMEAUX	SCORPION	CANCER	BALANCE	LION	28 VERSEAU
1 AVRIL	POISSONS	BELIER	SAGITTAIRE	GEMEAUX	SCORPION	CANCER	BALANCE	LION	12 POISSONS
2 AVRIL	POISSONS	BELIER	SAGITTAIRE	GEMEAUX	SCORPION	CANCER	BALANCE	LION	27 POISSONS
3 AVRIL	POISSONS	BELIER	SAGITTAIRE	GEMEAUX	SCORPION	CANCER	BALANCE	LION	13 BELIER
4 AVRIL	POISSONS	TAUREAU	SAGITTAIRE	GEMEAUX	SCORPION	CANCER	BALANCE	LION	28 BELIER
5 AVRIL	POISSONS	TAUREAU	SAGITTAIRE	GEMEAUX	SCORPION	CANCER	BALANCE	LION	13 TAUREAU
6 AVRIL	POISSONS	TAUREAU	SAGITTAIRE	GEMEAUX	SCORPION	CANCER	BALANCE	LION	28 TAUREAU
7 AVRIL	POISSONS	TAUREAU	SAGITTAIRE	GEMEAUX	SCORPION	CANCER	BALANCE	LION	13 GEMEAUX
8 AVRIL	POISSONS	TAUREAU	SAGITTAIRE	GEMEAUX	SCORPION	CANCER	BALANCE	LION	27 GEMEAUX
9 AVRIL	POISSONS	TAUREAU	SAGITTAIRE	GEMEAUX	SCORPION	CANCER	BALANCE	LION	10 CANCER
10 AVRIL	POISSONS	TAUREAU	SAGITTAIRE	GEMEAUX	SCORPION	CANCER	BALANCE	LION	23 CANCER
11 AVRIL	POISSONS	TAUREAU	SAGITTAIRE	GEMEAUX	SCORPION	CANCER	BALANCE	LION	6 LION
12 AVRIL	POISSONS	TAUREAU	SAGITTAIRE	GEMEAUX	SCORPION	CANCER	BALANCE	LION	18 LION
13 AVRIL	BELIER	TAUREAU	CAPRICORNE	GEMEAUX	SCORPION	CANCER	BALANCE	LION	1 VIERGE
14 AVRIL	BELIER	TAUREAU	CAPRICORNE	GEMEAUX	SCORPION	CANCER	BALANCE	LION	13 VIERGE
15 AVRIL	BELIER	TAUREAU	CAPRICORNE	GEMEAUX	SCORPION	CANCER	BALANCE	LION	25 VIERGE
16 AVRIL	BELIER	TAUREAU	CAPRICORNE	GEMEAUX	SCORPION	CANCER	BALANCE	LION	7 BALANCE
17 AVRIL	BELIER	TAUREAU	CAPRICORNE	GEMEAUX	SCORPION	CANCER	BALANCE	LION	19 BALANCE
18 AVRIL	BELIER	TAUREAU	CAPRICORNE	GEMEAUX	SCORPION	CANCER	BALANCE	LION	0 SCORPION
19 AVRIL	BELIER	TAUREAU	CAPRICORNE	GEMEAUX	SCORPION	CANCER	BALANCE	LION	12 SCORPION
20 AVRIL	BELIER	TAUREAU	CAPRICORNE	GEMEAUX	SCORPION	CANCER	BALANCE	LION	24 SCORPION

ENTRE DANS LE SIGNE DU — LE 21 MARS — A 3 h 45
LE SOLEIL — BELIER — 1954 — * LES CHIFFRES INDIQUENT LES DEGRÉS
QUITTE LE SIGNE DU — LE 20 AVRIL — A 15 h 00

1955	MERCURE	VENUS	MARS	JUPITER	SATURNE	URANUS	NEPTUNE	PLUTON	LUNE *
21 MARS	POISSONS	VERSEAU	TAUREAU	CANCER	SCORPION	CANCER	BALANCE	LION	25 VERSEAU
22 MARS	POISSONS	VERSEAU	TAUREAU	CANCER	SCORPION	CANCER	BALANCE	LION	9 POISSONS
23 MARS	POISSONS	VERSEAU	TAUREAU	CANCER	SCORPION	CANCER	BALANCE	LION	23 POISSONS
24 MARS	POISSONS	VERSEAU	TAUREAU	CANCER	SCORPION	CANCER	BALANCE	LION	7 BELIER
25 MARS	POISSONS	VERSEAU	TAUREAU	CANCER	SCORPION	CANCER	BALANCE	LION	22 BELIER
26 MARS	POISSONS	VERSEAU	TAUREAU	CANCER	SCORPION	CANCER	BALANCE	LION	7 TAUREAU
27 MARS	POISSONS	VERSEAU	TAUREAU	CANCER	SCORPION	CANCER	BALANCE	LION	21 TAUREAU
28 MARS	POISSONS	VERSEAU	TAUREAU	CANCER	SCORPION	CANCER	BALANCE	LION	6 GEMEAUX
29 MARS	POISSONS	VERSEAU	TAUREAU	CANCER	SCORPION	CANCER	BALANCE	LION	20 GEMEAUX
30 MARS	POISSONS	POISSONS	TAUREAU	CANCER	SCORPION	CANCER	BALANCE	LION	4 CANCER
31 MARS	POISSONS	POISSONS	TAUREAU	CANCER	SCORPION	CANCER	BALANCE	LION	18 CANCER
1 AVRIL	POISSONS	POISSONS	TAUREAU	CANCER	SCORPION	CANCER	BALANCE	LION	2 LION
2 AVRIL	POISSONS	POISSONS	TAUREAU	CANCER	SCORPION	CANCER	BALANCE	LION	15 LION
3 AVRIL	POISSONS	POISSONS	TAUREAU	CANCER	SCORPION	CANCER	BALANCE	LION	28 LION
4 AVRIL	POISSONS	POISSONS	TAUREAU	CANCER	SCORPION	CANCER	BALANCE	LION	11 VIERGE
5 AVRIL	POISSONS	POISSONS	TAUREAU	CANCER	SCORPION	CANCER	BALANCE	LION	24 VIERGE
6 AVRIL	POISSONS	POISSONS	TAUREAU	CANCER	SCORPION	CANCER	BALANCE	LION	7 BALANCE
7 AVRIL	BELIER	POISSONS	TAUREAU	CANCER	SCORPION	CANCER	BALANCE	LION	19 BALANCE
8 AVRIL	BELIER	POISSONS	TAUREAU	CANCER	SCORPION	CANCER	BALANCE	LION	1 SCORPION
9 AVRIL	BELIER	POISSONS	TAUREAU	CANCER	SCORPION	CANCER	BALANCE	LION	13 SCORPION
10 AVRIL	BELIER	POISSONS	TAUREAU	CANCER	SCORPION	CANCER	BALANCE	LION	25 SCORPION
11 AVRIL	BELIER	POISSONS	GEMEAUX	CANCER	SCORPION	CANCER	BALANCE	LION	7 SAGITTAIRE
12 AVRIL	BELIER	POISSONS	GEMEAUX	CANCER	SCORPION	CANCER	BALANCE	LION	19 SAGITTAIRE
13 AVRIL	BELIER	POISSONS	GEMEAUX	CANCER	SCORPION	CANCER	BALANCE	LION	1 CAPRICORNE
14 AVRIL	BELIER	POISSONS	GEMEAUX	CANCER	SCORPION	CANCER	BALANCE	LION	13 CAPRICORNE
15 AVRIL	BELIER	POISSONS	GEMEAUX	CANCER	SCORPION	CANCER	BALANCE	LION	25 CAPRICORNE
16 AVRIL	BELIER	POISSONS	GEMEAUX	CANCER	SCORPION	CANCER	BALANCE	LION	7 VERSEAU
17 AVRIL	BELIER	POISSONS	GEMEAUX	CANCER	SCORPION	CANCER	BALANCE	LION	20 VERSEAU
18 AVRIL	BELIER	POISSONS	GEMEAUX	CANCER	SCORPION	CANCER	BALANCE	LION	3 POISSONS
19 AVRIL	BELIER	POISSONS	GEMEAUX	CANCER	SCORPION	CANCER	BALANCE	LION	17 POISSONS
20 AVRIL	BELIER	POISSONS	GEMEAUX	CANCER	SCORPION	CANCER	BALANCE	LION	1 BELIER

ENTRE DANS LE SIGNE DU — LE 21 MARS — A 9 h 00
LE SOLEIL — BELIER — 1955 — * LES CHIFFRES INDIQUENT LES DEGRÉS
QUITTE LE SIGNE DU — LE 20 AVRIL — A 20 h 45

DECOUVREZ DANS QUEL SIGNE SE TROUVAIENT LES PLANETES A VOTRE NAISSANCE

1956	MERCURE	VENUS	MARS	JUPITER	SATURNE	URANUS	NEPTUNE	PLUTON	LUNE *
20 MARS	POISSONS	TAUREAU	CAPRICORNE	LION	SAGITTAIRE	CANCER	BALANCE	LION	10 CANCER
21 MARS	POISSONS	TAUREAU	CAPRICORNE	LION	SAGITTAIRE	CANCER	BALANCE	LION	24 CANCER
22 MARS	POISSONS	TAUREAU	CAPRICORNE	LION	SAGITTAIRE	CANCER	BALANCE	LION	8 LION
23 MARS	POISSONS	TAUREAU	CAPRICORNE	LION	SAGITTAIRE	CANCER	BALANCE	LION	23 LION
24 MARS	POISSONS	TAUREAU	CAPRICORNE	LION	SAGITTAIRE	CANCER	BALANCE	LION	7 VIERGE
25 MARS	POISSONS	TAUREAU	CAPRICORNE	LION	SAGITTAIRE	CANCER	BALANCE	LION	21 VIERGE
26 MARS	POISSONS	TAUREAU	CAPRICORNE	LION	SAGITTAIRE	CANCER	BALANCE	LION	5 BALANCE
27 MARS	POISSONS	TAUREAU	CAPRICORNE	LION	SAGITTAIRE	CANCER	BALANCE	LION	18 BALANCE
28 MARS	POISSONS	TAUREAU	CAPRICORNE	LION	SAGITTAIRE	CANCER	BALANCE	LION	2 SCORPION
29 MARS	BELIER	TAUREAU	CAPRICORNE	LION	SAGITTAIRE	CANCER	BALANCE	LION	15 SCORPION
30 MARS	BELIER	TAUREAU	CAPRICORNE	LION	SAGITTAIRE	CANCER	BALANCE	LION	27 SCORPION
31 MARS	BELIER	TAUREAU	CAPRICORNE	LION	SAGITTAIRE	CANCER	BALANCE	LION	9 SAGITTAIRE
1 AVRIL	BELIER	TAUREAU	CAPRICORNE	LION	SAGITTAIRE	CANCER	BALANCE	LION	21 SAGITTAIRE
2 AVRIL	BELIER	TAUREAU	CAPRICORNE	LION	SAGITTAIRE	CANCER	BALANCE	LION	3 CAPRICORNE
3 AVRIL	BELIER	TAUREAU	CAPRICORNE	LION	SAGITTAIRE	CANCER	BALANCE	LION	15 CAPRICORNE
4 AVRIL	BELIER	GEMEAUX	CAPRICORNE	LION	SAGITTAIRE	CANCER	BALANCE	LION	27 CAPRICORNE
5 AVRIL	BELIER	GEMEAUX	CAPRICORNE	LION	SAGITTAIRE	CANCER	BALANCE	LION	9 VERSEAU
6 AVRIL	BELIER	GEMEAUX	CAPRICORNE	LION	SAGITTAIRE	CANCER	BALANCE	LION	21 VERSEAU
7 AVRIL	BELIER	GEMEAUX	CAPRICORNE	LION	SAGITTAIRE	CANCER	BALANCE	LION	4 POISSONS
8 AVRIL	BELIER	GEMEAUX	CAPRICORNE	LION	SAGITTAIRE	CANCER	BALANCE	LION	16 POISSONS
9 AVRIL	BELIER	GEMEAUX	CAPRICORNE	LION	SAGITTAIRE	CANCER	BALANCE	LION	29 POISSONS
10 AVRIL	BELIER	GEMEAUX	CAPRICORNE	LION	SAGITTAIRE	CANCER	BALANCE	LION	13 BELIER
11 AVRIL	BELIER	GEMEAUX	CAPRICORNE	LION	SAGITTAIRE	CANCER	BALANCE	LION	26 BELIER
12 AVRIL	BELIER	GEMEAUX	CAPRICORNE	LION	SAGITTAIRE	CANCER	BALANCE	LION	10 TAUREAU
13 AVRIL	TAUREAU	GEMEAUX	CAPRICORNE	LION	SAGITTAIRE	CANCER	BALANCE	LION	24 TAUREAU
14 AVRIL	TAUREAU	GEMEAUX	CAPRICORNE	LION	SAGITTAIRE	CANCER	BALANCE	LION	8 GEMEAUX
15 AVRIL	TAUREAU	GEMEAUX	VERSEAU	LION	SAGITTAIRE	CANCER	BALANCE	LION	22 GEMEAUX
16 AVRIL	TAUREAU	GEMEAUX	VERSEAU	LION	SAGITTAIRE	CANCER	BALANCE	LION	7 CANCER
17 AVRIL	TAUREAU	GEMEAUX	VERSEAU	LION	SAGITTAIRE	CANCER	BALANCE	LION	21 CANCER
18 AVRIL	TAUREAU	GEMEAUX	VERSEAU	LION	SAGITTAIRE	CANCER	BALANCE	LION	5 LION
19 AVRIL	TAUREAU	GEMEAUX	VERSEAU	LION	SAGITTAIRE	CANCER	BALANCE	LION	19 LION
20 AVRIL	TAUREAU	GEMEAUX	VERSEAU	LION	SAGITTAIRE	CANCER	BALANCE	LION	3 VIERGE

LE SOLEIL ENTRE DANS LE SIGNE DU BELIER LE 20 MARS 1956 A 15 h 00
LE SOLEIL QUITTE LE SIGNE DU BELIER LE 20 AVRIL 1956 A 2 h 30

* LES CHIFFRES INDIQUENT LES DEGRÉS

1957	MERCURE	VENUS	MARS	JUPITER	SATURNE	URANUS	NEPTUNE	PLUTON	LUNE *
20 MARS	POISSONS	POISSONS	GEMEAUX	VIERGE	SAGITTAIRE	LION	SCORPION	LION	28 SCORPION
21 MARS	BELIER	POISSONS	GEMEAUX	VIERGE	SAGITTAIRE	LION	SCORPION	LION	11 SAGITTAIRE
22 MARS	BELIER	POISSONS	GEMEAUX	VIERGE	SAGITTAIRE	LION	SCORPION	LION	23 SAGITTAIRE
23 MARS	BELIER	POISSONS	GEMEAUX	VIERGE	SAGITTAIRE	LION	SCORPION	LION	5 CAPRICORNE
24 MARS	BELIER	POISSONS	GEMEAUX	VIERGE	SAGITTAIRE	LION	SCORPION	LION	18 CAPRICORNE
25 MARS	BELIER	POISSONS	GEMEAUX	VIERGE	SAGITTAIRE	LION	SCORPION	LION	0 VERSEAU
26 MARS	BELIER	BELIER	GEMEAUX	VIERGE	SAGITTAIRE	LION	SCORPION	LION	11 VERSEAU
27 MARS	BELIER	BELIER	GEMEAUX	VIERGE	SAGITTAIRE	LION	SCORPION	LION	23 VERSEAU
28 MARS	BELIER	BELIER	GEMEAUX	VIERGE	SAGITTAIRE	LION	SCORPION	LION	5 POISSONS
29 MARS	BELIER	BELIER	GEMEAUX	VIERGE	SAGITTAIRE	LION	SCORPION	LION	17 POISSONS
30 MARS	BELIER	BELIER	GEMEAUX	VIERGE	SAGITTAIRE	LION	SCORPION	LION	29 POISSONS
31 MARS	BELIER	BELIER	GEMEAUX	VIERGE	SAGITTAIRE	LION	SCORPION	LION	11 BELIER
1 AVRIL	BELIER	BELIER	GEMEAUX	VIERGE	SAGITTAIRE	LION	SCORPION	LION	24 BELIER
2 AVRIL	BELIER	BELIER	GEMEAUX	VIERGE	SAGITTAIRE	LION	SCORPION	LION	6 TAUREAU
3 AVRIL	BELIER	BELIER	GEMEAUX	VIERGE	SAGITTAIRE	LION	SCORPION	LION	19 TAUREAU
4 AVRIL	BELIER	BELIER	GEMEAUX	VIERGE	SAGITTAIRE	LION	SCORPION	LION	2 GEMEAUX
5 AVRIL	TAUREAU	BELIER	GEMEAUX	VIERGE	SAGITTAIRE	LION	SCORPION	LION	15 GEMEAUX
6 AVRIL	TAUREAU	BELIER	GEMEAUX	VIERGE	SAGITTAIRE	LION	SCORPION	LION	29 GEMEAUX
7 AVRIL	TAUREAU	BELIER	GEMEAUX	VIERGE	SAGITTAIRE	LION	SCORPION	LION	12 CANCER
8 AVRIL	TAUREAU	BELIER	GEMEAUX	VIERGE	SAGITTAIRE	LION	SCORPION	LION	26 CANCER
9 AVRIL	TAUREAU	BELIER	GEMEAUX	VIERGE	SAGITTAIRE	LION	SCORPION	LION	11 LION
10 AVRIL	TAUREAU	BELIER	GEMEAUX	VIERGE	SAGITTAIRE	LION	SCORPION	LION	25 LION
11 AVRIL	TAUREAU	BELIER	GEMEAUX	VIERGE	SAGITTAIRE	LION	SCORPION	LION	10 VIERGE
12 AVRIL	TAUREAU	BELIER	GEMEAUX	VIERGE	SAGITTAIRE	LION	SCORPION	LION	25 VIERGE
13 AVRIL	TAUREAU	BELIER	GEMEAUX	VIERGE	SAGITTAIRE	LION	SCORPION	LION	9 BALANCE
14 AVRIL	TAUREAU	BELIER	GEMEAUX	VIERGE	SAGITTAIRE	LION	SCORPION	LION	24 BALANCE
15 AVRIL	TAUREAU	BELIER	GEMEAUX	VIERGE	SAGITTAIRE	LION	SCORPION	LION	8 SCORPION
16 AVRIL	TAUREAU	BELIER	GEMEAUX	VIERGE	SAGITTAIRE	LION	SCORPION	LION	22 SCORPION
17 AVRIL	TAUREAU	BELIER	GEMEAUX	VIERGE	SAGITTAIRE	LION	SCORPION	LION	5 SAGITTAIRE
18 AVRIL	TAUREAU	BELIER	GEMEAUX	VIERGE	SAGITTAIRE	LION	SCORPION	LION	18 SAGITTAIRE
19 AVRIL	TAUREAU	TAUREAU	GEMEAUX	VIERGE	SAGITTAIRE	LION	SCORPION	LION	1 CAPRICORNE
20 AVRIL	TAUREAU	TAUREAU	GEMEAUX	VIERGE	SAGITTAIRE	LION	SCORPION	LION	14 CAPRICORNE

LE SOLEIL ENTRE DANS LE SIGNE DU BELIER LE 20 MARS 1957 A 21 h 00
LE SOLEIL QUITTE LE SIGNE DU BELIER LE 20 AVRIL 1957 A 8 h 30

* LES CHIFFRES INDIQUENT LES DEGRÉS

DECOUVREZ DANS QUEL SIGNE SE TROUVAIENT LES PLANETES A VOTRE NAISSANCE

1958	MERCURE	VENUS	MARS	JUPITER	SATURNE	URANUS	NEPTUNE	PLUTON	LUNE *
21 MARS	BELIER	VERSEAU	VERSEAU	BALANCE	SAGITTAIRE	LION	SCORPION	VIERGE	12 BELIER
22 MARS	BELIER	VERSEAU	VERSEAU	BALANCE	SAGITTAIRE	LION	SCORPION	VIERGE	24 BELIER
23 MARS	BELIER	VERSEAU	VERSEAU	BALANCE	SAGITTAIRE	LION	SCORPION	VIERGE	5 TAUREAU
24 MARS	BELIER	VERSEAU	VERSEAU	BALANCE	SAGITTAIRE	LION	SCORPION	VIERGE	17 TAUREAU
25 MARS	BELIER	VERSEAU	VERSEAU	BALANCE	SAGITTAIRE	LION	SCORPION	VIERGE	29 TAUREAU
26 MARS	BELIER	VERSEAU	VERSEAU	BALANCE	SAGITTAIRE	LION	SCORPION	VIERGE	12 GEMEAUX
27 MARS	BELIER	VERSEAU	VERSEAU	BALANCE	SAGITTAIRE	LION	SCORPION	VIERGE	24 GEMEAUX
28 MARS	BELIER	VERSEAU	VERSEAU	BALANCE	SAGITTAIRE	LION	SCORPION	VIERGE	7 CANCER
29 MARS	BELIER	VERSEAU	VERSEAU	BALANCE	SAGITTAIRE	LION	SCORPION	VIERGE	21 CANCER
30 MARS	BELIER	VERSEAU	VERSEAU	BALANCE	SAGITTAIRE	LION	SCORPION	VIERGE	4 LION
31 MARS	BELIER	VERSEAU	VERSEAU	BALANCE	SAGITTAIRE	LION	SCORPION	VIERGE	19 LION
1 AVRIL	BELIER	VERSEAU	VERSEAU	BALANCE	SAGITTAIRE	LION	SCORPION	VIERGE	3 VIERGE
2 AVRIL	BELIER	VERSEAU	VERSEAU	BALANCE	SAGITTAIRE	LION	SCORPION	VIERGE	18 VIERGE
3 AVRIL	TAUREAU	VERSEAU	VERSEAU	BALANCE	SAGITTAIRE	LION	SCORPION	VIERGE	4 BALANCE
4 AVRIL	TAUREAU	VERSEAU	VERSEAU	BALANCE	SAGITTAIRE	LION	SCORPION	VIERGE	19 BALANCE
5 AVRIL	TAUREAU	VERSEAU	VERSEAU	BALANCE	SAGITTAIRE	LION	SCORPION	VIERGE	4 SCORPION
6 AVRIL	TAUREAU	VERSEAU	VERSEAU	BALANCE	SAGITTAIRE	LION	SCORPION	VIERGE	19 SCORPION
7 AVRIL	TAUREAU	POISSONS	VERSEAU	BALANCE	SAGITTAIRE	LION	SCORPION	VIERGE	3 SAGITTAIRE
8 AVRIL	TAUREAU	POISSONS	VERSEAU	BALANCE	SAGITTAIRE	LION	SCORPION	VIERGE	17 SAGITTAIRE
9 AVRIL	TAUREAU	POISSONS	VERSEAU	BALANCE	SAGITTAIRE	LION	SCORPION	VIERGE	1 CAPRICORNE
10 AVRIL	TAUREAU	POISSONS	VERSEAU	BALANCE	SAGITTAIRE	LION	SCORPION	VIERGE	14 CAPRICORNE
11 AVRIL	BELIER	POISSONS	VERSEAU	BALANCE	SAGITTAIRE	LION	SCORPION	LION	27 CAPRICORNE
12 AVRIL	BELIER	POISSONS	VERSEAU	BALANCE	SAGITTAIRE	LION	SCORPION	LION	9 VERSEAU
13 AVRIL	BELIER	POISSONS	VERSEAU	BALANCE	SAGITTAIRE	LION	SCORPION	LION	21 VERSEAU
14 AVRIL	BELIER	POISSONS	VERSEAU	BALANCE	SAGITTAIRE	LION	SCORPION	LION	3 POISSONS
15 AVRIL	BELIER	POISSONS	VERSEAU	BALANCE	SAGITTAIRE	LION	SCORPION	LION	15 POISSONS
16 AVRIL	BELIER	POISSONS	VERSEAU	BALANCE	SAGITTAIRE	LION	SCORPION	LION	27 POISSONS
17 AVRIL	BELIER	POISSONS	VERSEAU	BALANCE	SAGITTAIRE	LION	SCORPION	LION	9 BELIER
18 AVRIL	BELIER	POISSONS	VERSEAU	BALANCE	SAGITTAIRE	LION	SCORPION	LION	21 BELIER
19 AVRIL	BELIER	POISSONS	VERSEAU	BALANCE	SAGITTAIRE	LION	SCORPION	LION	3 TAUREAU
20 AVRIL	BELIER	POISSONS	VERSEAU	BALANCE	SAGITTAIRE	LION	SCORPION	LION	14 TAUREAU

ENTRE DANS LE SIGNE DU BELIER LE 21 MARS 1958 A 2 h 45
LE SOLEIL
QUITTE LE SIGNE DU BELIER LE 20 AVRIL 1958 A 14 h 15

* LES CHIFFRES INDIQUENT LES DEGRÉS

1959	MERCURE	VENUS	MARS	JUPITER	SATURNE	URANUS	NEPTUNE	PLUTON	LUNE *
21 MARS	BELIER	TAUREAU	GEMEAUX	SAGITTAIRE	CAPRICORNE	LION	SCORPION	VIERGE	16 LION
22 MARS	BELIER	TAUREAU	GEMEAUX	SAGITTAIRE	CAPRICORNE	LION	SCORPION	VIERGE	29 LION
23 MARS	BELIER	TAUREAU	GEMEAUX	SAGITTAIRE	CAPRICORNE	LION	SCORPION	VIERGE	14 VIERGE
24 MARS	BELIER	TAUREAU	GEMEAUX	SAGITTAIRE	CAPRICORNE	LION	SCORPION	VIERGE	28 VIERGE
25 MARS	BELIER	TAUREAU	GEMEAUX	SAGITTAIRE	CAPRICORNE	LION	SCORPION	VIERGE	13 BALANCE
26 MARS	BELIER	TAUREAU	GEMEAUX	SAGITTAIRE	CAPRICORNE	LION	SCORPION	VIERGE	28 BALANCE
27 MARS	BELIER	TAUREAU	GEMEAUX	SAGITTAIRE	CAPRICORNE	LION	SCORPION	VIERGE	13 SCORPION
28 MARS	BELIER	TAUREAU	GEMEAUX	SAGITTAIRE	CAPRICORNE	LION	SCORPION	VIERGE	28 SCORPION
29 MARS	BELIER	TAUREAU	GEMEAUX	SAGITTAIRE	CAPRICORNE	LION	SCORPION	VIERGE	12 SAGITTAIRE
30 AVRIL	BELIER	TAUREAU	GEMEAUX	SAGITTAIRE	CAPRICORNE	LION	SCORPION	VIERGE	26 SAGITTAIRE
31 MARS	BELIER	TAUREAU	GEMEAUX	SAGITTAIRE	CAPRICORNE	LION	SCORPION	VIERGE	10 CAPRICORNE
1 AVRIL	BELIER	TAUREAU	GEMEAUX	SAGITTAIRE	CAPRICORNE	LION	SCORPION	VIERGE	24 CAPRICORNE
2 AVRIL	BELIER	TAUREAU	GEMEAUX	SAGITTAIRE	CAPRICORNE	LION	SCORPION	VIERGE	7 VERSEAU
3 AVRIL	BELIER	TAUREAU	GEMEAUX	SAGITTAIRE	CAPRICORNE	LION	SCORPION	VIERGE	20 VERSEAU
4 AVRIL	BELIER	TAUREAU	GEMEAUX	SAGITTAIRE	CAPRICORNE	LION	SCORPION	VIERGE	3 POISSONS
5 AVRIL	BELIER	TAUREAU	GEMEAUX	SAGITTAIRE	CAPRICORNE	LION	SCORPION	VIERGE	15 POISSONS
6 AVRIL	BELIER	TAUREAU	GEMEAUX	SAGITTAIRE	CAPRICORNE	LION	SCORPION	VIERGE	27 POISSONS
7 AVRIL	BELIER	TAUREAU	GEMEAUX	SAGITTAIRE	CAPRICORNE	LION	SCORPION	VIERGE	9 BELIER
8 AVRIL	BELIER	TAUREAU	GEMEAUX	SAGITTAIRE	CAPRICORNE	LION	SCORPION	VIERGE	21 BELIER
9 AVRIL	BELIER	TAUREAU	GEMEAUX	SAGITTAIRE	CAPRICORNE	LION	SCORPION	VIERGE	3 TAUREAU
10 AVRIL	BELIER	TAUREAU	CANCER	SAGITTAIRE	CAPRICORNE	LION	SCORPION	VIERGE	15 TAUREAU
11 AVRIL	BELIER	TAUREAU	CANCER	SAGITTAIRE	CAPRICORNE	LION	SCORPION	VIERGE	27 TAUREAU
12 AVRIL	BELIER	TAUREAU	CANCER	SAGITTAIRE	CAPRICORNE	LION	SCORPION	VIERGE	9 GEMEAUX
13 AVRIL	BELIER	TAUREAU	CANCER	SAGITTAIRE	CAPRICORNE	LION	SCORPION	VIERGE	21 GEMEAUX
14 AVRIL	BELIER	TAUREAU	CANCER	SAGITTAIRE	CAPRICORNE	LION	SCORPION	VIERGE	3 CANCER
15 AVRIL	BELIER	GEMEAUX	CANCER	SAGITTAIRE	CAPRICORNE	LION	SCORPION	VIERGE	15 CANCER
16 AVRIL	BELIER	GEMEAUX	CANCER	SAGITTAIRE	CAPRICORNE	LION	SCORPION	VIERGE	28 CANCER
17 AVRIL	BELIER	GEMEAUX	CANCER	SAGITTAIRE	CAPRICORNE	LION	SCORPION	VIERGE	10 LION
18 AVRIL	BELIER	GEMEAUX	CANCER	SAGITTAIRE	CAPRICORNE	LION	SCORPION	VIERGE	24 LION
19 AVRIL	BELIER	GEMEAUX	CANCER	SAGITTAIRE	CAPRICORNE	LION	SCORPION	VIERGE	7 VIERGE
20 AVRIL	BELIER	GEMEAUX	CANCER	SAGITTAIRE	CAPRICORNE	LION	SCORPION	VIERGE	22 VIERGE

ENTRE DANS LE SIGNE DU BELIER LE 21 MARS 1959 A 8 h 45
LE SOLEIL
QUITTE LE SIGNE DU BELIER LE 20 AVRIL 1959 A 20 h 00

* LES CHIFFRES INDIQUENT LES DEGRÉS

DECOUVREZ DANS QUEL SIGNE SE TROUVAIENT LES PLANETES A VOTRE NAISSANCE

1960	MERCURE	VENUS	MARS	JUPITER	SATURNE	URANUS	NEPTUNE	PLUTON	LUNE *
20 MARS	POISSONS	POISSONS	VERSEAU	CAPRICORNE	CAPRICORNE	LION	SCORPION	VIERGE	2 CAPRICORNE
21 MARS	POISSONS	POISSONS	VERSEAU	CAPRICORNE	CAPRICORNE	LION	SCORPION	VIERGE	17 CAPRICORNE
22 MARS	POISSONS	POISSONS	VERSEAU	CAPRICORNE	CAPRICORNE	LION	SCORPION	VIERGE	1 VERSEAU
23 MARS	POISSONS	POISSONS	VERSEAU	CAPRICORNE	CAPRICORNE	LION	SCORPION	VIERGE	15 VERSEAU
24 MARS	POISSONS	POISSONS	VERSEAU	CAPRICORNE	CAPRICORNE	LION	SCORPION	VIERGE	29 VERSEAU
25 MARS	POISSONS	POISSONS	VERSEAU	CAPRICORNE	CAPRICORNE	LION	SCORPION	VIERGE	12 POISSONS
26 MARS	POISSONS	POISSONS	VERSEAU	CAPRICORNE	CAPRICORNE	LION	SCORPION	VIERGE	26 POISSONS
27 MARS	POISSONS	POISSONS	VERSEAU	CAPRICORNE	CAPRICORNE	LION	SCORPION	VIERGE	9 BELIER
28 MARS	POISSONS	POISSONS	VERSEAU	CAPRICORNE	CAPRICORNE	LION	SCORPION	VIERGE	22 BELIER
29 MARS	POISSONS	POISSONS	VERSEAU	CAPRICORNE	CAPRICORNE	LION	SCORPION	VIERGE	4 TAUREAU
30 MARS	POISSONS	POISSONS	VERSEAU	CAPRICORNE	CAPRICORNE	LION	SCORPION	VIERGE	17 TAUREAU
31 MARS	POISSONS	POISSONS	VERSEAU	CAPRICORNE	CAPRICORNE	LION	SCORPION	VIERGE	29 TAUREAU
1 AVRIL	POISSONS	POISSONS	VERSEAU	CAPRICORNE	CAPRICORNE	LION	SCORPION	VIERGE	11 GEMEAUX
2 AVRIL	POISSONS	POISSONS	POISSONS	CAPRICORNE	CAPRICORNE	LION	SCORPION	VIERGE	23 GEMEAUX
3 AVRIL	POISSONS	POISSONS	POISSONS	CAPRICORNE	CAPRICORNE	LION	SCORPION	VIERGE	5 CANCER
4 AVRIL	POISSONS	POISSONS	POISSONS	CAPRICORNE	CAPRICORNE	LION	SCORPION	VIERGE	17 CANCER
5 AVRIL	POISSONS	POISSONS	POISSONS	CAPRICORNE	CAPRICORNE	LION	SCORPION	VIERGE	29 CANCER
6 AVRIL	POISSONS	POISSONS	POISSONS	CAPRICORNE	CAPRICORNE	LION	SCORPION	VIERGE	11 LION
7 AVRIL	POISSONS	POISSONS	POISSONS	CAPRICORNE	CAPRICORNE	LION	SCORPION	VIERGE	23 LION
8 AVRIL	POISSONS	POISSONS	POISSONS	CAPRICORNE	CAPRICORNE	LION	SCORPION	VIERGE	6 VIERGE
9 AVRIL	POISSONS	BELIER	POISSONS	CAPRICORNE	CAPRICORNE	LION	SCORPION	VIERGE	19 VIERGE
10 AVRIL	POISSONS	BELIER	POISSONS	CAPRICORNE	CAPRICORNE	LION	SCORPION	VIERGE	3 BALANCE
11 AVRIL	POISSONS	BELIER	POISSONS	CAPRICORNE	CAPRICORNE	LION	SCORPION	VIERGE	17 BALANCE
12 AVRIL	POISSONS	BELIER	POISSONS	CAPRICORNE	CAPRICORNE	LION	SCORPION	VIERGE	1 SCORPION
13 AVRIL	POISSONS	BELIER	POISSONS	CAPRICORNE	CAPRICORNE	LION	SCORPION	VIERGE	15 SCORPION
14 AVRIL	POISSONS	BELIER	POISSONS	CAPRICORNE	CAPRICORNE	LION	SCORPION	VIERGE	0 SAGITTAIRE
15 AVRIL	POISSONS	BELIER	POISSONS	CAPRICORNE	CAPRICORNE	LION	SCORPION	VIERGE	15 SAGITTAIRE
16 AVRIL	BELIER	BELIER	POISSONS	CAPRICORNE	CAPRICORNE	LION	SCORPION	VIERGE	29 SAGITTAIRE
17 AVRIL	BELIER	BELIER	POISSONS	CAPRICORNE	CAPRICORNE	LION	SCORPION	VIERGE	13 CAPRICORNE
18 AVRIL	BELIER	BELIER	POISSONS	CAPRICORNE	CAPRICORNE	LION	SCORPION	VIERGE	28 CAPRICORNE
19 AVRIL	BELIER	BELIER	POISSONS	CAPRICORNE	CAPRICORNE	LION	SCORPION	VIERGE	12 VERSEAU
20 AVRIL	BELIER	BELIER	POISSONS	CAPRICORNE	CAPRICORNE	LION	SCORPION	VIERGE	25 VERSEAU

LE SOLEIL ENTRE DANS LE SIGNE DU BELIER LE 20 MARS 1960 A 14 h 30
QUITTE LE SIGNE DU BELIER LE 20 AVRIL 1960 A 1 h 45

* LES CHIFFRES INDIQUENT LES DEGRÉS

1961	MERCURE	VENUS	MARS	JUPITER	SATURNE	URANUS	NEPTUNE	PLUTON	LUNE *
20 MARS	POISSONS	BELIER	CANCER	VERSEAU	CAPRICORNE	LION	SCORPION	VIERGE	17 TAUREAU
21 MARS	POISSONS	BELIER	CANCER	VERSEAU	CAPRICORNE	LION	SCORPION	VIERGE	0 GEMEAUX
22 MARS	POISSONS	BELIER	CANCER	VERSEAU	CAPRICORNE	LION	SCORPION	VIERGE	13 GEMEAUX
23 MARS	POISSONS	BELIER	CANCER	VERSEAU	CAPRICORNE	LION	SCORPION	VIERGE	25 GEMEAUX
24 MARS	POISSONS	BELIER	CANCER	VERSEAU	CAPRICORNE	LION	SCORPION	VIERGE	8 CANCER
25 MARS	POISSONS	BELIER	CANCER	VERSEAU	CAPRICORNE	LION	SCORPION	VIERGE	19 CANCER
26 MARS	POISSONS	BELIER	CANCER	VERSEAU	CAPRICORNE	LION	SCORPION	VIERGE	1 LION
27 MARS	POISSONS	BELIER	CANCER	VERSEAU	CAPRICORNE	LION	SCORPION	VIERGE	13 LION
28 MARS	POISSONS	BELIER	CANCER	VERSEAU	CAPRICORNE	LION	SCORPION	VIERGE	25 LION
29 MARS	POISSONS	BELIER	CANCER	VERSEAU	CAPRICORNE	LION	SCORPION	VIERGE	7 VIERGE
30 MARS	POISSONS	BELIER	CANCER	VERSEAU	CAPRICORNE	LION	SCORPION	VIERGE	19 VIERGE
31 MARS	POISSONS	BELIER	CANCER	VERSEAU	CAPRICORNE	LION	SCORPION	VIERGE	2 BALANCE
1 AVRIL	POISSONS	BELIER	CANCER	VERSEAU	CAPRICORNE	LION	SCORPION	VIERGE	14 BALANCE
2 AVRIL	POISSONS	BELIER	CANCER	VERSEAU	CAPRICORNE	LION	SCORPION	VIERGE	27 BALANCE
3 AVRIL	POISSONS	BELIER	CANCER	VERSEAU	CAPRICORNE	LION	SCORPION	VIERGE	10 SCORPION
4 AVRIL	POISSONS	BELIER	CANCER	VERSEAU	CAPRICORNE	LION	SCORPION	VIERGE	24 SCORPION
5 AVRIL	POISSONS	BELIER	CANCER	VERSEAU	CAPRICORNE	LION	SCORPION	VIERGE	7 SAGITTAIRE
6 AVRIL	POISSONS	BELIER	CANCER	VERSEAU	CAPRICORNE	LION	SCORPION	VIERGE	21 SAGITTAIRE
7 AVRIL	POISSONS	BELIER	CANCER	VERSEAU	CAPRICORNE	LION	SCORPION	VIERGE	5 CAPRICORNE
8 AVRIL	POISSONS	BELIER	CANCER	VERSEAU	CAPRICORNE	LION	SCORPION	VIERGE	19 CAPRICORNE
9 AVRIL	POISSONS	BELIER	CANCER	VERSEAU	CAPRICORNE	LION	SCORPION	VIERGE	3 VERSEAU
10 AVRIL	BELIER	BELIER	CANCER	VERSEAU	CAPRICORNE	LION	SCORPION	VIERGE	17 VERSEAU
11 AVRIL	BELIER	BELIER	CANCER	VERSEAU	CAPRICORNE	LION	SCORPION	VIERGE	2 POISSONS
12 AVRIL	BELIER	BELIER	CANCER	VERSEAU	CAPRICORNE	LION	SCORPION	VIERGE	16 POISSONS
13 AVRIL	BELIER	BELIER	CANCER	VERSEAU	CAPRICORNE	LION	SCORPION	VIERGE	0 BELIER
14 AVRIL	BELIER	BELIER	CANCER	VERSEAU	CAPRICORNE	LION	SCORPION	VIERGE	14 BELIER
15 AVRIL	BELIER	BELIER	CANCER	VERSEAU	CAPRICORNE	LION	SCORPION	VIERGE	28 BELIER
16 AVRIL	BELIER	BELIER	CANCER	VERSEAU	CAPRICORNE	LION	SCORPION	VIERGE	12 TAUREAU
17 AVRIL	BELIER	BELIER	CANCER	VERSEAU	CAPRICORNE	LION	SCORPION	VIERGE	25 TAUREAU
18 AVRIL	BELIER	BELIER	CANCER	VERSEAU	CAPRICORNE	LION	SCORPION	VIERGE	8 GEMEAUX
19 AVRIL	BELIER	BELIER	CANCER	VERSEAU	CAPRICORNE	LION	SCORPION	VIERGE	21 GEMEAUX
20 AVRIL	BELIER	BELIER	CANCER	VERSEAU	CAPRICORNE	LION	SCORPION	VIERGE	3 CANCER

LE SOLEIL ENTRE DANS LE SIGNE DU BELIER LE 20 MARS 1961 A 20 h 15
QUITTE LE SIGNE DU BELIER LE 20 AVRIL 1961 A 7 h 15

* LES CHIFFRES INDIQUENT LES DEGRÉS

DECOUVREZ DANS QUEL SIGNE SE TROUVAIENT LES PLANETES A VOTRE NAISSANCE

1962	MERCURE	VENUS	MARS	JUPITER	SATURNE	URANUS	NEPTUNE	PLUTON	LUNE *
21 MARS	POISSONS	BELIER	POISSONS	VERSEAU	VERSEAU	LION	SCORPION	VIERGE	2 BALANCE
22 MARS	POISSONS	BELIER	POISSONS	VERSEAU	VERSEAU	LION	SCORPION	VIERGE	14 BALANCE
23 MARS	POISSONS	BELIER	POISSONS	VERSEAU	VERSEAU	LION	SCORPION	VIERGE	26 BALANCE
24 MARS	POISSONS	BELIER	POISSONS	VERSEAU	VERSEAU	LION	SCORPION	VIERGE	8 SCORPION
25 MARS	POISSONS	BELIER	POISSONS	VERSEAU	VERSEAU	LION	SCORPION	VIERGE	20 SCORPION
26 MARS	POISSONS	BELIER	POISSONS	POISSONS	VERSEAU	LION	SCORPION	VIERGE	3 SAGITTAIRE
27 MARS	POISSONS	BELIER	POISSONS	POISSONS	VERSEAU	LION	SCORPION	VIERGE	16 SAGITTAIRE
28 MARS	POISSONS	BELIER	POISSONS	POISSONS	VERSEAU	LION	SCORPION	VIERGE	29 SAGITTAIRE
29 MARS	POISSONS	BELIER	POISSONS	POISSONS	VERSEAU	LION	SCORPION	VIERGE	12 CAPRICORNE
30 MARS	POISSONS	BELIER	POISSONS	POISSONS	VERSEAU	LION	SCORPION	VIERGE	26 CAPRICORNE
31 MARS	POISSONS	BELIER	POISSONS	POISSONS	VERSEAU	LION	SCORPION	VIERGE	10 VERSEAU
1 AVRIL	POISSONS	BELIER	POISSONS	POISSONS	VERSEAU	LION	SCORPION	VIERGE	24 VERSEAU
2 AVRIL	POISSONS	BELIER	POISSONS	POISSONS	VERSEAU	LION	SCORPION	VIERGE	9 POISSONS
3 AVRIL	BELIER	BELIER	POISSONS	POISSONS	VERSEAU	LION	SCORPION	VIERGE	24 POISSONS
4 AVRIL	BELIER	TAUREAU	POISSONS	POISSONS	VERSEAU	LION	SCORPION	VIERGE	9 BELIER
5 AVRIL	BELIER	TAUREAU	POISSONS	POISSONS	VERSEAU	LION	SCORPION	VIERGE	24 BELIER
6 AVRIL	BELIER	TAUREAU	POISSONS	POISSONS	VERSEAU	LION	SCORPION	VIERGE	9 TAUREAU
7 AVRIL	BELIER	TAUREAU	POISSONS	POISSONS	VERSEAU	LION	SCORPION	VIERGE	24 TAUREAU
8 AVRIL	BELIER	TAUREAU	POISSONS	POISSONS	VERSEAU	LION	SCORPION	VIERGE	8 GEMEAUX
9 AVRIL	BELIER	TAUREAU	POISSONS	POISSONS	VERSEAU	LION	SCORPION	VIERGE	21 GEMEAUX
10 AVRIL	BELIER	TAUREAU	POISSONS	POISSONS	VERSEAU	LION	SCORPION	VIERGE	4 CANCER
11 AVRIL	BELIER	TAUREAU	POISSONS	POISSONS	VERSEAU	LION	SCORPION	VIERGE	17 CANCER
12 AVRIL	BELIER	TAUREAU	POISSONS	POISSONS	VERSEAU	LION	SCORPION	VIERGE	29 CANCER
13 AVRIL	BELIER	TAUREAU	POISSONS	POISSONS	VERSEAU	LION	SCORPION	VIERGE	11 LION
14 AVRIL	BELIER	TAUREAU	POISSONS	POISSONS	VERSEAU	LION	SCORPION	VIERGE	23 LION
15 AVRIL	BELIER	TAUREAU	POISSONS	POISSONS	VERSEAU	LION	SCORPION	VIERGE	5 VIERGE
16 AVRIL	BELIER	TAUREAU	POISSONS	POISSONS	VERSEAU	LION	SCORPION	VIERGE	17 VIERGE
17 AVRIL	BELIER	TAUREAU	POISSONS	POISSONS	VERSEAU	LION	SCORPION	VIERGE	29 VIERGE
18 AVRIL	TAUREAU	TAUREAU	POISSONS	POISSONS	VERSEAU	LION	SCORPION	VIERGE	11 BALANCE
19 AVRIL	TAUREAU	TAUREAU	POISSONS	POISSONS	VERSEAU	LION	SCORPION	VIERGE	23 BALANCE
20 AVRIL	TAUREAU	TAUREAU	BELIER	POISSONS	VERSEAU	LION	SCORPION	VIERGE	5 SCORPION

LE SOLEIL ENTRE DANS LE SIGNE DU BELIER LE 21 MARS 1962 A 2 h 15
LE SOLEIL QUITTE LE SIGNE DU BELIER LE 20 AVRIL 1962 A 13 h 45
* LES CHIFFRES INDIQUENT LES DEGRÉS

1963	MERCURE	VENUS	MARS	JUPITER	SATURNE	URANUS	NEPTUNE	PLUTON	LUNE *
21 MARS	POISSONS	VERSEAU	LION	POISSONS	VERSEAU	VIERGE	SCORPION	VIERGE	6 VERSEAU
22 MARS	POISSONS	VERSEAU	LION	POISSONS	VERSEAU	VIERGE	SCORPION	VIERGE	20 VERSEAU
23 MARS	POISSONS	VERSEAU	LION	POISSONS	VERSEAU	VIERGE	SCORPION	VIERGE	4 POISSONS
24 MARS	POISSONS	VERSEAU	LION	POISSONS	VERSEAU	VIERGE	SCORPION	VIERGE	19 POISSONS
25 MARS	POISSONS	VERSEAU	LION	POISSONS	VERSEAU	VIERGE	SCORPION	VIERGE	4 BELIER
26 MARS	BELIER	VERSEAU	LION	POISSONS	VERSEAU	VIERGE	SCORPION	VIERGE	19 BELIER
27 MARS	BELIER	VERSEAU	LION	POISSONS	VERSEAU	VIERGE	SCORPION	VIERGE	4 TAUREAU
28 MARS	BELIER	VERSEAU	LION	POISSONS	VERSEAU	VIERGE	SCORPION	VIERGE	19 TAUREAU
29 MARS	BELIER	VERSEAU	LION	POISSONS	VERSEAU	VIERGE	SCORPION	VIERGE	4 GEMEAUX
30 MARS	BELIER	POISSONS	LION	POISSONS	VERSEAU	VIERGE	SCORPION	VIERGE	18 GEMEAUX
31 MARS	BELIER	POISSONS	LION	POISSONS	VERSEAU	VIERGE	SCORPION	VIERGE	2 CANCER
1 AVRIL	BELIER	POISSONS	LION	POISSONS	VERSEAU	VIERGE	SCORPION	VIERGE	15 CANCER
2 AVRIL	BELIER	POISSONS	LION	POISSONS	VERSEAU	VIERGE	SCORPION	VIERGE	28 CANCER
3 AVRIL	BELIER	POISSONS	LION	POISSONS	VERSEAU	VIERGE	SCORPION	VIERGE	11 LION
4 AVRIL	BELIER	POISSONS	LION	BELIER	VERSEAU	VIERGE	SCORPION	VIERGE	23 LION
5 AVRIL	BELIER	POISSONS	LION	BELIER	VERSEAU	VIERGE	SCORPION	VIERGE	6 VIERGE
6 AVRIL	BELIER	POISSONS	LION	BELIER	VERSEAU	VIERGE	SCORPION	VIERGE	18 VIERGE
7 AVRIL	BELIER	POISSONS	LION	BELIER	VERSEAU	VIERGE	SCORPION	VIERGE	0 BALANCE
8 AVRIL	BELIER	POISSONS	LION	BELIER	VERSEAU	VIERGE	SCORPION	VIERGE	12 BALANCE
9 AVRIL	BELIER	POISSONS	LION	BELIER	VERSEAU	VIERGE	SCORPION	VIERGE	24 BALANCE
10 AVRIL	TAUREAU	POISSONS	LION	BELIER	VERSEAU	VIERGE	SCORPION	VIERGE	5 SCORPION
11 AVRIL	TAUREAU	POISSONS	LION	BELIER	VERSEAU	VIERGE	SCORPION	VIERGE	17 SCORPION
12 AVRIL	TAUREAU	POISSONS	LION	BELIER	VERSEAU	VIERGE	SCORPION	VIERGE	29 SCORPION
13 AVRIL	TAUREAU	POISSONS	LION	BELIER	VERSEAU	VIERGE	SCORPION	VIERGE	11 SAGITTAIRE
14 AVRIL	TAUREAU	POISSONS	LION	BELIER	VERSEAU	VIERGE	SCORPION	VIERGE	23 SAGITTAIRE
15 AVRIL	TAUREAU	POISSONS	LION	BELIER	VERSEAU	VIERGE	SCORPION	VIERGE	6 CAPRICORNE
16 AVRIL	TAUREAU	POISSONS	LION	BELIER	VERSEAU	VIERGE	SCORPION	VIERGE	18 CAPRICORNE
17 AVRIL	TAUREAU	POISSONS	LION	BELIER	VERSEAU	VIERGE	SCORPION	VIERGE	1 VERSEAU
18 AVRIL	TAUREAU	POISSONS	LION	BELIER	VERSEAU	VIERGE	SCORPION	VIERGE	14 VERSEAU
19 AVRIL	TAUREAU	POISSONS	LION	BELIER	VERSEAU	VIERGE	SCORPION	VIERGE	28 VERSEAU
20 AVRIL	TAUREAU	POISSONS	LION	BELIER	VERSEAU	VIERGE	SCORPION	VIERGE	12 POISSONS

LE SOLEIL ENTRE DANS LE SIGNE DU BELIER LE 21 MARS 1963 A 8 h 00
LE SOLEIL QUITTE LE SIGNE DU BELIER LE 20 AVRIL 1963 A 19 h 15
* LES CHIFFRES INDIQUENT LES DEGRÉS

DECOUVREZ DANS QUEL SIGNE SE TROUVAIENT LES PLANETES A VOTRE NAISSANCE

1964	MERCURE	VENUS	MARS	JUPITER	SATURNE	URANUS	NEPTUNE	PLUTON	LUNE *
20 MARS	BELIER	TAUREAU	POISSONS	BELIER	VERSEAU	VIERGE	SCORPION	VIERGE	25 GEMEAUX
21 MARS	BELIER	TAUREAU	POISSONS	BELIER	VERSEAU	VIERGE	SCORPION	VIERGE	9 CANCER
22 MARS	BELIER	TAUREAU	POISSONS	BELIER	VERSEAU	VIERGE	SCORPION	VIERGE	23 CANCER
23 MARS	BELIER	TAUREAU	POISSONS	BELIER	VERSEAU	VIERGE	SCORPION	VIERGE	6 LION
24 MARS	BELIER	TAUREAU	POISSONS	BELIER	POISSONS	VIERGE	SCORPION	VIERGE	20 LION
25 MARS	BELIER	TAUREAU	POISSONS	BELIER	POISSONS	VIERGE	SCORPION	VIERGE	3 VIERGE
26 MARS	BELIER	TAUREAU	POISSONS	BELIER	POISSONS	VIERGE	SCORPION	VIERGE	16 VIERGE
27 MARS	BELIER	TAUREAU	POISSONS	BELIER	POISSONS	VIERGE	SCORPION	VIERGE	29 VIERGE
28 MARS	BELIER	TAUREAU	POISSONS	BELIER	POISSONS	VIERGE	SCORPION	VIERGE	12 BALANCE
29 MARS	BELIER	TAUREAU	BELIER	BELIER	POISSONS	VIERGE	SCORPION	VIERGE	24 BALANCE
30 MARS	BELIER	TAUREAU	BELIER	BELIER	POISSONS	VIERGE	SCORPION	VIERGE	7 SCORPION
31 MARS	BELIER	TAUREAU	BELIER	BELIER	POISSONS	VIERGE	SCORPION	VIERGE	19 SCORPION
1 AVRIL	BELIER	TAUREAU	BELIER	BELIER	POISSONS	VIERGE	SCORPION	VIERGE	1 SAGITTAIRE
2 AVRIL	TAUREAU	TAUREAU	BELIER	BELIER	POISSONS	VIERGE	SCORPION	VIERGE	13 SAGITTAIRE
3 AVRIL	TAUREAU	TAUREAU	BELIER	BELIER	POISSONS	VIERGE	SCORPION	VIERGE	24 SAGITTAIRE
4 AVRIL	TAUREAU	GEMEAUX	BELIER	BELIER	POISSONS	VIERGE	SCORPION	VIERGE	6 CAPRICORNE
5 AVRIL	TAUREAU	GEMEAUX	BELIER	BELIER	POISSONS	VIERGE	SCORPION	VIERGE	18 CAPRICORNE
6 AVRIL	TAUREAU	GEMEAUX	BELIER	BELIER	POISSONS	VIERGE	SCORPION	VIERGE	0 VERSEAU
7 AVRIL	TAUREAU	GEMEAUX	BELIER	BELIER	POISSONS	VIERGE	SCORPION	VIERGE	13 VERSEAU
8 AVRIL	TAUREAU	GEMEAUX	BELIER	BELIER	POISSONS	VIERGE	SCORPION	VIERGE	26 VERSEAU
9 AVRIL	TAUREAU	GEMEAUX	BELIER	BELIER	POISSONS	VIERGE	SCORPION	VIERGE	9 POISSONS
10 AVRIL	TAUREAU	GEMEAUX	BELIER	BELIER	POISSONS	VIERGE	SCORPION	VIERGE	23 POISSONS
11 AVRIL	TAUREAU	GEMEAUX	BELIER	BELIER	POISSONS	VIERGE	SCORPION	VIERGE	7 BELIER
12 AVRIL	TAUREAU	GEMEAUX	BELIER	TAUREAU	POISSONS	VIERGE	SCORPION	VIERGE	22 BELIER
13 AVRIL	TAUREAU	GEMEAUX	BELIER	TAUREAU	POISSONS	VIERGE	SCORPION	VIERGE	7 TAUREAU
14 AVRIL	TAUREAU	GEMEAUX	BELIER	TAUREAU	POISSONS	VIERGE	SCORPION	VIERGE	22 TAUREAU
15 AVRIL	TAUREAU	GEMEAUX	BELIER	TAUREAU	POISSONS	VIERGE	SCORPION	VIERGE	6 GEMEAUX
16 AVRIL	TAUREAU	GEMEAUX	BELIER	TAUREAU	POISSONS	VIERGE	SCORPION	VIERGE	21 GEMEAUX
17 AVRIL	TAUREAU	GEMEAUX	BELIER	TAUREAU	POISSONS	VIERGE	SCORPION	VIERGE	5 CANCER
18 AVRIL	TAUREAU	GEMEAUX	BELIER	TAUREAU	POISSONS	VIERGE	SCORPION	VIERGE	19 CANCER
19 AVRIL	TAUREAU	GEMEAUX	BELIER	TAUREAU	POISSONS	VIERGE	SCORPION	VIERGE	3 LION
20 AVRIL	TAUREAU	GEMEAUX	BELIER	TAUREAU	POISSONS	VIERGE	SCORPION	VIERGE	17 LION

	ENTRE DANS LE SIGNE DU		LE 20 MARS	A 14 h 30
LE SOLEIL		BELIER	1964	
	QUITTE LE SIGNE DU		LE 20 AVRIL	A 1 h 45

* LES CHIFFRES INDIQUENT LES DEGRÉS

1965	MERCURE	VENUS	MARS	JUPITER	SATURNE	URANUS	NEPTUNE	PLUTON	LUNE *
20 MARS	BELIER	POISSONS	VIERGE	TAUREAU	POISSONS	VIERGE	SCORPION	VIERGE	8 SCORPION
21 MARS	BELIER	POISSONS	VIERGE	TAUREAU	POISSONS	VIERGE	SCORPION	VIERGE	20 SCORPION
22 MARS	BELIER	POISSONS	VIERGE	TAUREAU	POISSONS	VIERGE	SCORPION	VIERGE	3 SAGITTAIRE
23 MARS	BELIER	POISSONS	VIERGE	TAUREAU	POISSONS	VIERGE	SCORPION	VIERGE	15 SAGITTAIRE
24 MARS	BELIER	POISSONS	VIERGE	TAUREAU	POISSONS	VIERGE	SCORPION	VIERGE	27 SAGITTAIRE
25 MARS	BELIER	BELIER	VIERGE	TAUREAU	POISSONS	VIERGE	SCORPION	VIERGE	9 CAPRICORNE
26 MARS	BELIER	BELIER	VIERGE	TAUREAU	POISSONS	VIERGE	SCORPION	VIERGE	21 CAPRICORNE
27 MARS	BELIER	BELIER	VIERGE	TAUREAU	POISSONS	VIERGE	SCORPION	VIERGE	3 VERSEAU
28 MARS	BELIER	BELIER	VIERGE	TAUREAU	POISSONS	VIERGE	SCORPION	VIERGE	15 VERSEAU
29 MARS	BELIER	BELIER	VIERGE	TAUREAU	POISSONS	VIERGE	SCORPION	VIERGE	27 VERSEAU
30 MARS	BELIER	BELIER	VIERGE	TAUREAU	POISSONS	VIERGE	SCORPION	VIERGE	9 POISSONS
31 MARS	BELIER	BELIER	VIERGE	TAUREAU	POISSONS	VIERGE	SCORPION	VIERGE	22 POISSONS
1 AVRIL	BELIER	BELIER	VIERGE	TAUREAU	POISSONS	VIERGE	SCORPION	VIERGE	5 BELIER
2 AVRIL	BELIER	BELIER	VIERGE	TAUREAU	POISSONS	VIERGE	SCORPION	VIERGE	18 BELIER
3 AVRIL	BELIER	BELIER	VIERGE	TAUREAU	POISSONS	VIERGE	SCORPION	VIERGE	2 TAUREAU
4 AVRIL	BELIER	BELIER	VIERGE	TAUREAU	POISSONS	VIERGE	SCORPION	VIERGE	15 TAUREAU
5 AVRIL	BELIER	BELIER	VIERGE	TAUREAU	POISSONS	VIERGE	SCORPION	VIERGE	29 TAUREAU
6 AVRIL	BELIER	BELIER	VIERGE	TAUREAU	POISSONS	VIERGE	SCORPION	VIERGE	13 GEMEAUX
7 AVRIL	BELIER	BELIER	VIERGE	TAUREAU	POISSONS	VIERGE	SCORPION	VIERGE	27 GEMEAUX
8 AVRIL	BELIER	BELIER	VIERGE	TAUREAU	POISSONS	VIERGE	SCORPION	VIERGE	11 CANCER
9 AVRIL	BELIER	BELIER	VIERGE	TAUREAU	POISSONS	VIERGE	SCORPION	VIERGE	25 CANCER
10 AVRIL	BELIER	BELIER	VIERGE	TAUREAU	POISSONS	VIERGE	SCORPION	VIERGE	9 LION
11 AVRIL	BELIER	BELIER	VIERGE	TAUREAU	POISSONS	VIERGE	SCORPION	VIERGE	24 LION
12 AVRIL	BELIER	BELIER	VIERGE	TAUREAU	POISSONS	VIERGE	SCORPION	VIERGE	8 VIERGE
13 AVRIL	BELIER	BELIER	VIERGE	TAUREAU	POISSONS	VIERGE	SCORPION	VIERGE	22 VIERGE
14 AVRIL	BELIER	BELIER	VIERGE	TAUREAU	POISSONS	VIERGE	SCORPION	VIERGE	6 BALANCE
15 AVRIL	BELIER	BELIER	VIERGE	TAUREAU	POISSONS	VIERGE	SCORPION	VIERGE	19 BALANCE
16 AVRIL	BELIER	BELIER	VIERGE	TAUREAU	POISSONS	VIERGE	SCORPION	VIERGE	3 SCORPION
17 AVRIL	BELIER	BELIER	VIERGE	TAUREAU	POISSONS	VIERGE	SCORPION	VIERGE	16 SCORPION
18 AVRIL	BELIER	BELIER	VIERGE	TAUREAU	POISSONS	VIERGE	SCORPION	VIERGE	28 SCORPION
19 AVRIL	BELIER	TAUREAU	VIERGE	TAUREAU	POISSONS	VIERGE	SCORPION	VIERGE	11 SAGITTAIRE
20 AVRIL	BELIER	TAUREAU	VIERGE	TAUREAU	POISSONS	VIERGE	SCORPION	VIERGE	23 SAGITTAIRE

	ENTRE DANS LE SIGNE DU		LE 20 MARS	A 19 h 45
LE SOLEIL		BELIER	1965	
	QUITTE LE SIGNE DU		LE 20 AVRIL	A 7 h 15

* LES CHIFFRES INDIQUENT LES DEGRÉS

DECOUVREZ DANS QUEL SIGNE SE TROUVAIENT LES PLANETES A VOTRE NAISSANCE

1966	MERCURE	VENUS	MARS	JUPITER	SATURNE	URANUS	NEPTUNE	PLUTON	LUNE *
21 MARS	BELIER	VERSEAU	BELIER	GEMEAUX	POISSONS	VIERGE	SCORPION	VIERGE	22 POISSONS
22 MARS	POISSONS	VERSEAU	BELIER	GEMEAUX	POISSONS	VIERGE	SCORPION	VIERGE	4 BELIER
23 MARS	POISSONS	VERSEAU	BELIER	GEMEAUX	POISSONS	VIERGE	SCORPION	VIERGE	17 BELIER
24 MARS	POISSONS	VERSEAU	BELIER	GEMEAUX	POISSONS	VIERGE	SCORPION	VIERGE	29 BELIER
25 MARS	POISSONS	VERSEAU	BELIER	GEMEAUX	POISSONS	VIERGE	SCORPION	VIERGE	11 TAUREAU
26 MARS	POISSONS	VERSEAU	BELIER	GEMEAUX	POISSONS	VIERGE	SCORPION	VIERGE	24 TAUREAU
27 MARS	POISSONS	VERSEAU	BELIER	GEMEAUX	POISSONS	VIERGE	SCORPION	VIERGE	7 GEMEAUX
28 MARS	POISSONS	VERSEAU	BELIER	GEMEAUX	POISSONS	VIERGE	SCORPION	VIERGE	20 GEMEAUX
29 MARS	POISSONS	VERSEAU	BELIER	GEMEAUX	POISSONS	VIERGE	SCORPION	VIERGE	3 CANCER
30 MARS	POISSONS	VERSEAU	BELIER	GEMEAUX	POISSONS	VIERGE	SCORPION	VIERGE	17 CANCER
31 MARS	POISSONS	VERSEAU	BELIER	GEMEAUX	POISSONS	VIERGE	SCORPION	VIERGE	1 LION
1 AVRIL	POISSONS	VERSEAU	BELIER	GEMEAUX	POISSONS	VIERGE	SCORPION	VIERGE	16 LION
2 AVRIL	POISSONS	VERSEAU	BELIER	GEMEAUX	POISSONS	VIERGE	SCORPION	VIERGE	1 VIERGE
3 AVRIL	POISSONS	VERSEAU	BELIER	GEMEAUX	POISSONS	VIERGE	SCORPION	VIERGE	16 VIERGE
4 AVRIL	POISSONS	VERSEAU	BELIER	GEMEAUX	POISSONS	VIERGE	SCORPION	VIERGE	0 BALANCE
5 AVRIL	POISSONS	VERSEAU	BELIER	GEMEAUX	POISSONS	VIERGE	SCORPION	VIERGE	15 BALANCE
6 AVRIL	POISSONS	VERSEAU	BELIER	GEMEAUX	POISSONS	VIERGE	SCORPION	VIERGE	0 SCORPION
7 AVRIL	POISSONS	POISSONS	BELIER	GEMEAUX	POISSONS	VIERGE	SCORPION	VIERGE	14 SCORPION
8 AVRIL	POISSONS	POISSONS	BELIER	GEMEAUX	POISSONS	VIERGE	SCORPION	VIERGE	28 SCORPION
9 AVRIL	POISSONS	POISSONS	BELIER	GEMEAUX	POISSONS	VIERGE	SCORPION	VIERGE	11 SAGITTAIRE
10 AVRIL	POISSONS	POISSONS	BELIER	GEMEAUX	POISSONS	VIERGE	SCORPION	VIERGE	24 SAGITTAIRE
11 AVRIL	POISSONS	POISSONS	BELIER	GEMEAUX	POISSONS	VIERGE	SCORPION	VIERGE	7 CAPRICORNE
12 AVRIL	POISSONS	POISSONS	BELIER	GEMEAUX	POISSONS	VIERGE	SCORPION	VIERGE	19 CAPRICORNE
13 AVRIL	POISSONS	POISSONS	BELIER	GEMEAUX	POISSONS	VIERGE	SCORPION	VIERGE	1 VERSEAU
14 AVRIL	POISSONS	POISSONS	BELIER	GEMEAUX	POISSONS	VIERGE	SCORPION	VIERGE	13 VERSEAU
15 AVRIL	POISSONS	POISSONS	BELIER	GEMEAUX	POISSONS	VIERGE	SCORPION	VIERGE	25 VERSEAU
16 AVRIL	POISSONS	POISSONS	BELIER	GEMEAUX	POISSONS	VIERGE	SCORPION	VIERGE	7 POISSONS
17 AVRIL	POISSONS	POISSONS	BELIER	GEMEAUX	POISSONS	VIERGE	SCORPION	VIERGE	19 POISSONS
18 AVRIL	BELIER	POISSONS	TAUREAU	GEMEAUX	POISSONS	VIERGE	SCORPION	VIERGE	1 BELIER
19 AVRIL	BELIER	POISSONS	TAUREAU	GEMEAUX	POISSONS	VIERGE	SCORPION	VIERGE	13 BELIER
20 AVRIL	BELIER	POISSONS	TAUREAU	GEMEAUX	POISSONS	VIERGE	SCORPION	VIERGE	25 BELIER

ENTRE DANS LE SIGNE DU BELIER LE 21 MARS 1966 A 1 h 45
LE SOLEIL
QUITTE LE SIGNE DU BELIER LE 20 AVRIL 1966 A 12 h 45

* LES CHIFFRES INDIQUENT LES DEGRÉS

1967	MERCURE	VENUS	MARS	JUPITER	SATURNE	URANUS	NEPTUNE	PLUTON	LUNE *
21 MARS	POISSONS	TAUREAU	SCORPION	CANCER	BELIER	VIERGE	SCORPION	VIERGE	26 CANCER
22 MARS	POISSONS	TAUREAU	SCORPION	CANCER	BELIER	VIERGE	SCORPION	VIERGE	10 LION
23 MARS	POISSONS	TAUREAU	SCORPION	CANCER	BELIER	VIERGE	SCORPION	VIERGE	25 LION
24 MARS	POISSONS	TAUREAU	SCORPION	CANCER	BELIER	VIERGE	SCORPION	VIERGE	10 VIERGE
25 MARS	POISSONS	TAUREAU	SCORPION	CANCER	BELIER	VIERGE	SCORPION	VIERGE	25 VIERGE
26 MARS	POISSONS	TAUREAU	SCORPION	CANCER	BELIER	VIERGE	SCORPION	VIERGE	10 BALANCE
27 MARS	POISSONS	TAUREAU	SCORPION	CANCER	BELIER	VIERGE	SCORPION	VIERGE	25 BALANCE
28 MARS	POISSONS	TAUREAU	SCORPION	CANCER	BELIER	VIERGE	SCORPION	VIERGE	10 SCORPION
29 MARS	POISSONS	TAUREAU	SCORPION	CANCER	BELIER	VIERGE	SCORPION	VIERGE	25 SCORPION
30 MARS	POISSONS	TAUREAU	SCORPION	CANCER	BELIER	VIERGE	SCORPION	VIERGE	9 SAGITTAIRE
31 MARS	POISSONS	TAUREAU	BALANCE	CANCER	BELIER	VIERGE	SCORPION	VIERGE	23 SAGITTAIRE
1 AVRIL	POISSONS	TAUREAU	BALANCE	CANCER	BELIER	VIERGE	SCORPION	VIERGE	6 CAPRICORNE
2 AVRIL	POISSONS	TAUREAU	BALANCE	CANCER	BELIER	VIERGE	SCORPION	VIERGE	19 CAPRICORNE
3 AVRIL	POISSONS	TAUREAU	BALANCE	CANCER	BELIER	VIERGE	SCORPION	VIERGE	2 VERSEAU
4 AVRIL	POISSONS	TAUREAU	BALANCE	CANCER	BELIER	VIERGE	SCORPION	VIERGE	14 VERSEAU
5 AVRIL	POISSONS	TAUREAU	BALANCE	CANCER	BELIER	VIERGE	SCORPION	VIERGE	26 VERSEAU
6 AVRIL	POISSONS	TAUREAU	BALANCE	CANCER	BELIER	VIERGE	SCORPION	VIERGE	8 POISSONS
7 AVRIL	POISSONS	TAUREAU	BALANCE	CANCER	BELIER	VIERGE	SCORPION	VIERGE	20 POISSONS
8 AVRIL	POISSONS	TAUREAU	BALANCE	CANCER	BELIER	VIERGE	SCORPION	VIERGE	2 BELIER
9 AVRIL	POISSONS	TAUREAU	BALANCE	CANCER	BELIER	VIERGE	SCORPION	VIERGE	14 BELIER
10 AVRIL	POISSONS	TAUREAU	BALANCE	CANCER	BELIER	VIERGE	SCORPION	VIERGE	26 BELIER
11 AVRIL	POISSONS	TAUREAU	BALANCE	CANCER	BELIER	VIERGE	SCORPION	VIERGE	8 TAUREAU
12 AVRIL	POISSONS	TAUREAU	BALANCE	CANCER	BELIER	VIERGE	SCORPION	VIERGE	20 TAUREAU
13 AVRIL	POISSONS	TAUREAU	BALANCE	CANCER	BELIER	VIERGE	SCORPION	VIERGE	2 GEMEAUX
14 AVRIL	POISSONS	GEMEAUX	BALANCE	CANCER	BELIER	VIERGE	SCORPION	VIERGE	14 GEMEAUX
15 AVRIL	BELIER	GEMEAUX	BALANCE	CANCER	BELIER	VIERGE	SCORPION	VIERGE	26 GEMEAUX
16 AVRIL	BELIER	GEMEAUX	BALANCE	CANCER	BELIER	VIERGE	SCORPION	VIERGE	9 CANCER
17 AVRIL	BELIER	GEMEAUX	BALANCE	CANCER	BELIER	VIERGE	SCORPION	VIERGE	22 CANCER
18 AVRIL	BELIER	GEMEAUX	BALANCE	CANCER	BELIER	VIERGE	SCORPION	VIERGE	5 LION
19 AVRIL	BELIER	GEMEAUX	BALANCE	CANCER	BELIER	VIERGE	SCORPION	VIERGE	19 LION
20 AVRIL	BELIER	GEMEAUX	BALANCE	CANCER	BELIER	VIERGE	SCORPION	VIERGE	3 VIERGE

ENTRE DANS LE SIGNE DU BELIER LE 21 MARS 1967 A 7 h 15
LE SOLEIL
QUITTE LE SIGNE DU BELIER LE 20 AVRIL 1967 A 18 h 45

* LES CHIFFRES INDIQUENT LES DEGRÉS

DECOUVREZ DANS QUEL SIGNE SE TROUVAIENT LES PLANETES A VOTRE NAISSANCE

1968	MERCURE	VENUS	MARS	JUPITER	SATURNE	URANUS	NEPTUNE	PLUTON	LUNE *
20 MARS	POISSONS	POISSONS	BELIER	LION	BELIER	VIERGE	SCORPION	VIERGE	17 SAGITTAIRE
21 MARS	POISSONS	POISSONS	BELIER	LION	BELIER	VIERGE	SCORPION	VIERGE	1 CAPRICORNE
22 MARS	POISSONS	POISSONS	BELIER	LION	BELIER	VIERGE	SCORPION	VIERGE	15 CAPRICORNE
23 MARS	POISSONS	POISSONS	BELIER	LION	BELIER	VIERGE	SCORPION	VIERGE	28 CAPRICORNE
24 MARS	POISSONS	POISSONS	BELIER	LION	BELIER	VIERGE	SCORPION	VIERGE	12 VERSEAU
25 MARS	POISSONS	POISSONS	BELIER	LION	BELIER	VIERGE	SCORPION	VIERGE	25 VERSEAU
26 MARS	POISSONS	POISSONS	BELIER	LION	BELIER	VIERGE	SCORPION	VIERGE	8 POISSONS
27 MARS	POISSONS	POISSONS	BELIER	LION	BELIER	VIERGE	SCORPION	VIERGE	20 POISSONS
28 MARS	POISSONS	POISSONS	TAUREAU	LION	BELIER	VIERGE	SCORPION	VIERGE	2 BELIER
29 MARS	POISSONS	POISSONS	TAUREAU	LION	BELIER	VIERGE	SCORPION	VIERGE	15 BELIER
30 MARS	POISSONS	POISSONS	TAUREAU	LION	BELIER	VIERGE	SCORPION	VIERGE	27 BELIER
31 MARS	POISSONS	POISSONS	TAUREAU	LION	BELIER	VIERGE	SCORPION	VIERGE	9 TAUREAU
1 AVRIL	POISSONS	POISSONS	TAUREAU	LION	BELIER	VIERGE	SCORPION	VIERGE	20 TAUREAU
2 AVRIL	POISSONS	POISSONS	TAUREAU	LION	BELIER	VIERGE	SCORPION	VIERGE	2 GEMEAUX
3 AVRIL	POISSONS	POISSONS	TAUREAU	LION	BELIER	VIERGE	SCORPION	VIERGE	14 GEMEAUX
4 AVRIL	POISSONS	POISSONS	TAUREAU	LION	BELIER	VIERGE	SCORPION	VIERGE	26 GEMEAUX
5 AVRIL	POISSONS	POISSONS	TAUREAU	LION	BELIER	VIERGE	SCORPION	VIERGE	8 CANCER
6 AVRIL	POISSONS	POISSONS	TAUREAU	LION	BELIER	VIERGE	SCORPION	VIERGE	20 CANCER
7 AVRIL	BELIER	POISSONS	TAUREAU	LION	BELIER	VIERGE	SCORPION	VIERGE	3 LION
8 AVRIL	BELIER	POISSONS	TAUREAU	LION	BELIER	VIERGE	SCORPION	VIERGE	16 LION
9 AVRIL	BELIER	BELIER	TAUREAU	LION	BELIER	VIERGE	SCORPION	VIERGE	0 VIERGE
10 AVRIL	BELIER	BELIER	TAUREAU	LION	BELIER	VIERGE	SCORPION	VIERGE	14 VIERGE
11 AVRIL	BELIER	BELIER	TAUREAU	LION	BELIER	VIERGE	SCORPION	VIERGE	28 VIERGE
12 AVRIL	BELIER	BELIER	TAUREAU	LION	BELIER	VIERGE	SCORPION	VIERGE	13 BALANCE
13 AVRIL	BELIER	BELIER	TAUREAU	LION	BELIER	VIERGE	SCORPION	VIERGE	27 BALANCE
14 AVRIL	BELIER	BELIER	TAUREAU	LION	BELIER	VIERGE	SCORPION	VIERGE	13 SCORPION
15 AVRIL	BELIER	BELIER	TAUREAU	LION	BELIER	VIERGE	SCORPION	VIERGE	28 SCORPION
16 AVRIL	BELIER	BELIER	TAUREAU	LION	BELIER	VIERGE	SCORPION	VIERGE	12 SAGITTAIRE
17 AVRIL	BELIER	BELIER	TAUREAU	LION	BELIER	VIERGE	SCORPION	VIERGE	27 SAGITTAIRE
18 AVRIL	BELIER	BELIER	TAUREAU	LION	BELIER	VIERGE	SCORPION	VIERGE	11 CAPRICORNE
19 AVRIL	BELIER	BELIER	TAUREAU	LION	BELIER	VIERGE	SCORPION	VIERGE	26 CAPRICORNE
20 AVRIL	BELIER	BELIER	TAUREAU	LION	BELIER	VIERGE	SCORPION	VIERGE	9 VERSEAU

LE SOLEIL ENTRE DANS LE SIGNE DU BELIER LE 20 MARS 1968 A 13 h 10

LE SOLEIL QUITTE LE SIGNE DU BELIER LE 20 AVRIL 1968 A 0 h 30

* LES CHIFFRES INDIQUENT LES DEGRÉS

1969	MERCURE	VENUS	MARS	JUPITER	SATURNE	URANUS	NEPTUNE	PLUTON	LUNE *
20 MARS	POISSONS	BELIER	SAGITTAIRE	BALANCE	BELIER	BALANCE	SCORPION	VIERGE	27 BELIER
21 MARS	POISSONS	BELIER	SAGITTAIRE	BALANCE	BELIER	BALANCE	SCORPION	VIERGE	10 TAUREAU
22 MARS	POISSONS	BELIER	SAGITTAIRE	BALANCE	BELIER	BALANCE	SCORPION	VIERGE	22 TAUREAU
23 MARS	POISSONS	BELIER	SAGITTAIRE	BALANCE	BELIER	BALANCE	SCORPION	VIERGE	5 GEMEAUX
24 MARS	POISSONS	BELIER	SAGITTAIRE	BALANCE	BELIER	BALANCE	SCORPION	VIERGE	17 GEMEAUX
25 MARS	POISSONS	BELIER	SAGITTAIRE	BALANCE	BELIER	BALANCE	SCORPION	VIERGE	29 GEMEAUX
26 MARS	POISSONS	BELIER	SAGITTAIRE	BALANCE	BELIER	BALANCE	SCORPION	VIERGE	10 CANCER
27 MARS	POISSONS	BELIER	SAGITTAIRE	BALANCE	BELIER	BALANCE	SCORPION	VIERGE	22 CANCER
28 MARS	POISSONS	BELIER	SAGITTAIRE	BALANCE	BELIER	BALANCE	SCORPION	VIERGE	4 LION
29 MARS	POISSONS	BELIER	SAGITTAIRE	BALANCE	BELIER	BALANCE	SCORPION	VIERGE	17 LION
30 MARS	BELIER	BELIER	SAGITTAIRE	BALANCE	BELIER	BALANCE	SCORPION	VIERGE	29 LION
31 MARS	BELIER	BELIER	SAGITTAIRE	VIERGE	BELIER	BALANCE	SCORPION	VIERGE	12 VIERGE
1 AVRIL	BELIER	BELIER	SAGITTAIRE	VIERGE	BELIER	BALANCE	SCORPION	VIERGE	25 VIERGE
2 AVRIL	BELIER	BELIER	SAGITTAIRE	VIERGE	BELIER	BALANCE	SCORPION	VIERGE	9 BALANCE
3 AVRIL	BELIER	BELIER	SAGITTAIRE	VIERGE	BELIER	BALANCE	SCORPION	VIERGE	22 BALANCE
4 AVRIL	BELIER	BELIER	SAGITTAIRE	VIERGE	BELIER	BALANCE	SCORPION	VIERGE	6 SCORPION
5 AVRIL	BELIER	BELIER	SAGITTAIRE	VIERGE	BELIER	BALANCE	SCORPION	VIERGE	21 SCORPION
6 AVRIL	BELIER	BELIER	SAGITTAIRE	VIERGE	BELIER	BALANCE	SCORPION	VIERGE	5 SAGITTAIRE
7 AVRIL	BELIER	BELIER	SAGITTAIRE	VIERGE	BELIER	BALANCE	SCORPION	VIERGE	19 SAGITTAIRE
8 AVRIL	BELIER	BELIER	SAGITTAIRE	VIERGE	BELIER	BALANCE	SCORPION	VIERGE	4 CAPRICORNE
9 AVRIL	BELIER	BELIER	SAGITTAIRE	VIERGE	BELIER	BALANCE	SCORPION	VIERGE	18 CAPRICORNE
10 AVRIL	BELIER	BELIER	SAGITTAIRE	VIERGE	BELIER	BALANCE	SCORPION	VIERGE	2 VERSEAU
11 AVRIL	BELIER	BELIER	SAGITTAIRE	VIERGE	BELIER	BALANCE	SCORPION	VIERGE	16 VERSEAU
12 AVRIL	BELIER	BELIER	SAGITTAIRE	VIERGE	BELIER	BALANCE	SCORPION	VIERGE	0 POISSONS
13 AVRIL	BELIER	BELIER	SAGITTAIRE	VIERGE	BELIER	BALANCE	SCORPION	VIERGE	13 POISSONS
14 AVRIL	TAUREAU	BELIER	SAGITTAIRE	VIERGE	BELIER	BALANCE	SCORPION	VIERGE	27 POISSONS
15 AVRIL	TAUREAU	BELIER	SAGITTAIRE	VIERGE	BELIER	BALANCE	SCORPION	VIERGE	10 BELIER
16 AVRIL	TAUREAU	BELIER	SAGITTAIRE	VIERGE	BELIER	BALANCE	SCORPION	VIERGE	23 BELIER
17 AVRIL	TAUREAU	BELIER	SAGITTAIRE	VIERGE	BELIER	BALANCE	SCORPION	VIERGE	6 TAUREAU
18 AVRIL	TAUREAU	BELIER	SAGITTAIRE	VIERGE	BELIER	BALANCE	SCORPION	VIERGE	18 TAUREAU
19 AVRIL	TAUREAU	BELIER	SAGITTAIRE	VIERGE	BELIER	BALANCE	SCORPION	VIERGE	0 GEMEAUX
20 AVRIL	TAUREAU	BELIER	SAGITTAIRE	VIERGE	BELIER	BALANCE	SCORPION	VIERGE	13 GEMEAUX

LE SOLEIL ENTRE DANS LE SIGNE DU BELIER LE 20 MARS 1969 A 18 h 45

LE SOLEIL QUITTE LE SIGNE DU BELIER LE 20 AVRIL 1969 A 6 h 10

* LES CHIFFRES INDIQUENT LES DEGRÉS

DECOUVREZ DANS QUEL SIGNE SE TROUVAIENT LES PLANETES A VOTRE NAISSANCE

1970	MERCURE	VENUS	MARS	JUPITER	SATURNE	URANUS	NEPTUNE	PLUTON	LUNE *
21 MARS	POISSONS	BELIER	TAUREAU	SCORPION	TAUREAU	BALANCE	SAGITTAIRE	VIERGE	12 VIERGE
22 MARS	BELIER	BELIER	TAUREAU	SCORPION	TAUREAU	BALANCE	SAGITTAIRE	VIERGE	25 VIERGE
23 MARS	BELIER	BELIER	TAUREAU	SCORPION	TAUREAU	BALANCE	SAGITTAIRE	VIERGE	7 BALANCE
24 MARS	BELIER	BELIER	TAUREAU	SCORPION	TAUREAU	BALANCE	SAGITTAIRE	VIERGE	19 BALANCE
25 MARS	BELIER	BELIER	TAUREAU	SCORPION	TAUREAU	BALANCE	SAGITTAIRE	VIERGE	2 SCORPION
26 MARS	BELIER	BELIER	TAUREAU	SCORPION	TAUREAU	BALANCE	SAGITTAIRE	VIERGE	15 SCORPION
27 MARS	BELIER	BELIER	TAUREAU	SCORPION	TAUREAU	BALANCE	SAGITTAIRE	VIERGE	28 SCORPION
28 MARS	BELIER	BELIER	TAUREAU	SCORPION	TAUREAU	BALANCE	SAGITTAIRE	VIERGE	12 SAGITTAIRE
29 MARS	BELIER	BELIER	TAUREAU	SCORPION	TAUREAU	BALANCE	SAGITTAIRE	VIERGE	26 SAGITTAIRE
30 MARS	BELIER	BELIER	TAUREAU	SCORPION	TAUREAU	BALANCE	SAGITTAIRE	VIERGE	10 CAPRICORNE
31 MARS	BELIER	BELIER	TAUREAU	SCORPION	TAUREAU	BALANCE	SAGITTAIRE	VIERGE	24 CAPRICORNE
1 AVRIL	BELIER	BELIER	TAUREAU	SCORPION	TAUREAU	BALANCE	SAGITTAIRE	VIERGE	8 VERSEAU
2 AVRIL	BELIER	BELIER	TAUREAU	SCORPION	TAUREAU	BALANCE	SAGITTAIRE	VIERGE	22 VERSEAU
3 AVRIL	BELIER	TAUREAU	TAUREAU	SCORPION	TAUREAU	BALANCE	SAGITTAIRE	VIERGE	7 POISSONS
4 AVRIL	BELIER	TAUREAU	TAUREAU	SCORPION	TAUREAU	BALANCE	SAGITTAIRE	VIERGE	21 POISSONS
5 AVRIL	BELIER	TAUREAU	TAUREAU	SCORPION	TAUREAU	BALANCE	SAGITTAIRE	VIERGE	6 BELIER
6 AVRIL	TAUREAU	TAUREAU	TAUREAU	SCORPION	TAUREAU	BALANCE	SAGITTAIRE	VIERGE	20 BELIER
7 AVRIL	TAUREAU	TAUREAU	TAUREAU	SCORPION	TAUREAU	BALANCE	SAGITTAIRE	VIERGE	4 TAUREAU
8 AVRIL	TAUREAU	TAUREAU	TAUREAU	SCORPION	TAUREAU	BALANCE	SAGITTAIRE	VIERGE	18 TAUREAU
9 AVRIL	TAUREAU	TAUREAU	TAUREAU	SCORPION	TAUREAU	BALANCE	SAGITTAIRE	VIERGE	1 GEMEAUX
10 AVRIL	TAUREAU	TAUREAU	TAUREAU	SCORPION	TAUREAU	BALANCE	SAGITTAIRE	VIERGE	14 GEMEAUX
11 AVRIL	TAUREAU	TAUREAU	TAUREAU	SCORPION	TAUREAU	BALANCE	SAGITTAIRE	VIERGE	27 GEMEAUX
12 AVRIL	TAUREAU	TAUREAU	TAUREAU	SCORPION	TAUREAU	BALANCE	SAGITTAIRE	VIERGE	9 CANCER
13 AVRIL	TAUREAU	TAUREAU	TAUREAU	SCORPION	TAUREAU	BALANCE	SAGITTAIRE	VIERGE	21 CANCER
14 AVRIL	TAUREAU	TAUREAU	TAUREAU	SCORPION	TAUREAU	BALANCE	SAGITTAIRE	VIERGE	3 LION
15 AVRIL	TAUREAU	TAUREAU	TAUREAU	SCORPION	TAUREAU	BALANCE	SAGITTAIRE	VIERGE	15 LION
16 AVRIL	TAUREAU	TAUREAU	TAUREAU	SCORPION	TAUREAU	BALANCE	SAGITTAIRE	VIERGE	27 LION
17 AVRIL	TAUREAU	TAUREAU	TAUREAU	SCORPION	TAUREAU	BALANCE	SAGITTAIRE	VIERGE	8 VIERGE
18 AVRIL	TAUREAU	TAUREAU	TAUREAU	SCORPION	TAUREAU	BALANCE	SAGITTAIRE	VIERGE	21 VIERGE
19 AVRIL	TAUREAU	TAUREAU	GEMEAUX	SCORPION	TAUREAU	BALANCE	SAGITTAIRE	VIERGE	3 BALANCE
20 AVRIL	TAUREAU	TAUREAU	GEMEAUX	SCORPION	TAUREAU	BALANCE	SAGITTAIRE	VIERGE	16 BALANCE

	ENTRE DANS LE SIGNE DU		LE 21 MARS	A 0 h 45	
LE SOLEIL		BELIER	1970		* LES CHIFFRES INDIQUENT LES DEGRÉS
	QUITTE LE SIGNE DU		LE 20 AVRIL	A 12 h 00	

1971	MERCURE	VENUS	MARS	JUPITER	SATURNE	URANUS	NEPTUNE	PLUTON	LUNE *
21 MARS	BELIER	VERSEAU	CAPRICORNE	SAGITTAIRE	TAUREAU	BALANCE	SAGITTAIRE	VIERGE	17 CAPRICORNE
22 MARS	BELIER	VERSEAU	CAPRICORNE	SAGITTAIRE	TAUREAU	BALANCE	SAGITTAIRE	VIERGE	1 VERSEAU
23 MARS	BELIER	VERSEAU	CAPRICORNE	SAGITTAIRE	TAUREAU	BALANCE	SAGITTAIRE	VIERGE	15 VERSEAU
24 MARS	BELIER	VERSEAU	CAPRICORNE	SAGITTAIRE	TAUREAU	BALANCE	SAGITTAIRE	VIERGE	0 POISSONS
25 MARS	BELIER	VERSEAU	CAPRICORNE	SAGITTAIRE	TAUREAU	BALANCE	SAGITTAIRE	VIERGE	15 POISSONS
26 MARS	BELIER	VERSEAU	CAPRICORNE	SAGITTAIRE	TAUREAU	BALANCE	SAGITTAIRE	VIERGE	0 BELIER
27 MARS	BELIER	VERSEAU	CAPRICORNE	SAGITTAIRE	TAUREAU	BALANCE	SAGITTAIRE	VIERGE	16 BELIER
28 MARS	BELIER	VERSEAU	CAPRICORNE	SAGITTAIRE	TAUREAU	BALANCE	SAGITTAIRE	VIERGE	1 TAUREAU
29 MARS	BELIER	VERSEAU	CAPRICORNE	SAGITTAIRE	TAUREAU	BALANCE	SAGITTAIRE	VIERGE	15 TAUREAU
30 MARS	BELIER	POISSONS	CAPRICORNE	SAGITTAIRE	TAUREAU	BALANCE	SAGITTAIRE	VIERGE	0 GEMEAUX
31 MARS	BELIER	POISSONS	CAPRICORNE	SAGITTAIRE	TAUREAU	BALANCE	SAGITTAIRE	VIERGE	14 GEMEAUX
1 AVRIL	BELIER	POISSONS	CAPRICORNE	SAGITTAIRE	TAUREAU	BALANCE	SAGITTAIRE	VIERGE	27 GEMEAUX
2 AVRIL	TAUREAU	POISSONS	CAPRICORNE	SAGITTAIRE	TAUREAU	BALANCE	SAGITTAIRE	VIERGE	10 CANCER
3 AVRIL	TAUREAU	POISSONS	CAPRICORNE	SAGITTAIRE	TAUREAU	BALANCE	SAGITTAIRE	VIERGE	22 CANCER
4 AVRIL	TAUREAU	POISSONS	CAPRICORNE	SAGITTAIRE	TAUREAU	BALANCE	SAGITTAIRE	VIERGE	5 LION
5 AVRIL	TAUREAU	POISSONS	CAPRICORNE	SAGITTAIRE	TAUREAU	BALANCE	SAGITTAIRE	VIERGE	17 LION
6 AVRIL	TAUREAU	POISSONS	CAPRICORNE	SAGITTAIRE	TAUREAU	BALANCE	SAGITTAIRE	VIERGE	29 LION
7 AVRIL	TAUREAU	POISSONS	CAPRICORNE	SAGITTAIRE	TAUREAU	BALANCE	SAGITTAIRE	VIERGE	10 VIERGE
8 AVRIL	TAUREAU	POISSONS	CAPRICORNE	SAGITTAIRE	TAUREAU	BALANCE	SAGITTAIRE	VIERGE	22 VIERGE
9 AVRIL	TAUREAU	POISSONS	CAPRICORNE	SAGITTAIRE	TAUREAU	BALANCE	SAGITTAIRE	VIERGE	4 BALANCE
10 AVRIL	TAUREAU	POISSONS	CAPRICORNE	SAGITTAIRE	TAUREAU	BALANCE	SAGITTAIRE	VIERGE	16 BALANCE
11 AVRIL	TAUREAU	POISSONS	CAPRICORNE	SAGITTAIRE	TAUREAU	BALANCE	SAGITTAIRE	VIERGE	28 BALANCE
12 AVRIL	TAUREAU	POISSONS	CAPRICORNE	SAGITTAIRE	TAUREAU	BALANCE	SAGITTAIRE	VIERGE	10 SCORPION
13 AVRIL	TAUREAU	POISSONS	CAPRICORNE	SAGITTAIRE	TAUREAU	BALANCE	SAGITTAIRE	VIERGE	22 SCORPION
14 AVRIL	TAUREAU	POISSONS	CAPRICORNE	SAGITTAIRE	TAUREAU	BALANCE	SAGITTAIRE	VIERGE	5 SAGITTAIRE
15 AVRIL	TAUREAU	POISSONS	CAPRICORNE	SAGITTAIRE	TAUREAU	BALANCE	SAGITTAIRE	VIERGE	18 SAGITTAIRE
16 AVRIL	TAUREAU	POISSONS	CAPRICORNE	SAGITTAIRE	TAUREAU	BALANCE	SAGITTAIRE	VIERGE	0 CAPRICORNE
17 AVRIL	TAUREAU	POISSONS	CAPRICORNE	SAGITTAIRE	TAUREAU	BALANCE	SAGITTAIRE	VIERGE	14 CAPRICORNE
18 AVRIL	TAUREAU	POISSONS	CAPRICORNE	SAGITTAIRE	TAUREAU	BALANCE	SAGITTAIRE	VIERGE	27 CAPRICORNE
19 AVRIL	BELIER	POISSONS	CAPRICORNE	SAGITTAIRE	TAUREAU	BALANCE	SAGITTAIRE	VIERGE	11 VERSEAU
20 AVRIL	BELIER	POISSONS	CAPRICORNE	SAGITTAIRE	TAUREAU	BALANCE	SAGITTAIRE	VIERGE	25 VERSEAU

	ENTRE DANS LE SIGNE DU		LE 21 MARS	A 6 h 15	
LE SOLEIL		BELIER	1971		* LES CHIFFRES INDIQUENT LES DEGRÉS
	QUITTE LE SIGNE DU		LE 20 AVRIL	A 17 h 45	

DECOUVREZ DANS QUEL SIGNE SE TROUVAIENT LES PLANETES A VOTRE NAISSANCE

1972	MERCURE	VENUS	MARS	JUPITER	SATURNE	URANUS	NEPTUNE	PLUTON	LUNE *
20 MARS	BELIER	TAUREAU	TAUREAU	CAPRICORNE	GEMEAUX	BALANCE	SAGITTAIRE	BALANCE	9 GEMEAUX
21 MARS	BELIER	TAUREAU	TAUREAU	CAPRICORNE	GEMEAUX	BALANCE	SAGITTAIRE	BALANCE	23 GEMEAUX
22 MARS	BELIER	TAUREAU	TAUREAU	CAPRICORNE	GEMEAUX	BALANCE	SAGITTAIRE	BALANCE	7 CANCER
23 MARS	BELIER	TAUREAU	TAUREAU	CAPRICORNE	GEMEAUX	BALANCE	SAGITTAIRE	BALANCE	20 CANCER
24 MARS	BELIER	TAUREAU	TAUREAU	CAPRICORNE	GEMEAUX	BALANCE	SAGITTAIRE	BALANCE	3 LION
25 MARS	BELIER	TAUREAU	TAUREAU	CAPRICORNE	GEMEAUX	BALANCE	SAGITTAIRE	BALANCE	16 LION
26 MARS	BELIER	TAUREAU	TAUREAU	CAPRICORNE	GEMEAUX	BALANCE	SAGITTAIRE	BALANCE	28 LION
27 MARS	BELIER	TAUREAU	GEMEAUX	CAPRICORNE	GEMEAUX	BALANCE	SAGITTAIRE	BALANCE	11 VIERGE
28 MARS	BELIER	TAUREAU	GEMEAUX	CAPRICORNE	GEMEAUX	BALANCE	SAGITTAIRE	BALANCE	23 VIERGE
29 MARS	BELIER	TAUREAU	GEMEAUX	CAPRICORNE	GEMEAUX	BALANCE	SAGITTAIRE	BALANCE	5 BALANCE
30 MARS	BELIER	TAUREAU	GEMEAUX	CAPRICORNE	GEMEAUX	BALANCE	SAGITTAIRE	BALANCE	17 BALANCE
31 MARS	BELIER	TAUREAU	GEMEAUX	CAPRICORNE	GEMEAUX	BALANCE	SAGITTAIRE	BALANCE	29 BALANCE
1 AVRIL	BELIER	TAUREAU	GEMEAUX	CAPRICORNE	GEMEAUX	BALANCE	SAGITTAIRE	BALANCE	11 SCORPION
2 AVRIL	BELIER	TAUREAU	GEMEAUX	CAPRICORNE	GEMEAUX	BALANCE	SAGITTAIRE	BALANCE	23 SCORPION
3 AVRIL	BELIER	TAUREAU	GEMEAUX	CAPRICORNE	GEMEAUX	BALANCE	SAGITTAIRE	BALANCE	4 SAGITTAIRE
4 AVRIL	BELIER	GEMEAUX	GEMEAUX	CAPRICORNE	GEMEAUX	BALANCE	SAGITTAIRE	BALANCE	16 SAGITTAIRE
5 AVRIL	BELIER	GEMEAUX	GEMEAUX	CAPRICORNE	GEMEAUX	BALANCE	SAGITTAIRE	BALANCE	28 SAGITTAIRE
6 AVRIL	BELIER	GEMEAUX	GEMEAUX	CAPRICORNE	GEMEAUX	BALANCE	SAGITTAIRE	BALANCE	11 CAPRICORNE
7 AVRIL	BELIER	GEMEAUX	GEMEAUX	CAPRICORNE	GEMEAUX	BALANCE	SAGITTAIRE	BALANCE	23 CAPRICORNE
8 AVRIL	BELIER	GEMEAUX	GEMEAUX	CAPRICORNE	GEMEAUX	BALANCE	SAGITTAIRE	BALANCE	6 VERSEAU
9 AVRIL	BELIER	GEMEAUX	GEMEAUX	CAPRICORNE	GEMEAUX	BALANCE	SAGITTAIRE	BALANCE	20 VERSEAU
10 AVRIL	BELIER	GEMEAUX	GEMEAUX	CAPRICORNE	GEMEAUX	BALANCE	SAGITTAIRE	BALANCE	4 POISSONS
11 AVRIL	BELIER	GEMEAUX	GEMEAUX	CAPRICORNE	GEMEAUX	BALANCE	SAGITTAIRE	BALANCE	18 POISSONS
12 AVRIL	BELIER	GEMEAUX	GEMEAUX	CAPRICORNE	GEMEAUX	BALANCE	SAGITTAIRE	BALANCE	3 BELIER
13 AVRIL	BELIER	GEMEAUX	GEMEAUX	CAPRICORNE	GEMEAUX	BALANCE	SAGITTAIRE	BALANCE	18 BELIER
14 AVRIL	BELIER	GEMEAUX	GEMEAUX	CAPRICORNE	GEMEAUX	BALANCE	SAGITTAIRE	BALANCE	4 TAUREAU
15 AVRIL	BELIER	GEMEAUX	GEMEAUX	CAPRICORNE	GEMEAUX	BALANCE	SAGITTAIRE	BALANCE	19 TAUREAU
16 AVRIL	BELIER	GEMEAUX	GEMEAUX	CAPRICORNE	GEMEAUX	BALANCE	SAGITTAIRE	BALANCE	4 GEMEAUX
17 AVRIL	BELIER	GEMEAUX	GEMEAUX	CAPRICORNE	GEMEAUX	BALANCE	SAGITTAIRE	BALANCE	19 GEMEAUX
18 AVRIL	BELIER	GEMEAUX	GEMEAUX	CAPRICORNE	GEMEAUX	BALANCE	SAGITTAIRE	BALANCE	3 CANCER
19 AVRIL	BELIER	GEMEAUX	GEMEAUX	CAPRICORNE	GEMEAUX	BALANCE	SAGITTAIRE	BALANCE	16 CANCER

ENTRE DANS LE SIGNE DU — LE 20 MARS — A 12 h 10

LE SOLEIL — BELIER — 1972 — * LES CHIFFRES INDIQUENT LES DEGRÉS

QUITTE LE SIGNE DU — LE 19 AVRIL — A 23 h 30

1973	MERCURE	VENUS	MARS	JUPITER	SATURNE	URANUS	NEPTUNE	PLUTON	LUNE *
20 MARS	POISSONS	POISSONS	CAPRICORNE	VERSEAU	GEMEAUX	BALANCE	SAGITTAIRE	BALANCE	17 BALANCE
21 MARS	POISSONS	POISSONS	CAPRICORNE	VERSEAU	GEMEAUX	BALANCE	SAGITTAIRE	BALANCE	0 SCORPION
22 MARS	POISSONS	POISSONS	CAPRICORNE	VERSEAU	GEMEAUX	BALANCE	SAGITTAIRE	BALANCE	12 SCORPION
23 MARS	POISSONS	POISSONS	CAPRICORNE	VERSEAU	GEMEAUX	BALANCE	SAGITTAIRE	BALANCE	24 SCORPION
24 MARS	POISSONS	POISSONS	CAPRICORNE	VERSEAU	GEMEAUX	BALANCE	SAGITTAIRE	BALANCE	6 SAGITTAIRE
25 MARS	POISSONS	BELIER	CAPRICORNE	VERSEAU	GEMEAUX	BALANCE	SAGITTAIRE	BALANCE	18 SAGITTAIRE
26 MARS	POISSONS	BELIER	CAPRICORNE	VERSEAU	GEMEAUX	BALANCE	SAGITTAIRE	BALANCE	0 CAPRICORNE
27 MARS	POISSONS	BELIER	VERSEAU	VERSEAU	GEMEAUX	BALANCE	SAGITTAIRE	BALANCE	12 CAPRICORNE
28 MARS	POISSONS	BELIER	VERSEAU	VERSEAU	GEMEAUX	BALANCE	SAGITTAIRE	BALANCE	24 CAPRICORNE
29 MARS	POISSONS	BELIER	VERSEAU	VERSEAU	GEMEAUX	BALANCE	SAGITTAIRE	BALANCE	6 VERSEAU
30 MARS	POISSONS	BELIER	VERSEAU	VERSEAU	GEMEAUX	BALANCE	SAGITTAIRE	BALANCE	19 VERSEAU
31 MARS	POISSONS	BELIER	VERSEAU	VERSEAU	GEMEAUX	BALANCE	SAGITTAIRE	BALANCE	2 POISSONS
1 AVRIL	POISSONS	BELIER	VERSEAU	VERSEAU	GEMEAUX	BALANCE	SAGITTAIRE	BALANCE	15 POISSONS
2 AVRIL	POISSONS	BELIER	VERSEAU	VERSEAU	GEMEAUX	BALANCE	SAGITTAIRE	BALANCE	29 POISSONS
3 AVRIL	POISSONS	BELIER	VERSEAU	VERSEAU	GEMEAUX	BALANCE	SAGITTAIRE	BALANCE	13 BELIER
4 AVRIL	POISSONS	BELIER	VERSEAU	VERSEAU	GEMEAUX	BALANCE	SAGITTAIRE	BALANCE	28 BELIER
5 AVRIL	POISSONS	BELIER	VERSEAU	VERSEAU	GEMEAUX	BALANCE	SAGITTAIRE	BALANCE	12 TAUREAU
6 AVRIL	POISSONS	BELIER	VERSEAU	VERSEAU	GEMEAUX	BALANCE	SAGITTAIRE	BALANCE	27 TAUREAU
7 AVRIL	POISSONS	BELIER	VERSEAU	VERSEAU	GEMEAUX	BALANCE	SAGITTAIRE	BALANCE	12 GEMEAUX
8 AVRIL	POISSONS	BELIER	VERSEAU	VERSEAU	GEMEAUX	BALANCE	SAGITTAIRE	BALANCE	26 GEMEAUX
9 AVRIL	POISSONS	BELIER	VERSEAU	VERSEAU	GEMEAUX	BALANCE	SAGITTAIRE	BALANCE	10 CANCER
10 AVRIL	POISSONS	BELIER	VERSEAU	VERSEAU	GEMEAUX	BALANCE	SAGITTAIRE	BALANCE	24 CANCER
11 AVRIL	POISSONS	BELIER	VERSEAU	VERSEAU	GEMEAUX	BALANCE	SAGITTAIRE	BALANCE	8 LION
12 AVRIL	POISSONS	BELIER	VERSEAU	VERSEAU	GEMEAUX	BALANCE	SAGITTAIRE	BALANCE	21 LION
13 AVRIL	POISSONS	BELIER	VERSEAU	VERSEAU	GEMEAUX	BALANCE	SAGITTAIRE	BALANCE	5 VIERGE
14 AVRIL	POISSONS	BELIER	VERSEAU	VERSEAU	GEMEAUX	BALANCE	SAGITTAIRE	BALANCE	18 VIERGE
15 AVRIL	POISSONS	BELIER	VERSEAU	VERSEAU	GEMEAUX	BALANCE	SAGITTAIRE	BALANCE	1 BALANCE
16 AVRIL	POISSONS	BELIER	VERSEAU	VERSEAU	GEMEAUX	BALANCE	SAGITTAIRE	BALANCE	14 BALANCE
17 AVRIL	BELIER	BELIER	VERSEAU	VERSEAU	GEMEAUX	BALANCE	SAGITTAIRE	BALANCE	26 BALANCE
18 AVRIL	BELIER	TAUREAU	VERSEAU	VERSEAU	GEMEAUX	BALANCE	SAGITTAIRE	BALANCE	8 SCORPION
19 AVRIL	BELIER	TAUREAU	VERSEAU	VERSEAU	GEMEAUX	BALANCE	SAGITTAIRE	BALANCE	21 SCORPION
20 AVRIL	BELIER	TAUREAU	VERSEAU	VERSEAU	GEMEAUX	BALANCE	SAGITTAIRE	BALANCE	3 SAGITTAIRE

ENTRE DANS LE SIGNE DU — LE 20 MARS — A 18 h 00

LE SOLEIL — BELIER — 1973 — * LES CHIFFRES INDIQUENT LES DEGRÉS

QUITTE LE SIGNE DU — LE 20 AVRIL — A 5 h 15

DECOUVREZ DANS QUEL SIGNE SE TROUVAIENT LES PLANETES A VOTRE NAISSANCE

1974	MERCURE	VENUS	MARS	JUPITER	SATURNE	URANUS	NEPTUNE	PLUTON	LUNE *
21 MARS	POISSONS	VERSEAU	GEMEAUX	POISSONS	GEMEAUX	BALANCE	SAGITTAIRE	BALANCE	2 POISSONS
22 MARS	POISSONS	VERSEAU	GEMEAUX	POISSONS	GEMEAUX	BALANCE	SAGITTAIRE	BALANCE	15 POISSONS
23 MARS	POISSONS	VERSEAU	GEMEAUX	POISSONS	GEMEAUX	BALANCE	SAGITTAIRE	BALANCE	28 POISSONS
24 MARS	POISSONS	VERSEAU	GEMEAUX	POISSONS	GEMEAUX	BALANCE	SAGITTAIRE	BALANCE	10 BELIER
25 MARS	POISSONS	VERSEAU	GEMEAUX	POISSONS	GEMEAUX	BALANCE	SAGITTAIRE	BALANCE	23 BELIER
26 MARS	POISSONS	VERSEAU	GEMEAUX	POISSONS	GEMEAUX	BALANCE	SAGITTAIRE	BALANCE	7 TAUREAU
27 MARS	POISSONS	VERSEAU	GEMEAUX	POISSONS	GEMEAUX	BALANCE	SAGITTAIRE	BALANCE	20 TAUREAU
28 MARS	POISSONS	VERSEAU	GEMEAUX	POISSONS	GEMEAUX	BALANCE	SAGITTAIRE	BALANCE	4 GEMEAUX
29 MARS	POISSONS	VERSEAU	GEMEAUX	POISSONS	GEMEAUX	BALANCE	SAGITTAIRE	BALANCE	18 GEMEAUX
30 MARS	POISSONS	VERSEAU	GEMEAUX	POISSONS	GEMEAUX	BALANCE	SAGITTAIRE	BALANCE	2 CANCER
31 MARS	POISSONS	VERSEAU	GEMEAUX	POISSONS	GEMEAUX	BALANCE	SAGITTAIRE	BALANCE	16 CANCER
1 AVRIL	POISSONS	VERSEAU	GEMEAUX	POISSONS	GEMEAUX	BALANCE	SAGITTAIRE	BALANCE	0 LION
2 AVRIL	POISSONS	VERSEAU	GEMEAUX	POISSONS	GEMEAUX	BALANCE	SAGITTAIRE	BALANCE	14 LION
3 AVRIL	POISSONS	VERSEAU	GEMEAUX	POISSONS	GEMEAUX	BALANCE	SAGITTAIRE	BALANCE	28 LION
4 AVRIL	POISSONS	VERSEAU	GEMEAUX	POISSONS	GEMEAUX	BALANCE	SAGITTAIRE	BALANCE	13 VIERGE
5 AVRIL	POISSONS	VERSEAU	GEMEAUX	POISSONS	GEMEAUX	BALANCE	SAGITTAIRE	BALANCE	27 VIERGE
6 AVRIL	POISSONS	VERSEAU	GEMEAUX	POISSONS	GEMEAUX	BALANCE	SAGITTAIRE	BALANCE	11 BALANCE
7 AVRIL	POISSONS	POISSONS	GEMEAUX	POISSONS	GEMEAUX	BALANCE	SAGITTAIRE	BALANCE	25 BALANCE
8 AVRIL	POISSONS	POISSONS	GEMEAUX	POISSONS	GEMEAUX	BALANCE	SAGITTAIRE	BALANCE	8 SCORPION
9 AVRIL	POISSONS	POISSONS	GEMEAUX	POISSONS	GEMEAUX	BALANCE	SAGITTAIRE	BALANCE	21 SCORPION
10 AVRIL	POISSONS	POISSONS	GEMEAUX	POISSONS	GEMEAUX	BALANCE	SAGITTAIRE	BALANCE	4 SAGITTAIRE
11 AVRIL	POISSONS	POISSONS	GEMEAUX	POISSONS	GEMEAUX	BALANCE	SAGITTAIRE	BALANCE	17 SAGITTAIRE
12 AVRIL	BELIER	POISSONS	GEMEAUX	POISSONS	GEMEAUX	BALANCE	SAGITTAIRE	BALANCE	29 SAGITTAIRE
13 AVRIL	BELIER	POISSONS	GEMEAUX	POISSONS	GEMEAUX	BALANCE	SAGITTAIRE	BALANCE	11 CAPRICORNE
14 AVRIL	BELIER	POISSONS	GEMEAUX	POISSONS	GEMEAUX	BALANCE	SAGITTAIRE	BALANCE	22 CAPRICORNE
15 AVRIL	BELIER	POISSONS	GEMEAUX	POISSONS	GEMEAUX	BALANCE	SAGITTAIRE	BALANCE	4 VERSEAU
16 AVRIL	BELIER	POISSONS	GEMEAUX	POISSONS	GEMEAUX	BALANCE	SAGITTAIRE	BALANCE	16 VERSEAU
17 AVRIL	BELIER	POISSONS	GEMEAUX	POISSONS	GEMEAUX	BALANCE	SAGITTAIRE	BALANCE	28 VERSEAU
18 AVRIL	BELIER	POISSONS	GEMEAUX	POISSONS	GEMEAUX	BALANCE	SAGITTAIRE	BALANCE	11 POISSONS
19 AVRIL	BELIER	POISSONS	GEMEAUX	POISSONS	CANCER	BALANCE	SAGITTAIRE	BALANCE	23 POISSONS
20 AVRIL	BELIER	POISSONS	CANCER	POISSONS	CANCER	BALANCE	SAGITTAIRE	BALANCE	6 BELIER

LE SOLEIL — ENTRE DANS LE SIGNE DU BELIER LE 21 MARS 1974 A 0 h 00
QUITTE LE SIGNE DU BELIER LE 20 AVRIL 1974 A 11 h 10

* LES CHIFFRES INDIQUENT LES DEGRÉS

1975	MERCURE	VENUS	MARS	JUPITER	SATURNE	URANUS	NEPTUNE	PLUTON	LUNE *
21 MARS	POISSONS	TAUREAU	VERSEAU	BELIER	CANCER	SCORPION	SAGITTAIRE	BALANCE	8 CANCER
22 MARS	POISSONS	TAUREAU	VERSEAU	BELIER	CANCER	SCORPION	SAGITTAIRE	BALANCE	22 CANCER
23 MARS	POISSONS	TAUREAU	VERSEAU	BELIER	CANCER	SCORPION	SAGITTAIRE	BALANCE	7 LION
24 MARS	POISSONS	TAUREAU	VERSEAU	BELIER	CANCER	SCORPION	SAGITTAIRE	BALANCE	21 LION
25 MARS	POISSONS	TAUREAU	VERSEAU	BELIER	CANCER	SCORPION	SAGITTAIRE	BALANCE	6 VIERGE
26 MARS	POISSONS	TAUREAU	VERSEAU	BELIER	CANCER	SCORPION	SAGITTAIRE	BALANCE	22 VIERGE
27 MARS	POISSONS	TAUREAU	VERSEAU	BELIER	CANCER	SCORPION	SAGITTAIRE	BALANCE	7 BALANCE
28 MARS	POISSONS	TAUREAU	VERSEAU	BELIER	CANCER	SCORPION	SAGITTAIRE	BALANCE	22 BALANCE
29 MARS	POISSONS	TAUREAU	VERSEAU	BELIER	CANCER	SCORPION	SAGITTAIRE	BALANCE	6 SCORPION
30 MARS	POISSONS	TAUREAU	VERSEAU	BELIER	CANCER	SCORPION	SAGITTAIRE	BALANCE	20 SCORPION
31 MARS	POISSONS	TAUREAU	VERSEAU	BELIER	CANCER	SCORPION	SAGITTAIRE	BALANCE	4 SAGITTAIRE
1 AVRIL	POISSONS	TAUREAU	VERSEAU	BELIER	CANCER	SCORPION	SAGITTAIRE	BALANCE	17 SAGITTAIRE
2 AVRIL	POISSONS	TAUREAU	VERSEAU	BELIER	CANCER	SCORPION	SAGITTAIRE	BALANCE	0 CAPRICORNE
3 AVRIL	POISSONS	TAUREAU	VERSEAU	BELIER	CANCER	SCORPION	SAGITTAIRE	BALANCE	13 CAPRICORNE
4 AVRIL	POISSONS	TAUREAU	VERSEAU	BELIER	CANCER	SCORPION	SAGITTAIRE	BALANCE	25 CAPRICORNE
5 AVRIL	BELIER	TAUREAU	VERSEAU	BELIER	CANCER	SCORPION	SAGITTAIRE	BALANCE	7 VERSEAU
6 AVRIL	BELIER	TAUREAU	VERSEAU	BELIER	CANCER	SCORPION	SAGITTAIRE	BALANCE	19 VERSEAU
7 AVRIL	BELIER	TAUREAU	VERSEAU	BELIER	CANCER	SCORPION	SAGITTAIRE	BALANCE	1 POISSONS
8 AVRIL	BELIER	TAUREAU	VERSEAU	BELIER	CANCER	SCORPION	SAGITTAIRE	BALANCE	12 POISSONS
9 AVRIL	BELIER	TAUREAU	VERSEAU	BELIER	CANCER	SCORPION	SAGITTAIRE	BALANCE	24 POISSONS
10 AVRIL	BELIER	TAUREAU	VERSEAU	BELIER	CANCER	SCORPION	SAGITTAIRE	BALANCE	6 BELIER
11 AVRIL	BELIER	TAUREAU	VERSEAU	BELIER	CANCER	SCORPION	SAGITTAIRE	BALANCE	18 BELIER
12 AVRIL	BELIER	TAUREAU	POISSONS	BELIER	CANCER	SCORPION	SAGITTAIRE	BALANCE	1 TAUREAU
13 AVRIL	BELIER	TAUREAU	POISSONS	BELIER	CANCER	SCORPION	SAGITTAIRE	BALANCE	13 TAUREAU
14 AVRIL	BELIER	GEMEAUX	POISSONS	BELIER	CANCER	SCORPION	SAGITTAIRE	BALANCE	26 TAUREAU
15 AVRIL	BELIER	GEMEAUX	POISSONS	BELIER	CANCER	SCORPION	SAGITTAIRE	BALANCE	9 GEMEAUX
16 AVRIL	BELIER	GEMEAUX	POISSONS	BELIER	CANCER	SCORPION	SAGITTAIRE	BALANCE	22 GEMEAUX
17 AVRIL	BELIER	GEMEAUX	POISSONS	BELIER	CANCER	SCORPION	SAGITTAIRE	BALANCE	5 CANCER
18 AVRIL	BELIER	GEMEAUX	POISSONS	BELIER	CANCER	SCORPION	SAGITTAIRE	BALANCE	19 CANCER
19 AVRIL	BELIER	GEMEAUX	POISSONS	BELIER	CANCER	SCORPION	SAGITTAIRE	BALANCE	2 LION
20 AVRIL	TAUREAU	GEMEAUX	POISSONS	BELIER	CANCER	SCORPION	SAGITTAIRE	BALANCE	17 LION

LE SOLEIL — ENTRE DANS LE SIGNE DU BELIER LE 21 MARS 1975 A 5 h 45
QUITTE LE SIGNE DU BELIER LE 20 AVRIL 1975 A 17 h 00

* LES CHIFFRES INDIQUENT LES DEGRÉS

DECOUVREZ DANS QUEL SIGNE SE TROUVAIENT LES PLANETES A VOTRE NAISSANCE

1976	MERCURE	VENUS	MARS	JUPITER	SATURNE	URANUS	NEPTUNE	PLUTON	LUNE *
20 MARS	POISSONS	POISSONS	CANCER	BELIER	CANCER	SCORPION	SAGITTAIRE	BALANCE	1 SAGITTAIRE
21 MARS	POISSONS	POISSONS	CANCER	BELIER	CANCER	SCORPION	SAGITTAIRE	BALANCE	15 SAGITTAIRE
22 MARS	POISSONS	POISSONS	CANCER	BELIER	CANCER	SCORPION	SAGITTAIRE	BALANCE	28 SAGITTAIRE
23 MARS	POISSONS	POISSONS	CANCER	BELIER	CANCER	SCORPION	SAGITTAIRE	BALANCE	11 CAPRICORNE
24 MARS	POISSONS	POISSONS	CANCER	BELIER	CANCER	SCORPION	SAGITTAIRE	BALANCE	24 CAPRICORNE
25 MARS	POISSONS	POISSONS	CANCER	BELIER	CANCER	SCORPION	SAGITTAIRE	BALANCE	7 VERSEAU
26 MARS	POISSONS	POISSONS	CANCER	TAUREAU	CANCER	SCORPION	SAGITTAIRE	BALANCE	19 VERSEAU
27 MARS	BELIER	POISSONS	CANCER	TAUREAU	CANCER	SCORPION	SAGITTAIRE	BALANCE	1 POISSONS
28 MARS	BELIER	POISSONS	CANCER	TAUREAU	CANCER	SCORPION	SAGITTAIRE	BALANCE	13 POISSONS
29 MARS	BELIER	POISSONS	CANCER	TAUREAU	CANCER	SCORPION	SAGITTAIRE	BALANCE	25 POISSONS
30 MARS	BELIER	POISSONS	CANCER	TAUREAU	CANCER	SCORPION	SAGITTAIRE	BALANCE	7 BELIER
31 MARS	BELIER	POISSONS	CANCER	TAUREAU	CANCER	SCORPION	SAGITTAIRE	BALANCE	19 BELIER
1 AVRIL	BELIER	POISSONS	CANCER	TAUREAU	CANCER	SCORPION	SAGITTAIRE	BALANCE	1 TAUREAU
2 AVRIL	BELIER	POISSONS	CANCER	TAUREAU	CANCER	SCORPION	SAGITTAIRE	BALANCE	13 TAUREAU
3 AVRIL	BELIER	POISSONS	CANCER	TAUREAU	CANCER	SCORPION	SAGITTAIRE	BALANCE	25 TAUREAU
4 AVRIL	BELIER	POISSONS	CANCER	TAUREAU	CANCER	SCORPION	SAGITTAIRE	BALANCE	7 GEMEAUX
5 AVRIL	BELIER	POISSONS	CANCER	TAUREAU	CANCER	SCORPION	SAGITTAIRE	BALANCE	19 GEMEAUX
6 AVRIL	BELIER	POISSONS	CANCER	TAUREAU	CANCER	SCORPION	SAGITTAIRE	BALANCE	1 CANCER
7 AVRIL	BELIER	POISSONS	CANCER	TAUREAU	CANCER	SCORPION	SAGITTAIRE	BALANCE	14 CANCER
8 AVRIL	BELIER	BELIER	CANCER	TAUREAU	CANCER	SCORPION	SAGITTAIRE	BALANCE	27 CANCER
9 AVRIL	BELIER	BELIER	CANCER	TAUREAU	CANCER	SCORPION	SAGITTAIRE	BALANCE	11 LION
10 AVRIL	TAUREAU	BELIER	CANCER	TAUREAU	CANCER	SCORPION	SAGITTAIRE	BALANCE	25 LION
11 AVRIL	TAUREAU	BELIER	CANCER	TAUREAU	CANCER	SCORPION	SAGITTAIRE	BALANCE	9 VIERGE
12 AVRIL	TAUREAU	BELIER	CANCER	TAUREAU	CANCER	SCORPION	SAGITTAIRE	BALANCE	24 VIERGE
13 AVRIL	TAUREAU	BELIER	CANCER	TAUREAU	CANCER	SCORPION	SAGITTAIRE	BALANCE	9 BALANCE
14 AVRIL	TAUREAU	BELIER	CANCER	TAUREAU	CANCER	SCORPION	SAGITTAIRE	BALANCE	24 BALANCE
15 AVRIL	TAUREAU	BELIER	CANCER	TAUREAU	CANCER	SCORPION	SAGITTAIRE	BALANCE	10 SCORPION
16 AVRIL	TAUREAU	BELIER	CANCER	TAUREAU	CANCER	SCORPION	SAGITTAIRE	BALANCE	25 SCORPION
17 AVRIL	TAUREAU	BELIER	CANCER	TAUREAU	CANCER	SCORPION	SAGITTAIRE	BALANCE	9 SAGITTAIRE
18 AVRIL	TAUREAU	BELIER	CANCER	TAUREAU	CANCER	SCORPION	SAGITTAIRE	BALANCE	23 SAGITTAIRE
19 AVRIL	TAUREAU	BELIER	CANCER	TAUREAU	CANCER	SCORPION	SAGITTAIRE	BALANCE	7 CAPRICORNE

LE SOLEIL — ENTRE DANS LE SIGNE DU BELIER LE 20 MARS 1976 A 11 h 45
QUITTE LE SIGNE DU BELIER LE 19 AVRIL 1976 A 23 h 00

* LES CHIFFRES INDIQUENT LES DEGRÉS

1977	MERCURE	VENUS	MARS	JUPITER	SATURNE	URANUS	NEPTUNE	PLUTON	LUNE *
20 MARS	BELIER	BELIER	POISSONS	TAUREAU	LION	SCORPION	SAGITTAIRE	BALANCE	8 BELIER
21 MARS	BELIER	BELIER	POISSONS	TAUREAU	LION	SCORPION	SAGITTAIRE	BALANCE	20 BELIER
22 MARS	BELIER	BELIER	POISSONS	TAUREAU	LION	SCORPION	SAGITTAIRE	BALANCE	2 TAUREAU
23 MARS	BELIER	BELIER	POISSONS	TAUREAU	LION	SCORPION	SAGITTAIRE	BALANCE	14 TAUREAU
24 MARS	BELIER	BELIER	POISSONS	TAUREAU	LION	SCORPION	SAGITTAIRE	BALANCE	26 TAUREAU
25 MARS	BELIER	BELIER	POISSONS	TAUREAU	LION	SCORPION	SAGITTAIRE	BALANCE	8 GEMEAUX
26 MARS	BELIER	BELIER	POISSONS	TAUREAU	LION	SCORPION	SAGITTAIRE	BALANCE	20 GEMEAUX
27 MARS	BELIER	BELIER	POISSONS	TAUREAU	LION	SCORPION	SAGITTAIRE	BALANCE	2 CANCER
28 MARS	BELIER	BELIER	POISSONS	TAUREAU	LION	SCORPION	SAGITTAIRE	BALANCE	14 CANCER
29 MARS	BELIER	BELIER	POISSONS	TAUREAU	LION	SCORPION	SAGITTAIRE	BALANCE	26 CANCER
30 MARS	BELIER	BELIER	POISSONS	TAUREAU	LION	SCORPION	SAGITTAIRE	BALANCE	9 LION
31 MARS	BELIER	BELIER	POISSONS	TAUREAU	LION	SCORPION	SAGITTAIRE	BALANCE	22 LION
1 AVRIL	BELIER	BELIER	POISSONS	TAUREAU	LION	SCORPION	SAGITTAIRE	BALANCE	6 VIERGE
2 AVRIL	BELIER	BELIER	POISSONS	TAUREAU	LION	SCORPION	SAGITTAIRE	BALANCE	20 VIERGE
3 AVRIL	TAUREAU	BELIER	POISSONS	TAUREAU	LION	SCORPION	SAGITTAIRE	BALANCE	4 BALANCE
4 AVRIL	TAUREAU	BELIER	POISSONS	GEMEAUX	LION	SCORPION	SAGITTAIRE	BALANCE	19 BALANCE
5 AVRIL	TAUREAU	BELIER	POISSONS	GEMEAUX	LION	SCORPION	SAGITTAIRE	BALANCE	4 SCORPION
6 AVRIL	TAUREAU	BELIER	POISSONS	GEMEAUX	LION	SCORPION	SAGITTAIRE	BALANCE	18 SCORPION
7 AVRIL	TAUREAU	BELIER	POISSONS	GEMEAUX	LION	SCORPION	SAGITTAIRE	BALANCE	3 SAGITTAIRE
8 AVRIL	TAUREAU	BELIER	POISSONS	GEMEAUX	LION	SCORPION	SAGITTAIRE	BALANCE	18 SAGITTAIRE
9 AVRIL	TAUREAU	BELIER	POISSONS	GEMEAUX	LION	SCORPION	SAGITTAIRE	BALANCE	2 CAPRICORNE
10 AVRIL	TAUREAU	BELIER	POISSONS	GEMEAUX	LION	SCORPION	SAGITTAIRE	BALANCE	16 CAPRICORNE
11 AVRIL	TAUREAU	BELIER	POISSONS	GEMEAUX	LION	SCORPION	SAGITTAIRE	BALANCE	0 VERSEAU
12 AVRIL	TAUREAU	BELIER	POISSONS	GEMEAUX	LION	SCORPION	SAGITTAIRE	BALANCE	13 VERSEAU
13 AVRIL	TAUREAU	BELIER	POISSONS	GEMEAUX	LION	SCORPION	SAGITTAIRE	BALANCE	27 VERSEAU
14 AVRIL	TAUREAU	BELIER	POISSONS	GEMEAUX	LION	SCORPION	SAGITTAIRE	BALANCE	9 POISSONS
15 AVRIL	TAUREAU	BELIER	POISSONS	GEMEAUX	LION	SCORPION	SAGITTAIRE	BALANCE	22 POISSONS
16 AVRIL	TAUREAU	BELIER	POISSONS	GEMEAUX	LION	SCORPION	SAGITTAIRE	BALANCE	4 BELIER
17 AVRIL	TAUREAU	BELIER	POISSONS	GEMEAUX	LION	SCORPION	SAGITTAIRE	BALANCE	17 BELIER
18 AVRIL	TAUREAU	BELIER	POISSONS	GEMEAUX	LION	SCORPION	SAGITTAIRE	BALANCE	29 BELIER
19 AVRIL	TAUREAU	BELIER	POISSONS	GEMEAUX	LION	SCORPION	SAGITTAIRE	BALANCE	11 TAUREAU
20 AVRIL	TAUREAU	BELIER	POISSONS	GEMEAUX	LION	SCORPION	SAGITTAIRE	BALANCE	22 TAUREAU

LE SOLEIL — ENTRE DANS LE SIGNE DU BELIER LE 20 MARS 1977 A 17 h 15
QUITTE LE SIGNE DU BELIER LE 20 AVRIL 1977 A 4 h 30

* LES CHIFFRES INDIQUENT LES DEGRÉS

DECOUVREZ DANS QUEL SIGNE SE TROUVAIENT LES PLANETES A VOTRE NAISSANCE

1978	MERCURE	VENUS	MARS	JUPITER	SATURNE	URANUS	NEPTUNE	PLUTON	LUNE *
20 MARS	BELIER	BELIER	CANCER	GEMEAUX	LION	SCORPION	SAGITTAIRE	BALANCE	10 LION
21 MARS	BELIER	BELIER	CANCER	GEMEAUX	LION	SCORPION	SAGITTAIRE	BALANCE	22 LION
22 MARS	BELIER	BELIER	CANCER	GEMEAUX	LION	SCORPION	SAGITTAIRE	BALANCE	5 VIERGE
23 MARS	BELIER	BELIER	CANCER	GEMEAUX	LION	SCORPION	SAGITTAIRE	BALANCE	18 VIERGE
24 MARS	BELIER	BELIER	CANCER	GEMEAUX	LION	SCORPION	SAGITTAIRE	BALANCE	1 BALANCE
25 MARS	BELIER	BELIER	CANCER	GEMEAUX	LION	SCORPION	SAGITTAIRE	BALANCE	14 BALANCE
26 MARS	BELIER	BELIER	CANCER	GEMEAUX	LION	SCORPION	SAGITTAIRE	BALANCE	28 BALANCE
27 MARS	BELIER	BELIER	CANCER	GEMEAUX	LION	SCORPION	SAGITTAIRE	BALANCE	12 SCORPION
28 MARS	BELIER	BELIER	CANCER	GEMEAUX	LION	SCORPION	SAGITTAIRE	BALANCE	26 SCORPION
29 MARS	BELIER	BELIER	CANCER	GEMEAUX	LION	SCORPION	SAGITTAIRE	BALANCE	10 SAGITTAIRE
30 MARS	BELIER	BELIER	CANCER	GEMEAUX	LION	SCORPION	SAGITTAIRE	BALANCE	24 SAGITTAIRE
31 MARS	BELIER	BELIER	CANCER	GEMEAUX	LION	SCORPION	SAGITTAIRE	BALANCE	8 CAPRICORNE
1 AVRIL	BELIER	BELIER	CANCER	GEMEAUX	LION	SCORPION	SAGITTAIRE	BALANCE	23 CAPRICORNE
2 AVRIL	BELIER	BELIER	CANCER	GEMEAUX	LION	SCORPION	SAGITTAIRE	BALANCE	7 VERSEAU
3 AVRIL	BELIER	TAUREAU	CANCER	GEMEAUX	LION	SCORPION	SAGITTAIRE	BALANCE	21 VERSEAU
4 AVRIL	BELIER	TAUREAU	CANCER	GEMEAUX	LION	SCORPION	SAGITTAIRE	BALANCE	5 POISSONS
5 AVRIL	BELIER	TAUREAU	CANCER	GEMEAUX	LION	SCORPION	SAGITTAIRE	BALANCE	18 POISSONS
6 AVRIL	BELIER	TAUREAU	CANCER	GEMEAUX	LION	SCORPION	SAGITTAIRE	BALANCE	2 BELIER
7 AVRIL	BELIER	TAUREAU	CANCER	GEMEAUX	LION	SCORPION	SAGITTAIRE	BALANCE	15 BELIER
8 AVRIL	BELIER	TAUREAU	CANCER	GEMEAUX	LION	SCORPION	SAGITTAIRE	BALANCE	28 BELIER
9 AVRIL	BELIER	TAUREAU	CANCER	GEMEAUX	LION	SCORPION	SAGITTAIRE	BALANCE	11 TAUREAU
10 AVRIL	BELIER	TAUREAU	CANCER	GEMEAUX	LION	SCORPION	SAGITTAIRE	BALANCE	24 TAUREAU
11 AVRIL	BELIER	TAUREAU	LION	GEMEAUX	LION	SCORPION	SAGITTAIRE	BALANCE	6 GEMEAUX
12 AVRIL	BELIER	TAUREAU	LION	CANCER	LION	SCORPION	SAGITTAIRE	BALANCE	18 GEMEAUX
13 AVRIL	BELIER	TAUREAU	LION	CANCER	LION	SCORPION	SAGITTAIRE	BALANCE	0 CANCER
14 AVRIL	BELIER	TAUREAU	LION	CANCER	LION	SCORPION	SAGITTAIRE	BALANCE	12 CANCER
15 AVRIL	BELIER	TAUREAU	LION	CANCER	LION	SCORPION	SAGITTAIRE	BALANCE	24 CANCER
16 AVRIL	BELIER	TAUREAU	LION	CANCER	LION	SCORPION	SAGITTAIRE	BALANCE	6 LION
17 AVRIL	BELIER	TAUREAU	LION	CANCER	LION	SCORPION	SAGITTAIRE	BALANCE	18 LION
18 AVRIL	BELIER	TAUREAU	LION	CANCER	LION	SCORPION	SAGITTAIRE	BALANCE	0 VIERGE
19 AVRIL	BELIER	TAUREAU	LION	CANCER	LION	SCORPION	SAGITTAIRE	BALANCE	13 VIERGE
20 AVRIL	BELIER	TAUREAU	LION	CANCER	LION	SCORPION	SAGITTAIRE	BALANCE	26 VIERGE

	ENTRE DANS LE SIGNE DU		LE 20 MARS		A 23 h 15	
LE SOLEIL		BELIER		1978		* LES CHIFFRES INDIQUENT LES DEGRÉS
	QUITTE LE SIGNE DU		LE 20 AVRIL		A 10 h 30	

1979	MERCURE	VENUS	MARS	JUPITER	SATURNE	URANUS	NEPTUNE	PLUTON	LUNE *
21 MARS	BELIER	VERSEAU	POISSONS	CANCER	VIERGE	SCORPION	SAGITTAIRE	BALANCE	0 CAPRICORNE
22 MARS	BELIER	VERSEAU	POISSONS	CANCER	VIERGE	SCORPION	SAGITTAIRE	BALANCE	14 CAPRICORNE
23 MARS	BELIER	VERSEAU	POISSONS	CANCER	VIERGE	SCORPION	SAGITTAIRE	BALANCE	29 CAPRICORNE
24 MARS	BELIER	VERSEAU	POISSONS	CANCER	VIERGE	SCORPION	SAGITTAIRE	BALANCE	13 VERSEAU
25 MARS	BELIER	VERSEAU	POISSONS	CANCER	VIERGE	SCORPION	SAGITTAIRE	BALANCE	28 VERSEAU
26 MARS	BELIER	VERSEAU	POISSONS	CANCER	VIERGE	SCORPION	SAGITTAIRE	BALANCE	13 POISSONS
27 MARS	BELIER	VERSEAU	POISSONS	CANCER	VIERGE	SCORPION	SAGITTAIRE	BALANCE	27 POISSONS
28 MARS	POISSONS	VERSEAU	POISSONS	CANCER	VIERGE	SCORPION	SAGITTAIRE	BALANCE	12 BELIER
29 MARS	POISSONS	POISSONS	POISSONS	CANCER	VIERGE	SCORPION	SAGITTAIRE	BALANCE	26 BELIER
30 MARS	POISSONS	POISSONS	POISSONS	CANCER	VIERGE	SCORPION	SAGITTAIRE	BALANCE	10 TAUREAU
31 MARS	POISSONS	POISSONS	POISSONS	CANCER	VIERGE	SCORPION	SAGITTAIRE	BALANCE	24 TAUREAU
1 AVRIL	POISSONS	POISSONS	POISSONS	CANCER	VIERGE	SCORPION	SAGITTAIRE	BALANCE	7 GEMEAUX
2 AVRIL	POISSONS	POISSONS	POISSONS	CANCER	VIERGE	SCORPION	SAGITTAIRE	BALANCE	20 GEMEAUX
3 AVRIL	POISSONS	POISSONS	POISSONS	CANCER	VIERGE	SCORPION	SAGITTAIRE	BALANCE	3 CANCER
4 AVRIL	POISSONS	POISSONS	POISSONS	CANCER	VIERGE	SCORPION	SAGITTAIRE	BALANCE	15 CANCER
5 AVRIL	POISSONS	POISSONS	POISSONS	CANCER	VIERGE	SCORPION	SAGITTAIRE	BALANCE	27 CANCER
6 AVRIL	POISSONS	POISSONS	POISSONS	CANCER	VIERGE	SCORPION	SAGITTAIRE	BALANCE	9 LION
7 AVRIL	POISSONS	POISSONS	BELIER	CANCER	VIERGE	SCORPION	SAGITTAIRE	BALANCE	20 LION
8 AVRIL	POISSONS	POISSONS	BELIER	CANCER	VIERGE	SCORPION	SAGITTAIRE	BALANCE	2 VIERGE
9 AVRIL	POISSONS	POISSONS	BELIER	CANCER	VIERGE	SCORPION	SAGITTAIRE	BALANCE	14 VIERGE
10 AVRIL	POISSONS	POISSONS	BELIER	CANCER	VIERGE	SCORPION	SAGITTAIRE	BALANCE	26 VIERGE
11 AVRIL	POISSONS	POISSONS	BELIER	CANCER	VIERGE	SCORPION	SAGITTAIRE	BALANCE	9 BALANCE
12 AVRIL	POISSONS	POISSONS	BELIER	CANCER	VIERGE	SCORPION	SAGITTAIRE	BALANCE	21 BALANCE
13 AVRIL	POISSONS	POISSONS	BELIER	CANCER	VIERGE	SCORPION	SAGITTAIRE	BALANCE	4 SCORPION
14 AVRIL	POISSONS	POISSONS	BELIER	CANCER	VIERGE	SCORPION	SAGITTAIRE	BALANCE	17 SCORPION
15 AVRIL	POISSONS	POISSONS	BELIER	CANCER	VIERGE	SCORPION	SAGITTAIRE	BALANCE	0 SAGITTAIRE
16 AVRIL	POISSONS	POISSONS	BELIER	CANCER	VIERGE	SCORPION	SAGITTAIRE	BALANCE	14 SAGITTAIRE
17 AVRIL	POISSONS	POISSONS	BELIER	CANCER	VIERGE	SCORPION	SAGITTAIRE	BALANCE	27 SAGITTAIRE
18 AVRIL	BELIER	POISSONS	BELIER	CANCER	VIERGE	SCORPION	SAGITTAIRE	BALANCE	11 CAPRICORNE
19 AVRIL	BELIER	POISSONS	BELIER	CANCER	VIERGE	SCORPION	SAGITTAIRE	BALANCE	25 CAPRICORNE
20 AVRIL	BELIER	POISSONS	BELIER	LION	VIERGE	SCORPION	SAGITTAIRE	BALANCE	9 VERSEAU

	ENTRE DANS LE SIGNE DU		LE 21 MARS		A 5 h 10	
LE SOLEIL		BELIER		1979		* LES CHIFFRES INDIQUENT LES DEGRÉS
	QUITTE LE SIGNE DU		LE 20 AVRIL		A 16 h 15	

DECOUVREZ DANS QUEL SIGNE SE TROUVAIENT LES PLANETES A VOTRE NAISSANCE

1980	MERCURE	VENUS	MARS	JUPITER	SATURNE	URANUS	NEPTUNE	PLUTON	LUNE *
20 MARS	POISSONS	TAUREAU	LION	VIERGE	VIERGE	SCORPION	SAGITTAIRE	BALANCE	21 TAUREAU
21 MARS	POISSONS	TAUREAU	LION	VIERGE	VIERGE	SCORPION	SAGITTAIRE	BALANCE	6 GEMEAUX
22 MARS	POISSONS	TAUREAU	LION	VIERGE	VIERGE	SCORPION	SAGITTAIRE	BALANCE	19 GEMEAUX
23 MARS	POISSONS	TAUREAU	LION	VIERGE	VIERGE	SCORPION	SAGITTAIRE	BALANCE	2 CANCER
24 MARS	POISSONS	TAUREAU	LION	VIERGE	VIERGE	SCORPION	SAGITTAIRE	BALANCE	15 CANCER
25 MARS	POISSONS	TAUREAU	LION	VIERGE	VIERGE	SCORPION	SAGITTAIRE	BALANCE	28 CANCER
26 MARS	POISSONS	TAUREAU	LION	VIERGE	VIERGE	SCORPION	SAGITTAIRE	BALANCE	10 LION
27 MARS	POISSONS	TAUREAU	LION	VIERGE	VIERGE	SCORPION	SAGITTAIRE	BALANCE	22 LION
28 MARS	POISSONS	TAUREAU	LION	VIERGE	VIERGE	SCORPION	SAGITTAIRE	BALANCE	4 VIERGE
29 MARS	POISSONS	TAUREAU	LION	VIERGE	VIERGE	SCORPION	SAGITTAIRE	BALANCE	15 VIERGE
30 MARS	POISSONS	TAUREAU	LION	VIERGE	VIERGE	SCORPION	SAGITTAIRE	BALANCE	27 VIERGE
31 MARS	POISSONS	TAUREAU	LION	VIERGE	VIERGE	SCORPION	SAGITTAIRE	BALANCE	9 BALANCE
1 AVRIL	POISSONS	TAUREAU	LION	VIERGE	VIERGE	SCORPION	SAGITTAIRE	BALANCE	21 BALANCE
2 AVRIL	POISSONS	TAUREAU	LION	VIERGE	VIERGE	SCORPION	SAGITTAIRE	BALANCE	3 SCORPION
3 AVRIL	POISSONS	TAUREAU	LION	VIERGE	VIERGE	SCORPION	SAGITTAIRE	BALANCE	15 SCORPION
4 AVRIL	POISSONS	GEMEAUX	LION	VIERGE	VIERGE	SCORPION	SAGITTAIRE	BALANCE	27 SCORPION
5 AVRIL	POISSONS	GEMEAUX	LION	VIERGE	VIERGE	SCORPION	SAGITTAIRE	BALANCE	10 SAGITTAIRE
6 AVRIL	POISSONS	GEMEAUX	LION	VIERGE	VIERGE	SCORPION	SAGITTAIRE	BALANCE	22 SAGITTAIRE
7 AVRIL	POISSONS	GEMEAUX	LION	VIERGE	VIERGE	SCORPION	SAGITTAIRE	BALANCE	5 CAPRICORNE
8 AVRIL	POISSONS	GEMEAUX	LION	VIERGE	VIERGE	SCORPION	SAGITTAIRE	BALANCE	18 CAPRICORNE
9 AVRIL	POISSONS	GEMEAUX	LION	VIERGE	VIERGE	SCORPION	SAGITTAIRE	BALANCE	2 VERSEAU
10 AVRIL	POISSONS	GEMEAUX	LION	VIERGE	VIERGE	SCORPION	SAGITTAIRE	BALANCE	16 VERSEAU
11 AVRIL	POISSONS	GEMEAUX	LION	VIERGE	VIERGE	SCORPION	SAGITTAIRE	BALANCE	0 POISSONS
12 AVRIL	POISSONS	GEMEAUX	LION	VIERGE	VIERGE	SCORPION	SAGITTAIRE	BALANCE	15 POISSONS
13 AVRIL	POISSONS	GEMEAUX	LION	VIERGE	VIERGE	SCORPION	SAGITTAIRE	BALANCE	0 BELIER
14 AVRIL	POISSONS	GEMEAUX	LION	VIERGE	VIERGE	SCORPION	SAGITTAIRE	BALANCE	15 BELIER
15 AVRIL	BELIER	GEMEAUX	LION	VIERGE	VIERGE	SCORPION	SAGITTAIRE	BALANCE	0 TAUREAU
16 AVRIL	BELIER	GEMEAUX	LION	VIERGE	VIERGE	SCORPION	SAGITTAIRE	BALANCE	15 TAUREAU
17 AVRIL	BELIER	GEMEAUX	LION	VIERGE	VIERGE	SCORPION	SAGITTAIRE	BALANCE	0 GEMEAUX
18 AVRIL	BELIER	GEMEAUX	LION	VIERGE	VIERGE	SCORPION	SAGITTAIRE	BALANCE	14 GEMEAUX
19 AVRIL	BELIER	GEMEAUX	LION	VIERGE	VIERGE	SCORPION	SAGITTAIRE	BALANCE	28 GEMEAUX

ENTRE DANS LE SIGNE DU LE 20 MARS A 11 h 00
LE SOLEIL BELIER 1980 * LES CHIFFRES INDIQUENT LES DEGRÉS
QUITTE LE SIGNE DU LE 19 AVRIL A 22 h 00

1981	MERCURE	VENUS	MARS	JUPITER	SATURNE	URANUS	NEPTUNE	PLUTON	LUNE *
20 MARS	POISSONS	POISSONS	BELIER	BALANCE	BALANCE	SAGITTAIRE	SAGITTAIRE	BALANCE	28 VIERGE
21 MARS	POISSONS	POISSONS	BELIER	BALANCE	BALANCE	SCORPION	SAGITTAIRE	BALANCE	10 BALANCE
22 MARS	POISSONS	POISSONS	BELIER	BALANCE	BALANCE	SCORPION	SAGITTAIRE	BALANCE	22 BALANCE
23 MARS	POISSONS	POISSONS	BELIER	BALANCE	BALANCE	SCORPION	SAGITTAIRE	BALANCE	4 SCORPION
24 MARS	POISSONS	BELIER	BELIER	BALANCE	BALANCE	SCORPION	SAGITTAIRE	BALANCE	16 SCORPION
25 MARS	POISSONS	BELIER	BELIER	BALANCE	BALANCE	SCORPION	SAGITTAIRE	BALANCE	28 SCORPION
26 MARS	POISSONS	BELIER	BELIER	BALANCE	BALANCE	SCORPION	SAGITTAIRE	BALANCE	10 SAGITTAIRE
27 MARS	POISSONS	BELIER	BELIER	BALANCE	BALANCE	SCORPION	SAGITTAIRE	BALANCE	22 SAGITTAIRE
28 MARS	POISSONS	BELIER	BELIER	BALANCE	BALANCE	SCORPION	SAGITTAIRE	BALANCE	4 CAPRICORNE
29 MARS	POISSONS	BELIER	BELIER	BALANCE	BALANCE	SCORPION	SAGITTAIRE	BALANCE	16 CAPRICORNE
30 MARS	POISSONS	BELIER	BELIER	BALANCE	BALANCE	SCORPION	SAGITTAIRE	BALANCE	29 CAPRICORNE
31 MARS	POISSONS	BELIER	BELIER	BALANCE	BALANCE	SCORPION	SAGITTAIRE	BALANCE	12 VERSEAU
1 AVRIL	POISSONS	BELIER	BELIER	BALANCE	BALANCE	SCORPION	SAGITTAIRE	BALANCE	26 VERSEAU
2 AVRIL	POISSONS	BELIER	BELIER	BALANCE	BALANCE	SCORPION	SAGITTAIRE	BALANCE	10 POISSONS
3 AVRIL	POISSONS	BELIER	BELIER	BALANCE	BALANCE	SCORPION	SAGITTAIRE	BALANCE	24 POISSONS
4 AVRIL	POISSONS	BELIER	BELIER	BALANCE	BALANCE	SCORPION	SAGITTAIRE	BALANCE	9 BELIER
5 AVRIL	POISSONS	BELIER	BELIER	BALANCE	BALANCE	SCORPION	SAGITTAIRE	BALANCE	25 BELIER
6 AVRIL	POISSONS	BELIER	BELIER	BALANCE	BALANCE	SCORPION	SAGITTAIRE	BALANCE	10 TAUREAU
7 AVRIL	POISSONS	BELIER	BELIER	BALANCE	BALANCE	SCORPION	SAGITTAIRE	BALANCE	25 TAUREAU
8 AVRIL	BELIER	BELIER	BELIER	BALANCE	BALANCE	SCORPION	SAGITTAIRE	BALANCE	10 GEMEAUX
9 AVRIL	BELIER	BELIER	BELIER	BALANCE	BALANCE	SCORPION	SAGITTAIRE	BALANCE	24 GEMEAUX
10 AVRIL	BELIER	BELIER	BELIER	BALANCE	BALANCE	SCORPION	SAGITTAIRE	BALANCE	8 CANCER
11 AVRIL	BELIER	BELIER	BELIER	BALANCE	BALANCE	SCORPION	SAGITTAIRE	BALANCE	22 CANCER
12 AVRIL	BELIER	BELIER	BELIER	BALANCE	BALANCE	SCORPION	SAGITTAIRE	BALANCE	5 LION
13 AVRIL	BELIER	BELIER	BELIER	BALANCE	BALANCE	SCORPION	SAGITTAIRE	BALANCE	18 LION
14 AVRIL	BELIER	BELIER	BELIER	BALANCE	BALANCE	SCORPION	SAGITTAIRE	BALANCE	0 VIERGE
15 AVRIL	BELIER	BELIER	BELIER	BALANCE	BALANCE	SCORPION	SAGITTAIRE	BALANCE	13 VIERGE
16 AVRIL	BELIER	BELIER	BELIER	BALANCE	BALANCE	SCORPION	SAGITTAIRE	BALANCE	25 VIERGE
17 AVRIL	BELIER	TAUREAU	BELIER	BALANCE	BALANCE	SCORPION	SAGITTAIRE	BALANCE	7 BALANCE
18 AVRIL	BELIER	TAUREAU	BELIER	BALANCE	BALANCE	SCORPION	SAGITTAIRE	BALANCE	19 BALANCE
19 AVRIL	BELIER	TAUREAU	BELIER	BALANCE	BALANCE	SCORPION	SAGITTAIRE	BALANCE	1 SCORPION
20 AVRIL	BELIER	TAUREAU	BELIER	BALANCE	BALANCE	SCORPION	SAGITTAIRE	BALANCE	13 SCORPION

ENTRE DANS LE SIGNE DU LE 20 MARS A 16 h 30
LE SOLEIL BELIER 1981 * LES CHIFFRES INDIQUENT LES DEGRÉS
QUITTE LE SIGNE DU LE 20 AVRIL A 4 h 00

DECOUVREZ DANS QUEL SIGNE SE TROUVAIENT LES PLANETES A VOTRE NAISSANCE

1982	MERCURE	VENUS	MARS	JUPITER	SATURNE	URANUS	NEPTUNE	PLUTON	LUNE *
20 MARS	POISSONS	VERSEAU	BALANCE	SCORPION	BALANCE	SAGITTAIRE	SAGITTAIRE	BALANCE	0 VERSEAU
21 MARS	POISSONS	VERSEAU	BALANCE	SCORPION	BALANCE	SAGITTAIRE	SAGITTAIRE	BALANCE	12 VERSEAU
22 MARS	POISSONS	VERSEAU	BALANCE	SCORPION	BALANCE	SAGITTAIRE	SAGITTAIRE	BALANCE	25 VERSEAU
23 MARS	POISSONS	VERSEAU	BALANCE	SCORPION	BALANCE	SAGITTAIRE	SAGITTAIRE	BALANCE	8 POISSONS
24 MARS	POISSONS	VERSEAU	BALANCE	SCORPION	BALANCE	SAGITTAIRE	SAGITTAIRE	BALANCE	21 POISSONS
25 MARS	POISSONS	VERSEAU	BALANCE	SCORPION	BALANCE	SAGITTAIRE	SAGITTAIRE	BALANCE	5 BELIER
26 MARS	POISSONS	VERSEAU	BALANCE	SCORPION	BALANCE	SAGITTAIRE	SAGITTAIRE	BALANCE	19 BELIER
27 MARS	POISSONS	VERSEAU	BALANCE	SCORPION	BALANCE	SAGITTAIRE	SAGITTAIRE	BALANCE	3 TAUREAU
28 MARS	POISSONS	VERSEAU	BALANCE	SCORPION	BALANCE	SAGITTAIRE	SAGITTAIRE	BALANCE	18 TAUREAU
29 MARS	POISSONS	VERSEAU	BALANCE	SCORPION	BALANCE	SAGITTAIRE	SAGITTAIRE	BALANCE	2 GEMEAUX
30 MARS	POISSONS	VERSEAU	BALANCE	SCORPION	BALANCE	SAGITTAIRE	SAGITTAIRE	BALANCE	17 GEMEAUX
31 MARS	POISSONS	VERSEAU	BALANCE	SCORPION	BALANCE	SAGITTAIRE	SAGITTAIRE	BALANCE	1 CANCER
1 AVRIL	BELIER	VERSEAU	BALANCE	SCORPION	BALANCE	SAGITTAIRE	SAGITTAIRE	BALANCE	15 CANCER
2 AVRIL	BELIER	VERSEAU	BALANCE	SCORPION	BALANCE	SAGITTAIRE	SAGITTAIRE	BALANCE	29 CANCER
3 AVRIL	BELIER	VERSEAU	BALANCE	SCORPION	BALANCE	SAGITTAIRE	SAGITTAIRE	BALANCE	12 LION
4 AVRIL	BELIER	VERSEAU	BALANCE	SCORPION	BALANCE	SAGITTAIRE	SAGITTAIRE	BALANCE	26 LION
5 AVRIL	BELIER	VERSEAU	BALANCE	SCORPION	BALANCE	SAGITTAIRE	SAGITTAIRE	BALANCE	10 VIERGE
6 AVRIL	BELIER	VERSEAU	BALANCE	SCORPION	BALANCE	SAGITTAIRE	SAGITTAIRE	BALANCE	23 VIERGE
7 AVRIL	BELIER	POISSONS	BALANCE	SCORPION	BALANCE	SAGITTAIRE	SAGITTAIRE	BALANCE	6 BALANCE
8 AVRIL	BELIER	POISSONS	BALANCE	SCORPION	BALANCE	SAGITTAIRE	SAGITTAIRE	BALANCE	19 BALANCE
9 AVRIL	BELIER	POISSONS	BALANCE	SCORPION	BALANCE	SAGITTAIRE	SAGITTAIRE	BALANCE	1 SCORPION
10 AVRIL	BELIER	POISSONS	BALANCE	SCORPION	BALANCE	SAGITTAIRE	SAGITTAIRE	BALANCE	14 SCORPION
11 AVRIL	BELIER	POISSONS	BALANCE	SCORPION	BALANCE	SAGITTAIRE	SAGITTAIRE	BALANCE	26 SCORPION
12 AVRIL	BELIER	POISSONS	BALANCE	SCORPION	BALANCE	SAGITTAIRE	SAGITTAIRE	BALANCE	8 SAGITTAIRE
13 AVRIL	BELIER	POISSONS	BALANCE	SCORPION	BALANCE	SAGITTAIRE	SAGITTAIRE	BALANCE	20 SAGITTAIRE
14 AVRIL	BELIER	POISSONS	BALANCE	SCORPION	BALANCE	SAGITTAIRE	SAGITTAIRE	BALANCE	2 CAPRICORNE
15 AVRIL	BELIER	POISSONS	BALANCE	SCORPION	BALANCE	SAGITTAIRE	SAGITTAIRE	BALANCE	14 CAPRICORNE
16 AVRIL	TAUREAU	POISSONS	BALANCE	SCORPION	BALANCE	SAGITTAIRE	SAGITTAIRE	BALANCE	26 CAPRICORNE
17 AVRIL	TAUREAU	POISSONS	BALANCE	SCORPION	BALANCE	SAGITTAIRE	SAGITTAIRE	BALANCE	8 VERSEAU
18 AVRIL	TAUREAU	POISSONS	BALANCE	SCORPION	BALANCE	SAGITTAIRE	SAGITTAIRE	BALANCE	20 VERSEAU
19 AVRIL	TAUREAU	POISSONS	BALANCE	SCORPION	BALANCE	SAGITTAIRE	SAGITTAIRE	BALANCE	3 POISSONS
20 AVRIL	TAUREAU	POISSONS	BALANCE	SCORPION	BALANCE	SAGITTAIRE	SAGITTAIRE	BALANCE	16 POISSONS

LE SOLEIL — ENTRE DANS LE SIGNE DU BELIER LE 20 MARS 1982 A 22 h 40 — QUITTE LE SIGNE DU BELIER LE 20 AVRIL 1982 A 9 h 45

* LES CHIFFRES INDIQUENT LES DEGRÉS

1983	MERCURE	VENUS	MARS	JUPITER	SATURNE	URANUS	NEPTUNE	PLUTON	LUNE *
21 MARS	POISSONS	TAUREAU	BELIER	SAGITTAIRE	SCORPION	SAGITTAIRE	SAGITTAIRE	BALANCE	22 GEMEAUX
22 MARS	POISSONS	TAUREAU	BELIER	SAGITTAIRE	SCORPION	SAGITTAIRE	SAGITTAIRE	BALANCE	6 CANCER
23 MARS	POISSONS	TAUREAU	BELIER	SAGITTAIRE	SCORPION	SAGITTAIRE	SAGITTAIRE	BALANCE	20 CANCER
24 MARS	BELIER	TAUREAU	BELIER	SAGITTAIRE	SCORPION	SAGITTAIRE	SAGITTAIRE	BALANCE	5 LION
25 MARS	BELIER	TAUREAU	BELIER	SAGITTAIRE	SCORPION	SAGITTAIRE	SAGITTAIRE	BALANCE	19 LION
26 MARS	BELIER	TAUREAU	BELIER	SAGITTAIRE	SCORPION	SAGITTAIRE	SAGITTAIRE	BALANCE	4 VIERGE
27 MARS	BELIER	TAUREAU	BELIER	SAGITTAIRE	SCORPION	SAGITTAIRE	SAGITTAIRE	BALANCE	18 VIERGE
28 MARS	BELIER	TAUREAU	BELIER	SAGITTAIRE	SCORPION	SAGITTAIRE	SAGITTAIRE	BALANCE	3 BALANCE
29 MARS	BELIER	TAUREAU	BELIER	SAGITTAIRE	SCORPION	SAGITTAIRE	SAGITTAIRE	BALANCE	17 BALANCE
30 MARS	BELIER	TAUREAU	BELIER	SAGITTAIRE	SCORPION	SAGITTAIRE	SAGITTAIRE	BALANCE	1 SCORPION
31 MARS	BELIER	TAUREAU	BELIER	SAGITTAIRE	SCORPION	SAGITTAIRE	SAGITTAIRE	BALANCE	14 SCORPION
1 AVRIL	BELIER	TAUREAU	BELIER	SAGITTAIRE	SCORPION	SAGITTAIRE	SAGITTAIRE	BALANCE	27 SCORPION
2 AVRIL	BELIER	TAUREAU	BELIER	SAGITTAIRE	SCORPION	SAGITTAIRE	SAGITTAIRE	BALANCE	10 SAGITTAIRE
3 AVRIL	BELIER	TAUREAU	BELIER	SAGITTAIRE	SCORPION	SAGITTAIRE	SAGITTAIRE	BALANCE	22 SAGITTAIRE
4 AVRIL	BELIER	TAUREAU	BELIER	SAGITTAIRE	SCORPION	SAGITTAIRE	SAGITTAIRE	BALANCE	4 CAPRICORNE
5 AVRIL	BELIER	TAUREAU	BELIER	SAGITTAIRE	SCORPION	SAGITTAIRE	SAGITTAIRE	BALANCE	16 CAPRICORNE
6 AVRIL	BELIER	TAUREAU	TAUREAU	SAGITTAIRE	SCORPION	SAGITTAIRE	SAGITTAIRE	BALANCE	28 CAPRICORNE
7 AVRIL	BELIER	TAUREAU	TAUREAU	SAGITTAIRE	SCORPION	SAGITTAIRE	SAGITTAIRE	BALANCE	10 VERSEAU
8 AVRIL	TAUREAU	TAUREAU	TAUREAU	SAGITTAIRE	SCORPION	SAGITTAIRE	SAGITTAIRE	BALANCE	22 VERSEAU
9 AVRIL	TAUREAU	TAUREAU	TAUREAU	SAGITTAIRE	SCORPION	SAGITTAIRE	SAGITTAIRE	BALANCE	4 POISSONS
10 AVRIL	TAUREAU	TAUREAU	TAUREAU	SAGITTAIRE	SCORPION	SAGITTAIRE	SAGITTAIRE	BALANCE	16 POISSONS
11 AVRIL	TAUREAU	TAUREAU	TAUREAU	SAGITTAIRE	SCORPION	SAGITTAIRE	SAGITTAIRE	BALANCE	29 POISSONS
12 AVRIL	TAUREAU	TAUREAU	TAUREAU	SAGITTAIRE	SCORPION	SAGITTAIRE	SAGITTAIRE	BALANCE	12 BELIER
13 AVRIL	TAUREAU	GEMEAUX	TAUREAU	SAGITTAIRE	SCORPION	SAGITTAIRE	SAGITTAIRE	BALANCE	25 BELIER
14 AVRIL	TAUREAU	GEMEAUX	TAUREAU	SAGITTAIRE	SCORPION	SAGITTAIRE	SAGITTAIRE	BALANCE	8 TAUREAU
15 AVRIL	TAUREAU	GEMEAUX	TAUREAU	SAGITTAIRE	SCORPION	SAGITTAIRE	SAGITTAIRE	BALANCE	22 TAUREAU
16 AVRIL	TAUREAU	GEMEAUX	TAUREAU	SAGITTAIRE	SCORPION	SAGITTAIRE	SAGITTAIRE	BALANCE	5 GEMEAUX
17 AVRIL	TAUREAU	GEMEAUX	TAUREAU	SAGITTAIRE	SCORPION	SAGITTAIRE	SAGITTAIRE	BALANCE	19 GEMEAUX
18 AVRIL	TAUREAU	GEMEAUX	TAUREAU	SAGITTAIRE	SCORPION	SAGITTAIRE	SAGITTAIRE	BALANCE	3 CANCER
19 AVRIL	TAUREAU	GEMEAUX	TAUREAU	SAGITTAIRE	SCORPION	SAGITTAIRE	SAGITTAIRE	BALANCE	17 CANCER
20 AVRIL	TAUREAU	GEMEAUX	TAUREAU	SAGITTAIRE	SCORPION	SAGITTAIRE	SAGITTAIRE	BALANCE	1 LION

LE SOLEIL — ENTRE DANS LE SIGNE DU BELIER LE 21 MARS 1983 A 4 h 15 — QUITTE LE SIGNE DU BELIER LE 20 AVRIL 1983 A 15 h 30

* LES CHIFFRES INDIQUENT LES DEGRÉS

DECOUVREZ DANS QUEL SIGNE SE TROUVAIENT LES PLANETES A VOTRE NAISSANCE

1984	MERCURE	VENUS	MARS	JUPITER	SATURNE	URANUS	NEPTUNE	PLUTON	LUNE *
20 MARS	BELIER	POISSONS	SCORPION	CAPRICORNE	SCORPION	SAGITTAIRE	CAPRICORNE	SCORPION	12 SCORPION
21 MARS	BELIER	POISSONS	SCORPION	CAPRICORNE	SCORPION	SAGITTAIRE	CAPRICORNE	SCORPION	26 SCORPION
22 MARS	BELIER	POISSONS	SCORPION	CAPRICORNE	SCORPION	SAGITTAIRE	CAPRICORNE	SCORPION	10 SAGITTAIRE
23 MARS	BELIER	POISSONS	SCORPION	CAPRICORNE	SCORPION	SAGITTAIRE	CAPRICORNE	SCORPION	23 SAGITTAIRE
24 MARS	BELIER	POISSONS	SCORPION	CAPRICORNE	SCORPION	SAGITTAIRE	CAPRICORNE	SCORPION	6 CAPRICORNE
25 MARS	BELIER	POISSONS	SCORPION	CAPRICORNE	SCORPION	SAGITTAIRE	CAPRICORNE	SCORPION	18 CAPRICORNE
26 MARS	BELIER	POISSONS	SCORPION	CAPRICORNE	SCORPION	SAGITTAIRE	CAPRICORNE	SCORPION	0 VERSEAU
27 MARS	BELIER	POISSONS	SCORPION	CAPRICORNE	SCORPION	SAGITTAIRE	CAPRICORNE	SCORPION	12 VERSEAU
28 MARS	BELIER	POISSONS	SCORPION	CAPRICORNE	SCORPION	SAGITTAIRE	CAPRICORNE	SCORPION	24 VERSEAU
29 MARS	BELIER	POISSONS	SCORPION	CAPRICORNE	SCORPION	SAGITTAIRE	CAPRICORNE	SCORPION	6 POISSONS
30 MARS	BELIER	POISSONS	SCORPION	CAPRICORNE	SCORPION	SAGITTAIRE	CAPRICORNE	SCORPION	18 POISSONS
31 MARS	BELIER	POISSONS	SCORPION	CAPRICORNE	SCORPION	SAGITTAIRE	CAPRICORNE	SCORPION	0 BELIER
1 AVRIL	TAUREAU	POISSONS	SCORPION	CAPRICORNE	SCORPION	SAGITTAIRE	CAPRICORNE	SCORPION	12 BELIER
2 AVRIL	TAUREAU	POISSONS	SCORPION	CAPRICORNE	SCORPION	SAGITTAIRE	CAPRICORNE	SCORPION	24 BELIER
3 AVRIL	TAUREAU	POISSONS	SCORPION	CAPRICORNE	SCORPION	SAGITTAIRE	CAPRICORNE	SCORPION	6 TAUREAU
4 AVRIL	TAUREAU	POISSONS	SCORPION	CAPRICORNE	SCORPION	SAGITTAIRE	CAPRICORNE	SCORPION	18 TAUREAU
5 AVRIL	TAUREAU	POISSONS	SCORPION	CAPRICORNE	SCORPION	SAGITTAIRE	CAPRICORNE	SCORPION	1 GEMEAUX
6 AVRIL	TAUREAU	POISSONS	SCORPION	CAPRICORNE	SCORPION	SAGITTAIRE	CAPRICORNE	SCORPION	13 GEMEAUX
7 AVRIL	TAUREAU	POISSONS	SCORPION	CAPRICORNE	SCORPION	SAGITTAIRE	CAPRICORNE	SCORPION	26 GEMEAUX
8 AVRIL	TAUREAU	BELIER	SCORPION	CAPRICORNE	SCORPION	SAGITTAIRE	CAPRICORNE	SCORPION	10 CANCER
9 AVRIL	TAUREAU	BELIER	SCORPION	CAPRICORNE	SCORPION	SAGITTAIRE	CAPRICORNE	SCORPION	23 CANCER
10 AVRIL	TAUREAU	BELIER	SCORPION	CAPRICORNE	SCORPION	SAGITTAIRE	CAPRICORNE	SCORPION	7 LION
11 AVRIL	TAUREAU	BELIER	SCORPION	CAPRICORNE	SCORPION	SAGITTAIRE	CAPRICORNE	SCORPION	22 LION
12 AVRIL	TAUREAU	BELIER	SCORPION	CAPRICORNE	SCORPION	SAGITTAIRE	CAPRICORNE	SCORPION	6 VIERGE
13 AVRIL	TAUREAU	BELIER	SCORPION	CAPRICORNE	SCORPION	SAGITTAIRE	CAPRICORNE	SCORPION	21 VIERGE
14 AVRIL	TAUREAU	BELIER	SCORPION	CAPRICORNE	SCORPION	SAGITTAIRE	CAPRICORNE	SCORPION	6 BALANCE
15 AVRIL	TAUREAU	BELIER	SCORPION	CAPRICORNE	SCORPION	SAGITTAIRE	CAPRICORNE	SCORPION	21 BALANCE
16 AVRIL	TAUREAU	BELIER	SCORPION	CAPRICORNE	SCORPION	SAGITTAIRE	CAPRICORNE	SCORPION	6 SCORPION
17 AVRIL	TAUREAU	BELIER	SCORPION	CAPRICORNE	SCORPION	SAGITTAIRE	CAPRICORNE	SCORPION	20 SCORPION
18 AVRIL	TAUREAU	BELIER	SCORPION	CAPRICORNE	SCORPION	SAGITTAIRE	CAPRICORNE	SCORPION	4 SAGITTAIRE
19 AVRIL	TAUREAU	BELIER	SCORPION	CAPRICORNE	SCORPION	SAGITTAIRE	CAPRICORNE	SCORPION	18 SAGITTAIRE

LE SOLEIL ENTRE DANS LE SIGNE DU BELIER LE 20 MARS 1984 A 10 h 00
LE SOLEIL QUITTE LE SIGNE DU BELIER LE 19 AVRIL 1984 A 21 h 15

* LES CHIFFRES INDIQUENT LES DEGRÉS

1985	MERCURE	VENUS	MARS	JUPITER	SATURNE	URANUS	NEPTUNE	PLUTON	LUNE *
20 MARS	BELIER	BELIER	TAUREAU	VERSEAU	SCORPION	SAGITTAIRE	CAPRICORNE	SCORPION	18 POISSONS
21 MARS	BELIER	BELIER	TAUREAU	VERSEAU	SCORPION	SAGITTAIRE	CAPRICORNE	SCORPION	0 BELIER
22 MARS	BELIER	BELIER	TAUREAU	VERSEAU	SCORPION	SAGITTAIRE	CAPRICORNE	SCORPION	12 BELIER
23 MARS	BELIER	BELIER	TAUREAU	VERSEAU	SCORPION	SAGITTAIRE	CAPRICORNE	SCORPION	24 BELIER
24 MARS	BELIER	BELIER	TAUREAU	VERSEAU	SCORPION	SAGITTAIRE	CAPRICORNE	SCORPION	6 TAUREAU
25 MARS	BELIER	BELIER	TAUREAU	VERSEAU	SCORPION	SAGITTAIRE	CAPRICORNE	SCORPION	18 TAUREAU
26 MARS	BELIER	BELIER	TAUREAU	VERSEAU	SCORPION	SAGITTAIRE	CAPRICORNE	SCORPION	0 GEMEAUX
27 MARS	BELIER	BELIER	TAUREAU	VERSEAU	SCORPION	SAGITTAIRE	CAPRICORNE	SCORPION	12 GEMEAUX
28 MARS	BELIER	BELIER	TAUREAU	VERSEAU	SCORPION	SAGITTAIRE	CAPRICORNE	SCORPION	24 GEMEAUX
29 MARS	BELIER	BELIER	TAUREAU	VERSEAU	SCORPION	SAGITTAIRE	CAPRICORNE	SCORPION	6 CANCER
30 MARS	BELIER	BELIER	TAUREAU	VERSEAU	SCORPION	SAGITTAIRE	CAPRICORNE	SCORPION	19 CANCER
31 MARS	BELIER	BELIER	TAUREAU	VERSEAU	SCORPION	SAGITTAIRE	CAPRICORNE	SCORPION	3 LION
1 AVRIL	BELIER	BELIER	TAUREAU	VERSEAU	SCORPION	SAGITTAIRE	CAPRICORNE	SCORPION	16 LION
2 AVRIL	BELIER	BELIER	TAUREAU	VERSEAU	SCORPION	SAGITTAIRE	CAPRICORNE	SCORPION	1 VIERGE
3 AVRIL	BELIER	BELIER	TAUREAU	VERSEAU	SCORPION	SAGITTAIRE	CAPRICORNE	SCORPION	15 VIERGE
4 AVRIL	BELIER	BELIER	TAUREAU	VERSEAU	SCORPION	SAGITTAIRE	CAPRICORNE	SCORPION	0 BALANCE
5 AVRIL	BELIER	BELIER	TAUREAU	VERSEAU	SCORPION	SAGITTAIRE	CAPRICORNE	SCORPION	16 BALANCE
6 AVRIL	BELIER	BELIER	TAUREAU	VERSEAU	SCORPION	SAGITTAIRE	CAPRICORNE	SCORPION	1 SCORPION
7 AVRIL	BELIER	BELIER	TAUREAU	VERSEAU	SCORPION	SAGITTAIRE	CAPRICORNE	SCORPION	16 SCORPION
8 AVRIL	BELIER	BELIER	TAUREAU	VERSEAU	SCORPION	SAGITTAIRE	CAPRICORNE	SCORPION	1 SAGITTAIRE
9 AVRIL	BELIER	BELIER	TAUREAU	VERSEAU	SCORPION	SAGITTAIRE	CAPRICORNE	SCORPION	15 SAGITTAIRE
10 AVRIL	BELIER	BELIER	TAUREAU	VERSEAU	SCORPION	SAGITTAIRE	CAPRICORNE	SCORPION	29 SAGITTAIRE
11 AVRIL	BELIER	BELIER	TAUREAU	VERSEAU	SCORPION	SAGITTAIRE	CAPRICORNE	SCORPION	13 CAPRICORNE
12 AVRIL	BELIER	BELIER	TAUREAU	VERSEAU	SCORPION	SAGITTAIRE	CAPRICORNE	SCORPION	26 CAPRICORNE
13 AVRIL	BELIER	BELIER	TAUREAU	VERSEAU	SCORPION	SAGITTAIRE	CAPRICORNE	SCORPION	9 VERSEAU
14 AVRIL	BELIER	BELIER	TAUREAU	VERSEAU	SCORPION	SAGITTAIRE	CAPRICORNE	SCORPION	21 VERSEAU
15 AVRIL	BELIER	BELIER	TAUREAU	VERSEAU	SCORPION	SAGITTAIRE	CAPRICORNE	SCORPION	3 POISSONS
16 AVRIL	BELIER	BELIER	TAUREAU	VERSEAU	SCORPION	SAGITTAIRE	CAPRICORNE	SCORPION	16 POISSONS
17 AVRIL	BELIER	BELIER	TAUREAU	VERSEAU	SCORPION	SAGITTAIRE	CAPRICORNE	SCORPION	28 POISSONS
18 AVRIL	BELIER	BELIER	TAUREAU	VERSEAU	SCORPION	SAGITTAIRE	CAPRICORNE	SCORPION	9 BELIER
19 AVRIL	BELIER	BELIER	TAUREAU	VERSEAU	SCORPION	SAGITTAIRE	CAPRICORNE	SCORPION	21 BELIER
20 AVRIL	BELIER	BELIER	TAUREAU	VERSEAU	SCORPION	SAGITTAIRE	CAPRICORNE	SCORPION	3 TAUREAU

LE SOLEIL ENTRE DANS LE SIGNE DU BELIER LE 20 MARS 1985 A 15 h 45
LE SOLEIL QUITTE LE SIGNE DU BELIER LE 20 AVRIL 1985 A 3 h 10

* LES CHIFFRES INDIQUENT LES DEGRÉS

DECOUVREZ DANS QUEL SIGNE SE TROUVAIENT LES PLANETES A VOTRE NAISSANCE

1986	MERCURE	VENUS	MARS	JUPITER	SATURNE	URANUS	NEPTUNE	PLUTON	LUNE *
20 MARS	POISSONS	BELIER	SAGITTAIRE	POISSONS	SAGITTAIRE	SAGITTAIRE	CAPRICORNE	SCORPION	19 CANCER
21 MARS	POISSONS	BELIER	SAGITTAIRE	POISSONS	SAGITTAIRE	SAGITTAIRE	CAPRICORNE	SCORPION	2 LION
22 MARS	POISSONS	BELIER	SAGITTAIRE	POISSONS	SAGITTAIRE	SAGITTAIRE	CAPRICORNE	SCORPION	15 LION
23 MARS	POISSONS	BELIER	SAGITTAIRE	POISSONS	SAGITTAIRE	SAGITTAIRE	CAPRICORNE	SCORPION	28 LION
24 MARS	POISSONS	BELIER	SAGITTAIRE	POISSONS	SAGITTAIRE	SAGITTAIRE	CAPRICORNE	SCORPION	12 VIERGE
25 MARS	POISSONS	BELIER	SAGITTAIRE	POISSONS	SAGITTAIRE	SAGITTAIRE	CAPRICORNE	SCORPION	26 VIERGE
26 MARS	POISSONS	BELIER	SAGITTAIRE	POISSONS	SAGITTAIRE	SAGITTAIRE	CAPRICORNE	SCORPION	10 BALANCE
27 MARS	POISSONS	BELIER	SAGITTAIRE	POISSONS	SAGITTAIRE	SAGITTAIRE	CAPRICORNE	SCORPION	25 BALANCE
28 MARS	POISSONS	BELIER	CAPRICORNE	POISSONS	SAGITTAIRE	SAGITTAIRE	CAPRICORNE	SCORPION	9 SCORPION
29 MARS	POISSONS	BELIER	CAPRICORNE	POISSONS	SAGITTAIRE	SAGITTAIRE	CAPRICORNE	SCORPION	24 SCORPION
30 MARS	POISSONS	BELIER	CAPRICORNE	POISSONS	SAGITTAIRE	SAGITTAIRE	CAPRICORNE	SCORPION	9 SAGITTAIRE
31 MARS	POISSONS	BELIER	CAPRICORNE	POISSONS	SAGITTAIRE	SAGITTAIRE	CAPRICORNE	SCORPION	23 SAGITTAIRE
1 AVRIL	POISSONS	BELIER	CAPRICORNE	POISSONS	SAGITTAIRE	SAGITTAIRE	CAPRICORNE	SCORPION	7 CAPRICORNE
2 AVRIL	POISSONS	TAUREAU	CAPRICORNE	POISSONS	SAGITTAIRE	SAGITTAIRE	CAPRICORNE	SCORPION	21 CAPRICORNE
3 AVRIL	POISSONS	TAUREAU	CAPRICORNE	POISSONS	SAGITTAIRE	SAGITTAIRE	CAPRICORNE	SCORPION	5 VERSEAU
4 AVRIL	POISSONS	TAUREAU	CAPRICORNE	POISSONS	SAGITTAIRE	SAGITTAIRE	CAPRICORNE	SCORPION	18 VERSEAU
5 AVRIL	POISSONS	TAUREAU	CAPRICORNE	POISSONS	SAGITTAIRE	SAGITTAIRE	CAPRICORNE	SCORPION	1 POISSONS
6 AVRIL	POISSONS	TAUREAU	CAPRICORNE	POISSONS	SAGITTAIRE	SAGITTAIRE	CAPRICORNE	SCORPION	14 POISSONS
7 AVRIL	POISSONS	TAUREAU	CAPRICORNE	POISSONS	SAGITTAIRE	SAGITTAIRE	CAPRICORNE	SCORPION	27 POISSONS
8 AVRIL	POISSONS	TAUREAU	CAPRICORNE	POISSONS	SAGITTAIRE	SAGITTAIRE	CAPRICORNE	SCORPION	9 BELIER
9 AVRIL	POISSONS	TAUREAU	CAPRICORNE	POISSONS	SAGITTAIRE	SAGITTAIRE	CAPRICORNE	SCORPION	22 BELIER
10 AVRIL	POISSONS	TAUREAU	CAPRICORNE	POISSONS	SAGITTAIRE	SAGITTAIRE	CAPRICORNE	SCORPION	4 TAUREAU
11 AVRIL	POISSONS	TAUREAU	CAPRICORNE	POISSONS	SAGITTAIRE	SAGITTAIRE	CAPRICORNE	SCORPION	16 TAUREAU
12 AVRIL	POISSONS	TAUREAU	CAPRICORNE	POISSONS	SAGITTAIRE	SAGITTAIRE	CAPRICORNE	SCORPION	28 TAUREAU
13 AVRIL	POISSONS	TAUREAU	CAPRICORNE	POISSONS	SAGITTAIRE	SAGITTAIRE	CAPRICORNE	SCORPION	10 GEMEAUX
14 AVRIL	POISSONS	TAUREAU	CAPRICORNE	POISSONS	SAGITTAIRE	SAGITTAIRE	CAPRICORNE	SCORPION	21 GEMEAUX
15 AVRIL	POISSONS	TAUREAU	CAPRICORNE	POISSONS	SAGITTAIRE	SAGITTAIRE	CAPRICORNE	SCORPION	3 CANCER
16 AVRIL	POISSONS	TAUREAU	CAPRICORNE	POISSONS	SAGITTAIRE	SAGITTAIRE	CAPRICORNE	SCORPION	15 CANCER
17 AVRIL	POISSONS	TAUREAU	CAPRICORNE	POISSONS	SAGITTAIRE	SAGITTAIRE	CAPRICORNE	SCORPION	28 CANCER
18 AVRIL	BELIER	TAUREAU	CAPRICORNE	POISSONS	SAGITTAIRE	SAGITTAIRE	CAPRICORNE	SCORPION	10 LION
19 AVRIL	BELIER	TAUREAU	CAPRICORNE	POISSONS	SAGITTAIRE	SAGITTAIRE	CAPRICORNE	SCORPION	23 LION
20 AVRIL	BELIER	TAUREAU	CAPRICORNE	POISSONS	SAGITTAIRE	SAGITTAIRE	CAPRICORNE	SCORPION	6 VIERGE

ENTRE DANS LE SIGNE DU — LE 20 MARS — A 21 h 45
LE SOLEIL — BELIER — 1986 — * LES CHIFFRES INDIQUENT LES DEGRÉS
QUITTE LE SIGNE DU — LE 20 AVRIL — A 8 h 45

1987	MERCURE	VENUS	MARS	JUPITER	SATURNE	URANUS	NEPTUNE	PLUTON	LUNE *
21 MARS	POISSONS	VERSEAU	TAUREAU	BELIER	SAGITTAIRE	SAGITTAIRE	CAPRICORNE	SCORPION	14 SAGITTAIRE
22 MARS	POISSONS	VERSEAU	TAUREAU	BELIER	SAGITTAIRE	SAGITTAIRE	CAPRICORNE	SCORPION	29 SAGITTAIRE
23 MARS	POISSONS	VERSEAU	TAUREAU	BELIER	SAGITTAIRE	SAGITTAIRE	CAPRICORNE	SCORPION	13 CAPRICORNE
24 MARS	POISSONS	VERSEAU	TAUREAU	BELIER	SAGITTAIRE	SAGITTAIRE	CAPRICORNE	SCORPION	27 CAPRICORNE
25 MARS	POISSONS	VERSEAU	TAUREAU	BELIER	SAGITTAIRE	SAGITTAIRE	CAPRICORNE	SCORPION	11 VERSEAU
26 MARS	POISSONS	VERSEAU	TAUREAU	BELIER	SAGITTAIRE	SAGITTAIRE	CAPRICORNE	SCORPION	26 VERSEAU
27 MARS	POISSONS	VERSEAU	TAUREAU	BELIER	SAGITTAIRE	SAGITTAIRE	CAPRICORNE	SCORPION	10 POISSONS
28 MARS	POISSONS	VERSEAU	TAUREAU	BELIER	SAGITTAIRE	SAGITTAIRE	CAPRICORNE	SCORPION	24 POISSONS
29 MARS	POISSONS	POISSONS	TAUREAU	BELIER	SAGITTAIRE	SAGITTAIRE	CAPRICORNE	SCORPION	8 BELIER
30 MARS	POISSONS	POISSONS	TAUREAU	BELIER	SAGITTAIRE	SAGITTAIRE	CAPRICORNE	SCORPION	21 BELIER
31 MARS	POISSONS	POISSONS	TAUREAU	BELIER	SAGITTAIRE	SAGITTAIRE	CAPRICORNE	SCORPION	4 TAUREAU
1 AVRIL	POISSONS	POISSONS	TAUREAU	BELIER	SAGITTAIRE	SAGITTAIRE	CAPRICORNE	SCORPION	17 TAUREAU
2 AVRIL	POISSONS	POISSONS	TAUREAU	BELIER	SAGITTAIRE	SAGITTAIRE	CAPRICORNE	SCORPION	0 GEMEAUX
3 AVRIL	POISSONS	POISSONS	TAUREAU	BELIER	SAGITTAIRE	SAGITTAIRE	CAPRICORNE	SCORPION	12 GEMEAUX
4 AVRIL	POISSONS	POISSONS	TAUREAU	BELIER	SAGITTAIRE	SAGITTAIRE	CAPRICORNE	SCORPION	24 GEMEAUX
5 AVRIL	POISSONS	POISSONS	TAUREAU	BELIER	SAGITTAIRE	SAGITTAIRE	CAPRICORNE	SCORPION	6 CANCER
6 AVRIL	POISSONS	POISSONS	GEMEAUX	BELIER	SAGITTAIRE	SAGITTAIRE	CAPRICORNE	SCORPION	18 CANCER
7 AVRIL	POISSONS	POISSONS	GEMEAUX	BELIER	SAGITTAIRE	SAGITTAIRE	CAPRICORNE	SCORPION	0 LION
8 AVRIL	POISSONS	POISSONS	GEMEAUX	BELIER	SAGITTAIRE	SAGITTAIRE	CAPRICORNE	SCORPION	12 LION
9 AVRIL	POISSONS	POISSONS	GEMEAUX	BELIER	SAGITTAIRE	SAGITTAIRE	CAPRICORNE	SCORPION	24 LION
10 AVRIL	POISSONS	POISSONS	GEMEAUX	BELIER	SAGITTAIRE	SAGITTAIRE	CAPRICORNE	SCORPION	6 VIERGE
11 AVRIL	POISSONS	POISSONS	GEMEAUX	BELIER	SAGITTAIRE	SAGITTAIRE	CAPRICORNE	SCORPION	19 VIERGE
12 AVRIL	POISSONS	POISSONS	GEMEAUX	BELIER	SAGITTAIRE	SAGITTAIRE	CAPRICORNE	SCORPION	2 BALANCE
13 AVRIL	BELIER	POISSONS	GEMEAUX	BELIER	SAGITTAIRE	SAGITTAIRE	CAPRICORNE	SCORPION	15 BALANCE
14 AVRIL	BELIER	POISSONS	GEMEAUX	BELIER	SAGITTAIRE	SAGITTAIRE	CAPRICORNE	SCORPION	29 BALANCE
15 AVRIL	BELIER	POISSONS	GEMEAUX	BELIER	SAGITTAIRE	SAGITTAIRE	CAPRICORNE	SCORPION	13 SCORPION
16 AVRIL	BELIER	POISSONS	GEMEAUX	BELIER	SAGITTAIRE	SAGITTAIRE	CAPRICORNE	SCORPION	27 SCORPION
17 AVRIL	BELIER	POISSONS	GEMEAUX	BELIER	SAGITTAIRE	SAGITTAIRE	CAPRICORNE	SCORPION	11 SAGITTAIRE
18 AVRIL	BELIER	POISSONS	GEMEAUX	BELIER	SAGITTAIRE	SAGITTAIRE	CAPRICORNE	SCORPION	25 SAGITTAIRE
19 AVRIL	BELIER	POISSONS	GEMEAUX	BELIER	SAGITTAIRE	SAGITTAIRE	CAPRICORNE	SCORPION	10 CAPRICORNE
20 AVRIL	BELIER	POISSONS	GEMEAUX	BELIER	SAGITTAIRE	SAGITTAIRE	CAPRICORNE	SCORPION	24 CAPRICORNE

ENTRE DANS LE SIGNE DU — LE 21 MARS — A 3 h 30
LE SOLEIL — BELIER — 1987 — * LES CHIFFRES INDIQUENT LES DEGRÉS
QUITTE LE SIGNE DU — LE 20 AVRIL — A 14 h 45

DECOUVREZ DANS QUEL SIGNE SE TROUVAIENT LES PLANETES A VOTRE NAISSANCE

1988	MERCURE	VENUS	MARS	JUPITER	SATURNE	URANUS	NEPTUNE	PLUTON	LUNE *
20 MARS	POISSONS	TAUREAU	CAPRICORNE	TAUREAU	CAPRICORNE	CAPRICORNE	CAPRICORNE	SCORPION	3 TAUREAU
21 MARS	POISSONS	TAUREAU	CAPRICORNE	TAUREAU	CAPRICORNE	CAPRICORNE	CAPRICORNE	SCORPION	17 TAUREAU
22 MARS	POISSONS	TAUREAU	CAPRICORNE	TAUREAU	CAPRICORNE	CAPRICORNE	CAPRICORNE	SCORPION	0 GEMEAUX
23 MARS	POISSONS	TAUREAU	CAPRICORNE	TAUREAU	CAPRICORNE	CAPRICORNE	CAPRICORNE	SCORPION	13 GEMEAUX
24 MARS	POISSONS	TAUREAU	CAPRICORNE	TAUREAU	CAPRICORNE	CAPRICORNE	CAPRICORNE	SCORPION	26 GEMEAUX
25 MARS	POISSONS	TAUREAU	CAPRICORNE	TAUREAU	CAPRICORNE	CAPRICORNE	CAPRICORNE	SCORPION	8 CANCER
26 MARS	POISSONS	TAUREAU	CAPRICORNE	TAUREAU	CAPRICORNE	CAPRICORNE	CAPRICORNE	SCORPION	20 CANCER
27 MARS	POISSONS	TAUREAU	CAPRICORNE	TAUREAU	CAPRICORNE	CAPRICORNE	CAPRICORNE	SCORPION	2 LION
28 MARS	POISSONS	TAUREAU	CAPRICORNE	TAUREAU	CAPRICORNE	CAPRICORNE	CAPRICORNE	SCORPION	14 LION
29 MARS	POISSONS	TAUREAU	CAPRICORNE	TAUREAU	CAPRICORNE	CAPRICORNE	CAPRICORNE	SCORPION	26 LION
30 MARS	POISSONS	TAUREAU	CAPRICORNE	TAUREAU	CAPRICORNE	CAPRICORNE	CAPRICORNE	SCORPION	8 VIERGE
31 MARS	POISSONS	TAUREAU	CAPRICORNE	TAUREAU	CAPRICORNE	CAPRICORNE	CAPRICORNE	SCORPION	20 VIERGE
1 AVRIL	POISSONS	TAUREAU	CAPRICORNE	TAUREAU	CAPRICORNE	CAPRICORNE	CAPRICORNE	SCORPION	2 BALANCE
2 AVRIL	POISSONS	TAUREAU	CAPRICORNE	TAUREAU	CAPRICORNE	CAPRICORNE	CAPRICORNE	SCORPION	14 BALANCE
3 AVRIL	POISSONS	TAUREAU	CAPRICORNE	TAUREAU	CAPRICORNE	CAPRICORNE	CAPRICORNE	SCORPION	26 BALANCE
4 AVRIL	POISSONS	GEMEAUX	CAPRICORNE	TAUREAU	CAPRICORNE	CAPRICORNE	CAPRICORNE	SCORPION	9 SCORPION
5 AVRIL	BELIER	GEMEAUX	CAPRICORNE	TAUREAU	CAPRICORNE	CAPRICORNE	CAPRICORNE	SCORPION	22 SCORPION
6 AVRIL	BELIER	GEMEAUX	CAPRICORNE	TAUREAU	CAPRICORNE	CAPRICORNE	CAPRICORNE	SCORPION	5 SAGITTAIRE
7 AVRIL	BELIER	GEMEAUX	VERSEAU	TAUREAU	CAPRICORNE	CAPRICORNE	CAPRICORNE	SCORPION	18 SAGITTAIRE
8 AVRIL	BELIER	GEMEAUX	VERSEAU	TAUREAU	CAPRICORNE	CAPRICORNE	CAPRICORNE	SCORPION	2 CAPRICORNE
9 AVRIL	BELIER	GEMEAUX	VERSEAU	TAUREAU	CAPRICORNE	CAPRICORNE	CAPRICORNE	SCORPION	16 CAPRICORNE
10 AVRIL	BELIER	GEMEAUX	VERSEAU	TAUREAU	CAPRICORNE	CAPRICORNE	CAPRICORNE	SCORPION	0 VERSEAU
11 AVRIL	BELIER	GEMEAUX	VERSEAU	TAUREAU	CAPRICORNE	CAPRICORNE	CAPRICORNE	SCORPION	14 VERSEAU
12 AVRIL	BELIER	GEMEAUX	VERSEAU	TAUREAU	CAPRICORNE	CAPRICORNE	CAPRICORNE	SCORPION	28 VERSEAU
13 AVRIL	BELIER	GEMEAUX	VERSEAU	TAUREAU	CAPRICORNE	CAPRICORNE	CAPRICORNE	SCORPION	13 POISSONS
14 AVRIL	BELIER	GEMEAUX	VERSEAU	TAUREAU	CAPRICORNE	CAPRICORNE	CAPRICORNE	SCORPION	27 POISSONS
15 AVRIL	BELIER	GEMEAUX	VERSEAU	TAUREAU	CAPRICORNE	CAPRICORNE	CAPRICORNE	SCORPION	12 BELIER
16 AVRIL	BELIER	GEMEAUX	VERSEAU	TAUREAU	CAPRICORNE	CAPRICORNE	CAPRICORNE	SCORPION	26 BELIER
17 AVRIL	BELIER	GEMEAUX	VERSEAU	TAUREAU	CAPRICORNE	CAPRICORNE	CAPRICORNE	SCORPION	11 TAUREAU
18 AVRIL	BELIER	GEMEAUX	VERSEAU	TAUREAU	CAPRICORNE	CAPRICORNE	CAPRICORNE	SCORPION	24 TAUREAU
19 AVRIL	BELIER	GEMEAUX	VERSEAU	TAUREAU	CAPRICORNE	CAPRICORNE	CAPRICORNE	SCORPION	8 GEMEAUX

LE SOLEIL — ENTRE DANS LE SIGNE DU BELIER LE 20 MARS 1988 A 9 h 15 — QUITTE LE SIGNE DU BELIER LE 19 AVRIL 1988 A 20 h 15

* LES CHIFFRES INDIQUENT LES DEGRÉS

1989	MERCURE	VENUS	MARS	JUPITER	SATURNE	URANUS	NEPTUNE	PLUTON	LUNE *
20 MARS	POISSONS	POISSONS	GEMEAUX	GEMEAUX	CAPRICORNE	CAPRICORNE	CAPRICORNE	SCORPION	9 VIERGE
21 MARS	POISSONS	POISSONS	GEMEAUX	GEMEAUX	CAPRICORNE	CAPRICORNE	CAPRICORNE	SCORPION	21 VIERGE
22 MARS	POISSONS	POISSONS	GEMEAUX	GEMEAUX	CAPRICORNE	CAPRICORNE	CAPRICORNE	SCORPION	2 BALANCE
23 MARS	POISSONS	POISSONS	GEMEAUX	GEMEAUX	CAPRICORNE	CAPRICORNE	CAPRICORNE	SCORPION	14 BALANCE
24 MARS	POISSONS	BELIER	GEMEAUX	GEMEAUX	CAPRICORNE	CAPRICORNE	CAPRICORNE	SCORPION	26 BALANCE
25 MARS	POISSONS	BELIER	GEMEAUX	GEMEAUX	CAPRICORNE	CAPRICORNE	CAPRICORNE	SCORPION	8 SCORPION
26 MARS	POISSONS	BELIER	GEMEAUX	GEMEAUX	CAPRICORNE	CAPRICORNE	CAPRICORNE	SCORPION	20 SCORPION
27 MARS	POISSONS	BELIER	GEMEAUX	GEMEAUX	CAPRICORNE	CAPRICORNE	CAPRICORNE	SCORPION	2 SAGITTAIRE
28 MARS	BELIER	BELIER	GEMEAUX	GEMEAUX	CAPRICORNE	CAPRICORNE	CAPRICORNE	SCORPION	15 SAGITTAIRE
29 MARS	BELIER	BELIER	GEMEAUX	GEMEAUX	CAPRICORNE	CAPRICORNE	CAPRICORNE	SCORPION	27 SAGITTAIRE
30 MARS	BELIER	BELIER	GEMEAUX	GEMEAUX	CAPRICORNE	CAPRICORNE	CAPRICORNE	SCORPION	10 CAPRICORNE
31 MARS	BELIER	BELIER	GEMEAUX	GEMEAUX	CAPRICORNE	CAPRICORNE	CAPRICORNE	SCORPION	24 CAPRICORNE
1 AVRIL	BELIER	BELIER	GEMEAUX	GEMEAUX	CAPRICORNE	CAPRICORNE	CAPRICORNE	SCORPION	7 VERSEAU
2 AVRIL	BELIER	BELIER	GEMEAUX	GEMEAUX	CAPRICORNE	CAPRICORNE	CAPRICORNE	SCORPION	21 VERSEAU
3 AVRIL	BELIER	BELIER	GEMEAUX	GEMEAUX	CAPRICORNE	CAPRICORNE	CAPRICORNE	SCORPION	6 POISSONS
4 AVRIL	BELIER	BELIER	GEMEAUX	GEMEAUX	CAPRICORNE	CAPRICORNE	CAPRICORNE	SCORPION	21 POISSONS
5 AVRIL	BELIER	BELIER	GEMEAUX	GEMEAUX	CAPRICORNE	CAPRICORNE	CAPRICORNE	SCORPION	6 BELIER
6 AVRIL	BELIER	BELIER	GEMEAUX	GEMEAUX	CAPRICORNE	CAPRICORNE	CAPRICORNE	SCORPION	21 BELIER
7 AVRIL	BELIER	BELIER	GEMEAUX	GEMEAUX	CAPRICORNE	CAPRICORNE	CAPRICORNE	SCORPION	7 TAUREAU
8 AVRIL	BELIER	BELIER	GEMEAUX	GEMEAUX	CAPRICORNE	CAPRICORNE	CAPRICORNE	SCORPION	21 TAUREAU
9 AVRIL	BELIER	BELIER	GEMEAUX	GEMEAUX	CAPRICORNE	CAPRICORNE	CAPRICORNE	SCORPION	6 GEMEAUX
10 AVRIL	BELIER	BELIER	GEMEAUX	GEMEAUX	CAPRICORNE	CAPRICORNE	CAPRICORNE	SCORPION	20 GEMEAUX
11 AVRIL	BELIER	BELIER	GEMEAUX	GEMEAUX	CAPRICORNE	CAPRICORNE	CAPRICORNE	SCORPION	3 CANCER
12 AVRIL	TAUREAU	BELIER	GEMEAUX	GEMEAUX	CAPRICORNE	CAPRICORNE	CAPRICORNE	SCORPION	4 CANCER
13 AVRIL	TAUREAU	BELIER	GEMEAUX	GEMEAUX	CAPRICORNE	CAPRICORNE	CAPRICORNE	SCORPION	29 CANCER
14 AVRIL	TAUREAU	BELIER	GEMEAUX	GEMEAUX	CAPRICORNE	CAPRICORNE	CAPRICORNE	SCORPION	12 LION
15 AVRIL	TAUREAU	BELIER	GEMEAUX	GEMEAUX	CAPRICORNE	CAPRICORNE	CAPRICORNE	SCORPION	24 LION
16 AVRIL	TAUREAU	BELIER	GEMEAUX	GEMEAUX	CAPRICORNE	CAPRICORNE	CAPRICORNE	SCORPION	6 VIERGE
17 AVRIL	TAUREAU	TAUREAU	GEMEAUX	GEMEAUX	CAPRICORNE	CAPRICORNE	CAPRICORNE	SCORPION	18 VIERGE
18 AVRIL	TAUREAU	TAUREAU	GEMEAUX	GEMEAUX	CAPRICORNE	CAPRICORNE	CAPRICORNE	SCORPION	29 VIERGE
19 AVRIL	TAUREAU	TAUREAU	GEMEAUX	GEMEAUX	CAPRICORNE	CAPRICORNE	CAPRICORNE	SCORPION	11 BALANCE
20 AVRIL	TAUREAU	TAUREAU	GEMEAUX	GEMEAUX	CAPRICORNE	CAPRICORNE	CAPRICORNE	SCORPION	23 BALANCE

LE SOLEIL — ENTRE DANS LE SIGNE DU BELIER LE 20 MARS 1989 A 9 h 15 — QUITTE LE SIGNE DU BELIER LE 20 AVRIL 1989 A 20 h 15

* LES CHIFFRES INDIQUENT LES DEGRÉS

DÉCOUVREZ DANS QUEL SIGNE SE TROUVAIENT LES PLANÈTES A VOTRE NAISSANCE

1990	MERCURE	VENUS	MARS	JUPITER	SATURNE	URANUS	NEPTUNE	PLUTON	LUNE*
20 MARS	BELIER	VERSEAU	VERSEAU	CANCER	CAPRICORNE	CAPRICORNE	CAPRICORNE	SCORPION	9 CAPRICORNE
21 MARS	BELIER	VERSEAU	VERSEAU	CANCER	CAPRICORNE	CAPRICORNE	CAPRICORNE	SCORPION	22 CAPRICORNE
22 MARS	BELIER	VERSEAU	VERSEAU	CANCER	CAPRICORNE	CAPRICORNE	CAPRICORNE	SCORPION	5 VERSEAU
23 MARS	BELIER	VERSEAU	VERSEAU	CANCER	CAPRICORNE	CAPRICORNE	CAPRICORNE	SCORPION	18 VERSEAU
24 MARS	BELIER	VERSEAU	VERSEAU	CANCER	CAPRICORNE	CAPRICORNE	CAPRICORNE	SCORPION	2 POISSONS
25 MARS	BELIER	VERSEAU	VERSEAU	CANCER	CAPRICORNE	CAPRICORNE	CAPRICORNE	SCORPION	16 POISSONS
26 MARS	BELIER	VERSEAU	VERSEAU	CANCER	CAPRICORNE	CAPRICORNE	CAPRICORNE	SCORPION	1 BELIER
27 MARS	BELIER	VERSEAU	VERSEAU	CANCER	CAPRICORNE	CAPRICORNE	CAPRICORNE	SCORPION	16 BELIER
28 MARS	BELIER	VERSEAU	VERSEAU	CANCER	CAPRICORNE	CAPRICORNE	CAPRICORNE	SCORPION	1 TAUREAU
29 MARS	BELIER	VERSEAU	VERSEAU	CANCER	CAPRICORNE	CAPRICORNE	CAPRICORNE	SCORPION	16 TAUREAU
30 MARS	BELIER	VERSEAU	VERSEAU	CANCER	CAPRICORNE	CAPRICORNE	CAPRICORNE	SCORPION	0 GEMEAUX
31 MARS	BELIER	VERSEAU	VERSEAU	CANCER	CAPRICORNE	CAPRICORNE	CAPRICORNE	SCORPION	15 GEMEAUX
1 AVRIL	BELIER	VERSEAU	VERSEAU	CANCER	CAPRICORNE	CAPRICORNE	CAPRICORNE	SCORPION	29 GEMEAUX
2 AVRIL	BELIER	VERSEAU	VERSEAU	CANCER	CAPRICORNE	CAPRICORNE	CAPRICORNE	SCORPION	13 CANCER
3 AVRIL	BELIER	VERSEAU	VERSEAU	CANCER	CAPRICORNE	CAPRICORNE	CAPRICORNE	SCORPION	26 CANCER
4 AVRIL	TAUREAU	VERSEAU	VERSEAU	CANCER	CAPRICORNE	CAPRICORNE	CAPRICORNE	SCORPION	10 LION
5 AVRIL	TAUREAU	VERSEAU	VERSEAU	CANCER	CAPRICORNE	CAPRICORNE	CAPRICORNE	SCORPION	22 LION
6 AVRIL	TAUREAU	POISSONS	VERSEAU	CANCER	CAPRICORNE	CAPRICORNE	CAPRICORNE	SCORPION	5 VIERGE
7 AVRIL	TAUREAU	POISSONS	VERSEAU	CANCER	CAPRICORNE	CAPRICORNE	CAPRICORNE	SCORPION	18 VIERGE
8 AVRIL	TAUREAU	POISSONS	VERSEAU	CANCER	CAPRICORNE	CAPRICORNE	CAPRICORNE	SCORPION	0 BALANCE
9 AVRIL	TAUREAU	POISSONS	VERSEAU	CANCER	CAPRICORNE	CAPRICORNE	CAPRICORNE	SCORPION	12 BALANCE
10 AVRIL	TAUREAU	POISSONS	VERSEAU	CANCER	CAPRICORNE	CAPRICORNE	CAPRICORNE	SCORPION	24 BALANCE
11 AVRIL	TAUREAU	POISSONS	VERSEAU	CANCER	CAPRICORNE	CAPRICORNE	CAPRICORNE	SCORPION	6 SCORPION
12 AVRIL	TAUREAU	POISSONS	VERSEAU	CANCER	CAPRICORNE	CAPRICORNE	CAPRICORNE	SCORPION	18 SCORPION
13 AVRIL	TAUREAU	POISSONS	VERSEAU	CANCER	CAPRICORNE	CAPRICORNE	CAPRICORNE	SCORPION	0 SAGITTAIRE
14 AVRIL	TAUREAU	POISSONS	VERSEAU	CANCER	CAPRICORNE	CAPRICORNE	CAPRICORNE	SCORPION	12 SAGITTAIRE
15 AVRIL	TAUREAU	POISSONS	VERSEAU	CANCER	CAPRICORNE	CAPRICORNE	CAPRICORNE	SCORPION	24 SAGITTAIRE
16 AVRIL	TAUREAU	POISSONS	VERSEAU	CANCER	CAPRICORNE	CAPRICORNE	CAPRICORNE	SCORPION	6 CAPRICORNE
17 AVRIL	TAUREAU	POISSONS	VERSEAU	CANCER	CAPRICORNE	CAPRICORNE	CAPRICORNE	SCORPION	18 CAPRICORNE
18 AVRIL	TAUREAU	POISSONS	VERSEAU	CANCER	CAPRICORNE	CAPRICORNE	CAPRICORNE	SCORPION	0 VERSEAU
19 AVRIL	TAUREAU	POISSONS	VERSEAU	CANCER	CAPRICORNE	CAPRICORNE	CAPRICORNE	SCORPION	13 VERSEAU
20 AVRIL	TAUREAU	POISSONS	VERSEAU	CANCER	CAPRICORNE	CAPRICORNE	CAPRICORNE	SCORPION	26 VERSEAU

LE SOLEIL	ENTRE DANS LE SIGNE DU	BELIER	LE 20 MARS	1990	A 21 h 15	* LES CHIFFRES INDIQUENT LES DEGRÉS
	QUITTE LE SIGNE DU		LE 20 AVRIL		A 8 h 20	

1991	MERCURE	VENUS	MARS	JUPITER	SATURNE	URANUS	NEPTUNE	PLUTON	LUNE*
21 MARS	BELIER	TAUREAU	GEMEAUX	LION	VERSEAU	CAPRICORNE	CAPRICORNE	SCORPION	7 GEMEAUX
22 MARS	BELIER	TAUREAU	GEMEAUX	LION	VERSEAU	CAPRICORNE	CAPRICORNE	SCORPION	21 GEMEAUX
23 MARS	BELIER	TAUREAU	GEMEAUX	LION	VERSEAU	CAPRICORNE	CAPRICORNE	SCORPION	5 CANCER
24 MARS	BELIER	TAUREAU	GEMEAUX	LION	VERSEAU	CAPRICORNE	CAPRICORNE	SCORPION	19 CANCER
25 MARS	BELIER	TAUREAU	GEMEAUX	LION	VERSEAU	CAPRICORNE	CAPRICORNE	SCORPION	3 LION
26 MARS	BELIER	TAUREAU	GEMEAUX	LION	VERSEAU	CAPRICORNE	CAPRICORNE	SCORPION	17 LION
27 MARS	BELIER	TAUREAU	GEMEAUX	LION	VERSEAU	CAPRICORNE	CAPRICORNE	SCORPION	1 VIERGE
28 MARS	BELIER	TAUREAU	GEMEAUX	LION	VERSEAU	CAPRICORNE	CAPRICORNE	SCORPION	15 VIERGE
29 MARS	BELIER	TAUREAU	GEMEAUX	LION	VERSEAU	CAPRICORNE	CAPRICORNE	SCORPION	28 VIERGE
30 MARS	BELIER	TAUREAU	GEMEAUX	LION	VERSEAU	CAPRICORNE	CAPRICORNE	SCORPION	11 BALANCE
31 MARS	BELIER	TAUREAU	GEMEAUX	LION	VERSEAU	CAPRICORNE	CAPRICORNE	SCORPION	24 BALANCE
1 AVRIL	BELIER	TAUREAU	GEMEAUX	LION	VERSEAU	CAPRICORNE	CAPRICORNE	SCORPION	7 SCORPION
2 AVRIL	BELIER	TAUREAU	GEMEAUX	LION	VERSEAU	CAPRICORNE	CAPRICORNE	SCORPION	19 SCORPION
3 AVRIL	BELIER	TAUREAU	CANCER	LION	VERSEAU	CAPRICORNE	CAPRICORNE	SCORPION	2 SAGITTAIRE
4 AVRIL	BELIER	TAUREAU	CANCER	LION	VERSEAU	CAPRICORNE	CAPRICORNE	SCORPION	14 SAGITTAIRE
5 AVRIL	BELIER	TAUREAU	CANCER	LION	VERSEAU	CAPRICORNE	CAPRICORNE	SCORPION	26 SAGITTAIRE
6 AVRIL	BELIER	TAUREAU	CANCER	LION	VERSEAU	CAPRICORNE	CAPRICORNE	SCORPION	7 CAPRICORNE
7 AVRIL	BELIER	TAUREAU	CANCER	LION	VERSEAU	CAPRICORNE	CAPRICORNE	SCORPION	19 CAPRICORNE
8 AVRIL	BELIER	TAUREAU	CANCER	LION	VERSEAU	CAPRICORNE	CAPRICORNE	SCORPION	1 VERSEAU
9 AVRIL	BELIER	TAUREAU	CANCER	LION	VERSEAU	CAPRICORNE	CAPRICORNE	SCORPION	13 VERSEAU
10 AVRIL	BELIER	TAUREAU	CANCER	LION	VERSEAU	CAPRICORNE	CAPRICORNE	SCORPION	26 VERSEAU
11 AVRIL	BELIER	TAUREAU	CANCER	LION	VERSEAU	CAPRICORNE	CAPRICORNE	SCORPION	9 POISSONS
12 AVRIL	BELIER	TAUREAU	CANCER	LION	VERSEAU	CAPRICORNE	CAPRICORNE	SCORPION	22 POISSONS
13 AVRIL	BELIER	GEMEAUX	CANCER	LION	VERSEAU	CAPRICORNE	CAPRICORNE	SCORPION	5 BELIER
14 AVRIL	BELIER	GEMEAUX	CANCER	LION	VERSEAU	CAPRICORNE	CAPRICORNE	SCORPION	19 BELIER
15 AVRIL	BELIER	GEMEAUX	CANCER	LION	VERSEAU	CAPRICORNE	CAPRICORNE	SCORPION	4 TAUREAU
16 AVRIL	BELIER	GEMEAUX	CANCER	LION	VERSEAU	CAPRICORNE	CAPRICORNE	SCORPION	18 TAUREAU
17 AVRIL	BELIER	GEMEAUX	CANCER	LION	VERSEAU	CAPRICORNE	CAPRICORNE	SCORPION	3 GEMEAUX
18 AVRIL	BELIER	GEMEAUX	CANCER	LION	VERSEAU	CAPRICORNE	CAPRICORNE	SCORPION	17 GEMEAUX
19 AVRIL	BELIER	GEMEAUX	CANCER	LION	VERSEAU	CAPRICORNE	CAPRICORNE	SCORPION	2 CANCER
20 AVRIL	BELIER	GEMEAUX	CANCER	LION	VERSEAU	CAPRICORNE	CAPRICORNE	SCORPION	16 CANCER

LE SOLEIL	ENTRE DANS LE SIGNE DU	BELIER	LE 21 MARS	1991	A 3 h 00	* LES CHIFFRES INDIQUENT LES DEGRÉS
	QUITTE LE SIGNE DU		LE 20 AVRIL		A 14 h 05	

DÉCOUVREZ DANS QUEL SIGNE SE TROUVAIENT LES PLANÈTES A VOTRE NAISSANCE

1992	MERCURE	VENUS	MARS	JUPITER	SATURNE	URANUS	NEPTUNE	PLUTON	LUNE*
20 MARS	BELIER	POISSONS	VERSEAU	VIERGE	VERSEAU	CAPRICORNE	CAPRICORNE	SCORPION	23 BALANCE
21 MARS	BELIER	POISSONS	VERSEAU	VIERGE	VERSEAU	CAPRICORNE	CAPRICORNE	SCORPION	7 SCORPION
22 MARS	BELIER	POISSONS	VERSEAU	VIERGE	VERSEAU	CAPRICORNE	CAPRICORNE	SCORPION	20 SCORPION
23 MARS	BELIER	POISSONS	VERSEAU	VIERGE	VERSEAU	CAPRICORNE	CAPRICORNE	SCORPION	3 SAGITTAIRE
24 MARS	BELIER	POISSONS	VERSEAU	VIERGE	VERSEAU	CAPRICORNE	CAPRICORNE	SCORPION	16 SAGITTAIRE
25 MARS	BELIER	POISSONS	VERSEAU	VIERGE	VERSEAU	CAPRICORNE	CAPRICORNE	SCORPION	28 SAGITTAIRE
26 MARS	BELIER	POISSONS	VERSEAU	VIERGE	VERSEAU	CAPRICORNE	CAPRICORNE	SCORPION	10 CAPRICORNE
27 MARS	BELIER	POISSONS	VERSEAU	VIERGE	VERSEAU	CAPRICORNE	CAPRICORNE	SCORPION	22 CAPRICORNE
28 MARS	BELIER	POISSONS	POISSONS	VIERGE	VERSEAU	CAPRICORNE	CAPRICORNE	SCORPION	4 VERSEAU
29 MARS	BELIER	POISSONS	POISSONS	VIERGE	VERSEAU	CAPRICORNE	CAPRICORNE	SCORPION	16 VERSEAU
30 MARS	BELIER	POISSONS	POISSONS	VIERGE	VERSEAU	CAPRICORNE	CAPRICORNE	SCORPION	27 VERSEAU
31 MARS	BELIER	POISSONS	POISSONS	VIERGE	VERSEAU	CAPRICORNE	CAPRICORNE	SCORPION	10 POISSONS
1 AVRIL	BELIER	POISSONS	POISSONS	VIERGE	VERSEAU	CAPRICORNE	CAPRICORNE	SCORPION	22 POISSONS
2 AVRIL	BELIER	POISSONS	POISSONS	VIERGE	VERSEAU	CAPRICORNE	CAPRICORNE	SCORPION	4 BELIER
3 AVRIL	BELIER	POISSONS	POISSONS	VIERGE	VERSEAU	CAPRICORNE	CAPRICORNE	SCORPION	17 BELIER
4 AVRIL	POISSONS	POISSONS	POISSONS	VIERGE	VERSEAU	CAPRICORNE	CAPRICORNE	SCORPION	0 TAUREAU
5 AVRIL	POISSONS	POISSONS	POISSONS	VIERGE	VERSEAU	CAPRICORNE	CAPRICORNE	SCORPION	13 TAUREAU
6 AVRIL	POISSONS	POISSONS	POISSONS	VIERGE	VERSEAU	CAPRICORNE	CAPRICORNE	SCORPION	27 TAUREAU
7 AVRIL	POISSONS	BELIER	POISSONS	VIERGE	VERSEAU	CAPRICORNE	CAPRICORNE	SCORPION	10 GEMEAUX
8 AVRIL	POISSONS	BELIER	POISSONS	VIERGE	VERSEAU	CAPRICORNE	CAPRICORNE	SCORPION	24 GEMEAUX
9 AVRIL	POISSONS	BELIER	POISSONS	VIERGE	VERSEAU	CAPRICORNE	CAPRICORNE	SCORPION	8 CANCER
10 AVRIL	POISSONS	BELIER	POISSONS	VIERGE	VERSEAU	CAPRICORNE	CAPRICORNE	SCORPION	22 CANCER
11 AVRIL	POISSONS	BELIER	POISSONS	VIERGE	VERSEAU	CAPRICORNE	CAPRICORNE	SCORPION	6 LION
12 AVRIL	POISSONS	BELIER	POISSONS	VIERGE	VERSEAU	CAPRICORNE	CAPRICORNE	SCORPION	20 LION
13 AVRIL	POISSONS	BELIER	POISSONS	VIERGE	VERSEAU	CAPRICORNE	CAPRICORNE	SCORPION	4 VIERGE
14 AVRIL	POISSONS	BELIER	POISSONS	VIERGE	VERSEAU	CAPRICORNE	CAPRICORNE	SCORPION	19 VIERGE
15 AVRIL	BELIER	BELIER	POISSONS	VIERGE	VERSEAU	CAPRICORNE	CAPRICORNE	SCORPION	3 BALANCE
16 AVRIL	BELIER	BELIER	POISSONS	VIERGE	VERSEAU	CAPRICORNE	CAPRICORNE	SCORPION	17 BALANCE
17 AVRIL	BELIER	BELIER	POISSONS	VIERGE	VERSEAU	CAPRICORNE	CAPRICORNE	SCORPION	1 SCORPION
18 AVRIL	BELIER	BELIER	POISSONS	VIERGE	VERSEAU	CAPRICORNE	CAPRICORNE	SCORPION	15 SCORPION
19 AVRIL	BELIER	BELIER	POISSONS	VIERGE	VERSEAU	CAPRICORNE	CAPRICORNE	SCORPION	28 SCORPION

LE SOLEIL ENTRE DANS LE SIGNE DU BELIER LE 20 MARS 1992 A 8 h 40
QUITTE LE SIGNE DU BELIER LE 19 AVRIL 1992 A 19 h 50

* LES CHIFFRES INDIQUENT LES DEGRÉS

1993	MERCURE	VENUS	MARS	JUPITER	SATURNE	URANUS	NEPTUNE	PLUTON	LUNE*
20 MARS	POISSONS	BELIER	CANCER	BALANCE	VERSEAU	CAPRICORNE	CAPRICORNE	SCORPION	29 VERSEAU
21 MARS	POISSONS	BELIER	CANCER	BALANCE	VERSEAU	CAPRICORNE	CAPRICORNE	SCORPION	11 POISSONS
22 MARS	POISSONS	BELIER	CANCER	BALANCE	VERSEAU	CAPRICORNE	CAPRICORNE	SCORPION	23 POISSONS
23 MARS	POISSONS	BELIER	CANCER	BALANCE	VERSEAU	CAPRICORNE	CAPRICORNE	SCORPION	5 BELIER
24 MARS	POISSONS	BELIER	CANCER	BALANCE	VERSEAU	CAPRICORNE	CAPRICORNE	SCORPION	17 BELIER
25 MARS	POISSONS	BELIER	CANCER	BALANCE	VERSEAU	CAPRICORNE	CAPRICORNE	SCORPION	29 BELIER
26 MARS	POISSONS	BELIER	CANCER	BALANCE	VERSEAU	CAPRICORNE	CAPRICORNE	SCORPION	11 TAUREAU
27 MARS	POISSONS	BELIER	CANCER	BALANCE	VERSEAU	CAPRICORNE	CAPRICORNE	SCORPION	23 TAUREAU
28 MARS	POISSONS	BELIER	CANCER	BALANCE	VERSEAU	CAPRICORNE	CAPRICORNE	SCORPION	5 GEMEAUX
29 MARS	POISSONS	BELIER	CANCER	BALANCE	VERSEAU	CAPRICORNE	CAPRICORNE	SCORPION	18 GEMEAUX
30 MARS	POISSONS	BELIER	CANCER	BALANCE	VERSEAU	CAPRICORNE	CAPRICORNE	SCORPION	1 CANCER
31 MARS	POISSONS	BELIER	CANCER	BALANCE	VERSEAU	CAPRICORNE	CAPRICORNE	SCORPION	15 CANCER
1 AVRIL	POISSONS	BELIER	CANCER	BALANCE	VERSEAU	CAPRICORNE	CAPRICORNE	SCORPION	28 CANCER
2 AVRIL	POISSONS	BELIER	CANCER	BALANCE	VERSEAU	CAPRICORNE	CAPRICORNE	SCORPION	12 LION
3 AVRIL	POISSONS	BELIER	CANCER	BALANCE	VERSEAU	CAPRICORNE	CAPRICORNE	SCORPION	27 LION
4 AVRIL	POISSONS	BELIER	CANCER	BALANCE	VERSEAU	CAPRICORNE	CAPRICORNE	SCORPION	12 VIERGE
5 AVRIL	POISSONS	BELIER	CANCER	BALANCE	VERSEAU	CAPRICORNE	CAPRICORNE	SCORPION	27 VIERGE
6 AVRIL	POISSONS	BELIER	CANCER	BALANCE	VERSEAU	CAPRICORNE	CAPRICORNE	SCORPION	12 BALANCE
7 AVRIL	POISSONS	BELIER	CANCER	BALANCE	VERSEAU	CAPRICORNE	CAPRICORNE	SCORPION	27 BALANCE
8 AVRIL	POISSONS	BELIER	CANCER	BALANCE	VERSEAU	CAPRICORNE	CAPRICORNE	SCORPION	12 SCORPION
9 AVRIL	POISSONS	BELIER	CANCER	BALANCE	VERSEAU	CAPRICORNE	CAPRICORNE	SCORPION	27 SCORPION
10 AVRIL	POISSONS	BELIER	CANCER	BALANCE	VERSEAU	CAPRICORNE	CAPRICORNE	SCORPION	11 SAGITTAIRE
11 AVRIL	POISSONS	BELIER	CANCER	BALANCE	VERSEAU	CAPRICORNE	CAPRICORNE	SCORPION	24 SAGITTAIRE
12 AVRIL	POISSONS	BELIER	CANCER	BALANCE	VERSEAU	CAPRICORNE	CAPRICORNE	SCORPION	7 CAPRICORNE
13 AVRIL	POISSONS	BELIER	CANCER	BALANCE	VERSEAU	CAPRICORNE	CAPRICORNE	SCORPION	20 CAPRICORNE
14 AVRIL	POISSONS	BELIER	CANCER	BALANCE	VERSEAU	CAPRICORNE	CAPRICORNE	SCORPION	2 VERSEAU
15 AVRIL	POISSONS	BELIER	CANCER	BALANCE	VERSEAU	CAPRICORNE	CAPRICORNE	SCORPION	14 VERSEAU
16 AVRIL	BELIER	BELIER	CANCER	BALANCE	VERSEAU	CAPRICORNE	CAPRICORNE	SCORPION	26 VERSEAU
17 AVRIL	BELIER	BELIER	CANCER	BALANCE	VERSEAU	CAPRICORNE	CAPRICORNE	SCORPION	8 POISSONS
18 AVRIL	BELIER	BELIER	CANCER	BALANCE	VERSEAU	CAPRICORNE	CAPRICORNE	SCORPION	20 POISSONS
19 AVRIL	BELIER	BELIER	CANCER	BALANCE	VERSEAU	CAPRICORNE	CAPRICORNE	SCORPION	2 BELIER
20 AVRIL	BELIER	BELIER	CANCER	BALANCE	VERSEAU	CAPRICORNE	CAPRICORNE	SCORPION	13 BELIER

LE SOLEIL ENTRE DANS LE SIGNE DU BELIER LE 20 MARS 1993 A 14 h 35
QUITTE LE SIGNE DU BELIER LE 20 AVRIL 1993 A 1 h 45

* LES CHIFFRES INDIQUENT LES DEGRÉS

DÉCOUVREZ DANS QUEL SIGNE SE TROUVAIENT LES PLANÈTES A VOTRE NAISSANCE

1994	MERCURE	VENUS	MARS	JUPITER	SATURNE	URANUS	NEPTUNE	PLUTON	LUNE*
20 MARS	POISSONS	BELIER	POISSONS	SCORPION	POISSONS	CAPRICORNE	CAPRICORNE	SCORPION	29 GEMEAUX
21 MARS	POISSONS	BELIER	POISSONS	SCORPION	POISSONS	CAPRICORNE	CAPRICORNE	SCORPION	12 CANCER
22 MARS	POISSONS	BELIER	POISSONS	SCORPION	POISSONS	CAPRICORNE	CAPRICORNE	SCORPION	25 CANCER
23 MARS	POISSONS	BELIER	POISSONS	SCORPION	POISSONS	CAPRICORNE	CAPRICORNE	SCORPION	8 LION
24 MARS	POISSONS	BELIER	POISSONS	SCORPION	POISSONS	CAPRICORNE	CAPRICORNE	SCORPION	22 LION
25 MARS	POISSONS	BELIER	POISSONS	SCORPION	POISSONS	CAPRICORNE	CAPRICORNE	SCORPION	7 VIERGE
26 MARS	POISSONS	BELIER	POISSONS	SCORPION	POISSONS	CAPRICORNE	CAPRICORNE	SCORPION	22 VIERGE
27 MARS	POISSONS	BELIER	POISSONS	SCORPION	POISSONS	CAPRICORNE	CAPRICORNE	SCORPION	7 BALANCE
28 MARS	POISSONS	BELIER	POISSONS	SCORPION	POISSONS	CAPRICORNE	CAPRICORNE	SCORPION	22 BALANCE
29 MARS	POISSONS	BELIER	POISSONS	SCORPION	POISSONS	CAPRICORNE	CAPRICORNE	SCORPION	7 SCORPION
30 MARS	POISSONS	BELIER	POISSONS	SCORPION	POISSONS	CAPRICORNE	CAPRICORNE	SCORPION	22 SCORPION
31 MARS	POISSONS	BELIER	POISSONS	SCORPION	POISSONS	CAPRICORNE	CAPRICORNE	SCORPION	6 SAGITTAIRE
1 AVRIL	POISSONS	BELIER	POISSONS	SCORPION	POISSONS	CAPRICORNE	CAPRICORNE	SCORPION	21 SAGITTAIRE
2 AVRIL	POISSONS	TAUREAU	POISSONS	SCORPION	POISSONS	CAPRICORNE	CAPRICORNE	SCORPION	4 CAPRICORNE
3 AVRIL	POISSONS	TAUREAU	POISSONS	SCORPION	POISSONS	CAPRICORNE	CAPRICORNE	SCORPION	18 CAPRICORNE
4 AVRIL	POISSONS	TAUREAU	POISSONS	SCORPION	POISSONS	CAPRICORNE	CAPRICORNE	SCORPION	1 VERSEAU
5 AVRIL	POISSONS	TAUREAU	POISSONS	SCORPION	POISSONS	CAPRICORNE	CAPRICORNE	SCORPION	14 VERSEAU
6 AVRIL	POISSONS	TAUREAU	POISSONS	SCORPION	POISSONS	CAPRICORNE	CAPRICORNE	SCORPION	26 VERSEAU
7 AVRIL	POISSONS	TAUREAU	POISSONS	SCORPION	POISSONS	CAPRICORNE	CAPRICORNE	SCORPION	8 POISSONS
8 AVRIL	POISSONS	TAUREAU	POISSONS	SCORPION	POISSONS	CAPRICORNE	CAPRICORNE	SCORPION	21 POISSONS
9 AVRIL	POISSONS	TAUREAU	POISSONS	SCORPION	POISSONS	CAPRICORNE	CAPRICORNE	SCORPION	3 BELIER
10 AVRIL	BELIER	TAUREAU	POISSONS	SCORPION	POISSONS	CAPRICORNE	CAPRICORNE	SCORPION	14 BELIER
11 AVRIL	BELIER	TAUREAU	POISSONS	SCORPION	POISSONS	CAPRICORNE	CAPRICORNE	SCORPION	26 BELIER
12 AVRIL	BELIER	TAUREAU	POISSONS	SCORPION	POISSONS	CAPRICORNE	CAPRICORNE	SCORPION	8 TAUREAU
13 AVRIL	BELIER	TAUREAU	POISSONS	SCORPION	POISSONS	CAPRICORNE	CAPRICORNE	SCORPION	20 TAUREAU
14 AVRIL	BELIER	TAUREAU	POISSONS	SCORPION	POISSONS	CAPRICORNE	CAPRICORNE	SCORPION	2 GEMEAUX
15 AVRIL	BELIER	TAUREAU	BELIER	SCORPION	POISSONS	CAPRICORNE	CAPRICORNE	SCORPION	14 GEMEAUX
16 AVRIL	BELIER	TAUREAU	BELIER	SCORPION	POISSONS	CAPRICORNE	CAPRICORNE	SCORPION	26 GEMEAUX
17 AVRIL	BELIER	TAUREAU	BELIER	SCORPION	POISSONS	CAPRICORNE	CAPRICORNE	SCORPION	8 CANCER
18 AVRIL	BELIER	TAUREAU	BELIER	SCORPION	POISSONS	CAPRICORNE	CAPRICORNE	SCORPION	21 CANCER
19 AVRIL	BELIER	TAUREAU	BELIER	SCORPION	POISSONS	CAPRICORNE	CAPRICORNE	SCORPION	4 LION
20 AVRIL	BELIER	TAUREAU	BELIER	SCORPION	POISSONS	CAPRICORNE	CAPRICORNE	SCORPION	17 LION

LE SOLEIL ENTRE DANS LE SIGNE DU BELIER LE 20 MARS 1994 A 20 h 20
QUITTE LE SIGNE DU BELIER LE 20 AVRIL 1994 A 7 h 30

* LES CHIFFRES INDIQUENT LES DEGRÉS

1995	MERCURE	VENUS	MARS	JUPITER	SATURNE	URANUS	NEPTUNE	PLUTON	LUNE*
21 MARS	POISSONS	VERSEAU	LION	SAGITTAIRE	POISSONS	CAPRICORNE	CAPRICORNE	SAGITTAIRE	29 SCORPION
22 MARS	POISSONS	VERSEAU	LION	SAGITTAIRE	POISSONS	CAPRICORNE	CAPRICORNE	SAGITTAIRE	13 SAGITTAIRE
23 MARS	POISSONS	VERSEAU	LION	SAGITTAIRE	POISSONS	CAPRICORNE	CAPRICORNE	SAGITTAIRE	28 SAGITTAIRE
24 MARS	POISSONS	VERSEAU	LION	SAGITTAIRE	POISSONS	CAPRICORNE	CAPRICORNE	SAGITTAIRE	12 CAPRICORNE
25 MARS	POISSONS	VERSEAU	LION	SAGITTAIRE	POISSONS	CAPRICORNE	CAPRICORNE	SAGITTAIRE	26 CAPRICORNE
26 MARS	POISSONS	VERSEAU	LION	SAGITTAIRE	POISSONS	CAPRICORNE	CAPRICORNE	SAGITTAIRE	9 VERSEAU
27 MARS	POISSONS	VERSEAU	LION	SAGITTAIRE	POISSONS	CAPRICORNE	CAPRICORNE	SAGITTAIRE	23 VERSEAU
28 MARS	POISSONS	POISSONS	LION	SAGITTAIRE	POISSONS	CAPRICORNE	CAPRICORNE	SAGITTAIRE	6 POISSONS
29 MARS	POISSONS	POISSONS	LION	SAGITTAIRE	POISSONS	CAPRICORNE	CAPRICORNE	SAGITTAIRE	20 POISSONS
30 MARS	POISSONS	POISSONS	LION	SAGITTAIRE	POISSONS	CAPRICORNE	CAPRICORNE	SAGITTAIRE	2 BELIER
31 MARS	POISSONS	POISSONS	LION	SAGITTAIRE	POISSONS	CAPRICORNE	CAPRICORNE	SAGITTAIRE	15 BELIER
1 AVRIL	POISSONS	POISSONS	LION	SAGITTAIRE	POISSONS	CAPRICORNE	CAPRICORNE	SAGITTAIRE	27 BELIER
2 AVRIL	BELIER	POISSONS	LION	SAGITTAIRE	POISSONS	CAPRICORNE	CAPRICORNE	SAGITTAIRE	9 TAUREAU
3 AVRIL	BELIER	POISSONS	LION	SAGITTAIRE	POISSONS	CAPRICORNE	CAPRICORNE	SAGITTAIRE	21 TAUREAU
4 AVRIL	BELIER	POISSONS	LION	SAGITTAIRE	POISSONS	CAPRICORNE	CAPRICORNE	SAGITTAIRE	3 GEMEAUX
5 AVRIL	BELIER	POISSONS	LION	SAGITTAIRE	POISSONS	CAPRICORNE	CAPRICORNE	SAGITTAIRE	15 GEMEAUX
6 AVRIL	BELIER	POISSONS	LION	SAGITTAIRE	POISSONS	CAPRICORNE	CAPRICORNE	SAGITTAIRE	27 GEMEAUX
7 AVRIL	BELIER	POISSONS	LION	SAGITTAIRE	POISSONS	CAPRICORNE	CAPRICORNE	SAGITTAIRE	9 CANCER
8 AVRIL	BELIER	POISSONS	LION	SAGITTAIRE	POISSONS	CAPRICORNE	CAPRICORNE	SAGITTAIRE	21 CANCER
9 AVRIL	BELIER	POISSONS	LION	SAGITTAIRE	POISSONS	CAPRICORNE	CAPRICORNE	SAGITTAIRE	3 LION
10 AVRIL	BELIER	POISSONS	LION	SAGITTAIRE	POISSONS	CAPRICORNE	CAPRICORNE	SAGITTAIRE	16 LION
11 AVRIL	BELIER	POISSONS	LION	SAGITTAIRE	POISSONS	CAPRICORNE	CAPRICORNE	SAGITTAIRE	29 LION
12 AVRIL	BELIER	POISSONS	LION	SAGITTAIRE	POISSONS	CAPRICORNE	CAPRICORNE	SAGITTAIRE	12 VIERGE
13 AVRIL	BELIER	POISSONS	LION	SAGITTAIRE	POISSONS	CAPRICORNE	CAPRICORNE	SAGITTAIRE	26 VIERGE
14 AVRIL	BELIER	POISSONS	LION	SAGITTAIRE	POISSONS	CAPRICORNE	CAPRICORNE	SAGITTAIRE	10 BALANCE
15 AVRIL	BELIER	POISSONS	LION	SAGITTAIRE	POISSONS	CAPRICORNE	CAPRICORNE	SAGITTAIRE	25 BALANCE
16 AVRIL	BELIER	POISSONS	LION	SAGITTAIRE	POISSONS	CAPRICORNE	CAPRICORNE	SAGITTAIRE	9 SCORPION
17 AVRIL	BELIER	POISSONS	LION	SAGITTAIRE	POISSONS	CAPRICORNE	CAPRICORNE	SAGITTAIRE	24 SCORPION
18 AVRIL	BELIER	POISSONS	LION	SAGITTAIRE	POISSONS	CAPRICORNE	CAPRICORNE	SAGITTAIRE	9 SAGITTAIRE
19 AVRIL	BELIER	POISSONS	LION	SAGITTAIRE	POISSONS	CAPRICORNE	CAPRICORNE	SAGITTAIRE	23 SAGITTAIRE
20 AVRIL	BELIER	POISSONS	LION	SAGITTAIRE	POISSONS	CAPRICORNE	CAPRICORNE	SAGITTAIRE	8 CAPRICORNE

LE SOLEIL ENTRE DANS LE SIGNE DU BELIER LE 21 MARS 1995 A 2 h 10
QUITTE LE SIGNE DU BELIER LE 20 AVRIL 1995 A 13 h 15

* LES CHIFFRES INDIQUENT LES DEGRÉS

DÉCOUVREZ DANS QUEL SIGNE SE TROUVAIENT LES PLANÈTES A VOTRE NAISSANCE

1996	MERCURE	VENUS	MARS	JUPITER	SATURNE	URANUS	NEPTUNE	PLUTON	LUNE*
20 MARS	POISSONS	TAUREAU	POISSONS	CAPRICORNE	POISSONS	VERSEAU	CAPRICORNE	SAGITTAIRE	13 BELIER
21 MARS	POISSONS	TAUREAU	POISSONS	CAPRICORNE	POISSONS	VERSEAU	CAPRICORNE	SAGITTAIRE	27 BELIER
22 MARS	POISSONS	TAUREAU	POISSONS	CAPRICORNE	POISSONS	VERSEAU	CAPRICORNE	SAGITTAIRE	10 TAUREAU
23 MARS	POISSONS	TAUREAU	POISSONS	CAPRICORNE	POISSONS	VERSEAU	CAPRICORNE	SAGITTAIRE	23 TAUREAU
24 MARS	BELIER	TAUREAU	POISSONS	CAPRICORNE	POISSONS	VERSEAU	CAPRICORNE	SAGITTAIRE	5 GEMEAUX
25 MARS	BELIER	TAUREAU	BELIER	CAPRICORNE	POISSONS	VERSEAU	CAPRICORNE	SAGITTAIRE	18 GEMEAUX
26 MARS	BELIER	TAUREAU	BELIER	CAPRICORNE	POISSONS	VERSEAU	CAPRICORNE	SAGITTAIRE	0 CANCER
27 MARS	BELIER	TAUREAU	BELIER	CAPRICORNE	POISSONS	VERSEAU	CAPRICORNE	SAGITTAIRE	12 CANCER
28 MARS	BELIER	TAUREAU	BELIER	CAPRICORNE	POISSONS	VERSEAU	CAPRICORNE	SAGITTAIRE	23 CANCER
29 MARS	BELIER	TAUREAU	BELIER	CAPRICORNE	POISSONS	VERSEAU	CAPRICORNE	SAGITTAIRE	5 LION
30 MARS	BELIER	TAUREAU	BELIER	CAPRICORNE	POISSONS	VERSEAU	CAPRICORNE	SAGITTAIRE	17 LION
31 MARS	BELIER	TAUREAU	BELIER	CAPRICORNE	POISSONS	VERSEAU	CAPRICORNE	SAGITTAIRE	0 VIERGE
1 AVRIL	BELIER	TAUREAU	BELIER	CAPRICORNE	POISSONS	VERSEAU	CAPRICORNE	SAGITTAIRE	12 VIERGE
2 AVRIL	BELIER	TAUREAU	BELIER	CAPRICORNE	POISSONS	VERSEAU	CAPRICORNE	SAGITTAIRE	25 VIERGE
3 AVRIL	BELIER	TAUREAU	BELIER	CAPRICORNE	POISSONS	VERSEAU	CAPRICORNE	SAGITTAIRE	8 BALANCE
4 AVRIL	BELIER	GEMEAUX	BELIER	CAPRICORNE	POISSONS	VERSEAU	CAPRICORNE	SAGITTAIRE	21 BALANCE
5 AVRIL	BELIER	GEMEAUX	BELIER	CAPRICORNE	POISSONS	VERSEAU	CAPRICORNE	SAGITTAIRE	4 SCORPION
6 AVRIL	BELIER	GEMEAUX	BELIER	CAPRICORNE	POISSONS	VERSEAU	CAPRICORNE	SAGITTAIRE	18 SCORPION
7 AVRIL	BELIER	GEMEAUX	BELIER	CAPRICORNE	BELIER	VERSEAU	CAPRICORNE	SAGITTAIRE	2 SAGITTAIRE
8 AVRIL	TAUREAU	GEMEAUX	BELIER	CAPRICORNE	BELIER	VERSEAU	CAPRICORNE	SAGITTAIRE	16 SAGITTAIRE
9 AVRIL	TAUREAU	GEMEAUX	BELIER	CAPRICORNE	BELIER	VERSEAU	CAPRICORNE	SAGITTAIRE	0 CAPRICORNE
10 AVRIL	TAUREAU	GEMEAUX	BELIER	CAPRICORNE	BELIER	VERSEAU	CAPRICORNE	SAGITTAIRE	14 CAPRICORNE
11 AVRIL	TAUREAU	GEMEAUX	BELIER	CAPRICORNE	BELIER	VERSEAU	CAPRICORNE	SAGITTAIRE	28 CAPRICORNE
12 AVRIL	TAUREAU	GEMEAUX	BELIER	CAPRICORNE	BELIER	VERSEAU	CAPRICORNE	SAGITTAIRE	13 VERSEAU
13 AVRIL	TAUREAU	GEMEAUX	BELIER	CAPRICORNE	BELIER	VERSEAU	CAPRICORNE	SAGITTAIRE	27 VERSEAU
14 AVRIL	TAUREAU	GEMEAUX	BELIER	CAPRICORNE	BELIER	VERSEAU	CAPRICORNE	SAGITTAIRE	11 POISSONS
15 AVRIL	TAUREAU	GEMEAUX	BELIER	CAPRICORNE	BELIER	VERSEAU	CAPRICORNE	SAGITTAIRE	25 POISSONS
16 AVRIL	TAUREAU	GEMEAUX	BELIER	CAPRICORNE	BELIER	VERSEAU	CAPRICORNE	SAGITTAIRE	8 BELIER
17 AVRIL	TAUREAU	GEMEAUX	BELIER	CAPRICORNE	BELIER	VERSEAU	CAPRICORNE	SAGITTAIRE	22 BELIER
18 AVRIL	TAUREAU	GEMEAUX	BELIER	CAPRICORNE	BELIER	VERSEAU	CAPRICORNE	SAGITTAIRE	5 TAUREAU
19 AVRIL	TAUREAU	GEMEAUX	BELIER	CAPRICORNE	BELIER	VERSEAU	CAPRICORNE	SAGITTAIRE	18 TAUREAU

LE SOLEIL ENTRE DANS LE SIGNE DU BELIER LE 20 MARS 1996 A 8 h 00
QUITTE LE SIGNE DU BELIER LE 19 AVRIL 1996 A 19 h 05

* LES CHIFFRES INDIQUENT LES DEGRÉS

1997	MERCURE	VENUS	MARS	JUPITER	SATURNE	URANUS	NEPTUNE	PLUTON	LUNE*
20 MARS	BELIER	POISSONS	VIERGE	VERSEAU	BELIER	VERSEAU	CAPRICORNE	SAGITTAIRE	19 LION
21 MARS	BELIER	POISSONS	VIERGE	VERSEAU	BELIER	VERSEAU	CAPRICORNE	SAGITTAIRE	1 VIERGE
22 MARS	BELIER	POISSONS	VIERGE	VERSEAU	BELIER	VERSEAU	CAPRICORNE	SAGITTAIRE	13 VIERGE
23 MARS	BELIER	BELIER	VIERGE	VERSEAU	BELIER	VERSEAU	CAPRICORNE	SAGITTAIRE	25 VIERGE
24 MARS	BELIER	BELIER	VIERGE	VERSEAU	BELIER	VERSEAU	CAPRICORNE	SAGITTAIRE	7 BALANCE
25 MARS	BELIER	BELIER	VIERGE	VERSEAU	BELIER	VERSEAU	CAPRICORNE	SAGITTAIRE	19 BALANCE
26 MARS	BELIER	BELIER	VIERGE	VERSEAU	BELIER	VERSEAU	CAPRICORNE	SAGITTAIRE	1 SCORPION
27 MARS	BELIER	BELIER	VIERGE	VERSEAU	BELIER	VERSEAU	CAPRICORNE	SAGITTAIRE	14 SCORPION
28 MARS	BELIER	BELIER	VIERGE	VERSEAU	BELIER	VERSEAU	CAPRICORNE	SAGITTAIRE	27 SCORPION
29 MARS	BELIER	BELIER	VIERGE	VERSEAU	BELIER	VERSEAU	CAPRICORNE	SAGITTAIRE	10 SAGITTAIRE
30 MARS	BELIER	BELIER	VIERGE	VERSEAU	BELIER	VERSEAU	CAPRICORNE	SAGITTAIRE	23 SAGITTAIRE
31 MARS	BELIER	BELIER	VIERGE	VERSEAU	BELIER	VERSEAU	CAPRICORNE	SAGITTAIRE	6 CAPRICORNE
1 AVRIL	BELIER	BELIER	VIERGE	VERSEAU	BELIER	VERSEAU	CAPRICORNE	SAGITTAIRE	20 CAPRICORNE
2 AVRIL	TAUREAU	BELIER	VIERGE	VERSEAU	BELIER	VERSEAU	CAPRICORNE	SAGITTAIRE	4 VERSEAU
3 AVRIL	TAUREAU	BELIER	VIERGE	VERSEAU	BELIER	VERSEAU	CAPRICORNE	SAGITTAIRE	19 VERSEAU
4 AVRIL	TAUREAU	BELIER	VIERGE	VERSEAU	BELIER	VERSEAU	CAPRICORNE	SAGITTAIRE	4 POISSONS
5 AVRIL	TAUREAU	BELIER	VIERGE	VERSEAU	BELIER	VERSEAU	CAPRICORNE	SAGITTAIRE	18 POISSONS
6 AVRIL	TAUREAU	BELIER	VIERGE	VERSEAU	BELIER	VERSEAU	CAPRICORNE	SAGITTAIRE	3 BELIER
7 AVRIL	TAUREAU	BELIER	VIERGE	VERSEAU	BELIER	VERSEAU	CAPRICORNE	SAGITTAIRE	18 BELIER
8 AVRIL	TAUREAU	BELIER	VIERGE	VERSEAU	BELIER	VERSEAU	CAPRICORNE	SAGITTAIRE	2 TAUREAU
9 AVRIL	TAUREAU	BELIER	VIERGE	VERSEAU	BELIER	VERSEAU	CAPRICORNE	SAGITTAIRE	17 TAUREAU
10 AVRIL	TAUREAU	BELIER	VIERGE	VERSEAU	BELIER	VERSEAU	CAPRICORNE	SAGITTAIRE	1 GEMEAUX
11 AVRIL	TAUREAU	BELIER	VIERGE	VERSEAU	BELIER	VERSEAU	CAPRICORNE	SAGITTAIRE	14 GEMEAUX
12 AVRIL	TAUREAU	BELIER	VIERGE	VERSEAU	BELIER	VERSEAU	CAPRICORNE	SAGITTAIRE	27 GEMEAUX
13 AVRIL	TAUREAU	BELIER	VIERGE	VERSEAU	BELIER	VERSEAU	CAPRICORNE	SAGITTAIRE	10 CANCER
14 AVRIL	TAUREAU	BELIER	VIERGE	VERSEAU	BELIER	VERSEAU	CAPRICORNE	SAGITTAIRE	22 CANCER
15 AVRIL	TAUREAU	BELIER	VIERGE	VERSEAU	BELIER	VERSEAU	CAPRICORNE	SAGITTAIRE	4 LION
16 AVRIL	TAUREAU	TAUREAU	VIERGE	VERSEAU	BELIER	VERSEAU	CAPRICORNE	SAGITTAIRE	16 LION
17 AVRIL	TAUREAU	TAUREAU	VIERGE	VERSEAU	BELIER	VERSEAU	CAPRICORNE	SAGITTAIRE	28 LION
18 AVRIL	TAUREAU	TAUREAU	VIERGE	VERSEAU	BELIER	VERSEAU	CAPRICORNE	SAGITTAIRE	9 VIERGE
19 AVRIL	TAUREAU	TAUREAU	VIERGE	VERSEAU	BELIER	VERSEAU	CAPRICORNE	SAGITTAIRE	21 VIERGE
20 AVRIL	TAUREAU	TAUREAU	VIERGE	VERSEAU	BELIER	VERSEAU	CAPRICORNE	SAGITTAIRE	3 BALANCE

LE SOLEIL ENTRE DANS LE SIGNE DU BELIER LE 20 MARS 1997 A 13 h 50
QUITTE LE SIGNE DU BELIER LE 20 AVRIL 1997 A 1 h 00

* LES CHIFFRES INDIQUENT LES DEGRÉS

DÉCOUVREZ DANS QUEL SIGNE SE TROUVAIENT LES PLANÈTES A VOTRE NAISSANCE

1998	MERCURE	VENUS	MARS	JUPITER	SATURNE	URANUS	NEPTUNE	PLUTON	LUNE*
20 MARS	BELIER	VERSEAU	BELIER	POISSONS	BELIER	VERSEAU	VERSEAU	SAGITTAIRE	20 SAGITTAIRE
21 MARS	BELIER	VERSEAU	BELIER	POISSONS	BELIER	VERSEAU	VERSEAU	SAGITTAIRE	2 CAPRICORNE
22 MARS	BELIER	VERSEAU	BELIER	POISSONS	BELIER	VERSEAU	VERSEAU	SAGITTAIRE	16 CAPRICORNE
23 MARS	BELIER	VERSEAU	BELIER	POISSONS	BELIER	VERSEAU	VERSEAU	SAGITTAIRE	29 CAPRICORNE
24 MARS	BELIER	VERSEAU	BELIER	POISSONS	BELIER	VERSEAU	VERSEAU	SAGITTAIRE	13 VERSEAU
25 MARS	BELIER	VERSEAU	BELIER	POISSONS	BELIER	VERSEAU	VERSEAU	SAGITTAIRE	27 VERSEAU
26 MARS	BELIER	VERSEAU	BELIER	POISSONS	BELIER	VERSEAU	VERSEAU	SAGITTAIRE	12 POISSONS
27 MARS	BELIER	VERSEAU	BELIER	POISSONS	BELIER	VERSEAU	VERSEAU	SAGITTAIRE	27 POISSONS
28 MARS	BELIER	VERSEAU	BELIER	POISSONS	BELIER	VERSEAU	VERSEAU	SAGITTAIRE	12 BELIER
29 MARS	BELIER	VERSEAU	BELIER	POISSONS	BELIER	VERSEAU	VERSEAU	SAGITTAIRE	28 BELIER
30 MARS	BELIER	VERSEAU	BELIER	POISSONS	BELIER	VERSEAU	VERSEAU	SAGITTAIRE	13 TAUREAU
31 MARS	BELIER	VERSEAU	BELIER	POISSONS	BELIER	VERSEAU	VERSEAU	SAGITTAIRE	27 TAUREAU
1 AVRIL	BELIER	VERSEAU	BELIER	POISSONS	BELIER	VERSEAU	VERSEAU	SAGITTAIRE	12 GEMEAUX
2 AVRIL	BELIER	VERSEAU	BELIER	POISSONS	BELIER	VERSEAU	VERSEAU	SAGITTAIRE	26 GEMEAUX
3 AVRIL	BELIER	VERSEAU	BELIER	POISSONS	BELIER	VERSEAU	VERSEAU	SAGITTAIRE	9 CANCER
4 AVRIL	BELIER	VERSEAU	BELIER	POISSONS	BELIER	VERSEAU	VERSEAU	SAGITTAIRE	22 CANCER
5 AVRIL	BELIER	VERSEAU	BELIER	POISSONS	BELIER	VERSEAU	VERSEAU	SAGITTAIRE	5 LION
6 AVRIL	BELIER	POISSONS	BELIER	POISSONS	BELIER	VERSEAU	VERSEAU	SAGITTAIRE	17 LION
7 AVRIL	BELIER	POISSONS	BELIER	POISSONS	BELIER	VERSEAU	VERSEAU	SAGITTAIRE	29 LION
8 AVRIL	BELIER	POISSONS	BELIER	POISSONS	BELIER	VERSEAU	VERSEAU	SAGITTAIRE	11 VIERGE
9 AVRIL	BELIER	POISSONS	BELIER	POISSONS	BELIER	VERSEAU	VERSEAU	SAGITTAIRE	23 VIERGE
10 AVRIL	BELIER	POISSONS	BELIER	POISSONS	BELIER	VERSEAU	VERSEAU	SAGITTAIRE	5 BALANCE
11 AVRIL	BELIER	POISSONS	BELIER	POISSONS	BELIER	VERSEAU	VERSEAU	SAGITTAIRE	16 BALANCE
12 AVRIL	BELIER	POISSONS	BELIER	POISSONS	BELIER	VERSEAU	VERSEAU	SAGITTAIRE	28 BALANCE
13 AVRIL	BELIER	POISSONS	TAUREAU	POISSONS	BELIER	VERSEAU	VERSEAU	SAGITTAIRE	10 SCORPION
14 AVRIL	BELIER	POISSONS	TAUREAU	POISSONS	BELIER	VERSEAU	VERSEAU	SAGITTAIRE	22 SCORPION
15 AVRIL	BELIER	POISSONS	TAUREAU	POISSONS	BELIER	VERSEAU	VERSEAU	SAGITTAIRE	4 SAGITTAIRE
16 AVRIL	BELIER	POISSONS	TAUREAU	POISSONS	BELIER	VERSEAU	VERSEAU	SAGITTAIRE	17 SAGITTAIRE
17 AVRIL	BELIER	POISSONS	TAUREAU	POISSONS	BELIER	VERSEAU	VERSEAU	SAGITTAIRE	29 SAGITTAIRE
18 AVRIL	BELIER	POISSONS	TAUREAU	POISSONS	BELIER	VERSEAU	VERSEAU	SAGITTAIRE	12 CAPRICORNE
19 AVRIL	BELIER	POISSONS	TAUREAU	POISSONS	BELIER	VERSEAU	VERSEAU	SAGITTAIRE	25 CAPRICORNE
20 AVRIL	BELIER	POISSONS	TAUREAU	POISSONS	BELIER	VERSEAU	VERSEAU	SAGITTAIRE	8 VERSEAU

LE SOLEIL ENTRE DANS LE SIGNE DU BELIER LE 20 MARS 1998 A 19 h 50
QUITTE LE SIGNE DU BELIER LE 20 AVRIL 1998 A 6 h 50

* LES CHIFFRES INDIQUENT LES DEGRÉS

1999	MERCURE	VENUS	MARS	JUPITER	SATURNE	URANUS	NEPTUNE	PLUTON	LUNE*
21 MARS	POISSONS	TAUREAU	SCORPION	BELIER	TAUREAU	VERSEAU	VERSEAU	SAGITTAIRE	21 TAUREAU
22 MARS	POISSONS	TAUREAU	SCORPION	BELIER	TAUREAU	VERSEAU	VERSEAU	SAGITTAIRE	6 GEMEAUX
23 MARS	POISSONS	TAUREAU	SCORPION	BELIER	TAUREAU	VERSEAU	VERSEAU	SAGITTAIRE	20 GEMEAUX
24 MARS	POISSONS	TAUREAU	SCORPION	BELIER	TAUREAU	VERSEAU	VERSEAU	SAGITTAIRE	4 CANCER
25 MARS	POISSONS	TAUREAU	SCORPION	BELIER	TAUREAU	VERSEAU	VERSEAU	SAGITTAIRE	18 CANCER
26 MARS	POISSONS	TAUREAU	SCORPION	BELIER	TAUREAU	VERSEAU	VERSEAU	SAGITTAIRE	1 LION
27 MARS	POISSONS	TAUREAU	SCORPION	BELIER	TAUREAU	VERSEAU	VERSEAU	SAGITTAIRE	14 LION
28 MARS	POISSONS	TAUREAU	SCORPION	BELIER	TAUREAU	VERSEAU	VERSEAU	SAGITTAIRE	27 LION
29 MARS	POISSONS	TAUREAU	SCORPION	BELIER	TAUREAU	VERSEAU	VERSEAU	SAGITTAIRE	10 VIERGE
30 MARS	POISSONS	TAUREAU	SCORPION	BELIER	TAUREAU	VERSEAU	VERSEAU	SAGITTAIRE	23 VIERGE
31 MARS	POISSONS	TAUREAU	SCORPION	BELIER	TAUREAU	VERSEAU	VERSEAU	SAGITTAIRE	5 BALANCE
1 AVRIL	POISSONS	TAUREAU	SCORPION	BELIER	TAUREAU	VERSEAU	VERSEAU	SAGITTAIRE	17 BALANCE
2 AVRIL	POISSONS	TAUREAU	SCORPION	BELIER	TAUREAU	VERSEAU	VERSEAU	SAGITTAIRE	29 BALANCE
3 AVRIL	POISSONS	TAUREAU	SCORPION	BELIER	TAUREAU	VERSEAU	VERSEAU	SAGITTAIRE	11 SCORPION
4 AVRIL	POISSONS	TAUREAU	SCORPION	BELIER	TAUREAU	VERSEAU	VERSEAU	SAGITTAIRE	23 SCORPION
5 AVRIL	POISSONS	TAUREAU	SCORPION	BELIER	TAUREAU	VERSEAU	VERSEAU	SAGITTAIRE	5 SAGITTAIRE
6 AVRIL	POISSONS	TAUREAU	SCORPION	BELIER	TAUREAU	VERSEAU	VERSEAU	SAGITTAIRE	17 SAGITTAIRE
7 AVRIL	POISSONS	TAUREAU	SCORPION	BELIER	TAUREAU	VERSEAU	VERSEAU	SAGITTAIRE	29 SAGITTAIRE
8 AVRIL	POISSONS	TAUREAU	SCORPION	BELIER	TAUREAU	VERSEAU	VERSEAU	SAGITTAIRE	11 CAPRICORNE
9 AVRIL	POISSONS	TAUREAU	SCORPION	BELIER	TAUREAU	VERSEAU	VERSEAU	SAGITTAIRE	23 CAPRICORNE
10 AVRIL	POISSONS	TAUREAU	SCORPION	BELIER	TAUREAU	VERSEAU	VERSEAU	SAGITTAIRE	6 VERSEAU
11 AVRIL	POISSONS	TAUREAU	SCORPION	BELIER	TAUREAU	VERSEAU	VERSEAU	SAGITTAIRE	19 VERSEAU
12 AVRIL	POISSONS	TAUREAU	SCORPION	BELIER	TAUREAU	VERSEAU	VERSEAU	SAGITTAIRE	2 POISSONS
13 AVRIL	POISSONS	GEMEAUX	SCORPION	BELIER	TAUREAU	VERSEAU	VERSEAU	SAGITTAIRE	16 POISSONS
14 AVRIL	POISSONS	GEMEAUX	SCORPION	BELIER	TAUREAU	VERSEAU	VERSEAU	SAGITTAIRE	0 BELIER
15 AVRIL	POISSONS	GEMEAUX	SCORPION	BELIER	TAUREAU	VERSEAU	VERSEAU	SAGITTAIRE	15 BELIER
16 AVRIL	POISSONS	GEMEAUX	SCORPION	BELIER	TAUREAU	VERSEAU	VERSEAU	SAGITTAIRE	0 TAUREAU
17 AVRIL	POISSONS	GEMEAUX	SCORPION	BELIER	TAUREAU	VERSEAU	VERSEAU	SAGITTAIRE	15 TAUREAU
18 AVRIL	BELIER	GEMEAUX	SCORPION	BELIER	TAUREAU	VERSEAU	VERSEAU	SAGITTAIRE	1 GEMEAUX
19 AVRIL	BELIER	GEMEAUX	SCORPION	BELIER	TAUREAU	VERSEAU	VERSEAU	SAGITTAIRE	15 GEMEAUX
20 AVRIL	BELIER	GEMEAUX	SCORPION	BELIER	TAUREAU	VERSEAU	VERSEAU	SAGITTAIRE	0 CANCER

LE SOLEIL ENTRE DANS LE SIGNE DU BELIER LE 21 MARS 1999 A 1 h 40
QUITTE LE SIGNE DU BELIER LE 20 AVRIL 1999 A 12 h 40

* LES CHIFFRES INDIQUENT LES DEGRÉS

DÉCOUVREZ DANS QUEL SIGNE SE TROUVAIENT LES PLANÈTES A VOTRE NAISSANCE

2000	MERCURE	VENUS	MARS	JUPITER	SATURNE	URANUS	NEPTUNE	PLUTON	LUNE*
20 MARS	POISSONS	POISSONS	BELIER	TAUREAU	TAUREAU	VERSEAU	VERSEAU	SAGITTAIRE	4 BALANCE
21 MARS	POISSONS	POISSONS	BELIER	TAUREAU	TAUREAU	VERSEAU	VERSEAU	SAGITTAIRE	17 BALANCE
22 MARS	POISSONS	POISSONS	BELIER	TAUREAU	TAUREAU	VERSEAU	VERSEAU	SAGITTAIRE	1 SCORPION
23 MARS	POISSONS	POISSONS	TAUREAU	TAUREAU	TAUREAU	VERSEAU	VERSEAU	SAGITTAIRE	13 SCORPION
24 MARS	POISSONS	POISSONS	TAUREAU	TAUREAU	TAUREAU	VERSEAU	VERSEAU	SAGITTAIRE	25 SCORPION
25 MARS	POISSONS	POISSONS	TAUREAU	TAUREAU	TAUREAU	VERSEAU	VERSEAU	SAGITTAIRE	7 SAGITTAIRE
26 MARS	POISSONS	POISSONS	TAUREAU	TAUREAU	TAUREAU	VERSEAU	VERSEAU	SAGITTAIRE	19 SAGITTAIRE
27 MARS	POISSONS	POISSONS	TAUREAU	TAUREAU	TAUREAU	VERSEAU	VERSEAU	SAGITTAIRE	1 CAPRICORNE
28 MARS	POISSONS	POISSONS	TAUREAU	TAUREAU	TAUREAU	VERSEAU	VERSEAU	SAGITTAIRE	13 CAPRICORNE
29 MARS	POISSONS	POISSONS	TAUREAU	TAUREAU	TAUREAU	VERSEAU	VERSEAU	SAGITTAIRE	25 CAPRICORNE
30 MARS	POISSONS	POISSONS	TAUREAU	TAUREAU	TAUREAU	VERSEAU	VERSEAU	SAGITTAIRE	7 VERSEAU
31 MARS	POISSONS	POISSONS	TAUREAU	TAUREAU	TAUREAU	VERSEAU	VERSEAU	SAGITTAIRE	19 VERSEAU
1 AVRIL	POISSONS	POISSONS	TAUREAU	TAUREAU	TAUREAU	VERSEAU	VERSEAU	SAGITTAIRE	2 POISSONS
2 AVRIL	POISSONS	POISSONS	TAUREAU	TAUREAU	TAUREAU	VERSEAU	VERSEAU	SAGITTAIRE	15 POISSONS
3 AVRIL	POISSONS	POISSONS	TAUREAU	TAUREAU	TAUREAU	VERSEAU	VERSEAU	SAGITTAIRE	28 POISSONS
4 AVRIL	POISSONS	POISSONS	TAUREAU	TAUREAU	TAUREAU	VERSEAU	VERSEAU	SAGITTAIRE	12 BELIER
5 AVRIL	POISSONS	POISSONS	TAUREAU	TAUREAU	TAUREAU	VERSEAU	VERSEAU	SAGITTAIRE	25 BELIER
6 AVRIL	POISSONS	POISSONS	TAUREAU	TAUREAU	TAUREAU	VERSEAU	VERSEAU	SAGITTAIRE	9 TAUREAU
7 AVRIL	POISSONS	BELIER	TAUREAU	TAUREAU	TAUREAU	VERSEAU	VERSEAU	SAGITTAIRE	24 TAUREAU
8 AVRIL	POISSONS	BELIER	TAUREAU	TAUREAU	TAUREAU	VERSEAU	VERSEAU	SAGITTAIRE	8 GEMEAUX
9 AVRIL	POISSONS	BELIER	TAUREAU	TAUREAU	TAUREAU	VERSEAU	VERSEAU	SAGITTAIRE	22 GEMEAUX
10 AVRIL	POISSONS	BELIER	TAUREAU	TAUREAU	TAUREAU	VERSEAU	VERSEAU	SAGITTAIRE	7 CANCER
11 AVRIL	POISSONS	BELIER	TAUREAU	TAUREAU	TAUREAU	VERSEAU	VERSEAU	SAGITTAIRE	21 CANCER
12 AVRIL	POISSONS	BELIER	TAUREAU	TAUREAU	TAUREAU	VERSEAU	VERSEAU	SAGITTAIRE	5 LION
13 AVRIL	BELIER	BELIER	TAUREAU	TAUREAU	TAUREAU	VERSEAU	VERSEAU	SAGITTAIRE	19 LION
14 AVRIL	BELIER	BELIER	TAUREAU	TAUREAU	TAUREAU	VERSEAU	VERSEAU	SAGITTAIRE	2 VIERGE
15 AVRIL	BELIER	BELIER	TAUREAU	TAUREAU	TAUREAU	VERSEAU	VERSEAU	SAGITTAIRE	16 VIERGE
16 AVRIL	BELIER	BELIER	TAUREAU	TAUREAU	TAUREAU	VERSEAU	VERSEAU	SAGITTAIRE	0 BALANCE
17 AVRIL	BELIER	BELIER	TAUREAU	TAUREAU	TAUREAU	VERSEAU	VERSEAU	SAGITTAIRE	13 BALANCE
18 AVRIL	BELIER	BELIER	TAUREAU	TAUREAU	TAUREAU	VERSEAU	VERSEAU	SAGITTAIRE	26 BALANCE
19 AVRIL	BELIER	BELIER	TAUREAU	TAUREAU	TAUREAU	VERSEAU	VERSEAU	SAGITTAIRE	9 SCORPION

LE SOLEIL	ENTRE DANS LE SIGNE DU QUITTE LE SIGNE DU	BELIER	LE 20 MARS LE 19 AVRIL	2000	A 7 h 30 A 18 h 35

* LES CHIFFRES INDIQUENT LES DEGRÉS

Comment utiliser vos heure et lieu de naissance pour déterminer le signe zodiacal de la Lune

Votre heure solaire de naissance (déjà calculée pour votre Ascendant) ....16.20.. H
Rectification de cette heure d'après la carte de géographie mondiale et en fonction de votre lieu de naissance (p. 8-9) .... H *

Par exemple, si vous êtes né(e) en Égypte, vous vous reportez à ce pays sur la carte des pages 8 et 9 ; vous suivez le trait vertical vers le haut et vous lisez **Retranchez 2 h.** *Vous inscrivez donc – 2 h, ci-contre.*

Soit l'heure de Greenwich correspondant à votre heure solaire de naissance : (HG) ....16h20.. H **

* Si cette valeur est supérieure à votre heure solaire de naissance et que vous devez la retrancher, il vous suffit d'ajouter d'abord 24 heures à votre heure solaire de naissance :
4 h 30 – 6 h soit 4 h 30 + 24 h = 28 h 30 – 6 h = **22 h 30**
** Si ce total est supérieur à 24 heures, vous retranchez simplement 24 heures :
19 h + 7 h = 26 h – 24 h = **2 h**

Par simple lecture du tableau ci-dessous vous trouvez alors le nombre de degrés zodiacaux à ajouter ou à retrancher du nombre indiqué par la Table pour obtenir le signe zodiacal final de la Lune à votre naissance.

Si l'heure de Greenwich (HG) est comprise entre ▼	et ▼	Voici l'opération que vous effectuez ▼	
0 h	1 h 30	Vous retranchez	6 degrés
1 h 31	3 h 30	Vous retranchez	5 degrés
3 h 31	5 h 30	Vous retranchez	4 degrés
5 h 31	7 h 30	Vous retranchez	3 degrés
7 h 31	9 h 30	Vous retranchez	2 degrés
9 h 31	11 h 30	Vous retranchez	1 degrés
11 h 31	12 h 30	Aucun changement	
12 h 31	14 h 30	Vous ajoutez	1 degrés
14 h 31	16 h 30	Vous ajoutez	2 degrés
16 h 31	18 h 30	Vous ajoutez	3 degrés
18 h 31	20 h 30	Vous ajoutez	4 degrés
20 h 31	22 h 30	Vous ajoutez	5 degrés
22 h 31	0 h 00	Vous ajoutez	6 degrés

Exemple : Lune à 27 degrés du Capricorne pour une naissance à Mexico à 15 heures solaires. L'heure Greenwich correspondante est égale à 15 h + 6 h 30 = 21 h 30 qui se situe entre 20 h 31 et 22 h 30, et l'on doit ajouter 5 degrés zodiacaux soit 27 degrés Capricorne + 5 = 32 et 32 = 30 + 2, soit Lune à 2 degrés du Verseau = Lune en Verseau.

Louise de Vilmorin. Ce grand écrivain fut aussi une femme passionnée. Ses dernières années, vécues auprès de Malraux (Scorpion), ont pleinement illustré le parcours des femmes Bélier, qui se consacrent finalement à l'amour après avoir défié tous les dangers et conquis le monde.

Marguerite Duras : écrivain, scénariste, metteur en scène, cette surprenante pionnière du féminisme vécu ne cesse d'ouvrir des voies nouvelles par sa créativité intarissable.

Comment interpréter Mars dans les Signes

« Par le rouge et le vert, j'ai cherché à peindre les terribles passions humaines. »
VAN GOGH.

Comme la lame d'une épée, Mars est à double tranchant : ce peut être la construction ou la destruction, la force ou la cruauté : tout bain de sang a une double face, malheur et régénération. Et les véritables historiens (ceux qui considèrent les courants invisibles derrière l'avalanche des faits) savent que la loi de la vie est la guerre.

Notre siècle, qui parle le plus de paix, est celui qui a inventé les guerres mondiales, expression collective d'une déchéance de l'humanité.

Un astrologue contemporain assimile très justement un Mars dominant dans un thème au *complexe de Lucifer* : c'est l'action impitoyable, foudroyante, qui transforme le monde et défie les dieux. Avec un Mars mal aspecté, ce sera la destruction ou l'autodestruction : chez Hitler, la conjonction Vénus-Mars en Taureau est au carré de Saturne : guerre-éclair (*Blitzkrieg*), qui finalement échoue par Saturne en Maison X.

Dans un thème de Bélier, le signe où se trouve Mars, les aspects que celui-ci forme avec d'autres planètes, sont donc déterminants : un Bélier avec Mars en Cancer au carré du Soleil sera moins typiquement Bélier qu'un Cancer avec Mars en Bélier, trigone à Jupiter en Lion !

Mars, ne l'oublions pas, est aussi en rapport avec l'instinct sexuel : il symbolise la force virile, le phallus (même s'ils ignorent l'astrologie, nos modernes psychologues en ont recueilli quelques bribes, puisqu'ils utilisent l'hiéroglyphe de la planète pour désigner le sexe masculin).

Dans un thème, sa position sera donc précieuse pour évaluer la sexualité d'une personne : dans une comparaison de thèmes, on sait qu'une conjonction Vénus-Mars est un signe de forte attirance sexuelle. Par contre, les mauvais aspects entre Mars et les significateurs de la féminité (la Lune et Vénus) sont toujours l'indice de problèmes affectifs et sexuels.

Nous ne nous étendrons pas sur les aspects de Mars dans un thème (cela nous éloignerait du Soleil en Bélier), il suffira de citer quelques exemples de thèmes féminins où Mars est en carré avec les luminaires (Soleil et Lune) : Catherine de Médicis, Louise Michel, Colette, Edwige Feuillère, Marie-Antoinette, George Sand. Femmes « virilisées », parfois lesbiennes, ou ayant un « complexe de Diane » accusé.

Mars formant de bons aspects conférera dynamisme, puissance, force, capacité de s'imposer, de réussir, de construire (fût-ce à travers une apparente destruction), dans un thème féminin aussi bien que dans un thème masculin.

La force de Mars, comme celle du Bélier, est toujours ambiguë, tant il est vrai que la *dualité* artificielle entre bien et mal, construction et destruction, ne résiste pas au regard de l'aigle. A un certain niveau, les oppositions disparaissent : là, nous sommes dans le domaine de Pluton, octave supérieure de Mars.

« Lorsque tu médites la mort de quelqu'un, prépare deux tombes », dit un précepte hindou. Et l'Islam distingue entre la petite guerre sainte (contre l'ennemi) et la grande guerre sainte (contre soi-même). Les maîtres orientaux en arts martiaux nous disent la même chose : le plus grand guerrier est celui qui frappe dans le vide. « Quand deux samouraï d'égale valeur venaient à s'affronter, il n'était pas rare de les voir se fendre consciencieusement de part en part l'un et l'autre, et ce, au même instant.

« Ce trait pittoresque et terrifiant ne doit pas nous distraire. La puissance de ces deux samouraï signifiait aussi une libération : ils avaient dépassé la peur de la mort. » (Michel Random).

Pour une personne dont le Soleil est en Bélier, la position de Mars est capitale, puisqu'il est maître du signe. Nous donnerons donc la signification sommaire de sa présence dans les différents signes, par rapport au signe solaire. (Pour connaître la position de Mars à une date de naissance donnée, il suffit de se reporter aux tableaux précédents.)

Mars en Bélier

En principe, c'est la « meilleure » position pour un Bélier : force, dynamisme, puissance, virilité, faculté d'agir comme l'éclair. Mais c'est relatif : comme dans toutes les positions, il faut considérer la Maison concernée, les aspects, etc. En cas de mauvais aspects, la force deviendra tyrannie ou violence, action mal dirigée, audace insensée ou suicidaire. Exemples de Mars en Bélier : Cromwell, Lénine, Charles-Quint, Goya, Goering, Julius Evola, Mallarmé, Chopin, Louise de Vilmorin, Arletty, Ninon de Lenclos, Erik Satie.

Mars en Taureau

Dans ce signe de Terre, Mars devient obstiné, têtu, boulimique, avec souvent une note matérialiste très accusée. Instincts puissants, recherche de l'argent, attachement à la terre ou aux objets. La violence peut être encore plus aveugle qu'avec Mars en Bélier (Hitler).

Mars en Gémeaux

C'est une position qui tempère le Bélier et transpose son agressivité sur le plan mental et intellectuel. Curiosité multiple, sens critique, parfois malice ou méchanceté. La nervosité est grande. Colères incohérentes. Exemple : l'écrivain Ernst Jünger (*Orages d'acier*).

Mars en Cancer

Dans ce signe rêveur et sentimental, Mars perd beaucoup de sa force. Tendance capricieuse, irritable, colères infantiles et sans objet. Caractère rancunier. Tout ce qui touche la famille est problématique. Si Mars se trouve en carré exact avec le Soleil, ce peut être une tendance « autocastratrice ».

Mars en Lion

Voilà une bien meilleure position, puisque nous sommes dans un signe de Feu, au trigone du Bélier. Énergie, dynamisme (parfois trop), sens de l'autorité. Générosité et idéalisme. Colères explosives, tyranniques. L'action militaire ou militante est conseillée.

Mars en Vierge

Dans ce signe rationnel, Mars est encore plus à l'étroit qu'en Gémeaux. Tempérament sourcilleux, inquiet, goût des détails. Intelligence hypercritique et remarquable efficacité dans le travail. Forte irritabilité. Tout cela peut aussi tourner à la maniaquerie et au « mauvais esprit ».

Mars en Balance

Dans le signe opposé au Bélier (Balance : recherche de l'harmonie, douceur, hésitation, diplomatie), ce n'est évidemment pas la position idéale. Mais si la force de Mars s'y trouve considérablement freinée, elle peut y gagner en rigueur et en raisonnement. Il y a contradiction entre les valeurs du signe et de la planète, donc inhibition mutuelle. L'impulsivité et l'hésitation alternent, toutes deux au mauvais moment. Tendance aux « gaffes », mais assez favorable en amour (donjuanisme chronique).

Mars en Scorpion

C'est une bonne position, puisque l'astrologie traditionnelle lui attribuait la maîtrise du signe, avant la découverte de Pluton. L'agressivité y devient sournoise mais redoutable, opiniâtre. Grande force de résistance. Acharnement secret, souvent cruauté. Les sentiments comptent peu. Répressions impitoyables (Mao, Brejnev).

Mars en Sagittaire

Grand idéalisme, goût de la liberté, des voyages, des discussions intellectuelles. Besoin de s'affirmer dans une compétition (sport, chasse) ; spiritualité. Souvent, tendances hyperconformistes et une certaine naïveté. Esprit « boy-scout ». La foi peut devenir fanatisme et besoin d'endoctriner, de rabâcher des principes. Peu d'astuce et de finesse, mais le dynamisme d'un cheval au galop.

Mars en Capricorne

C'est la meilleure position, avec Mars en Bélier. Mais ici, Mars n'est plus une flèche incandescente, il est un roc rougeoyant. C'est un Mars dur, calculateur, impitoyable. La ténacité est remarquable et le fanatisme peut devenir dénué de tout sentiment. Ici, l'archer vise loin, et a le temps avec lui. C'est une position qui n'est pas sans analogie avec Mars en Scorpion, mais elle est plus dure encore. En Capricorne, l'épée est de pierre.

Mars en Verseau

Dans le signe d'Uranus, l'action peut être rapide comme l'éclair. En même temps, elle est orientée vers des buts humanitaires ou politiques (Bismarck, de Gaulle). Passion sociale avec une certaine intolérance. Le tempérament est autoritaire, sec, cassant. Affinité avec l'électricité, l'aviation et les techniques modernes, qui peuvent devenir source d'épreuves si Mars forme de mauvais aspects. Le fanatisme et l'intolérance s'accroissent en vieillissant. C'est une position « moyenne » de Mars.

Mars en Poissons

Dans cette Maison solaire III du Bélier, c'est une des positions les plus critiques (moins, à notre avis, que Mars en Cancer). C'est un fer rougi au feu lancé dans l'immensité de l'océan: il s'ensuit quelques bouillonnements, de la fumée puis plus rien d'*apparent*. L'agressivité, ou l'action, est secrète ou mystérieuse : espionnage ou mysticisme. Esprit irrationnel, altruiste. Se méfier des ennemis cachés, des trahisons.

Ce bref panorama montre assez combien la position de Mars dans le thème d'un Bélier modifie considérablement les caractéristiques de base du signe : un Bélier avec Mars dans le signe sera vraiment très différent d'un Bélier avec Mars en Poissons. L'un sera fougueux, tapageur, autoritaire, l'autre mènera un combat dans l'ombre ou la clandestinité ; l'un aura le type du chef, du combattant (Lénine, Murat), l'autre laissera une impression de mystère, voire de souffrance (Ghelderode).

Léon Blum, écrivain, homme politique, consacra sa vie à la cause du socialisme "à visage humain". Il resta le symbole du leader humaniste, conscient de sa mission et profondément attentif à la condition humaine.

Généralités sur les aspects planétaires

Dans leur mouvement autour du Soleil, les planètes occupent des positions différentes les unes par rapport aux autres.

Les aspects planétaires correspondent à certaines de ces positions vues de la Terre, c'est-à-dire en fonction du signe zodiacal occupé par chaque planète.

Certains écarts entre deux planètes constituent des aspects harmoniques.

Dans ce cas, les énergies des deux planètes se combinent aisément et s'enrichissent mutuellement ; il existe une heureuse possibilité de développement des facultés physiques et psychologiques correspondant à ces deux planètes.

D'autres écarts entre planètes constituent des aspects dissonants.

Dans ce cas, les énergies des deux planètes entrent en conflit et ne parviennent pas à s'associer positivement ; il se produit un excès ou une carence des facultés planétaires correspondantes.

Vous trouverez dans les tableaux d'aspects ci-après la nature harmonique (H) ou dissonante (D) des aspects que formaient, à votre naissance, les différentes planètes entre elles.

Dans certains cas, les planètes ne forment aucun aspect, ce qui correspond aux zones vides des tableaux.

Si, par exemple, vous désirez connaître la nature de l'aspect éventuel que formait Jupiter en Cancer avec Mars en Poissons, vous utilisez le tableau « Si vous avez une planète dans le Cancer ».

Vous cherchez la ligne Mars dans ce tableau, et à la colonne Poissons vous lisez H, ce qui signifie que Jupiter et Mars ont entre eux un aspect harmonique.

Au cas où les deux planètes sont dans la même ligne, vous utilisez le tableau spécial dont l'emploi se passe de commentaire.

La recherche de la signification des aspects constitue une exploration nouvelle et enrichissante de votre personnalité

Vous pouvez en retirer une connaissance très utile des forces qui, en vous, se complètent ou s'opposent, ce qui vous donne la possibilité de les exprimer encore mieux.

QUALITÉ DES ASPECTS LORSQUE DEUX PLANÈTES SE TROUVENT DANS LE MÊME SIGNE ZODIACAL

	PLANÈTE DANS LE SIGNE ZODIACAL									
AUTRES PLANÈTES DANS LE MÊME SIGNE	SOLEIL	LUNE	MERCURE	VÉNUS	MARS	JUPITER	SATURNE	URANUS	NEPTUNE	PLUTON
SOLEIL		H	H	H	D	H	D	D	H	D
LUNE	H		H	H	D	H	D	D	H	D
MERCURE	H	H		H	D	H	D	D	H	D
VÉNUS	H	H	H		D	H	D	D	H	D
MARS	D	D	D	D		D	D	D	D	D
JUPITER	H	H	H	H	D		D	D	H	D
SATURNE	D	D	D	D	D	D		D	D	D
URANUS	D	D	D	D	D	D	D		D	D
NEPTUNE	H	H	H	H	D	H	D	D		D
PLUTON	D	D	D	D	D	D	D	D	D	

SI VOUS AVEZ UNE PLANÈTE DANS LE BÉLIER

Elle a les aspects suivants avec les autres Planètes dans les autres signes	BÉLIER	TAUREAU	GÉMEAUX	CANCER	LION	VIERGE	BALANCE	SCORPION	SAGITTAIRE	CAPRICORNE	VERSEAU	POISSONS
SOLEIL			H	D	H		D		H	D	H	
LUNE	VOIR TABLEAU SPÉCIAL		H	D	H		D		H	D	H	
MERCURE			H	D	H		D		H	D	H	
VÉNUS			H	D	H		D		H	D	H	
MARS			H	D	H		D		H	D	H	
JUPITER			H	D	H		D		H	D	H	
SATURNE			H	D	H		D		H	D	H	
URANUS			H	D	H		D		H	D	H	
NEPTUNE			H	D	H		D		H	D	H	
PLUTON			H	D	H		D		H	D	H	

SI VOUS AVEZ UNE PLANETE DANS LE TAUREAU

Elle a les aspects suivants avec les autres Planètes dans les autres signes	BÉLIER	TAUREAU	GÉMEAUX	CANCER	LION	VIERGE	BALANCE	SCORPION	SAGITTAIRE	CAPRICORNE	VERSEAU	POISSONS
SOLEIL				H	D	H		D		H	D	H
LUNE		VOIR TABLEAU SPÉCIAL		H	D	H		D		H	D	H
MERCURE				H	D	H		D		H	D	H
VÉNUS				H	D	H		D		H	D	H
MARS				H	D	H		D		H	D	H
JUPITER				H	D	H		D		H	D	H
SATURNE				H	D	H		D		H	D	H
URANUS				H	D	H		D		H	D	H
NEPTUNE				H	D	H		D		H	D	H
PLUTON				H	D	H		D		H	D	H

SI VOUS AVEZ UNE PLANÈTE DANS LES GÉMEAUX

Elle a les aspects suivants avec les autres Planètes dans les autres signes	BÉLIER	TAUREAU	GÉMEAUX	CANCER	LION	VIERGE	BALANCE	SCORPION	SAGITTAIRE	CAPRICORNE	VERSEAU	POISSONS
SOLEIL	H				H	D	H		D		H	D
LUNE	H		VOIR TABLEAU SPÉCIAL		H	D	H		D		H	D
MERCURE	H				H	D	H		D		H	D
VÉNUS	H				H	D	H		D		H	D
MARS	H				H	D	H		D		H	D
JUPITER	H				H	D	H		D		H	D
SATURNE	H				H	D	H		D		H	D
URANUS	H				H	D	H		D		H	D
NEPTUNE	H				H	D	H		D		H	D
PLUTON	H				H	D	H		D		H	D

SI VOUS AVEZ UNE PLANÈTE DANS LE CANCER

Elle a les aspects suivants avec les autres.Planètes dans les autres signes	BÉLIER	TAUREAU	GÉMEAUX	CANCER	LION	VIERGE	BALANCE	SCORPION	SAGITTAIRE	CAPRICORNE	VERSEAU	POISSONS
SOLEIL	D	H		VOIR TABLEAU SPÉCIAL		H	D	H		D		H
LUNE	D	H				H	D	H		D		H
MERCURE	D	H				H	D	H		D		H
VÉNUS	D	H				H	D	H		D		H
MARS	D	H				H	D	H		D		H
JUPITER	D	H				H	D	H		D		H
SATURNE	D	H				H	D	H		D		H
URANUS	D	H				H	D	H		D		H
NEPTUNE	D	H				H	D	H		D		H
PLUTON	D	H				H	D	H		D		H

SI VOUS AVEZ UNE PLANÈTE DANS LE LION

Elle a les aspects suivants avec les autres Planètes dans les autres signes	BÉLIER	TAUREAU	GÉMEAUX	CANCER	LION	VIERGE	BALANCE	SCORPION	SAGITTAIRE	CAPRICORNE	VERSEAU	POISSONS
SOLEIL	H	D	H		VOIR TABLEAU SPÉCIAL		H	D	H		D	
LUNE	H	D	H				H	D	H		D	
MERCURE	H	D	H				H	D	H		D	
VÉNUS	H	D	H				H	D	H		D	
MARS	H	D	H				H	D	H		D	
JUPITER	H	D	H				H	D	H		D	
SATURNE	H	D	H				H	D	H		D	
URANUS	H	D	H				H	D	H		D	
NEPTUNE	H	D	H				H	D	H		D	
PLUTON	H	D	H				H	D	H		D	

SI VOUS AVEZ UNE PLANÈTE DANS LA VIERGE

Elle a les aspects suivants avec les autres Planètes dans les autres signes	BÉLIER	TAUREAU	GÉMEAUX	CANCER	LION	VIERGE	BALANCE	SCORPION	SAGITTAIRE	CAPRICORNE	VERSEAU	POISSONS
SOLEIL		H	D	H		VOIR TABLEAU SPÉCIAL		H	D	H		D
LUNE		H	D	H				H	D	H		D
MERCURE		H	D	H				H	D	H		D
VÉNUS		H	D	H				H	D	H		D
MARS		H	D	H				H	D	H		D
JUPITER		H	D	H				H	D	H		D
SATURNE		H	D	H				H	D	H		D
URANUS		H	D	H				H	D	H		D
NEPTUNE		H	D	H				H	D	H		D
PLUTON		H	D	H				H	D	H		D

SI VOUS AVEZ UNE PLANÈTE DANS LA BALANCE

Elle a les aspects suivants avec les autres Planètes dans les autres signes	BÉLIER	TAUREAU	GÉMEAUX	CANCER	LION	VIERGE	BALANCE	SCORPION	SAGITTAIRE	CAPRICORNE	VERSEAU	POISSONS
SOLEIL	D		H	D	H		VOIR TABLEAU SPÉCIAL		H	D	H	
LUNE	D		H	D	H				H	D	H	
MERCURE	D		H	D	H				H	D	H	
VÉNUS	D		H	D	H				H	D	H	
MARS	D		H	D	H				H	D	H	
JUPITER	D		H	D	H				H	D	H	
SATURNE	D		H	D	H				H	D	H	
URANUS	D		H	D	H				H	D	H	
NEPTUNE	D		H	D	H				H	D	H	
PLUTON	D		H	D	H				H	D	H	

SI VOUS AVEZ UNE PLANÈTE DANS LE SCORPION

Elle a les aspects suivants avec les autres Planètes dans les autres signes	BÉLIER	TAUREAU	GÉMEAUX	CANCER	LION	VIERGE	BALANCE	SCORPION	SAGITTAIRE	CAPRICORNE	VERSEAU	POISSONS
SOLEIL		D		H	D	H		VOIR TABLEAU SPÉCIAL		H	D	H
LUNE		D		H	D	H				H	D	H
MERCURE		D		H	D	H				H	D	H
VÉNUS		D		H	D	H				H	D	H
MARS		D		H	D	H				H	D	H
JUPITER		D		H	D	H				H	D	H
SATURNE		D		H	D	H				H	D	H
URANUS		D		H	D	H				H	D	H
NEPTUNE		D		H	D	H				H	D	H
PLUTON		D		H	D	H				H	D	H

SI VOUS AVEZ UNE PLANÈTE DANS LE SAGITTAIRE

Elle a les aspects suivants avec les autres Planètes dans les autres signes	BÉLIER	TAUREAU	GÉMEAUX	CANCER	LION	VIERGE	BALANCE	SCORPION	SAGITTAIRE	CAPRICORNE	VERSEAU	POISSONS
SOLEIL	H		D		H	D	H		VOIR TABLEAU SPÉCIAL		H	D
LUNE	H		D		H	D	H				H	D
MERCURE	H		D		H	D	H				H	D
VÉNUS	H		D		H	D	H				H	D
MARS	H		D		H	D	H				H	D
JUPITER	H		D		H	D	H				H	D
SATURNE	H		D		H	D	H				H	D
URANUS	H		D		H	D	H				H	D
NEPTUNE	H		D		H	D	H				H	D
PLUTON	H		D		H	D	H				H	D

SI VOUS AVEZ UNE PLANÈTE DANS LE CAPRICORNE

Elle a les aspects suivants avec les autres Planètes dans les autres signes	BÉLIER	TAUREAU	GÉMEAUX	CANCER	LION	VIERGE	BALANCE	SCORPION	SAGITTAIRE	CAPRICORNE	VERSEAU	POISSONS
SOLEIL	D	H		D		H	D	H		VOIR TABLEAU SPÉCIAL		H
LUNE	D	H		D		H	D	H				H
MERCURE	D	H		D		H	D	H				H
VÉNUS	D	H		D		H	D	H				H
MARS	D	H		D		H	D	H				H
JUPITER	D	H		D		H	D	H				H
SATURNE	D	H		D		H	D	H				H
URANUS	D	H		D		H	D	H				H
NEPTUNE	D	H		D		H	D	H				H
PLUTON	D	H		D		H	D	H				H

SI VOUS AVEZ UNE PLANÈTE DANS LE VERSEAU

Elle a les aspects suivants avec les autres Planètes dans les autres signes	BÉLIER	TAUREAU	GÉMEAUX	CANCER	LION	VIERGE	BALANCE	SCORPION	SAGITTAIRE	CAPRICORNE	VERSEAU	POISSONS
SOLEIL	H	D	H		D		H	D	H		VOIR TABLEAU SPÉCIAL	
LUNE	H	D	H		D		H	D	H			
MERCURE	H	D	H		D		H	D	H			
VÉNUS	H	D	H		D		H	D	H			
MARS	H	D	H		D		H	D	H			
JUPITER	H	D	H		D		H	D	H			
SATURNE	H	D	H		D		H	D	H			
URANUS	H	D	H		D		H	D	H			
NEPTUNE	H	D	H		D		H	D	H			
PLUTON	H	D	H		D		H	D	H			

SI VOUS AVEZ UNE PLANÈTE DANS LES POISSONS

Elle a les aspects suivants avec les autres Planètes dans les autres signes	BÉLIER	TAUREAU	GÉMEAUX	CANCER	LION	VIERGE	BALANCE	SCORPION	SAGITTAIRE	CAPRICORNE	VERSEAU	POISSONS
SOLEIL		H	D	H		D		H	D	H		VOIR TABLEAU SPÉCIAL
LUNE		H	D	H		D		H	D	H		
MERCURE		H	D	H		D		H	D	H		
VÉNUS		H	D	H		D		H	D	H		
MARS		H	D	H		D		H	D	H		
JUPITER		H	D	H		D		H	D	H		
SATURNE		H	D	H		D		H	D	H		
URANUS		H	D	H		D		H	D	H		
NEPTUNE		H	D	H		D		H	D	H		
PLUTON		H	D	H		D		H	D	H		

Emile Zola écrivit la plus grande des fresques sociales romancées : vingt volumes qui mettent à nu les mœurs de son temps, dénoncent la corruption, prennent parti en faveur de tous les laissés pour compte du XIXe siècle.

Comment interpréter les aspects de Mars avec les autres Planètes

Mars-Soleil

La conjonction de deux planètes « viriles » est évidemment meilleure dans un thème masculin que dans un thème féminin. Il suffira de citer Néron, Goebbels et Berlioz pour se faire une idée de l'« archétype » de cette conjonction : personnalités agressives, passionnées, tyranniques, voire sadiques ou autodestructrices. Le mécontentement perpétuel est en tout cas une des composantes de cet aspect, même s'il ne donne pas toujours des Néron et des Goebbels.

Chez une femme, ce sera toujours et inévitablement une tendance virile, castratrice, exhibitionniste, voire un lesbianisme exclusif. C'est un aspect qui donne presque toujours, en thème féminin, des problèmes thyroïdiens ou hormonaux. Seule une activité extérieure très prenante pourra servir d'exutoire : affairisme, militantisme, etc. Le mouvement féministe doit comporter un fort contingent de dames marquées par Mars.

Mes propres observations m'ont permis de remarquer que les femmes qui ont une conjonction Soleil-Mars éprouvent de brusques passions, qui retombent aussitôt. Elles passent d'un enthousiasme à un autre avec une rapidité et une inconstance effrayantes, d'autant plus que cet enthousiasme est susceptible de s'appliquer à n'importe quoi, les OVNI, le Bus Palladium, les travestis...

En un mot, le symbolisme masculin du Soleil et de Mars ne s'accorde pas toujours harmonieusement avec la « féminité » que recherche, par exemple, l'homme du Bélier. Une position de la Lune dans un signe féminin peut donner un très curieux mélange...

Retenons le mécontentement perpétuel, l'agressivité constante, aussi bien en thème masculin que féminin, avec recherche de compensations : un sport considéré comme viril, une lutte pour un idéal, ou alors, sur un mode morbide, le crime et la perversion (Néron, Elisabeth Bathory, dite « la comtesse sanglante »).

Les vibrations de Mars étant discontinues, il y aura toujours une alternance d'enthousiasme et d'effondrement, à moins que la conjonction ne soit soutenue par des aspects « bénéfiques » (et, même dans ce cas, il faut tenir compte des transits dangereux).

Dans certains cas exceptionnels, cette conjonction peut être vécue sur un mode grandiose, surhumain (Néron, Héliogabale, Charles Lindbergh). Cela peut aussi donner un représentant de commerce particulièrement dynamique, ou un champion sportif.

Sextile et trigone. Au rebours de la conjonction, ce sont des aspects beaucoup plus faciles à vivre. Le besoin de briller et de s'imposer, d'être (Soleil), est soutenu par l'activité, sans tomber dans les excès d'euphorie puis d'abattement propres à la conjonction. Joie de vivre, harmonie avec l'entourage et faculté de saisir les occasions propices caractérisent ces aspects du dieu Soleil avec le dieu de la guerre et de la victoire. Les risques sont évalués avec lucidité et l'esprit d'initiative collabore avec la prudence. Chez une femme, il peut y avoir une tendance viriloïde, mais ce peut être simplement un signe de volonté et de force intérieure. Ce sont aussi d'excellents aspects pour la vie sexuelle.

Carré et opposition. Les réserves que nous avons émises — surtout en thème féminin — sur la conjonction, se trouvent ici renforcées. Bien qu'il soit à la mode de déclarer qu'il n'y a pas d'aspect positif ou négatif, il est difficile de vivre harmonieusement ces deux aspects, qui sont parmi les plus problématiques. La volonté (Soleil) et l'agressivité (Mars) s'affrontent, se court-circuitant sans cesse. Il en résulte une attitude souvent infantile, les tentatives violentes d'affirmation de soi alternant avec la passivité autodestructrice. C'est aussi un signe d'hypernervosité, de troubles caractériels, voire de masochisme, l'agressivité étant ennemie de l'être du sujet. Ce conflit peut être dépassé par une révolte contre le père ou contre l'autorité, le choix d'une carrière dangereuse, l'amour du risque en général. Exemple : le cinéaste Clouzot, qui a transposé sa violence intérieure au cinéma.

Mars-Lune

Conjonction. C'est l'alliance de l'eau et du feu : chacun risque d'y perdre de sa force. La Lune modère l'agressivité martienne, tandis que Mars trouble la passivité lunaire : le résultat pourrait être comparé à de l'eau en ébullition, puisqu'il n'y a pas de feu mouillé. L'agressivité se teinte de passion, l'action se mélange avec des éléments affectifs et sensibles. Cela donne un tempérament hypersensible, une révolte liée à une communauté (Mars : l'action, la Lune : la masse). Souvent, la violence est intériorisée et « passe » dans une œuvre d'art. C'est un aspect toujours dangereux pour une action extérieure, la Lune apportant son inconstance et sa versatilité à la projection de Mars. Peut donner aussi un tempérament de don Juan, des rapports aigres-doux avec l'élément féminin. Dans un thème masculin, la mère, ou la femme, sera fortement marquée par Mars. Dans un thème féminin, tendance passionnée, rapports agressifs ou lesbiens avec les autres femmes.

Mars blesse la Lune et la Lune engloutit Mars : c'est un excellent aspect pour la poésie, et la mystique, mais pas pour l'action. Exemple : Louis-Ferdinand Céline, un mystique qui s'ignore.

Sextile et trigone. La sensibilité et l'agressivité sont en accord. Le tempérament est vif mais la confiance en soi peut être outrée et donner une tendance au cabotinage ou au bluff. C'est un bon aspect pour les rapports avec l'autre sexe, ainsi que pour la création artistique.

Carré et opposition. Toutes les réserves faites à propos de la conjonction prennent ici un relief particulier : la sensibilité et le besoin d'action sont en conflit, chacun contredisant l'autre. D'où des tiraillements, des hésitations suivies d'actes impulsifs qui manquent leur but, une composante quelque peu caractérielle. Les rapports avec les femmes sont placés sous le signe de l'agressivité, avec une tendance à la dispute. La nervosité et la tension sont excessives, c'est un aspect d'agitation stérile. Souvent, on trouve une tendance à faire plusieurs choses en même temps, sans en terminer aucune.

Il est évident qu'un tel aspect ayant lieu entre deux planètes rapides, il apparaît aussi très fréquemment en astrologie mondiale ainsi que par transit dans un thème natal qui ne le comporte pas. Il signe donc plutôt un « climat », et peut être vécu sur des modes très différents.

Quels qu'ils soient, les aspects de Mars peuvent toujours être vécus positivement par un dépassement de soi-même, en particulier dans le domaine physique (sport, compétition). C'est le côté « prométhéen » et « luciférien » de la planète maîtresse du Bélier.

Mars-Mercure

Cet aspect entre planètes rapides est lui aussi très courant, il ne faut donc pas grossir sa valeur, mais plutôt l'insérer dans l'ensemble d'un thème, en dosant les poids des deux planètes suivant les Maisons où elles se trouvent, les Maisons dont elles sont « maîtresses », etc. Comme les aspects Mars-Lune et Mars-Vénus, ceux que nous traitons maintenant brièvement sont donc à relativiser.

Conjonction. Il serait illusoire d'y voir un aspect uniquement positif, sous prétexte que c'est une conjonction et non un carré ou une opposition ! En effet, selon la Tradition, un aspect, quel qu'il soit, avec une planète dite « maléfique » (ce qui est le cas de Mars) est par là même pernicieux.

L'astrologie contemporaine a permis de dépasser ces jugements dualistes et on peut dire simplement qu'une conjonction Mars-Mercure n'est pas forcément néfaste, à condition qu'elle forme des aspects harmoniques et qu'elle ait lieu dans des signes propices. Le développement de tous ces éléments nous entraînerait beaucoup trop loin. Bornons-nous à dire — puisque le sujet de ce livre est le signe du Bélier et non l'astrologie en général — que cette conjonction est en général prometteuse d'un comportement agressif, porté vers l'action, la polémique ou la provocation. Essentiellement, tout dépend du signe où elle a lieu : par exemple, en Bélier elle donnera, à coup sûr, un tempérament emporté, un esprit incisif, porté à la critique et à la révolte. Mais la même conjonction en Taureau donnera une avidité matérielle, une précipitation fanatique et bornée qui n'est pas de très bon augure. Il faut donc voir avant tout le signe où a lieu cette conjoncture et, pour cela, se reporter au chapitre : « Comment interpréter Mars dans les Signes ».

Sextile et trigone. En principe, c'est un meilleur aspect que la conjonction. Il confère dynamisme, présence et rapidité d'esprit, précision et un certain « tranchant ». Ce qui favorisera aussi bien les dons de l'esprit (polémiste, avocat) que les dons manuels (artisanat, ferronnerie, sculpture, chirurgie), ainsi que la rapidité physique (course à pied, arts martiaux, chasse et tir).

Carré et opposition. Il sera difficile de vivre harmonieusement un mauvais aspect de Mars avec Mercure : précipitation et nervosité extrêmes, d'où un manque de maîtrise de soi et les ennuis divers qui en découlent. Mauvais esprit et goût du mensonge dans certains cas. J'ai pu observer que ces aspects prédisposent à l'erreur et entraînent facilement autrui en terrain miné, par manque de discernement. Les risques d'accidents sont grands et les ennemis ne manqueront pas.

Mars-Vénus

Ces aspects sont particulièrement importants, puisque ces deux planètes régissent la sexualité et la vie amoureuse. Rappelons que si Mars est maître du Bélier, Vénus est maîtresse de la Balance, signe opposé — ce qui n'est pas un hasard. Les rapports entre Vénus et Mars, les signes et les Maisons où ils se trouvent respectivement, sont les éléments essentiels que scrutent les astrologues pour juger de la manière dont une personne conjugue le verbe aimer. Les combinaisons sont infinies (on sait qu'il n'existe pas deux thèmes identiques au monde) mais, ici encore, il faudra se reporter avant tout à l'étude de Mars dans les Signes. Une étude complète de la question devrait aussi considérer les positions de Vénus dans les douze signes ainsi que les différents aspects qu'elle peut former avec Mars, mais en l'occurrence nous nous limiterons à ces derniers.

Rappelons simplement que si Mars incarne le désir et l'agressivité masculine, Vénus symbolise la disponibilité féminine, le charme et les atouts charnels : une Vénus en Balance ou en Taureau est aussi radicalement différente d'une Vénus en Capricorne qu'un Mars en Bélier d'un Mars en Cancer. Nous sommes donc réduits ici à schématiser, car même le meilleur traité d'astrologie ne peut intégrer toutes les possibilités contenues dans un thème.

Conjonction. L'agressivité et l'affectivité sont complices. C'est un élément puissant de sensualité et d'« incarnation », où l'aspect physique de l'amour est prédominant. Le comportement sentimental peut être teinté de donjuanisme facile, de charme à la Luis Mariano, un peu sucré et avec un fond d'opérette. Mais, s'il n'y a pas de mauvais aspects, c'est une bonne base pour une vie amoureuse épanouie, quoique sans grande finesse. Chez l'homme, un côté « hussard », chez la femme un côté « Carmen ». Les grosses ficelles, mais cela fait toujours recette...

Vénus étant significateur de la voix, sa conjonction avec Mars donnera toujours un grand magnétisme, des dons pour l'opéra, des dons d'orateur. Dons artistiques aussi, amour de la couleur et de la matière. On voit que l'aspect un peu « gros » de cette conjonction peut être sublimé sur un plan artistique (exemple : Van Gogh).

Sextile et trigone. Charme, succès mondains, chance en société. Comme pour la conjonction, il y a un élément de facilité un peu ennuyeuse : désinvolture, normalité, charme de surface. L'audace est mesurée et les réflexes excellents, ce qui constitue un atout pour la réussite sociale ainsi que pour la vie conjugale. C'est le théâtre de boulevard bien plus que le romantisme. Cet aspect nous rappelle que, d'un certain point de vue, les « bons aspects » sont d'excellents facteurs de médiocrité et d'endormissement.

Carré, opposition. Le conflit entre le désir et sa réalisation est à son maximum, et peut aboutir à toutes sortes de formes compensatoires : viol, crime, sadomasochisme, etc. Mais la plupart du temps, cette tension entre la chair et le désir est sublimée et donne des dons artistiques, une création érotique, une tendance au voyeurisme, etc. Entre ces deux extrêmes, on aura simplement une tendance aux aventures illégitimes, nombreuses et souvent décevantes, des risques de divorce, une humeur instable dans le domaine amoureux. Ce n'est pas un aspect « de tout repos ».

Mars-Jupiter

Nous arrivons maintenant aux aspects entre Mars, maître du Bélier, et les planètes lentes ou « lourdes », qu'il faut voir différemment parce que ces dernières se déplacent beaucoup moins rapidement. Un tel aspect ne sera valorisé que si la planète lourde occupe une position clé dans le thème, ou si c'est le cas de Mars lui-même. Sinon, il s'agit d'un aspect qui s'étend parfois sur plusieurs semaines et peut donc caractériser des millions de naissances dans le monde...

Conjonction. Mars étant la planète de l'agressivité et Jupiter celle de la chance (ou encore de la foudre, qui elle aussi surgit sans prévenir), cette conjonction est souvent très heureuse : Mars galvanise la sérénité jupitérienne, tandis que Jupiter tempère l'impulsivité martienne. La chance protège donc les entreprises et Jupiter arrondit les angles tout en amplifiant l'efficacité parfois trop impulsive de Mars. C'est une configuration typique des grands généraux et des grands hommes d'affaires, excellente, par exemple, pour lancer une offensive armée. Là encore, il faut voir dans quel signe elle a lieu, car sous un tel aspect on peut lancer des tanks aussi bien que des voitures de la Croix-Rouge – à moins qu'on ne lance les deux en même temps, ce qui a dû arriver souvent.

Il y a aussi dans cette conjonction une connotation paternaliste, autoritariste et conservatrice : c'est le triomphe de la Tradition ou, à un niveau inférieur, des coutumes et des bonnes manières. Ce peut donc être aussi un élément de formalisme niais et stérile, avec un grand contentement de soi. C'est Ubu ou Gengis Khan : tout dépend du niveau où cet aspect est vécu. Exemples : de Gaulle (conjonction Mars-Jupiter en Verseau, signe altruiste) ; le président Paul Doumer (conjonction Mars-Jupiter-Uranus en Bélier).

Sextile et trigone. L'autorité, la confiance en soi peuvent se transformer en arrogance, mais les entreprises restent protégées par la chance. Opportunisme, audace mesurée, protection contre les accidents. Goût des choses officielles, des récompenses et médailles, respect de la hiérarchie, santé et vitalité excellentes. Tendance conformiste et grand contentement de soi.

Carré et opposition. Tension entre l'agressivité et l'intégration optimiste à l'existence. Conflit entre la légitimité et la légalité. Un optimisme illusoire, avec des phases d'activité désordonnée, alterne avec des périodes de découragement. Insécurité permanente, l'esprit de provocation tendant à compenser l'insatisfaction intérieure. On provoque pour se faire accepter. C'est souvent un aspect d'affrontement avec la loi, de coups de tête, de gaffes. Il faut choisir définitivement entre Mars et Jupiter, faute de quoi on ratera les deux. Tout dépend des signes où ces planètes se trouvent.

Sur le plan de la santé, les excès risquent de nuire au foie. Danger d'opération. C'est la composante d'un caractère frondeur et téméraire, avec risques de retour de choc. Exemple : Daniel Cohn-Bendit.

Mars-Saturne

Conjonction. Il y a contradiction entre l'agressivité et l'attente, la rapidité et le freinage, l'élan et la rigueur. Le résultat est toujours paradoxal, mais pas forcément mauvais. Néanmoins le chaud et le froid se neutralisent réciproquement, ce qui donne une attitude raide, sans concessions, une dureté, voire quelque méchanceté. Tendance autoritaire, professorale, goût des sermons et des pieux conseils. Aspect « jésuitique ». Mais c'est aussi un aspect de tension, de force, de résistance et d'ambition. Ici, le signe où se trouve cette conjonction particulièrement problématique est capital : en Capricorne, les deux planètes en domicile et exaltation atteindront les plus hauts sommets à travers une attitude implacable, mais, dans d'autres signes, ce sera parfois de la dureté, de la cruauté, de la fourberie inhumaine.

Au point de vue physique, il y aura toujours des tendances aux fractures et aux chutes, les os étant particulièrement menacés. Mais, là encore, tout dépend du signe (en Poissons, risque de tuberculose ou d'anémie, etc.)

Sextile et trigone. L'action (Mars) est complice du temps (Saturne) et s'allie avec lui ; elle est à la fois mesurée et efficace, avec un élément de froide détermination (Mars : chaud, Saturne : froid). Ce n'est jamais un élément d'action spectaculaire, puisque Saturne freine Mars, mais la dureté de la conjonction se trouve adoucie. Néanmoins une certaine composante « maléfique » demeure : excellent aspect pour « trancher dans le vif » sans pour autant tomber dans la criminalité déclarée (exemple : la chirurgie).

Carré et opposition. Ce sont les plus mauvais aspects de Mars, avec ceux de Mars-Pluton. Action et résignation, jeunesse et vieillesse, fougue et renoncement s'affrontent en un ballet sans fin. L'une et l'autre risquent fort de manquer leur but, avec pour paravent la méchanceté, la mauvaise foi, et pour compensation des décisions erronées, des actes osés mais inutiles, ou des renoncements douloureux et aigris, avec une forte teinte d'amertume. « Être revenu de tout sans être allé nulle part. » La vieillesse risque d'être marquée par de dures épreuves.

Mars-Uranus

Conjonction. Les valeurs de ces deux planètes étant proches (l'action), cet aspect qui associe la force de Mars et le rayonnement souvent explosif d'Uranus sera toujours la composante d'un tempérament peu banal. Il indique aussi un rapport avec la technique moderne et l'invention : pilote, hôtesse de l'air, publiciste, cinéaste, caméraman, inventeur, etc. Le dynamisme est considérable mais le manque de souplesse aussi : Mars et Uranus sont les planètes du coup de foudre mais ni du mariage ni de la vie de famille ! Tendance à brûler la vie par les deux bouts, goût de la vitesse. Le sujet vit comme un avion à réaction, dans un dépassement continuel de soi-même. Au négatif, risques de ruptures et accidents.

Sextile et trigone. Comme pour toutes les combinaisons de planètes « dangereuses », le sextile et le trigone sont plus confortables, permettant de vivre l'aspect avec aisance, sans les risques de la conjonction. Ici, la surcharge en dynamisme explosif se détend et donne à l'action sa dimension de réalisation concrète et originale. Les initiatives sont hardies et les actes, rapides comme l'éclair, se déploient et irradient. L'agressivité et la raison collaborent harmonieusement. C'est aussi un signe d'action (Mars) dans l'espace (Uranus) que ce soit le parachutisme ou la conquête spatiale. Lutte au sein d'un groupe ou dans des organismes internationaux. Excellent aspect pour la pratique d'un art martial.

Carré et opposition. Il existe une très forte tension entre la volonté de s'affirmer et la force de décision, d'où des décisions brusques, des actes inconsidérés, une agressivité incohérente. Très souvent, l'action manque son but ou est avortée. Ce peut être aussi une tendance à encaisser les coups sans pouvoir les rendre ; ou alors, les actions violentes font boomerang et se retournent contre le sujet. C'est le terroriste qui saute avec sa bombe. L'esprit d'indépendance est excessif et aboutit à des épreuves. Tempérament souvent violent, avec une note « paranoïaque » : le sujet ne supporte aucune contrainte et rue constamment dans les brancards. Nombreuses ruptures, conflits avec le point de vue officiel. Anticonformisme militant, avec une tendance fanatique.

Sur le plan physique, risque d'accidents de circulation et d'avion. Les mots « rupture » et « circulation » sont valables, par analogie, sous leur aspect médical. La tension nerveuse permanente et l'excentricité finissent par retentir sur l'organisme.

Mars-Neptune

Alors que les aspects Mars-Uranus indiquaient les rapports entre action et raison, ici c'est un peu le contraire : il s'agit des rapports entre l'agressivité et la fantaisie, entre l'action rationnelle et le rêve. C'est dire combien nous avons à faire à des valeurs foncièrement antinomiques, quel que soit l'aspect. De plus, Neptune correspondant à des valeurs floues, insaisissables, nous sommes contraints d'être très vagues, en l'absence de l'insertion des aspects dans un thème précis.

Conjonction. L'agressivité prend une teinte neptunienne, c'est-à-dire qu'elle est mêlée à l'intuition et emprunte des voies détournées, ou nébuleuses. Cet aspect est courant chez les poètes et les mystiques, ceux qui combattent pour un idéal de masse (Lénine, conjonction Mars-Neptune en Bélier) ; on peut le trouver aussi chez les espions et tous ceux qui sont à l'écoute du mystère. L'imagination et l'inspiration sont développées, avec souvent une forte composante utopiste. Parfois, il y a irritabilité, susceptibilité ombrageuse, ou imagination délirante, recherche de la drogue. L'éventail des possibilités est très large, il va du scaphandrier au prophète !

Sextile et trigone. Mêmes tendances, mais l'élément d'illusion et d'utopie est moins fort. Combat pour un idéal mystique, révolutionnaire ou artistique. Sous un aspect matériel, ce peut être un travail en rapport avec le gaz, la drogue, le pétrole ou les médicaments, tous éléments relevant de Neptune.

Le tempérament est fantasque, imaginatif, étrange. Le goût du mystère ou de la mystification est associé à l'action.

Carré et opposition. L'agressivité et l'intuition s'opposent, ce qui donne une hésitation, ou des actions anarchiques, qui n'atteignent pas leur but. Le résultat le plus courant est la confusion mentale, avec des tendances au déséquilibre. Le mot clé est fuite : dans la drogue, dans l'alcool, dans une pseudo-mystique, dans le mensonge. C'est un aspect qu'on trouve chez les médiums, les illusionnistes, les spirites, les drogués ou les trafiquants de drogue et, à l'extrême bout de la désagrégation, chez les malades mentaux.

Bien que très problématique, il peut être sublimé par des dons occultes réels ou encore par le théâtre ou une création hautement inspirée, mais qui risque d'être toujours mal comprise.

Mars-Pluton

Pluton étant la planète la plus lente, ce sont les aspects les plus rares, et heureusement, car tout en étant extraordinaires, ils sont souvent dangereux. Celui qui a inventé le Zodiaque était décidément bien inspiré !

Conjonction. N'oublions pas que si Mars est maître du signe du Bélier, Pluton en est le second maître, ou maître nocturne. La conjonction de ces deux forces, l'une agressive, toute tendue vers un but, l'autre cachée, souterraine, poussant vers la destruction et la désagrégation, mais aussi vers la régénération, est extrêmement dynamisante. Elle tend vers une révolte, une action souterraine ; il y a un surcroît de forces viriles, une volonté de puissance considérable. Mais, bien sûr, le signe où a lieu cet aspect est capital : il n'y a pas grand-chose de commun entre Mars-Pluton en Bélier et en Poissons !

Professionnellement, on trouve cette conjonction chez des chirurgiens, des savants atomistes, des homéopathes, des sexologues, tous ceux dont l'action a lieu dans l'ombre, et s'attache aux plus profonds mystères de la vie.

Sextile et trigone. Ces aspects gardent la puissance de la conjonction en éliminant sa surcharge : faculté d'imposer sa volonté, action dynamique avec quelque chose d'implacable, bon équilibre sexuel ; capacité de renaissance, de transformation, que ce soit sur soi-même, sur autrui ou sur un domaine d'application quelconque : redressement de situations désespérées, « le Phénix qui renaît de ses cendres ».

Carré et opposition. Sans tomber dans les schémas primaires de l'« astrologie de papa », qui distingue les « bons » et les « mauvais » aspects, il faut bien dire que ces carré et opposition de Mars avec Pluton sont les plus inquiétants qui existent en astrologie. Le conflit entre deux formes de puissance et d'agressivité court-circuite la vitalité et la faculté d'agir. Il peut en résulter des tendances compensatoires : bluff, mensonge, cabotinage, esprit pervers tentant de masquer son vide profond. C'est un aspect de blocage névrotique, d'impuissance physique ou mentale. La création est impossible ou elle prend des formes morbides, cauchemardesques. C'est un mauvais aspect pour la santé, avec risques de dérèglement glandulaire.

Au point de vue de la vie affective, tendance à la destruction de l'amour et au « sadomasochisme ». Cet aspect peut être sublimé en rébellion et en révolte, il peut constituer un « détonateur ». Mais c'est réellement l'un des plus difficiles à vivre. On le trouve chez tous ceux qui mènent des combats désespérés, qui descendent aux enfers (Gandhi). Au pire, le carré ou l'opposition Mars - Pluton est classique chez les criminels sadiques (Petiot, Landru), dont la violence est cachée derrière des masques respectables et multiples.

Van Gogh : autoportrait. Génial créateur à la palette de feu, sa vie fut dominée par la misère, la folie, et s'acheva par le suicide.

*Goya : autoportrait. Son génie visionnaire a produit des œuvres noires, d'une rare violence, exacerbée par la surdité qui le coupa du monde (*les Désastres de la guerre, *le* Tres de Mayo, les Caprices*). Ici encore, le feu intérieur brûle sous un regard de braise.*

Comment interpréter les Planètes dans les Signes

Les Planètes dans le Bélier

Soleil en Bélier

La position du Soleil est celle qui détermine le signe. Le signe du Bélier peut donc hériter d'un penchant à l'action irréfléchie et immédiate, au tempérament impulsif et intransigeant, à une certaine volonté de domination. Mais la position de l'Ascendant et des autres planètes est déterminante dans l'appréhension d'une personnalité.

Lune en Bélier

C'est une Lune violente et combative. « Elle peut s'enflammer dans la sublimation de situations ou de personnes » écrit Lisa Morpurgo [1]. En effet, cette position de la Lune en Bélier prédispose l'individu à l'engagement politique, social ou religieux et au militantisme un peu fanatique. Chez une femme, tendance à l'accentuation d'un comportement un peu viril, chez un homme, accentuation du caractère « macho ».

Mercure en Bélier

Sens de la répartie cinglante. Rapidité dans la compréhension pratique des rapports de force. Tendance à la polémique systématique. « L'intelligence... tend à se déplacer sans cesse vers de nouveaux centres d'intérêts avec la même curiosité et le même enthousiasme... sans approfondissement »[2]. Les facultés mentales sont très vivement sollicitées, toujours en éveil et créatives. Beaucoup d'humour, parfois décapant.

Vénus en Bélier

C'est une Vénus conquérante et instable, *a priori.* L'amour, en tant que relation de communication privilégiée n'existe guère. C'est plutôt, en Bélier, l'amour-passion avec ce qu'il a d'agressif et de passager. La volonté de puissance (parfois ignorée) est très forte dans la relation amoureuse. On peut accaparer l'être aimé, le soumettre totalement et, souvent, le broyer.

Jupiter en Bélier

Donne au sujet un côté protecteur et paternel ainsi qu'une très grande confiance en soi. Le comportement dans l'existence est de nature enthousiaste, fonceuse, avec le goût du risque propre

1. Lisa Morpurgo, *Introduction à la nouvelle astrologie,* Hachette Littérature, 1976.
2. Lisa Morpurgo, *Introduction à la nouvelle astrologie,* Hachette Littérature, 1976.

au Bélier, mais du risque calculé grâce à Jupiter. De grandes chances avec des revers inattendus. Le seul vrai problème de l'individu est dans ses certitudes immuables que rien, pas même le bon sens, ne semble pouvoir ébranler.

Saturne en Bélier

La planète de l'ambition dans le signe du jaillissement donne un heureux alliage de ténacité et de créativité. L'action du Bélier est soutenue ici par Saturne et ce dernier lui confère une finalité avouée : la « réussite ». On peut même, avec cette fonction de Saturne, se montrer un peu arriviste – renoncer à ses propres valeurs si l'entourage ou la société l'exige – afin de parvenir plus rapidement à ses buts. C'est en tout cas un élément d'équilibre dans la personnalité.

Uranus en Bélier

Beaucoup d'opportunisme, une façon rapide et juste d'appréhender ses chances dans l'existence, un esprit de décision très au point : telles sont les caractéristiques d'Uranus en Bélier. Une certaine difficulté est à craindre, cependant, dans l'esprit de suite, la persévérance et la durée de l'activité : le dynamisme impulsif du sujet ne rayonne pas longtemps, il est soumis à des baisses de régime.

Neptune en Bélier

La sensibilité hyper-féminine de Neptune s'adapte mal à l'activité débridée du Bélier. D'où une expression des émotions manquant de subtilité et de finesse, des crises de lyrisme suivies d'accès de réalisme. Favorise la créativité du Bélier.

Pluton en Bélier

Cette planète extrêmement puissante donne de l'ampleur et de la profondeur à l'action Bélier. Œuvres de longue haleine, fouillées, beaucoup d'inspiration au service d'une ambition tenace et parfois agressive.

Les Planètes dans le Taureau

Soleil en Taureau

Ces natifs doivent beaucoup à leur minutie maniaque, à leur rigueur, et aux répétitions, rabâchages grâce auxquels ils parviennent, souvent apres de durs labeurs, au nœud profond d'un probleme, quitte parfois à en constater l'inexistence. Ils ont besoin de posséder leur sujet de A jusqu a Z, et même de doubler l'alphabet, pour en parler sûrement. L'inhibition leur interdit la facilité. Elle les éloigne des voies précaires, les prévient contre les dangers des ascensions trop rapides et leur donne le goût d'une notoriété installée sur un pouvoir, une compétence réelle, un métier rôdé. Une fois en haut du pavé, elle leur permet, enfin, de défendre et de conserver jalousement l'autorité acquise. Les plus doués paraissent invincibles.

Lune en Taureau

Féminité, dans la mesure où la féminité est la mère de tous les sexes. Ces dispositions apportent à l'homme de précieuses satisfactions dans ses liens avec mère, sœurs, filles, amies, épouse, sauf si les interlocutrices en question sont agressives, névrotiques, ratiocinant avec tous les défauts des mâles dans leurs revendications sociosexuelles.

Homme ou femme, la Lune en Taureau non dissonante aime la tranquillité et tient en haute estime tout ce qui participe à l'harmonie de sa santé physique et psychique : un décor paisible, un environnement doux, serein, lumineux, des gens heureux, des saisons régulières, des digestions sans problème.

Mercure en Taureau

L'effet du Taureau sur Mercure limite la disponibilité intellectuelle et sociale. Il n'y a pas d'affinité évidente entre l'astre de l'ouverture, des réponses réflexes aux sollicitations ambiantes et le signe du contrôle, de la première réaction de défense contre les incitations extérieures. L'astro-psychologie insiste donc sur la spécialisation des facultés mentales plutôt que sur la diversité des aptitudes.

Les dons d'observation, l'application travailleuse, la continuité des idées, pallient les lenteurs de l'intelligence et ses réticences (non insurmontables) devant les abstractions. Cependant, l'esprit progresse fort loin si la matière se prête à une saisie logique, méthodique, et à une démarche analytique raisonnée du concret à l'abstrait.

La curiosité serait plus vive et l'intelligence plus habile dans la détection des sources de plaisirs, profit et possessions.

Vénus en Taureau

L'astro-psychologie applique à la vie amoureuse la constance du signe. Harmonique, cette position favorise donc les longs attachements, les liens dont on ne se défait que dans de tragiques douleurs. Elle donne, sans doute, la patience, la bonne proportion de soumission et de domination nécessaire à l'entretien d'une heureuse relation affective.

Comme Mercure, mais à un bien moindre degré, Vénus stimule la force de combinaison ou d'intégration du signe. Ce qui, dans le contexte sensuel-sensoriel, s'exprime volontiers par le plaisir de la possession amoureuse sans cesse renouvelé, ou par quelque propension analogue à embrasser, tenir, faire sienne, en son corps, la chose que l'on aime.

Jupiter en Taureau

L'apport de Jupiter au Taureau ne peut être que chaud. L'astre et le signe se revigorent. Sur ce point, l'astro-psychologie souligne avec à-propos l'afflux des besoins sexuels et sensuels, l'entrain et la santé de la tendance dionysiaque festoyante. Les réactions auto-compensatrices défensives préviennent ce tempérament contre ses propres excès, mais rien ne peut être plus mutilant et contristant qu'un régime sans sel, sans rires, vignes, muses et flonflons.

Jupiter favorise l'extraversion du signe, les turbulences de l'excitation qui l'habite, et concentre l'excitabilité en passions dévorantes, avidités diverses, en amour, argent, ou domination, selon le plan d'intérêt.

Saturne en Taureau

Le Jupitérien a des dispositions pour faire de son vécu l'assise, le cheval d'arçons de ses prouesses. En revanche, le Saturnien en tire craintes et reculs qui, dans les meilleurs cas, déplacent sa pensée vers les coulisses de l'exploit, là où les héros redeviennent des hommes et des hommes des êtres.

La réduction saturnienne peut donc déterminer un type d'équilibre raisonné, moins bonhomme que celui de Jupiter, tout en flegme, en ajustements calculés et en qui-vive cachés.

Economie veut dire ici épargne avisée. L'être s'assure des voies qu'il peut pratiquer sans risque d'y rencontrer ce qu'il redoute : l'imprévu exigeant un débours de confiance.

Uranus en Taureau

D'une formule inverse à celle de Mercure, Uranus va du complexe au simple, du faible au fortement excitable. Avec l'apport du Taureau, cohérent, compact, massif, le schéma uranien prend la tournure d'un tout ou rien. Les paliers, approches ou reculs par touches et retouches successives, ne sont pas de saison. Cet Uranien est complètement « in » ou « out », dedans ou dehors. Sa nature réductrice s'y prête, le Taureau lui fait litière.

Psychologiquement, n'attendez pas de lui beaucoup de diplomatie. Il n'est pas du genre perplexe, entre deux eaux, flottant. S'il est réfractaire, sa surdité et son opposition iront jusqu'aux extrêmes conséquences.

Neptune en Taureau

L'efficacité opère dans le plan irrationnel de la vie affective et spirituelle, plutôt que dans celui de la raison sociale.

Neptune en Taureau a des chances de vibrer aux chansons des bois et forêts, et autres présences universelles, sensibles et indicibles. La cohésion du signe sera dans le désir d'union sensuelle, ce qui peut rendre la mystique difficile, sauf si elle est panthéiste, païenne, en prise sur le folklore. Autre chose, enfin, que l'ascèse et le dogme.

En négatif, le pôle dionysiaque du Taureau prendra avec Neptune des voies de perdition, la quête d'extase mystique, le besoin de participation cosmique dégénérant en sensualité chaotique.

Pluton en Taureau

L'apport de Pluton au Taureau risque d'être discret, de concerner uniquement le pôle d'inversion et d'inadaptation du signe.

Pluton peut apporter aux êtres réceptifs une intuition fondamentale dont ils feront le levier de leur existence laborieuse. Ils laisseront toute leur personnalité dans leur œuvre ou découverte.

Quant au caractère, Pluton en Taureau le rend ferme, énergique : colères féroces, vindictes souterraines impitoyables. C'est l'inertie d'inhibition qui parle, elle ne pardonne pas.

Les Planètes dans les Gémeaux

Soleil en Gémeaux

L'astre de l'affirmation personnelle est bien partagé dans ce signe double. Les aspirations sociales de l'être se trouvent en contradiction avec ses aspirations privées. Fait des vies tiraillées entre deux désirs, deux volontés, deux talents, deux amours. Affaiblit l'expression de la personnalité mais augmente l'intelligence, la perception ludique des événements et le goût des mots.

Lune en Gémeaux

Le monde de l'inconscient est ici constamment agité par les fluctuations de l'environnement, le changement incessant des circonstances et des contacts, mais il ne s'agit là que d'une agitation de surface, celle de la brise qui fait naître des vaguelettes. Les racines de l'être ne semblent pas ébranlées. Extérieurement, l'humeur est vagabonde, elle varie selon les émotions du moment et ne peut être saisie. Elle s'est déjà transformée lorsque l'interlocuteur l'a saisie au vol. Pour mieux dire, c'est la Lune natale de Brigitte Bardot, astre cinématographique qui a suffisamment occupé la chronique pour que l'on sache de quoi il retourne. Un prompt emballement, vite tombé dans l'oubli, aussi vite remplacé par une passion non moins vive, et il ne s'agit pas seulement de l'affectivité, mais aussi de l'humeur, qui ne peut être que capricieuse et frissonnante. Sur le fond mercurien, en perpétuelle vibration, la Lune multiplie les variations de ses phases, même si sa face cachée reste obstinément ignorée.

Mercure en Gémeaux

La souplesse d'esprit, le besoin de connaître, celui de transmettre le message dont on est porteur s'allient à une exceptionnelle facilité d'assimilation de toutes les données que l'esprit doit intégrer. A cela s'ajoute l'association des idées, tout aussi rapide, qui permet d'élaborer très vite des ensembles d'où sortira la résolution des problèmes posés. Par contre, si la compréhension ne s'effectue pas dans l'instant même, il est fréquent que l'on doive s'y atteler à nouveau au prix d'efforts inhabituels et fastidieux.

C'est un type d'intelligence raffinée et souvent brillante. Le sujet risque d'être un dilettante, qui perd pied lorsqu'on le pousse dans ses retranchements, mais s'en tire par une pirouette. Il déteste la spécialisation trop poussée et a besoin de reprendre des forces nerveuses par le changement, ce qui ne veut pas dire qu'il soit versatile. Il aime apprendre, mais aussi enseigner. Le don d'imitation est non seulement verbal, mais aussi gestuel, par un remarquable sens d'expression, par la mimique.

Vénus en Gémeaux

Le goût du flirt, de la comédie amoureuse, est fréquent ; celui du changement ne l'est pas moins. Ces deux tendances aboutissent à de nombreuses relations affectives, le flirt plus ou moins poussé surpassant la passion authentique. Au pire, ce serait l'image du papillon. Le choix est difficile, aussi ne le fait-on pas.

Pour ne pas se perdre dans tout cela, il faut éviter de provoquer des drames, conserver un certain sang-froid, une lucidité raisonnable, sous une apparence d'amitié courtoise où chacun croit discerner un amour partagé. La sensualité n'est pas un élément dominant, bien qu'elle ne soit pas exempte de raffinements. La vie sentimentale peut donc être assez compliquée, mais l'adresse permet d'éviter les crises trop périlleuses. Les déceptions en général ne durent pas, tant il est facile de trouver de nouveaux partenaires.

Jupiter en Gémeaux

Dans les Gémeaux, la bonhomie et l'équilibre accompagné d'autosatisfaction de Jupiter se heurtent à la nervosité un peu fébrile de ce signe. Un peu dérouté, Jupiter n'utilise pas ses atouts habituels avec autant d'efficacité. Droiture et loyauté, avec la mise en valeur des qualités intellectuelles. André Barbault dit, avec humour, que l'autorité et la puissance de l'astre sont affectées comme celles d'un pontife dans un milieu d'adolescents irrespectueux, mais que cette position est heureuse dans l'ordre de la diplomatie et de l'habileté manœuvrière.

Saturne en Gémeaux

On admettra qu'un astre aussi sec et peu enclin à une certaine joie de vivre comme à une animation turbulente ne se sentira guère à l'aise dans le signe jeune et perpétuellement en mouvement des Gémeaux. Cette fois-ci, c'est le vieux monsieur strict chez les joueurs de ping-pong. Sa logique excessive tue la fantaisie, et l'humour devient de l'humour noir. Certes, il peut y avoir un acquis pour le signe, dans la mesure où Saturne apporte circonspection, sens des responsabilités, ce dernier parfois excessif.

Mais il peut aussi, par réserve ou inhibition, éteindre le côté brillant des Gémeaux ; le sens de la repartie devient l'esprit de l'escalier, ou se fait trop lourd. C'est un Saturne qui veut se rajeunir, un Gémeaux qui veut être trop sage au risque d'étouffer sa spontanéité.

Uranus en Gémeaux

Uranus, qui gouvernait le chaos, est considéré comme l'astre de l'individualisme le plus poussé, qui veut à tout prix se démarquer du milieu ambiant. Hyper-rationnel, peu sentimental, maître du Verseau, il a quelques analogies avec Mercure, mais poussées à un niveau plus brutal ; il est systématique, intolérant, il tend à entraîner vers un avenir robotisé, froid, peu fait pour les faibles et les cœurs sensibles. Il crée l'imprévu, les destins en dents de scie, impose des techniques toujours nouvelles.

Il s'est trouvé dans les Gémeaux de 1942 à 1948, et l'on a pu constater l'accord entre le côté nerveux et remuant du signe, et l'effet électrisant de la planète, ainsi que le facteur commun qui constitue le côté intellectuel et cérébral de leur nature. Uranus, très à son aise en Gémeaux, y agit comme s'il induisait un courant électrique susceptible de galvaniser les Gémeaux, de leur donner un sens plus aigu de leur Moi et d'atténuer leur tendance dispersive.

Neptune en Gémeaux

Il semble y avoir plus de théorie que de constatations effectives dans ce que l'on peut en dire. Selon André Barbault, l'émotivité géminienne serait intensifiée et la sensibilité de l'astre en serait accrue, dans un échange courtois de bons procédés. D'autres astrologues affirment que l'intuition devient plus lucide, que l'action neptunienne devient plus créatrice, se cantonnant surtout dans l'immédiat, le quotidien. On y voit aussi des dons de clairvoyance, surtout dans les affaires, et les femmes seraient peu fidèles. Certains décèlent des tendances hystériques, ou alors des états d'âme chaotiques.

Pluton en Gémeaux

Selon Lisa Morpurgo [1], Pluton a influencé le comportement d'une génération intellectuellement éveillée. Et il est vrai que l'on ne s'était jamais posé autant de questions qu'à cette période (1883-1914), à la fois fin d'un siècle et commencement d'un autre, tant il est vrai que Pluton, comme Janus, est à double face. Cette génération était lucidement critique envers les idéologies et les éthiques des époques antérieures. Mais elle a aussi été attirée par le culte de la personnalité. André Barbault a exprimé une opinion à peu près semblable en disant que Pluton en Gémeaux se mue généralement en sadisme mental, ou apporte une inquiétude intérieure qui fertilise la recherche spirituelle.

Les Planètes dans le Cancer

Soleil en Cancer

Donne des indications sur la personnalité extérieure du sujet : grande sensibilité, à l'écoute du non-dit, du non-visible. Beaucoup d'intuition : cette intuition se fait parfois devineresse, pressent des événements et des situations à venir. Les rêves prémonitoires sont fréquents chez le Cancer hyper-réceptif. « Idéalisation du passé, attachement à la tradition, qui sert de point d'appui contre l'insécurité du futur [...]. Manque d'initiative, défaut d'agressivité et d'esprit compétitif [...] compensés par la souplesse intuitive de l'intelligence. L'équilibre ainsi créé permet d'atteindre avec autant d'efficacité l'objectif recherché [2]. »

Lune en Cancer

Accentue toutes les tendances extérieures du signe en leur donnant quelquefois une exaltation excessive : douceur extrême, intense réceptivité qui peut aller jusqu'à la médiumnité. La voyance, la prémonition, les phénomènes extra-sensoriels sont tout à fait courants avec la Lune dans ce signe. Elle donne également des dons artistiques réels que la timidité du Cancer ne sait pas toujours faire valoir. Besoin immense de tendresse, de protection. Forte sensualité réceptive.

Mercure en Cancer

La planète de l'intelligence se teinte ici de finesse analytique, de sensitivité, d'irrationnel. L'intuition s'affine, se laisse diriger par une perception subjective des problèmes, et les résout grâce au « flair », au doigté, à l'instinct beaucoup plus que par raisonnement. Mercure en Cancer fait des êtres qui écoutent plus qu'ils ne parlent, qui enregistrent et mémorisent les moindres faits et gestes pour s'en servir plus tard dans des circonstances appropriées. L'esprit, à la démarche lente et sûre, donne du poids aux synthèses. C'est un esprit qui allie des qualités inventives aux déductions logiques.

1. Lisa Morpurgo, *Introduction à la nouvelle astrologie*, Hachette Littérature, 1976.
2. Lisa Morpurgo, *Introduction à la nouvelle astrologie*, Hachette Littérature, 1976.

Vénus en Cancer

La planète de l'amour et de l'art se trouve en affinité avec le signe d'Eau. Vénus en Cancer s'intériorise, gagne en pudeur et en réserve ce qu'elle perd en extraversion ; elle devient plus artiste, plus profonde et plus douce. Sa recherche de l'amour sensuel se transforme en quête de tendresse, de protection, de sécurité affective. C'est une Vénus mouvante mais fidèle, capricieuse mais sage. Sensualité « sensorielle ».

Jupiter en Cancer

Jupiter, qui aime tant son confort, ses aises, le luxe en toute chose, exalte la sensualité du Cancer, la matérialise. La philosophie d'un Jupiter en Cancer est dans la jouissance pure et le confort personnel. La réussite professionnelle se fait dans le respect de la tradition et des lois hiérarchiques, dans le culte de la famille et des ancêtres. Que de bienveillance, que de concessions, que de souplesse dans cet alliage !

Rien ne doit freiner ou entraver le désir qu'a le natif de jouir de la vie par tous ses pores. S'il gagne facilement de l'argent, il le dépense encore plus facilement, pour le plaisir de dépenser. Il a besoin d'abondance et de richesse, de beaux objets, de bijoux, de fourrures, de luxueuses voitures. Cet être est, en général, extrêmement séduisant.

Saturne en Cancer

C'est la logique, le raisonnement, la rigueur froide et calculatrice de Saturne dans l'univers fantasque, imaginatif et sensuel du Cancer. Résultat : ou bien Saturne canalise la fantaisie du Cancer et lui donne du poids, de la mesure, de l'ambition et de la discipline, auquel cas le sujet perd beaucoup de caractéristiques lunaires (réactions imprévisibles, tempérament secret et changeant, parfois un peu versatile) ; ou bien Saturne broie le Cancer et, à ce moment-là, il crée toutes sortes de frustrations dans les domaines régis par la Lune : la créativité est freinée, l'élan vital s'amenuise, l'affectivité n'est jamais comblée, la sensibilité reste à vif sans parvenir à s'épanouir dans une activité inventive et riche.

Uranus en Cancer

Le goût d'Uranus pour les bouleversements, les changements radicaux, les décisions rapides et irrévocables se trouve singulièrement étouffé par le Cancer. En effet, le Cancer est le signe des petits changements, des petites modifications, mais pas des hautes tensions familières à Uranus. D'où affaiblissement des valeurs proprement uraniennes dans ce signe : individualisme moyen, esprit de décision plus flou, activité créatrice moins volontaire et ambitieuse. La vitalité uranienne devient un peu aquatique : c'est la foudre dans l'eau. En revanche, le Cancer accentue la réceptivité d'Uranus, d'où une réelle générosité à l'égard d'autrui, la volonté d'emporter une certaine adhésion de son entourage.

Neptune en Cancer

La planète double son inspiration intuitive dans le Cancer : elle devient très fortement sensible à toute vibration sensorielle. Elle capte les moindres ondes de son entourage et plonge dans les eaux sans fond de la sensation, du délire artistique (musical, visuel, auditif) avec un goût prononcé pour tout ce qui a trait à l'eau, à l'élément liquide.

Pluton en Cancer

Les forces souterraines et créatives de Pluton prennent de la sensibilité et de la fragilité cancériennes.

Elles deviennent moins ambitieuses sans retirer invention ni profondeur. Mais le sujet risque de se sentir limité dans sa créativité par son respect des valeurs familiales, traditionnelles, parfois même conservatrices.

Les Planètes dans le Lion

Soleil en Lion

En vérité, dans votre cas, la fonction solaire, qui sensibilise aux modèles culturels en usage, vous a fait percevoir avec une acuité particulière tout ce qui, dans ces modèles, participe des fonctions de base du Lion. Vous avez retenu en priorité les leçons et les principes qui mettaient l'accent sur l'autonomie personnelle, la volonté de surpassement, l'extension de la puissance. Vos premiers héros, vous les avez choisis spontanément parmi ceux qui incarnaient le mieux ces facultés. Notez bien que cela ne veut pas forcément dire que vous suivez ces exemples-là en permanence : les premières et fortes impressions qui ont marqué votre esprit peuvent subir bien des avatars. On peut cependant affirmer que tous ces grands dadas léoniens demeureront vos points de référence essentiels. Sujets de vos discours, thèmes de vos œuvres, mobiles de vos actes, objets de vos recherches, motifs de vos craintes ou cibles de vos sarcasmes, ils seront ici les fermes pivots de votre conscience lucide.

Lune en Lion

Les interprétations classiques insistent sur l'effervescence des instincts, leur générosité, leur noblesse et leur panache. On vous accorde, en outre, une imagination tournée vers le grandiose, le prestigieux, le magnifique, et la faveur publique vous est, paraît-il, acquise si vous abordez la carrière artistique. Parmi les travers qui vous sont le plus souvent reprochés, on note une certaine fatuité, un côté snob épris de luxe, un penchant aux caprices voyants et à la paresse dorée.

Quelques « Lune en Lion » assez connus : Louis XIV, Churchill, Trotski, Mao, Rocard, Rosa Luxemburg, Willy Brandt... Parmi les poètes, citons Verlaine, Jules Laforgue, Charles Cros et Schiller.

Mercure en Lion

Vous pouvez par exemple connaître la sensation grisante de pouvoir venir à bout de toutes les énigmes, d'affronter comme en vous jouant les problèmes filandreux où s'entortillent les esprits moins alertes. Pour vous, les discours choc, les idées fortes et les images frappantes, pour peu qu'on les répande suffisamment, recèlent une efficacité redoutable, un pouvoir libérateur hors pair. Nulle muraille ne s'avise de résister à un trompettiste assez constant et malicieux, tous les rescapés de Jéricho vous le diront.

Vénus en Lion

Vous savez jouer au maximum de l'efficacité des apparences, de l'impact affectif des paroles. Votre Moi en représentation s'affirme par le canal de l'émotion ainsi produite sur les autres. Vous vous efforcez de susciter la sympathie admirative par les moyens les plus extérieurs — d'aucuns diraient les plus superficiels —, tels que la beauté physique, le vêtement, la parure, le maintien, la qualité du langage et le respect de l'étiquette. Selon votre orientation générale extravertie ou introvertie, vous viserez par ces biais à donner une impression de force, d'aisance souveraine, de liberté superbe, ou bien de noblesse, de générosité, d'élégance morale.

Jupiter en Lion

Voilà encore une rencontre qui a eu de tout temps fort bonne réputation. Comment d'ailleurs pourrait-il en être autrement ? Aux yeux de la Tradition, l'alliance du signe royal par excellence et de l'astre qualifié de Grand Bénéfique ne saurait enfanter qu'une avalanche de bienfaits: honneurs, célébrité, succès, triomphe et autorité indiscutée vous sont octroyés sans lésiner par les célestes cornes d'abondance.

Quant aux seuls inconvénients évoqués, ils découlent des risques de démesure et de surabondance. L'astro-psychologie descriptive, tout en étant moins catégorique sur les événements promis, ne dément pas la tonalité générale du tableau. L'astre et le signe se rejoignent par leur côté extraverti, optimiste, théâtral et ambitieux, le tout saupoudré de ce paternalisme pontifiant qui est, paraît-il, l'apanage enviable de la maturité bien assise.

Saturne en Lion

Là, ce n'est pas tellement la fête. De toute façon, dès que Saturne est en cause, les astrologues traditionnels éteignent leur beau sourire commercial et vous prennent des airs gravement constipés. Comme, par-dessus le marché, ils considèrent le Lion comme le lieu d'exil de la planète — c'est-à-dire le signe avec lequel elle présente le moins d'affinités —, vous voyez d'ici le tableau engageant. Dans le meilleur des cas, ils évoquent une autorité froide, une implacable ambition, des buts politiques à long terme, le sens de l'organisation. La plupart du temps, il est surtout question de despotisme, d'avidité insatiable, d'orgueil égocentrique et misanthrope, de dureté, de cruauté, de lâcheté...

Uranus en Lion

Le point commun fondamental entre Uranus et le Lion, c'est un processus de concentration, de réduction extrême à un pôle unique dans un but d'efficacité maximale. Imposer son point de vue aux autres, se sentir invulnérable, être sûr de son bon droit, ne pas concéder la moindre miette de son pouvoir et de son autorité. Uranus exacerbe ces tendances, les radicalise, les assortit d'un impact et d'un tranchant tels qu'elles ont bien peu de chances de passer inaperçues. Vous visez toujours les sommets, qu'il s'agisse de ceux du pouvoir, de l'intensité d'expression de votre personnalité, de l'acuité de votre conscience lucide ou de la rigueur concise de vos formulations. Vous dissipez le brouillard à coups d'éclairs soudains, vous localisez les lueurs éparses en faisceau aveuglant, vous rassemblez les forces les plus diluées en un seul invincible fer de lance. Vos irruptions sur le devant de la scène sont souvent plus provocantes que celles de Jupiter en Lion, vous ne prenez pas comme ce natif votre élan à partir de données familières, de réalités que chacun peut voir et palper. Vous vous appuyez sur vos pulsions les plus intimes, vos tendances les plus inaliénables.

Neptune en Lion

Énigmatique et problématique alliage. Les affinités entre la planète et le signe sont nettement moins évidentes que dans le cas d'Uranus ou de Jupiter, et la coopération ne sera vraiment effective que si Neptune reçoit par ailleurs de forts aspects dynamisants. Dans le cas contraire, les fonctions dominantes du Lion sont passablement altérées. Les manuels traditionnels parlent d'exaltation lyrique, idéaliste, mystique ou romanesque, de sens esthétique noble et raffiné, avec forte propension aux illusions et déceptions sentimentales, dans l'hypothèse d'un Neptune très dissoné.

Pluton en Lion

A priori, la cohabitation avec le Lion s'annonce plutôt malaisée. Le désir de surclasser les autres et le goût de la parade tonitruante, notamment, en prennent un sacré coup. Un Lion plutonien bon teint, vu de l'extérieur, a fort peu de chance de cadrer avec le portrait-robot du signe. Avec Pluton, on aurait cependant bien tort de se fier aux apparences, l'essentiel se passant au niveau de votre inaliénable for intérieur. En fait, Pluton, tout comme le Lion, refuse les limites. Il les refuse même de la façon la plus radicale qui soit. Le temps et l'espace n'ont pas de bornes, l'éternel et l'infini sont ses domaines. Il n'a de comptes à rendre à personne, il ne se soumet à aucune autorité humaine. Il engendre lui-même sa propre loi et sa propre vérité. C'est un réfractaire, un irréductible, un pur, un authentique. On pourrait croire que Pluton, éloigné de tout personnalisme, désintègre le narcissisme du Lion. En fait, il remplace un narcissisme superficiel par un narcissisme beaucoup plus profond : la contemplation inexprimable, intégrale et perpétuelle de vos rouages les plus secrets, de vos mobiles les plus intimes. Vous vous retrouvez seul avec vous-même pour assumer l'angoissante étendue des possibles qui vous habitent.

Les Planètes dans la Vierge

Soleil en Vierge

Dire que vous êtes natif de la Vierge signifie qu'à votre naissance le Soleil occupait ce signe. Dans ce cas, la planète ne fait donc que souligner les valeurs du signe. En Vierge, le Soleil est dit pérégrin, c'est-à-dire neutre, son domicile étant en Lion et son lieu d'exaltation en Bélier.

Lune en Vierge

Les valeurs lunaires de sensibilité, d'émotivité, de réceptivité, sont brimées et ne trouvent guère de possibilité d'épanouissement. La Lune, symbole de l'inconscient (le Ça en terme psychanalytique), n'est certes pas à son aise dans un signe répressif qui s'acharne à contrôler les pulsions instinctives. Il en résulte un risque de refoulement, surtout en cas de dissonances de la Lune (avec Saturne ou Uranus notamment).

La difficulté d'extériorisation entraîne un malaise, un sentiment diffus de culpabilité qui se traduit par une attitude déroutante, déconcertante, même pour les proches. Inquiet, souvent affligé d'un complexe d'infériorité, le sujet se livre à une introspection poussée, qui ne fait qu'aggraver ses problèmes.

Mercure en Vierge

Mercure donne une insatiable curiosité, vierge de tout *a priori,* libre de toute entrave. Le monde est un passionnant champ d'investigation pour le Mercurien, qui engage un dialogue permanent avec son entourage. C'est un libre penseur, toujours prêt à jeter un regard neuf sur les êtres et les choses, d'autant plus qu'il a l'art de changer les angles de vues.

Mercure en Vierge souligne les qualités de mémoire et d'observation. Le sujet excelle dans les domaines où il faut fidèlement retranscrire une réalité plutôt que l'interpréter ou l'intellectualiser.

Vénus en Vierge

Vénus s'adresse au cœur. La Vierge (associée en mythologie à Athéna, déesse de l'intelligence) n'écoute que la raison.

Cette problématique peut se vivre de différentes manières. Il est certain, en tout cas, que la position de Vénus dans ce signe donne souvent au sujet un comportement amoureux comparable à celui du Virginien. On retrouve le même refus de perdre la tête, de se laisser aller. La passion est tenue en bride, dissimulée sous un masque d'ironie, de scepticisme, de froideur.

Les instincts amoureux ne sont pas nécessairement inhibés, mais leur expression est freinée, sans cesse contrôlée. Parfois, cependant, les sentiments sont tièdes, les effusions rares, les unions raisonnables...

Jupiter en Vierge

Les relations entre la planète et le signe sont assez complexes. Selon la tradition, Jupiter est en exil en Vierge. La définition suivante permet de comprendre pourquoi : « Jupiter est une force de développement de l'être humain, par assimilation de ce qui lui vient du monde extérieur [1]. »

Au principe d'expansion, d'ampleur de Jupiter, s'oppose le principe de rétraction de la Vierge. La planète s'ouvre et s'intègre au monde. Le signe s'entoure d'une écorce imperméable aux suggestions extérieures. Cette antinomie, loin de faciliter l'osmose, provoque des « tiraillements » intérieurs éprouvants.

Le problème est particulièrement épineux si les facteurs d'affirmation du Moi sont très puissants dans le thème, si Jupiter est valorisé (conjonction Soleil-Jupiter, par exemple), ou si la

1. Claire Santagostini, *Assimil astrologique.*

Vierge occupe la Maison I (personnalité profonde). Car c'est toute la puissance vitale du sujet qui est contrainte, étouffée dans les limites strictes imposées par le signe. L'extraversion jupitérienne se heurte à l'introversion virginienne.

Saturne en Vierge

Si elle reçoit la puissance intellectuelle et favorise la résolution des questions pratiques, cette position de Saturne est plutôt critique dans le domaine de la vie affective. La planète et le signe se renforcent dans leur tendance à l'inhibition et à l'introversion, entraînant une répression impitoyable des instincts.

Sous le coup de frein de Saturne, les risques de refoulement sont accentués. Par son attitude constamment « en retrait », le sujet se coupe des autres. Il méprise les relations sociales, trop superficielles à son gré. Le goût de la solitude devient facilement de la misanthropie. Il n'y a aucune fantaisie dans cette vie réglée, ordonnée, programmée. Toutes les précautions sont prises contre un déferlement de l'imprévu dans l'existence.

Uranus en Vierge

Comme Saturne, Uranus conduit le sujet à adopter une attitude de rigueur, de discipline, de dépouillement. La planète et le signe sont tous deux marqués par l'étroitesse du champ de conscience.

L'Uranien tend à « l'unité de l'être ». Il se veut essentiellement lui-même, affranchi des idées en usage, des coutumes. La Vierge, de son côté, cherche à ne compter que sur soi. Aussi le sujet risque-t-il, d'une façon ou d'une autre, de « faire le vide » autour de lui, d'autant qu'il a besoin, sur le plan professionnel notamment, de liberté et d'indépendance.

Uranus en Vierge peut aussi donner la solitude du créateur, souvent révolutionnaire, et difficilement compris par son entourage. Cette configuration se retrouve dans les thèmes de Picasso, de Modigliani (Uranus puissant par sa conjonction à Mars, lui-même conjoint à l'Ascendant), de Coco Chanel (Uranus conjoint à Mercure opposé à la Lune, sextile à Jupiter).

Neptune en Vierge

Neptune, maître des Poissons, est en exil dans le signe opposé, la Vierge. Tout, en effet, oppose le signe et la planète. Neptune est caractérisé par l'extrême ampleur du champ de conscience, d'où une très forte intuition, une façon d'appréhender les choses et les situations sans passer par le canal de la logique, de la raison. Quel décalage avec la Vierge, dont les mécanismes de pensée s'appuient précisément sur ces deux facultés !

De ce perpétuel affrontement entre être et réalité, entre plasticité psychique et rigidité mentale, entre désordre et ordre, naît une sorte d'inadaptation permanente.

Neptune en Vierge risque de perturber la vie quotidienne, mais le sujet conserve néanmoins une dimension imaginative, une « inspiration » très favorable sur le plan artistique (Annie Girardot, Neptune conjoint à l'Ascendant en Vierge). Cette position peut aussi accentuer l'idéalisme et le dévouement à une cause humanitaire (Arlette Laguiller, Neptune conjoint à l'Ascendant en Vierge, opposé à la conjonction Soleil-Mercure en Poissons).

Pluton en Vierge

Pluton a été « découvert » en 1930 seulement par les astronomes. C'est pourquoi les indications astrologiques sur cette planète diffèrent encore sensiblement. Il est prématuré de donner des indications détaillées sur l'influence de Pluton en Vierge. Par contre, il est intéressant de connaître le « climat général » qui a prévalu durant son transit dans le signe, de novembre 1956 à septembre 1971. C'est, par exemple, pendant cette période que s'est produite la révolte de la jeunesse contre les modèles reçus et les principes inculqués par les parents et les éducateurs, révolte ayant abouti, en France, aux événements de Mai 1968.

La maîtrise du Scorpion a été attribuée à Pluton. Sa position en Vierge donne donc, comme pour Mars, des tendances Scorpion au sujet.

Les Planètes dans la Balance

Soleil en Balance

Sens de l'harmonie. Adaptation spontanée de la personnalité à tous les milieux, tous les événements, tous les modes de vie. Goût profond pour les associations, les activités artistiques, les relations sociales. La beauté, sous toutes ses formes, préoccupe beaucoup le natif de la Balance. Sa séduction est extrême, sa douceur et sa tolérance en font un partenaire de choix. Sa réussite tient à son charme.

Lune en Balance

La Lune, c'est avant tout le monde de l'âme. Elle représente donc la vie sensible, l'affectivité, l'imagination et toute une série de significations dérivées, telles que la femme, la mère, le foyer, la mémoire, etc. Il nous faut donc combiner toutes ces significations avec celles de la Balance.

Si la Balance ne donne pas nécessairement l'équilibre, elle en donne le goût, de sorte que le sujet ayant la Lune en Balance tend à réaliser l'équilibre et l'harmonie dans sa vie psychique. Toute injustice, qui n'est finalement rien d'autre qu'un déséquilibre, lui est insupportable et le blesse au plus profond de lui-même.

Mercure en Balance

La pensée est juste et le jugement sûr. C'est une pensée qui pèse volontiers le pour et le contre car elle s'efforce d'être impartiale. Elle est tout en nuances et se veut conciliante. Loin de jeter de l'huile sur le feu, le sujet cherche à apaiser les esprits et à réconcilier les points de vue. Il est doué pour jouer les intermédiaires ou les arbitres.

Mercure et la Balance se rapportent à tout ce qui est lié à la communication, y compris les moyens de communication. Voilà pourquoi le sujet, toujours dans la Maison V, se lie volontiers à des artistes, que ce soient des gens du spectacle, des écrivains, des peintres ou des musiciens.

Vénus en Balance

Affectueux, affable, dévoué, le sujet prend un grand plaisir à la vie en société qui lui donne l'occasion de nouer de nombreuses relations. On apprécie son esprit de conciliation et son amour de la paix. Son sens de la justice, qui n'est pas fermé à l'indulgence, fait de lui l'arbitre idéal pour régler les différends qui pourraient surgir dans son entourage.

Il cherche à se créer des conditions de vie agréables, et son goût du confort fait qu'il s'entoure, partout où il passe, de musique, de fleurs, d'objets d'art qui donnent à son cadre de vie une note raffinée.

La Balance, septième signe, est analogue à la Maison VII, secteur des contrats et du mariage en particulier. Si rien dans l'horoscope ne s'y oppose, le mariage peut apporter au sujet les dons de Vénus : l'amour, le bonheur et l'aisance.

Jupiter en Balance

Le sujet rayonne la sympathie (Jupiter représente le principe de l'énergie centrifuge en expansion permanente). Il a donc des contacts faciles et heureux avec les autres, que ce soit dans son mariage, ses associations ou ses relations. Les qualités de la planète et du signe se renforcent mutuellement, et les conditions semblent réunies pour que le sujet trouve le bonheur, en particulier dans le mariage, car il a l'esprit large et il est tout prêt à faire des concessions au nom de l'harmonie. Non seulement il peut faire un mariage heureux, mais ce mariage peut être pour lui l'occasion de trouver le bonheur. Le bonheur, et parfois l'élévation sociale et un accroissement de fortune.

Ces bienfaits peuvent également venir à lui par le canal de ses relations personnelles, car c'est un être éminemment sociable qui recherche les contacts.

Saturne en Balance

Saturne donne au sujet un sentiment à la fois profond et élevé de la justice, on pourrait presque dire un sens institutionnel de la justice.

Dans le domaine de l'art, l'influence de Saturne joue dans le sens d'un strict classicisme.

Dans le domaine du mariage, le sujet cherche un conjoint qui réponde au modèle qu'il porte plus ou moins consciemment en lui, celui d'un être sérieux et pondéré, mesuré et réfléchi, consciencieux et économe, chaste et réservé. Nous savons que la Balance donne à ses natifs davantage le sens et le goût de l'équilibre que l'équilibre lui-même. La présence dans la Balance de Saturne, qui est un facteur de stabilité, est de nature à conférer au sujet la pondération qui fait de lui un être équilibré.

Uranus en Balance

Dans tous les domaines propres à la Balance Uranus apporte ses bons et ses mauvais côtés : indépendance, originalité, progrès, invention, intuition, mais aussi impatience, irascibilité, violence et révolte.

Uranus, planète de l'intuition, dans le signe d'art qu'est la Balance, peut renforcer l'inspiration du sujet dans ce domaine. Soutenu par une vive imagination, il développe une expression artistique originale qui est bien souvent en avance sur les idées et les goûts de son temps.

La Balance est encore le signe des associations et du mariage. Dans ce dernier domaine, les idées modernes tendant à l'instauration de l'union libre s'accordent parfaitement avec le besoin d'indépendance et de liberté qui caractérise Uranus.

Neptune en Balance

Le sujet qui a Neptune dans la Balance se fait de la justice une idée très élevée. Il est même près de croire à l'existence d'une justice immanente.

La sensibilité, la tendresse, la douceur neptuniennes transforment l'amour de la Balance en un sentiment idéal qui se porte naturellement sur le conjoint ou les partenaires, puisque la Balance est le signe des associations. Le mariage lui-même peut évoluer vers une union platonique qui trouvera sa finalité dans une recherche commune des valeurs spirituelles. Son art, raffiné, est marqué par le flou et la légèreté neptuniens qui lui donnent quelque chose d'irréel. La musique, le cinéma, la poésie sont des supports particulièrement bien adaptés à cette inspiration.

Pluton en Balance

Il faut déplorer qu'aucune recherche systématique, portant sur des milliers de thèmes, n'ait été entreprise pour essayer de déterminer la nature bénéfique ou maléfique (ou neutre) de Pluton, ainsi que le signe qui pourrait être son domicile. Dans ces conditions, il nous paraît plus sage de renoncer à donner pour Pluton dans la Balance des significations qui seraient pour le moins incertaines.

Les Planètes dans le Scorpion

Soleil en Scorpion

Symboliquement, le Soleil règne sur le jour, le Scorpion sur la nuit. Dès lors, le Soleil dans le signe du Scorpion peut s'interpréter comme une grande lumière éclairant les ténèbres (du subconscient ou des Enfers). Mise en valeur de la face cachée de toute chose. Goût du secret. Tendances à l'angoisse ; passions tourmentées, violentes, destructrices. Intelligence pénétrante. Cette personnalité se démarque toujours de la collectivité par des comportements inhabituels.

Lune en Scorpion

Mauvaise position pour cette planète dont la tendresse ne peut pas s'exprimer. Sous cette configuration, les rapports humains sont difficiles pour le natif qui, tourmenté de conflits intérieurs, extériorise mal ses sentiments. Attitudes coupantes, propos caustiques, jalousies blessent l'entourage. Sa franchise trop brutale est mal comprise. Les procès sont fréquents, les échanges de paroles cinglantes amènent des inimitiés. Le natif est foncièrement maladroit dans ses rapports avec les autres : même sous de bons aspects, sa courtoisie est... à éclipses. En nativité masculine, longues rancunes, et risques de mort de l'épouse (Goebbels, par exemple, qui avait la Lune en Scorpion en Maison XII), de la mère ou de la sœur.

Mercure en Scorpion

Bonne position pour l'astre, que l'on interprète d'après le symbolisme suivant : Mercure = intelligence, Scorpion = les Enfers, les choses cachées, le subconscient.

Est-ce que vous avez remarqué l'œil en vrille de certains Scorpion ? Œil d'aigle, œil en laser, qui vous perce au jour jusqu'au fond de l'âme, œil auquel rien n'échappe, et surtout pas vos désirs secrets... Mercure en Scorpion devine tout ! Dans ce signe, l'esprit a toutes les audaces. L'intuition est non seulement très fine dans ses relations avec autrui, mais encore elle porte le natif jusqu'à des vues cosmiques, des visions prophétiques ou mystiques. Doué pour la divination, perspicace, incisif, ne craignant ni Dieu ni Diable dans sa quête de la connaissance, le Mercurien du Scorpion s'aventure aux frontières des Enfers. Son intelligence est attirée par les interdits à violer : elle veut tout savoir, tout connaître, quoi qu'il en coûte. C'est Ève devant l'arbre défendu, qui lui ouvrait la connaissance du bien et du mal.

Mercure en Scorpion est plus puissant encore lorsqu'il est en aspect harmonique avec Pluton. Il donne au sujet une grande discrétion, un grand discernement, une prudence qui lui évite de tomber dans bien des pièges.

Vénus en Scorpion

Vénus en Scorpion signifie souvent, pour le natif, l'exil ou la perte de la personne aimée, et cette séparation est intensément douloureuse puisque le Scorpion aime profondément et passionnément (Marie-Antoinette). Sur le plan matrimonial : destruction de l'union assez fréquente, puis reconstruction d'un autre foyer suivant le symbolisme de Pluton, qui est « mort et résurrection ». Dans un thème féminin, Vénus en Scorpion signe quelquefois la prostitution avec un enchaînement de situations marginales et dramatiques dont la native ne réussit pas à sortir. De façon générale, c'est une position de la planète qui apporte des passions violentes et dramatiques : une saison en enfer. Vénus en Scorpion accorde au natif un magnétisme sexuel intense, un grand charme et une séduction irrésistible.

Jupiter en Scorpion

Nature courageuse, puissante, très intuitive et inventive. Confiance en soi, aptitudes réalisatrices : Jupiter, pratique, organise les forces bouillonnantes du Scorpion. Dans la lutte pour la vie, le Jupitérien du Scorpion est bien armé. Il a de l'autorité, du bon sens, le sens stratégique aussi. Il ne lâche jamais son morceau. Parfois, ses entreprises semblent d'une audace insensée, marquées au coin d'un optimisme délirant. Eh bien, à la surprise générale, il ne se casse pas la figure, il réussit. Son fabuleux optimisme attire la chance, tout seul, perdu au milieu des tempêtes de la vie, les yeux fixés sur sa bonne étoile, il ne voit qu'elle...

Saturne en Scorpion

Voici ce que donne Saturne en Scorpion :

- Persévérance et tenacité ; discipline des instincts.
- Sens stratégique ; sagacité, ruse, prévoyance.
- Dons d'invention, aptitudes scientifiques.

Saturne est un frein qui oblige le natif à canaliser son énergie. Le Saturnien du Scorpion est un ambitieux, jaloux de son pouvoir et de son indépendance (Giscard d'Estaing, Jean-Jacques Servan-Schreiber, Mazarin). Il sait parfaitement se défendre, et attaquer quand il faut, en visant bien. Ce n'est pas quelqu'un de passif, mais d'énergique et d'actif, dont l'existence, pleine de luttes, progresse régulièrement grâce à des efforts persistants. Il surmonte avec courage des conditions de vie difficiles (le commandant Charcot), et la réussite peut venir assez tard (Adenauer et Mazarin avaient tous deux Saturne en Scorpion au Milieu-du-Ciel).

Neptune en Scorpion

Affinités entre cette planète de rêve et d'imagination, et notre Scorpion naturellement attiré par l'étrange, le fantastique, le mystère.

Les Neptuniens du Scorpion sont médiums, clairvoyants, ils ont des dons occultes, s'intéressent aux problèmes de l'au-delà. Mystiques, artistes, sensibles, intelligents, ils devinent tout ce qu'on leur cache. Ils travaillent dans le secret, s'enfermant à double tour dans leur chambre ou leur bureau. Les forces invisibles se mettent au service de la création.

Uranus en Scorpion

Que d'écrivains, de penseurs, de novateurs, sous cette configuration ! Les yeux fixés sur leur étoile, ce sont des gens qui avancent avec détermination en suivant une idée novatrice. Ils ont le sentiment de devoir lutter pour le progrès. Dans ce but généreux, la révolution ne leur fait pas peur : Uranus détruit l'ordre ancien pour permettre à Pluton de reconstruire le nouveau.

L'Uranien du Scorpion est souvent amené, dans son existence, à se révolter contre la pesanteur des institutions de son temps, contre la dureté des contraintes sociales qui pèsent sur ses contemporains.

Pluton en Scorpion

La plus lointaine de nos grandes planètes transitera en Scorpion de 1984 à 1995 : on se demande ce qu'elle va apporter. En principe, elle est bien placée dans le signe dont elle est la maîtresse.

En astrologie mondiale, on pense que cette position plutonienne donnera naissance à une civilisation tout à fait nouvelle, totalement différente de celle que nous connaissons actuellement. Au prix de quels bouleversements ? Verrons-nous le triomphe de l'énergie atomique (l'ère du plutonium, ce n'est pas un hasard si cet élément tire son nom du dieu des Enfers...) ?

Les Planètes dans le Sagittaire

Soleil en Sagittaire

C'est la position qui, traditionnellement, fait que l'on se dit né sous le signe du Sagittaire. Exalte les tendances naturelles du signe : courage, esprit d'aventure, projets de grande envergure, intelligence, réussite professionnelle. Souvent, carrière brillante.

Le natif est porté à s'affirmer de manière éclatante dans le domaine qu'il a choisi, un peu à la manière du Lion ; mais il le fait avec plus d'expansion chaleureuse et de motivations humaines.

Lune en Sagittaire

La Lune est épanouie dans ce signe. Elle confère de la spontanéité, une certaine bonhomie, bref, une relation cordiale et détendue avec l'entourage. Avec le Sagittaire, on n'a pas de mal à briser la glace. Certes, il attend de l'autre un certain respect, mais il n'hésite pas à parler sur un pied d'égalité, d'homme à homme.

C'est un signe d'amitié plus que d'amour, et l'on aime retrouver les copains de naguère, rappeler les souvenirs, faire un petit flash-back qui permet de voir le chemin parcouru depuis.

Mercure en Sagittaire

Celui qui craint d'être dépassé par les événements prend la peine de tout prévoir, de fixer dans les moindres détails le calendrier et l'ordre du jour. Le Sagittaire, lui, n'a pas besoin de se reposer sur un Mercure très actif et minutieux. Il se fie à ses dons d'improvisateur faisant flèche de tout bois. Il compte sur sa chance pour achever ce qu'il n'a qu'esquissé. Il se méfie des plans dressés sur la comète et des pronostics toujours bafoués par la réalité.

Vénus en Sagittaire

La conception artistique du Sagittaire s'incarne à merveille dans le jazz. Cette musique à chaud qui se joue en équipe, où l'on est entraîné par un rythme endiablé, où la dépense nerveuse est intense, où l'on n'a pas à déchiffrer une partition ou à se souvenir de bien respecter telle ou telle règle, où l'on danse de tout son corps, est la meilleure détente du signe. Le Sagittaire aime le mouvement, il se plaît entre deux destinations. Il ne sait guère passer des vacances calmes et casanières.

Jupiter en Sagittaire

C'est une position qui annonce une capacité certaine à organiser, à rassembler. Non pas tant à étudier une affaire dans tous ses détails qu'à faire se rencontrer des gens, à leur donner le sentiment d'un destin commun. C'est ainsi que se forment les sociétés humaines, autour de ces chefs qui, à partir d'une situation confuse et disparate, parviennent à instituer un ordre, à faire apparaître des horizons, à cimenter des réseaux encore fragiles.

Celui qui a cette indication dans son thème laissera souvent le souvenir de quelqu'un qui a modifié sensiblement le paysage social et humain « là où son cheval est passé ».

Saturne en Sagittaire

Si les entreprises sagittariennes font parfois long feu, elles ne durent qu'autant que leur instigateur brandit le flambeau. Dès que celui-ci disparaît, c'est la guerre entre les héritiers et l'on s'aperçoit bien vite que tout l'édifice ne reposait que sur le dynamisme d'un seul. Le Sagittaire va de l'avant et a du mal à choisir ses lieutenants et ses dauphins, tant il agit par inspiration. C'est l'homme des grandes épopées que, seule, la mémoire d'un chroniqueur sauvera de l'oubli.

Uranus en Sagittaire

Le Sagittaire, signe de Feu, n'est pas très favorable à Uranus qui s'épanouit dans les signes d'Air. C'est pourquoi le signe peut décevoir en ce qui concerne sa capacité à faire passer des réformes en profondeur. En effet, à force de se soucier de réunir autour de soi les courants les plus divers, on peut dire que le Sagittaire « gouverne au centre », qu'il est prisonnier de sa propre stratégie et tiraillé entre plusieurs tendances, quelle que soit sa volonté personnelle de changer le monde.

Neptune en Sagittaire

Le Sagittaire a le sens de l'idéologie ! Il sait que pour entraîner le grand nombre, il convient de lancer un certain nombre de slogans, de proposer des modèles d'explication, à la façon dont on parle de la lutte des classes par exemple. Cette position de Neptune est donc favorable, elle révèle quelqu'un qui saisit les vagues de fond, qui prophétise les grands bouleversements, mais qui ne sait pas toujours faire les choix qui s'imposent quand il est trop entraîné par la politique politicienne.

Pluton en Sagittaire

Ce n'est pas une très bonne position pour Pluton. On n'aime guère la contestation et la satire lorsqu'on est en train de développer de grands principes et que l'on se prend plutôt au sérieux. On sait ce qu'on entend par « raison d'Etat », c'est-à-dire une sorte d'oukase sans réplique. Par ailleurs, l'homme politique doit souvent faire taire sa conscience et ses scrupules s'il désire rester à son poste. L'usure du pouvoir rend méfiant à l'égard des fervents de la vérité.

Les Planètes dans le Capricorne

Soleil en Capricorne

L'astre de l'expansion, du rayonnement de l'été brûlant, se trouve nécessairement refroidi par ce signe d'hiver, d'hibernation, de grand frimas. La personnalité est donc réservée, distante, froide et concentrée. N'oublions pas, en outre, que l'attente du printemps donne à ce signe un sens du temps particulièrement intense ; si tout se fige sous la glace, c'est pour mieux éclore dès que la tiédeur revient.

Signe d'ambition, de volonté, de réussite, lente et sûre. Maladresse dans l'expression de l'affectivité.

Lune en Capricorne

La planète des sentiments, de la vie intérieure, de la sensibilité et du climat affectif n'est pas non plus fort à son aise dans ce signe. Rend défiant à l'égard de toute manifestation amoureuse, peu expansif et aussi peu généreux. En revanche, donne une stabilité, une profondeur, une fidélité et une grande persévérance dans les attachements.

Mercure en Capricorne

Attribue au sujet une intelligence pénétrante et profonde, lente et logique, inexorable dans sa recherche et sa découverte de la vérité, en toute chose.

La pensée se dégage de l'affectivité pour juger froidement les situations et en tirer parti.

Vénus en Capricorne

Cette Vénus est possessive, obstinée, très rigoriste. Elle retire de la passion à la relation amoureuse — la raison, le scepticisme du signe interdisant les grands élans — et lui attribue en compensation de la solidité, de l'endurance, de la tenacité : cette Vénus se contente de peu (à la limite, elle vit d'amour platonique) ou alors, mais c'est plus rare, elle multiplie les expériences « utilitaires ».

Jupiter en Capricorne

Mêmes effets que le Soleil dans ce signe, légèrement atténués. Les valeurs protectrices, chaleureuses, bienfaitrices de Jupiter se sentent fort diminuées, amoindries par le signe concentré et réservé du Capricorne. La réussite professionnelle est pourtant certaine grâce à l'ambition tenace du signe.

Saturne en Capricorne

Refus de l'artifice, du jeu, du maquillage. Une sorte de Capricorne au carré. Il peut dissimuler ses frustrations infinies derrière un ricanement sceptique ou l'attitude souveraine de l'ermite replié dans sa tour d'ivoire. Cet orgueilleux est d'abord un grand blessé de l'âme qui ne s'est jamais consolé des rejets qu'il a subis. C'est le vrai misanthrope, lucide sur le monde et sur lui-même, qui s'interdit tout mensonge et sanctionne tout manquement à la vérité.

Uranus en Capricorne

Dur signe pour Uranus qui symbolise la force, la volonté, la résolution ici et maintenant : en Capricorne, la résolution devient cruellement efficace, l'organisation méthodique des objectifs s'élabore avec une perfection presque maniaque. Goût pour toutes les techniques avancées, pour la politique et les sciences.

Neptune en Capricorne

La planète de la sensibilité artistique, de la douceur, de la souplesse et de la mobilité psychique n'est pas spécialement confortée par le Capricorne qui lui interdit les vraies intuitions ou les soumet au crible d'une raison moralisatrice très refroidissante. La sensibilité et la rigueur de la pensée se trouvent en contradiction.

Pluton en Capricorne

Pluton, qui symbolise les forces obscures de création, la lenteur et la puissance dans les grands bouleversements, est admirablement servi par le signe ambitieux, sévère et patient du Capricorne. Cette position renforce l'ambition et lui donne une portée mondiale.

Les Planètes dans le Verseau

Soleil en Verseau

Besoin intense d'extériorisation. Chaleur humaine irrépressible, élan vers autrui, compréhension spontanée des êtres. Volonté et capacité de renouvellement incessant. Ce Soleil en Verseau signe une nature passionnée, extrêmement concentrée sur ses intérêts du moment ; simplement, ses intérêts changent souvent, du tout au tout, au cours de sa vie.

Lune en Verseau

Si vous avez la Lune en Verseau, elle vous permettra de cultiver des valeurs personnelles, de canaliser vos pulsions au profit d'un idéal et de décrire vos états d'âme avec les mots appropriés.

La Lune en Verseau, c'est aussi réagir quand le vent se lève, profiter du zéphyr, naviguer en douceur. C'est parfois s'oublier pour aider à transformer le monde, ou se recréer soi-même quand on s'est perdu. C'est notre dépendance envers nos amis, notre besoin d'originalité ou notre soif de changement, c'est une mémoire qui oublie tout, sauf l'essentiel : ce qui est riche en potentialités nouvelles, ce qui est positif et utile, ce qui débloque les situations.

Vénus en Verseau

Le Verseau est spontanément doué pour le bonheur parce qu'il fait crédit à la nature humaine, mais qu'il est sans illusions sur ses imperfections. Il refuse donc toute complaisance envers le chagrin. Pour les sujets évolués, point de lyrisme romantique : on analyse le mal d'amour et, pour le dompter, on fait appel à la raison ou à l'oubli.

Que ce soit dans le choix d'un objet ou dans les rapports humains, si vous êtes Verseau bon teint, une grande indifférence vous habite jusqu'à ce que quelque chose ou quelqu'un mobilise votre attention : vous réagissez, alors, par une attirance extrême ou une répulsion spontanée, que vous essayez de modérer en compensant, par un compliment, la rigueur d'une attitude, et en éteignant, provisoirement, l'emballement d'un moment.

Mercure en Verseau

Mercure en Verseau signe une intelligence intuitive mais rigoureuse, à condition que le sujet soit motivé. Sinon, il se laisse plutôt envahir passivement par les informations qu'il emmagasine et qui resteront latentes, en attendant de ressortir un jour sous forme créative.

Au Verseau, Mercure est souvent distrait. Il n'établit le contact avec autrui que si l'ambiance est mobilisatrice, l'interlocuteur plaisant, ou si la discussion porte sur ses convictions.

Jupiter en Verseau

A condition que ces tendances soient convenablement mûries, vous pouvez vous faire apprécier par des sentiments humanitaires ou par des larges conceptions sociales. Il s'agit de « mettre la main à la pâte », de « relever vos manches » pour que le monde, le pays, votre groupe professionnel ou votre famille sortent de leur enlisement, de leurs difficultés ou de leur routine. Vous comptez bien que l'on vous en saura gré et vous vous y employez utilement.

Comme vous préférez donner qu'accumuler, l'état de vos finances risque de souffrir de générosités au-dessus de vos moyens ou de l'oubli des contingences matérielles.

Saturne en Verseau

Saturne en Verseau n'échappe pas à la règle : il fait le point sur soi-même et les autres, prend conscience de la nécessité d'évoluer et de dégager des événements leur inconnu libérateur. Il cherche à communiquer pour atténuer le doute que l'isolement amplifie.

Saturne en Verseau pondère votre réactivité ou votre enthousiasme, vous fait prendre conscience que l'on s'use parfois à défendre des causes perdues d'avance et qu'il faut se méfier de l'illusoire, au profit d'une connaissance plus approfondie des choses.

Uranus en Verseau

Avec les planètes précédentes, l'homme s'est intégré au monde extérieur et à la société de son temps ; les aptitudes à acquérir sont les mêmes pour tous. Avec Uranus, nous entrons dans l'analyse des valeurs qui sont propres à chaque individu. Indépendantes du milieu, elles font de lui un être unique.

Uranus en Verseau, s'il choisit la nouveauté en tout, sait la vulgariser, la transmettre avec le maximum d'efficacité et des mots simples, accessibles à tous ; mais il lui est parfois difficile de donner un exemple concret.

Neptune en Verseau

Si vous êtes neptunien, vous vous dégagez facilement des conditionnements sociaux pour tenter de vivre votre réalité intérieure. Vous êtes intuitif, généreux et crédule, parfois naïf. Vous projetez souvent vos impressions et présentez parfois des vérités que vous avez du mal à formuler. Si vous transformez la réalité, c'est qu'un fait brutal vous émeut et que vous désirez prendre des distances pour amortir le choc.

Pluton en Verseau

La planète des enfers, de l'inconscient, des forces souterraines, de la Vérité Pure sans déguisements doit se trouver en affinité plutôt dynamique avec le signe du Verseau qui prône l'idéal, la simplification de l'existence par la passion, l'enrichissement progressif, le renouvellement psychique constant.

Ceux chez qui Pluton domine recherchent une authenticité qu'ils ne trouvent qu'en eux-mêmes, car elle est rebelle à toute assimilation par le milieu et difficilement communicable. Ils auraient besoin de plusieurs vies, mais, comme ils n'en ont qu'une, ils accumulent les expériences et leurs contradictions sont source de fécondité.

Les Planètes dans les Poissons

Soleil en Poissons

Il va vous « identifier » totalement aux autres. Vous ne vous imposerez pas. Vous entrerez dans le jeu d'autrui : cette identification sera, selon votre évolution intérieure, bonne ou mauvaise. Dans ce signe « double », la gamme des « possibles » est infinie...

Vous adapter est, en général, chose facile. Vous offrirez aussi aux autres quelque chose de rare à notre époque : votre compréhension... Vous vous attirerez de nombreuses sympathies. Mais vos relations avec les gens ne seront pas suivies. Elles seront « fluides ». Vous échapperez à leur compréhension. Ils auront l'impression que vous leur « glissez » entre les doigts...

Lune en Poissons

Si le Soleil est l'animus, partie volontaire, active masculine qui est en chacun de nous, principe « yang », la Lune est le reflet de notre anima : partie réceptive, passive, féminine, « yin », en chacun de nous. C'est la face inconsciente de notre personnalité. Elle est le rêve, l'imaginaire, la sensibilité.

En fait, elle donne une sorte d'irréalité à cet être « lunaire » des Poissons. Il a du mal à s'intégrer dans la vie réelle. En effet, les qualités comme les défauts d'expansion et d'inflation envahissantes, propres aux Poissons, sont exacerbés. Le potentiel imaginatif est fabuleux, donnant une véritable vision fantasmagorique des choses.

Mercure en Poissons

Cette planète est en exil dans les Poissons. Dans ce signe d'Eau, elle donne un fort potentiel de sensibilité intuitive. Elle représente, en effet, le filtre intellectuel à travers lequel vous vous exprimez. Ce n'est pas seulement votre forme d'intelligence, mais la direction qu'elle va prendre. C'est votre faculté d'adaptation qu'elle définit, et vos relations avec l'entourage. Cette direction sera, dans le sens de Neptune, infinie. La perception des choses sera beaucoup plus intuitive, immédiate, que déductive. C'est une perception sans détails. Rien de précis, mais une vision globale, instantanée. La compréhension est « affective ». Elle n'est pas logique. Le climat émotionnel est ressenti intensément, immédiatement.

Vénus en Poissons

Avec Vénus en Poissons, le partenaire est idéalisé ; l'amour est vécu comme un rêve. On peut reprendre ici l'expression de Gaston Bachelard dans *l'Eau et les rêves :* « Le fait imaginé est plus important que le fait réel. » Exalté dans le signe des Poissons, l'amour y prend une ampleur lyrique. L'affectivité est débordante. Toutes les motivations sensorielles et affectives se manifestent, en effet, sur un mode Poissons : c'est-à-dire sans mesure et sans caractère logique... Les amours sont sans frontières. Amours souvent impossibles, chimériques, utopiques dans lesquelles on se jette à corps perdu. L'élu est mis sur un piédestal. Si le rêve s'effondre, le « château de sable » est emporté par la vague... Les chimères évanouies, il ne reste plus rien.

Jupiter en Poissons

Jupiter, planète féconde, planète d'expansion, indique dans un thème les qualités d'extraversion, d'extériorisation de la personne. L'expansion de ce signe des Poissons donne à

Jupiter un grand amour de la vie et un magnétisme personnel qu'il utilise à bon escient. En effet, le Jupitérien des Poissons a une grande confiance dans son étoile. Sa chance peut d'ailleurs être insolente. Elle reste néanmoins fluctuante. Pourtant, au dernier moment, alors que tout paraît perdu, notre Jupitérien « refera surface ». Il s'en sort souvent « miraculeusement ». Un certain goût du faste, un côté un peu ostentatoire n'excluent nullement une générosité réelle.

Saturne en Poissons

Bien vécue, cette planète représente l'influence « contractive » dans le ciel : elle affecte la capacité de l'individu à rassembler les choses pour les concentrer. Elle indique une autodiscipline. Elle est la conscience « morale » dans ce qu'elle a parfois de rigide. L'être se construit un système de défense. Mal vécue, nous avons alors l'isolement. L'être s'enferme. Il perd ses qualités d'adaptation. Il ne sait plus se rendre aussi ouvert. Il ne cherche pas la sympathie. Il s'isole et se laisse gagner par le découragement. C'est le Saturnien « découragé », renfermé, qui refuse de s'adapter à la vie.

Uranus en Poissons

Avec Uranus, l'être va dans une seule direction. Cette planète s'accorde mal avec la sensibilité et l'émotivité vibrante du Poissons. Le refus des contraintes donne dans ce ciel une certaine incapacité à dominer les problèmes de la vie quotidienne. Le Poissons « uranien » s'individualise. Il s'affirme avec originalité. Il va dans une direction et s'y tient. Contradiction profonde de l'être entre ce côté *ultra* et les perspectives neptuniennes. Uranus évolue mal dans le monde de la subtilité et des nuances, dans le monde de l'évasif, de l'imprécis, de l'indécis.

Neptune en Poissons

Le Neptunien vit dans un monde sans frontières (le « citoyen du Monde » : Camille Flammarion). Antenne captatrice, Neptune ouvre aussi les portes à la perception de l'infini. Le monde inconscient, du mystère, prend le pas sur la logique cartésienne : c'est le monde de la clairvoyance et de la télépathie.

Avec Neptune s'ouvre tout un monde secret. Nous sommes aux portes de l'Invisible. Au niveau le plus simple, dans la vie de chaque jour, Neptune crée un « climat », une « atmosphère » : la vraie spriritualité, la sainteté se cachent souvent dans la vie la plus simple.

Pluton en Poissons

Le natif des Poissons est marqué par Pluton, planète d'angoisse qui peut empoisonner notre bonheur, qui dramatise notre vie, qui nous confronte à notre propre enfer, qui n'est ni malfaisant ni cruel, mais juste... Il va vivre cet aspect au niveau le plus morbide ou au contraire accéder, grâce à lui, aux plus belles sublimations. C'est lui qui marque le thème de Victor Hugo (conjonction Soleil-Vénus-Pluton en Poissons) de son empreinte. La puissance de son inspiration, la profondeur de sa sensibilité, la diversité des sujets qu'il traita, c'est sans doute à cette double valorisation neptunienne et plutonienne qu'il les doit.

Le Bateleur, premier arcane du tarot. Il est le détenteur de tous les possibles, il dispose d'un nombre incalculable de dons qu'il manie avec habileté et savoir-faire.

Comment interpréter les Planètes dans les Maisons

Comment explorer certains aspects de votre destinée

Votre signe solaire, votre Ascendant, les planètes dans les signes ainsi que leurs aspects concernent essentiellement les dispositions de votre caractère.

Les planètes dans les Maisons exercent une action de fond sur les différents aspects de votre existence, c'est-à-dire sur votre destinée.

N'y voyez aucune fatalité extérieure.

En effet, ce sont les mêmes énergies planétaires qui, à travers les signes zodiacaux, agissent sur la qualité de votre personnalité et qui, à travers les Maisons, créent un potentiel favorable ou restrictif dans les divers domaines de votre vie.

Ainsi, l'événement est produit autant par votre propre comportement que par l'existence des choses et des êtres extérieurs à vous-même. Autrement dit, si nous vous avons jusqu'à présent donné les moyens d'étudier les bases de votre caractère, nous allons maintenant entrer dans une phase plus précise de votre personnalité, c'est-à-dire de votre comportement : la manière dont vous utilisez vos tendances de base.

Admettons, par exemple, que vous ayez le Soleil en Bélier : votre tendance fondamentale est d'agir, de vous extérioriser. Mais si votre Soleil se trouve en Maison XII, alors vous serez tenté d'agir en secret, dans une certaine solitude et avec beaucoup de noblesse, quitte à ce que vos intérêts personnels soient sacrifiés à votre aspiration morale.

A partir de votre Ascendant, douze Maisons se succèdent, chacune occupant une certaine portion du Zodiaque. La détermination de l'emplacement zodiacal précis de chaque Maison est liée à l'établissement de votre horoscope détaillé. Le treizième livre de cette collection, intitulé *Comment établir et interpréter votre horoscope ?*, par Robert Malzac, vous fournit toutes les informations nécessaires, sous une présentation facilement accessible aux non-initiés. En particulier, cette méthode vous permet de savoir dans quelle Maison horoscopique se trouvait chaque planète lors de votre naissance.

Vous pouvez alors chercher, dans les pages qui suivent, les textes qui concernent votre destinée personnelle.

ACTION DU SOLEIL DANS LES DIFFÉRENTES MAISONS

MAISON 1	Puissance, vitalité, sens de sa propre valeur, loyauté, désir de briller, autorité, capacité de réussite.
MAISON 2	Grandes ambitions financières, vie large, faste, aptitudes à la gestion bancaire, situation lucrative.
MAISON 3	Bonne éducation, instruction solide, succès dans les études, réussite par les écrits et dans les voyages, bonne entente avec l'entourage.
MAISON 4	Bonne hérédité paternelle, parents aisés, vie familiale heureuse, gains immobiliers, réussite tardive.
MAISON 5	Succès sentimentaux, de qualité, dons pour l'enseignement, talent pour le théâtre, les divertissements publics.
MAISON 6	Poste de responsabilité dans le travail, protection contre la maladie, amour des animaux.
MAISON 7	Mariage fortuné, conjoint élevé, autoritaire, réussite par les contrats et associations, rivaux puissants mais loyaux.
MAISON 8	Conjoint fortuné, gains par contrats, héritage important, intérêt pour l'occulte, dons pour l'assurance, forces à ménager.
MAISON 9	Dons pour la philosophie, le droit, les études supérieures, attrait pour l'étranger, les grands voyages, l'import-export.
MAISON 10	Situation de premier plan, réussite sociale remarquable, toutes vos énergies sont centrées sur l'éclat de votre statut social.
MAISON 11	Nombreuses relations d'amitié, protections influentes, amis fidèles, sélectionnés, projets vastes, ambitieux.
MAISON 12	Esprit de dévouement, d'abnégation, goût de la vie retirée, dons pour soigner les malades, protection contre les épreuves.

ACTION DE LA LUNE DANS LES DIFFÉRENTES MAISONS

MAISON 1	Nature sensible, émotive, romanesque, attachement à la mère, à la famille, popularité mais fluctuations, indécision.
MAISON 2	Gains de sources diverses, travail en famille, gains par l'alimentation, dépenses pour le foyer, soutien pour les femmes.
MAISON 3	Changements fréquents de milieu et d'entourage, nombreux déplacements en groupe, journalisme.
MAISON 4	Fort attachement au foyer, forte influence de la mère, vie d'intérieur, changements de résidence, goût pour le passé.
MAISON 5	Plaisirs variés, goût des réunions joyeuses, désir de plaire, relations amoureuses éphémères, nombreux enfants.
MAISON 6	Santé délicate, mauvaise hérédité maternelle, troubles gastriques, chance dans service public, popularité au travail.
MAISON 7	Nombreux contacts sociaux, nombreuses occasions d'association, d'union, mais une certaine instabilité de part et d'autre.
MAISON 8	Rêves fréquents, impressionnabilité, occultisme déconseillé, dons et cadeaux, goût du mystère.
MAISON 9	Idéal de sociabilité, de solidarité, idées changeantes, voyages importants, popularité à l'étranger.
MAISON 10	Succès dans le contact avec la foule, surtout auprès des femmes, souplesse sociale, variété d'occupations.
MAISON 11	Nombreuses relations d'amitié, réunions, sorties un peu superficielles, projet trop changeants.
MAISON 12	Nostalgie, goût de la solitude, du calme, dons psychiques, les femmes sont peu favorables, surveillez l'estomac.

ACTION DE MERCURE DANS LES DIFFÉRENTES MAISONS

MAISON 1	Intelligence, vivacité, adresse, don pour la parole et l'écriture, goût de l'étude, mobilité, échanges.
MAISON 2	L'intelligence et l'habileté sont au service du désir de gains, talent d'intermédiaire, revenus variés.
MAISON 3	Réussite dans les études, assimilation rapide, talent de polémiste, don pour la publicité, déplacements fréquents.
MAISON 4	Hérédité intellectuelle, changements de domicile, achat et vente d'immeubles, lucidité mentale tardive.
MAISON 5	Attirance pour les personnes jeunes et intelligentes, amours cérébralisés, jeux éducatifs, cyclisme, enseignement.
MAISON 6	Activités de secrétariat, d'écritures, de classement, d'analyse, d'assistance ; bronches à surveiller.
MAISON 7	Intelligence appréciée par les autres, contrats pour des travaux littéraires, scientifiques, mariage avec partenaire plus jeune.
MAISON 8	Intérêt pour les problèmes psychiques, aptitude au contrôle, aux écrits relatifs aux assurances, successions, partages.
MAISON 9	Capacité de haute érudition, clarté d'esprit, don de conférencier, professorat, droit, relations avec l'étranger.
MAISON 10	Réussite sociale par occupations commerciales, littéraires ou scientifiques, travail en association, travaux multiples.
MAISON 11	Amitiés intellectuelles, correspondance amicale, projets ingénieux mais persévérance insuffisante.
MAISON 12	Dons pour les recherches de laboratoire, pour l'étude des choses cachées, discrétion, méfiance.

ACTION DE VÉNUS DANS LES DIFFÉRENTES MAISONS

MAISON 1	Charme, gentillesse, gaieté, sociabilité, désir de plaire, vie heureuse, protection contre la violence.
MAISON 2	Gains aisés par un travail agréable, commerce de luxe, mode, femmes favorables, dépenses pour le confort.
MAISON 3	Dons pour la poésie, la musique, l'art, excellentes relations avec l'entourage, lectures romantiques, voyages plaisants.
MAISON 4	Vie familiale heureuse, amour de la famille, intérieur confortable, amour au foyer, chance dans les placement immobiliers.
MAISON 5	Succès sentimentaux, goût des spectacles, succès dans l'enseignement d'un art, enfants affectueux, chance au jeu.
MAISON 6	Santé équilibrée, sensibilité de la gorge et des reins, éviter le surmenage, collaborateurs dévoués, travail facile.
MAISON 7	Mariage heureux, vie en société élégante et gaie, contrats fructueux sans conflits, pas d'ennemis.
MAISON 8	Dons, cadeaux artistiques, héritage profitable, conjoint fortuné, sommeil reposant.
MAISON 9	Culte de la paix, philosophie souriante, esthétisme, chance à l'étranger, voyages réussis, union à l'étranger.
MAISON 10	Succès social par sympathie, par les femmes, carrière artistique, ou commerce de luxe.
MAISON 11	Amitiés féminines, amis artistes, projets amoureux.
MAISON 12	Dévouement envers les malades, mélancolie, désir de recueillement et de sacrifice.

ACTION DE MARS DANS LES DIFFÉRENTES MAISONS

MAISON 1	Nature énergique, impulsive, forte capacité d'action, courage, robustesse, virilité, goût de la lutte.
MAISON 2	L'action, l'esprit d'entreprise sont au service du désir de gain, fortes rentrées, fortes dépenses, l'audace paie.
MAISON 3	Don pour mettre les idées en pratique, pensée rapide, talent oratoire, goût pour la vitesse, voyages hâtifs.
MAISON 4	Hérédité active, père homme d'action, vigueur maintenue longtemps, accroissement du patrimoine immobilier.
MAISON 5	Ardeur, passion en amour, désir sexuel précoce, goût des sports violents, besoin de conquête.
MAISON 6	Travail dans la mécanique, dans l'armée, la police, zèle au travail, tendance aux maladies aiguës mais récupération rapide.
MAISON 7	Mariage précoce, partenaire énergique, succès par l'activité des associés, conflits, rivalités, procès.
MAISON 8	Grande puissance sexuelle, puissance psychique, dispute en cas d'héritage, actions héroïques.
MAISON 9	Opinions catégoriques, passionnées, propagandisme, valorisation de la force, études d'ingénieur, safaris, succès à l'étranger.
MAISON 10	Carrière active, d'industriel, de militaire, de chirurgien, maniement d'outils de fer, goût de vaincre les obstacles, victoires.
MAISON 11	Plans audacieux mais impatience, amis sportifs.
MAISON 12	Activité secrète ou s'exerçant dans des lieux calmes, éventuellement dangereuse, ennemis secrets, danger par virus.

ACTION DE JUPITER DANS LES DIFFÉRENTES MAISONS

MAISON 1	Caractère jovial, bienveillant, bon sens, dynamisme, constitution imposante, confiance en soi, embonpoint.
MAISON 2	Avantages financiers importants, crédit large, goût du faste, sens financier, commerce de gros.
MAISON 3	Réussite d'études, largeur de vues, aptitudes de juriste, sens commercial, talent littéraire, bon voisinage.
MAISON 4	Origines aisées, parents notables, chance dans le développement du patrimoine foncier, fin de vie heureuse.
MAISON 5	Chance pure aux jeux de hasard, bons placements financiers, pédagogie, sport, distractions saines.
MAISON 6	Protection contre la maladie, travail lucratif, efficacité professionnelle, amour des chevaux.
MAISON 7	Mariage heureux, conjoint de niveau social supérieur, relations mondaines, contrats importants, accords amiables.
MAISON 8	Protection contre une mort violente, fortune par conjoint, gratifications, intéressements, sérénité.
MAISON 9	Principes religieux, tolérance, études supérieures, magistrature, chance à l'étranger, voyages fructueux.
MAISON 10	Brillante réussite sociale, profession libérale, banque, finance, bonne réputation, position solide.
MAISON 11	Excellentes relations amicales, appuis financiers et moraux aux projets de grande envergure.
MAISON 12	Générosité, philanthropie, mysticisme, goût pour la vie religieuse, protection contre les ennemis.

ACTION DE SATURNE DANS LES DIFFÉRENTES MAISONS

MAISON 1	Nature sérieuse, pondérée, ordre, méthode, lenteur, froideur, économie, sens des responsabilités.
MAISON 2	Gains réguliers mais limités, dépenses contrôlées, sens des questions immobilières et foncières.
MAISON 3	Sens de la précision, logique, besoin d'isolement pour étudier, voyages préparés, contacts sérieux.
MAISON 4	Père austère, éducation stricte, attachement aux traditions, dons pour l'agriculture, les mines.
MAISON 5	Goûts des délassements calmes, des jeux d'échecs, attirance vers des personnes plus âgées.
MAISON 6	Tendance aux refroidissements, aux rhumatismes, emplois subalternes, travaux précis et fatigants.
MAISON 7	Mariage tardif avec partenaire plus âgé, sérieux, stable, mais peu expansif, vie sociale réduite, sélective.
MAISON 8	Héritage immobilier, accroissement du capital par l'économie du conjoint.
MAISON 9	Opinions conservatrices, morales, austères, idéal rigoureux, intolérance, goût pour les mathématiques.
MAISON 10	Réussite lente par ambition persévérante, talent d'administrateur, sens politique, prestige sans popularité.
MAISON 11	Projets tenaces, systématiques, à long terme, amis âgés, sérieux, fidèles.
MAISON 12	Limitations volontaires ou non de votre liberté, travaux secrets, tâches fastidieuses, obscures.

ACTION D'URANUS DANS LES DIFFÉRENTES MAISONS

MAISON 1	Indépendance, originalité, goût du progrès, solidarité, comportement imprévisible, intuition, coopération.
MAISON 2	Gains par profession indépendante, par inventions, chances et tuiles brusques, irrégularité financière.
MAISON 3	Études sélectives, expériences personnelles, modernisme, risque d'accidents en déplacements.
MAISON 4	Milieu familial original, bohème, mobilier ultra-moderne, foyer très libre, risque de séparation.
MAISON 5	Liaisons soudaines, coups de foudre, excentricité, joueur, goût des performances mécaniques, du risque.
MAISON 6	Nervosité, difficulté à se détendre, travail autonome, de spécialiste, attitude peu disciplinée.
MAISON 7	Mariage brusque, union libre, partenaire indépendant, relations intellectuelles, instabilité des contrats.
MAISON 8	Aptitudes de psychologue, forte intuition pour pénétrer les secrets, gains par les associés.
MAISON 9	Idéal de progrès, de fraternité, idées révolutionnaires, talent pour les techniques avancées.
MAISON 10	Dons pour le lancement de nouveautés techniques, succès par réforme, carrière indépendante, changeante.
MAISON 11	Projets ingénieux, réalisables dans des conditions subites, amis francs, intelligents.
MAISON 12	Possibilité d'adhérer à une secte, dévouement à une communauté.

ACTION DE NEPTUNE DANS LES DIFFÉRENTES MAISONS

MAISON 1	Grande sensibilité, tendances spirituelles, idéalistes, moments d'inspiration, de génie, isolement.
MAISON 2	Gains importants par publicité, spéculations commerciales, combinaisons exceptionnelles.
MAISON 3	Assimilation extraordinaire, imagination vive, don pour la publicité, voyages imaginaires.
MAISON 4	Piété familiale, foyer recueilli, intime, sérénité, béatitude.
MAISON 5	Relations idéalistes, platoniques, exaltation sentimentale, désir d'évasion, talent spéculatif.
MAISON 6	Maladies psychiques, intoxication nerveuse, occupation désintéressée au service des souffrants.
MAISON 7	Partenaire exerçant une forte emprise psychique, relations compliquées, contrats illusoires.
MAISON 8	Héritages compliqués.
MAISON 9	Tendances mystiques, dévotion, dons pour l'étude des problèmes métaphysiques, génie mais utopie.
MAISON 10	Talent pour les vastes combinaisons liées aux trusts, succès par la mer, la psychologie, succès par les masses.
MAISON 11	Projets idéalistes mais utopiques, amis évolués, spiritualistes.
MAISON 12	Attrait pour le mystérieux, l'occulte, médiumnité, dévouement secret.

ACTION DE PLUTON DANS LES DIFFÉRENTES MAISONS

MAISON 1	Grande puissance passionnelle, force sexualité, attitude de justicier, capacité de pénétrer les secrets.
MAISON 2	Gains secrets, héritages favorisés.
MAISON 3	Intelligence des choses cachées, destructrice, déplacements entourés de secret.
MAISON 4	Danger de destruction du foyer. Capacité de reconstruire celui-ci.
MAISON 5	Relations sentimentales passionnées, liaison cachée, forte créativité, conflit avec les enfants.
MAISON 6	Maladie possible des organes génitaux. Talent de réorganisation dans le travail.
MAISON 7	Conjoint passionné, risque de rupture des associations, ennemis cachés.
MAISON 8	Magnétisme, forte sexualité.
MAISON 9	Bouleversements des opinions et des idéaux, espionnage à l'étranger.
MAISON 10	Sens des affaires, capacité de profiter des bouleversements pour réussir, aptitude à transformer.
MAISON 11	Projets en constante évolution, amis occultes.
MAISON 12	Ennemis cachés, épreuve concernant la sexualité.

Comment interpréter Mars dans les Maisons

Je donne cet élément d'interprétation sous toute réserve, car il est fort vague, et ne prend tout son sens que combiné avec le signe où Mars se trouve, ainsi qu'avec les aspects qu'il forme éventuellement avec d'autres planètes (il faudrait aussi, pour être complet, considérer la Maison dont il est le maître).

Mars en Maison I

En bon aspect. La personnalité est dynamique, entreprenante. La constitution est robuste, le physique de type « martien » (martial, musclé et athlétique). Le sujet ignore l'hésitation, c'est un « fonceur ».

En mauvais aspect. Agressivité, témérité, manque de souplesse. Tendance à chercher querelle, à se blesser ou à blesser. Amour des armes.

Mars en Maison II

En bon aspect. C'est dans le domaine financier que l'agressivité se déploie, avec une tendance dépensière. L'argent est très mobile et le sujet en gagne aussi facilement qu'il en dépense. Aspect du « chevalier d'industrie ».

En mauvais aspect. Ici, la prodigalité devient excessive et risque de mener à la faillite. Le sujet est prêt à tout pour gagner de l'argent. Avidité et âpreté au gain.

Mars en Maison III

En bon aspect. Esprit vif, ingénieux, don de la répartie. Nombreux petits voyages d'affaires. Excellent pour un critique ou un polémiste.

En mauvais aspect. Risque d'accident en voyage. Disputes avec les frères et sœurs ou les voisins. Tendance à chercher querelle. Lettres d'injures.

Mars en Maison IV

En bon aspect. Dynamisme et chance de longévité. La famille est marquée par Mars (militaires, bouchers, chirurgiens, etc).

En mauvais aspect. Disputes familiales ou au foyer, mauvais rapports avec le père. Risques d'incendie au domicile. La fin de la vie est très troublée.

Mars en Maison V

En bon aspect. Tempérament passionné, forte sexualité. Nombreux enfants et créativité fort intense. Amour des jeux.

En mauvais aspect. Excès amoureux, drames de la jalousie. Dilapidation d'argent au jeu. Ennuis avec les enfants et problèmes sexuels possibles.

Mars en Maison VI

En bon aspect. Métier en rapport avec la santé. Infirmier, sage-femme, etc. Tendance à la fièvre et aux infections.

En mauvais aspect. Ennuis avec les subalternes, emplois ingrats. Accidents de travail, ennuis aigus de santé, opérations risquées.

Mars en Maison VII

En bon aspect. La volonté de se marier est impérieuse, avec risque d'impulsivité dans ce domaine. Nombreuses alliances ou contrats dans la vie. Les ennemis sont virulents.

En mauvais aspect. Foyer infernal, querelles de ménage. Risque de perte subite du partenaire. Ennemis violents.

Mars en Maison VIII

En bon aspect. Sexualité impérieuse, agressivité dans le domaine de l'argent. Héritages subits, avec nombreuses contestations.

En mauvais aspect. Danger d'accident mortel ou de mort violente. Possibilité de crime ou de viol. Dilapidation d'un héritage. Inconscient agressif, tendance au suicide.

Mars en Maison IX

En bon aspect. Tempérament de pionnier, goût pour les grands voyages et le sport. Recherche de l'aventure spirituelle.

En mauvais aspect. Fanatisme ou intolérance. Risques d'accidents ou ennuis lors de grands voyages.

Mars en Maison X

En bon aspect. Position clé, celle du « self-made-man », du militaire ou du dictateur. La carrière est marquée par Mars : réussite à la force du poignet, chevalier d'industrie. L'ambition est grande et manque souvent de mesure. Le succès est critiqué et oblige le sujet à lutter sans cesse. Métier en rapport avec le métal.

En mauvais aspect. La carrière est contrecarrée. Manque de scrupules, ennemis décidés. Risques d'effondrement dans la carrière.

Mars en Maison XI

En bon aspect. Amis énergiques, protections solides, confiance en soi et projets ambitieux, mais impulsifs.

En mauvais aspect. Agressivité dans les rapports amicaux. Querelles, projets irréalisables par manque de mesure ou de diplomatie.

Mars en Maison XII

En bon aspect. Actions cachées, dissimulation. Activités dangereuses (espion, agent secret). Ennemis cachés.

En mauvais aspect. L'agressivité du sujet se retourne contre lui-même. Danger de suicide ou crime, d'accidents, de « bains de sang ».

Savonarole, peint par Fra Bartolomeo. Inquiétant profil, coupant comme l'acier, le regard vivifié par le feu intérieur, que celui de ce moine dominicain qui déchaîna les passions florentines avant d'être condamné à mort et brûlé.

Moine japonais en méditation. Ici le temps est aboli. C'est la vie de la lumière, le monde du symbole. La transmutation du relatif à l'absolu s'est enfin accomplie.

Comment interpréter les Signes dans les Maisons

Le Bélier dans les Maisons

Bélier en Maison I

A l'Ascendant, le Bélier confère au sujet la plupart des caractéristiques du Soleil en Bélier (voir « Caractérologie générale du Signe »).

Bélier en Maison II

Les rapports aux acquis sont soumis à l'impulsivité du signe, avec de brusques besoins d'argent suivis de périodes ascétiques. Comportement « panier percé », dépenses inconsidérées, tendance à dilapider.

Bélier en Maison III

L'humeur changeante et impulsive du signe s'applique au domaine de la communication. Recherche de l'amitié sur un mode viril, besoin d'affirmer son autorité dans un environnement inconditionnel et soumis. Les groupements, associations et amicales sont appréciés.

Bélier en Maison IV

Dans ses relations avec la famille, le signe du Bélier impose toutes ses caractéristiques : rapports passionnels, ruptures et réconciliations impulsives, car il y a un certain respect des traditions.

Bélier en Maison V

C'est dans les loisirs, les jeux, les distractions, que la nature irréfléchie du signe s'épanche. Liaisons inconsidérées, dépenses et dettes de jeu, incapacité à « suivre » ses actes qui sont soumis à l'impulsion ludique du signe. L'amour pour les enfants est généreux quoique légèrement irresponsable.

Bélier en Maison VI

Difficultés en perspective dans le travail quotidien. Le sujet a des comportements abrupts avec ses collègues, un manque de souplesse et de diplomatie dans l'organisation de son travail, des hauts et des bas dans son activité.

Bélier en Maison VII

Coups de tête permanents dans les associations et le mariage, notamment. On se décide trop vite et l'on rompt aussi brutalement. On passe de phases d'enthousiasme à des phases d'abattement dans la facon de percevoir les associés... ou les conjoints.

Bélier en Maison VIII

« Risques de perte de patrimoine sur des coups de tête ou des malversations .» Les héritages sont soumis aux actes impulsifs du Bélier. La mort et la sexualité sont vécues avec une intrépidité téméraire voire provocatrice. L'affrontement plein de dérision cynique du danger de mort est suivi de périodes de repli, de négation totale du phénomène. Attitude violente face à la sexualité.

Bélier en Maison IX

Départs impromptus vers de longues destinations, voyages irréfléchis et non préparés. Le Bélier, dont la dynamique est superficielle, enlève à cette Maison ses propriétés : la philosophie, la réflexion, la méditation.

Bélier en Maison X

La volonté de réussir, de s'affirmer dans le domaine social n'est pas suffisamment persévérante pour permettre de longues carrières. C'est souvent des coups d'éclat que réussit le sujet, de brillantes grimpées vers la gloire suivies d'éclipses du fait que l'activité n'est pas soutenue.

Bélier en Maison XI

Les relations amicales du sujet sont brouillées par le mode passionnel de l'affectivité Bélier. Il s'agit tantôt de manifester son enthousiasme, sa confiance optimiste en un « ami » inconnu la veille, tantôt de le fuir pour quelque obscure déception.

Bélier en Maison XII

Les maladies, épreuves, grands tournants du destin sont abordés avec la vitalité un peu inconsciente du signe qui vit intensément les drames mais les oublie très vite. Tendance à jouer avec le feu, à provoquer l'aggravation d'une maladie par simple provocation. Une grande foi en ses propres forces mêlée à des crises d'abattement.

Le Taureau dans les Maisons

Taureau en Maison I

Indice de constitution forte et de vitalité. Tempérament sensuel, d'humeur assez variable sous un flegme apparent. Poli, avenant de premier abord, il s'irrite lorsqu'on touche à son confort. A le goût de la stabilité et apprécie les êtres qui participent à la construction méthodique de sa destinée en lui épargnant les vaines histoires. Ses atouts sont dans l'endurance, la résistance physique et morale, un certain courage face à une adversité qui s'acharne souvent après lui. Le caractère se forge d'ailleurs dans les luttes de fond, appelant une grande concentration des forces plutôt que des actions spectaculaires. Les démarrages sont lents, l'ascension laborieuse et les chances réelles ne s'affirment vraiment qu'au terme d'années de travail.

Taureau en Maison II

Position moyennement confortable pour les gains. Là encore, le travail rapporte mieux que les coups heureux du hasard. Il faut se donner un programme, le plus souvent d'épargne, pour disposer d'un fonds solide de sécurité. Selon la symbolique, des réserves substantielles sont nécessaires à l'équilibre psychique.

Le Taureau en Maison II doit donc être attentif pour s'assurer des revenus réguliers. Le fonctionnariat est indiqué mais il y a aussi, pour les à-côtés, les placements dans la pierre, le terrain, les biens fonciers.

Taureau en Maison III

Puisque la Maison III gouverne les frères, sœurs, cousins, cousines, il faut qu'il y ait au moins un ou une Taureau dans ce petit monde, et ce ne doit pas être bien difficile. L'analogisme précise que le Taureau en III pourra ainsi nourrir des relations privilégiées avec un membre de son proche entourage. Le rapport sera encore plus intense s'il s'agit, en outre, d'un membre du sexe opposé.

En dehors de ces conditions, le Taureau en Maison III n'est pas très fraternisant. Aîné, cadet... quel que soit l'ordre d'arrivée, les autres le dérangent. Il risque ainsi d'avoir des réactions d'un égoïsme surprenant à l'égard de ses proches. C'est que, dans son esprit, il ne comprend pas la nécessité d'accepter des inconnus qui lui tombent du ciel par la loterie de l'hérédité et les alliances de la fratrie.

Taureau en Maison IV

On mérite d'avoir des parents fermiers, ce qui en fouillant vers les aïeux n'est tout de même pas introuvable. Nous avons tous des racines en terre, des grands-parents dans les herbages ou les prés. Le Taureau en IV s'en flatte, et si par bonheur il est né à la campagne ou s'il y a passé son enfance, sa santé physique et morale en restera à jamais imprégnée. Dans les moments difficiles de sa vie, il saura respirer l'air pur d'un souvenir revigorant, se remettre en mémoire tel vieux dicton de son pays ou telle parole ferme et sage de son père. Il faudrait naître avec le Taureau en Maison IV pour ne pas perdre les pédales dans les périodes les plus sombres.

Taureau en Maison V

En Maison des amours, plaisirs, enfants de la chair ou de l'esprit, le Taureau est en bonne place. Dans son action bénéfique, s'il accorde une vive sensualité, il donne également l'antidote : une fidélité qui répugne au libertinage, assure la constance des liens en dépit des tentations.

Le Taureau en Maison V est promis à des amours sereines. Sans doute, comme ce douzième d'humanité qu'il représente ici, aspirera-t-il à un bonheur idyllique, d'un romantisme n'excluant pas les avantages pratiques. Le partenaire éventuel, postulant au mariage ou à l'union libre, doit présenter des garanties, ouvrir des perspectives réjouissantes : situation stable, santé florissante, des biens à l'ombre ou au soleil, et surtout pas d'interminables crédits, de pensions à payer pour les enfants de précédents mariages.

Taureau en Maison VI

Dans cette Maison en rapport avec la santé, le travail et les petits animaux, l'effet Taureau ne peut être que bénéfique. Il dispense une santé de fer, un physique robuste tout à fait adapté, bien entendu, aux emplois que favorise le signe dans la manutention, le débardage, et autres travaux exigeant du muscle, du coffre, de la stature. Certes, il existe aussi, dans la série des vocations tauriennes, des compétences administratives qui ne demandent qu'assez d'énergie pour tenir un porte-plume, mais alors la résistance et la vitalité s'amalgament en une combativité longue et souterraine décourageant la multitude des concurrents, traçant sinueusement sa route à travers les intrigues, les stages et les concours, pour devenir cadre, cadre supérieur, sous-directeur, directeur, puis secrétaire d'Etat...

Taureau en Maison VII

A cette Maison consacrée au mariage, aux unions, contrats et associations, le Taureau apporte ses perspectives de stabilité. Il faut en déduire que le mariage d'amour est proscrit, la passion n'étant pas, ici-bas, ce qu'il y a de plus durable et encore moins de confortable.

Cependant, s'il est vrai que le cœur a ses raisons, le Taureau en Maison VII écoutera à la fois son cœur et ses raisons. C'est dire qu'il ne choisira pas n'importe qui, n'importe quand, n'importe comment. Une fois son dévolu jeté, une stratégie de conduite au mariage, dont le partenaire ne sera pas forcément conscient, se déclenchera automatiquement. L'étau se resserrera insensiblement autour de la victime, en quelques mois ou quelques années.

Taureau en Maison VIII

Le Taureau bien disposé, ne recevant pas d'afflictions planétaires, se doit d'apporter ici des terres et biens fonciers par dons, legs ou héritages. Mais si bonnes que soient ces perspectives, mieux vaudra travailler, les lenteurs tauriennes ne réservant qu'au vieil âge les félicités matérielles. Les divorces, associations,peuvent être sources de pensions ou de rapports substantiels. Et, compte tenu de l'affinité de la Maison avec les gains tombés du ciel, l'on gagne à risquer sa chance dans les tombolas de kermesse, fêtes foraines, où il y a des lopins de terre, des bestiaux, des voitures, des machines et gros appareils ménagers à gagner.

Taureau en Maison IX

La symbolique, ici, lève les bras au ciel ! Cette Maison du rêve, des voyages, de la haute spiritualité ne saurait s'harmoniser avec un signe réaliste, casanier, libertin. Cependant, l'application travailleuse peut s'exprimer au niveau supérieur des recherches et œuvres savantes exigeant une documentation massive, des aptitudes de compilateur et un cerveau champion en logico-mathématiques. Évidemment, l'ensemble du ciel doit se prêter à cette interprétation favorable. Sinon, en fait de savant, l'on aura plutôt un réfractaire, endurci dans le matérialisme, et la réduction des belles envolées de l'âme à des motivations élémentaires. Au mieux, un esthète glanant dans la philosophie des fruits que l'on rumine en attendant la mort.

Taureau en Maison X

Ce n'est pas une position facilitant une ascension sociale rapide et facile. Le choix du métier risque déjà de se faire dans les hésitations et embarras. Ou alors la carrière choisie est l'une de celles qui demandent de faire longtemps antichambre avant d'avoir droit au chapitre. D'autres parasitages sur l'ambition peuvent provenir de confrères, rivaux ou supérieurs obstruant l'horizon du succès par des actions spectaculaires qui éclipsent les aptitudes plus solides mais moins évidentes du Taureau. Pour sortir de l'ombre, il faut tôt ou tard frapper fort. Le Taureau bénéfique saura choisir son heure et l'on découvrira soudainement ses indispensables mérites après les avoir longuement exploités dans des rôles subalternes. Le Taureau maléficié tente sa sortie à contre-courant, au moment où sa maladresse va réconcilier sur son dos tous ceux qu'il pensait renverser.

Taureau en Maison XI

Le Taureau bénéfique en Secteur XI dispense à ses amis et amies ses qualités d'indulgence, de serviabilité raisonnée, de bonhomie compréhensive. Puisque l'on est dans son clan, par un choix délibéré, il préfère se montrer sous un jour patient et réserver ses colères à ses ennemis. Une fois sa confiance accordée, il préfère endurer quelques bavures que revenir sur son sentiment. C'est par ce trait, d'ailleurs, que le Taureau dissonant en Maison XI encourt divers abus de confiance, s'expose à de lourds mécomptes par l'aveuglement de ses choix. Dissonant, le Taureau en Maison XI exerce sur ses relations amicales une emprise dominatrice qui appelle la trahison par légitime défense. Et, ce Taureau-là n'étant pas capable d'analyser objectivement ses responsabilités, les déceptions le renforcent dans une humeur de grogne et de tyran incompris.

Taureau en Maison XII

Les étoiles et le signe s'accordent pour accroître la rage des ennemis cachés. Si le Taureau agit favorablement, il apportera, en guise de consolation, la vitalité et le moral nécessaires à l'affrontement d'adversaires sournois, traîtres, ne reculant devant aucune basse manœuvre pour le succès de forfaitures qu'ils mettront au compte de leur élévation d'esprit.

Il faut préciser, avec les traditionalistes, que le Taureau en Maison XII a de sérieuses dispositions pour exciter de puissantes inimitiés. Son manque de diplomatie, sa volonté réfractaire aux bluffs, rodomontades, esbroufes et verbiages finissent souvent par l'opposer aux sots pontifiants qui ne supportent guère d'être démasqués. Et puis il irrite par son réalisme rebelle aux effets des phraseurs. Sa distance instinctive à l'égard des « mots pour les mots » menace de lui valoir très tôt l'antipathie des maîtres à parler. Dieu merci, il dispose d'une défense étalée dans le temps, paisiblement efficace.

Les Gémeaux dans les Maisons

Gémeaux en Maison I

Nature cérébrale et intellectuelle très réussie. Curiosité, désir de plaire par la parole. Tendances artistiques avec un goût et un jugement esthétiques très sûrs, mais difficultés à réaliser des projets, des œuvres d'art, par manque de concentration et de persévérance.

Gémeaux en Maison II

La Maison des gains est occupée ici par l'insouciance désinvolte des Gémeaux : gains faciles, provenant de différentes activités, mais jamais très élevés. Souvent, le sujet a deux métiers, deux sources de revenus. La deuxième partie de la vie peut être plus fructueuse.

Gémeaux en Maison III

Les Gémeaux dans la Maison des écrits, de l'apprentissage, donnent de l'aisance et du brio dans les études, beaucoup de talent pour les langues étrangères, les traductions, tout ce qui concerne la communication par écrit. Ici, la réalisation des projets se fait plus intense.

Gémeaux en Maison IV

La famille, le foyer du sujet sont centrés autour d'intérêts mercuriens : jeux qui font intervenir la cérébralité, intellectualité très développée, lectures, mots croisés, etc. Il est aussi tenté d'enseigner aux enfants, et fait souvent un pédagogue brillant ; surtout auprès de l'extrême jeunesse.

Gémeaux en Maison V

Les divertissements sont incessants, divers, et touchent à tous les domaines. Le sujet ayant les Gémeaux (signe double), en Maison V (le secteur des distractions) est parfaitement ludique, réceptif à tous les jeux, disponible pour toutes les « parties » possibles... Difficile de l'amener à travailler autrement que dans ce qui touche au jeu.

Gémeaux en Maison VI

La désinvolture du signe facilite les obligations quotidiennes, qui sont prises avec légèreté, agilité, opportunisme. Les rapports avec les subalternes sont teintés de duplicité amusée, de complicité un peu défiante, d'intelligence sympathisante mais distante.

Gémeaux en Maison VII

La vie affective, les associations et les mariages, tout ce qui a trait à l'autre est « doublé » :

possibilité d'avoir plusieurs partenaires soit en amour, soit dans la carrière professionnelle ; les rapports entretenus avec les « alliés » sont imprégnés de la légèreté mercurienne, vive et dispersée.

Gémeaux en Maison VIII

L'intellectualité géminienne se branche sur la mort et ses dérivés : intérêt pour l'occultisme, le mystère de l'au-delà, ou bien le passé, l'archéologie. La curiosité sur ce qui se rapporte à la mort est très cérébrale et non mystique. Il peut y avoir plusieurs héritages dans la vie du sujet.

Gémeaux en Maison IX

Inspiration de caractère mystique, quête d'une certaine spiritualité, recherche d'objectifs supérieurs, avec préoccupations morales ou philosophiques. Grande envergure cérébrale. Les voyages jouent un rôle décisif dans la vie du sujet, mais ils peuvent être imaginaires.

Gémeaux en Maison X

La carrière est marquée, dans la première partie de la vie du sujet, par une certaine instabilité. Elle est soumise à des variations de directions dues à la versatilité du signe. Réussite pourtant certaine dans les occupations intellectuelles, l'enseignement, le journalisme, l'édition, ainsi que dans les professions qui exigent de petits voyages fréquents. Il y a souvent deux périodes très différentes dans la vie professionnelle du sujet (trente-cinq à quarante ans semblant être l'âge charnière).

Gémeaux en Maison XI

Beaucoup d'amis de type Gémeaux, c'est-à-dire intellectuels, avec un goût prononcé pour les jeux de l'esprit et du hasard ; recherche de relations amicales du type fraternel (jumeau) avec lesquelles le sujet entre en complicité peut-être un peu trop familière.

Gémeaux en Maison XII

Ennemis rusés, intelligents, pleins de duplicité et d'habileté. Mais les Gémeaux n'étant pas persévérants, les médisances resteront superficielles, les épreuves passagères et les difficultés toujours moins graves que ce que lé sujet craignait.

Le Cancer dans les Maisons

Cancer en Maison I

« Cette Maison est un point de départ [...] mais aussi d'arrivée. Elle peut représenter un retour éternel de phénomènes fondamentaux à répétition » (Lisa Morpurgo). Elle indique traditionnellement le lieu où s'expriment les composantes de la personnalité — et non du caractère — avec leurs possibilités d'évolution.

En Maison I, le Cancer donne une tendance à l'introspection, à la fragilité psychologique, avec inquiétudes, peur d'autrui, curiosité pour l'irrationnel, l'inconnu, l'occulte.

Cancer en Maison II

En Maison II, le Cancer donne un comportement de refus total ou partiel à l'égard des biens matériels. La carapace du crabe le protège, ici, de la dépendance « économique », de la recherche du confort, du « standing », etc. En revanche, il peut donner de l'imagination dans ce domaine, si bien qu'on verra des intérieurs ou des objets marqués par la fantaisie lunaire.

Cancer en Maison III

En Maison III, le Cancer n'établit pas facilement de relations avec son entourage proche : frères et sœurs, camarades d'école, de lycée ou de faculté, et, plus tard, voisins de palier ! Provoque un blocage sur tout rapport facile et superficiel, sur les relations légères ou mondaines. Les informations par radio ou télévision sont honnies : on leur préfère la presse écrite.

Cancer en Maison IV

Le Cancer est ici dans ce qu'il est convenu d'appeler sa Maison. Celle de la famille, des enfants, du foyer, des bases à la fois parentales et filiales du sujet. C'est le lieu de sa personnalité intime, privée, et du lien très fort qui l'attache à ses origines. C'est une bonne Maison pour le signe, il s'y sent à l'aise, en sécurité, protégé du monde extérieur. Le sujet éprouve un goût profond pour la vie et les réunions de famille, sans étrangers.

Cancer en Maison V

La Maison V étant la Maison des plaisirs, des distractions, du trop-plein de vie, elle limite en Cancer — qui n'est pas, rappelons-le, un signe de santé ni même de grande résistance physique — à des joies simples : mots croisés après le travail, ou jeux de sociétés paisibles, ou petits travaux d'artisanat. La distraction sociale, les sorties du soir sont considérées la plupart du temps, en Cancer, comme superflues, voire ennuyeuses. En revanche, le sujet privilégiera la distraction personnelle, qui fait intervenir l'imagination.

Cancer en Maison VI

C'est la Maison du quotidien, des petits travaux journaliers, des choses et des êtres qui dépendent du natif : la maison (pour la ranger, par exemple), le bureau, le lieu de travail (pour les affaires courantes, le classement, le fonctionnel et le routinier). On mesure, dans cette Maison, la capacité du natif à recommencer tous les jours les mêmes petites corvées, à s'occuper régulièrement des mêmes petites tâches. En Cancer, signe de fantaisie, de petits changements permanents (à l'inverse du Verseau qui bouleverse tout), cette Maison VI est mal servie. Aucune discipline dans la hiérarchie des problèmes à régler, aucune méthode.

Cancer en Maison VII

La Maison VII représentant tout ce qui concerne les alliances et les associations, elle acquiert, en Cancer, des caractéristiques lunaires : sous-estimation de sa valeur propre, surestimation de la valeur des autres. Besoin d'être protégé, choyé, conforté, un peu comme un enfant, dans le mariage. Apporte, dans une association, un élément de création très fort, d'imagination et de renouvellement, mais participe de loin, sans vraiment se sentir impliqué (même s'il prend toujours ses responsabilités). Fondamentalement solitaire, intériorisé.

Cancer en Maison VIII

La Maison VIII étant celle de la mort (physique ou psychologique) et de la résurrection, elle a des affinités avec le Cancer : d'abord parce que le Cancer représente la fécondité, l'enfantement, donc la vie après la mort, ensuite parce que c'est un signe fort du point de vue de l'imagination créatrice.

D'où possibilité, pour la Maison VIII en Cancer, de recréer ou de reconstituer ce qui est mort. Au premier degré : le sujet fait revivre en imagination un parent mort. Au deuxième degré : il utilise, il recompose sa souffrance en créant.

Donne au sujet la possibilité de surmonter tout ce qui peut l'anéantir.

Cancer en Maison IX

C'est la Maison de la quête : spirituelle, philosophique ou géographique. Les limites cancériennes éclatent, le signe se laisse attirer par les grands espaces que suggère la Maison, les interrogations métaphysiques, métapsychiques, archéologiques ou ethnologiques.

Mais la femme Cancer, inhibée, fragile, qui doit toujours transporter sa coquille avec elle, peut freiner, surtout à partir de quarante-cinq ans, les grands voyages que propose ce Secteur, le neuf, le nouveau, l'inconnu. Alors, les explorations se font en imagination, et l'invention cancérienne remplace son défaut d'énergie.

Cancer en Maison X

Cette Maison, à laquelle est attribuée la vocation d'un individu, son expression professionnelle dans ce qu'elle peut avoir de rayonnant, de remarquable, de volontaire, cette Maison, disais-je, n'est pas particulièrement à son aise en Cancer. Il existe une contradiction fondamentale entre la réserve timide et maladroite du signe et l'assurance, la confiance dynamique, l'autorité qu'appelle le Secteur X.

En réalité, la contradiction est neutralisée si le sujet se réalise dans une profession nettement cancérienne où la création, l'invention, l'inattendu, l'étrange, le nouveau ont la meilleure part. Il faut éviter les carrières administratives, et, d'une manière générale, toutes celles qui excluent l'interprétation subjective, les initiatives personnelles, les décisions individuelles et autonomes.

Cancer en Maison XI

Lisa Morpurgo attribue à cette Maison une force toute particulière : « Elle est, en un certain sens, la section d'or du thème zodiacal. Elle indique la possibilité de parvenir à un examen objectif de soi-même et des circonstances, de s'adapter à ces dernières et au caractère d'autrui, en jugeant avec objectivité, mais aussi indulgence, les besoins, les faiblesses, et les qualités des autres. (...) La Maison XI est celle de la tolérance, des idées larges, d'une volonté accommodante et compréhensive. »

En Cancer, les idées larges s'évadent dans l'imaginaire — souvent aux dépens du réel —, l'amitié acquiert malgré tout quelque chose de passionnel, d'exclusif, d'enveloppant, mais le sujet s'adapte particulièrement bien au milieu social dans lequel il a choisi d'évoluer après une dure sélection intérieure.

Cancer en Maison XII

On l'appelle la Maison du destin, de la fatalité. Je préfère dire que c'est la Maison des événements sur lesquels la volonté humaine ne peut agir : « les grandes épreuves de la vie », comme le dit encore Lisa Morpurgo. C'est le lieu où le natif s'isole, prend de la distance pour se préparer à la mort. Le Cancer, en ce Secteur, donne la faculté de s'abstraire totalement du réel, l'imaginaire empiète alors complètement sur la vie et, si une planète lourde comme Saturne ne vient pas peser sur ce Secteur, il donne une créativité inépuisable, un besoin de nier la fin des choses par une prolifération magique d'œuvres d'art, une production ininterrompue dans la solitude et l'isolement.

Le Lion dans les Maisons

Lion en Maison I

Cette Maison a trait au sujet dans ce qu'il y a de plus représentatif et de plus évident. Elle concerne votre extériorité physique et la conscience que vous acquérez peu à peu de vous-même. Une Maison I fortement chargée signale un natif préoccupé avant tout de sa personne et faisant de celle-ci son principal centre d'intérêt : on voit tout de suite ce que ça peut donner dans le cas du Lion. Je crois bon, par ailleurs, de vous rappeler que la pointe de la Maison I s'appelle l'Ascendant. Toute planète située à proximité de l'Ascendant a de fortes chances d'être l'une des dominantes de votre thème.

Lion en Maison II

Cette Maison est censée renseigner sur votre attitude face à l'argent, sur vos aléas financiers, sur la nature de vos gains. Pour juger sainement de la question, l'astrologue peut bien se contenter de considérer vos planètes dominantes, ainsi que les aspects lunaires, jupitériens et vénusiens. Si, conformément à la Tradition, l'argent occupe une place prépondérante dans votre existence, cherchez plutôt de ce côté-là et regardez aussi où se trouve votre Ascendant : il est peut-être dans le signe thésauriseur et engrangeur du Cancer. Une Maison II en Lion est souvent un indice de fortune et de réussite financière, quoique certains auteurs vous jugent suprêmement désintéressé et attiré par des métiers plus honorifiques que lucratifs. Pour ce qui est de la source des gains, on mentionne habituellement l'enseignement, le spectacle et les commerces de luxe.

Lion en Maison III

Les attributions classiques de cette Maison sont multiples : rapports avec frères et sœurs, cousins et voisins, petits déplacements, correspondance, publications littéraires, intelligence pratique, enseignement primaire. Les compilateurs classiques parlent de prix littéraires, de frères haut placés, de déplacements profitables, se cantonnant aux réunions mondaines et aux spectacles. Si vous avez vraiment la bougeotte et si vous êtes pris d'une frénésie de communication et d'énergie, voyez plutôt la force de votre Mercure, de votre Mars et de votre Lune. Quant à votre Ascendant, il pourrait se situer dans les derniers degrés des Gémeaux et cela expliquerait aussi bien des choses.

Lion en Maison IV

En analogie avec sa position au Fond-du-Ciel, la Tradition associe à cette Maison tout ce qui constitue la souche, les bases, les racines profondes. Elle concerne donc l'atavisme, l'hérédité, le terroir, le domicile, la famille. Pour faire bonne mesure, on y ajoute aussi la fin des choses, les trésors cachés, la sépulture et l'héritage de propriétés. Du Lion en Maison IV, nos élucubrateurs à chapeau étoilé s'accordent à déduire une prestigieuse galerie d'ancêtres ou tout au moins des parents haut placés. Ce qui ne laisse pas de rendre perplexe si l'on songe que les frères et sœurs d'une même famille ont très rarement la Maison IV dans le même signe.

Lion en Maison V

Cette Maison concerne vos amours, votre progéniture, vos œuvres, vos amusements et vos spéculations. Dans la logique de l'astrologie traditionnelle, avec l'appoint du Lion, vos amours ne sauraient être qu'ardentes et dignes, votre progéniture remarquable, vos œuvres brillantes, vos amusements fastueux et vos spéculations fructueuses. Si ce n'est pas tout à fait le cas, plutôt que de vous adresser à un bureau des réclamations, qui d'ailleurs n'existe pas, cherchez l'explication du côté de vos planètes et signes dominants, tenez compte de la position et des aspects de la Lune, de Vénus, de Neptune et de Jupiter. A mon humble avis, vous auriez mieux fait de commencer par là, les déductions sont nettement plus sûres.

Lion en Maison VI

Cette Maison met l'accent sur vos problèmes de santé, sur votre travail dans son côté terre à terre et astreignant, sur vos relations avec les subordonnés, les petites gens, les oncles et les tantes, les animaux domestiques. Quant aux oncles, tantes et menues bestioles, le Lion se sent à leur égard un peu amoindri.

Lion en Maison VII

Logiquement, le Lion en Maison VII devrait donc vous conduire, plus que jamais, à percevoir le conjoint, le partenaire, l'adversaire ou l'associé d'après votre propre image. Selon votre dominante planétaire, vous êtes incité à modeler de force vos vis-à-vis à ladite image, ou bien vous vous contentez de vivre vos aspirations léoniennes par délégation, par le biais d'un complémentaire en qui vous avez décelé de prometteuses potentialités.

Lion en Maison VIII

Si l'on en croit la Tradition, avec une Maison VIII fortement occupée, votre existence, d'une façon ou d'une autre, sera marquée par la mort et par ses conséquences. Les deuils, les testaments, les héritages sont censés prendre une importance toute particulière. Ou alors, vous vous contentez de brasser des idées morbides et suicidaires et de mettre la mort au centre de toutes vos théories. Moins macabrement, cette Maison est également en rapport avec l'argent du conjoint et des associés. L'astro-psychologie, d'une façon plus générale, en fait la Maison des crises, des transformations, des régénérations et de la sexualité. On devine ce que peut donner, dans l'optique du traditionaliste, le Lion en Maison VIII : la mort par accident cardiaque, le grandiose héritage, les honneurs posthumes et autres joyeusetés.

Lion en Maison IX

Pour la Tradition, c'est la Maison des grands élans vers le lointain et vers le spirituel : elle concerne aussi bien les longs voyages et les rapports avec l'étranger que l'intelligence spéculative, la religion, la philosophie, l'enseignement supérieur. L'interférence avec le Lion est censée apporter générosité et noblesse de pensée, hautes fonctions universitaires, diplomatiques ou ecclésiastiques, attrait pour les longs périples honorifiques et représentatifs. Cela peut se vérifier surtout, à mon humble avis, en cas de dominance plutôt harmonique de Mars, Jupiter, Saturne et Neptune. Mars met l'accent sur le goût de l'action, de l'entreprise et de l'aventure. Jupiter insiste sur le côté officiel et pontifiant. Saturne favorise la réflexion, la méditation et le détachement, tandis que Neptune sensibilise à l'inconnu, au collectif, à l'universel et à toute autre transcendance qu'il vous plaît d'imaginer.

Lion en Maison X

Cette Maison importante, qui valorise les planètes s'y touvant, concerne la façon dont vous vivez votre carrière, votre engagement socio-professionnel dans ce qu'il y a de plus officiel et de plus formel. Pour les astrologues qui interprètent un thème en y cherchant des événements, elle renseigne sur les chances de succès, la célébrité éventuelle, les honneurs, le pouvoir que vous pouvez acquérir, et naturellement sur les éventualités contraires : les risques d'échec, de déshonneur, de chute. Comme on s'en doute, pour les manuels classiques, la présence du Lion dans ce secteur est éminemment prometteuse : autorité, vedettariat, brillante ascension, réussite magistrale dans les domaines de l'art, de l'éducation, de la politique, de la mode, de la joaillerie, du théâtre, et j'en oublie certainement.

Lion en Maison XI

Cette sympathique Maison a trait aux amitiés, aux espérances et aux projets. Selon l'interprétation la plus traditionnelle, le Lion dans ce secteur devrait vous valoir des amis brillants, fidèles, enthousiastes et quelque peu dominateurs, des relations puissantes et des protections en haut lieu. Vos projets, enfin, ne sauraient qu'être empreints de grandeur, de noblesse ou d'outrecuidance. En fait, pour que votre vie amicale soit euphorique, détendue et sans problème, il suffit bien d'une dominance harmonique des planètes Jupiter, Vénus, Mercure et Lune.

Lion en Maison XII

Comme le chanterait Brassens, dans les thèmes sans prétention, elle n'a pas bonne réputation, cette fichue Maison XII... On lui attribue en effet les épreuves majeures et les grands chagrins. Maladies chroniques, hospitalisations, exils, emprisonnements sont de son triste ressort. Elle passe pour prédisposer à une existence marquée par le secret, les choses cachées, la vie occulte.

Les ennemis sournois et les complots y élisent également domicile, en bonne compagnie avec les vices et les tendances au suicide. Pauvre Lion, prisonnier à perpétuité des barreaux de ses inhibitions. A ce propos, remarquons tout de même que le Lion en Maison XII correspond presque immanquablement à un Ascendant Vierge, ce qui peut expliquer bien des choses. Examinez les grandes dissonances de votre thème, en particulier celles de Neptune, Saturne et Pluton.

La Vierge dans les Maisons

Vierge en Maison I

La pointe de la Maison I étant délimitée par l'Ascendant, le sujet a donc l'Ascendant en Vierge, ce qui lui confère les principaux traits de caractère du natif de la Vierge.

D'autre part, si l'Ascendant se trouve dans les derniers degrés d'un signe, la Maison I repose presque totalement sur le signe suivant. Dans ce cas, l'influence de ce signe prend une importance accrue, dont il faut tenir compte dans l'interprétation.

Vierge en Maison II

Cette position indique une attitude parcimonieuse vis-à-vis des biens matériels. Une certaine avarice est probable, mais elle est limitée aux petites choses. Toutefois, le sujet n'ayant pas de besoins très importants, il doit réussir à s'accommoder d'une existence un peu chiche. La prudence naturelle du signe interdit les spéculations hasardeuses ou les risques excessifs. Le sujet gère son budget avec sagesse.

Vierge en Maison III

La timidité inhérente au signe freine quelque peu les contacts avec le milieu social. Le sujet demeure sur la défensive, et met un certain temps avant de se sentir détendu, en confiance avec de nouvelles connaissances. S'il ne fait pas un usage immodéré du téléphone, il se livre plus facilement par écrit. Sa correspondance sera soigneuse, méthodique et dans l'ensemble assez fournie.

Le sujet est plutôt sédentaire, il renonce souvent aux possibilités de petits voyages.

En revanche, l'intelligence pratique est très développée. Les réalisations à court terme sont favorisées, les occasions sont exploitées habilement. Goût pour les études et grande curiosité intellectuelle.

Vierge en Maison IV

Le sujet se plaît dans un cercle familial étroit. Peu attiré par les mondanités, il ne se sent bien qu'en petit comité. Sédentaire, il aime ses habitudes et peut se montrer tatillon, au risque d'incommoder les membres de sa famille.

Le foyer est surtout considéré sous l'angle le plus utilitaire. Le sujet aimera vivre dans un décor simple, avec un mobilier solide et fonctionnel. Il fera passer au second plan les critères d'ordre esthétique.

Les rapports avec les parents ne sont pas très chaleureux, ils sont plutôt fondés sur le respect et la déférence. Cependant, du fait d'un grand attachement aux traditions, les vertus « travail - famille - patrie » sont exaltées.

Vierge en Maison V

Le besoin de sécurité affective est important, toutefois le sujet ne fait sans doute pas passer sa vie sentimentale au premier plan (à moins, bien sûr, que des planètes d'affectivité ou de sensualité n'occupent ce Secteur).

La pudeur freine la sensualité. Le sujet n'apprécie pas les aventures sans lendemain. Il préfère une liaison stable, durable, mais pas trop envahissante. Il ne sait pas vraiment se détendre ou se distraire, encore moins perdre du temps. Quoi qu'il en soit, le sujet préfère les plaisirs calmes (lectures, jeux de cartes) aux loisirs de groupe ou aux sports exigeant une grande dépense physique.

L'amour pour les enfants ne se traduit pas par des démonstrations débordantes, mais plutôt par un soin très attentif porté à leur hygiène, à la propreté de leurs vêtements.

Vierge en Maison VI

Il existe de grandes affinités entre le Secteur et le signe. Le sujet est très consciencieux, très méticuleux dans son travail. Il accomplit à la perfection les tâches de routine. Ses principales qualités : l'ordre, la méthode, le sens de l'organisation.

Par contre, il risque de manquer d'envergure et de se contenter de postes subalternes sans réel rapport avec ses capacités. Il a facilement une mentalité de « rond-de-cuir ». Les rapports avec les collaborateurs sont généralement satisfaisants. Le sujet sait se montrer serviable et dévoué.

Les tendances hypocondriaques du signe sont renforcées dans ce Secteur qui concerne également la santé. Les servitudes de la vie quotidienne sont bien acceptées, et les corvées domestiques accomplies avec diligence et efficacité.

Vierge en Maison VII

D'une façon générale, les rapports avec les autres sont fondés sur la sélectivité. Le sujet ne se lance pas à l'aveuglette dans le mariage ou dans toute autre forme d'association. Il n'apprécie pas à proprement parler la solitude mais la choisira plutôt que de consentir à une union mal assortie.

Une autre tendance du signe (qui devra être renforcée par d'autres configurations du thème) inclinera au contraire le sujet à faire un mariage de raison ou d'intérêt, surtout si, à force de tergiverser, il a raté les « bonnes occasions ».

Le sujet peut choisir l'union libre (à condition qu'il n'y ait pas d'enfant). Mais s'il décide d'être uni à son partenaire par les liens du mariage, il s'opposera alors farouchement à un éventuel divorce.

Les occasions peuvent être assez fructueuses, encore que le sujet risque d'avoir des « comptes à rendre ». Il s'efforcera de choisir ses associés sur la base d'affinités électives.

Vierge en Maison VIII

L'idée de la mort n'est pas une source d'angoisse insoutenable dans la mesure où le sujet accepte, au départ, son caractère inéluctable et implacable. Mais sa prévoyance et son réalisme l'incitent à prendre des dispositions d'ordre purement pratique et à s'assurer que sa famille ne manquera de rien après sa disparition.

Le sujet peut faire preuve d'exigences tatillonnes en ce qui concerne les problèmes d'héritages. S'il se sent (à tort ou à raison) floué, il peut révéler certaines tendances mesquines.

L'attitude vis-à-vis de la sexualité est assez ambiguë. Le sujet, dans son exigence de pureté, s'accommode mal d'avoir des besoins sexuels importants. D'où des risques de complexes, d'inhibitions, débouchant sur des frustrations.

Vierge en Maison IX

La prudence restrictive du signe freine l'invitation au voyage, cependant la curiosité intellectuelle du sujet peut avoir raison de ses hésitations. Mais il a besoin d'organiser méthodiquement ses longs déplacements. Il ne laisse jamais rien au hasard. Ce n'est pas lui qui partira « le nez au vent », à l'aventure.

La prédominance de la fonction pensée chez la Vierge met toutefois l'accent sur le développement des connaissances. Le sujet est très soucieux délargir constamment son horizon intellectuel. Il a de grandes aptitudes pour les études, d'autant qu'il a un goût marqué pour les diplômes. L'acquisition des connaissances se fait « dans les règles ». Le sujet, très attentif et appliqué, aime s'entourer de professeurs susceptibles de le conseiller utilement. Quel que soit le domaine concerné, il aime prendre des leçons et se révèle un élève assidu.

Le sujet peut également, dans certains cas, se dévouer totalement à une cause qu'il estime juste, voire se sacrifier au nom d'un idéal.

Vierge en Maison X

La Maison X exprime les tendances à la lutte pour la réussite sociale, et le degré d'ambition. Or le signe de la Vierge pécherait plutôt par excès de modestie. Loin de rechercher les honneurs, il s'en méfie. A tout prendre, il préfère servir que commander, et choisit la coulisse, abandonnant volontiers le devant de la scène aux ambitieux.

Le sujet peut avoir tendance à se sous-estimer, et l'essor de sa carrière risque de s'en ressentir. Néanmoins, dans les limites qu'il s'impose, il tient à réussir et sa conscience professionnelle, son sens de l'organisation sont ses plus précieux atouts.

La conquête d'une position sociale élevée peut, en revanche, devenir un objectif majeur en cas d'angularité (au Milieu-du-Ciel, notamment, d'une planète représentative : Soleil, Jupiter ou Uranus). Dans ce cas, le professionnalisme et la compétence, caractéristiques du signe, deviendront des facteurs déterminants de réussite, en particulier dans les carrières administratives et publiques.

Vierge en Maison XI

Le sujet choisit ses amis en fonction d'affinités électives. Il en a très peu, mais ceux-là sont triés sur le volet. Il cherche surtout à s'entourer d'êtres intelligents ou très cultivés. Comme il fait rarement les premiers pas, ce sont les autres qui doivent venir à lui, mais une fois qu'il a accordé son amitié, c'est généralement pour la vie. Cependant, il peut arriver qu'une amitié de plusieurs années soit rompue brusquement du fait de la sévérité morale excessive du sujet. Celui-ci ne supporte pas d'être déçu.

Cette personne fuit les mondanités, préférant les ambiances intimes, tranquilles. Par extension, elle se refuse à cultiver les « relations utiles » et choisit, délibérément, de ne pas exploiter certaines occasions.

Vierge en Maison XII

Les grandes épreuves de la vie sont généralement acceptées avec fatalisme. Elles peuvent aussi être l'occasion, pour le sujet, de révéler sa grandeur d'âme ou son abnégation.

Cependant, les risques de renoncement *a priori* ne sont pas exclus, d'autant plus que la lucidité se double de pessimisme. C'est la déchéance physique ou intellectuelle que le sujet aura le plus de mal à assumer.

Il arrive que le détachement des objets matériels soit plus difficile à réaliser que le détachement moral de soi-même.

La Balance dans les Maisons

Balance en Maison I

L'Ascendant en Balance est l'un des plus chanceux du Zodiaque : douceur, diplomatie, charme, dons artistiques, volonté accorte et cependant tenace, mènent irrésistiblement le natif à la réussite de ce qu'il entreprend.

Balance en Maison II

Les dépenses ont un caractère vénusien. Ce sont celles qui sont liées, entre autres, aux réceptions que l'on donne, ou aux sorties faites avec des amis. D'autre part, la création d'un cadre de vie agréable et raffiné peut entraîner d'importantes dépenses susceptibles de déséquilibrer un budget.

L'équilibre est justement un mot clé de la Balance, mais c'est un équilibre bien souvent instable, et la situation financière risque d'être fluctuante. Cependant, malgré les hauts et les bas, on peut penser qu'en raison de la protection de Vénus la situation ne sera jamais désespérée.

Balance en Maison III

La Maison III concerne généralement l'intelligence concrète du sujet, ses dispositions et ses moyens d'expression, le langage et les écrits. Autrement dit, tout ce qui lui permet d'entrer en contact avec l'entourage.

Comme la Balance est un signe d'Air, l'intelligence sera mobile, souple, prompte, fantaisiste, sensible à la beauté, mais trop soumise aux influences changeantes venues de l'extérieur. Le sujet cherche à plaire et à faire partager ses opinions à son entourage. Le badinage est un mode d'expression qui le séduit et dont il use facilement.

Balance en Maison IV

Si rien ne vient modifier profondément les dispositions naturelles de la Balance, le sujet grandira dans un foyer harmonieux. Il est possible qu'on y cultive un art de vivre raffiné, de sorte que l'enfant baignera dans un climat favorable à l'éclosion de dispositions artistiques.

Il est fort probable que le sujet créera son propre foyer à l'image de celui de ses parents. La Balance, qui est un signe de fête, peut lui donner le goût des réceptions, et sa maison sera largement ouverte aux amis.

Balance en Maison V

La nature de la Balance semble particulièrement bien accordée à celle de la Maison V, de sorte que le signe renforce les manifestations propres à ce Secteur. Ce qui revient à dire que le sujet est naturellement porté vers les distractions et l'art. Une femme sera peut-être encore plus sensible qu'un homme aux effets de cette configuration. Elle se montrera enjouée et coquette, raffinée et élégante, et sa distinction naturelle la gardera de toute vulgarité. Les effets d'une Balance et d'une Maison V affligées mettent en jeu l'instabilité du signe.

Balance en Maison VI

Le travail ne devrait pas être trop pénible ; il peut s'exercer dans un cadre agréable et élégant, par exemple une parfumerie, un magasin de fleurs, une galerie de peinture. Parfois, les préoccupations artistiques ou juridiques sont liées au travail. Le sujet entretient de bons rapports avec ceux qui travaillent sous ses ordres. Il comprend leurs difficultés et s'efforce de faciliter leur tâche. En retour, il jouit de leur confiance et de leur attachement. C'est ainsi que se nouent parfois des idylles entre patrons et employées qui, dans certains cas, aboutissent au mariage.

Balance en Maison VII

Malgré la fougue que lui vaut un Ascendant Bélier, le sujet s'efforce d'avoir des relations harmonieuses avec autrui et il est ouvert à toutes les formes d'associations. La première, c'est évidemment le mariage. Il ne conçoit pas d'autre forme d'union et, dans sa vie, les relations conjugales tiennent une place importante. Il est même prêt à faire des concessions pour parvenir à l'équilibre intérieur qu'il attend du mariage.

Son besoin d'harmonie dans ses relations extérieures lui fait rechercher les associations et les collaborations. Il en retire le sentiment d'une insertion réussie dans la société dont il se veut un membre à part entière.

Balance en Maison VIII

La présence de la Balance en Maison VIII permet d'espérer que le caractère vénusien du signe favorisera une mort naturelle et douce.

La Balance faisant intervenir l'idée de mariage, on peut penser à un veuvage précoce et, éventuellement, à un héritage provenant du conjoint, du fait d'une donation entre époux. Mais des héritages venant des associés sont possibles.

Enfin, dans sa vie sexuelle, le sujet devrait faire preuve de mesure et de délicatesse, tout en s'efforçant de communier avec son partenaire car, pour lui, il n'est de vrai plaisir que partagé.

Balance en Maison IX

La présence de la Balance dans la Maison IX implique la possibilité d'un mariage dans un pays étranger où le sujet peut être amené à faire sa vie. Ou bien c'est le conjoint qui vient de l'étranger et qui a été connu à l'occasion d'un voyage lointain.

Ces voyages à l'étranger peuvent être de simples voyages d'agrément qui procurent de grandes satisfactions au sujet tout en enrichissant ses connaissances. A moins qu'ils n'aient été entrepris pour signer des contrats à l'étranger (éventuellement avec des éditeurs).

Balance en Maison X

Les qualités vénusiennes que la Balance apporte dans la Maison X sont de nature à favoriser la carrière du sujet en aplanissant son chemin. La sensibilité qu'il manifeste dans l'exercice de sa profession, son charme qui agit sur les gens avec lesquels son travail le met en contact, les relations que sa nature sociale le pousse à nouer avec ses collègues et ses chefs, sont autant d'atouts qui facilitent son évolution sociale. D'autant plus qu'ils se combinent de façon très heureuse avec la chance dispensée par Vénus.

Le mariage, une association peuvent influer sur la carrière ; ils sont parfois l'occasion pour le sujet d'élargir le champ de ses activités ou même de changer de profession.

Balance en Maison XI

La Balance est aussi favorable en Maison XI qu'elle l'est en Maison V. En effet, comment ce signe, qui est éminemment sociable, ne créerait-il pas les meilleures conditions pour permettre au sujet de se faire des amis ? D'autre part, l'on sait que les contrats sont du ressort de la Balance. Enfin, la gentillesse, la délicatesse et le charme de ce signe contribuent efficacement à resserrer les liens d'amitié existants.

La Balance donne également une indication sur l'origine des amis. Ils pourraient venir d'un milieu où l'on cultive les arts, à moins qu'ils ne soient eux-mêmes artistes.

Balance en Maison XII

La Maison XII n'est pas une Maison de joie (comme la Maison V). Les seules joies qu'elle dispense sont les joies spirituelles. Mais nous venons de voir qu'on ne peut les atteindre qu'après avoir parcouru son « chemin de croix ». Il ne faut donc pas attendre de cette Maison beaucoup de bienfaits dans la vie ordinaire. Cependant, la présence de la Balance dans ce Secteur peut atténuer les chocs du destin. Même ici, Vénus, la déesse compatissante, ne renonce pas à étendre sur les humains son manteau protecteur. Aussi les ennemis cachés seront-ils moins virulents.

Le Scorpion dans les Maisons

Scorpion en Maison I

Le Scorpion en Maison I est à l'Ascendant. Même s'il est vide de planètes, il marque profondément le natif.

Le Scorpion en première Maison donne une bien plus grande énergie au natif ; il étoffe sa personnalité de cette âpreté, de cette persévérance, de cette volonté de puissance qu'ont les gens du signe. Le sujet lutte contre le groupe pour s'imposer. Actif, entreprenant, il tend à diriger les siens au point de devenir parfois tyrannique. Il profite des révolutions, des situations conflictuelles — qu'il sait, d'ailleurs, provoquer — pour en sortir vainqueur. Passionné mais très lucide, l'Ascendant Scorpion donne du réalisme, du courage... et le pardon difficile.

Scorpion en Maison II

Dans ce Secteur concernant les biens du natif et son aptitude à acquérir (ou à perdre), le Scorpion n'est pas trop mal placé. Son réalisme et son activité persévérante lui assurent souvent un bon job, assez stable, parfois même assez brillant. Réussite dans les professions de Mars et d'Uranus (militaires, ingénieurs, hommes politiques, inventeurs, aviateurs, techniciens dans les secteurs de pointe).

Le Scorpion n'est pas avare : il dépense soit de façon impulsive, soit avec une arrière-pensée. Il est souvent généreux.

Scorpion en Maison III

Cette Maison renseigne l'astrologue sur l'intelligence du natif, sur ses capacités à établir des relations de cause à effet, sur son agilité d'esprit. Également dans cette Maison, les relations avec tout ce qui est proche : entourage, frères et sœurs, petits voyages...

Le Scorpion, dévoré de curiosité et malin comme un singe, n'est pas mal situé dans cette Maison. Curiosité scientifique, vocation de chercheur (chimie, biologie, parapsychologie...), aptitudes à la littérature, au journalisme, à l'enseignement, on peut trouver tout cela dans un Scorpion en Maison III.

Scorpion en Maison IV

Ici, est logé tout ce qui concerne le foyer du natif : sa famille d'origine, son père, sa mère, les biens de sa famille ascendante ; la famille dans laquelle il vit, son patrimoine ; et, enfin, sa vieillesse.

Le Scorpion, dans cette Maison, donne une ambiance assez dure où le natif est contraint de refouler ses instincts. Ce n'est pas une position très favorable pour le foyer. A moins de très bons aspects, on peut craindre des divergences familiales très vives, toutes espèces de ruptures violentes, un divorce... Le foyer est malheureux ou négligé. Le natif peut être orphelin de père ou de mère, ou éprouver un deuil à son foyer. Les valeurs du Scorpion sont trop différentes de celles symbolisées par la Maison IV : notre animal n'est pas, en principe, très doué pour l'intimité bourgeoise. Le Scorpion en IV n'est pas favorable aux biens immobiliers et au patrimoine familial qui souffre de l'ambiance tendue du foyer.

Scorpion en Maison V

Drôle de panier où la Tradition jette pêle-mêle les enfants, les amours (non légalisées), les spéculations boursières ou financières, les loisirs, les désirs, les réalisations, les publications, les jeux... Cela surprend notre logique rationaliste du XXe siècle, mais on constate tous les jours que la Tradition a ses raisons... et que cela marche très bien !

Le Scorpion, lui, ne marche pas très bien dans cette Maison, trop légère pour lui. Ses enfants, s'ils sont brillants, sont parfois difficiles de caractère ou de santé fragile. En thème féminin, les mauvais aspects prédisposent aux grossesses et accouchements pénibles. La sexualité du Scorpion est puissante : passions intenses et jamais « platoniques ». Les impulsions sexuelles, violentes et incontrôlables, amènent des ruptures brusques après lesquelles l'amour peut se changer en haine.

Scorpion en Maison VI

La Maison VI n'est pas un palais, c'est plutôt une usine ou un hôpital... Le Scorpion, là-dedans, travaille bravement, le pauvre, à des travaux assez durs ; mais il finit par s'en sortir, surtout dans ses domaines préférés : médecine, chirurgie, pharmacie, psychiatrie, police, recherche scientifique... Cette situation astrale donne des subordonnés difficiles à commander et, pour le sujet, une peine infinie à s'élever jusqu'aux tout premiers postes. La santé n'est pas très brillante.

Scorpion en Maison VII

Le Scorpion en VII décrit un conjoint difficile, pas forcément du signe solaire du Scorpion, mais marqué par Mars, Pluton et Uranus. Ni souple, ni accommodant, jaloux et agressif. Beaucoup de discussions et de bagarres en perspective. Cependant le mariage tient, grâce à un attrait physique réciproque. Les conjoints ont des relations physiques fréquentes. Le partenaire indiqué par le Scorpion en Maison VII est très attaché à ses enfants. Finalement, le mariage est plus solide qu'on ne le croit, et le conjoint, fidèle et dévoué. Il se dissout plutôt par la mort de l'un des partenaires que par un divorce.

Scorpion en Maison VIII

Sur la carte du Ciel, chaque Maison correspond à un signe : ainsi, la Maison I correspond au Bélier. C'est le lieu où le Soleil se lève, le commencement du jour, qui correspond par analogie avec le commencement de l'année sous le Bélier. La Maison II correspond au Taureau, la Maison III au Gémeaux, etc. Ainsi de suite jusqu'à la Maison VIII, qui correspond analogiquement au Scorpion.

Dans cette Maison est localisé tout ce qui touche à la mort du natif et, aussi, tout ce qui se rattache à la mort des autres, lorsqu'elle le concerne : héritages, par exemple. Par analogie avec le Scorpion, cette Maison renseigne aussi sur la sexualité du natif (selon certains auteurs).

Scorpion en Maison IX

Tout ce qui est lointain. La Maison IX se comprend mieux par référence au Sagittaire, cet homme de désir, ce chevalier errant, qui a toujours envie d'être ailleurs, plus haut, plus loin, plus brillant...

Le Scorpion n'est pas si mal hébergé dans cette Maison qui oriente son esprit vers les sciences de la vie et de la mort : biologie, physique, thanatologie, occultisme et même astrologie ! Le Scorpion en Maison IX aime la recherche scientifique et s'y applique souvent avec passion. Mais ce qu'il adore par-dessus tout, ce sont les théories farfelues sur « la vie après la mort ». Cela peut le rendre mystique, rêveur, philosophe... Les voyages, dans cette Maison et pour lui, sont à hauts risques, mais il aime cela, justement.

Scorpion en Maison X

Le Milieu-du-Ciel est un « angle » important du thème, et toute planète, tout signe qui s'y trouve, prend un relief particulier. On regarde le Milieu-du-Ciel en levant les yeux ; c'est le zénith, le point le plus haut où monte le Soleil dans sa course quotidienne : il indique les possibilités de réussite sociale et professionnelle du natif. En opposition à la Maison IV — celle du père —, le Milieu-du-Ciel est aussi, accessoirement, la Maison de la mère du natif.

Les gens célèbres, ceux qui ont brillamment réussi dans leur entreprise, ont presque toujours un Milieu-du-Ciel soit habité par un amas de planètes, soit occupé par une seule planète dignifiée et très aspectée ; ou encore, un signe, mis en valeur par le reste du thème, attire l'attention sur ce Milieu-du-Ciel.

Scorpion en Maison XI

Espace, liberté, égalité, fraternité... C'est le sens de la Maison XI, qui correspond analogiquement au signe du Verseau. Celui-ci est donc le signe de l'amitié, des mass media, des idées généreuses, plus ou moins révolutionnaires. Amitiés et désirs, projets et publicité, tout ce qui circule sur les ondes entre dans cette Maison.

Le Scorpion apporte une coloration particulière à la Maison XI. Certains auteurs lui octroient peu de popularité mais cela dépend des planètes qui s'y trouvent hébergées, des aspects reçus, etc.

Scorpion en Maison XII

Le sujet est particulièrement vulnérable aux maladies du signe (voies génito-urinaires, maladies vénériennes), lesquelles entraînent ici, plus qu'en aucune autre Maison, des hospitalisations et des opérations (avec Mars mal aspecté). Risque de mort à l'hôpital, ou dans un endroit isolé et confiné. Les maladies chroniques sont, ici, particulièrement pesantes.

Pourtant, avec un bon thème et pas de mauvais aspect, cette position est très favorable à une brillante réussite professionnelle dans le domaine médical (chirurgie, biologie) ou paramédical (psychiatrie, psychologie).

Le Sagittaire dans les Maisons

Sagittaire en Maison I

C'est la force d'expansion, de démonstration solaire, de magnanimité, qui s'épanouit dans toute sa splendeur. L'individu est chaleureux, extériorisé, combatif et entreprenant. Il aime, sauf si des aspects contraires dans le thème viennent contrarier sa nature, entreprendre, se battre et gagner. Beaucoup de luminosité, de réussite et d'atouts « chance » dans cette combinaison.

Sagittaire en Maison II

C'est au domaine des biens et de l'argent que touche le Sagittaire : il facilite les gains, les spéculations financières, il donne des aptitudes extrêmement appréciables dans le domaine de la gestion de patrimoine ou d'entreprises. L'argent est facile, aisément gagné ou bien il existait de toute éternité. Possibilité, également, d'héritages.

Sagittaire en Maison III

Il donne à la Maison de l'échange, de la communication, des petits voyages, des frères et sœurs, une richesse très particulière : le sujet est enclin à donner généreusement, tant du point de vue moral que du point de vue financier, à son entourage proche. Il cherche même souvent à devenir le Pygmalion des personnes qu'il aime, au risque de s'oublier lui-même. Configuration très bonne.

Sagittaire en Maison IV

Nous voici dans la Maison de la famille, du foyer, de l'ascendance et de la descendance du sujet. Peu d'affinités entre le signe et ce Secteur. Tiraillements entre le désir sagittarien de voyager de par le monde, d'occuper de son ambition de grands espaces, et la nécessité cancérienne (la Maison IV symbolise le Cancer) de s'enfermer, de se protéger dans un espace clos.

Sagittaire en Maison V

Donne trop d'attirance pour les distractions, les fêtes, les changements, les jeux, la chasse. C'est un organisateur-né de festivités, de grands jeux, de réceptions. Toutes les manifestations qui rassemblent les êtres humains pour les divertir ont la faveur de ce sujet. Chance et réussite en ce qui concerne les activités de ce Secteur.

Sagittaire en Maison VI

La Maison VI est celle des subordonnés, des petites tâches quotidiennes, des êtres et des choses qui dépendent du sujet dans ses activités journalières. Le Sagittaire ne s'y sent pas spécialement à son aise car c'est un signe d'espace, de grandeur, de mouvement, d'initiatives nouvelles, et le quotidien l'ennuie. Voilà une position qui lui donne de l'impatience dans la vie de tous les jours bien qu'elle rende ses relations très faciles et chaleureuses avec ses employés ou ses subordonnés, ainsi qu'avec ses animaux domestiques.

Sagittaire en Maison VII

Le Sagittaire, signe légaliste et respectueux des lois établies, dans une Maison liée aux contrats, aux associations, aux alliances et au mariage, donne au sujet le goût d'officialiser toute association, de la rendre légale et de la faire reconnaître. L'expansion, la chaleur, la générosité du signe se trouvent en harmonie très heureuse avec les signifiants de la Maison : époux (ou épouse), associés, collaborateurs, etc.

Sagittaire en Maison VIII

Ce qui touche à la mort, aux héritages, est mal ressenti par un signe qui met au premier plan la vitalité, l'activité et l'efficacité en tous domaines. Pour le Sagittaire, la mort n'existe pas, et si le sujet s'y trouve confronté (mort des parents, du conjoint), il peut en être profondément perturbé.

Sagittaire en Maison IX

Ce Secteur est en accord parfait avec le signe. Les voyages, spirituels aussi bien que réels, marquent très fort cette combinaison. Largeur de vues, courage, sagesse, aspirations morales, religieuses ou philosophiques très élevées. Déploiement d'énergie et de volonté dans l'amélioration de la personnalité.

Sagittaire en Maison X

Brillante position. Recherche des honneurs, de la popularité, de distinctions dans tous les domaines. Le désir de réussite sociale est très fort et peut dominer l'ensemble du caractère. Cette configuration fait souvent des personnalités remarquables et remarquées.

Sagittaire en Maison XI

Ce Sagittaire dans la Maison de l'amitié, de la sagesse, du recueillement, du sens politique à long terme donne beaucoup de sérénité chaleureuse, de bienveillance calme au sujet. Les amitiés sont fortes et durables, protégées et protectrices. Le temps joue un rôle important dans cet aspect, tant du point de vue social et professionnel que du point de vue privé.

Sagittaire en Maison XII

Rétraction du signe ouvert et expansif du Sagittaire dans une Maison d'isolement et de solitude. Peut faire faire beaucoup de voyages solitaires et provoquer de longues éclipses dans les amitiés. Comme c'est aussi la Maison de la transcendance, le signe permet de surmonter par son énergie la solitude, et de la transformer en atout.

Le Capricorne dans les Maisons

Capricorne en Maison I

Durcit la personnalité dans ses rapports avec les autres, donne une ambition forte, des possibilités de travail et de concentration exceptionnelles, de l'entêtement et une force de caractère qui confine à l'ascétisme.

Capricorne en Maison II

L'attitude du sujet envers les biens matériels, l'argent et son « territoire » est à la fois accapareuse et méfiante. Il ferme ses clôtures. Ce qui est à lui ne peut, en aucun cas, être prêté. C'est un épargnant-né. Souvent, des difficultés se présentent à lui dès qu'il cherche à faire fructifier ses acquis.

Capricorne en Maison III

Les contacts faciles et superficiels sont totalement rejetés. Grande exigence sur la qualité des relations. Rigueur morale, sévérité de jugement, réserve et laconisme dans tout ce qui concerne les rapports avec l'entourage proche, les frères, les sœurs, les cousins.

Capricorne en Maison IV

Les rapports du sujet avec sa famille sont froids, distants, réservés. Le détachement d'avec le foyer se fait très jeune, parfois dans l'enfance. Le caractère économe, austère et répressif du Capricorne donne à sa Maison les mêmes caractéristiques : un peu monacales.

Capricorne en Maison V

Les plaisirs sont dirigés vers une recherche méticuleuse dans un domaine choisi : la concentration de l'énergie vers un but austère pousse le sujet à l'érudition, aux durs travaux intellectuels réalisés dans les temps de loisir ; peu de complaisance à l'égard des « distractions » : le sujet fait du labeur son vrai plaisir.

Capricorne en Maison VI

Rapports durs et utilitaristes avec les subordonnés, les collaborateurs, les employés. Pas la moindre tendresse pour les animaux, les plantes, tout ce qui dépend du sujet. Comportement très égal, discipliné, dans le travail quotidien. La répression saturnienne apparaît dès que s'immisce à l'intérieur de tâches régulières la moindre fantaisie.

Capricorne en Maison VII

Les associations, les contrats, le mariage sont suspects : traités avec froideur, rationalisme, distance, calcul. De ce fait, grande est la difficulté du natif à s'engager. S'il s'y décide, c'est tard dans la vie. A ce moment-là il reste fidèle à la parole donnée (et dûment signée) quoi qu'il lui en coûte.

Capricorne en Maison VIII

La mort et la sexualité qui s'y rattachent sont traitées sur un mode cynique et glacé, dans une observation méticuleuse, précise, des phénomènes physiques, chimiques et biologiques. Froideur, dureté, hygiène dans tout ce qui se rapporte à ces sujets.

Capricorne en Maison IX

Les voyages ont toujours un but pratique et servent généralement l'ambition sociale et professionnelle du sujet. Lorsqu'ils revêtent un caractère gratuit, par exemple lors des vacances, ils sont malgré tout accomplis sous le signe du *devoir :* il *faut* voir tel musée ou tel vestige, il *faut* entrer dans tel restaurant, etc.

Capricorne en Maison X

Très bonne combinaison : ambition tenace et réussite obtenue par persévérance, concentration, travail personnel de longue haleine. Le Capricorne donne une très belle carrière dans ce Secteur, quoique tardive. Mais elle n'en a que plus de poids, de valeur et de pérennité.

Capricorne en Maison XI

La Maison de l'amitié est certes très gelée par le Capricorne qui n'a rien d'expansif ni de démonstratif dans ses attachements. Sait-on même s'ils existent ? En réalité, l'amitié est rare dans ce signe (rarement donnée, rarement reçue), mais, lorsqu'elle a pris racine dans l'individu, elle a les qualités capricorniennes de stabilité profonde, de présence durable, même si elle semble froide et plus que discrète. C'est quelqu'un sur qui l'on peut toujours compter.

Capricorne en Maison XII

Dans la Maison des épreuves et des grands obstacles, le Capricorne se trouve en pays connu : il les a, de toute éternité, prévus et « assumés ». Son détachement naturel, le frein systématique qu'il a mis à ses impulsions, lui donnent, face à l'adversité de l'existence, beaucoup de philosophie, de sang-froid et de maîtrise.

Le Verseau dans les Maisons

Verseau en Maison I

Dynamisme créateur, magnétisme, volonté d'innover, d'inventer, de précéder en toute chose. Intelligence exceptionnelle dans toutes les relations personnelles du sujet. Créations et destructions aussi rapides les unes que les autres. Immense faculté de recommencement.

Verseau en Maison II

Rapports très difficiles avec l'argent : ou bien on le dilapide ou l'on s'en passe complètement. Les biens matériels sont méprisés, parfois totalement rejetés. Ce n'est pas une très bonne position pour garder l'argent, le faire fructifier ou réussir des placements. Les spéculations financières sont soumises à de rudes « revers de fortune », à des hasards, chanceux ou pas, suivant la capacité du sujet à dominer les événements.

Verseau en Maison III

Changements touchant la famille proche, les sœurs et les frères ; rapports houleux, pleins de rebondissements heureux ou moins heureux, petits voyages imprévus ; changements intervenant aussi par l'écriture, la communication (orale ou écrite) et la littérature, d'une manière générale.

Verseau en Maison IV

Le père du sujet a pu marquer profondément, par son intelligence et ses remises en question permanentes, son caractère profond. Sa vie familiale est soumise au climat Verseau, renouvelée, changeante, novatrice et parfois aussi destructrice. Bouleversements liés à la famille et à ses significateurs, par analogie : la mère patrie, les confréries, les groupes politiques ou sociaux.

Verseau en Maison V

Très bons rapports du signe avec le Secteur. La Maison de la création, des enfants, des distractions, des jeux, des inventions, est en affinité idéale avec le Verseau qui élargit les visées des domaines que concerne la Maison V, les rend dynamiques et agissants. Les plaisirs sont liés à la complicité et à l'amitié.

Verseau en Maison VI

Le Verseau est ici astreint à de petites tâches sans envergure et sans invention, ce qui le met très mal à l'aise. Il se crée quantité d'obligations inutiles pour ne pas avoir à faire face à celles qui existent. Il bâcle tout ce qui est quotidien et banal, l'expédie en un rien de temps, aux dépens, parfois, de la bonne administration de ses affaires.

Verseau en Maison VII

La fantaisie, l'originalité, l'invention règnent ici, dans le domaine de l'association, des contrats et des mariages. Donne, dans ce secteur, un grand sens de la « rénovation », pas seulement par changement de partenaires ou d'associés, mais aussi dans une même relation : le sujet sait apporter du nouveau, créer une communication dynamique, un langage neuf, de nouveaux désirs et amener de nouvelles réalisations.

Verseau en Maison VIII

Ce qui a trait à la mort, à l'arrêt de toute chose est parfaitement dépassé par ce signe. Le Verseau voit des siècles à l'avance et ne se préoccupe guère de la fin humaine et corporelle. Celle-ci ne le touche pas profondément. Il peut donc avoir, à son endroit, une attitude détachée, voire indifférente, mais c'est qu'il se préoccupe davantage de la mort de l'âme, de l'esprit, et de l'humanité en général que de celle d'un individu, même très aimé.

Verseau en Maison IX

Le besoin de renouvellement, de progression et d'invention se manifeste dans les voyages, spirituels ou géographiques. Le sujet s'enrichit par l'exploration, la découverte de nouveaux espaces, la quête de nouveaux objectifs. Il aime les destinations lointaines et difficiles qui lui permettent d'exercer son insatiable curiosité. Grande affinité entre le signe et le Secteur.

Verseau en Maison X

La recherche de l'invention et du nouveau prend une motivation sociale et professionnelle. C'est de créer pour *faire carrière* que le sujet a besoin. Le goût du Verseau pour l'humanité le prédispose à agir dans ses activités professionnelles comme un mage, un messager, une sorte de prophète à vaste ambition, mais sans que l'intérêt financier ou matériel y soit mêlé. Souvent, cette position donne de la renommée sans aucun avantage matériel.

Verseau en Maison XI

L'accord est parfait entre le signe et la Maison qu'il occupe. Sagesse, sérénité, créativité paisible, stabilité dans l'innovation et le renouvellement psychique. Les qualités s'appliquent tout particulièrement aux amitiés : le sujet a d'ailleurs tendance à transformer tout sentiment en amitié, par horreur des excès passionnels. Grandes satisfactions dans les affections durables et fidèles.

Verseau en Maison XII

Le Verseau, adaptable, prend les épreuves, les revers et les secousses graves de la Maison XII dans le bon sens : sans affolement, sans passion, sans paroxysme. Sagesse, distance, souplesse psychique amènent le sujet à se conformer aux événements plutôt qu'à tenter de les orienter. Cette attitude le rend finalement peu vulnérable aux grandes difficultés qui se présentent.

Les Poissons dans les Maisons

Poissons en Maison I

L'Ascendant Poissons fait des êtres très séduisants, vaporeux, insaisissables, fluctuants et artistes. Le sujet reçoit et enregistre toutes les atmosphères, s'y adapte avec bonheur, se coule dans autrui comme dans une eau douce. Sa générosité risque d'être trop grande pour ses forces. Don de soi qui confine, parfois, à l'abnégation.

Poissons en Maison II

Le grenier sera plutôt spirituel. Il y aura une certaine indifférence aux problèmes matériels si le thème va dans ce sens. S'il y a besoin de possession, le désir d'avoir et d'acquérir sera vague. On voudra beaucoup, mais on ne saura pas comment s'organiser pour y parvenir. La vie matérielle sera généralement instable. Le hasard jouera un rôle important. Avec Neptune en Maison II, dans un thème Poissons, il y a un certain manque de bon sens. On peut « faire fortune » et tout perdre sur un simple « coup de dés ». Là aussi, on ne sait pas comment s'y prendre. On change souvent de route, et d'idées. Si Jupiter marque le thème ou s'il est en Poissons en Secteur II, la réussite sera spectaculaire (Claude François). Elle n'en restera pas moins extrêmement fragile.

Poissons en Maison III

Les rapports avec les proches sont intuitifs, confus ; vécus sur le mode Poissons, hypersensible et douloureux. La générosité du sujet à l'égard de ses frères, sœurs ou parents proches confine au dévouement un peu masochiste. Les voyages, les petits déplacements sont empreints de flou, d'événements inattendus et singuliers.

Poissons en Maison IV

Dans ce Secteur de nos racines et de nos origines, des liens familiaux, les Poissons donnent un sens patriotique profond. Il y a là une sorte d'amour « romantique » pour la patrie. La cellule familiale est un refuge. On s'y sent protégé, à l'abri des difficultés du monde extérieur. C'est une bonne configuration, confortable et douce.

Poissons en Maison V

La sensualité est souvent trouble. Le signe fécond des Poissons donne des appétits intenses mais imprécis. La Maison des divertissements, des créations, des loisirs, est teintée de l'hyper-réceptivité neptunienne. Aventures sans suite. Sens artistique très développé.

Poissons en Maison VI

Il y a là dans la vie un manque total de sens pratique. On manque de méthode dans son travail. D'où de nombreuses complications. Les problèmes domestiques limitent l'existence. On a tendance à se « noyer » pour un rien. En analogie avec le signe de la Vierge, cette Maison peut donner des problèmes intestinaux, des problèmes d'assimilation, des problèmes nerveux ou respiratoires.

Poissons en Maison VII

Elle nous met en relation avec les autres (affrontement ou complémentarité). La sociabilité sera très grande mais les échanges agréables n'aboutiront pas toujours à des résultats concrets. Les associations, les unions, se feront sur un mode « intuitif ». Les affinités seront très fortes : irraisonnées, illogiques. On se bercera parfois d'illusions sur les autres... D'où les confusions, les erreurs de jugement, les déboires, les déceptions venant des autres (ou de l'autre), ce Secteur étant, en effet, le Secteur du conjoint. Il entraînera, au niveau des associations comme des unions, une vie assez « mouvante ». Il y aura, souvent, plusieurs unions.

Poissons en Maison VIII

Le changement résultera d'une situation douloureuse. A la suite d'une crise, on « s'évadera » ailleurs. Ce pourra être une fuite hors du milieu d'origine ou hors du pays natal.

Avec cet aspect, on s'intéressera aux problèmes occultes, au spiritisme, à l'au-delà.

Avec Neptune, les expériences psychiques seront intenses. On côtoiera les mondes occultes. On s'intéressera aux vies antérieures. La voyance n'est pas exclue (Edgar Cayce, le célèbre voyant).

Avec Jupiter, les héritages pourront changer la vie, ou permettre un redémarrage.

Poissons en Maison IX

Dans ce Secteur, le Signe des Poissons donnera l'amour des grands voyages. On ira souvent au-delà des mers. La vie spirituelle sera intense. Parfois, il y aura des dons de perception « extra-sensorielle », notamment avec Neptune. Les brumes neptuniennes pourront donner le goût des spéculations philosophiques un peu « nébuleuses ». L'idéalisme, néanmoins, ne sera jamais absent...

A noter : aussi bien pour l'une ou l'autre de ces Maisons, l'étude des religions, voire une vie religieuse intense, relèvent de cet axe III-IX Poissons. En Maison IX, l'attirance sera très grande pour des religions « exotiques » : orientalisme, par exemple, mais aussi hindouisme, bouddhisme, zen, etc.

Poissons en Maison X

C'est le Secteur de l'affirmation sociale. C'est l'envol dans la vie active.

Il est vécu, chez les Poissons, sur un mode étrange. Les aspirations sont élevées mais embrouillées. Les occupations souvent mystérieuses. La vie manque généralement d'organisation...

Neptune en X peut vouer la vie à des changements mystérieux. La réussite peut être spectaculaire. Elle restera toujours hasardeuse, elle sera rarement durable. On s'orientera vers une recherche spirituelle à un moment donné de son existence. Les vocations médicales, paramédicales sont fréquentes. Sens du mystère et sens du mysticisme très amplifiés, qui se concrétisent au niveau de l'existence.

Poissons en Maison XI

Les projets sont abondants. Mais les espérances confuses... Les aspirations élevées peuvent rester « vagues ». On est souvent insatisfait.

Les amis disparaissent et reparaissent sans crier gare. La susceptibilité du sujet y est pour quelque chose. Les objectifs ne sont pas poursuivis avec acharnement. Le sujet a des idées brillantes, mais il a besoin de quelqu'un de proche et d'amical pour les réaliser.

Poissons en Maison XII

Les grandes épreuves de la vie sont surmontées avec courage. La vie peut être axée sur des investigations plus ou moins secrètes. Les rapports avec le monde occulte sont fréquents, les dons de voyance également. On s'intéresse à la psychologie, mais aussi à la parapsychologie. En général, on mènera une vie assez retirée.

La vie pourra être mêlée à des affaires mystérieuses. Avec les Poissons en Maison XII, ou Neptune en Maison XII, on a souvent des contacts avec les polices parallèles. Cette configuration semble signer une activité « secrète ». Des agents secrets ont cet aspect dans leur thème.

Chapitre VI

D'autres influences à découvrir

Platon. Il a exalté le monde des Idées pures, projection de mornes réalités terrestres qui ne sont qu'apparence : vision transcendante du philosophe pour qui la Connaissance est le moyen d'accéder aux lois éternelles. (Fresque des Stanze *de Raphaël, natif du signe.)*

Les Images Degrés

La Tradition astrologique, d'origine égyptienne et mésopotamienne, a assigné à chacun des 360 degrés du Zodiaque une image symbolique, susceptible de servir de point de repère à une interprétation imaginative des degrés où se trouvent les points sensibles du thème.

Ces degrés, appelés aussi de « l'Homme rouge des Tuileries » par suite d'une interprétation occultiste, sont parvenus jusqu'à nous à travers divers canaux, notamment celui de l'alchimiste et hermétiste de la Renaissance Robert Fludd.

Leur utilisation est très délicate : il ne suffit pas de plaquer une image sur le Soleil et sur l'Ascendant pour avoir une clé infaillible ; en effet, pour ne considérer que ces deux facteurs, le premier est valable pour une personne sur trois cent soixante, le second peut difficilement être déterminé à un degré près, l'heure exacte de naissance étant rarement connue dans une civilisation qui ne croit guère à l'astrologie.

Ces images doivent donc être considérées comme des supports de méditation, et être utilisées avec beaucoup de précaution : elles ne font pas appel au raisonnement, mais à l'intuition, de même que les symboles alchimiques — leur origine étant commune.

Leur application se révèle fort délicate, même pour un astrologue (qui, lui, sait à quel degré se trouvent les planètes).

Quoi qu'il en soit, la règle est de ne pas prendre ces images à la lettre, ni dans l'absolu ; l'adage essentiel restant celui, fondamental, de l'alchimie : « Sépare le subtil de l'épais, avec grande industrie... »

C'est à ce titre que nous les donnerons, comme éléments poétiques avant tout : signalons que ces images ont permis, dans certains cas, d'identifier le degré exact de l'Ascendant lorsqu'il y avait un doute, ce qui témoigne bien de leur efficacité supérieure, dans les plans subtils...

Nous faisons suivre la description de ces trente images (chaque signe du Zodiaque comprenant trente degrés), empruntée à un ouvrage classique [1], d'un bref commentaire pouvant aider à les interpréter.

Signalons, enfin, que leur utilisation est d'autant plus difficile que ces symboles font allusion à des civilisations aujourd'hui disparues. L'erreur opposée, pourtant, serait de les considérer comme des vestiges d'un passé révolu. La Tradition ne disparaît pas, elle ne peut qu'être oubliée. C'est la présence de l'absence. Cela renvoie d'ailleurs au problème essentiel de l'astrologie moderne par rapport à ses sources.

1er degré : « Un homme robuste, de membres un peu lourds, est debout, en marche, sa main droite balance une massue, la main gauche est appuyée sur la hanche ; une peau de bête ou une étoffe grossière jetée en travers du corps atténue la nudité. Il donne une impression de puissance tranquille mais décidée. »
Selon Robert Fludd, c'est un degré de force passionnée. C'est une image qui peut donner un côté

1. Janduz : *les 360 Degrés du Zodiaque* (illustrés de 360 dessins), Ed. Bussière, réédition 1977.

un peu fruste, une force brutale, mais décidée ; ou alors, une grande énergie s'appliquant à une tâche quelconque. C'est, au fond, le symbole des travaux d'Herculè.
2e degré : « Un beau cavalier sur un cheval de race, harnaché richement. De la main droite il brandit un sabre, de la gauche il tient les rênes, maîtrisant sans peine le cheval qui se cabre en voyant se faufiler sous ses pas des formes reptiliennes. »
Degré de vaillance ostentatoire. Prise à la lettre, c'est une image qui n'a plus guère de sens de nos jours, les cosaques, les hussards et les maréchaux d'empire étant rentrés dans les cirques et les musées, à moins que ce ne soit au cinéma. De nos jours, c'est une image qui toucherait donc plutôt le show-business.
Vécue à un niveau supérieur, elle peut donner quelqu'un qui fait preuve de bravoure dans un milieu au-dessus de la banalité quotidienne, mais avec beaucoup d'orgueil et même de vanité.
Les serpents qui sifflent aux pieds du cheval indiquent pourtant des risques ou des dangers importants, dont le sujet doit en principe sortir victorieux : jalousies, embûches, dues souvent au caractère provoquant du cavalier, sont à attribuer à l'étoile fixe *Difda*, située à ce degré, et qui est de la nature de Saturne.
3e degré : « Une femme de bonne compagnie est assise sur une chaise basse, dans son intérieur ; son visage est agréable, souriant, son costume élégant ; son bras droit et sa main esquissent un geste comme si elle expliquait quelque chose à quelqu'un qu'on ne voit pas. Derrière elle une femme est à demi couchée sur un tapis, peu vêtue, dans une pose lascive et provoquante. »
Degré de conciliation ou de luxure. Curieusement, cette description correspond plutôt, au premier abord, au signe de la Balance : nature aimable, accueillante, serviable, aimante, passionnée. Goût de l'harmonie et de la conciliation.
Mais, selon la nature des planètes concernées, ces qualités peuvent devenir excessives et verser alors dans tous les dévergondages et les turpitudes possibles.
4e degré : « Un bois taillis avec maintes plantes et essences d'espèces et de couleurs différentes, dans lequel se promène un homme rustique. A l'abri du buisson un homme hirsute se dissimule. »
Degré fruste et de rude indépendance. C'est une image assez facile à interpréter, correspondant à une personne simple, aimant la nature et l'école buissonnière, satisfaite de son sort : artisan, menuisier, bûcheron, cafetier.
Mais comme elle se trouve dans la constellation d'Andromède, on peut avoir à faire à quelqu'un de simpliste plutôt que simple, recherchant les honneurs sociaux et conformistes, jouant les loups-garous vis-à-vis des malfaiteurs : juge, policier, gardien de prison. L'homme caché dans les taillis indique bien un danger d'agression, ou alors un métier en rapport avec la vertu et la justice (axe Bélier-Balance).
5e degré : « Une étendue de ciel nocturne bouleversé par un violent orage, les éclairs zébrant la nue révèlent une masse rocheuse au long de laquelle, insoucieux de la tempête, un homme fort, musclé, grimpe allègrement. »
C'est un degré de prétention justifiée. Degré de « self-made man », d'origine modeste mais qui, doué d'une grande énergie, traverse toutes les difficultés pour arriver à un sommet ; pris à la lettre, ce peut être tout simplement un alpiniste émérite, un grimpeur, etc. Tout dépend évidemment de la planète qui se trouve sur ce degré de chance et d'élévation : il vaut mieux que ce soit le Soleil ou Mars plutôt que Saturne...
6e degré : « Dans la montagne, ayant gravi une route en lacets et abrupte, un homme à cheval, au bord d'un ravin, regarde fièrement autour de lui ; à ses pieds, au fond de la vallée, des travailleurs s'affairent. »
Degré de supériorité innée. Possibilité de naissance illustre, grandes protections. C'est toujours un degré de réussite et d'honneurs, quel que soit le niveau social du sujet : il domine les simples exécutants par sa haute valeur, tout en ayant un côté un peu marginal. Les applications de cette image assez vague sont innombrables, mais toujours bénéfiques.
7e degré : « Un sentier solitaire dans la campagne, aboutissant à un petit bois ; le sentier est bordé par un mur qui projette une ligne d'ombre dans laquelle court un renard dans la direction du petit bois. »
Degré de fausseté et circonspection. Étrange image dans un signe en principe franc et ouvert (encore faut-il voir les aspects de Mars et de Saturne).
Ce serait plutôt un degré de naufrageur, d'individu fourbe et perfide, attirant ses proies dans des pièges.

Il possède toutes les qualités du renard : rapidité, intelligence, et parvient toujours à se tirer d'affaire. Néanmoins il risque un jour de rester dans l'ombre où il se complaît.

8ᵉ degré : « Un homme en colère en provoque d'autres qui jouent paisiblement aux boules sur une place publique. Un poignard à la main, ayant lacéré une affiche, il trépigne de rage en constatant le peu d'effet qu'il produit. »

Degré de violences dangereuses. C'est un degré évidemment très néfaste, qui signe un tempérament tapageur, provocateur, cherchant toujours querelle, correspondant assez bien à un certain type de mendiant professionnel toujours ivre, ou encore à un marginal quelconque ayant le couteau facile.

Ce degré est en effet conjoint à la dangereuse étoile *Algrnib*, de la nature Mars-Mercure, qui illustre bien un certain aspect insupportable du Bélier. Peut-être y a-t-il moyen de sublimer en devenant aventurier, escrimeur ou polémiste.

9ᵉ degré : « Un homme debout sur une terrasse élevée, les bras croisés sur sa poitrine, regarde d'un air conquérant le panorama d'une ville à ses pieds. »

Degré d'infatuation. La confiance en soi ainsi que le contentement de soi-même ne manquent pas dans cette image, qui renvoie aux défauts des signes de Feu lorsqu'ils sont peu évolués.

Mais ce peut être aussi un facteur de chance, de gloire, un goût de la conquête qui aboutit : tendance de type « Rastignac », avec une propension à se faire des illusions sur soi-même.

Le caractère est très fier et ne manque pas de noblesse, mais supporte mal toute critique.

10ᵉ degré : « A gauche : un champ de bataille, morts et blessés. A droite : un tableau de chasse, faisans, perdrix, lapins ; au milieu, un homme armé. »

Degré de triomphe. Ce n'est pas ce que penseraient les écologistes, mais n'oublions pas que nous sommes dans le domaine du symbolisme.

L'homme armé n'est pas agressif, il tourne le dos au champ de bataille. Ce peut être un garde-chasse, un trappeur, mais aussi un homme qui fabrique des armes ou travaille les métaux (constellation du Fourneau).

A moins que ce ne soit un don Juan ayant à son actif un autre tableau de chasse. Quel que soit le gibier, ce chasseur est en tout cas gagnant.

11ᵉ degré : « Une femme allongée sur un canapé ou divan, en une attitude et un déshabillé également élégants et un peu équivoques, la robe semblant prête à glisser de l'épaule. »

Degré de douceur et de faiblesse morale. C'est une image de facilité dans les plaisirs ; homme ou femme, la personne plaira au sexe opposé. Elle convient mieux aux amours illégitimes et à l'union libre qu'au mariage, évidemment.

12ᵉ degré : « Un homme tenant ses deux jeunes enfants par la main se promène avec eux dans son jardin ; on entrevoit la maison simple à travers les branches. Le père est aimable, et pourtant il semble obsédé par une idée dont on aperçoit le mobile dans le miroir d'eau qui lui montre son reflet décoré, ceint d'une écharpe. »

Degré d'ambition corrosive. Cette personne a des goûts simples et familiaux, un peu bourgeois. Elle aime ses enfants, recherche le confort et a le désir de rendre service à ses semblables. Elle nourrit aussi des ambitions secrètes un peu naïves, comme celle d'avoir des décorations, un beau costume, etc. Ces obsessions risquent d'être source de déceptions et de gâcher la vie d'un sujet possédant des qualités.

13ᵉ degré : « Une montagne illuminée par le soleil couchant. Sur son sommet se profile un homme déjà âgé, un peu courbé, tenant un sceptre de la main droite et une couronne royale de la main gauche. Un ample manteau dissimule son costume. »

Degré de récompense méritée. C'est un degré d'ascension sociale considérable, de célébrité, de haute position administrative ou gouvernementale. Mais la personne qui a atteint ce niveau n'en a pas moins perdu son humilité et sa sagesse, symbolisées par le manteau.

L'étoile fixe *Alpherat* apporte richesse, célébrité, honneurs et élévation spirituelle, à ce degré très bénéfique.

14ᵉ degré : « Un homme bien pris et de bonne mine [genre taste-vin bourguignon] sort d'un cellier bien garni, et présente à bout de bras une coupe remplie de vin. Devant lui, un chien et un lion assis se regardent amicalement. »

Degré de mérite conscient. D'un caractère généreux et loyal, ce personnage a l'esprit qui pétille et son ambition débouche sur des réalisations pratiques : viticulture, agriculture, gastronomie.

Il aime les plaisirs de la vie et jouit d'une haute estime dans sa corporation. Il bénéficie de protections et d'appuis de personnes supérieures à son rang, à cause de sa conscience professionnelle (le chien et le lion).

15e degré : « Un homme en danger de se noyer se débat contre le courant ; un peu en amont, on voit la passerelle qui s'est effondrée sous ses pas. »

Degré de trahison. Cette image est à double tranchant, car elle peut représenter la personne en cause, mais aussi sa victime.

Il peut s'agir soit d'un spéculateur malchanceux, soit d'une personne fourbe qui trompe la confiance d'autrui et l'entraîne avec elle dans la ruine.

Prise à la lettre, cette image indique évidemment un risque de noyade et met en garde contre le voisinage de l'eau.

16e degré : « Une femme debout, un peu penchée en avant, tient en équilibre une balance dont les plateaux portent, l'un un gobelet de vin et l'autre des pièces d'or, diamants, perles, etc. »

Degré de chance et de matérialité. Cette personne placera au centre de sa vie les acquisitions matérielles et y parviendra par tous les moyens.

Ce peut être aussi un orfèvre, un joaillier, ou encore un chercheur d'or, voire un sculpteur puisque l'étoile fixe *Cassiopée* se trouve sur ce degré : beaucoup de chance, mais aussi de l'égoïsme et de l'avidité, toutes qualités pour réussir en affaires.

17e degré : « Un jeune étudiant, un livre à la main, se promène dans un sentier ombragé : les rayons du soleil passant à travers les branches illuminent son visage. »

Degré de passivité intelligente. Cette image contraste fortement avec le degré précédent, elle est toute de sagesse et de concentration.

Romantisme, inspiration, savoir profond seront le lot de cette personne, qui pourra s'intéresser particulièrement aux mystères de la nature ou de l'univers, à moins que ce ne soit à la poésie. Ces qualités peuvent donner aussi un explorateur, un géologue, un entomologiste, etc.

18e degré : « Un homme et une femme debout se serrent la main ; ils ont tous deux l'air bon et doux, et l'homme esquisse un geste de protection. »

Degré d'aide et d'amitié confiante. Don de soi, franchise, fraternité sont les qualités qui dominent cette image. Les rapports avec l'autre sexe sont sous le signe de l'amitié et de la tendresse. Les protections jouent un rôle important, surtout pour une femme.

C'est une image très simple, au symbolisme assez vague.

19e degré : « Un vieillard vêtu d'une robe de chambre usagée, dans un intérieur pauvre, serre nerveusement contre sa poitrine deux sacs de taille sur lesquels se détache le mot : Or. »

Degré de thésaurisation. C'est évidemment l'archétype d'Arpagon, de l'avare ou du mendiant vivant misérablement et entassant des billets sous son matelas, du maniaque qui amasse des richesses sans raison.

Au figuré, c'est peut-être quelqu'un qui possède des richesses intérieures mais n'en fait pas profiter les autres, se renfermant dans son égoïsme et sa misanthropie. Aussi est-il menacé d'isolement, d'envie ou de vol, comme tous ceux qui laissent se dégrader leur richesse sans en faire profiter la société.

20e degré : « Un homme s'équipe pour un long et dur voyage ; autour de lui des accessoires divers ; à sa ceinture une bourse et un poignard. »

Degré de voyages et de découvertes. Il ne s'agit pas seulement chez cet aventurier de découvrir des pays, mais aussi des richesses culturelles nouvelles ; ce n'est pas un Tartarin, mais un voyageur émérite, armé de pied en cap moralement et matériellement. Aussi fait-il de larges moissons lors de ses explorations, alliant le savoir, l'audace et l'habileté. Il en rapporte aussi bien des pépites d'or ou des renseignements sur des gisements que des secrets magiques ou de l'argent.

21e degré : « Un homme seul sur un radeau, au milieu de l'océan déchaîné ; il est déguenillé, maigre, affamé, pitoyable : mais il est énergique, et fait de son mieux des signaux de détresse. »

Degré d'isolement. Image bien inquiétante, qui augure d'une existence misérable, de graves dangers dans une atmosphère de solitude et l'abandon. Ce peut être une captivité, une maladie, une rupture, ou encore un naufrage en mer.

Les voyages attirent le sujet mais ils risquent de le mener à la catastrophe.

Ces mauvais présages sont dus à l'étoile fixe *Baten Kaitos*, de la nature de Saturne, qui règne sur les destins mouvementés, l'exil, les accidents.

Il y a toutefois une possibilité de sauvetage mais cette image, si elle est forte dans un thème, devrait surtout incliner à la prudence, qualité qu'on trouve rarement chez le Bélier...

22e degré : « Un homme, l'air absent, s'éloigne d'une fontaine à laquelle il vient de puiser de l'eau qu'il laisse s'échapper du pot sans s'en apercevoir ; dans le coin, un ours s'obstine à mordre un arbre couché à terre. »
Degré d'instabilité et de sottise. On pourrait y ajouter la notion d'absurde, assez rare dans ces images. Insouciance, indécision, incapacité, surestimation de ses propres moyens semblent dominer dans celle-ci, qui rappelle la fable *la Laitière et le Pot-au-lait.*
L'ours qui s'acharne en vain sur le tronc d'arbre n'est rien d'autre que le double de ce Sisyphe qui, à force de se conduire de manière absurde et d'en rendre le monde responsable, deviendra hargneux et taciturne comme cet animal saturnien.
23e degré : « Un homme est assis sur le coin d'une table sous une tonnelle, l'air insouciant, mirant dans la lumière le vin de son gobelet, tandis que deux mauvais compagnons assis non loin de lui conversent mystérieusement en le dévisageant ; sur la droite, trois serpents en combattent trois autres. »
Degré de fréquentations dangereuses. Cet homme n'est pas vraiment un débauché, mais il aime faire la fête et manque de volonté, ce qui le rend influençable et sujet aux fréquentations néfastes.
Ce peut être aussi un hôte généreux mais faible, qui entretient des parasites et fait beaucoup d'envieux ; il est sujet aux cabales, aux jalousies venimeuses, aux intrigues, mais est trop naïf pour s'en rendre compte. Il ne peut compter que sur les protections occultes symbolisées par les serpents.
24e degré : « Un homme, paresseusement allongé sur un tapis, joue d'une main avec des boules brillantes ou diversement colorées, tandis que derrière lui se tient une femme presque nue, vêtue d'une ceinture enrichie de pierres précieuses, qui le regarde d'un air dominateur et méprisant. »
Degré de non-valeur. Le manque de maturité et l'inconsistance caractérisent ce personnage nonchalant, paresseux, joueur, qui a tout du mauvais mari ou du gigolo. Sa seule force est dans sa fantaisie, son côté espiègle, qui lui permettent d'ignorer le peu de bien que son entourage pense de lui. Il préfère les casinos et les lieux de plaisir aux responsabilités, qu'il laisse aux autres. C'est le type du vaurien de cinéma, plus porté vers les femmes que vers le travail, ce qui risque de lui valoir des revers.
25e degré : « Un cavalier donnant une impression de force monte un cheval rétif qu'il tient solidement en main. Il regarde d'un air méprisant un être mal bâti, aux cheveux fous, monté sur un bélier, qui s'efforce de le jeter à terre. »
Degré de domination. Cette curieuse image, on le remarquera, est la seule à comporter un bélier. De plus, elle est, comme beaucoup d'autres, composée de deux volets : d'un côté, la force, la maîtrise du cavalier qui parvient à se maintenir en selle, résistant à toutes les secousses. De l'autre : un énergumène aux traits sauvages, à l'air buté, qui est la mauvaise face de ce cavalier ; il faudra donc que la volonté de dominer ne devienne pas tyrannie et refus des autres, sinon elle risque de provoquer de rudes résistances.
26e degré : « Un personnage royal présente son sceptre à un clerc agenouillé, tandis qu'au-dessus d'eux un grand soleil projette ses rayons sur un soleil plus petit. »
Degré de réussite facilitée. La notion de protection est capitale dans cette image, le grand soleil qui éclaire le petit étant la réplique symbolique du roi qui protège le page.
Il n'y a aucune indication sur les capacités du clerc agenouillé, sur son intelligence et sa sagesse : quelles que soient celles-ci, il pourra donc s'élever à de hautes fonctions, même s'il est d'origine modeste.
Les événements peuvent faciliter cette promotion au-delà même de ses propres espérances.
Cette élévation inespérée est due à l'influence de l'étoile fixe *Alpherg*, qui est de la nature Saturne-Mercure.
Remarquons qu'il existe dans cette image une connotation de sagesse, de rayonnement et d'initiation qui exclut une interprétation « profane » : il s'agira plutôt d'un rôle spirituel ou gouvernemental que professionnel.
27e degré : « Un homme ayant fait un faux pas va tomber, les bras en avant, près d'un dragon, qui semble le regarder. »
Degré de décadence menaçante. Cet homme n'est pas encore tombé, mais l'image indique que la chute le menace. Le dragon est le signe des trésors cachés, aussi la chute semble-t-elle concerner en premier les finances.
Ce peut être un homme né dans une riche famille et qui perd tout ou qui est déshérité, ou qui dila-

pide les biens familiaux. Ce peut être un financier qui fait faillite ; c'est, en tout cas, un signe de revers dans l'existence.
Comme sur ce degré se trouve l'étoile *Vertex* qui est une nébuleuse, il y a une indication supplémentaire de danger pour les yeux ou un risque de mort violente ou de maladie grave.
28e degré : « Une femme blonde richement vêtue, est debout, seule, faisant un geste d'accueil. »
Degré de faveur. La signification est différente selon qu'il s'agit d'un homme ou d'une femme. S'il s'agit d'une femme, elle a une tendance au plaisir, aime le luxe, et fera ce qu'il faut pour l'obtenir si elle ne l'a pas encore.
Chez un homme, ce sera une nature généreuse, amicale, aimant aussi les plaisirs de la vie. Une femme riche pourra jouer un rôle important dans sa vie, comme épouse ou comme protectrice. Il peut aussi y avoir chez lui quelque chose de féminin, l'amour des beaux vêtements, par exemple.
C'est sur ce degré que commence la constellation du Bélier, qui est favorable, selon la Tradition, à tout ce qui touche la laine et, par extension, les vêtements.
29e degré : « Un homme robuste et d'humble apparence abat un arbre à coups de hache : à terre, un livre, parce que l'homme se repose en étudiant. »
Degré de labeur vaillant. Indice d'une réussite à la force du poignet, cette image protège la corporation des bûcherons, les travaux agricoles et les forestiers, l'industrie du bois, etc.
On trouve sur ce degré l'importante étoile *Mirach*, de la nature de Vénus, qui donne, en principe, beauté, chance, renommée, mariage heureux. Mais tout dépend, bien sûr, de la planète conjointe à cette étoile et de sa position par rapport au reste du thème astrologique.
En même temps que la force physique et le désir d'une vie active, ce degré confère aussi de grands dons intellectuels, et on peut le trouver chez des écrivains ou des autodidactes originaux (l'homme se repose en étudiant).
30e degré : « Une femme entraine derrière elle un cheval bien harnaché, au lieu de se faire porter par lui et, plus loin, un homme équipé en "va-t-en-guerre" semble consulter la Lune à son déclin. »
Degré de faiblesse sentimentale. Le dernier degré du Bélier n'est pas interprétable à la lettre. Il faut y voir la marque d'un tempérament indépendant, original, porté vers l'absurde, n'écoutant pas les conseils des autres et se renfermant dans son égoïsme.
Il y a aussi un aspect d'aveuglement stupide et de dépendance à l'égard d'une femme. Celle-ci ne monte pas sur son cheval (absurdité) ; quant à l'homme, il semble mener une guerre inutile et il se contente de suivre cette femme passivement. La présence de la Lune décroissante renforce l'impression de passivité et d'impuissance.

Guerrier en marche vers son destin. On oublie souvent la vocation sacrificielle du signe. Il a l'âme d'un croisé, sa guerre est, de toute façon, une guerre juste.

Judith trancha la tête d'Holopherne pour sauver sa patrie. Paradoxalement, l'idéalisme du Bélier, signe de Feu, lui confère la pureté et parfois la dureté du diamant.

Les Etoiles Fixes

Voici la liste des principales étoiles fixes et constellations du Bélier zodiacal :

Andromède : longitude 4°, latitude 43° nord 32° nord. Selon Ptolémée, de la nature de Vénus. Le sujet a une nature impitoyable. Son travail peut être lié à la justice, à la garde des criminels ou à celle des prisons (d'après Manilius). Pureté de pensée, vertu, honneurs. Le sujet est tourmenté par des craintes imaginaires et se décourage facilement (d'après Robson).

Le Fourneau : longitude 10°, latitude 35° sud 48° sud. Rend le natif ardent, enthousiaste, persuasif, pratique. Les goûts vont à la mécanique, la chimie ou le travail du métal (d'après Robson).

Cassiopée : longitude 16°, latitude 56° nord 62° nord. De la nature de Saturne et Vénus, selon Ptolémée. Étoile propice aux orfèvres, bijoutiers, aux chercheurs d'or. Le sujet s'intéressera également aux richesses de la mer (d'après Manilius). Donne un tempérament lascif, avide d'or, amoureux de la sculpture et connaissant toutes les subtilités des pierres précieuses d'après Fludd). Confère au natif un orgueil exagéré, mais il sait imposer le respect et possède une grande autorité (d'après Robson).

Le Bélier : longitude 28°, latitude 15° sud 10° nord. De la nature de Mars et Saturne, selon Ptolémée. Attribue au sujet une nature timide, qui a de la peine à se décider. Tendance à se louer soi-même, à se faire valoir. Le sujet risque d'être placé entre la chance et la malchance, son bonheur peut être menacé dès qu'il arrive. Il est attiré par tous les métiers qui touchent à la laine (Manilius).

Le Triangle : longitude 29°, latitude 20° nord 25° nord. De la nature de Mercure, selon Ptolémée. Confère au sujet un tempérament bienveillant, sociable, beaucoup de droiture morale. Il sera attiré par l'architecture ou les Beaux-Arts (d'après Robson).

Admirable figure de Piero della Francesca que celle de cet homme de fer, chevalier sans visage : image de la solitude du vainqueur au milieu du fracas de la victoire (fresque d'Arezzo).

La Lune Noire

La notion de Lune Noire vient de l'époque chaldéenne. En effet, les astrologues prenaient en considération, dans l'étude d'un thème astrologique, un deuxième satellite de la Terre, dénommé Lilith « démon femelle de la tradition hébraïque, première femme d'Adam, qu'elle aurait abandonné pour suivre Samaël, l'ange déchu[1]». Les astrologues actuels ne sont pas tous d'accord sur le rôle de ce reflet virtuel de la Lune. Mais ceux qui en tiennent compte lui attribuent une signification importante dans la personnalité : elle désigne, selon eux, l'endroit où le sujet est soumis à une sorte de fatalité, c'est-à-dire le lieu du sacrifice qu'il devra opérer dans l'existence pour obtenir ce qu'il désire. Autrement dit, l'épreuve par laquelle tout individu doit passer pour accéder au plan supérieur, à la « sublimation ». Par exemple, une Lune Noire en Maison V signifierait des épreuves d'ordre sacrificiel dans la création ou avec les enfants, la même Lune en Maison VII, le sacrifice du partenaire, symbolique ou réel, etc. Elle représente la face cachée de la Lune, c'est-à-dire le lieu où la personnalité profonde de l'individu s'exprime ou s'opprime. Elle représenterait une sorte d'héritage karmique, léger ou au contraire pesant suivant le signe où elle se trouve, la Maison dans laquelle elle opère. Nombre d'astrologues estiment que la Maison XII dans un thème, ainsi que la position de Pluton (astre de la fatalité) renseignent aussi bien sur cette face cachée de l'être et son « potentiel » d'épreuves.

La Lune Noire en Bélier suggère des sacrifices faits aveuglément, avec impulsivité, violence, sans réflexion. Si Lilith quitte Adam pour Samaël, elle le fait brutalement sans épargner sa souffrance.

La Lune Noire en Maison I accentue les caractéristiques du Bélier citées plus haut puisqu'elle en est le domicile.

La Lune Noire en Maison II porte sur l'argent et les acquis d'une manière générale. Tendance à brûler l'argent (peut-être parce qu'on y tient ?), à détruire toute source de revenus.

La Lune Noire en Maison III fait le sacrifice des relations avec les frères et sœurs. Ne semble pas jouer ici un grand rôle.

La Lune Noire en Maison IV suggère des épreuves avec la famille et dans la fin de la vie.

La Lune Noire en Maison V touche à tout ce qui concerne les créations, les enfants, les loisirs.

La Lune Noire en Maison VI crée des rapports conflictuels et « dramatisés » avec les subordonnés.

1. Jean-Louis Brau, *Dictionnaire de l'Astrologie*, Larousse.

La Lune Noire en Maison VII atteint le conjoint, les associés : un sort plus ou moins fatal pèserait sur les relations du sujet avec ses partenaires privilégiés.

La Lune Noire en Maison VIII : les héritages et peut-être la sexualité du natif sont sujets à sacrifices.

La Lune Noire en Maison IX concernerait les grands voyages, l'étranger et la philosophie : tout ce qui est lointain, spirituellement ou géographiquement, constitue une épreuve.

La Lune Noire en Maison X marquerait la carrière et la réussite sociale du sujet. Des empêchements venus d'un refus inconscient de « réussir ».

La Lune Noire en Maison XI frappe les amitiés et les protections.

La Lune Noire en Maison XII signifie l'épreuve dans les épreuves et, par là même, l'épreuve acceptée et dépassée, puisque la Maison XII est celle des grands sacrifices de l'existence.

Couverture : Alain Meylan
Iconographie : Betty Jais
Maquette : Christine Gintz

Origine des illustrations

Anderson/Giraudon : 32, 212, 270, 278, 280-Anderson/Viollet : 243 : Apesteguy/Gamma : 58 - B. Barbey/Magnum : 194 - Bibliothèque nationale : 16, 17, 21, 26, 27 - Black Star/Rapho : 66 - K. Blumenfeld/Gamma : 68 - W. Braga/Rapho : 130 - Brogi/Giraudon : 24 - Bulloz : 277 - H. Cartier-Bresson/Magnum : 82 - J.-L. Charmet : 14, 33, 126, 138, 147, 204 - P. Coqueux/Rapho : 54 - A. Dejean/Gamma : 78 - D. Gignoux/Gamma : 150 - C. Gintz : 52 - Giraudon : 20, 30 (droite), 31, 211 - Harlingue/Viollet : 136 (bas gauche), 142 (bas) - D. Hurn/Magnum : 42-I.P.S. : 140 - Launois/Rapho : 244 - E. Lessing/Magnum : 142 (haut) - Lipnitzki/Viollet : 146, 193 - Manciet/Gamma : 132 - Mart/Viollet : 60 - Mestrallet/Rapho 10 - Moutin/Gamma : 47 - M. Peccoux/Gamma : 133, 144 - L. de Raemy/Gamma : 36 - Roger-Viollet : 198 - Silvester/Rapho : 19 - D. Simon/Gamma : 48 - Archives Snark : 23, 29, 30 (gauche), 51, 77, 127, 128, 129 - Tikhomiroff/Rapho : 124 - Tikhomiroff/Magnum : 134 - G. Uzan/Gamma : 64, 131 - Collection Viollet : 136 (haut, bas droite) - Zalewski/Rapho : 41, 57 - Yan/Rapho : 86.

ACHEVÉ D'IMPRIMER
LE 8 SEPTEMBRE 1989
SUR LES PRESSES DE
L'IMPRIMERIE HÉRISSEY
À ÉVREUX (EURE)
POUR LE COMPTE DES
ÉDITIONS SAND

ISBN 2-7107-0245-2
N° d'Éditeur : 944
N° d'Imprimeur : 48887
Dépôt légal : 4e trimestre 1981
Imprimé en France